Neuner · Ruhrtext

Florian Neuner

Ruhrtext

Eine Revierlektüre

Mit zwei Photoserien von Jörg Gruneberg

/ KLEVER / Literatur /

Gedruckt mit freundlicher Unterstützung von:

Land Oberösterreich
Bundesministerium für Unterricht, Kunst und Kultur

ISBN 978-3-902665-17-1

© 2010 Klever Verlag, Wien
Umschlaggrafik: k-lab Media Design GmbH
Herstellung: Prime Rate, Budapest

La formule pour renverser le monde, nous ne l'avons pas cherchée dans les livres, mais en errant.

Guy Debord

die aus schrift gebildeten staedte

Waltraud Seidlhofer

Aufbau:

Auffahren, Aufschließen. Eingang	9
Dérive I: Stahlhausen, Goldhamme	15
Ansatzpunkte im Bochumer Südwesten	25
Werner Hellweg	30
Dérive II: Batenbrock, Boy	39
Dérive III: Wanne	48
Ückendorfer Straße	55
Dérive IV: Oberhausen, Sterkrade	64
Dialysemuseum	74
Bermuda	75
Dérive V: Frohnhausen	77
Im Briefkasten	85
Die Mobilisierung der Orgel	87
Dérive VI: Bockum-Hövel	90
Dérive VII: Walsum	97
Wilhelm Lehmbruck Museum	106
Dérive VIII: Rheinhausen	108
Aufruhr: Rheinhausen	117
Dérive IX: Lehmkuhle, Vonderort, Osterfeld, Dellwig, Borbeck	128
Non-Site Oberhausen	138
Dérive X: Eving	140
Men only	149
Dérive XI: Unna, Massen, Königsborn	152
Bangemachen gilt nicht	179
Dérive XII: Bergkamen	183
Gemenge Stadt. Verhinderte Stadtentwicklung	189
Dérive XIII: Mengede	196
Aufruhr: Kohlenkrise	203
Dérive XIV: Haspe	215
Der Hagener Impuls	225
Dérive XV: Hochlarmark, Grullbad	228
Aufruhr: Hüttenkampf	238

Dérive XVI: Oberhagen, Eilpe	251
Entschleunigungspunkt 8 Hz	262
In der Nordstadt	264
Emschertalbahn	267
Dérive XVII: Buer (Nord-Süd-Passage)	272
Willi Dickhut Museum	285
Carnap	287
Essen New Babylon	293
Dérive XVIII: Großenbaum, Huckingen, Hüttenheim	296
EarPort	302
Dérive XIX: Annen	304
Wittener Tage	312
Dérive XX: Styrum	317
Genderterror	326
Dérive XXI: Castrop	345
Aufruhr: Mieterkampf	354
Dérive XXII: Westerholt, Langenbochum	362
Untersuchungsgebiet Hustadt	374
Auf der Wilhelmshöhe	384
Dérive XXIII: Schalke	388
Die schöne Stadt	402
Dérive XXIV: Heimaterde, Heißen	404
Stadtbahn Ruhr	411
Dérive XXV: Vorhalle	416
Kugelförmige Gespräche	424
Dérive XXVI: Kirchhellen	426
Aufruhr: Märzrevolution	434
Dérive XXVII: Lintfort	442
Bruckhausen	454
Dérive XXVIII: Zweckel, Scholven	462
Marl Mitte	472
Aus der Geschichte der Stadt Marl	477
Winter in der Kulturhauptstadt. Ausfahrt	481
Literatur (Auswahl)	490

Auffahren, Aufschließen. Einfahrt

Es kann ja nicht immer so bleiben. Zwischen Emscher & Ruhr. Es ist eine umstrittene Landschaft, von der hier berichtet werden soll. Landschaft oder das, was von ihr geblieben ist. Fetzen, Reste, die die Industrie zurückgelassen hat. Eine eigenwillige Natur & eine neuartige Landschaft. Manchmal hält der Nebel Wochen an. In dieser schweren, kalten Landschaft. Die Stadt ist wie ein Gerüst oder wie ein Netzwerk, in dessen Felder jedermann die Dinge einordnen kann, an die er sich erinnern mag. Die Gegenwart bestimmt das Gesicht dieser Landschaft. Gewaltige Industriewerke, Schlackenhalden, vom Ruß geschwärzte Häuser unter rostbraunen oder düsteren Rauchwolken. Kohlenbergbau, Eisen- & chemische Industrie (Kohleveredlung). Gleisanlagen, Kühltürme, Winderhitzer, Hallen & Halden. Die Namen der Städte gleiten vorüber: Oberhausen, Gelsenkirchen, Herne, Gladbeck, Bochum, Witten. Erschrecken vor der Fremdheit der Industrielandschaft. Zerschnitten von Eisenbahnen, Autobahnen & Rohrleitungen. Schlacken, Mauerreste, Bahndämme, Stahlträger, Absetzbecken. Formen, die die Stadt hätte annehmen können, wäre sie nicht aus diesem oder jenem Grunde so geworden, wie wir sie heute sehen. Massive Schönheit & abrupte Häßlichkeit. Einfamilienhäuser, Gewerbegebiete in der erstaunlichsten Mischung aus Werkstätten, Villen, aufgegebenen Hallen & Schuppen, wilde Kleingärten & Brachflächen, Discotheken & Billigmärkte. Krankenhäuser, Reiterhöfe, Reste von Landwirtschaft. Der Nebel wird sich ein paar Tage halten. Westfalen ist ein Land, in dem nicht nur viel Bier getrunken wird, sondern in dem auch die Sonne weniger hell scheint.

Das Ruhrgebiet ist ein urbanes Planetensystem ohne Zentralgestirn. Eine polyzentrische Stadtlandschaft mit fünf Millionen Einwohnern. Eine chaotische Landschaft, in der sich Mietskasernen, Schornsteine, Sportplätze, Zechentürme, Parkanlagen, Aschenhalden, Villen in Barockmanufaktur, Gartenlokale, Hochöfen, burgenhafte Fabrikfassaden & Kolonien im Schwarzwälder Puppenstil unaufhörlich durcheinanderschieben. Stadt reiht sich an Großstadt, keine zusammenhängende Feldmark ist mehr vorhanden. Das ursprüngliche Grün der Natur, die Wälder, sind im wesentlichen vernichtet. Das Ruhrgebiet hat keine Grenzen. Der Zuständigkeitsbereich des *Regionalverbands Ruhr* ist größer als der tatsächlich als Ruhrgebiet wahrgenommene Raum. Die Stadt ist übervoll. Sie wiederholt sich, damit irgend etwas im Gedächtnis haften bleibt. Eine Sammlung von sauberen & vernachlässigten Ortsteilen, von planlos gewachsenen Gewerbegebieten, grünen Abstandflächen & wenig aufregenden Stadtzentren. Ein Auseinanderfallen ohne Ende & Form. Fährt man von Duisburg über Oberhausen nach Gelsenkirchen: Wie eine Kriegslandschaft sieht es aus. Die Industrie erzeugt die industrielle Gemenge-Stadt. Die Konturen von Stadt & Land lösen sich auf. Die Orientierung fällt schwer angesichts der ständigen Wiederholung von belanglosen Siedlungen. Nie weiß man, wo man ist. Die Siedlungen des Industriezeitalters sind wild gewachsen. Die ehemals zusammenhängende Landschaft wurde planlos zerschnitten. Was einem fremden Reisenden auf der Bahnfahrt etwa von der Ruhrmündung über Essen bis ins Westfälische hinein als ein sinnverwirrendes Chaos erscheinen mag, ist ja in Wahrheit ein echter Organismus von einmaliger Großartigkeit. Der Eindruck des Chaotischen, Ungeplanten ist einer Perspektive geschuldet, der der Überblick fehlt & die deshalb Zusammenhänge nicht erkennen kann. Die so heftig & gründlich veränderte Landschaft des 19. Jahrhunderts ist bis heute sichtbar geblieben. Geformt durch die Eisenbahn. Die Zeichen bilden eine Sprache. Doch nicht die, die du zu kennen glaubst.

Hier fängt der Lichtwechsel an. Hier werden die Häuser dunkler. Im Ruhrland wurde eine bescheidene bauliche Tradition vor Jahrzehnten bereits radikal abgebrochen, in wilder Plötzlichkeit durch gigantische Industrieanlagen überwuchert. Von unzähligen Schienensträngen durchzogen, mit Schuttgebirgen bedeckt. Tümpel, schnurgerade Kanäle, Förderbahnen, Häuserhaufen, Schrottlagerplätze. Überraschende & unbekannte Reste von Naturlandschaft. Am Kanal, hinter der Autobahn, unter der Hochspannungsleitung, an der Kokerei. Die Wildheit dieses Landes mag einen ängstigen, so manche scheußliche Einzelheiten erschrecken, schwarzer Schmutz & grauer Dunst mögen abstoßen, trübe & trostlos stimmen. Unregelmäßige Straßenbilder, unübersichtliche Verkehrsführung. Willkürliche Durchmischung von Gewerbe- & Wohngebieten. Immer noch werden trübe Farben zu blassen Grundierungen verwässert. Mancher ist froh, wieder hinauszukommen. Der Künstler empfindet anders. Das sind Städte, die nur aus Ausnahmen, Ausschließungen, Gegensätzlichkeiten, Widersinnigkeiten bestehen. Reste eines Bahndamms, eine ungewöhnlich placierte Fußgängerbrücke, eine zugewachsene Schneise zwischen Häusern. Eine auf den ersten Blick ungeordnete Struktur ganz unterschiedlicher Stadtfelder mit einzelnen Inseln geometrisch-gestalthafter Muster. Netze & Knoten. Westfalen ist ein Land, in dem die Menschen härter sind, verschlossener, karger mit Worten. Das Ruhrgebiet ist eine Bierlandschaft. Nirgendwo ist die Kneipendichte größer. Industrie entstand & verging. Man orientiert sich natürlich nicht nach Kohlenzechen, Stahlwerken, öffentlichen Gebäuden, Plätzen oder Bahnhöfen, sondern nach Wirtschaften. Kneipen als Wegmarken & Orientierungspunkte. Die Menschen im Ruhrgebiet orientieren ihre Identitäten kleinräumig & begreifen sich zunächst als Stiepeler, Borbecker oder Kirchhellener. Die Herzstücke dieser Vororte sind die Kneipen. Hier versteht jeder Wirt zu zapfen.

Westfalen ist ein Land, in dem der Wind kälter weht & die Erde zwar fruchtbarer, aber auch widerspenstiger ist. Die rote Erde. Bei Nebelwetter geht man durch die Stadt. Relikte der industriellen Produktion bleiben in dieser Landschaft einfach liegen. Vorbei an Tagesbrüchen. Einzelpingen & Pingenzügen auf den bewaldeten Höhen. Zungenhalden. Wenn es eine Konstante im Ruhrgebiet gibt, so ist es die permanente Veränderung & die mit ihr verbundene Gewißheit, in einer unfertigen, vorläufigen, jederzeit gemäß des wirtschaftlichen »Auf & Ab« widerrufbaren Situation zu leben. In einem mehr oder weniger unüberschaubaren Provisorium ohne Begriff von sich selbst, auf buchstäblich unsicherem Boden. Sättel, Mulden & Überschiebungen. Überschneidungen von Bierlandschaften & Industrielandschaften. Zusammenschnitte. Textlandschaften. Die Stadt als Text. Alles zusammengenommen ergibt insgesamt einen scheinbar planlosen Siedlungsteppich, der einem Palimpsest ähnlich ist, in dem alte, nicht mehr benötigte, ausgelöschte & ausgeschabte Schriftzüge & Bilder unter dem neuen Text durchschimmern. Alte Parzellengrenzen, alte Gewässer & Reste wiederverwendeter Bauwerke. Es hängt schließlich alles am Zusammenspiel von ganz außergewöhnlichen Hub-, Schub- & Zugkräften, die allesamt & gleichzeitig in unterschiedliche

Richtungen weisen, mit je unterschiedlicher Intensität & Dauer. Lokale Verschiebungen im Kräfteverhältnis eines Textes, das Abändern, Wegnehmen oder Hinzufügen eines Wortes, eines Satzes, eines Satz-Clusters oder Satz-Blocks sind stets mit immensen Kettenreaktionen innerhalb des Gesamtgefüges verbunden. ~~Hierbei werden die Gesteinsschichten~~ Bei Nebelwetter geht man durch die Stadt. Um Welten zu erschließen. Unter Mühen & Beschwerden.

Eine unsichtbare Landschaft bedingt die sichtbare. Wo der Bergbau umgegangen ist. Weitverzweigt, vielschichtig & dunkel ist die Welt unter Tage. Da ballen sich die Wetter dicht. Dort unten werden ganze Gebirge bewegt. Ein unendliches Netz von Straßenzügen, Bahnhöfen, Schienensträngen, Kraftwerken, Werkstätten. Das Netzwerk der Stollen, Flöze, Schächte & Streben. Bergbau ist auch Sprache. Ganze Wälder verschwanden als Stützmaterial in den Tiefen. Tief unten in den Schächten. In den Nächten. Da ballen sich wieder die Wetter. Eine übergangslose Plötzlichkeit ließ Mitte des 19. Jahrhunderts eine hindämmernde Landschaft zum Magnetfeld werden. An der Ruhr & in den Seitentälern wurde ein völlig ungeordneter, vom Zufall abhängiger Kohleabbau betrieben. Man grub kleinere, mehrere Meter tiefe Schächte. Als man vom Stollen- zum Tiefbau überging. In Staub & in Gerölle. Die kleinen Schächte waren bald durch Regen- oder Grundwasser abgesoffen. & dann mußte in Streichrichtung des Flözes wieder ein neuer Schacht gegraben werden. In brennstoffknappen Notzeiten nutzte die Bevölkerung die alten Stollen immer wieder zum »wilden« Kohleabbau. So oft im Traum in der Nacht. Im Kohlenschacht.

Das Ruhrgebiet ist eine Landschaft, geformt aus großen graphischen Zeichen. Das ganz mit Spuren & gewaltsam durchgeführten Lektüreversuchen überladene Territorium ähnelt einem Palimpsest. Wir müssen ein neues Verständnis des Begriffs ›Stadt‹ als Ort des Unzusammenhängenden, des Heterogenen, des Bruchstückhaften & der ununterbrochenen Umgestaltung erarbeiten. Wir müssen quasi bei Null beginnen. Als ginge es um die Deutung von Tintenklecksen. Strukturen hineininterpretieren oder herauslesen. Im Grunde steht man der diffusen Stadt ähnlich hilflos gegenüber wie der erste Mensch dem Sternenhimmel, den er durch die Projektion mythischer Figuren & Tiersymbole zu strukturieren beginnt. Als größte künstliche Landschaft Europas hat das Ruhrrevier die Chance zum größten Kunstwerk der Welt zu werden. Einer Komposition aus Städten, Straßen, Verkehrswegen, Seen, Wäldern. Der Mensch ist im Begriff, Gestalten zu sehen: ein Segelschiff, eine Hand, einen Elephanten. Die Megalopolis ist nicht schwieriger zu verstehen als ein Bild des analytischen Kubismus. Sie gleicht einem abstrakten Aquarell von Kandinsky, einem Bündel gegensätzlicher Kräfte, sie läßt uns an die All-Over-Technik eine Pollock denken, an die Dekonstruktionen eines Gehry oder die von Coop Himmeln(l)bau. Sie ist nicht chaotischer als eine Beuys-Installation, als ein Jum-Dine-Happening, als eine Fluxus-Performance, als die Musik von John Cage oder Mauricio Kagel. Fremdes, Anderes, Unverfügbares. Die abrupten Schnitte experimenteller Filme, die Abwesenheit eines roten Erzählfadens liefern Interpretationsmuster. Analogien zur Lektüre von Texten moderner Literatur führen vielleicht weiter als der vergebliche Versuch, mit Architektur Ordnung zu schaffen.

Mancher Blick & manches Bild eröffnen sich erst mit ein wenig Abstand. Viele Jahre achtsam & respektvoll durch den Siedlungsbrei gelaufen zu sein ist die Voraussetzung für eine Lektüre. Wer sich mit der Epoche der Industrialisierung auseinandersetzen will, findet nirgendwo ein besseres Feld als im Ruhrgebiet. Alles ist lesbar. Mit Städten ist es wie mit Träumen. Alles Vorstellbare kann geträumt werden. Städte wie Träume sind aus Wünschen & Ängsten gebaut, auch wenn der Faden ihrer Rede geheim ist, ihre Regeln absurd, ihre Perspektiven trügerisch & ein jedes Ding ein anderes verbirgt. Der Boden ist vermint. Das Gedächtnis ist übervoll. Es wiederholt die Zeichen, damit die Stadt zu existieren beginnt. Beschreibt ein Schriftsteller eine Stadt, verwandelt er eine reale Stadt in eine fiktive. Der Schriftsteller kann dies bewußt oder unbewußt tun. Er kann die Stadt bewußt verändern wollen oder kann sie ungewollt bis zur Unkenntlichkeit verändern. Auch könnte man sich vorstellen, daß eine der zahlreichen utopischen Städte, die in der Literatur beschrieben werden, gebaut wird. Die Stadt kann als ein literarisches Werk betrachtet werden, das natürlich auch non-verbale Teile enthält. Mit eigenen Regeln & Kompositionsverfahren. Ein Werk einer außerordentlich weit ausgreifenden Gattung, da durch die Vermittlung der Bibliotheken & Buchhandlungen die gesamte Literatur zumindest einer Sprache als eines seiner

Kapitel erscheinen kann. Alles ist lesbar. Der städtische Raum gibt vor, transparent zu sein. Alles hat Symbolwert, auch wenn Symbole zuweilen fließen. Die Stadt, das Urbane, ist auch Mysterium, ist okkult. & der Nebel wird sich ein paar Tage halten.

Dérive I: Stahlhausen, Goldhamme

Bochum West, Ausverkauf an der Ecke Westring. Es handelt sich um Matratzen. Um Aufschriften, die auf Bussen an einem vorbeigefahren werden. Schrift, Fragmente, Fetzen: Auf Universitätsniveau. Was bitte? Ausrisse. Ein vernachlässigter Bahnhof – kein Empfangsgebäude, nur Treppen hoch zu einem Bahnsteig & ein Fahrkartenautomat, der wahrscheinlich nicht funktioniert. Vielleicht ja doch. Aber es ist ein Erlebnis, die kurze Strecke vom Westbahnhof zum Bochumer Hauptbahnhof zu fahren – diese Strecke, die wesentlich aus einer verwegenen Kurve besteht, auf einer Spannbetonbrücke über die Viktoriastraße, dieser 1979 erbauten Verbindungskurve, die der Zug – von wegen: Zug, ein kleiner Dieseltriebwagen ist das bloß! – mit gedrosseltem Tempo nimmt & dabei in eine bedenkliche Schräglage gerät. Zum Bermudadreieck hin. *Innenstadt West* möchte das Viertel heißen, das doch ganz deutlich von der Innenstadt abgetrennt ist durch die Bahntrasse. Unter der die Alleestraße durchführt. Die erste Seitenstraße, die rechts hinter der Bahnunterführung abgeht, ist die Gußstahlstraße, Zufahrt zum *Bochumer Verein*. Studium des Terrains: eine Häuserzeile im Schatten der Fabrik, leicht abschüssig, Backstein zum Teil. Eine Fahrradleiche auf der Fabrikseite der Straße. Ich bin auch mit dem Fahrrad nach Stahlhausen gekommen & muß einsehen, daß es keine gute Idee ist, mit dem Fahrrad zum Ausgangspunkt einer derartigen Expedition zu fahren, die ja kein Ziel kennt & die unbedingt zu Fuß zu erfolgen hat. Die wer weiß wo enden wird. & schlußendlich werde ich ja – von wo aus & in welchem Zustand auch immer – zu meinem Fahrrad zurückkehren müssen. Ich stelle es am Eingang zum Westpark ab, dort, wo die *Industriegewerkschaft Metall* sich trotz allem noch einmal einen repräsentativen Neubau gegönnt hat. Die Gußstahlstraße also, von 19 bis 5 Uhr ist die Durchfahrt verboten. Ein Plakat kündet von 25 Jahren *Marxistisch-Leninistische Partei Deutschlands.* Festveranstaltung in Duisburg. Auch wenn keine revolutionäre Situation in Sicht ist, auch wenn die Arbeiter in Deutschland keine Revolution zustandegebracht haben – die Existenz einer Arbeiterklasse zu leugnen, bringt uns auch nicht weiter.

Aber niemand will zum Proletariat gerechnet werden, klar. Wenn, dann zum Prekariat. Das klingt besser. Weiter: Die Gußstahlstraße macht einen Knick nach rechts, auf der anderen Seite beginnt hinter einer Schranke das Werksgelände des *Bochumer Vereins.* Verkehrstechnik seit 1842. Achtung Quertransporte! Zollgut (verzollt & unverzollt) ist im Torhaus anzumelden. Im übrigen gilt hier die Straßenverkehrsordnung. An der Gußstahlstraße – von 19 bis 5 Uhr ist die Durchfahrt verboten – nach dem Knick *Alexa's Pub,* nicht nur geschlossen, sondern vermutlich aufgegeben, ebenso das Biercafé *Rote Laterne.* Biercafé! Bevor die Gußstahlstraße die Bahn unterquert & der Hinterausgang des Bahnhofs Bochum West (Ausgang Gußstahlstraße) erreicht ist, kommt noch das Café Bistro *Ritze* sowie der anmaßende *Kiosk total,* dessen Angebot das einer gewöhnlichen Trinkhalle doch kaum in den Schatten stellen dürfte & das auch ganz offensichtlich nicht tut. Schon am mangelnden Platz muß er scheitern, der Totalitätsanspruch. Schon wieder Schatten. Ein sonniger Tag, Nachmittag. & es ist noch nicht die Zeit, zu der die Männer dann vermutlich in die Bordelle Im Winkel, in diese Sackgasse strömen, die noch vor der Bahnunterführung von der Gußstahlstraße abzweigt, im Schutze der Nacht (= Durchfahrt verboten), zum Eierberg. Die Lokale – ob nun geschlossen oder aufgegeben – nennen sich hier also mehrheitlich Bistro. Damit soll offensichtlich erreicht werden, daß man an Paris denkt. Gut, ich denke an Paris, die »Hauptstadt der Zerrüttung«. Ich denke aber auch daran, daß Paris schon lange nicht mehr existiert, wenn man Guy Debord folgen möchte, der sich enttäuscht & bitter von seiner Stadt abwandte, vor Jahrzehnten bereits. Daß schon lange nichts mehr übrig ist von dieser unordentlichen Zeit & ihren Ausschweifungen. Auf dem Eierberg oder auf dem Vulkan. The finest tabledance in town. Diese Ausschweifungen können ja nicht gemeint gewesen sein. Bochum West (ehemals Bochum Gußstahl) & hinter der Bahnunterführung die Johanniterstraße, dort endlich eine Kneipe, die aber ganz unerwartet *Martinsklause* heißt, wo doch eine *Johanniterklause* zu erwarten gewesen wäre an dieser Stelle. So einfach liegen die Dinge dann eben doch nicht. Wie auch immer, das ist schon nicht mehr Stahlhausen, das hier nicht gleich wieder verlassen werden soll in Richtung Innenstadt. In Stahlhausen vielmehr himmlische Holzkunst, Ideen auch für »Ihre Fenster«. Verlockungen des Terrains. Es sollte doch möglich sein, sich selbst in Vierteln, in denen man sich schon oft bewegt hat, zu verirren. Vielleicht in eine Gaststätte zu geraten, die *Kartenhaus* heißt. Eine fragile Konstruktion also. In der man noch nie gewesen ist. Mysterien der Sphäre einer Stadt usf. Die Wirtin verzehrt gerade eine Frikadelle, die immerhin hausgemacht aussieht & nicht wie vom Discounter, was aber eine Täuschung sein kann, & ich störe sie beim Verzehr der Frikadelle mit meiner Bierbestellung. Futtern wie bei Muttern. Jetzt Sommerferien in ganz Deutschland. Erreicht einen eine verzichtbare Information. & die Informationen, die man benötigen würde, erreichen einen eben nicht. Werden einem vorenthalten. Das ist so. Welche Informationen ich jetzt gebrauchen könnte? Was waren Ihre Themen der Woche? Fragt irgendein Privatradio, kann sein *Radio Bochum* – gibt es das? –, eine Schlagermülldeponie jedenfalls. Der Schlagermüll & die dummen kurzen Moderationen dazwischen erfüllen das *Kartenhaus,* das noch ziemlich leer ist am späten Nachmittag. Niedriger Wortanteil. Zu bestimmten Zeiten in bestimmten Kneipen wird auch wenig gesprochen. Mit etwas Glück ist die Kneipe nicht beschallt. Kontemplatives Trinken. Sich sammeln, & das geht besser ohne Musik. Obwohl ich manchmal Musicboxen phantasiere, die bestimmte Schubert-Lieder bereithalten (für bestimmte Situationen) oder Feldman oder was weiß ich. Ob ich eine Frikadelle esse? Die Themen der Woche? Das Unwetter in England fanden wir ganz schrecklich. Ach ja. Mein Thema der Woche – aber ich werde jetzt bestimmt nicht bei *Radio Bochum,* falls dieser Scheißsender wirklich so heißt, anrufen – wäre dann doch eher der »situative Urbanismus«, wie er in einer Architekturzeitschrift, die ich bei mir trage, genannt & auf eine aktuelle Theoriemode heruntergebrochen wird, bei der Architekten & Planer sich bedienen können. Die Heldengeschichten der Avantgarde, sie fehlen natürlich nicht, sind aber Vergangenheit. Trinken war ihre Methode. Zu einer beiläufigen Form des Sozialen kommen wir vielleicht, wenn wir in der Kneipe sitzen bleiben. Konstruktives Spielverhalten. Etwa Kartenspiel im *Kartenhaus.* Denn es heißt natürlich so, weil man sich hier zum Kartenspiel trifft & nicht etwa ... Was? Der Umgang mit unsympathischen Menschen ist eine wunderbare Schulung der Selbstbeherrschung. Ist das tröstlich oder nur dumm? Kneipenalltag. 100 Jahre FC Scheiße. Bricht wie ein Kartenhaus ... Breche ich auf ... Zu neuen Situationen. Das *Futterhaus* hält Nahrung nur für Tiere bereit (ich hätte doch eine Frikadelle essen sollen), in *Tom's Corner* wird der Ertrag aus Wohnungsauflösungen feilgeboten. *Tom's Haushaltsauflösungen* schafft die Ware ran & bietet seine Dienste an. Aber auch Gaststättenauflösungen, wie ich fürchte ein einträgliches Geschäft. Zu viele Gaststätten sind doch schon aufgelöst worden! Wo aber sollen konspirative Treffen stattfinden, wenn nicht in Hinterzimmern im Ruhrgebiet? Wo soll noch agitiert werden, wenn nicht in solchen Kneipen? Keller- & Dachbodenentrümpelungen. Kioskentrümpelungen. Die Welt gehört entrümpelt! Andere wollen nur die Sprache entrümpeln. Künstler mit unterschiedlichen Geltungsansprüchen. Irgendwo projiziert man seinen Ordnungssinn hin. Die Entrümpelung durchhaut den Knoten. Oder alles versinkt im Chaos. Dekonstruktives Spielverhalten. Man kann mit diesen Streifzügen auf eine Erkundung des Terrains zielen oder aber verwirrende Zustände herbeiführen wollen, es ganz bewußt darauf anlegen, sich zu verirren. Zu verlieren. Dabei kann es nur hilfreich sein, in jeder Kneipe, an der man vorbeikommt, halt zu machen & mindestens ein alkoholisches Getränk zu sich zu nehmen. Die Kneipen sind die Ankerpunkte. Urbanität habe ich übrigens schnell definiert: Stadt ist dort, wo es Kneipen (Plural) gibt & wo man die jeweils nächste Kneipe bequem zu Fuß erreichen kann. Daß es eine nächste Kneipe gibt, wäre die Bedingung für Urbanität, andernfalls man ja von der Dorfkneipe, Singular, sprechen könnte. Verläßt man die Kneipe, findet man sich unversehens auf der *Route Industriekultur* wieder. Wo freilich nicht im Ruhrgebiet? Hinweis auf die Siedlung Stahlhausen, die allerdings seit den Zerstörungen des Zweiten Weltkriegs nur noch als Torso existiert. Die *Glocken-Apotheke* wiederum verweist auf den *Bochumer Verein*, muß von ihm, der einst für seine Gußstahlglocken bekannt war, inspiriert sein. Eine Warnung in großen Lettern: Verwechseln Sie uns nicht!!! Drei Rufezeichen. Mit wem aber & warum sollte man das Orthopädie- & Schuhtechnikzentrum verwechseln? Freilich wird alles immer verwechselbarer in den Städten. Überall die gleichen, öden Filialen der gleichen Ketten, die gleichen Supermärkte, die überall den gleichen Müll anbieten. Wenigstens dürfen die Kneipen noch individuelle Namen tragen auf ihren von den Brauereien bezahlten Schildern & Leuchtschriften! Die sind aber meist phantasielos. Als ob der Befehl etwas nützen würde: Verwechseln Sie uns nicht!!! Außerdem werden hier an jeder Ecke Wasserbetten angeboten, in verwechselbaren Läden. Ich komme an einem grauen Wohnhaus vorbei, & die Geländer der Balkone sind so hoch gemauert, daß sie mir vorkommen wie Schützenstände, Hochstände, daß es mich nicht wundern würde, wenn Schießscharten in sie eingelassen wären. Daß der Elfenbeinturm keine Schießscharten hat, weiß ich wohl. Wie groß die Gefahr ist, in Stahlhausen auf offener Straße erschossen zu werden, vermag ich nicht einzuschätzen. & wieder ist eine Gaststätte verschwunden, die *Kajüte* an der Alleestraße! Mag sein, daß man die Kneipe inzwischen sogar schon entrümpelt hat. Der Schriftzug wurde bereits entfernt & ist nur noch für den zu erahnen, der von der gewesenen Kneipe & ihrem Namen weiß. Kaum sichtbare Spuren der Schrift, schwarz auf schwarz. Spurensuche. Erhalten ist noch die Eingangstür mit dem Bullauge, das das Bild eines bärtigen Seemanns rahmt. Spuren suchen oder auch legen. Lesen. Ich bin nicht zum ersten Mal hier. Der *Alleetreff* soll ab 18 Uhr geöffnet sein, darauf weist ein Zettel hin. Besucher des *Internationalen Zentrums der Barmherzigkeit* werden gebeten, den Hintereingang zu benutzen. Die Hintertür zur Barmherzigkeit – nein, ich möchte diesen Kalauer nicht weiter strapazieren. Dubiose Vereine in Hinterhöfen usf. Ein türkischer Rentnerverein zeigt sich schwarz wie ein Bestattungsinstitut. Dem Passanten, der an ihm vorbeikommt. Befaßt mit der Erforschung eines festgelegten räumlichen Felds: Also müssen die Straßenzüge zwischen der Alleestraße & der Oberen Stahlindustrie inspiziert werden. Siedlung Stahlhausen: Die Stahlhauser Straße läuft auf eine Backsteinmauer zu. Durchblicke, die an Bullaugen gemahnen, geben den Blick auf eine riesige Brachfläche frei. Das Industriegelände ist abgeräumt. An der Mauer, der eine Siedlung mit akkurat gemähten Rasenflächen zwischen den Wohnhäusern gegenüberliegt, wucherndes Unkraut. 793 Stahlhausen. Was bedeutet die Zahl? Obere Stahlindustrie. Am ehemaligen Tor 3 ein aufgegebenes Gebäude, Torhaus, dessen Fenster mit Holzplatten vernagelt sind. Dann eine Belehrung über die Siedlung Stahlhausen: vom *Bochumer Verein* ab 1866 errichtet, drei verschiedene Haustypen mit Kreuzgrundriß (Mühlhausener Typ), im letzten Krieg zerstört das Kost- & Logierhaus für 1500 Arbeiter. In der Baarestraße eine Friedenskirche & eine *Akademie für Kampfkunst & Gesundheit*. Weiters wird Louis Baares gedacht, der von 1854–95 Generaldirektor des *Bochumer Vereins für Bergbau & Gußstahlfabrikation* war, aber auch ein Wirtschafts- & Sozialpolitiker, dessen Denkmal im Zweiten Weltkrieg zerstört wurde, zusammen mit größeren Teilen der Siedlung. Das kann der Passant, so er alphabetisiert & interessiert ist, hier lesen. Auf der Straße in Stahlhausen. Es wurde auch gar keine weitere Recherche veranstaltet, um diesen Text mit Lesefrüchten aufzupeppen, mit historischen Hintergründen zu spicken, wie auch immer. Lesen kann man auch die Forderung: Rüttgers verpiß dich!! Joyce on tour. Jetzt gerade allerdings nicht, denn das Auto mit dem Hundeaufkleber steht in Stahlhausen. Im Hochbunker am Springerplatz *Bodos Bunker Basar* sowie die *Bastion,* in der sich u. a. Bochums kleinstes Kino befindet, no budget. Am anderen Ende des langgestreckten Platzes steht »Hexenkessel« über den Toiletteneingängen eines niedrigen Gebäudes. Wenn man weitergeht, das Gebäude umrundet & von der Vorderseite betrachtet, dann wird klar, daß es sich um den Namen eines Imbisses handelt: griechische & deutsche Spezialitäten. Aufschwung für alle! Für Mindestlöhne! Leere Versprechungen am Springerplatz. Ich denke an Guy Debord, dessen letzter Film einen Kommentar, so prägnant wie böse, vorweggenommen hat: Sie täuschen sich in allem & können nur noch über Lügen faseln. Wie hat die Produktionsweise ihnen doch übel mitgespielt! In der Kneipe *Am Springerplatz* wird geraucht, & zwar offensiv & als Protest gegen alle Rauchverbotspläne, die man hier fürchtet. Dafür steht die Wirtin gerade. Denn die Erde bebt. Es ist zu spät oder so ähnlich. Oder es ist nie zu spät. Der Junge im Muskelshirt ist ein ungewöhnlich junger Kneipenbesucher, falls er nicht zum Haus gehört. In dem die Farbe Orange dominiert. Orange sind die Vorhänge, aber auch bei den Kunstblumen herrscht diese Farbe vor. Ein Gast trägt zu allem Überfluß ein oranges T-Shirt – & habe ich nicht draußen, am Springerplatz, vorhin ein längliches Metallteil im Gras liegen gesehen, ein Kunstwerk möglicherweise, das auch in so einem merkwürdigen, knalligen Orange lackiert war? Ich glaube ja & höre in diesem Moment, daß irgend jemand den Verstand verloren haben soll oder so ähnlich. Wann wird alles, wie es war? Artikuliert sich eine rückwärtsgewandte Utopie. Egal, was auch geschieht. Wer denkt denn auch an sowas? Von wegen rückwärtsgewandt: Wir sollten darauf gefaßt sein, daß die fortschrittlichsten Positionen den Anstrich des Veralteten, gar Rückwärtsgewandten haben & daß sie bestimmt nicht modisch & mit dem neuesten Zeitgeist-Anstrich daherkommen. Daß der Fortschritt nicht linear verläuft, sondern was weiß ich. Daß es keinen Fortschritt gibt. Fahr zur Hölle! Karl Springer war übrigens Widerstandskämpfer & hat nur das Pech der Namensgleichheit mit diesem ekelhaften Zeitungsverleger, den man dann leider – natürlich! – doch nicht enteignet hat & nach dem man hier aber auch kaum eine Straße benennen würde. Hoffe ich zumindest. Rauchmelder retten Leben. Wie beruhigend. Die Kirchturmuhr zeigt kurz nach 3, obwohl es gleich 19 Uhr ist, wohl um den Teufel zu verwirren. 19 Uhr & der *Alleetreff* ist noch immer geschlossen. Obwohl dieser Zettel im Fenster klebt, auf den ich mich verlassen habe, aufgrund dessen ich noch einmal zum *Alleetreff* zurückgekehrt bin: »Heute: 18 h geöffnet.« Aber wann ist »heute«? Wann lese/notiere/schreibe ich das? Wann wird alles, wie es war? Wird sich alles, alles wenden? Die Alleestraße steigt an. Auf dem höchsten Punkt bildet ein exponiertes Haus zusammen mit einem weggebombten, imaginären zweiten so etwas wie einen weithin sichtbaren Torbogen. Einen Akzent, einen Auftakt, auf den aber nichts folgt. Hängt dieser Torbogen in der Luft. So der Scheitelpunkt erreicht ist, geht es sofort wieder steil bergab, wird die Alleestraße zur Essener Straße: Essen 13 km. Eine Anhöhe wie eine Paßhöhe. Weithin sichtbar & von Stahlhausen durch die Barriere der Kohlenstraße getrennt, bildet dieses exponierte Viertel einen eigentümlichen Anziehungspunkt, auch Aussichtspunkt. Drehpunkt, Kristallisationspunkt. Der plötzliche Stimmungswechsel einer Straße, das wußten schon die Situationisten, die offenkundige Aufteilung der Stadt in klar getrennte psychische Klimazonen ist zu bedenken. Einige Stunden werden vergehen, hier oben. Bis alle Kneipen erkundet sind. Bis das Terrain abgesteckt ist. *Café Millennium* heißt ein Lokal auftrumpfend. Aber das Millennium ist doch längst Schnee von gestern. Die Hoffnung auf den Weltuntergang war von vornherein aussichtslos. *Tandir Kebap Haus.* Warum nicht hier etwas essen? Eine Werkzeugkiste gibt es, & im *Bestattungsinstitut Jäger* wird eine von Luigi Colani entworfene Urne um 530 Euro angeboten. Ob das viel ist, entzieht sich meiner Kenntnis. Über aktuelle Urnenpreise kann ich nichts sagen. Über Bierpreise schon. 1,10 Euro kostet in der Regel das Pils in diesen Kneipen. Das sind nur 0,2 l, die geringe Menge hat aber den Vorteil, daß ich nicht zu schnell zuviel trinke. Daß ich nicht zu früh vollkommen abstürze/hängenbleibe auf diesen Expeditionen. Daß diese nicht vorzeitig enden in dieser oder jener vergessenen Kneipe. Die Preise auf der Cranger Kirmes im übrigen sollen stabil bleiben in diesem Jahr. Eine Information aus dem Radio, aus »den Medien«. *Zum Deutschen Haus,* Essener Straße, dort, wo es schon wieder bergab geht: Wollen die das System kaputtmachen? Wer sind »die«? Welche Bedrohungsszenarien oder auch Feindbilder kursieren im *Deutschen Haus*? Ich weiß nicht, um was es geht. Aber ich würde doch zunächst einmal mit denen sympathisieren, die das System kaputtmachen wollen. Es wird auch kaum anders gehen. Kaputtmachen, was uns kaputt macht usf., nicht? Ein Sprecher ist stark alkoholisiert & erzählt etwas von einer Suppenküche. Ja, Arbeitslose werden von deutschen Ämtern inzwischen an Suppenküchen verwiesen. Das habe ich neulich auch »den Medien« entnommen. Eine Errungenschaft der Sozialdemokratie. Ich bin doch ein komischer Mensch! Meint jemand. Dann wird gegen die Beschallung im *Deutschen Haus* Widerspruch eingelegt: Du hast doch so schöne deutsche Lieder! Aber die Wirtin kann die nicht mehr hören. Mireille Mathieu & so. Zur Feier des Abends. Ein frisches Pils. Ich kann das sowieso alles nicht hören. & wieder geht ein Jahr zu Ende. Aber es darf nie aufhören! Wir haben Angst vor dem Zusammenbruch. Das *Deutsche Haus* ist das Vereinslokal des *Bürger-Schützenvereins Bochum-Hamme 1881 e.V.* Das ältere Ehepaar, das am Nebentisch sein Pils getrunken hatte, ist gegangen. An der Theke wird wie gesagt die Systemfrage gestellt. Düstere Gedanken in der anheimelnden Stube. Noch ist früher Abend, wie weit wird der Alkohol tragen? & hell ist es draußen, im Sonnenlicht kann ich ein merkwürdiges Spielgerät in der Erzstraße in Augenschein nehmen, das mich auf den ersten Blick an das Atomium in Brüssel erinnert. Aber das ist Quatsch & trägt der Lesbarkeit der Erzstraße nichts bei. Der zweite Blick bestätigt den ersten nicht. Wie so oft. Besser nicht genauer hinschauen! Geht es um Imagination oder um sogenannte Fakten? Das *Haus Engelsburg* in der Cramerstraße ist auch nur auf den ersten Blick eine einladende Kneipe & wird inzwischen von einem türkischen Verein genutzt. Wie ein Memento hat man aber die Aufschrift belassen, die jetzt Wanderer in die Irre leitet. Spurensuche. Legen sich Schichten übereinander. In derselben Straße auch An- & Verkauf von deutschem Werkzeug, Posten & Restposten. In knalligen Farben sind einzelne der alten, kleinen Häuser gestrichen. Pils schmeckt nur, wenn die Tannen grün sind. In der *Gaststätte Cramer Eck »Bei Mehmet«* herrscht ausgelassene Feierabendstimmung, Freitagabend, Wochenende. Würfelspiele, Darts, die üblichen Alkoholikersportarten. Laute Musik. Da kommt Stimmung auf & Durst! Wenn man die Goldhammer Straße weiter hineingeht & die Anhöhe also nicht verläßt, nicht gleich wieder heruntersteigt Richtung Essen (13 km), dann kreuzt man die Goten- & die Normannenstraße, die Sachsen- & die Alemannenstraße, Römerstraße, Bayernstraße. *New Life* heißt vielsprechend eine Kneipe, in der aber ein Hund Odin gerufen wird: Odin faß! Wer seinen Hund angreife, der greife ihn an. Macht jemand klar. Unmißverständlich, wie man sagt. In der schummrigen Kneipe ein Sternenhimmel, ein goldener Engel auch. Wenn alle Stricke reißen … Ja, was dann? Jemand ist Lokführer oder ist es nicht. Maurer jedenfalls sind die besten, die können am besten saufen. Clichés, kleine Provokationen. Vorbereitung auf einen langen Saufabend. Auf ein neues Leben. An der Wattenscheider Straße, die die Goldhammer Straße kurz nach diesem falschen Versprechen eines neuen Lebens kreuzt, ist dieses, ist unser Viertel dann jedenfalls zu Ende, franst irgendwie aus. Auf der Wattenscheider Straße fließt der Verkehr. Also zurück in die Goldhammer Straße, zurück zu dieser merkwürdigen Verdichtung auf dieser Paßhöhe/Anhöhe, in dieses Spannungsfeld. An der Essener Straße gibt es noch eine Kneipe, die aufgesucht werden muß. & warum auch sollte man jede Kneipe nur einmal aufsuchen? Wir irren des Nachts im Kreis umher. Fällt mir die Übersetzung dieses Filmtitels ein. Auf der Höhe kann man bis spätnachts trinken. *Zum Warsteiner.* Der Abend schreitet voran. Der Mann, der schon im *Deutschen Haus* angetrunken war & an der Theke die Systemfrage gestellt hat, sitzt dort mit einem älteren Paar & einer jüngeren, rothaarigen Frau an einem Tisch. Argumentierend, gestikulierend. Es ist nichts zu verstehen. Die Kneipe ist voll. Erfrischungen für Jung & Alt. Ein solches Spiel ist natürlich nur ein mittelmäßiger Anfang.

Ansatzpunkte im Bochumer Südwesten

Der Bergbau kann einen im Bochumer Südwesten auch noch 40 Jahre nach der Schließung der letzten Zeche einholen. Es wird brieflich mitgeteilt, daß auf den Wohngrundstücken Prinz-Regent-Str. 86 bis 98 eine bergbauliche Untersuchungsmaßnahme durchgeführt werden muß & daß diese Untersuchung vier bis fünf Monate in Anspruch nehmen wird. Daß Bohrarbeiten geplant sind & daß dabei geklärt werden soll, ob unmittelbar unter der Tagesoberfläche in der Vergangenheit bergbauliche Tätigkeiten stattgefunden haben. Wo der Bergbau umgegangen ist. Nach der Stillegung der *Zeche Hasenwinkel* blieb der alte Wetterschacht offen & wurde erst in den achtziger Jahren vollständig verfüllt. Besonderer Vorkommnisse wegen. & über allem thronte die Burg Horkenstein. Wetterprobleme auch im *Schacht Theresia*. Der Wald am Hedtberghaus wird durchforstet. Das Waldgefüge wurde künstlich geschaffen & kann deshalb nicht sich selbst überlassen werden. Sichtbar ist hier Am Hedtberg noch der Stolleneingang mit Resten eines Schutzvorbaus aus dem Zweiten Weltkrieg. Vorbei an Tagesbrüchen. Einzelpingen & Pingenzügen auf den bewaldeten Höhen. Zungenhalden. Dahlhausen, Linden, Weitmar. An Zechen- & Industriegebäuden, Stollenmundlöchern an den Talhängen. Früher habe es in den Kneipen Cigarren gegeben. Merkt jemand an. In welche Klinik in Oeynhausen er denn käme. Die Frage wird an der Theke gestellt. Von Nervenkanälen, die neben den Bandscheiben herlaufen, ist die Rede. Vom düsteren Labyrinth der Schächte. In den letzten drei Monaten habe er jeden Tag Spritzen bekommen. Pillen machen nur schlapp. Ob der Pfeiler nicht zu Bruche geht. Muß befürchtet werden, daß die First dem Druck nicht widersteht. Da sei es besser, eine Flasche Bier richtig aufzukochen. Das haut die ganzen Bakterien weg. In Folge einer späteren Höherlegung der Straße Am Alten General ist in der Stützmauer des zur *Gaststätte Heinrichsbauer* gehörenden Biergartens nur noch der obere Teil des Stollenmundlochs (General-Stollen Nr. 2) sichtbar. Der große Speisesaal ist beinahe leer. Ganz hinten, in der Ecke, eine Seniorengruppe an einem Tisch. Schnitzel werden bestellt, Medaillons, alles mit Zigeunersauce. Guten Hunger! Wer Sorgen hat, hat auch Liqueur. Dichtete Philip Sommerlad. Alkohol ist in aller Munde. Man hört das Wasser noch heute aus dem alten Stollen rauschen, der seine Aufgabe immer noch erfüllt & das Grubenwasser aus den stillgelegten Grubenfeldern abführt. Nur hohles Sausen immerfort. Vorbei an Bahntrassen, Ruhrschleusen, Kribben (Buhnen), Lein- oder Treidelpfaden & Resten von Kohlenniederlagen. Schiebewegen. Am Mundloch des Pferdebahntunnels. Am Ruhrstrom ragt noch so mancher Turm. Der Malakowturm der *Zeche Brockhauser Tiefbau*, der älteste seiner Art. Oder der Wasserturm am Sudholzweg, der als »Handgranate von Hörsterholz« bezeichnet wurde. Als er noch stand. Bei Stollen, die aus dem Ruhrtal heraus aufgefahren worden waren, konnte die Kohle direkt aus den Stollen in die Ruhraaken verladen werden. Diese häufig in Abbildungen dargestellte Situation war aber eher ein Ausnahmefall für den Ruhrbergbau. Mittels Haspelanlagen & Göpelwerken wurde die Kohle an die Tagesoberfläche gefördert. In diesem ländlichen Umfeld entstand so etwas wie ein vorindustrielles Proletariat. Nirgendwo schmeckt das Bier besser. Noch immer erfüllt der Erbstollen seine Aufgabe, das über ihm liegende Gebirge zu entwässern. Nach starkem Regen hört man am Kanaldeckel vor dem Stollenmundloch, wie das Grubenwasser aus dem Erbstollen in den Entwässerungskanal fließt. Weitere gemütliche Kneipen bezeugen erneut, daß man das Ruhrgebiet am besten an der Theke kennenlernt, die *Keglerstuben*, das *Entenhaus*, der *Stiepeler Krug*, das *Ritter-Eck* & die ehemalige *Gaststätte Fernholz*. Es mögen verräucherte Spelunken sein. Für mich haben sie magische Anziehungskraft. Nebel, Dampf. Je nach Witterung kehrte der Wetterstrom um. Ende Februar 2004 war deutlich erkennbar, daß der alte *Schacht Johannes* nachsackt. Sackgassen, eingestürzte Strecken, Wasser. Reste von Sprache. Waren erkennbar. Bis zum nächsten Nebeleinbruch. Am Röderschacht: Stürzt die Straße steil bergab, auf die »Flachdachkolonie« zu, die Bergmannssiedlung Röderschacht, 1890 errichtet von der *Zeche Friedlicher Nachbar*. Steil wie ein tonnlägiger Schacht. Die Schluchtstraße, der Polterberg. Zu jeder Wohneinheit gehört auf der Gartenseite ein freistehender, massiv gemauerter Stall mit Toilette. & irgendwo müßte das vermauerte Mundloch des alten Pferdetunnels noch erkennbar sein. Östlich der Straße Am Röderschacht, unterhalb der Straße Am Kirschbaum. Als der Bau der Eisenbahnstrecke Dahlhausen–Weitmar begonnen worden war, suchte die *Zeche Baaker*

Mulde Anschluß an die Bahn. Das ließ sich dadurch erreichen, daß die Zeche durch den nördlich liegenden Lindener Sattel eine Strecke trieb, die als Pferdeförderbahn genutzt werden konnte. Das Mundloch befand sich ungefähr gegenüber der *Gaststätte Gremmel*. Wegen Wildwuchses ist dieser Standort aber kaum begehbar. In diesen öden Klüften. An der Steinhalde. *Im Wunderbaum*, ist dann endlich eine Kneipe erreicht. Hier wird nicht gelacht! Aber warum eigentlich? Als der Schacht in den folgenden Jahren tiefer geteuft wurde, stellte man fest, daß unterhalb der Teufe von 500 m keine Fettkohlenlager anzutreffen waren. Der *Schacht Julius Philipp* erreichte im Jahre 1907 seine Endteufe auf der 7. Sohle mit 596,2 m. Von hier erfolgte der Durchschlag zur *Zeche Friedlicher Nachbar*. Durchs Streckendunkel. Vorbei an größeren & kleineren Pingen, Schachtgebäuden & Spitzkegelhalden. Stichwort »Intensivbergbau«. & man kann deutlich erkennen, wie nahe unter der Tagesoberfläche sich der sogenannte Nachlesebergbau bewegte. & Bergbau ist ja auch Sprache. Selten aber sind Sättel so gut sichtbar wie an der Waldstraße in Dahlhausen. Der Weitmarer Sattel erlaubt einen Einblick in das Steinkohlenzeitalter. Bruch- & Faltentektonik stören den Abbau der Kohle erheblich. Da unten tief in den Schächten & Stollen. Bei starken Stauchungen & vertikalen Drücken zerreißen die Erdschichten, & es kommt zu Brüchen. Schnitt: In der *Bauernstube* in der Hattinger Straße wünscht man sich die RAF zurück, die *Baader-Meinhof-Gruppe*. Spielt man etwa mit dem Feuer? Die müßten sofort Politiker umlegen! Anders komme man gegen die nicht mehr an. Wünscht sich also ein Stammtisch die RAF zurück, der sicherlich gegen sie gehetzt hätte vor 30 Jahren. Aber wenn die Zornessaat gereift ... Aber man könne doch auch abstimmen bei der Wahl, meint jemand. Gelächter in der *Bauernstube*. Als ob Zündstoff nicht auch so schon überreich vorhanden wäre. Wieder herrschen Nacht & Stille. Durch die ständigen Verschiebungen ist in diesem Bereich das Gestein zermürbt worden. Im Uhlensiepen wird der Primus-Sprung sogar an der Tagesoberfläche sichtbar. Es handelt sich um eine geologische Störung, um die Schnittfläche zweier sich unterschiedlich verschiebender Erdschollen. Durch Schub- & Zerrkräfte im Erdinneren entstand diese Störung, die das Karbongebirge hier von West nach Ost um etwa 260 m ins Liegende verwirft. Dieser Sprung wurde früher als die erste Großstörung im Ruhrkarbon angesehen & daher als »Primus-Sprung« bezeichnet. Etwa 120 m vom Mundloch entfernt durchörterte der Sonnenscheiner Erbstollen den Primus-Sprung. Geröll & etwas Schotter waren auch darunter. Dann erfolgt die Vermessung der Fundgrube. Sprung: Dann ein Pfeifen. Ob das Wetter nicht Verderben braut. So oft. So oft im Traum der Nacht. Durch einen lauten Knall wurden gestern früh gegen 2.30 Uhr die Anwohner Im Hagenacker geweckt. Der Grund: eine Explosion in der Sparkasse Hiltrop. Da dröhnen Donnerschläge. Ob das Wetter nicht Verderben braut. Wir haben viel gelitten. In Dunst & Klüften. & mancher ist gestorben. Im Nebel ist man plötzlich ganz allein. Vorüber an dem Dampfhammerwerk, am Bremsberg & am Göpelschacht, am *Brikettwerk Dahlhausen,* das nur von 1897 bis 1908 in Betrieb war. Industrie entstand & verging. Am Tresen gehen die Lichter aus. Alkohol ist in aller Munde. Im *Haus Dudziak,* wo sich ein Stammgast noch mit dem Wirt unterhält. Früher Samstagabend, aber an den Samstagabenden ist nicht mehr viel los. Sonst kann es auch mal Mitternacht werden, 1 Uhr. Es gebe Menschen, die könnten ohne Ende Schnaps trinken. Aber Bier könnten sie keines trinken. Dann seien sie gleich platt wie eine Briefmarke. Er kenne jemanden, der habe eine Flasche Vodka getrunken, während er bloß eine Flasche Bier getrunken habe, & dann hätten sie aber die gleichen Anzeichen gehabt. Wie das zustandekomme. Habe der ostdeutsche Freund sich schon am Morgen einen Klaren reingezogen, alles ausprobieren müssen nach der Maueröffnung: Fernet, Obstler, Bärenfang, Mariacron. Böse Träume. Der Arbeiterdichter Heinrich Kämpchen aber haßte den Alkohol. Das Feuerwasser, die Wirtshausläufer, die Fuselsäufer, Schnapsgesellen. Die ihrem Hause die Hölle sind. Habe er sich eingebildet, daß Steinhäger den Steinstaub wieder aus den Lungen spüle. Wie das zustandekomme. Irgend etwas beschleunigt sich im Kopf. Er ist es gewohnt, Mariacron zu trinken. Gegen das Dunkel & die Geister der Unterwelt. In Nächten. Abendsternschacht & Morgensternschacht. Man spürt einen Hauch Nostalgie in der Gaststätte. Am Tresen gehen die Lichter aus. Wieder herrschen Stille & Nacht. Von der *Kleinzeche Gockel & Niebuhr* sind nur noch einige, kaum erkennbare Mauerwerksreste der ehemaligen Verladeanlage am Hang unterhalb des Kommunalfriedhofs zu sehen. Von den Massengräbern im Kohlenrevier. Vom unterirdischen Leben & von der Dunkelheit & von der Kühle. Erzählt er in der Gaststätte *Zum*

Hasenwinkel. Von einem Weg, den er sein ganzes Leben, die ganzen Jahrzehnte über noch nie gegangen sei. & auf den er jetzt aufmerksam geworden sei. Da ist eine Treppe, & da kommt man dann am Friedhof raus. *Schacht Goliath* oder auch *Schacht Golgatha.* Schädelstätte. Die alte Schachtruine der *Zeche General.* Die letzte Schicht. Sie fahren alle ins Dunkel. Nach 1850 beginnen sich die Schlagwetterexplosionen zu mehren. Je tiefer die Schächte werden, desto mehr Gase strömen aus. Schwaden oder giftige Wetter in Bergwerken. Schlagende Wetter. Unatembare Gase. Berggeister.

Werner Hellweg

Wir saufen ab. Wir sehen nichts. Wir überblenden dieses Nichts mit nostalgischen Rückblicken. Mit Fragmenten einer Erzählung. Wir bewegen uns in einer von Industrieentwicklung total überformten Landschaft mit vereinzelten Erinnerungsinseln. Der innere Zusammenhang der Stadt läßt sich nur herstellen über die Verbindung bruchstückhafter Erinnerungen. Beispielsweise das alte Werne. Bergbaugeschichte. Straßen, manchmal Schienen. Der Weg ist nicht das Ziel. Dann ein Wolkenbruch. Schon wieder, unberechenbares Wetter. Ein Keller ist vollgelaufen. Angeblich ist das in 30 Jahren nicht vorgekommen. Aber jetzt ist der Keller vollgelaufen, in dem die Waschmaschine steht. Die Natur rächt sich an den Menschen. Wenn man Glück hat, sitzt man gerade in der Kneipe. Einfach weg von Zuhause. Einfach einen trinken gehen. & die Wirtin meint: Die Natur rächt sich jetzt schön langsam an den Menschen. Man denke nur an die sintflutartigen Regenfälle am 20. Juni 2003, als die abschüssige Straße Zur Werner Heide zu einem Bach mutierte. Oder an die Bergschäden. Auch der Hellweg-Bereich war immer wieder Senkungen unterworfen. Die ich rief, die Geister usf. Kommt es noch schlimmer oder sind wir aus dem Gröbsten raus?

Das Tor von Werne, das wäre die Bahnunterführung, Werner Hellweg auf der Höhe Am Koppstück. & der Werner Hellweg, der noch darüber hinaus bis Laer sich erstreckt, wird seinerseits ja auch mit einem Tor eröffnet, wenn man so will, wird vom *Möbelhaus Hardeck* überspannt, kurz bevor er auf die Wittener Straße trifft & dort endet. Beginnt also mit diesem Möbelhaus-Torbogen, wenn man sich von Westen, etwa aus der Bochumer Innenstadt kommend, nähert. Straßen definieren Bewegungsmöglichkeiten. Die Befahrung der Wege führt durch Zwischenräume. Durch Einzelwelten zwischen Brutalität & Idylle. Weder Stadt noch Land. Kein Wunder, daß in solch trostloser Umgebung der Arbeiter sich als Proletarier fühlen mußte & radikalen politischen Strömungen zuneigte. Wird nach Erklärungen gesucht. Außerdem spielte der Alkohol hier eine üble Rolle. Die Räume beugen sich keiner einheitlichen Sicht. Sind zusammengesetzt aus Leerstellen. Bruchstücken aus Erinnerungen. Ganze Teile sind vergessen oder unterdrückt worden. Ein Relief am Bergbau-Erinnerungsmal etwa spiegelt die Geschichte unter Tage wider. Durch viele Tiefen. Streckenführung, Kohlengewinnung, Kohlenladestelle sowie Hauptstreckenförderung & Füllortbetrieb. Es heißt, die Müser-Kumpel fänden sich in dem Denkmal wieder. Die Räume sind verschieden lesbar. Man kann sie sich auf unterschiedliche Weisen aneignen. Die Frage könnte auftauchen, wie der historische Hellweg verlaufen ist. Von Dortmund nach Paderborn, von dort aus weiter zur Weser, das ist ziemlich sicher. Er könnte in Essen-Steele begonnen haben, wo sich der Name auch bis heute erhalten hat. Westlich von Steele jedenfalls läßt Hellweg als Straßenbezeichnung sich nicht nachweisen, in Duisburg kommt sie nicht vor & auch sonst nicht im Essener Stadtgebiet. Die Frage nach der Bedeutung von ›Hellweg‹ könnte auftauchen, die bei unbefriedigender Quellenlage schwieriger zu beantworten ist als die nach dem Verlauf. Heerweg oder Hangweg, auch Totenweg werden ins Spiel gebracht. Niedersächsisch »hal« oder »hel« in der Bedeutung von dürr oder trocken. Heinrich Beisenherz spricht sich jedenfalls gegen eine Herleitung von »hal« (= Salz) aus. Feststellen können wir heute nur, zu welchem Zeitpunkt welche Wegabschnitte als Hellweg bezeichnet wurden. Vielleicht darf man sich in der *Hellweg-Schänke* weitere Aufschlüsse erhoffen. Doch davon später.

Oder man kommt aus Dortmund, Lütgenbimmel, kreuzt kurz Bochumer Stadtgebiet & verläßt es gleich wieder, um kurz darauf abermals die Stadtgrenze zu passieren. Dann ist Bochum endgültig erreicht, was man allerdings gar nicht registrieren würde, wären da nicht die gelben Ortsschilder, würde der Lütgendortmunder nicht zum Werner Hellweg. Der Weg ist nicht das Ziel. & das Umherirren in der Stadt ist ja ein häufiges Motiv in der Literatur. Oft will der Protagonist nicht zum Ziel kommen, gelangt aber dennoch hin. Oder er möchte ein Ziel erreichen, landet aber woanders. Die Stadt hat Patchwork-Charakter, ist eher collagenhaft. Könnte man sagen. Niedergang von Stadt, fragmentarische Infrastruktur usf. Es fehlt ein Moment an Überraschung, Spannung, Aufladung. Ein übergreifender Zusammenhang ist jenseits der omnipräsenten Verkehrsinfrastruktur nicht erkennbar. Wir sehen nichts. Die Collage gibt die Zwischenräume frei. Bietet die Möglichkeit, die Einsicht in das, was sich in unserer Realität mit uns selbst abspielt, voranzutreiben. Dann die Kreuzung Am Berkenstück. Dann eine Tafel, auf der die Stadt Bochum unübersehbar auf ihre Städtepartnerschaften hinweist. Nordhausen ist dabei, Sheffield & noch zwei, drei andere Städte, aber das ist jetzt nicht so wichtig. Kontingenz & historische Zufälligkeit. Überhaupt: Ein räumlich disparates Patchwork aus in sich meist homogenen Strukturen ist das hier. Es gibt nichts Reales, das nicht Element einer Collage werden könnte. Die Lage des Hellwegs ist aber auch unter hydrologischen Gesichtspunkten von besonderem Interesse. Übrigens geht auch das *Deutsche Rechtswörterbuch* von einer Gleichsetzung des Hellwegs mit einem Heerweg aus. Die Orte an der Linie liegen an einem Quellhorizont. Vorteilhaft am Rande der Mittelgebirge.

Ein Regenguß, Gewitter. Glücklicherweise hat das *Haus Rogge* geöffnet. Wäre das nicht der dritte, sondern der erste Freitag im Monat, dann würde jetzt auch der *Silikosebund* hier seine Sprechstunde abhalten. Der *Deutsche Silikosebund,* dessen Bundesgeschäftsstelle sich in Gelsenkirchen befindet, bietet seinen Mitgliedern (Silikoseerkrankten, -gefährdeten, Sozialrentnern & deren Hinterbliebenen) eine günstige Gruppen-Sterbegeldversicherung an. Eintrittsalter bis 80 Jahre, ohne Gesundheitsprüfung. Erinnerungen an den Bergbau. Automobile Zonen. Räume, die durch die fahrende Bewegung konstituiert werden, die sie erschließt. Das wird immer schlimmer! In diesen Industriedörfern. Ein paar ältere Männer bei Pils & Korn. Es wird über Kfz-Versicherungen diskutiert, über die täglichen Ärgernisse der Autofahrer. Eine scheißige Straße sei das geworden. Das sei wieder alles richtig ohne Überlegung gemacht worden. Aber in der Türkei sei es noch schlimmer. Dort würden die Taxifahrer regelrecht Jagd auf Fußgänger machen. Du mußt mal in die Türkei fahren! Sagt einer. Ein anderer ist Zeuge eines Unfalls geworden, der von einem Greis verursacht wurde, der kaum in der Lage gewesen sein soll, aus seinem Auto auszusteigen. Der kaum gehen konnte, & wie wird es da wohl um die Reaktionsfähigkeit bestellt gewesen sein? Einer fährt regelmäßig in den Westerwald. Stellt die Frage, ob das in Bingen gewesen sei oder in Unna. Damals. Was? An der Mosel oder am Rhein. Du warst doch mit! Ein anderer empfiehlt eine Autowerkstätte auf dem Lütgendortmunder Hellweg, die er jetzt aufsuche, seit sich der Werkstattbesitzer seines Vertrauens durch Saufen & Scheidung kaputtgemacht habe. Dort, wo der Hundesalon ist. Aber eines Tages ist alles weg. Die Erde kippt um. Ist sich die Wirtin sicher, die eine Frikadelle als Imbiß serviert & dazu ein Glas Düsseldorfer Senf auf den Tisch stellt. Wir saufen ab! Leute, die schon seit 50 Jahren hier wohnen, hätten so etwas noch nicht erlebt. Die Natur rächt sich schön langsam an den Menschen.

Das sind Nebenkriegsschauplätze & Durchmarschgebiete. In Preußens Wildem Westen. Automobile Zonen. Industriedörfer. Hier spielen Infrastrukturen, Materialflüsse & Transportnetzwerke eine überragende Rolle. Die besondere Geschichte der verhinderten Stadtentwicklung im Ruhrgebiet. Die Auflösung ehemals markanter Ortsgefüge in die unspezifische Agglomeration. Ähnlich stellt die Situation in Werne sich dar. Neben der Arrondierung des Geschäftszentrums & qualitativen Angebotsverbesserungen, so eine Studie, die irgendwelche Berater ausgearbeitet haben, werden städtebauliche & verkehrliche Verbesserungen am Werner Hellweg nahegelegt. Wir können diese peripheren Räume als Möglichkeitsräume begreifen. Das Unvereinbare wird vereinbar dank Fläche. Urbaner Verfall. Ob der ganze Plan zum Scheitern verurteilt ist? Erinnerungen an die Zeit des Bergbaus. Die *Zeche Robert Müser* wird den Werner Bürgern nicht ganz aus dem Gedächtnis entschwinden. Dafür sorgt der Förderturm des Schachtes Arnold, der zur Zeit noch für die Grubenwasserförderung benötigt wird. Das Leben der Bergleute allein an einem denkmalwürdigen Fördergerüst ablesen zu wollen, reicht aber nicht hin. Die diffusen Räume unserer Ballungsgebiete sind für die meisten Menschen zeichenlos. Ebenso wie Zechentürme, Hochöfen & Arbeiterkolonien ihre Bedeutung als landschaftliche Symbole weitgehend verloren haben & an ihre Stelle moderne, monotone Wohnsiedlungen getreten sind, haben die traditionellen kleinräumigen Sozialmilieus & die mit ihnen verbundenen Orientierungs- & Verhaltensmuster ihre Bedeutung weitgehend eingebüßt & sind großenteils durch regional unspezifische urbane Lebensformen ersetzt worden. Aber nun, wir bewegen uns in einer der dichtesten Denkmallandschaften Deutschlands. In Bochum & Dortmund ist die Denkmaldichte besonders hoch. Auf der Suche nach den unterdrückten Erinnerungen der Stadt stößt man nicht nur auf einen auf einer Grünfläche aufgestellten Förderwagen, bizarr jetzt im Sonnenlicht & nicht mehr unter Tage. Ein Anker im Amtshauspark drückt die Seeverbundenheit der *Marinekameradschaft Bochum-Werne 1900* aus. Da es die Gaststätte *Zur Deutschen Flotte* am Werner Hellweg 502 nicht mehr gibt.

Oder man erreicht Werne-Mitte mit dem Bus, vom Bochumer Hauptbahnhof kommend oder vom Einkaufszentrum Ruhr-Park. Zeit & Bewegung. Vielleicht wird es irgendwann auch wieder eine Straßenbahnlinie nach Werne geben, wie schon seit einiger Zeit gefordert wird. Denn die Verlängerung der Straßenbahn über den Werner Hellweg ist, entgegen anderen Behauptungen, technisch ohne weiteres möglich. Die Unterführung unter der S-Bahn & der Güterstrecke ist sowohl breit als auch hoch genug, um die Straßenbahn aufzunehmen. Bis 1969 war das ja bereits der Fall. Wenn das *Haus Rogge* Ruhetag hat, ist dafür das *Siegel-Stübchen* geöffnet. Die *Mohren-Apotheke* warnt in ihrem Schaufenster vor Zecken & bietet ein Gegengift an (der Schrecken aller Zecken). Das Kaufhaus für die kleinen & großen, hohen & tiefen, runden & eckigen, schmalen & breiten Dinge des Lebens bietet u.a. ein Modell des Kölner Doms an, einen Microinhalator & die Mendelssohn-Symphonien, leider unter Karajan. »Wir sehen uns«, prophezeit ein Computerladen. Ein häuslicher Pflegedienst verspricht: Durch häusliche Pflege rund um die Uhr ermöglichen wir jedem Menschen eine optimale Versorgung in gewohnter häuslicher Umgebung. (Ganzwaschung, Teilwaschung, Sonderernährung usf.) Ein Bestattungsinstitut zeigt »Ghanas phantastische Särge« in Form z.B. von Autos & Leoparden. Außerdem: Trauerfloristik, Geschenkartikel, Brautschmuck, Topfpflanzen. Reparaturen aller Art. Ausstellung für moderne Haustechnik. Die *Werner Imbiß Stube*. Ein Mix an Stilen, Formen & Programmen. Ein Märchen wird wahr dank des ersten Hochzeitsplaners in Bochum. Das Schweinefleisch in der Fleischerei ist angeblich gleich »mehrfach lecker«. Zwischen all dem das alte, geduckte Fachwerkhaus, Werner Hellweg 525. Anziehende Ziele, die die Bewegung vorläufig zum Stillstand bringen. Nostalgische Phantomschmerzen. Affektive Strudel. Die Kneipe *Zum Faß* in der Adrianistraße aber scheint für immer geschlossen. Auch der Tierpräparator in einer anderen Seitenstraße des Werner Hellwegs hat aufgegeben. Kommt es noch schlimmer oder sind wir aus dem Gröbsten raus? Wir bauen eine Stadt aus Legosteinen. Wir beschaffen uns Material. Wir bringen das unmittelbare Leben ans Tageslicht.

Erinnerungen an den Bergbau im *Siegel-Stübchen*. 40 Jahre nach Schließung der *Zeche Robert Müser* & dem damit verbundenen Abschied des Steinkohlenbergbaus aus Werne. An den Wänden alte Schwarzweißphotos von Fördertürmen, Kohlestücke in Einmachgläsern & Bergarbeiterhelme. Bier verhilft häßlichen Leuten zum Sex seit 1862. *Brinkhoff's* oder *Jever*? *Vfl Bochum* für immer & ewig. Mit dem *MSV Duisburg* ins Jahr 2000. Fragmente einer Erzählung. 24 Jahre ist das schon her. Was? '83 hat es ihn erwischt, wie ein Blitz aus heiterem Himmel. Es wird über Rückenschmerzen geklagt. Das Alter ist grausam. Ein mittelaltes Pärchen trinkt Pils, er dazu einen Korn, sie ein Gläschen Weinbrand. Irgend jemand hat die Kurve gekriegt. Darüber kann man aber gar nichts mehr sagen. Die Tatsache, daß die Schüler heute in die Ferien entlassen worden sind, findet Erwähnung. Die Schüler sind Enkel. Irgend jemand ist heute nicht fündig geworden, hat kein ihn interessierendes Sonderangebot auftun können & ist wohl umsonst in den Ruhr-Park gefahren. Irgend jemand fährt zum wiederholten Male in den Harz. Aber Braunschweig ist auch schön! Die Stadt von Karl dem Löwen, nicht? Dann kommt die Mutter der Wirtin mit ihrem Rollator in die Kneipe gefahren, will aber scheinbar nur die Toilette aufsuchen & ist schnell wieder verschwunden. Ob sie etwas verpaßt habe? Selbstverständlich. Was? Das gehe sie nichts an. Was vor 24 Jahren passiert ist? Wir sehen nichts. Draußen am Werner Hellweg rauscht der Verkehr. Man kann den Einfluß der Fernstraßen auf die Entstehung & Entwicklung der Orte & Städte untersuchen. Man kann sie unter wirtschaftlichen, militärischen, politischen & religiösen Perspektiven betrachten. Man kann aber auch im *Siegel-Stübchen* noch ein Bier bestellen.

Betrunken oder berauscht die Straße hinunterziehen. Die dunkle Seite der Straße betrachten. Blutige Auseinandersetzungen um die Hellwegstädte usf. Bochumer Leidenswege. Sollen wir am Ende Berichten über Werwölfe in Bochum-Werne Glauben schenken? Die Furcht vor Werwölfen war weit verbreitet, sowohl bei der Jugend als auch bei vielen Erwachsenen. Der Geschichte, daß am Werner Hellweg ein alter Mann von einem Werwolf angesprungen wurde? Werwölfe trieben an bestimmten Stellen ihr Unwesen. Kam der einsame Wanderer daher, dann hockten sie ihm auf & ließen sich von ihm schleppen. Der Überfallene konnte sich selbst des Untiers nicht entledigen & mußte es tragen, bis es absprang. Der alte B., der in Werne an der Grenze zu Harpen wohnte, war in Lütgendortmund gewesen & auf dem Heimweg bis an die Stelle des Werner Hellwegs gekommen, die Auf dem Gericht heißt & an der eine große Eiche stand. Plötzlich hatte er das Untier auf dem Rücken. Es ließ nicht ab von ihm, so viel er sich auch abmühte. Er mußte es bis zu der Stelle tragen, wo später die *Zeche Heinrich Gustav* gebaut wurde. Nun, die Stadt ist gefiltert durch subjektive Erfahrungen & ruft jene Affekte & Leidenschaften hervor, die sich herausbilden, wenn man bestimmte Orte besucht & dabei auf seine inneren Impulse achtet. Aber auch der Alkohol spielt hier eine üble Rolle.

Die dunkle Seite. Probleme im Deutschen Reich. In letzter Zeit geschehen bei uns im Deutschen Reich merkwürdige Dinge. Berichtet jemand. So wurde das Auto eines Imbißbesitzers zerkratzt. & zwar wurden Hakenkreuze in den Lack geritzt. Dann wurde das Auto seines Nachbarn geklaut & später kaputt wieder aufgefunden. Merkwürdig auch, daß das Deutsche Reich noch immer fortbesteht in Bochum-Werne. Trotz wiederholter Versuche, eine Umbenennung der Straße zu erwirken, an der die gleichnamige Kolonie sich befindet. Nun, die siegreichen Kriege von 1864, 1866 & 1870/71 brachten dem Ruhrbergbau eine Belebung. Die Förderung der Zechen stieg an. Die Siedlung wurde streng linear an zwei parallel verlaufenden Wegen als Reihensiedlung angelegt. Eine gewisse Eintönigkeit kann man dieser Siedlungsform nicht absprechen. Sie wurde damals jedoch im Ruhrgebiet allgemein angewandt. Im Deutschen Reich geschehen in letzter Zeit merkwürdige Dinge. Der Höhepunkt war ein bewaffneter Raubüberfall. & jetzt, so berichtet jemand, war sein Auto dran: ein Hakenkreuz auf der Motorhaube. Kommt es noch schlimmer oder sind wir aus dem Gröbsten raus? Auch der Hellweg-Bereich war Senkungen unterworfen. Bergschäden auch in der Kolonie Deutsches Reich. Es wird glaubhaft berichtet, daß zu verschiedenen Zeitpunkten mal die Hälfte des Schaufensters der *Eisen- & Haushaltswarenhandlung Tacke,* Werner Hellweg 500, mal aber nur dessen Oberkante zu sehen war, wenn man sich von Norden kommend dem Werner Hellweg näherte. Die Häuser in der Mitte der von Norden nach Süden verlaufenden Straßen standen schief. Wies ein Kamin Risse durch Bergschäden auf, so trat ein Teil des Rauches durch diese Risse aus. Es ist wie im Nirgendwo. Schacht Arnold, der Förderturm gerät in den Blick, der dafür sorgt, daß die *Zeche Robert Müser* den Werner Bürgern nicht ganz aus dem Gedächtnis entschwinden wird. Der noch immer für die Wasserhaltung genutzt wird. Hier wird Grubenwasser gehoben, damit die Grubenbaue der Zechen im nördlichen Ruhrgebiet nicht unkontrolliert vollaufen. Der Auslauf des abgepumpten Wassers erfolgt wenige hundert Meter weiter nördlich in die Werner Teiche.

Dann ist beinahe schon Lütgendortmund erreicht. Im *Zoo-Center* sind Insektarien im Angebot. Man ist auf Terraristik spezialisiert. Gibt es noch eine Kneipe auf Bochumer Stadtgebiet? In dieser Stadt, deren innerer Zusammenhalt restlos verlorengegangen ist. Die *Hellweg-Schänke* gerät in den Blick. Dort wird zur Gründung einer Thekenmannschaft aufgerufen. Wer hat Lust mitzuspielen? Ein Betrunkener wundert sich, als ihm eine Rechnung in der Höhe von 22 Euro präsentiert werden. Die Boulevardzeitungen machen heute mit dem Tod eines Schmierenkomödianten aus dem Fernsehen auf & liefern damit ein Gesprächsthema in die Kneipe. Der Tod hat ihn erlöst, im Alter von 78 Jahren. Der Betrunkene zahlt anstandslos & bestellt ein weiteres Bier. Denn ich bin Alkoholiker, ich trinke jeden Tag. Dröhnt es durch die Kneipe. Ich bin Alkoholiker, jeden Tag zechen. Ich bin Alkoholiker, bis zum Erbrechen. Die *Hellweg-Schänke* scheint unentschlossen, ob sie eine Kneipe bleiben will oder mutieren zur *Trattoria Cerami*. Die zwei Namen verwirren den Besucher, dem auch eine italienische Speisekarte präsentiert wird. Aber nicht nur der sizilianischen Kleinstadt Cerami erweist Werne seine Reverenz. Die Kneipe *Zum kölsche Köbes* sendet einen Gruß ins nahe Rheinland. Doch das Kölsch auf der Getränkekarte ist schon das einzige, was hier an Köln erinnert. In der Kneipe wird polnisch gesprochen oder auch russisch. Neues Spiel, neues Glück. Eine Photographie zeigt ein Gruppenbild des *Bandoneon-Musikvereins »Liebesklang« Bochum-Werne 1920*. Ein Zeitungsausschnitt an der Wand beruhigt die Trinker mit der Erkenntnis: Bier schützt Männer vor Prostatakrebs. Forscher in San Francisco sollen das herausgefunden haben. Das Spiel ist aus. Game over. Du hast deine Chance vertan.

Dann fahren wir in den Harz. Sagt jemand in einer anderen Kneipe. ICE bis Hannover. Dort werde man dann abgeholt. Aus dem Harz hat Friedrich der Große Mitte des 18. Jahrhunderts Bergbau-Fachkräfte holen lassen, um den Steinkohlenbergbau an der Ruhr zu intensivieren. Erinnerungen an den Steinkohlenbergbau in Bochum-Werne. Dann hat man wieder den Arnoldschacht passiert, die Feuerwache. Verläßt Werne durch dieses Tor, das die Eisenbahnunterführung bildet. Der Hellweg wird breiter, steigt an. Ein heller, lichter oder ganzer Weg. Man weiß das nicht so genau. Weiß nur, daß die Bezeichnung Hellweg ausschließlich im niederdeutschen Raum auftaucht & daß der historische Hellweg auf der Linie der heutigen Städte Essen, Bochum, Dortmund, Unna, Soest & Paderborn bis weiter östlich zur Weser hin verlaufen ist. Der Hellweg überquert die Autobahn, von der die Stadt hier zerschnitten wird. Auf der man nach Münster fahren könnte oder nach Wuppertal. Die Stadt ist im genauen Sinne des Wortes erfahrbar. Etwa mit dem Bus Nr. 345. Der Weg ist nicht das Ziel. & seine Wahrnehmung ist es erst recht nicht. Ein Grünstreifen jetzt in der Mitte des Hellwegs. Niedrige Wohnhäuser, Vorgärten. Wege, die durch Zwischenräume führen. Durch urbanistische Experimentierfelder. Die als Wahrnehmungsgegenstände nicht in Betracht kommen, weil sie zu heterogen sind oder weil sie an Plätzen vorbeiführen, denen keine interessierte Wahrnehmung gilt. Eine Kneipe dann doch noch. Das *Haus Lennig* wird von Griechen bewirtschaftet. & muß einmal *Schultheiss* ausgeschenkt haben, wovon noch die in die Scheiben eingelassene Brauereiwerbung kündet. In diesen Zwischenräumen fungieren einzelne Ort als Ziele, die die Bewegung zu einem vorläufigen Stillstand bringen.

Dérive II: Batenbrock, Boy

Ab dem 20. August fügt sich alles zusammen. An jeder Zwischenstation ist die Frage zu entscheiden: Gehe ich weiter oder kehre ich um? An jeder Haltestelle, jedem Bahnhof: Steige ich aus? Man könnte natürlich eine Münze werfen: Ja oder nein? Aussteigen oder Sitzenbleiben. Abbiegen oder geradeaus weiter. Links oder rechts. Man könnte auch würfeln, wie viele Stationen man fährt, mit der Straßenbahn, mit der S-Bahn. Man könnte noch ausgeklügeltere Versuchsanordnungen installieren, um den Zufall entscheiden zu lassen. Oder man läßt sich von Orts- oder Straßennamen leiten. Deren Verheißungen natürlich sehr oft – ja doch: meist – in die Irre führen, die aber andererseits immerhin einigen Raum lassen für Projektionen. Assoziationen. Ich steige also beispielsweise am Bahnhof Boy aus, aus dem S-Bahngraben hoch zur Horster Straße, wo Autoteile angeboten werden & auch eine große Dinosaurier-Ausstellung angekündigt wird: *Il mondo dei dinosauri*. Erstmals in Bottrop, auf dem Festplatz. Warum auf Italienisch? Aber nicht nur mit italienischen Dinosauriern ist zu rechnen, Plakate stellen außerdem in Aussicht: Ab dem 20. August fügt sich alles zusammen. Wo jede Art von Ordnung zu fehlen scheint. Wo die Orientierung schwerfällt. Wildwuchs ohne Planung im Industriezeitalter. Aber auch heute wuchert die Zwischenstadt ohne ordnendes Konzept. Stadtlandschaften, Ausfransungen, Siedlungsbrei. Zersplitterung der Städte auf das Land. Formlose Massen städtischer Überbleibsel. Wie soll sich das alles zusammenfügen ab dem 20. August? Nun, bloß der Nahverkehr wird neu geordnet mit diesem Stichtag. & das auch nur in Bottrop. Der neue Nahverkehr in Bottrop. Wichtig! Holen Sie sich die neuen Fahrpläne! Ich denke: Wahrscheinlich wird alles bloß noch weiter zusammengestrichen & ausgedünnt, & das Ganze wird verbrämt als Neuordnung des Nahverkehrs. Die Fahrpreise sind vor ein paar Tagen schon wieder erhöht worden. Daß der Nahverkehr im Ruhrgebiet unzureichend & übertreuert ist, schreibt sogar die Monopolzeitung. Muß sie schreiben, weil jede andere Behauptung vollkommen unglaubwürdig wäre. Wenn aber kommen wird das Vollkommene. Heißt es doch, wird doch prophezeit? So wird das

Stückwerk aufhören. Denn unser Wissen ist Stückwerk. Ja, alles ist fragmentarisch, der Text ist zusammenmontiert aus Fragmenten. Aus Ausschnitten, wahrgenommen in Bottrop-Boy, aufgelesen auf der Straße. Die Horster Straße aber, um auf dem Boden zu bleiben, hält an Angeboten auch noch bereit: Sauerstoffbehandlungen, lustige Fußballgeschichten aus dem Ruhrgebiet, von denen behauptet wird, sie seien lesenswert, was ich aber bestreiten möchte. Mit schönen Nägeln in den Sommer! Überhaupt: Im Trend. Wir machen von Alt auf Neu. Bietet eine Änderungsschneiderei ihre Dienste an. Vielleicht ist auf Wunsch ja auch der umgekehrte Weg möglich, von Neu auf Alt? Das Neue im Alten usf. Könnte man suchen & erkennen. & umgekehrt. Wir fertigen alles an & flicken & Reparatur machen wir. Sie werden zufrieden sein mit uns! Weiter Richtung Boyer Markt, wo ich nicht zu Unrecht Kneipen vermute. Die *Gaststätte Marktbörse* aber hat ausgerechnet heute geschlossen. Auch ist das kein Markttag. Ich notiere das, notiere: »Am Mittwoch geschlossen«. & während ich das notiere, spricht mich ein alter Mann an & fragt scherzhaft: »Hast du mich jetzt aufgeschrieben? Ich warte doch nur auf den Bus!« Auf den muß er wahrscheinlich lange warten. Niemand ist auf der Straße sonst, auf dem Boyer Markt, an diesem heißen Sommertag. Nein, ich würde ihn nicht aufschreiben, versichere ich nicht ganz wahrheitsgemäß, denn ich notiere ja weiter, & natürlich notiere ich auch seine Bemerkung, diese nicht ganz ernstgemeinte Frage. Geschlossen hat auch das *Haus Bednarz,* obwohl eine Tafel – irreführend & nicht wahrheitsgemäß – verkündet: Biergarten geöffnet! Lesend stoße ich noch auf die unnötige Information, daß der *Skiclub Die Trommelstöcke* sich im *Haus Bednarz* versammelt, notiere auch das. Kein Bier also am Boyer Markt. Weiter, vorbei an *Chedli's Bistro Pavillon,* den ich aber nicht betreten will, mir etwas anderes erwartet habe, erhofft auch in Bottrop-Boy & meine Suche nach einer ernstzunehmenden Kneipe noch nicht aufgeben will. Vorbei an der Stadtbücherei Zweigstelle Boy, die sich im selben Gebäude befindet wie der *Sport- & Jagdschützenclub Bottrop e.V.,* der dort eine Sportschießstätte unterhält. Achten Sie auf Ihre Kinder! Ich achte auf Kneipenschilder, spähe auch in Seitenstraßen hinein, ob sich vielleicht doch irgendwo eine Kaschemme versteckt. Entdecke aber nur *Rapunzel,* den märchenhaften Friseur. Es ist heiß, durstmachend heiß, wenige Menschen nur sind auf der Straße. Schließlich, bevor Boy endgültig & hoffnungslos Richtung Autobahn & Gelsenkirchen ausfranst, der *Boyer Hof,* Hotel & Gaststätte. Geschlossen. In einer Vitrine wird für Schnitzel-Schlemmereien geworben: goldgelb gebacken. Eine Straße zur Autobahn also. Das ist die Herrschaft der Autobahn. Die Autobahn sprengt die alten Zentren. Im Ruhrgebiet liegt alles an einer Autobahnabfahrt. Auffahrt. Der Verkehr beherrscht alles. Die Straßen sind zu Autobahnen geworden, während die Freizeitbeschäftigungen kommerzialisiert & entstellt werden. Heißt es schon im *Organ der Situationistischen Internationale.* Wir langweilen uns in der Stadt. Eine neue Wohnsiedlung an einer begrünten Halde. Gewerbegebiete, Zwischenstadt. Supermärkte in ödem Gelände. Die sogenannte grüne Wiese. Der grünen Stadt fehlt es an Stimmungen. Dann die Stadtgrenze: Einem Schild ist zu entnehmen, daß Städtepartnerschaften mit Berlin-Mitte, Merseburg & Blackpool bestehen. Zumindest Blackpool scheint mir gut gewählt. Das Hauptstadt-Berlin schon weniger, dort gibt es keine undefinierten Zonen, Brachen, Freiräume mehr. & zu Merseburg fallen mir nur diese blöden Zaubersprüche ein, die im Zweifelsfall aber sicher auch nicht helfen würden. Ab dem 10. August, noch bevor sich alles zusammenfügen wird, hat dann jedenfalls das *Feuerhaus* geöffnet, Heiztechnik oder so etwas, Öfen. Wir freuen uns auf Ihren Besuch! Das interessiert mich genausowenig wie die Sektenkirche in irgendeiner Seitenstraße. Ich berichte aber auch davon, was öde, uninteressant & prosaisch ist. Nein, nicht der Vollständigkeit halber. Alles muß ohnehin fragmentarisch bleiben. Eine Neuapostolische Kirche, Einfamilienhäuser häßlich wie im Münster- oder im Voralpenland, Vorgärten, Geschmacklosigkeiten. Pater-Markus-Weg. Ideal für Familien mit Kindern! Eine eklektische Mischung aus Städtischem & Ländlichem bedeckt die Zonen der Industrialisierung. Der Deindustrialisierung. Dabei verschwinden Stadt & Land allmählich. Heben sich aber nicht etwa auf, sondern vernichten sich gegenseitig. Zum Arbeiten zu alt, zum Sterben zu jung. Fühlen sich die Besitzer eines Wohnmobils, das in einer dieser ruhigen Wohnstraßen abgestellt ist. Topfit ... & tschüß? Was ist das? Haben diese Rentner schon Angst vor Euthanasieprogrammen? Im Hintergrund erhebt sich die Halde, auf die man das sogenannte Tetraeder gebaut hat, eine Art Aussichtsturm als Landmarke. Akzente werden da & dort gesetzt, sollen Struktur bringen in den Siedlungsbrei. Autonomie & Qualität sollen gewonnen werden für die Orte. Das ist nicht einfach. Denn die kapitalistische Produktion hat den Raum vereinheitlicht. & diese Vereinheitlichung ist zugleich ein intensiver Prozeß der Banalisierung. Irgendwo, auf einer anderen Halde, hat man jüngst auch eine »Geleucht« genannte Skulptur aufgestellt, eine überdimensionale Grubenlampe, ein lesbares Zeichen. Bergbauvergangenheit. Nostalgie, Identifikation. Dann die Batenbrockstraße, eine Brücke über die Bahn. Scheinbar lasse ich Boy hinter mir, das heute verlassen daliegt bei totaler Kneipenfinsternis, & erreiche Batenbrock, das Tetraeder im Blick, das ich schon einmal erklommen habe an einem Novembertag ohne Fernsicht. Blick nur auf Gleisflächen, auf die Kokerei & das nahegelegene *Alpincenter*, die überdachte Skipiste auf einer anderen Halde. Wie lächerlich, erwartet der schwule Autor sich etwas von diesem Stadtteil Boy, was denn? Eine Bushaltestelle wird aufgrund einer Baumaßnahme <u>sofort</u> aufgehoben. & diese Plötzlichkeit irritiert, ja bestürzt fast in der verschlafenen Zwischenstadt. Eine Sofortmaßnahme, aber bald wird alles sich ja zusammenfügen. Wird der Diskontinuität ein Ende bereitet, nicht? Ich komme, das Tetraeder im Blick, vorbei an heruntergekommenen Flachbauten, Wohnbauten. Häuserzeilen, dazwischen Grünflächen. Liquidierung der Stadt. Auf dem Rasen haben die Bewohner Tische aufgebaut. Flucht aus den Wohnungen. Trinken im Freien. Kinder, Hunde, Wäschestangen. Hinter der Mauer auf der gegenüberliegenden Straßenseite eine Brache, abgeräumte Industrie. Dort scheint sich verschiedenartiges Gewerbe angesiedelt zu haben. Hartmetall- & Bohrwerkzeuge. Stahlhandel, Maßbleche. *Kraftfahrzeugteile »am Tetraeder«*. Es scheint, als würde die Landmarke angenommen. Man bezieht sich auf das Tetraeder. Fahrzeugteile, aber keine Trinkhalle, nichts. Das *Dorothea-Buck-Haus*: ein Ort zum Leben lernen. Das wäre doch etwas. Haldenereignis Emscherblick. Halden, Doppelhalden, Erdskulpturen. Zeichen im Siedlungsbrei, die was bedeuten? Die Zeichen lesen lernen. Das wäre auch eine Aufgabe. Allen Städten haftet etwas Geologisches an. Halden zu Grünflächen. Der Nachlaß aus der Tiefe des *Bergwerks Pro-*

sper Haniel. Text- & Bildtafeln auf der *Route Industriekultur*, die die Vergangenheit beschwören. Aber nun, Bottrop ist noch immer eine Bergbaustadt. Was bleibt, sind Wahrzeichen. Landmarken des sogenannten Strukturwandels. Berichte über einen Papstbesuch vor 20 Jahren. Der ständige Kampf. Wege, die Halde hoch zum Tetraeder, Treppen & Plattformen. Emscherblick. Dieser Blick muß fragmentarisch bleiben. Bei jeder Zwischenstation ist die Frage zu entscheiden: Gehe ich weiter oder kehre ich um? Jede Ebene eröffnet aber auch einen neuen Blick auf die Region. Bei Frostgefahr kann das Teatraeder nicht bestiegen werden. Auch wenn keine Frostgefahr besteht, werde ich heute nicht hoch zum Tetraeder steigen. Ich bin nicht gekommen, um die Wahrzeichen anzusteuern & von oben auf die Region zu blicken. Ich gehe die Beckstraße weiter. Die Bebauung wird wieder dichter. *Kiosk & Heimdienst. Treffpunkt Internet*. Wenn die Stadt keine Treffpunkte offeriert, dann muß man sich im Netz verabreden. Anderswo findet man andere, fragmentarische Schönheiten wieder. In der Prosperstraße: Ein islamischer Verein verfügt über zwei getrennte Eingänge für Männer & Frauen. Ein Bus fährt nach Eigen, & auch der Name dieses Stadtteils ist dazu geeignet, die Phantasie anzuregen. Ich nehme aber diesen Bus nicht, sondern gehe weiter, angezogen vom *Bergwerk Prosper Haniel*, auf das die Prosperstraße verweist, das ich ganz in der Nähe vermute & das noch immer in Betrieb ist, wenn der Malakowturm Prosper II inzwischen auch eine Rolle als Wahrzeichen spielt auf der *Route Industriekultur*. Braune Schilder weisen den Weg. Zur Knappenstraße. Man befindet sich eigentlich immer & überall auf der *Route Industriekultur* im Ruhrgebiet. Glück auf zusammen! 150 Jahre Bergbau in Bottrop. Nordwanderung, & hier wäre dann die Endstation. Dieses fördernde Bergwerk ist dazu geeignet, die Phantasie in Gang zu setzen. Auch wenn einige Schächte inzwischen abgeworfen worden sind. Noch gelangt die Kohle auf einem Förderband, das durch einen schrägen Tunnel von 36 km Länge & mit einer Steigung von 21 % verläuft, ans Licht. Das ist das Sonnenlicht eines Augusttages. Einmalig ist dieser Förderberg im Ruhrgebiet. Ich stehe vor dem Malakowturm, auf der *Westfälischen Bergbauroute*. Ich denke: Das ist eine präzise Sprache, die Sachverhalte anschaulich zu benennen vermag, 36 km, schräger Tunnel usf. Ich bilde mir ein, mir das in etwa vorzustellen zu können. Ich könnte das überprüfen, denn an zwei Donnerstagen im Monat können Förderberg & Kohlenmischhalle besichtigt werden. Heute jedoch nicht. Es muß Räume geben, die einen besser träumen lassen als Drogen. Da unten? Von der heiteren Freude bis zum Schrecken. Finstere Viertel. Labyrinthe. Die Situationisten phantasieren einen Städtebau ganz nach ästhetischen Kriterien. Wir bewegen uns in einer Landschaft, deren Markierungen uns ständig zur Vergangenheit hinziehen. Schacht Prosper II (1871). Der *Bürgerschützen-Verein Andreas Hofer*. Freiheitskämpfer & ihre Sympathisanten im Industrieproletariat oder Deutschnationalismus oder was weiß ich. Dem Eingang zum Bergwerk gegenüber befindet sich die *Gaststätte Heintze*. Haben wir jetzt irgendwann ein Schützenfest oder so? Fragt ein Gast in dieser Gaststätte & erhält die Auskunft, daß in der nächsten Woche eines stattfinden wird & also unmittelbar bevorsteht. Das »wir« deutet darauf hin, daß die Angelegenheit den Gast betrifft, er wohl als Mitglied des *Bürgerschützen-Vereins Andreas Hofer* involviert ist. Ich werde gefragt, ob ich mit dem Fahrrad hier sei, & überrasche, wie mir scheint, mit der Auskunft, zu Fuß gekommen zu sein. Würde vielleicht noch größere Überraschung, Unverständnis gar auslösen, würde ich darlegen, daß ich – auf verschlungenen Wegen sozusagen – vom S-Bahnhof Boy aus hierher gelangt bin, vorbei an Halden & geschlossenen Gaststätten, würde ich die Verschlungenheit dieser Wege auch nur andeutungsweise zu skizzieren versuchen. Oder behaupten, ich versuchte, mich mit einem Stadtplan von Genua durch Bottrop zu bewegen. Aber das stimmt ja gar nicht. *Cross Mapping,* wie man das nennen könnte, würde mich im Augenblick überfordern. Nicht nur in Bottrop. Im Ruhrgebiet, wo *Cross Mapping* schon mit einem 30 Jahre alten Plan der betreffenden Stadt betrieben werden könnte, so stark haben sich die Städte verändert. Hält man in der *Gaststätte Heintze* eben diese Gaststätte für so entlegen & im Abseits der Knappenstraße, daß man sich ihr nur mit dem Auto, vielleicht noch mit dem Fahrrad nähern könne, wenn man nicht direkt aus dem Berg gegenüber kommt? Andererseits klagt man in der *Gaststätte Heintze* über den vielen Verkehr, insbesondere die Schnellfahrer auf der Knappenstraße. Ich warte auf den Tag, an dem ein Kind vor den Bus oder LKW rennt.

Meint die Wirtin. Einen Hund haben sie schon erwischt, einen kleinen weißen! Bei den Taktfolgen, in denen die Busse hier verkehren, würde ich eher darauf wetten, daß ein Kind von einem LKW überfahren wird. Geschichte wird gemacht. Es geht voran! Es kracht in den Lautsprechern, aber die Wirtin kennt sich mit Technik nicht aus. Von der Kegelbahn ist jetzt Gegröle zu hören. Viel Spaß beim Laufen wünscht sie dem Gast dann noch, den sie für einen Radfahrer gehalten hatte. Dessen Entscheidung, sich freiwillig zu Fuß durch Bottrop zu bewegen, sie nicht nachvollziehen kann. Nein, das würde sie nicht machen. Obwohl man dabei viel sehen könne. Das räumt sie immerhin ein oder kann es sich zumindest vorstellen. Wenn man vor die Kneipe tritt, sieht man jedenfalls den Malakowturm Prosper II. In ödem Gelände. Ich gehe den Weg zurück, den ich – angelockt von dem Bergwerk – gekommen bin, durch die Bahnunterführung & wieder an dem islamischen Verein mit den nach Geschlechtern getrennten Eingängen vorbei. Das ist nun immerhin ein Versuch, Ordnung zu schaffen. Ein klarer, nachvollziehbarer. Ich entschließe mich, dem Ostring zu folgen. Ich denke: Das ist eine wichtige Straße, die auch an der einen oder anderen Kneipe vorbeiführen wird. Was sich bestätigt, als ich bald an der *Gaststätte kleine Pinte* vorbeikomme, deren Leuchtschrift aber nur noch das traurige Memento einer aufgegebenen Kneipe darstellt. Auch das *Tönnchen* an der Ecke Mödericher Straße, in einem kleinen, hübschen Backsteinhaus, gibt es nicht mehr. Der gegenwärtige Moment ist bereits derjenige der Selbstzerstörung des städtischen Milieus. Des proletarischen Milieus. Am Ostring 184 sind die Fenster zugeklebt, & ein Baustellenschild von 1994 kündet noch davon, daß einmal der Plan bestanden haben muß, das Dachgeschoß auszubauen. Oder noch immer besteht. Wer sich müde läuft, kann noch Geheimnisse auf den Straßenschildern erkennen. Die seltsame Geschichte des Ostring 184 & wie man mit Bürgern verfahren kann. Wenn der Ruin droht. Seit mehr als zehn Jahren Stillstand auf Bottroper Baustelle. Trotz Genehmigungen. Wenn Versicherungen & Ämter ihre Macht mißbrauchen usf. Aber die *König-Klause* ist leider auch keine Lösung. Das Lokal, in dem auch der *Boyer Narren-Treff* abgehalten wird, hat gutbürgerliche Küche im Angebot, d.h. irgendwelche Schnitzelvariationen. Die Tischdecken sind rosa, das

Bier ist teurer als in den Gaststätten, die sich nicht gut- oder überhaupt irgendwie bürgerlich gerieren. Ansonsten korrespondiert der Nordwanderung des Bergbaus ja eine Absenkung der Bierpreise, & man zahlt in der Emscherzone meist 10 Cent weniger für ein Pils als in den Hellwegstädten. Irgend jemand möchte sich auf die Kirmes einklagen, meldet das Radio in die häßlich dekorierte Stube, in der ich ein Pils trinke & danach auch gleich wieder gehen will. & hat dabei nicht viel Aussicht auf Erfolg. Nicht jeder darf mitmachen. Oder doch? Zurückgekehrt auf die Straße bemerke ich das *Pizza Paradies Bonsai* nebenan, das vermutlich auf Miniaturpizzas spezialisiert ist. Gegenüber wird ein Pflegeheim gebaut, & irgendwann ist wieder die Horster Straße erreicht. Wenn man sich von den Hauptstraßen entfernt, verliert man sich in nichtssagenden Wohnstraßen. Es handelt sich um die Technik der Trennung. Wußten bereits die Situationisten. Vereinzelung, Eigenheim. Einen Imbiß & eine *Premiere Sport Bar* hat es auf dieser Höhe der Horster Straße einmal gegeben. Das ist nur noch rekonstruierbar durch die zurückgebliebenen Schilder. Das kann man feststellen, wenn man die Spuren zu lesen versteht. Ein Radfahrer sitzt ermattet oder betrunken vor einem Hauseingang. Das führende Bestattungsinstitut – gemessen an der Anzahl durchgeführter Bestattungen, um genau zu sein – wartet mit niedrigen Preisen auf. Ich komme an einer trutzigen Kirche vorbei & an einer original griechischen *Taverna*, in die ich nicht gehen mag. An einem Park. & höre, wie zwei alte Frauen von einem Kaufrausch sprechen. Der sie erfaßt hat oder von dem sie fürchten, er könnte sie erfassen. Im freien Raum der Ware, der einer ständigen Veränderung & Rekonstruktion unterliegt. Doch halt, in einer Seitenstraße, die von der Horster Straße abzweigt, gleich neben der *Taverna*, versteckt sich eine kleine Kaschemme. Der *Düppelhof* in der Düppelstraße ist ein länglicher Raum, die Männer sitzen aufgereiht am Tresen bei ihren Bieren & Schnäpsen. Christel & Michael haltet durch! Kann man noch den flehentlichen Appell der Stammgäste lesen. Aber sie scheinen dann doch nicht durchgehalten zu haben. Oder nicht lange genug. Erst als ich selbst am Tresen sitze, wird mir klar, daß ich mich allenfalls in der Ruine des *Düppelhofs* befinde, dem Rest desselben, einem Fragment. Denn der heutige *Düppelhof* ist nur noch ein Anhängsel der *Taverna* um die Ecke &

auch direkt mit ihr verbunden. Aus der *Taverna,* die zusammen mit diesem Rudiment einmal den alten *Düppelhof* gebildet haben muß, kommt der griechische Wirt herüber & nimmt meine Bestellung auf. Den Trinkern gewährt er eine Gnadenfrist & duldet sie als Anhängsel seiner *Taverna,* die an diesem frühen Abend leer ist, ganz im Gegensatz zum *Düppelhof.* & nichts fügt sich zusammen. Das ist anrührend, ja schön. Keiner sieht, wenn ich Durst habe. Aber alle sehen, wenn ich besoffen bin. Gehe ich weiter oder kehre ich um?

Dérive III: Wanne

Jetzt Wanne! Wanne-Eickel Hbf – verwirrend, ja widersinnig, da Wanne-Eickel doch seit den siebziger Jahren ein Stadtteil von Herne ist & der Hauptbahnhof der fusionierten Stadt dann ja wohl Herne Hbf heißen müßte. Der Bahnhof Herne allerdings ist kein Hauptbahnhof, & der Bahnhof, der – noch immer – als Wanne-Eickel Hbf firmiert & dessen Umbenennung in Herne Hbf oder Bf. Herne-Wanne auf zu großen Widerstand in der Bevölkerung stieß & deshalb fallengelassen wurde, ist auch viel größer. Man wird diese mehr als 50 Städte & Gemeinden doch ohnedies zu einer Ruhrstadt zusammenlegen müssen. Wo doch ohnehin längst alles zusammengewachsen ist. Aber wahrscheinlich wird das nicht gelingen. Wanne-Eickel hat es in 30 Jahren nicht verwunden, als eigenständige Stadt zu existieren aufgehört zu haben & in Herne aufgegangen zu sein. Also Herne-Wanne. Anreise mit der Straßenbahn aus Bochum. Baustellen, Regen. Irgendwann wird eine Stadtgrenze überschritten, irgendwo, & man merkt es gar nicht. & noch ehe ich mich auf den Weg mache, durch Wanne, vom Wanne-Eickeler Hauptbahnhof aus, wo die aus Bochum kommende Straßenbahn auch endet, durch den Regen, zu den Kneipen, die den Wanderer dort hoffentlich erwarten, die hoffentlich in großer Zahl vorhanden sind & ihm als Stützpunkte dienen & als Unterschlupf, suche ich die Bahnhofskneipe auf, deren Vorhandensein ich erfreut registriere, überrascht auch: *Adler 1835,* eine alte Lokomotive. Der schöne Hauptbahnhof muß einen rapiden Bedeutungsverlust erfahren haben, sonst gäbe es diese Kneipe nicht mehr, sonst wäre er längst zu einem Einkaufszentrum umgebaut & verunstaltet worden von der *Deutschen Bahn,* die in der vernachlässigten, bei diesem Regenwetter düsteren Halle des Hauptbahnhofs von Wanne-Eickel wie zum Hohn mit dem Slogan »Schnell Bequem Sicher« wirbt. Man kann mit Intercity-Zügen nach Norddeich Mole fahren & nach Luxembourg, aber für den Rest an Regionalverkehr ist der Bahnhof viel zu groß. Die Stückgutumladehalle verfällt. Düster auch die Kneipe, rustikal holzgetäfelt, & in die Dunkelheit leuchtet ein merkwürdiges blaues Licht. Tote Vögel Wanne-Eickel. Auf Kohle geboren. Wie kann man mittags schon so besoffen sein? Die Frage wurde bereits vorhin in der Straßenbahn laut. Bier & Jägermeister schon zu dieser Mittagsstunde. Meldungen aus Herne & Wanne-Eickel, schon wieder diese Trennung: Ein sogenanntes Kulturschiff nimmt die Fahrt nach Gelsenkirchen auf. Auf der Cranger Kirmes werden allerlei Attraktionen angeboten, über die das Radio, das einem auch in dieser Kneipe nicht erspart wird, berichtet, Zuckerwatte zum Selberdrehen & solche Späße. Sie könnten als Arbeitnehmer Probleme kriegen! Antworten auf die Frage, wie man ohne Zug zur Arbeit kommt, werden in Aussicht gestellt. Der drohende Streik der Lokführer, der selbstredend sowieso nicht stattfinden wird, ist also heute ein sogenanntes aktuelles Thema für Schlagzeilen & aufgeregte Moderatorenstimmen. Die Medien hetzen vereint gegen die Streikwilligen, müssen aber zugeben, daß die in der Bevölkerung auf große Unterstützung bauen können. Die Frage, wie man mit dem Zug noch zur Arbeit kommen soll, wenn die *Deutsche Bahn* endgültig privatisiert sein wird, stellt natürlich niemand. Sie werden alle noch ihre Probleme kriegen, die Arbeitnehmer, soviel ist gewiß. Der Regen wird nicht aufhören. Wenn ich im *Adler 1835* sitzenbleibe, um auf das Ende des Regens zu warten, dann werde ich aus der Kneipe nicht mehr herauskommen heute. Soviel ist gewiß. Mir ist das Wetter eigentlich vollkommen egal, aber es ist lästig, wenn die Tinte in meinem Notizbuch naß wird & die Schrift verschwimmt. Ich stütze mich ja auf meine Notizen. Ich merke mir doch die Namen von all diesen Kneipen nicht, die Sprüche der *Deutschen Bahn* & der Radiomoderatoren. & ich will sie auch wieder vergessen, wenn sie ihren Platz im Text gefunden haben. Vor dem Bahnhof der Heinz-Rühmann-Platz. Der Nazi-Schauspieler, den ich immer gehaßt habe in seiner ekelhaften Schmierigkeit & Gefühlsduseligkeit & auf den die untergegangene Stadt Wanne-Eickel stolz ist, weil er hier eine Weile gelebt hat. Die Familie hat die Bahnhofsgaststätte betrieben, & die muß damals eine Goldgrube gewesen sein. Der Bahnhof, so klärt ein Schild auf, wurde errichtet als Nachfolger des Übergabebahnhofs der *Zeche Pluto*. Ich stehe im Regen & versuche, das zu notieren. Die Verheißungen der Zechennamen! Die die Phantasie anregen, aber lassen wir das. Jetzt Wanne! Gegenüber des Bahnhofs ein Postamt. So stößt man auf vertraute Strukturen & kann sich eine Stadt zusammenreimen. Oder glaubt das. Bis zur nächsten Irritation. Das demnächst stattfindende

Postparkfest wird angekündigt. Wenn es dann nicht regnen sollte, wird man also mal zur Abwechslung im Freien saufen. Viel Backstein, der irgendwie zum Regen paßt, Verwaltungsgebäude unter Denkmalschutz. In der Wanner Straße der *Wanner Treff*, der augenblicklich allerdings als Treffpunkt nicht zur Verfügung steht. Der von 2.8. bis 13.8. geschlossen bleibt: Liebe Gäste! Sie finden uns dann am *Veltinsstand* Hauptstr. 378 bei Gockeln. Auch eine Kleintierpraxis befindet sich im Haus. Nicht bloß vorübergehend geschlossen hat der Damen-Herren-Friseur: Dieser Betrieb bleibt ab dem 17.4.06 geschlossen! Nahtstellen fühlbar, hier. Was heißt das? Was hier ins Spiel kommt, ist der hohe Ton des Dichters Paul Celan, mit dem die Stadt Herne – ja, wir befinden uns in Herne – Gedenktafeln ästhetisch aufzuladen versucht, die hier an die jüdische Vergangenheit von Wanne erinnern. Ich stehe im Regen & versuche zu notieren. Klafft es weit auseinander, hier. Wuchs es wieder zusammen. Wer deckte es zu? Die Feierlichkeit der Poesie, die ich hier einfach so, die Zeilenbrüche mißachtend, in diesen Fließtext hineinzwinge, deckt etwas zu, wo man sich doch besser an Fakten halten sollte, an die Prosa des Alltags. Nicht wahr? & warum heißt ein Bistro-Café *Ortrud's*? Keine Oper weit & breit, kein Schwan. Sind das Fragen, die man sich stellen sollte? Jemand hat irgendwo einen schönen Biergarten hingeknallt. Auf der Kirmes. Jemand ist gespannt, wie das mit der Beschallung wird. Das geht mindestens bis 3 Uhr nachts, da werden sich Anwohner aufregen. Erst mal Freibier zum Warmwerden. Usf. Ein Italiener ist so kirmesgeplagt, daß er mit der Knarre droht. Das muß man wahrscheinlich ernstnehmen, wenn man an die Mafiamorde in Duisburg denkt. Jetzt Wanne! Im ehemaligen *Haus des Handwerks* in der Gerichtsstraße, ebenfalls aus Backstein erbaut, befindet sich das griechische Restaurant *Odyssia*. Wir wollen aber nicht gleich von einer »Odyssee« sprechen bei dieser Wanderung durch Wanne, finden ohnehin, daß dieser Begriff inflationär verwendet wird. Wir sprechen bewußt von einer Wanderung & denken lieber an den romantischen Wanderer, der ja auch häufig ohne Ziel unterwegs war oder zuverlässig von ihm abkam, wenn er doch einmal eines hatte. & ›Umherschweifen‹ ist doch kein tauglicher Begriff, sondern nur eine notdürftige Übersetzung. Abschweifen können wir aber immer wieder. Dazu haben wir diesen Text zum Fließen gebracht. & auch auf unserer Wanderung durch Wanne driften wir immer wieder ab. Wobei ich den Weg, von dem ich ständig abkomme, nicht bezeichnen könnte. Der ist imaginär. Führt mich vorbei am *Frühstückscafé Bistro Orchidee*, an einer Apotheke, die Vitalstoffe anbietet. Die Kneipen tun das ja auch, haben aber alle geschlossen, viele wohl kirmesbedingt. So auch das *Musikcafé Fantasia,* das sich als Mehrzweck- & Vergnügungsstätte empfiehlt. *Gewehr* ist ein Wort, das einen aufmerken läßt bei der Betrachtung dieses Straßenbilds. Es handelt sich um den Namen des Inhabers eines Geschäfts für Lederwaren & Schirme. Nein, ich kaufe keinen Schirm, um ihn gleich in der nächstbesten Kneipe wieder stehenzulassen. *Molly's Pinte,* neben einem Bunker gelegen, hat auch geschlossen heute. Die Claudiusstraße, & schon wieder kommt ein Dichter ins Spiel, ist lang, & es stellt sich die Frage, ob es sich wohl lohnt, sie noch weiter entlangzugehen, sich noch weiter zu entfernen von der belebten Straße, mit ihren Läden für Schirme & Waffen & vieles mehr, die ja schon mit ihrem Namen – Hauptstraße – Wichtigkeit behauptet. Von der Ecke Claudius-/Hülshoffstraße, wo *Molly's Pinte* & der Bunker sich befinden, ist aber in der Ferne eine Bierleuchtschrift zu erkennen. Also weiter zum *Rats-Eck* an der Ecke Rathausstraße, einigermaßen durchnäßt inzwischen, einer Eckkneipe an einer runden Ecke. Nicht alle Trinker gehen auf die Kirmes, zumal bei diesem Wetter. Jeder hat seine eigene Kugel! Sagt jemand. Offenbar ist von einem Spiel die Rede. Von einem Spiel, bei dem es sich nicht von selbst versteht, daß jeder seine eigene Kugel hat. Das sind verschiedene Gepflogenheiten. Nicht alles ist mit allem kompatibel. Chaos in NRW! Das Chaos ist eine Eigenart des Ruhrgebiets. Die Presse hetzt gegen die streikwilligen Lokführer. Den Gesprächen im *Rats-Eck* ist nicht zu entnehmen, was man hier von dem Streik hält. Dem drohenden, der nicht stattfinden wird. Wer aber am frühen Nachmittag im *Rats-Eck* sitzt, der muß sich keine Sorgen machen, ob die S-Bahnen im Berufsverkehr pünktlich fahren. Unbehagen allenthalben. Eine schon schwankende Gesellschaft. Die einzige Idee, auf die mit Sicherheit niemand verfällt, ist zu revoltieren. Schrieben die Situationisten schon vor einem halben Jahrhundert. Jeder hat seine eigene Kugel. Sklaven, mit vergifteten & faden Lebensmitteln schlecht ernährt. Die Reservearmee, die jetzt von der Industrie mit Sicherheit nicht mehr benötigt wird. Arbeitslose, Frührentner, als Konsumenten allenfalls interessant für Brauereien, Schnapsbrennereien. Nachdenken über das Scheitern dieser oder jener Revolution. Überraschende Begegnungen, bedeutsame Hindernisse. Die Claudiusstraße weiter, über die Kreuzung Rathausstraße hinaus, wo die Schausteller von der Cranger Kirmes ihre Quartiere aufgeschlagen haben mit ihren Wohnmobilen, Wohnwagen. An der Ecke Heidstraße das *Knusperhäuschen*. Backzauber liegt in der Luft. Voll auf Touren! Besuchen Sie unsere Grabmal- & Natursteinausstellung! Auch gebrauchte Industrie-Nähmaschinen stehen zum Verkauf. Kaufe Gold, zahle bar. Jetzt werden die Goldreserven angetastet. Das Café mit dem gewissen Touch ist gewiß keine Lösung, dann aber endlich doch noch eine akzeptable Kneipe an der Hauptstraße, die etwas unmotiviert *Piano* heißt. Dort wird eine Geschichte aus dem Tätowierladen zum Besten gegeben. Jemand hat sich den ganzen Rücken mit *Schalke*-Motiven tätowieren lassen, Pokal, Stadion & dann auch noch die Namen der Spieler. Aber das ist doch bekloppt! Ist man sich in der Kneipe einig. Bei aller Liebe! So schnell wie die wieder weg sind! Jemandem wird geraten, sich *Stauder* auf den einen Arm tätowieren zu lassen & auf den anderen *Köpi*. Das Leben wird nicht leichter. Aber es wird immer besser belohnt. Nämlich mit *Stauder*. Belästigt uns die Essener Privatbrauerei mit einem blöden Spruch. Ja, man kann das Zeug schon trinken. Wird da & dort dazu gezwungen, hier, im *Stauder*-Einflußbereich, wenn man kein Altbier trinken will, & das will ich ganz bestimmt nicht. Wohl wahr, daß das Leben nicht leichter wird. Zum ersten Mal glaubten im Wirtschaftswunder Arme, Teil einer wirtschaftlichen Elite zu sein. So Guy Debord knapp & zynisch. Wie lange es wohl noch dauern wird, bis der Pöbel von dieser Illusion geheilt sein wird? Ach, es dauert schon quälend lange. Es muß ja nicht jeden Tag sein. Aber schön wäre es doch. Jemand ist nach Herne 1 gezogen, heißt es, von Herne 2, wie Wanne-Eickel im Verwaltungsjargon genannt wird, nach Herne 1. Betreutes Wohnen, Blick auf ein Hochhaus. Man müßte ihm ein Fernglas bringen, damit er die nackten Weiber in dem Hochhaus beobachten kann, beim Ausziehen im Bad. Die ehemaligen Zechkumpanen des nach Herne 1 Verzogenen machen sich Sorgen um dessen Alkoholversorgung. Ob er dort Alkohol trinken darf bzw. wie er überhaupt an Alkohol kommt. Die ehemalige Stammkneipe ist ihm jetzt zu weit. Er wird hier wohl nicht mehr auftauchen. In der *Altstadt Schänke* ein großes Wanne-

Eickeler Wappen hinter der Theke. Von wegen Herne 2! Wanne-Eickel wird immer Wanne-Eickel bleiben. Weil wir Wanne-Eickel im Herzen tragen. Kein Wahn ist größer als die heutige Organisation unseres Lebens. So Guy Debord. Ein Gast in der *Altstadt Schänke* sagt: Wenn du einmal unter dem Planeten Scheiße geboren bist, kommst du davon nicht runter. Wie? Befindet der Sprecher sich jetzt auf dem Planeten, von dem er nicht runterkommt oder unter ihm, weil unter ihm geboren? Ein schiefes Bild, aber man weiß schon ungefähr, was damit gemeint ist. Wie in der Dichtung. Nur nicht genauer nachfragen. Der Teufel kam, um ihn zu holen. Dazu gab es manchen Grund. Nichts ist wahr, alles ist erlaubt. Der Suff & der Teufel erledigten die anderen. Wen? Aber was der Teufel nicht kennt. Der Teufel! Man kann es nicht hören, man kann es nicht sehen. Wird der Tagesablauf eine unerwartete Wendung nehmen? Jemand möchte zwischendurch mal wieder den »Schalker Song« hören. Dem Wunsch wird aber nicht entsprochen. Rot hinterleuchtet sind die Schnapsflaschen hinter der Theke. Über dem Tisch, an dem ich trinkend sitze, hängt ein leicht abstraktes Stilleben mit Flaschen. Immerhin leicht abstrakt, denke ich. Man muß die Leute dort abholen, wo sie usf. Aber wozu denn eigentlich? Ist es ein Fortschritt, wenn kubistisch inspirierte Flaschenstilleben in Kneipen in Herne-Wanne hängen? Aber es ist schon etwas Besonderes, ein Wanne-Eickeler zu sein. Bestätigt man sich. Es muß ja nicht jeden Tag sein. Aber schön wäre es doch. Daß es hier nicht zu teuer wäre, meint die Wirtin, & es kann ihr im Ernst nicht widersprochen werden. Im Unernst schon. Gut gekauft in Wanne-Nord. Dann die *Lortzing-Klause,* gegenüber des Tanzclubs *Pferdestall.* Musiker also, die sind mir sowieso sympathischer als die Dichter. Jugendstilhäuser vorhin in der Mozartstraße, leerstehende Ladenlokale. Die *Lortzing-Klause* in einem Sechziger-Jahre-Bau. Wer kennt schon Musik von Lortzing? Zickenzone, Elephanten als Bildschirmschoner. Keine Musik von Lortzing. Kriminell Veranlagte aufgepaßt! Im Rheinland im großen Stil ticken! Diese erste Erfahrung von Illegalität, man will sie immer wieder machen, nicht wahr? Finger weg! Maul halten! Drink ausgeben! Drink, so ein Schwachsinn & Unwort. Hier trinkt man Bier *(Stauder).* Jetzt am Kiosk, wirbt das Privatradio, dem auch der blöde Spruch mit den kriminell Veranlagten entquoll. Warum Männer & Frauen fremdgehen. Ja warum wohl? Hier spricht der Preis! & dann wieder ein Bunker, vor dem man eine Verkaufshalle gebaut hat. Gegenüber die Kneipe *Zur Sonne,* die scheinbar aufgegeben wurde & die doch so nötig wäre bei diesem Regenwetter. *Durstlöscher Wanne-Nord.* Eine Preisliste für Beflockungen. Sollte die Flockwerkstatt nicht besetzt sein, bitte im Shop gegenüber nachfragen. Nein, das ist kein Kirmeswetter. Das bemerkt jemand zutreffend beim Betreten der Gaststätte *Zum Emscherpferd.* Der seinen Kirmesbesuch abgebrochen hat & jetzt hier weitertrinkt. Jemand ist gestürzt & nicht mehr hochgekommen. Schuld soll aber nicht der Alkohol gewesen sein, sondern der Zucker. Nach zehn Minuten kann schon alles zu spät sein. Sobald es regnet … Die Wirtin sagt: Ich habe Gäste gehabt, die kamen zurück vom Kirmes-Rummel, die haben gesagt: »Es macht keinen Spaß.« Die waren fix & fertig. Das ist nicht mehr schön. Nein, das ist nicht mehr schön.

Ückendorfer Straße

So ist der Westen. Eine Bahnunterführung bildet die Stadtgrenze. Eine Straßenbahnlinie, die in mehr als einer Stunde Fahrzeit Bochum-Laer mit Gelsenkirchen-Buer verbindet, unterquert die stillgelegte Kray-Wanner-Bahnstrecke. & nur das Ortseingangsschild deutet darauf hin, daß die Bewohner des unteren Straßenzugs keine Bochumer, sondern Einwohner des Gelsenkirchener Stadtteils Ückendorf sind. Wobei auch noch berücksichtigt werden muß, daß die Bewohner des hier an Gelsenkirchen grenzenden Bochumer Stadtteils Wattenscheid sich mit dem Ende Wattenscheids als kreisfreier Stadt im Jahre 1975, gegen das auch die *Aktion Bürgerwille* nichts auszurichten vermochte, bis heute nicht abgefunden haben & nach wie vor nur ungern als Bochumer ansprechen lassen. Aber was zählt der Bürgerwille schon! & welche der Städtefusionen & Eingemeindungen wäre nicht anfechtbar! Aber nun: Wenn man aus Bochum kommt, fällt links der Förderturm der *Zeche Holland* in den Blick. Ein sogenanntes deutsches Strebengerüst mit dem Namenszug »Holland« – Reminiszenz an die niederländischen Investoren & in den fünfziger Jahren von *Zollverein* hierher verpflanzt. Immerhin ein Ankerpunkt im Siedlungsbrei. Das Kauen- & Verwaltungsgebäude der *Schachtanlage Holland 3/4/6* auf Wattenscheider Boden ist das älteste noch erhaltene Werk der Industriearchitekten Fritz Schupp & Martin Kremmer. Damals noch nicht streng modern, sondern neoklassizistisch. Aber die Zeichengebung in absolutistischer Tradition, so drückt Roland Günter es aus, ist schon so stark zurückgenommen, daß sie beinahe wie ein unwirklicher Nachhall wirkt, der auch leicht zurückgenommen werden kann. Schritte in die architektonische Sachlichkeit: Mit dem Backstein wird nicht mehr dekorativ gespielt usf. Wie die Stadt unter dieser dichten Hülle von Zeichen wirklich aussieht? Auch das Maschinenhaus von Schacht 6 ist erhalten, während andere Tagesanlagen abgebrochen wurden. Umwelt-, Recycling- & Aufbereitungstechnologien, ein Gewerbepark, das Erwartbare.

Hinweisschilder auf das Lohrheidestadion, den Olympiastützpunkt, die »Athletenfabrik«. Der Olympiastützpunkt Westfalen/Bochum bietet Hochleistungssportlern ein Zuhause. Dorthin zweigt die

Hollandstraße ab, eine Seitenstraße mit parkähnlichem Charakter. Das Stadion, heißt es, sei nach der Sanierung 2002 wieder erstligareif. Die *Sportgemeinschaft 09 Wattenscheid* ist es nicht. Kaum ein Fernsehbericht aus dem Lohrheidestadion verzichtet auf die Einblendung des alten Förderturms, um die längst vergangene Tradition des fußballspielenden Bergmanns sozialromantisch zu verklären. Jenseits der stillgelegten Bahnstrecke die sogenannte Himmelstreppe, eine begehbare Skulptur auf der Halde Rheinelbe, der zweithöchsten im Ruhrgebiet. Der Skulpturenwald im *Wissenschaftspark Rheinelbe* auf dem Gelände eines ehemaligen Gußstahlwerks. Kunst & Naturschutz. Die *Zeche Rheinelbe* wurde bereits 1928 stillgelegt, die Halde bis 1999 geschüttet. Hier ragen Betonteile, Relikte einer Dortmunder Zeche, in den Himmel. Fundstücke aus der Industriegeschichte. Was ist ein »Industriewald«? Die ständigen Bodenbewegungen auf Rheinelbe haben abenteuerliche Steilhänge, Schluchten & mit Abbruchtrümmern übersäte Felder hervorgebracht. Nach uns der Urwald! Ein bestehender Raum mag seinen ursprünglichen Zweck & die raison d'être, die seine Form, Funktion & Struktur bestimmen, überleben. Er wird so gewissermaßen leer & offen für Zweckentfremdungen, Aneignungen & Umnutzungen. Schräg gegenüber dem Eingang von *Holland* liegt eine für das Ruhrgebiet typische Zechensiedlung. Die heutige Idylle täuscht jedoch über das Elend vergangener Zeiten hinweg – wie der Sozialwissenschaftler K. in seinem Text über Wattenscheid nicht vergißt anzumerken.

Der Blick überfliegt die Straßen wie beschriebene Seiten: Auf einigen Fassaden kleben heute noch Ruß & Abgase der letzten 50 Jahre. In den Hinterhöfen der Häuser kleine Anbauten, Schuppen & Gärten. Ein Buch über Gelsenkirchen verspricht trotz mancher unansehnlicher Ecken eine Menge Überraschungen. Die Laubenstraße führt zum *Kleingärtnerverein Lehmkuhle e.V.,* auf dessen Gelände sich auch die *Gaststätte Lehmkuhle* befindet. Hier residiert der Stammtisch *Die Saufziegen.* Wir sind gut drauf. Denn wir feiern alle heute Nacht, heute Nacht. Diese Wiederholung wie zur Bekräftigung. Oder um es sich einzureden. Am frühen Novemberabend ist von Feierlaune nichts zu spüren. Ein Markus wird begrüßt. Am Tresen ist inzwischen eine Diskussion über Notstromaggregate aufgekommen, ihre Bedeutung in Krankenhäusern, für die Kühlschränke mit dem Blutplasma insonderheit. Das nahegelegene Knappschaftskrankenhaus freilich, erbaut im Stil der Neo-Weserrenaissance & seinerzeit zuständig für Bergbaugeschädigte, wurde bereits 1973 geschlossen. 1974 wurde die *Zeche Holland* stillgelegt. Die Schächte blieben zunächst offen, das Baufeld kam zu *Zollverein*. Ob die Sparkassenauszahlung am 24. stattfindet, möchte jemand wissen. Nein, am 1. Dann ist das woanders! & nicht in der *Gaststätte Lehmkuhle*. Er muß das alles auf die Reihe kriegen, versucht das jedenfalls. Ob noch irgendwo Platz sei, wird eine Frage in die leere Kneipe gestellt. Ein Plakat wird aufgehängt, das ein Muschelessen ankündigt. Kannst noch rüberkommen etwas saufen! Wird einem Dieter telephonisch mitgeteilt. Man könnte einwenden, daß das *Iserlohner*, das hier ausgeschenkt wird, zu warm ist. Der Herr hat eine Lokalrunde gegeben! Heißt es dann. & man nimmt doch gerne noch ein *Iserlohner*. & die Frage taucht auf, wofür man denn überhaupt einen Meistertitel benötige. Überall, wo Wissen gefordert ist! Soll ich jetzt in der Kneipe auch noch einen Meister machen? Stellt der Wirt eine rhetorische Frage & kann sich ja sicher sein, daß seine Stammgäste das nicht von ihm fordern werden. Du sollst noch lange leben! Wieso? Du sollst noch viel trinken! Nun denn. Stell dir vor, du wachst morgen auf & bist tot. Wenn das die Vorstellungskraft auch übersteigen mag, so evoziert das Raisonnieren über die letzten Dinge in der *Lehmkuhle* aber noch einen Schwulenwitz: Wenn du tot bist, lasse ich dich verbrennen & aus deiner Asche Zäpfchen machen! Eros & Thanatos in Wattenscheid.

Die Stadt enthält ihre Vergangenheit wie die Linien einer Hand. Geschrieben in die Straßenränder, die Fenstergitter, die Brüstungen der Treppengeländer, die Blitzableiter, die Fahnenmasten. Lesen müßte man können in den Kratzern, Spuren, Einkerbungen, Einschlägen. Was aber die Ziffernfolge »676« zu bedeuten hat, die einem beim Unterqueren der stillgelegten Kray-Wanner-Bahnstrecke auffallen mag, erschließt sich nicht ohne weiteres. Daß Gelsenkirchen Partnerstädte wie Cottbus & Allenstein hat, wird einem auf einem Schild auch noch mitgeteilt, ehe man Gelsenkirchener Territorium betritt. Ein Warnschild spricht alarmistisch von der Lebensgefahr, die vom Wattenscheider Bach ausgehen soll, diesem Rinnsal, das man gleich hinter der Stadtgrenze überquert & ohne dieses Warnschild womöglich gar nicht bemerkt hätte. Vermißt wird seit Montag, dem 7. Juli ca. 7

Uhr, Hans L. (80 Jahre). Er ist 1,81 m groß, trägt eine dunkelblaue Hose, ein blaukariertes Hemd & einen graublauen Blouson, dazu schwarze Schuhe. Inzwischen auf dem Gelände der *Zeche Holland 1/2*, wo außergewöhnliche Loft-Wohnungen zu vermieten sind, außergewöhnliche Bureau- & Gewerbeflächen zudem. Silberne Pferde mit goldener Mähne weisen auf die *UnverwechselBar* in einem modernen Glasbau am Eingang zu dem Zechengelände. Versprochen werden eine anregende & zugleich entspannte Atmosphäre; Restaurant, Bar oder Weinlounge, je nach Stimmung & Anlaß. Für Freunde der Malakowtürme ist die ehemalige *Zeche Holland* inÜckendorf, die einzige erhaltene Schachtanlage mit zwei Türmen dieser Art, ein besonderer Anziehungspunkt. Die beiden Türme mit dem dazwischen liegenden Maschinenhaus werden mit einer trutzigen Burg verglichen. Werkhallen & ein repräsentatives villenartiges Gebäude vervollständigen das Ensemble aus der ersten Gründungsphase des Ruhrbergbaus. Mit dem Abteufen der Schächte wurde 1856 begonnen. In der Blütezeit der Doppelschachtanlage waren in den Türmen große Fördergerüste eingezogen, die bei zunehmender Teufe die Förderung übernahmen. Eine unsichtbare Landschaft bedingt die sichtbare.

Die BezeichnungÜckendorf soll auf einen altgermanischen Stammesführer mit Namen Hugo oder Hukko zurückgehen. Die Angehörigen dieses Stammes wären demnach die Huginge oder Huckinge gewesen, die ihre Siedlung Hugingsdorf genannt hätten. Verschiedene Völkerschaften kamen & besiedeltenÜckendorf. Aber was sagt uns das? Aber das Schlimmste sieht man nicht. Die Stadt spricht nicht über ihre Vergangenheit. Sie entwickelte sich rasch. Schulen, Kirchen, ein Friedhof, sogar ein Schlachthof entstanden. Das Stadtbild, dem trotz Kriegsschäden & einiger Bergschäden eine hohe Qualität bescheinigt wird, ist vor allem geprägt durch die Wohnbebauung im Norden sowie durch einige markante Industriebauten & öffentliche Gebäude. Durch Abriß sind jedoch bereits etliche Baulücken entstanden, so daß die Geschlossenheit der Straßenräume mit ihren zum Teil ausgeprägten Blockecken stark beeinträchtigt ist. Die Stadt besteht aus Beziehungen zwischen ihren räumlichen Abständen & den Geschehnissen ihrer Vergangenheit. Die Entwicklung soll über Jahrhunderte hinweg eher beschaulich verlaufen sein.Ückendorf behielt seinen dörflichen Charakter bis zur Industrialisierung. Industriedörfer, Bevölkerungsexplosion usf. Die Bausubstanz soll im allgemeinen weniger schlecht sein als das äußere Erscheinungsbild vermuten läßt. Selbst die enormen Bergsenkungen im Bereich Bergmann- & Metzer Straße mit bis zu fünf Metern in zehn Jahren haben die Ziegelbauten erstaunlich gut überstanden. Graue, schwarze, braune Häuser, ein rosa gestrichenes sticht hervor. Irgendwo weht eine Deutschlandfahne.

Die Hauptverkehrsströme durch den Stadtteil verlaufen in Nord-Süd-Richtung. Quellen & Ziele des Durchgangsverkehrs sind die im Norden gelegenen Gelsenkirchener Stadtteile einschließlich der Stadtmitte sowie im Süden das Zentrum Wattenscheids & Bochum, darüber hinaus Essen, Mülheim & Duisburg. Für diese räumlichen Beziehungen werden überwiegend die Ückendorfer Straße & die Bochumer Straße, die beide durch den Stadtteilinnenbereich verlaufen, als Fahrweg benutzt. Besonders in der Ückendorfer Straße macht dieser Durchgangsverkehr zeitweise die Hälfte des Verkehrsaufkommens aus. Ersatzrouten bedingen große Umwege. Regelmäßige Grenzbelastungen treten jedoch nur zu Hauptverkehrszeiten, & zwar am stärksten in der Ückendorfer Straße, auf. Vor der Tankstelle an der Ecke Am Dördelmannshof stauen sich die Autos. Die Kreuzung ist schon lange ein Streitthema. Denn die Autofahrer, die auf der Ückendorfer Straße unterwegs sind & tanken wollen, biegen nicht in die Straße Am Dördelmannshof ein, um die Tankstelleneinfahrt zu nutzen, sondern nehmen die Abkürzung über den Gehweg. Wie war die Reise? Kurz. Wortwechsel in der Gaststätte *Zum Dördelmannshof*. Besprochen wird auch das große Polizeiaufgebot, das am Vorabend einigen aufgefallen ist. & heute Mittag schon wieder! Jemand wird gesucht oder ist umgebracht worden. Ich habe keine Angst. Vor Ausländern sowieso nicht! Tut jemand kund. Das Lokal ist häßlich eingerichtet, verfügt über einen riesigen Fernseher. Jemand ist im Krankenstand & erzählt das im *Dördelmannshof*. Dann werde man ihn ja jetzt jeden Tag hier sehen! Ein anderer Wortwechsel geht so: Was willst du denn in der Stadt? Einkaufen. Welcher Mann geht denn freiwillig in die Stadt einkaufen? Du weißt doch sicher nicht einmal, was ein Brot kostet!

Der Ückendorfer Platz hat durch den verkehrsgerechten Ausbau nach dem Krieg seinen Platzcharakter verloren. Der Ückendorfer Platz ist zu einer großen Kreuzung geworden; vor dem Krieg geschlossene Gründerzeitbebauung. Das *Haus Witte* mit seiner klassizistischen Fassade ist heute ein Solitär. Auf der Karte Hüftsteak »Aurora«, Toast »Exotic«, Jägertopf, Spezialtopf usf. Nun, die Stadt besteht fürs erste aus Fassaden. Jeder, der in eine Stadt kommt, wird sofort mit ihnen konfrontiert. Eine fast schwarze Fassade beeinträchtigt die Wirkung der Gestaltungselemente aus der Zeit des Historismus. Eine mit Jugendstilelementen verzierte Fassade wurde zwar renoviert, jedoch mindert die formal wenig überzeugende Fenstergestaltung die Gesamtwirkung. Eine Klinkerfassade wiederum wurde übermalt, ohne daß der Gesamteindruck nennenswert Schaden genommen hätte. An einem dreigeschossigen Ensemble wird die Verkleidung eines Teils der Fassade mit Asbestzementtafeln beanstandet. Fassaden können beschrieben werden. So Waltraud Seidlhofer. Rosetten & Muschelornamente, Gesimsbänder & Pfeiler. Zum Beschreiben der Fassaden benötigt man Worte. Steinernes Flechtwerk & vorkragende Erker. Die Worte, die sich auf den Fassaden selbst befinden, haben meist nichts mit den Fassaden zu tun: Recklinghausen leuchtet. *Haus Siebrecht*. Internationale Küche in Gelsenkirchen-Ückendorf. Geschmacklose Einrichtung, helles Holz. Schweinelendchen »Mozart«, Fischteller »Ückendorf« usf. Der einsame Stammgast am Tresen möchte ein warmes Bier trinken, woraufhin der Wirt meint, daß er das doch auch zu Hause tun könne. Der Gast aber spielt den Connaisseur & berichtet von einem Besuch in der *Stauder*-Brauerei, wo man das Bier vor dem Trinken auch wärmen würde. Wollte man Silvester im *Haus Siebrecht* verbringen – mit Live-Musik, für die ein schnurrbärtiger Schlagersänger sorgen wird –, dann müßte man schon jetzt reservieren. Die Worte, die auf dem Papier Fassaden beschreiben, stehen mit den Fassaden in unmittelbarem Zusammenhang.

Die Zeichen bilden eine Sprache. Doch nicht die, die man zu kennen glaubt. Worte, Parolen, Losungen & dgl. Stärker als Dieselruß & Feinstaub. Bei Verdacht auf Herzinfarkt sofort 112! *Billardfreunde Gelsenkirchen*. Die *Pizzeria San Remo* bietet einen Schnitzel-Lieferservice an. Die Fassaden werden zu einem Hintergrund von Worten & Farben. Am 9. Dezember findet der 6. Ückendorfer Weihnachtsmarkt statt. Mit attraktiven Verkaufsständen, einem adventlichen Bühnenprogramm, Feuerwerk & Nikolaus-Auftritt. Zwischen Nicolai-

Kirche & St. Josef, der protestantischen & der katholischen Kirche an der Ückendorfer Straße. Der *Förderkreis Kirchenmusik* an der Nicolai-Kirche lädt zu einer Weinprobe ein. Zwischen den beiden Kirchen liegt der Pestalozzihain, eine Grünanlage. Wenn man eine Stadt zu beschreiben vorgibt & dabei in Wahrheit über eine andere spricht. Wenn Ähnlichkeit subjektiv empfunden wird & Gegensätzlichkeit ja auch als eine Form von Ähnlichkeit verstanden werden kann. Wenn der Mensch den Menschen braucht. Wir beraten Sie einfühlsam & fachkundig. »Ich kann es noch gar nicht fassen ...« Wirbt ein Spruch um Aufmerksamkeit für eine »Lacrima«-Erwachsenen-Trauergruppe in einem Institut für Trauerbegleitung. Ein Schild weist auf das *Wilh. Geldbach Werk* in der Ziegelstraße. Ein Unternehmen, das im Rohrzubehörmarkt tätig ist & die termingerechte Bereitstellung von Flanschen, Fittings & Bogen anbietet; langjährige Erfahrung in allen Fertigungsprozessen, mechanische Bearbeitung unterschiedlichster Stahlgüten, effektives Qualitätsmanagement, weltweite Zulassungen usf. Weiters könnte man auf den Konfliktbereich Wohnen–Industrie zu sprechen kommen, auf Geräusche wie Pressen- & Lüftergeräusche, Transport- & Fallgeräusche, die vom Betriebsgelände gut hörbar sein sollen, wobei die Wohnhäuser entlang der Ziegelstraße am stärksten betroffen sind. Anwohner berichten auch von Hammerschlaggeräuschen. Impulsgeräuschen in dichter Folge, überlagert von Fahrgeräuschen.

Vielleicht muß zurückgegriffen werden auf Metaphern von Ruß, kreischenden Rädern, wiederholten Bewegungen. Aber niemals sollte man eine Stadt mit der Rede verwechseln, die sie beschreibt. Man kann einem Straßenverlauf auf dem Stadtplan folgen, man kann ihn Meter für Meter abschreiten oder auch ein Stück mit dem Bus fahren oder mit der Straßenbahn. Man kann die Zeichen zu deuten versuchen, die sich einem darbieten im öffentlichen Raum. Man kann sich auch fragen, was sich unter dieser dichten Hülle von Zeichen verbirgt. *Kompetenzagentur Südost. Ückendorfer Getränkemarkt.* Sport – Spiel – Spannung. Der Imbiß *Zur scharfen Ecke.* Der Kath. Neustadt-Friedhof. Der Dienstleistungs- & Gewerbepark auf Flächen des ehemaligen *Schalker Vereins.* Wer erinnert sich an das *Lichtspieltheater Odeon,* das unter den Ückendorfer Kinos das vornehmste gewesen sein soll? Wer erinnert sich an den *Ückendorfer Krug* & die *Gaststätte*

Merkentrup, wo es einmal einen Pächter mit dem Spitznamen »Bombenleger« gegeben haben soll? Wer erinnert sich an den Schnapsladen *Dörr,* an die Holzgroßhandlung *Wagner & Hoppmann*? Eine Reise in die Erinnerung. Sind die Bilder des Gedächtnisses aber erst mal mit Worten festgelegt, verlöschen sie. Die Zeitung vom Tage berichtet von einer Ölspur durch das Ruhrgebiet, Herne–Gelsenkirchen–Recklinghausen–Henrichenburg–Datteln–Waltrop. Vom Feuer auf einem Essener Schrottplatz & einer Rettungsaktion in der Hattinger Innenstadt am Sonntagvormittag. Davon, daß die Polizei einen Verwirrten in seiner Wohnung festgenommen hat & sich nun fragt, ob er sich & seine Tochter erschießen wollte. Davon schließlich, daß ein 37-jähriger, angetrunkener Mann am Wochenende in einem Schalker Hausflur randaliert hat. Vielleicht sind das aber auch nur gedachte Worte & Taten.

In der parallel zur Ückendorfer Straße verlaufenden Spichernstraße liegt etwas versteckt die *Spichernschänke,* eng & klein in der ruhigen Wohnstraße. An diesem Novembertag ist dort eine Diskussion über Casinos im Gange. Der Wirt beschreibt die Gesichter, mit der die Spieler aus dem Casino in Hohensyburg wieder herauskommen, die er als Beweis dafür nimmt, daß man sich auf Glücksspiele besser nicht einlassen sollte. Darauf ein Gespräch über Handtaschendiebstähle in der Straßenbahn, im Supermarkt usf. Auf der anderen Seite, westlich der Ückendorfer, Straße führt die Bergmannstraße in ein Viertel mit geschlossener Gründerzeitbebauung. Behutsame Stadterneuerung in Ückendorf-Nord. Der *Jägerhof* ist eine Krawallkneipe. Vielleicht ist man nur zur falschen Zeit am falschen Ort oder im falschen Film. Wo früher eine Leber war, ist heute eine Minibar. Alkoholiker-Liedgut. Für ein Bier ist noch Zeit. Du tust mir leid. Ich bin schon wieder breit. Usf. Südlich dieses Viertels die beiden Parallelstraßen Flöz Sonnenschein & Flöz Dickebank, die gleichnamige Kolonie, deren Abriß in den siebziger Jahren von einer Bürgerinitiative verhindert werden konnte. Erbaut ab 1870; ab 1906 Abkehr vom gleichförmigen Siedlungsraster unter dem Einfluß der Gartenstadtbewegung; zweigeschossige Bebauung mit Hofbildung an der Ecke Virchow-/Knappschaftstraße. Milieus, die angeblich geprägt sind von Nachbarschaftsbeziehungen mit den vielfältigsten Aktivitäten. In die Dunkelheit der Siedlung strahlt die Leuchtschrift der Eckkneipe *Flöz*

Sonnenschein. Dort wird ein Generalstreik in Deutschland gefordert. In Frankreich gehen sie auf die Straße! Auch um Essen aus Dosen drehen sich Gespräche. Die Wirtin berichtet von Strategien, bei der Arbeit nicht abgefüllt zu werden. Auf einem Photo sind die »3 Grazien vom Flöz Sonnenschein« zu bewundern. Von einer abwesenden Frau heißt es: Sie ist zwar jetzt schwanger, malocht aber auch sonst nicht! Jemand will nicht mit dieser Frau auf eine Stufe gestellt werden. Jemand schimpft auf den ehemaligen scheiß Helmut Kohl. Jemand kennt sich nicht aus. Jemand könnte den Sachverhalt erklären, wenn er nur zu Wort kommen würde. Kurz vor 8 beginnt die Kneipe sich schon zu leeren.

So entstehen vorübergehende Fassadenbilder. Der Ückendorfer Straße folgend in Richtung Norden. Zu gewissen Stunden & auf gewissen Straßenabschnitten kann es sein, daß etwas Unverwechselbares, Seltenes, ja Großartiges wie in Schemen auftaucht – eine Gestalt oder ein Fragment oder Blendwerk – & doch nicht zu fassen ist. Auf der linken Seite kommt der *Ückendorfer Hof* ins Blickfeld; Gesellschaftszimmer, Bierstube. Neben der Bierwerbung der *Dortmunder Actien-Brauerei* fällt eine weitere Leuchtschrift auf, die auf den Friseursalon von Karola S. hinweist & ebenfalls an der Fassade des *Ückendorfer Hofs* angebracht ist. Nun hat aber weder der Friseursalon die Kneipe in diesen Räumlichkeiten beerbt, noch umgekehrt. Es handelt sich vielmehr um eine Fusion beider Einrichtungen. Karola S. praktiziert zu bestimmten Zeiten im *Ückendorfer Hof* & ermöglicht den Gästen so einen Friseurbesuch, ohne dafür extra die Kneipe verlassen zu müssen. Die Gaststätte ist völlig überdekoriert. Auf den Servietten sind Eichhörnchen abgebildet. Die Toiletten sind hellblau gestrichen. Auf der Kabine klebt ein Zettel: Defekt!!! Bitte die Wirtin fragen!!! Was aber wird die Wirtin dann tun? Sie hat ein Taxi für ein Ehepaar gerufen, das es schon kurz nach 18 Uhr für den Heimweg benötigt. Der Absacker hat sich sehr in die Länge gezogen. Bevor du einschläfst hier ... & alles Vorstellbare kann geträumt werden.

Dérive IV: Oberhausen, Sterkrade

Dezentriert könnte man sagen. Oder soll man so weit gehen zu sagen: Verlust der Mitte? Leerstand in den Innenstädten, Einkaufszentren an der Peripherie. Aber wo wäre das Zentrum, wo die Peripherie? Von der »Dezentrierung des Subjekts« habe ich auch irgendwo gelesen, der Dezentrierung des Subjekts & dessen diskursiver Produktion. Staat & Subjekt in der Postmoderne aus anarchistischer Perspektive. & irgendwie muß das ja alles zusammenhängen & sich im Stadtplan spiegeln. Die Unwirtlichkeit der Innenstädte, die Dezentrierung usf. Wo denn aber nun das Zentrum wäre? Neues Ziel Oberhausen: Ankunft in Oberhausen Hbf, mit einem Zug, der kumpelhaft *Der Weseler* heißt. In der Innenstadt. Aus ihr heraus, über Brücken, die Gleise überspannen, die der Innenstadt eine nördliche Grenze setzen, weisen Schilder den Weg zur *Neuen Mitte*. Es gibt viele Zentren oder es gibt keines. & Alt-Oberhausen, das es offenbar nicht mehr gibt, ist am Stadtplan eine graue Fläche, auf der einer der vielen Gewerbe- & Technologieparks entstehen soll oder längst entstanden ist, eingezwängt zwischen Autobahnzubringern & dem Güterbahnhof. Wie zufällig verlaufen die Grenzen zwischen den 53 Städten & Gemeinden. Festzuhalten sind: Bedeutungsverluste & Bedeutungsverschiebungen. In Oberhausen wird man die Stadtmitte jedenfalls nicht in der Innenstadt finden. Oberhausen hat die Stadtmitte ausgelagert & sich seine *Neue Mitte* neben die Innenstadt gebaut – das größte Einkaufszentrum Europas, falls das noch stimmt. Von der Innenstadt getrennt durch Bahnanlagen & Gewerbegebiete, Freizeit- & Zukunftsparks, ein Technologie- & ein Katastrophenschutzzentrum. Am Damm. Zur Eisenhütte. Platz der guten Hoffnung. Alte Walz. Die Mitte, zumal die »neue«, wird also definiert als eine rekordverdächtige Akkumulation von Ladenfläche. Den Bahnhof Oberhausen-Sterkrade hingegen läßt die *Deutsche Bahn* verkommen, weil er keiner Verwertung zugeführt werden kann. Die *Neue Mitte* aufzusuchen habe ich mich immer geweigert. Die *Neue Mitte* war ganz neu, als ich Oberhausen zum ersten Mal besuchte & gleich von einer irritierenden Seite kennenlernte, aus Anlaß der *Oberhausener Kurzfilmtage,* zu denen ich einen Filmemacher begleitete. Die Wohnung, in der wir untergebracht waren & die sich im alten Zentrum befand, unweit des Festivalkinos, war voll von furchterregenden Insekten in Monstergröße, Spinnen aus Gummi, die in gewaltigen Spinnennetzen an den in abscheulichen Farben bemalten Decken & Wänden klebten & Einblick gewähren mochten in die Psychopathologie dieses Oberhauseners, der seine Wohnung für die Dauer der *Kurzfilmtage* vermietete. Aber was weiß ich, ich bin kein Psychiater. Ich weiß aber noch, daß sich die Wohnung dieses Psychopathen, die dann allerdings weder mir noch dem Filmemacher Angstträume eintrug, in der Nähe eines innerstädtischen Parks befand, eines Cruisinggebiets, in dem der Filmemacher am hellichten Tag einige sexuelle Erlebnisse hatte. Mag sein, daß es sich um den Park handelt, an dem ich auch jetzt, Jahre später wieder vorbeikomme auf dem Weg zu einem anderen Quartier, dem *Haus Union* in der Schenkendorfstraße. Das Hotel mit dem gewissen Extra, gelegen zwischen der alten & der *Neuen Mitte* & früher ein Ausflugslokal. & vielleicht läßt die Dezentrierung sich hier ja etwas ausbalancieren, abfedern bei einem Bier, in der Tradition von Gastlichkeit & Gemütlichkeit, wie auch immer. Neben traditionellen, beinahe schon bürgerlichen Produkten soll die Karte geprägt sein durch eine frische deutsche Küche. Aber ach, es ist die übliche, wenig inspirierende norddeutsche Speisekarte, Schnitzelküche, Toast »Glückauf«, Rumpsteak, Schweinegeschnetzeltes usf. Ach, wie trüb ist mein Sinn, wenn ich in der Fremde bin! Dichtete einst Max von Schenkendorf. Tradition, aber auch Offenheit für Neuerung. So möchte das *Haus Union,* in dem ich mich einquartiere, gesehen werden. Das *Haus Union,* in dem am nächsten Tag eine Vertretertagung bereits in vollem Gange sein wird, wenn ich mich verkatert zum Frühstück schleppen werde. In dem regelmäßig Brunch-Buffets stattfinden, an denen einige Gäste bemängeln, sie würden zu früh abgeräumt. Indem ich ein Vorstellungsgespräch einer Küchenaushilfe belauschen werde, die sich 100 Euro dazuverdienen darf, der ein Stundenlohn von 6,50 Euro angeboten wird & von der maximale Flexibilität erwartet wird. Es trifft sich günstig, daß sie in der Nähe wohnt. Falsch verstandene Traditionen & Visionen für die Zukunft. Zwischen alter & neuer Mitte eben. Nein, ich werde auch diesmal nicht in die *Neue Mitte* fahren. Ich werde an ihr vorbei nach Sterkrade fahren. Mit dem *Weseler,* einem vollgedrängten Regionalzug, der mich in Oberhausen-Sterkrade abladen wird. Der Bahnhof ist verrammelt, Blick auf Sterkrade & die Schornsteine des Heizkraftwerks im Hintergrund. Ostrampe. Hinter mir, jenseits der Westrampe, liegt der Stadtteil Schwarze Heide. Die ehemaligen *Schächte Sterkrade 1/2.* Unfallgefahr, Bahngelände. Schnappe ich Warnhinweise auf. Sehe auf dem Arnold-Rademacher-Platz dieses merkwürdige Denkmal, in das Glocken eingearbeitet sind. Kein Hinweisschild, keine Erläuterung aber klärt mich über ihre Bewandtnis auf. In der *Gutehoffnungshütte* werden früher wahrscheinlich Glocken gegossen worden sein. Eine Bahnhofstraße, eine Fußgängerzone mit den üblichen langweiligen Läden, weist den Weg nach Sterkrade hinein. Man kann jetzt ein paar hundert Meter geradeaus gehen, ehe einem wieder eine Autobahn den Weg versperrt. Im *Hotel Zur Post* hätte ich mich auch einquartieren können, hätte ich gewußt, daß es mich nach Sterkrade verschlagen würde an diesem späten Februarnachmittag. Aber so kann man nicht planen, wenn man sich treiben läßt, in nächstbeste Züge einsteigt, spontanen Eingebungen folgt, den Verlockungen des Terrains beim Studium des unerschöpflichen *Stadtatlas Rhein-Ruhr.* Die Freude der unerwarteten Begegnung stellt sich ein oder nicht. Leidenschaftliche Ortswechsel führen zu einer schnellen Veränderung der Stimmungen. Was unterscheidet Oberhausen-Sterkrade von sagen wir: Essen-Steele oder Dortmund-Lütgendortmund? Stadtviertel, die sich im besten Fall als Kraftfelder erweisen. Die mehr oder weniger geplante geographische Umwelt, die das Gefühlsverhalten der Individuen direkt beeinflußt. Vielleicht sind das falsche Lösungen eines echten Problems. Aber wir müssen uns auf den Weg machen. Der Zilianplatz ist benannt nach dem Sozialisten August Zilian. Eine Ausstellung bedenkt *Wilhelm Busch & die Folgen.* Dazu fällt mir nichts ein. *Herzenspein & Nasenschmerz.* Werden verschiedene Sinne angesprochen, wird behauptet: Hören macht schön. Berufseinsteiger hergehört! Macht ein *Hörzentrum* in dieser Bahnhofstraße auf sich aufmerksam. Hörgeräte, Prothesen, die sogenannte Gesundheitswirtschaft ist nicht zu unterschätzen in diesen überalterten Städten. Alles, was unsere Wahrnehmung der Straßen verändert, ist wichtiger als das, was unsere Wahrnehmung der Malerei verändert. Hatte die *Situationistische Internationale* dekretiert. Aber was gibt es zu hören außer Straßenlärm, vielleicht Glocken, ab & an Feuerwehrsirenen, Polizei? Als John Cage einmal gefragt wurde, wie Salzburg denn klänge, bestritt er jede Besonderheit des Klangbildes dieser Stadt & wies darauf hin, daß alle Städte doch heute gleich klängen, nämlich nach Verkehrslärm. & der Fragende hatte wohl an die vielen Glocken & Glöckchen & Glockenspiele gedacht oder was weiß ich. Terrarientiere, Nager, Papageien, Sittiche, Exoten bietet das *Zoogeschäft Amazonas* an. Eine Zuflucht zum Exotismus, eine Flucht aus den wirklichen Bedingungen des Lebens & Schaffens. Natürliche Qualität, die man schmeckt in der *Bäckerei Erb*. Ja, da denkt unsereins zwangsläufig an Elke Erb: »Das Messer glitt mühelos durch das Brot / & bis aufs Holz auch, Unsinn. / Man weiß es nicht.« Nein, man weiß es nicht. Bäckerei & Stehcafé. Schlesisches Bauernbrot, natursauer. Verweise nach Osten. Unsinn. Jede bestimmte Ware kämpft für sich selbst, kann die anderen nicht anerkennen & will sich überall durchsetzen, als ob sie die einzige wäre. Wenn alles nichts mehr hilft, dann gibt es noch das Angebot eines Hypnosetherapeuten: Wohlbefinden auf den Punkt gebracht. Wenn man sich das Rauchen abgewöhnen oder abnehmen will. Aber auch Schlafstörungen & Ängste, Zähneknirschen & Bettnässen, Lampenfieber sind Indikationen. Da, wo sich die wirkliche Welt in bloße Bilder verwandelt, werden die bloßen Bilder zu wirklichen Wesen & zu den wirkenden Motivierungen eines hypnotischen Verhaltens. Hypnose ermöglicht durch aktive Einleitung einer gezielten Entspannung die vollkommene Aufmerksamkeit auf inneres Erleben zu erzielen. Ist es Introspektion? Ziehen wir uns zurück in uns selbst, schalten wir die rationale Kontrolle möglichst aus, falls wir überhaupt in der Lage sind, eine solche auszuüben. In einer Welt der Rationalisierung ohne Ratio. Alles hängt tatsächlich davon ab, auf welcher Ebene man es wagt, dieses Problem zu formulieren: Wie lebt man? Wie zufrieden ist man? Wie unzufrieden? Zwischenrufe aus dem Paris der fünfziger Jahre. Die Leute sind, so weit es nur geht, der Kommunikation & der Selbstverwirklichung beraubt worden. Man sollte sagen: der Möglichkeit, ihre eigene Geschichte zu machen. Dann stoße ich ganz unerwartet, mitten in der Innenstadt von Sterkrade nämlich, auf die *Alte*

Mitte. Es handelt sich um ein Restaurant, & die Dinge liegen also noch komplizierter, als ich bisher angenommen hatte, hatte ich die *Alte Mitte* doch in der Oberhausener Innenstadt vermutet, irgendwo zwischen dem Hauptbahnhof & dem Emscherschnellweg. Dezentriert also liegt irgendwo südlich der *Neuen Mitte* die ihrer Mitte beraubte Innenstadt, während man in die *Alte Mitte* einkehren könnte, ein Bier trinken & vielleicht ein Schnitzel essen. Ich werde das nicht tun. Dezentriert & verwirrt. Auch er weiß, wo er hingeht. Lese ich. Wer? An einer Hausmauer eine Figur, die hinter einer Wolke hervorlugt. Ein höheres Wesen? Ein hochaufragendes, grüngestrichenes Eckhaus mit Jugendstilanklängen beherbergt die Kneipe *Zum Brandenburger*, die aber jetzt noch nicht geöffnet hat. Wir befinden uns inzwischen in der Brandenburger Straße. Hoher Anspruch – tiefer Schlaf! Wird eine Verbindung hergestellt, die zu denken geben könnte, handelte es sich nicht um den Hinweis auf ein *Schlaraffia Matratzen-Studio*. In der *Elefanten-Apotheke* könnte man sich beraten lassen, um fit durch den Winter zu kommen. Grützwurst & Blutwurst sind gebraten eine Spezialität. Daran zweifle ich nicht. Im *Lito-Palast* in der Finanzstraße, einer Licht- & Tonhalle der besonderen Art, tritt die *Kleinstädter Bühne Sterkrade e.V.* auf, aber auch *Die Schlampampen*, Frauenkabarett aus dem Ruhrgebiet. *Sahneschnittchen* heißt das Programm: Das Beste aus 12 Jahren. Man findet dort wahrscheinlich nichts anderes als die alten Figuren des Theaters. Nichts, was auf einen wie auch immer regionalen Finanzplatz hinweisen könnte, weist die Finanzstraße auf, nicht einmal ein Finanzamt, & das ist auch gut so, immerhin aber eine *Gaststätte zur Börse*. Ich glaube nicht, daß es jemals eine Börse gegeben hat in Sterkrade. Ich erreiche den Marktplatz, wo der *Center Point* einen weiteren Mittelpunkt markiert, ja das Zentrum Sterkrades. Aber der 1997 eröffnete *Center Point* ist eine leere Mitte. Das *Bistrorant* mit Ausblick auf den Markt, zu dem Treppen hochführen, ist verwaist. Dabei war man 1997 so überzeugt von der neuen Mitte Sterkrades, daß man die gesamte Geschichte von der ersten urkundlichen Erwähnung im Jahr 900 über die erste Erwähnung des Kastells Holten 1188, die Errichtung des Großherzogtums Berg 1806, wodurch Sterkrade französisch wurde, aber nicht sehr lange blieb (vielleicht deshalb & als Reminiszenz: *Bistrorant*), der

Zusammenlegung von drei Eisenhütten zur *Gutehoffnungshütte* 1808, die Förderung der ersten Kohle auf *Schacht Sterkrade* 1903, die Verleihung der Stadtrechte 1913 & die Vereinigung mit Alt-Oberhausen & Osterfeld zur neuen Großstadt Oberhausen linear zulaufen ließ auf die Eröffnung des *Center Points,* des neuen Wahrzeichens für die Innenstadt. Da ist eine jahrhundertelange Geschichte, eine mit geradezu teleologischer Stringenz auf den Bau des *Center Points* zusteuernde Entwicklung – zumindest möchten diese »Daten aus der Geschichte« einem das weismachen – buchstäblich ins Leere gelaufen. Ja, Verlust der Mitte. Was wir ertragen, ist das Gewicht der Dinge in der Leere. Aber man kann dennoch nicht sagen, daß es keine Bewegung gäbe in der Innenstadt von Sterkrade. Das Ärztezentrum erhält immerhin einen Erweiterungsbau. Weitere Fachrichtungen können noch aufgenommen werden, z.B. Kinder-Psychiatrie & Kinder-Kardiologie. Wir erweitern das medizinisch-innerstädtische Versorgungskonzept. Die Steinbrinkstraße führt heraus aus dieser Fußgängerzonen- & Marktplatzgegend. Der ganze Raum ist bereits vom Feind besetzt, der bis hin zu den Grundregeln dieses Raumes alles für seinen Gebrauch gezähmt hat. Wußten die Situationisten. Die ganze Städteplanung ist nur ein Betätigungsfeld für die Werbung & Propaganda einer Gesellschaft, d.h. die Teilnahme an einer Sache, an der man unmöglich teilnehmen kann. Bald ist die Kneipe mit dem schönen Namen *Im Krug* erreicht, die aber leider nicht geöffnet hat, die, wie es scheint, nie mehr öffnen wird. & ich hätte den »Krug« doch so gerne von innen gesehen, mich einmal in ihm aufgehalten! Ich stelle mir den Krug vor als sozusagen proto- & archetypisches Behältnis, als einen Schutzraum. Es muß doch einen Raum geben, in dem man sich selbst schafft. Dann kommt, weniger verheißungsvoll, ein *Deutsches Haus,* eine Schank- & Speisewirtschaft mit zwei Bundeskegelbahnen. So kann es auch nicht verwundern, daß ein Schild an der Friedenskirche auf die nahe Kriegsgräberstätte hinweist. Der Raum definiert uns, obwohl wir uns im Imaginären definieren. Wer gerne Klartext redet, muß auch Klartext lesen. Klartext an der Ruhr! Was wie eine Forderung klingt, ist die dreiste Kampagne des lokalen Monopolblattes, das doch dazu da ist, die Verhältnisse zu verschleiern, & höchstens irgendwelche Harmlosigkeiten & Nebensächlichkeiten skandalisiert, um wirklich einmal Klartext zu reden an dieser Stelle – eine »innovative Imagekampagne«. Ein bekannter Schauspieler steht »voll hinter den Aussagen« – bloß hinter welchen? Viel Rauch um einen Club oder auch um nichts, ein Zehnjähriger wird beraubt, ein Gefahrgut-LKW kippt um usf. Alle werden nach ihrer Meinung über alle Einzelheiten gefragt, um ihnen leichter zu verbieten, eine Meinung über die Totalität zu haben. Kein *Krug* also, & auch die *Schwarzwaldstube*, die aufmerken läßt in dieser Stadtlandschaft, die einmal aufgehen hätte sollen in einer »Ruhrmündungsstadt«, erweist sich als türkisches Vereinslokal mit angeschlossenem Internetcafé. Das *Knappen-Haus* ist ein Ärztehaus, hier in der Nähe des Johanniter-Krankenhauses. Ein Laden stellt Ideen, Material & Anleitungen bereit für Leute, die Selbstverwirklichung & Persönlichkeitsfindung mit kreativen Bastelarbeiten anstreben. Ich suche meine Ideen lieber auf der Gasse & im Freien, könnte ich mit Joseph Haydn sagen & kehre endlich in die *Bauernstube* ein – einen großen, dunklen Gastraum mit viel Holz. Spiel mit den Elementen der eigenen Umgebung, sowohl der inneren als auch der äußeren. Am frühen Abend sitzen nur wenige Stammgäste an der Theke. Ja, es ist schöner, hier zu trinken als zu Hause. Meint jemand. Alternativlos sogar, denn zu Hause sei ihm das Trinken verboten. Geschichten. Eine Karin hat eine schöne Stimme & angeblich in einer Band mitgespielt. Die Wirtin hält ihre männlichen Gäste bei Laune & gibt vor, statt »Band« »Bett« verstanden zu haben. Gelächter. Wirft die Frage auf: Wer hat denn Freunde? Reagiert auf die Ankündigung eines kroatischen Gastes, mit einem Freund zu Ostern in die Türkei reisen zu wollen. Der ist davon überzeugt, mehr Freunde zu haben als seine Zechkumpanen in der Kneipe oder überhaupt als einziger hier richtige. Das muß dahingestellt bleiben. Langsam schreitet der Abend voran, dessen einziges Ereignis eine Fußballübertragung im Fernsehen sein wird. Die Wirtin waltet ihres Amtes & fährt eine große Leinwand herunter, auf der man das Spiel verfolgen wird – ein Spiel, das keine großen Emotionen auslösen wird, denn es ist daran kein Verein aus dem Revier beteiligt. & schon erscheint die Fratze einer Fernsehsprecherin auf der Leinwand, Zeit zu gehen. Die Entfremdung des Zuschauers drückt sich so aus: Je mehr er zuschaut, um so weniger lebt er. Je mehr er akzeptiert, sich in den herrschenden Bildern wiederzuerkennen, desto weniger versteht er seine eigene Existenz & seine eigene Begierde. Das wurde vor 50 Jahren in Paris formuliert & trifft doch noch immer zu. Zurück auf der Steinbrinkstraße, die – wie sollte es auch anders sein – nach ein paar hundert Metern in eine Autobahn mündet, zur Linken das Johanniter-Krankenhaus, die Steinbrink-Schule auf der anderen Straßenseite tritt in Erscheinung mit einem dringenden Appell: Liebe Jugendliche!!!!! Liebe Besucher unseres Schulhofes!!!!! Die Schüler & Schülerinnen, ist da zu lesen, würden gerne gefahrlos auf ihrem Schulhof spielen, den zu besuchen ich gar nicht vorhabe. Das können wir nicht, wenn er mit Scherben, Glas, Cigarettenkippen & anderem Abfall zugemüllt wird! Die Schüler & Schülerinnen möchten Fußgänger- & Radfahrprüfungen absolvieren & wünschen sich außerdem, daß ihre Eltern ihre Geschwister auf einem sicheren Weg zum Kindergarten bringen können. Sind sich im übrigen sicher, daß ein sauberes Umfeld alle erfreuen würde. Bitten die Jugendlichen & die Besucher ihres Schulhofes, dieses Anliegen zu überdenken. Ich fühle mich nicht angesprochen, grüble aber darüber nach, um was es sich bei den Fußgängerprüfungen handeln könnte, die auf diesem Schulhof abgehalten werden. Eine Radfahrprüfung habe ich nachweislich im Alter von 12 Jahre absolviert, streife aber nun möglicherweise ganz ohne Lizenz zu Fuß durch Sterkrade. Ich kehre um & spaziere zurück in Richtung Innenstadt. In der Kneipe *Zum alten Rathaus* wird auch Fernsehen auf eine große Leinwand projiziert. Die Gaststätte wurde häßlich renoviert, pseudo-rustikal mit viel hellem Holz. Zu meiner Verwunderung folgt man hier mit Interesse & Anteilnahme der Übertragung eines Biathlon-Wettkampfs, hat sogar Meinungen zu den einzelnen Biathleten. Einer ist als 114. gestartet & wird anbiedernd bei seinem Vornamen Björn genannt. Dann ist der Biathlon-Spuk plötzlich vorbei, & das Publikum wendet sich der Fußballübertragung zu, auf die man sich auch schon in der *Bauernstube* eingestimmt hatte. & natürlich kann da im *Alten Rathaus* auf noch mehr Expertenwissen zurückgegriffen werden als beim Thema Biathlon. Das Spiel wird aus Aberdeen übertragen, & jemand erinnert an einen Sieg oder eine Niederlage, was weiß ich, die *Borussia Mönchengladbach* dort vor 36 Jahren beigebracht worden sein soll. Als ob es gestern gewesen wäre! Ein uneinnehmbares Stadion! Das seien alles Kämpfer! Gekämpft wird aber nur um Dinge, um die zu kämpfen sich nicht lohnt. Um Nebensächlichkeiten auf Nebenschauplätzen. Auf der trügerischen Suche nach Freiheit in einer Welt ohne Freiheit. Alles Alkoholiker! Charakterisiert der Wirt in der *Gaststätte zur Börse* halb im Scherz seine Gäste. Der überhaupt zu Scherzen aufgelegt ist & vor sich selbst warnt: Vorsicht! Freilaufender Wirt! Der auf der Toilette ein Schild angebracht hat: Nicht in die Schuhe pinkeln! Ich bin in die Innenstadt zurückgekehrt. Jenseits des Marktplatzes führt die Bahnhofstraße in eine unwirtliche Gegend, das *Sterkrader Tor* ist nur ein Einkaufszentrum. Die *Gaststätte zur Börse* soll die einzige Hafenkneipe in Nordrhein-Westfalen sein, aber das kann man so sicher nicht stehen lassen & wird schon im nahen Duisburg Gaststätten finden, die in ihrer Einrichtung sogar noch viel eher dem Bild einer Hafenkneipe entsprechen als die *Gaststätte zur Börse,* die mit Fachwerkzitaten für eine andere Form von Gemütlichkeit steht. Nichts deutet also auf eine Hafenkneipe hin, wenn man vom Sammelschiffchen der *Deutschen Gesellschaft zur Rettung Schiffbrüchiger* absieht, das auf der Theke steht. Immer wieder aber ist in den Gesprächen von Cuxhaven die Rede, wo der Wirt herstammt, der allerdings als Seebär durchgehen würde. Du bist ein Leuchtturmwärter! & die Gäste sind die Schiffbrüchigen, in der Finanzstraße in Oberhausen-Sterkrade. Ein eigener Menschenschlag sei das usf. Ja, jemand kommt sich sogar vor wie in Cuxhaven. Ich würde das nicht behaupten. Zwei blonde kleine Jungs müssen von ihrer Großmutter beschäftigt werden & hantieren mit Malstiften. Denken nach über die Farben: Oma, ist das pink? 99 mal geht es gut, aber beim 100. Mal ... Was? Erfahrungswerte, Lebensweisheiten: Wenn Kinder ganz klein sind, kacken sie dir nur die Hütte voll! Jemand, der es wissen muß, behauptet, daß es in Sterkrade nur drei gepflegte Wirtschaften gebe. Wenn du mit der Droschke herumfährst, dann weißt du das! Zu den drei herausragenden Wirtschaften zählt er neben der *Gaststätte zur Börse* das *Vis à vis,* das zu betreten ich vorhin keine Lust verspürt hatte, das *Treppchen* gehe auch noch. In der *Gaststätte zur Börse* aber ist das Bier am billigsten. Wenn es einen eiskalt erwischt hat, kann man sich in der *Glocken-Apotheke* beraten lassen. Schon wieder Glocken. Die *Gaststätte Klumpen Moritz,* ehemals *Zum grünen Klumpen,* will seit 1871 die gute Stube Oberhausens sein, bekannt für die gute Oberhausener Küche & ein beliebter Treffpunkt der Sterkrader Bürger & Vereine. Man trinkt nicht nur zur Sommerszeit, nein, auch im Winter, wenn es schneit. Ich muß etwas essen, um im *Brandenburger Hof* weitertrinken zu können, später in der Oberhausener Innenstadt, & bin geneigt, der guten Oberhausener Küche zu vertrauen. Was kann es in der kalten Winterzeit Schöneres geben als einen kräftigen *Borbecker Dunklen Winterbock,* den man in einer warmen Gaststube in geselliger Runde genießt? Doch, ich kann mir durchaus Schöneres vorstellen & trinke auch keinen Bock. Von nun an muß alles verändert werden.

Dialysemuseum

Dem Mediziner Dr. Peter A. fällt es schwer, sich von ausrangierten Maschinen zu trennen. & da niemand an seiner Sammlung von Dialysegeräten interessiert war, mußte er schließlich sein eigener Museumsdirektor werden. Schließlich haben sie Menschenleben gerettet! A. ist fasziniert von der Geschichte der künstlichen Niere. Sie ist, wie er sich ausdrückt, das Fundament für eine erfolgreiche Gegenwart. Wer keine Vergangenheit hat, hat keine Zukunft! Heißt es am Eingang zum Dialysemuseum, in dem 17 historische Dialysegeräte & Utensilien zu sehen sind, zudem Photos, die den dramatischen Überlebenskampf von dem Tode geweihten Patienten mit Nierenversagen dokumentieren. A. möchte vor allem an die dramatische Situation um 1970 erinnern, als viele Patienten starben, weil Dialyseplätze fehlten. Er erinnert sich: An einem Samstag im September 1970 wurde der erste Patient mit akutem Nierenversagen ins Johanniter-Krankenhaus verlegt. Da keine Hämodialyse-Maschine zur Verfügung stand, mußte eine Bauchhöhlen-Spülung mit einem ausrangierten Gerät improvisiert werden. Der 44-jährige Patient aus Bochum soll, als er nach 26-stündiger Behandlung aus dem Koma erwachte, gleich nach Bier, genauer: nach *König Pilsener* verlangt haben. Am 4. Februar 1971 konnte in Sterkrade schließlich die erste Hämodialyse-Maschine der Firma *Travenol* in Betrieb genommen werden. Wenn A. nicht gerade interessierte Gruppen durch das Dialysemuseum führt, beschäftigt er sich mit Zeitgeschichte, Galopprennpferden, Fremdsprachen & seinem Hund Eros.

Bermuda

Ich zögere einen Moment, den *Gay Club Bermuda,* in der Nähe des Oberhausener Hauptbahnhofs & also in der Alten Mitte der Stadt gelegen, zu betreten. Nicht, weil ich grundsätzliche Bedenken hätte, einen derartigen Club zu betreten. Ungezählte Etablissements dieser Art habe ich schon aufgesucht, in vielen Städten & Ländern. Ich zögere, weil ich mir einen Moment lang nicht sicher bin, tatsächlich vor dem *Gay Club* zu stehen, fehlt doch das übliche Erkennungszeichen in Form einer Regenbogenfahne oder zumindest eines kleinen Aufklebers. Vielleicht gibt es den *Gay Club* auch gar nicht mehr? Diskretion in Oberhausen, wie auch immer. Es gibt ihn doch, & beim Betreten irritiert das merkwürdige grüne Licht, in das grüne Neonröhren den Raum tauchen. Sonst irritiert hier nichts. Das übliche Szenario, Schwulenkneipe in der Provinz. Ein Donnerstagabend, kurz nach Mitternacht, nichts los. Der Mann hinter dem Tresen wird nicht versäumen, mich beim Gehen darauf hinzuweisen, daß am Wochenende natürlich viel mehr los sei im *Gay Club Bermuda.* Das wird schon zutreffen, andernfalls der Laden ja auch kaum ökonomisch überleben könnte. Ich setze mich an das eine äußere Ende des Tresens, die vier anderen Gäste, die alle auch am Tresen sitzen, & den Barmann im Blick. Die scheußlichen Schlager, die in der Kneipe gelaufen sein müssen, habe ich schon wieder vergessen, verdrängt. Neben einem dicken Kerl mit kurzgeschorenen Haaren, der am anderen Ende des rechtwinkeligen Tresens sitzt, der einzige junge & halbwegs attraktive Mann in diesem Club: schwarzhaarig, etwas schmächtig, wenn man so will: südländisches Aussehen. Aber ausgerechnet der verabschiedet sich als erster, wenige Minuten nach meinem Eintreffen. Nun, es wäre sowieso nichts geworden mit uns, also mit dem schwarzhaarigen Jungen & mir in diesem *Bermuda*-Club. Zwischen dem nun verwaisten Platz & mir sitzen zwei Männer mittleren Alters. Der eine, direkt neben mir, in einem fürchterlichen gestreiften Hemd, ist still seinem Bier zugewandt, Typ Beamter oder noch langweiliger oder was weiß ich. Er blickt immer wieder zu mir herüber, während ich seinen Blicken ausweiche. Mich anzusprechen wagt er offensichtlich nicht. Das Wort führt der Mann neben ihm, irgendwie aufgedreht mit schneidender Stimme, immer wieder, ja ständig unterbrochen von hysterischem Lachen. Diese Exaltation genehmigt sich der arme Mann wohl nur im geschützten Raum des *Gay Club Bermuda*. Hat Nachholbedarf, wenn man die Lautstärke & Frequenz dieses Lachens bedenkt. Ich möchte nicht wissen, was er den Tag über macht. Jetzt sitzt er hier & dominiert das Gespräch, monologisiert, man kann aber auch nicht sagen, daß er die Kneipe unterhielte. Es geht um nichts oder ich habe es wieder vergessen. Es fallen ein paar anzügliche Bemerkungen, man kennt sich. Man erklärt, warum man am Samstag irgendwohin gehen wird oder ganz bestimmt nicht. Man hat Gründe. Erzählt, wie lange es an dem & dem Tag geworden ist. Man ist alleinstehend & langweilt sich mit der »Ersatzfamilie«, von der ein Mitglied – das hinter dem Tresen – dafür immerhin bezahlt wird. Nicht der Homosexuelle ist pervers, sondern diese Situationen, in die er sich so oft begibt. Kontakte wären leicht herzustellen. Man ist schwul, & das muß reichen als Gemeinsamkeit. Das Gesprächsthema, was man denn hier in Oberhausen mache, wäre außerdem naheliegend, denn man ist ja nicht bekannt in diesem *Gay Club*. Ein Gespräch von sicherlich zumindest ein paar Minuten Länge könnte sich entspinnen entlang der Namen von schwulen Kneipen zwischen Dortmund, Köln & Berlin. Warum man dort hingehe & dorthin nicht usf. Aber ein solches Gespräch kommt nicht zustande. Als ich mein zweites Bier ausgetrunken habe & mich anschicke zu zahlen, meint der Mann hinter dem Tresen, ein etwas pummeliger Brillenträger, mich darauf hinweisen zu müssen, daß am Wochenende natürlich viel mehr los sei im Club als an so einem Wochentag. Ich sage, daß ich mir das schon so gedacht hätte & stehe auf.

Dérive V: Frohnhausen

Essen West. Eine Bahnhofshalle, als wäre das ein Bahnhof von Bedeutung & nicht bloß ein S-Bahn-Halt. Reisemöglichkeiten nach Hattingen, Oberhausen, Bottrop usf. Der Spielraum wird zuerst durch den Ausgangspunkt bestimmt. Spiele, Konflikte, Reisen. Am Westbahnhof heißt der Platz, dunkel & weit. Es ist kalt. Niemandsland. Bureauhäuser, Hinweisschilder auf eine Eissporthalle. Der Wirt in der *Union Klause* wird später sagen, daß das Provinz sei hier, & nicht nur Frohnhausen meinen, sondern die ganze Stadt Essen. Wird über die schlechten öffentlichen Verkehrsmittel klagen, die ihn immer zu einer viel zu frühen Rückkehr aus Gelsenkirchen zwängen, nach den Fußballspielen & den anschließenden Kneipenbesuchen. Frohnhausen liegt also zwischen der Bahntrasse & dem Ruhrschnellweg, dieser Autobahnschlucht, in die sich auch eine U-Bahnlinie zwängt. Essen West. Ich überquere den dunklen, weiten Platz, ohne Ziel, & kann mir auch gar keine Gedanken darüber machen, welchen Weg ich nehmen könnte, denn in dem Moment, in dem ich diesen Platz Am Westbahnhof überquere, erreicht mich ein Anruf. & ich gehe telephonierend weiter, erfahre von einem Todesfall & einer geplanten Reise & mache mir also keine Gedanken über den Weg, in Bewegung gehalten von der Kälte. Stehenbleiben kommt nicht in Frage. Irgendwann komme ich, während ich noch immer telephoniere, zum Genossenschaftsplatz. Der Verkehr auf der Berliner Straße ist so laut, daß er mich, den Telephonierenden, in eine ruhigere Seitenstraße ausweichen läßt. Auf der Flucht vor dem Lärm & der Kälte wundere ich mich, daß ich auf eine Bahnunterführung zulaufe, wo ich doch dachte, mich die ganze Zeit von der Bahn entfernt zu haben. *Freizeitzentrum Oase*. Ich kehre um. Südsee um die Ecke. Noch ein Angebot für frierende Menschen. Nein, lieber wärme ich mich im *Gasthaus Keller* auf. *Zum Treff*. Nein, Glühwein habe sie keinen, meint die junge Frau, die mich bedient & immerhin einen Tee mit Grog anbieten kann. Ich habe leichte Halsschmerzen & halte deshalb ein Heißgetränk für angezeigt. Wie das weitergehen soll? Ich werde sicherlich zum Bier zurückkehren, in einer der nächsten Kneipen. Die Nacht ist kalt & sternklar. Minusgrade werden nicht nur für das Sauerland vorausgesagt im Radio-Wetterbericht. Wie wirken diese Temperaturen sich auf Umherschweifexperimente aus? Man kann ja nicht in einer Kneipe sitzenbleiben die ganze Zeit. & die Empfehlung Guy Debords, ziellos mit dem Taxi in der Stadt herumzufahren, wird man wohl – nicht zuletzt aus Kostengründen – doch nicht aufgreifen. Der Gebrauch von Taxis kann eine ziemlich klare Trennungslinie bedeuten. Fährt man mit einem Taxi einfach 20 Minuten nach Westen, so sucht man vor allem das persönliche Gefühl des Sich-fremd-Fühlens. Nüchtern kann ich mich auch nicht leiden. Meint jemand & bringt die Intention dieses Zusammenseins im *Gasthaus Keller* auf den Punkt. Die junge Frau ist in ein Dartspiel involviert & sieht mich nicht, der ich mich eigentlich dazu entschlossen habe, bei ihr einen weiteren Tee mit Grog zu bestellen. Aber irgendwann will ich dann nicht mehr. Man kann ja nicht in einer Kneipe sitzenbleiben die ganze Zeit. Ich wundere mich über die zwei türkisch aussehenden – darf man das so sagen, egal – Jungs, die sich in dieser Kneipe getroffen haben, die doch von älteren Stammgästen geprägt ist. *Zum Treff.* Hinaus in die Kälte, leere Straßen. Ich lasse mich von den Bierleuchtschriften leiten. Mein Bild von Essen bestätigt sich: Überall diese relativ kleinen, zwei-, höchstens dreistöckigen Häuser. Immer geht es entweder bergauf oder bergab. Dieses Bild auch heute Nachmittag im Südostviertel, Steeler Straße, am Wasserturm. Jetzt die Berliner Straße, die Frohnhauser Straße, die keine Allee ist & wo das *Café unter den Linden* folglich etwas deplaciert wirkt. Soll das nach großer, weiter Welt klingen? Die Cafés Unter den Linden in Berlin taugen auch nichts. Überhaupt weist die Topographie von Frohnhausen so etwas wie einen preußischen Subtext auf, die Rankestraße, Mommsen-, Treitschke-, Niebuhrstraße, Kuglerstraße. Historiker. Dann, etwas ungeordnet, nach deutschen Städten benannte Straßen. Potsdam, Lüneburg, Aachen, Breslau, Krefeld. In der Kölner Straße finde ich nicht nur den noblen *Kölner Hof* – den ich schon einmal besuchen wollte, um dort eine Martinsgans zu essen & der für den ruhelosen Wanderer in der Nacht natürlich kein geeigneter Aufenthaltsort ist –, sondern auch den *Hot Pot:* besser, frischer, leckerer. Der alberne Name führt in die Irre & sollte einen nicht abschrecken, denn hier gibt es anständige, preiswerte Gerichte. Deutsche Küche. Die Kreidetafel mit den Tagesgerichten, die einfachen Holztische, die durch die großen Fenster zu sehen sind, & die ältere Frau hinter dem

Tresen machen klar, daß man dieses Lokal durchaus betreten kann, wenn nicht gar: sollte. Ich bestelle einen Erbseneintopf & einen Tee. Für den Hals. Die Wirtin kümmert sich um Hartmut, der hier jeden Tag ißt & dem die Portion heute zu groß war. Er wird gemocht hier, denn es gibt solche & solche Gäste, wie die Wirtin mit ihrer 30-jährigen Gastronomieerfahrung zweifellos beurteilen kann. Hartmut zählt zu den netten & wird mit einer Umarmung verabschiedet. Er wird morgen wiederkommen & Grünkohl essen. Das weiß er schon jetzt. Ich blättere in der *Neuen Ruhr-Zeitung*, die hier herumliegt & aus der man auch nichts erfährt. Höchstens, daß irgendwo ein Schwimmbad geschlossen werden soll oder daß jemand im Suff verunfallt ist. Vorhandene Bilder beweisen nur vorhandene Lügen. Ein Satz aus einem Film von Guy Debord. *In girum imus nocte et consumimur igni.* Unsinnige Nachahmung eines unsinnigen Lebens. Bei Nacht & Kälte durch Frohnhausen. Wir bewegen uns in einer vom Krieg verwüsteten Landschaft, den eine Gesellschaft gegen sich selbst & ihre eigenen Möglichkeiten führt. 40, 50 Jahre alte Diagnosen, die noch immer überzeugen. Weiter im Text der Stadt. Täglich frisch aus dem Rauch: Mettwürstchen. Liest man beispielsweise, liest Ankündigungen, Aufschriften. & gegen Mettwürstchen ist ja auch nichts einzuwenden. Ich bin nicht nach Frohnhausen gefahren, um dort nur in Kneipen herumzusitzen. Aber es ist zu kalt, um sich länger im Freien aufzuhalten. & die Straßen sind menschenleer. Die Berliner Straße & die Kerckhoffstraße. Die Curtiusstraße. Was wäre eigentlich nicht verlorene Zeit? Warum soll man nicht irgendwo in Frohnhausen herumsitzen & Bier trinken? Kneipen sind schließlich die einzigen möglichen Aufenthaltsorte, Anlaufstellen in solchen Stadtteilen, in solchen Nächten. Die jeder aufsuchen kann, der es sich leisten kann, wenigstens irgend etwas zu trinken in so einer Kneipe. Die Bahnhöfe sind abweisend & verfügen über keine Aufenthaltsräume mehr. Wärmestuben & Übernachtungsmöglichkeiten für Obdachlose könnten eine Alternative sein. Vielleicht könnte man auch an einem Pfarrhaus klingeln. Ja, zweifellos ist die fortschreitende Häßlichkeit der unvermeidliche Preis des Konflikts. Eine Gaststätte heißt *Zum Wilddieb* & ist gut besucht an diesem Freitagabend. In der Seniorenrunde werden Straßennamen genannt, die Namen von Straßen in Essen-Frohnhausen. Mommsenstraße, Rankestraße usf. Die Straßen, in denen sich diese Sprecher täglich bewegen & die mir jetzt auch schon präsent sind, der ich seit einigen Stunden umherirre in Essen-Frohnhausen. Denn in Wirklichkeit wohnt man nicht in einem Stadtviertel, sondern in der Macht. Man wohnt irgendwo in der Hierarchie. Es werden auch die Namen von Läden genannt. Allerdings handelt es sich dabei um die überall gleichen Ketten, Filialen, mit denen sich die Sprecher hier begnügen müssen & die es nicht nur in Frohnhausen gibt, sondern auch in anderen Stadtteilen von Essen, überall eigentlich. Da die Verheerungen, Verschmutzungen & Verfälschungen bereits die Oberfläche der ganzen Welt überschwemmt haben. In einer Einheitswelt kann man nicht ins Exil gehen. Wußte Guy Debord. In die nächste Kneipe kann man aber immer noch gehen, in Frohnhausen. Ins *Stübchen* in der Rankestraße vielleicht, das mir – etwas abgelegen in dieser ruhigen Straße – dennoch nicht entgehen kann. Aber der ganze Raum ist bereits vom Feind besetzt. Konflikte werden in die Kneipen getragen. Es geht gegen die *Europäische Union* & die Bundesregierung. Aber der Reihe nach: Das *Stübchen* ist holzgetäfelt, der hagere Wirt waltet hinter dem Tresen unaufgeregt seines Amtes. Im hinteren Teil der Kneipe sitzt eine Runde, ältere Leute, Stammgäste, die Darts spielen & denen sich der Wirt immer wieder entzieht, sich hinter den Tresen verzieht, um dort irgendwelche Aufräum- & Reinigungsarbeiten zu vollführen. Ich sitze mit meinem Pils am Tresen, dem Wirt direkt gegenüber, sozusagen Auge in Auge, allein mit dem Wirt, was mir in diesem Moment nicht angenehm ist. Nicht, weil ich den Wirt unsympathisch fände oder er mich belabern würde, sondern weil ich mich beobachtet fühle & es in dieser wie auch immer erzwungenen Zweisamkeit doch eigentlich angebracht wäre, ein Gespräch zu führen, das ich aber nicht führen will. Aber wo hätte ich mich sonst hinsetzen sollen? Sicher nicht zu der dartsspielenden Runde. Aufdringlich ist der Wirt auch wirklich nicht, unternimmt nur einen einzigen, dezenten Gesprächsvorstoß, indem er mir die rhetorische Frage stellt, ob ich denn jetzt Feierabend hätte. Ja wann, wenn nicht jetzt? Es ist bereits nach 22 Uhr. Ich bin mit einer Tasche gekommen, die man vielleicht als Aktentasche bezeichnen könnte. Es handelt sich um eine Umhängetasche aus Stoff, in die das Emblem des Chicago Symphony Orchestra eingearbeitet ist, aber das ist nicht wichtig. Keine Ahnung, welche Berufsgruppe mit solchen Taschen herumläuft – Vertreter, Lehrer,

Agenten? Feierabend, nunja: Ich kann schließlich nicht sagen, ich sei im Dienst, oder gar: immer im Dienst. Ich bejahe also, & dann ist das eben ein Feierabendpils, warum nicht. Ein Aushang hinter dem Tresen richtet sich gegen »Bundeskanzler, EU-Bureaukraten & alle anderen sauberen politischen ›volksfremden Vertreter‹«. Die haben hier, so verfügt es der wütende Wirt – der Wirt, der zu dem Zeitpunkt, da er dieses Plakat schrieb, wütend gewesen sein muß, jetzt freilich gar nicht wütend wirkt –, allesamt keinen Zutritt, denn: Wir lassen uns nicht bevormunden usf. Damit dürfte zumindest klar sein, daß mich der Wirt für keinen Politiker hält, andernfalls er mich ja gleich wieder aus dem *Stübchen* komplimentiert hätte. Volkszorn, der sich – & das ist keine Überraschung – an einem angekündigten Rauchverbot entzündet & sich wohl durch geringfügige Modifikationen dieses Gesetzes wieder besänftigen ließe. Die Leute lassen sich ständig & widerspruchslos bevormunden, bloß von Rauchverboten nicht. Es ist ein Elend. Aber das Schlachtfeld ist bekannt. Das alltägliche Leben ist das Schlachtfeld, auf dem der Kampf zwischen der Totalität & der Macht ausgetragen wird. & wenn wir die Macht des alltäglichen Lebens gegen die hierarchisierte Macht fordern, fordern wir *alles*. Zurück in die Gegenwart: Ich – Auge in Auge mit dem Wirt – beschließe, das *Stübchen* bereits nach dem ersten Pils wieder zu verlassen, was ich nicht gerne tue, aber nun. In der Frohnhauser Straße & also ganz in der Nähe gibt es eine *Gaststätte Becker*, wo sich die nicht mehr jungen Gäste – sagt man: in Feierlaune? – um den Tresen drängen. Zum Glück kann ich etwas in Deckung gehen, mich an einen Tisch in der Nähe des Tresens verziehen. Es ist eine Abwägung: Ich möchte ein wenig Abstand halten, andererseits muß mir dann das Bier an den Tisch gebracht werden, was ich allerdings zu verhindern suche, indem ich mich bemühe, es am Tresen abzuholen, ehe der Wirt sich auf den Weg machen kann. Aber das gelingt meist nicht. Ich trinke sehr langsam, die Halsschmerzen zwingen mich dazu. Ich versuche gar nicht erst, Glühwein zu bestellen, habe das nach einem erfolglosen Versuch schon im *Wilddieb* aufgegeben. Die Feierlaune wird angeheizt durch Schlager, die auch in allen Kneipen dieselben sind, dieselben CDs, dieselben Hitradios, wie auch immer, & die leider deutsche Texte haben, so daß sie sich nur schwer ignorieren lassen & von der Wahrnehmung nicht widerspruchslos zurückstufen zum Geräusch.

Zwei Frauen verleiten die Schlager sogar zum Tanzen. Die Kneipe ist groß genug. Tausendmal belogen. Er gehört zu mir. Ich war noch niemals in New York. Usf. Immerhin ist im Text dieses Schlagers von der Sehnsucht nach Revolte die Rede. Einmal verrückt sein & frei von Zwängen usf. Wünsche, die man sich versagt. Mit dem Sänger, der sie sich ja auch versagt, kann man sich identifizieren. Kann diese Bankrotterklärung mitgrölen. Weil man glaubt, daß einem nicht mehr zusteht & daß sowieso alles keinen Sinn hat. Die meisten Menschen leben in dem von der Macht geschickt aufrechterhaltenen Schrecken vor dem Erwachen zu sich selbst. Tausendmal ist nichts passiert. Usf. Die alternden Paare in der *Gaststätte Becker* schauen sich tief in die Augen & berühren sich bei den Textstellen, die verkitschend die Liebe beschwören. Noch viele andere Banalitäten wären zu überprüfen. Ich trinke, geradezu grotesk langsam, mein Pils & lasse den Schlagerblödsinn auf mich einstürzen, Fetzen aus Gesprächen auch. 23 Uhr vorbei, ich muß hinaus in die Kälte, ein, zwei Kneipenbesuche auf dem Weg zur U-Bahn sollten noch möglich sein. Ich laufe die Mülheimer Straße entlang, mein Blick schweift in alle Seitenstraßen, damit mir keine Bierleuchtschrift entgeht. Manchmal handelt es sich um Trinkhallen, oft genug um Kneipen. Die *Gaststätte Derts* aber gefällt mir nicht. Sie wurde irgendwie steril renoviert, an den Wänden überall Metallschilder, Imitate historischer Werbetafeln, *Pernod*, Moulin Rouge, die Reproduktion eines *Casablanca*-Plakats. Beliebiger Nippes. Was soll das, wen interessiert das hier? & wieder wird Paris beschworen. Nun, sicher nicht das Paris, dessen Erniedrigung Guy Debord nicht mitansehen konnte & deshalb nach Italien floh. Ich glaube, daß diese Stadt deshalb ein wenig früher als alle anderen verwüstet wurde. Sagt Debord. Weil die Revolutionen, die in ihr stets von neuem ausbrachen, die Welt zu sehr beunruhigt & verstört hatten & weil sie leider immer gescheitert sind. Das Pils ist noch immer nicht fertiggezapft, während ich die *Gaststätte Derts* am liebsten schon wieder verlassen würde. Ein Stammgast, der den ganzen Abend hier getrunken haben muß, bezahlt. Eine ältere Frau unterhält sich mit der Wirtin über Trinkgewohnheiten. *Die Schänke* indes ist öfters wegen Überfüllung geschlossen, & mir bleibt nur ein Tisch im Abseits, zwischen der Theke & den Toiletten. Man könnte hier sicher bis lange nach Mitternacht bleiben. Ich stelle mich an die einzige freie Stelle am

Tresen, um mein Bier zu bestellen, & es wird mir bedeutet, daß ich im Weg stehe, aber nicht unfreundlich. Der Wirt sagt dann noch irgend etwas Bedauerndes, als er sieht, wie ich mich an den Tisch im Abseits verziehe. Ich will noch mit einer letzten U-Bahn in die Innenstadt & steuere den U-Bahnhof Wickenburgstraße an. Wo man die U-Bahn zwischen die Fahrbahnen des Ruhrschnellwegs gepfercht hat. Es ist kurz nach Mitternacht. Ich muß feststellen, daß die letzte U-Bahn bereits vor einer Stunde gefahren ist. & das Freitagnacht! Im *Verkehrsverbund Rhein-Ruhr*, in diesem Fall im Verantwortungsbereich der *Essener Verkehrs-AG*, werden regelmäßig auch die bescheidensten Erwartungen enttäuscht. Wir bewegen Essen. Höhnt der Werbespruch. Ein Nachtbus fährt stündlich & verspätet in die Innenstadt. Der Verkehr ist die Organisation der Isolation aller & insofern das Hauptproblem der modernen Städte. Er absorbiert alle Energien, die ansonsten der Begegnung oder anderen Arten von Beteiligung zur Verfügung stünden. Man kann das bei den Situationisten nachlesen. & meine Hoffnung richtet sich nun auf die *Union Klause*, denn die Idee, zu Fuß in die Innenstadt zurückzuwandern, verwerfe ich schnell. Meine Befürchtung, in der kleinen, in einer Seitenstraße gelegenen Kneipe gar nichts mehr zu bekommen, erweist sich zum Glück als falsch. Die Kneipe, in denen die fünfziger Jahre konserviert sind, ist dunkel & leer. Die fünfziger Jahre, als es das alte Paris, durch das Debord mit seinen Freunden zechend schweifte, noch gab. Nur noch zwei Gäste sitzen beim Würfelspiel an der Theke. Ich bekomme mein Pils & werde vom Wirt bedauert wegen meiner Unannehmlichkeiten mit Bus & Bahn. Daß das eben Provinz sei hier, meint der Wirt, & bezieht diese Aussage nicht nur auf diesen Stadtteil Frohnhausen, sondern auf die ganze Stadt Essen, wenn nicht das gesamte Ruhrgebiet. Nach den Fußballspielen in Gelsenkirchen & der anschließenden Sauferei habe auch er immer Probleme, mit öffentlichen Verkehrsmitteln nach Hause zu kommen. Man spricht über den ebenso legendären wie erfolglosen Fußballverein *Rot-Weiss Essen*. Zu einem Auswärtsspiel nach Ahlen ist eine günstige Sonderfahrt organisiert worden. Man ist unschlüssig, ob man da hinwill. Daß jetzt alles anders werden solle. Merkt der Wirt an & spielt auf das sogenannte Kulturhauptstadtjahr an, das seine Schatten vorauswirft, & ist skeptisch: zuviele Projekte, zuviele Baustellen! In der Überflußgesellschaft zeigt sich der Ekel vor diesem Überfluß & vor seinem Preis. Nun läßt sich das im modernen Konsum aufgezwungene Pseudo-Bedürfnis zweifellos keinem echten Bedürfnis entgegensetzen, das nicht selbst durch die Gesellschaft & ihre Geschichte geformt wäre. Aber die Ware im Überfluß existiert als der absolute Bruch einer organischen Entwicklung der gesellschaftlichen Bedürfnisse. Aber ein schnelles Pils geht noch. Ich schaue auf die Uhr, trinke hastig mein Bier. Der Wirt wünscht mir noch Glück mit dem Nachtbus & geht also nicht unbedingt von reibungslosen Abläufen aus im Essener Nachtverkehr. Er wird wissen, warum. Notfalls kehre ich zurück in die *Union Klause.* Der Nachtbus ist verspätet. Ich befürchte schon eine gröbere Störung oder Verfrühung oder was weiß ich. Der verspätete Nachtbus wird mich am Berliner Platz in die Innenstadt entlassen. Ich werde am Limbecker Platz über eine der vielen Großbaustellen – ein spektakuläres Einkaufszentrum – stolpern, dort aber wenigstens einen Winkel finden, in dem ich ungestört pissen kann. Ich werde mich dann in den dunklen Labyrinthen der *Phoenix Sauna* in der Viehofer Straße aufwärmen, einen Sexpartner gefunden & irgendwann auch abgespritzt haben, zurückkehren müssen schließlich in die Kälte eines noch immer dunklen Morgens.

Im Briefkasten

Nachts ist die Essener Innenstadt verödet. Es gibt kaum Kneipen in der Umgebung des Hauptbahnhofs, der außerdem zur Zeit eine Baustelle ist & nicht einmal betreten werden kann. Auf der Baustelle wird auch in der Nacht hörbar gearbeitet. Fahrkartenverkauf in Containern. Ringsum Konzernzentralen, Kaufhäuser, breite Autoschneisen mit wenig Verkehr zu vorgerückter Stunde. Auf den nur über Umwege zu erreichenden Bahnsteigen treffen verspätete Züge aus Hamburg, Heidelberg, Haltern ein. Im Untergrund viel zu wenige Kurzzüge, viel zu große Intervalle auf den Stadtbahnlinien am späten Abend. Belebt ist in Bahnhofsnähe einzig eine Ladenzeile – Hachestraße, zweistöckige Behelfsarchitektur, Nachkrieg. Fastfood rund um die Uhr, vor dem Eingang kauert ein Betrunkener, dem niemand Beachtung schenkt. Gedränge um die Theke der kleinen Kneipe *Im Briefkasten*. Der Name spielt wohl auf die Enge an & auf die Hauptpost gegenüber. Homosexuelle ältere Herren, Bier, Schnaps. Man kommt leicht in Kontakt, kennt sich aber ohnehin. In unmittelbarer Nachbarschaft weiters ein Internetcafé, ein Laden für Berufskleidung, der auf Fetischisten inspirierend wirken mag & ein Laden mit Klamotten für Skinheads, von dem schwer zu entscheiden ist, ob sich sein Angebot eher an Fetischisten oder an Nazis wendet. Ich will mich nicht zu den Stammgästen an die Theke drängen & beziehe Posten an einem Stehtisch. Aber der ist nicht weit von der Theke entfernt. Bestelle ein Pils, blicke mich in der engen Kneipe um, & es dauert nicht lange, bis ich von einem der an der Theke sitzenden, schon spürbar bezechten Herren angesprochen werde. Ich solle mich doch zu ihm an die Theke setzen! & neben ihm, auf der Höhe meines Stehtisches, ist auch noch ein Barhocker frei. Ablehnen kann ich das schlecht, nehme also mein Glas & setze mich an die Theke. Der schmale ältere Herr, der nicht nur den Wirt, sondern auch den Rest der Anwesenden mit Vornamen anspricht, will gleich eine Runde eines dubiosen Schnapses bestellen, den er »Wackelpudding« nennt – ein giftgrünes, süßliches Zeug. Ich will eigentlich den nächsten Zug nach Düsseldorf erreichen & nehme die Einladung nur nach einigem Zögern an & mit der Bemerkung, daß ich dann halt einen, aber auch nur & höchstens einen nehmen würde. Eine Runde, das bedeutet: drei Gläser von dem grünen Liqueur, der tatsächlich wie Wackelpudding schmeckt: für mich, den Wirt & den einladenden Herrn. Daß es bei einer Runde nicht bleiben würde, war zu vermuten. Allerdings enthält der Liqueur auch kaum Alkohol. Ich muß dann wohl den nächsten Zug nehmen. Der ältere Herr ist bereits so stark alkoholisiert, daß er mich der ausführlichen Befragung, die ich befürchtet habe, gar nicht unterzieht, keine Fragen nach dem Woher, Wohin usf. stellt. Monotone Wiederholungsschleifen: Immer wieder ist von dem »Wackelpudding« die Rede, davon, daß der Liqueur ihn an einen solchen Pudding erinnere. Immer wieder auch von meiner Ähnlichkeit mit dem verstorbenen Freund des Bezechten, die sich ihm vor allem an den »Grübchen« zeige, wie sie bei mir beim Lachen aufträten, weshalb ich immer wieder zum Lachen genötigt werde, damit er die Ähnlichkeit ein weiteres Mal feststellen kann. Runde um Runde von dem »Wackelpudding« werden bestellt, bis der Wirt irgendwann nicht mehr mittrinken will. Ich bestelle ein weiteres Bier, um dem klebrigen Geschmack etwas entgegenzusetzen, plane den übernächsten Zug ganz bestimmt zu nehmen & spreche auch davon, gleich nach Düsseldorf aufbrechen zu müssen. Keine Fragen, aber eine nächste, allerletzte Runde. Ob ich mittrinken möchte werde ich längst schon nicht mehr gefragt. Am Ende & kurz bevor ich wirklich aufbrechen muß, scheint er dann genug getrunken zu haben & bittet den Wirt, seinen »Chauffeur« zu verständigen, der ihn nach Borbeck bringen soll. Nicht aufdringlich, eher wie beiläufig wird mir das Angebot unterbreitet mitzukommen. Ich wiederhole, daß ich nach Düsseldorf muß, worauf mir der schmale, ältere Herr Namen & Anschrift in Borbeck nennt. Ich könne ja gelegentlich vorbeikommen & klingeln. Der schmale, ältere Herr scheint sich meist zu Hause in Borbeck aufzuhalten, wenn er nicht gerade den *Briefkasten* frequentiert. Noch ehe der Chauffeur eingetroffen & die Rechnung beglichen ist, verlasse ich die Kneipe.

Die Mobilisierung der Orgel

Auf der Grenze zwischen dem schon analytisch Erfaßbaren & dem noch nicht Erfaßten liegt das Gebiet der Kunst. Sagt Gerd Zacher. Die meiste Orgelmusik des 20. Jahrhunderts hat jedoch vor dieser Grenze kapituliert. Sie hält sich an Bewährtes & bewährt es weiterhin: Toccaten, Fugen, Cantus firmi, Meditationen. Als Zacher in den fünfziger Jahren zu konzertieren beginnt, findet er außer der Musik von Olivier Messiaen keine spielenswerte, zeitgenössische Literatur für sein Instrument vor. An der Musik des Franzosen fasziniert ihn die äußerste Subtilität des zählbaren Rhythmus'. Vieles, das für ihn bis dahin zum Gebiet des Irrationalen gehört hat, nimmt jetzt faßliche Formen an. Dazu das Stück eines Nicht-Organisten als notwendige Ergänzung: Arnold Schönbergs einziges Werk für Orgel, die *Variations on a Recitative* op. 41. Es zeigt ihm, wie vieles trotz aller rationalen Bemühungen noch immer nicht zu fassen ist. Es entsteht ein Gesamteindruck von teils Erkennbarem, teils Verwirrendem. Beschreibt Zacher Messiaens Orgelstück *Les yeux dans les roues*. Er lernt Messiaen in Darmstadt kennen & führt sein Gesamtwerk für Orgel auf. Er hält die Trennung zwischen Komponist & Interpret für unglücklich & komponiert selbst, zunächst beeinflußt von Olivier Messiaen. Er sagt: Man kann von Einfluß reden, aber es ist gleichzeitig eine Kritik. Spektakuläre Konzerte mit neuer Musik für Orgel in den sechziger Jahren in der Lutherkirche in Hamburg-Wellingsbüttel, ab 1971 an der evangelischen Kirche in Essen-Rellinghausen; Juan Allende-Blin, John Cage, Mauricio Kagel, György Ligeti, Dieter Schnebel, & immer wieder eigene Stücke. Der Organist muß sich mit der Frage auseinandersetzen: Stören schrille Klänge nicht die Besinnung & Andacht der Gläubigen? Muß Kirchenmusik unbedingt chokieren? Anläßlich eines Hamburger Konzerts heißt es: Abschied zu nehmen galt es für viele Zuhörer von der Vermutung, die durch Zacher angeregten Novitäten könnten sich als Eintagsfliegen erweisen. Zu viele Komponisten haben nach jahrzehntelanger Stagnation der Orgelmusik Zachers Appell, die Möglichkeiten der Orgel neu zu durchdenken, aufgegriffen. Ein Stein ist ins Rollen geraten. Erneuerung der Kirchenmusik? Das möchte Gerd Zacher so nicht sagen, das ist nicht sein Ziel: Ich kann nicht sagen, was denn nun Kirchenmusik wäre & was keine. Musik ist Musik, & die Orgel ist ein Musikinstrument. & ich mache Musik da drauf – in der Kirche auch, denn meistens steht die Orgel in der Kirche. & sie steht da. & mal ist Gottesdienst, & mal ist keiner. Aber sie steht da. Die Orgel ist eine Maschine, um Musik hervorzubringen. Um Musik in die Hörbarkeit zu holen. Ein Apparat ist die Orgel, ein Gerät. Die Orgel hat ja einen Motor, einen Ventilator. & die Orgel ist eine Prothese. Tatsächlich stehen alle Bestandteile der Orgel stellvertretend oder verlängernd für menschliche Körperorgane: die Pfeifen für die Mundhöhle, die Labien für die Lippen, der Ventilator für die Lunge, der Magazinbalg für das Zwerchfell, die Ventile für die Zunge, die Tasten & Abstrakten für die Finger, die Register für Individuen mit ihren stimmlichen Ausprägungen, die Werke für Zusammenschlüsse von Individuen, die Setzerkombinationen für das Gedächtniszentrum im Gehirn usf. Aus dem Widerspruch, daß die »Königin der Instrumente« eine »gewaltige Prothese« ist, läßt sich viel über den Erfolg menschlicher Bemühungen ablesen, Erfreuliches & – wenn auch weniger Erfreuliches, so doch immerhin: Zutreffendes. Der Organist hat zwischen zwei Kompositionen zu vermitteln: dem Stück & der Orgel. Zacher fordert: Bisher wurde ein Stück nach Maßgabe der Orgel interpretiert. Jetzt aber soll die Orgel interpretiert werden, & zwar nach Maßgabe des jeweiligen Musikstückes. Ich erkläre damit die Orgel zur Komposition. Das ist heute leicht einsehbar. Es gibt schon genug Stücke, in denen die Reihenfolge der Ereignisse nicht festgelegt ist. Die Orgel ist demnach eine Komposition im Sinne eines Vorrats an Möglichkeiten; sie enthält Vorschläge zu verschiedensten Aktionen. Häufig überraschende, manchmal verstörende. Aber bei Gerd Zacher klingt auch Bach anders, den er gegen seine Interpreten mit Taten & Schriften verteidigt. Er hat nie für fremde Orgeln komponiert, sondern immer für die Instrumente, auf denen er seine Konzerte gab. Bereits in Hamburg & bis heute in Essen ist das Instrument eine Orgel des Berliner Orgelbauers Karl Schuke. Zacher sagt: Ich suche Orgeln, die nicht auf einen bestimmten Stil festgelegt, sondern offen sind & alles erlauben. Die 1968 erbaute Schuke-Orgel in Essen-Rellinghausen ist ein solches Instrument. Denn Schuke war einer der wenigen Orgelbauer, der beispielsweise keine ideologische Hemmschwelle hatte, mit dem Wind zu arbeiten. Die anderen wollen das nicht, denn der Wind ist ja Sache des Orgelbauers. Da darf der Organist nicht dran. Denn sonst kommt ja etwas anderes heraus, als der Orgelbauer gemeint hat. Manche Orgeln verstummen sofort, wenn man den Wind abschalten will. Nicht so die Orgel in Essen, auf der Zacher ein Stück wie *Sons brisés* von Juan Allende-Blin aufführen kann: eine Viertelstunde auf fallendem Wind. Man kann der Orgel nach dem Abschalten des Ventilators beim Verstummen zuhören. Oft klingt es, als läge die ganze Orgel in ihren letzten Atemzügen.

Dérive VI: Bockum-Hövel

Vom Bahnhof Hamm (Westf.) ist es nur eine kurze Fahrt, wenige Minuten; Brücke über die Hafenstraße, den Datteln-Hamm-Kanal & die Lippe. Der nächste Halt auf der Strecke nach Münster ist dann Bockum-Hövel. Ich erwarte so etwas wie einen Vorortbahnhof & finde mich unversehens mitten in der Landschaft, sozusagen auf dem Land an diesem Frühlingstag. Im Zug sind mir einige gutaussehende junge Männer aufgefallen. Einer steigt auch in Bockum-Hövel aus & wirkt mit seinem Trolley, den er hinter sich herzieht, irgendwie verloren auf diesem lächerlichen Bahnhof, dem ein trutziges Walmdach ein ländliches Aussehen verleiht. Parallel zur Bahntrasse der Klostermühlenweg. Ganz in der Nähe das Schloß Ermelinghof. Idyllisch könnte man diese Szenerie nennen. Klingeltöne sind vom beschrankten Bahnübergang her zu hören, der die zum Schloß führende Straße von Bockum-Hövel trennt. Abzweig der Werne–Bockum-Höveler Eisenbahn, auf der es schon lange keinen Personenverkehr mehr gibt. Die maximale Parkdauer für Fahrräder beträgt zwei Wochen. Ein Helm hilft. So die Instruktionen & Empfehlungen für Radfahrer, die hier aussteigen, losfahren, ankommen. Nicht jeder kann Geschichte schreiben. Aber rauchen. Eine weitere Schranke. Ein *Deutsches Haus* lädt zum Wohlfühlen & Genießen ein. Eine Marienkapelle steht ländlich in der Gegend herum. Auf einen Cigarettenautomaten hat jemand »FREIHEIT« gesprüht, als Forderung oder als Verheißung. Ich stolpere in ein Gewerbegebiet, das klar macht, daß ich doch in der Stadt bin: PKW An- & Verkauf, Fahrzeugaufbereitung, Metallbau. & Vogelstimmen. Ich bin doch auf dem Land. LKWs kommen mir entgegen. KFZ-Autoreparaturen. Sackgassen, die eine Durchquerung dieses Gewerbegebiets erschweren. *Auto Check.* Frei, sozial, national. Was soll das heißen? Moslems raus! Fordert eine Parole. Im Sundern. LKWs parken in Seitenstraßen. Keine Wendemöglichkeit! Nutzfahrzeughandel, Autotuning, Rapsölumrüstsätze. Geschmacklose Vorgärten. Das Gewerbegebiet nimmt ein Ende, ein Kirchturm kommt ins Blickfeld, auf den die Pieperstraße zuläuft. Auf einer Fußgängerbrücke überspannt sie die Römerstraße. Was jetzt in den Blick kommt, das wird Hövel sein. Oder Bockum? Die Pieperstraße wird zur Allee.

Kleine, meist nur zweistöckige Häuschen. *Wohnbau Westfalen*. Dann ist ein Rasenmäher zu hören, mit dem ein Rentner lärmt. Als ob es darum ginge, dieses Cliché von Vorstadt oder Dorf zu erfüllen. In der Straße Am Berg die geschlossene *Ratsschänke*. Hallo! Wer hat Lust, mit uns zu pokern? Nachwuchsmangel in den Kneipen. Ganz in der Nähe auch der Hallohpark, eine kleine Haydnstraße. Ein Dorfzentrum, wo man alles Erwartbare finden wird. Als Mittelpunkt der Kirchplatz, St. Pankratius. Einst Eigenkirche des Grafen Bernhard von Hövel; die erste Urkunde über die Pfarrei Hövel 1193, ist auf einer Tafel zu lesen. Auch, daß hier bis 1892 eine einschiffige romanische Kirche stand. Die zu klein wurde & einer neugotischen weichen mußte, dann Kriegszerstörungen. Ein kleiner Park & ein Platz, den man wohl in den achtziger Jahren des vorigen Jahrhunderts zugepflastert hat. Darauf eine merkwürdige Plastik: zwei Mädchen in kurzen Röcken, die sich an den Händen halten, miteinander tanzen vielleicht; eines ist größer als das andere, Schwestern vielleicht. Das *Café Funk* in einem Fachwerkhäuschen. Torten für jeden Anlaß, große Auswahl an Ornamenten & Dekoren usf. Überhaupt zuviel Ornamente in diesen Vorstadtlandschaften, in den Vorgärten, in manchen Gaststätten, zuviel Dekor. Die Haltestelle heißt Hövel Kirche. Das *Haus Brüggemann* an der Kirche sieht aus, als sei es endgültig geschlossen. Das *Billard Pub* hingegen verspricht um 17 Uhr zu öffnen. *Lehmys Grill* in der Horster Straße ist eine Neueröffnung & wirbt mit leckerer Bratwurst vom Rost. Auf Vorbestellung auch Riesen-Hamburger (3 kg). Um Himmels willen! Unsere Partner in Wurstfragen. Andere Angebote im Zentrum von Hövel betreffen Obstgehölze, Ziersträucher, Grabpflege usf. In der Uphofstraße fällt eine improvisierte Gedenkstätte auf. Auf einer Mauer steht eine Grablaterne, in der eine Kerze brennt, darunter ist unter wetterfestem Plastik ein Zettel angebracht. Ein kleines Photo zeigt einen strahlenden blonden Jungen mit einer Schultüte: Hier starb am 6. Dezember 2005 auf dem Heimweg von der Overbergschule im Alter von 7 Jahren Marcel B. Er wurde durch einen tragischen Unfall von der alten Mauerabdeckung erschlagen. Der etwas verunglückte Satz verrät – was? Überall muß das Unglück abgewehrt werden. Einbruch des Bedrohlichen; Erinnerung an die Möglichkeit absurder Un- & Zufälle, die Unwahrscheinlichkeit, vom sprichwörtlichen Ziegelstein erschlagen zu werden. Der Autoverkehr bleibt ohnehin immer bedrohlich auf dem Land wie in der Stadt. Besonders für den Flâneur, den in Gedanken Umherschweifenden, den Bezechten. Auf dem Schützenplatz Hövel wird in zwei Wochen ein »Tanz in dem Mai« stattfinden. Die evangelische Auferstehungskirche erheischt mit einem markanten, freistehenden Turm Beachtung. Die Horster Straße lädt dazu ein, ihrem Verlauf zu folgen, d.h.: Richtung Westen. Eine wieder mehr städtische/vorstädtische Atmosphäre. An- & Verkauf von Unfallautos. Eine aufgegebene Tankstelle, die Zapfsäulen sind längst abmontiert. Ein Container mit der Aufschrift *Nippon Express* ist hier gestrandet. Weltweite, sinnlose Waren- & Datenströme. Logistik als die generalstabsmäßige Organisation unnötiger Transporte auf absurden Umwegen. Die Bruchlandung des aus dem Logistikkreislauf ausgespieenen Containers in Bockum-Hövel könnte dafür als Illustration dienen. So gesehen kann das zweckfreie Umherschweifen ohne Ziel nur schwerlich noch als Gegenprogramm angesehen werden zur Realität des organisierten Waren- & Datenverkehrs. Wo alles aus dem Ruder läuft. Nun, die Schwierigkeiten des Umherschweifens sind die Schwierigkeiten der Freiheit. Schreibt Guy Debord. & er meint: Eines Tages werden wir für das Umherschweifen gemachte Städte konstruieren. Wie geeignet ist dafür das heutige Bockum-Hövel? Worin liegen Möglichkeiten, was sind die Beschränkungen? Sicherlich ist eine Zweckentfremdung der in diesem Stadtteil von Hamm vorhandenen Gebäude & Straßen denkbar, eine Umnutzung der Kirchen & Schulen, die Wiedereröffnung geschlossener Kneipen auch, die Aufhebung der Sperrstunde usf. Denn nirgendwo ist die Landschaft reicher an Möglichkeiten als in diesen postindustriellen Agglomerationen. Wenn wir uns den Anregungen des Geländes hingeben. Vielleicht wäre es angezeigt, endlich von der Horster Straße abzuzweigen, Seitenwegen zu folgen, in Gebiete, wo Straßen verheißungsvolle Namen tragen: Pfauenstraße, Nachtigallenweg, Ontariogrund. Im Nordfeld. An der Horster Straße schließlich der *Horster Grill*, das Vereinsheim des Billard-Clubs *Gelb-Blau Hamm Bockum-Hövel 1974 e. V.* Die Horster Straße verspricht mehr Abwechslung & Urbanität als die nach Vögeln benannten Wohnstraßen. Das Restaurant *New China Town* – seit fünf Jahren in Bockum-Hövel – offeriert ein Spezialbuffet. Ein Haarstudio bietet Haarverlängerung & Haarverdichtung an. In der Theodor-Storm-

Straße die *Gaststätte Liebold*. Eine Uhland- & eine Geibelstraße gibt es auch. Ein Hinweisschild klärt darüber auf, daß es sich bei letzterem um den »Texter« des Liedes »Der Mai ist gekommen« handelt. Ein sogenanntes Dichterviertel wie in der symbolischen Topographie jeder deutschen Stadt, zur Ausbalancierung der mit Sicherheit auch vorhandenen, preußischen Generälen vorbehaltenen Areale vielleicht. Weiter eine Grillparzerstraße, aber leider auch Rilke & Hermann Löns. Dann ist der Zentralfriedhof erreicht, der mich doch überrascht zwischen diesen beiden mehr oder weniger zusammengewachsenen Dörfern. Nicht überrascht mich, daß es in Bockum-Hövel einen Friedhof gibt, natürlich nicht, aber doch die Bezeichnung ›Zentralfriedhof‹, die man doch nur in Großstädten erwartet. Aber das ist schließlich nach aktueller Sprachregelung die »Metropole Ruhr«. Aber ich bin doch auf der Suche nach Unerwartetem. Ich bin überrascht über die Ausführlichkeit der Instruktionen für die Friedhofsbesucher, die auf dem Parkplatz vor dem Eingang ihr Fahrzeug abstellen wollen. Ein in einem Schaukasten ausgehängtes Schriftstück fordert die motorisierten Friedhofsbesucher dazu auf, es Dieben so schwer wie möglich zu machen. Zündschlüssel immer abziehen & das Lenkradschloß einrasten lassen. Ersatzschlüssel nicht im oder am Fahrzeug »verstecken«, weil solche »Verstecke« den Dieben bekannt seien & das Zurücklassen eines Zweitschlüssels im Auto als grobe Fahrlässigkeit gelte. Den Haustürschlüssel nie im Fahrzeug belassen, damit zu dem Autodiebstahl nicht auch noch ein Wohnungseinbruch komme. Keine Wertsachen im Kofferraum aufbewahren. Usf. Auf dem Friedhof fällt mir auf, daß viele Grabsteine ausdrücklich »Eheleuten« zugedacht sind. Zurück auf der Straße, ein Plakat wirbt für die Ausstellung *Dinosaurier: Das große Fressen* im Maximilianpark. Die Horster Straße mündet in eine Allee. Die Stadt scheint zu Ende. Felder, Wiesen, Höfe. Hausschlachtspezialitäten, frische Kartoffeln. Affektive Stadtvermessung. Der Spielraum des Umherschweifens ist nur vage umrissen & wird nur durch die Grenzen einer Stadt & ihrer Vororte bestimmt, einer Stadtlandschaft. Die minimale räumliche Ausdehnung könnte ein einzelnes Stadtviertel sein oder eine Insel. Ein Archipel im Meer einer zusammenhängend erlebbaren Landschaft. & längst ist die offene Landschaft zur Binnenfigur innerhalb des »Hintergrundes« einer Siedlungsfläche geworden. Die besiedelte Fläche könnte als eine besondere Form von Landschaft gelesen werden, welche die Freifläche umgreift. Hier könnte bereits das Münsterland begonnen haben. Ein Restaurant heißt auch *Zum Münsterland.* Ein *Jägerhof* & eine Erinnerung an die untergegangene Klosterbrauerei. Ansonsten trinkt man *Isenbeck,* obwohl sich auch diese Brauerei schon lange aus der Stadt zurückgezogen hat & in Hamm heute gar nicht mehr gebraut wird. Take it easy, kalauert es albern. Dann ist die Landschaftsinsel durchschritten & die Küste der Siedlungsfläche erreicht. Dann kommt Bockum ins Blickfeld, Ortskern, Kirche usf. St. Stephanus an der Hauptstraße, ein Stephansplatz. Ob die Bewohner künftiger Städte wirklich hauptsächlich mit dem ständigen Umherschweifen beschäftigt sein werden? Man kann es sich eigentlich nicht vorstellen. Andererseits verbringen auch die Bewohner heutiger Städte bereits viel Zeit mit zweckfreien & vermeidbaren Fahrten. Eine Tarnowitzer Straße verweist auf die seit 1957 bestehende Städtepartnerschaft mit dem polnischen Tarnowskie Góry, einer Bergbaustadt selbstredend. Blick auf ein unten an der Lippe gelegenes Kraftwerk. Einem Ludwig Langerbein ist nicht nur ein Denkmal errichtet worden, auch ein Hotel trägt seinen Namen. Ein Relief auf dem Langerbein-Gedenkstein zeigt eine Szene in einer Werkstatt: zwei Männer, ein Pferd, das wahrscheinlich beschlagen wird. Einer der beiden Männer muß Ludwig Langerbein sein. Ein anderes Denkmal zeigt eine Christus- oder Heiligenfigur, unter der in mehreren Etagen arbeitende Menschen angeordnet sind, Landwirtschaft, Handwerk, zuunterst der Bergmann. Hierarchien, Ordnungen. Bilder, die man dechiffrieren kann. Die Stadt als Text, den man lesen kann. Spiel & Vergessen. Textliche Artefakte könnten an die Stelle herkömmlicher Karten treten. Vielleicht auch Diagramme, Luftaufnahmen. Eine radikale Kartographie. Das Umherschweifen ist eine narrative Methode, eine Vermessungsmethode. Dokumente gelebter Erfahrung werden in eine parataktische Abfolge von Wahrnehmungen & Kommentaren gebracht. Raum wird in eine zeitliche Abfolge gebracht. Die Richtung ist die Leserichtung. Nun, man könnte natürlich auch anderswo beginnen. Man muß irgendwo beginnen. An der lesbaren Oberfläche: *Bockumer Änderungsstübchen, Ollis Skischmiede, Knappen-Apotheke* usf. Auf einem Plakat wird das Schützenfest auf dem Schützenplatz an der Horster Straße angekündigt. Mit Platzkonzert, großem Festumzug, einer Marschpause am

Jägerhof. Königsschießen, anschließend Proklamation des neuen Schützenkönigs & der Königin sowie Bekanntgabe der Hofstaatpaare. Parade vor der Kirche, ein kurzer Halt auch an der Seniorenwohnanlage Ludgeri. Antreten der Avantgarde mit dem Spielmannszug zum Wecken des gesamten Vorstandes. Wer hätte die Avantgarde aber in der westfälischen Provinz vermutet, am Rande des Ruhrgebiets? Strategien des Überwinterns, Winterschlaf. & immer wieder Antreten & Abmarsch. Großer Zapfenstreich. Vereinsmeisterschaft im Armbrustschießen um den Pokal der Spar- & Darlehenskasse Bockum-Hövel. Die Hammer Straße lädt dazu ein, ihrem Verlauf zu folgen. Eine Ausfallstraße/Einfallstraße. Sie würde einen in Richtung der Hammer Innenstadt geleiteten. Ein Denkmal erinnert an die Michaelskapelle (1708–1977). Warum mußte die wohl weichen? Warum bedauert man das inzwischen? Neben einer kleinen Kirche die Gaststätte *Haus Döbbe-Gorschlüter,* deutsche Spezialitäten. Gemeinde Herz Jesu. Wo Gottes Geist bewegt. Im großen Schaufenster eines Photoladens Bilder von einem Brautpaar, von Kleinkindern, aber auch von einem in einer dreiteiligen Serie in drei verschiedenen Posen im Profil aufgenommenen nackten Mann, mit den Händen gestikulierend, rudernd, auf einem Bild nach vorne gebeugt. Die wichtigsten Momente im Leben festzuhalten, dient sich der Photograph an. Aber welche wären das? Portrait, Erotik, Familie, Bewerbung usf. Schulen sind nach Sophie Scholl & den Gebrüdern Grimm benannt. So weit, so vorhersehbar. Angekündigt wird ein Hähnewettkrähen in der Brieftaubeneinsatzhalle, das der Geflügelzuchtverein *Edle Rasse Bockum-Hövel* veranstaltet. Was nach einer surrealen Aktion oder auch einem etwas bemühten Scherz klingt, ist gewiß westfälische Tradition & wird vermutlich mit einer entsprechenden Ernsthaftigkeit exekutiert. Die Berliner Straße verläuft zunächst parallel zur Hammer Straße & führt dann zurück ins Zentrum von Hövel. Eine ruhige Straße, Einfamilienhäuser. Seitenstraßen sind nach Arbeiterbischöfen & Sozialreformern benannt. Es gibt auch eine Bert-Brecht- & eine Marinestraße. Die Sozialdemokratie überschreibt den preußischen Stadtplan, der mit Derfflinger, Lützow, Blücher usf. gegenwärtig ist. Eine Folge aufeinanderstoßender Stimmungen beim Durchqueren der Viertel, beim Abschreiten einer Straße, dazu der Text der Stadt. Zusammenhänge zwischen Form & Stimmung, der Architektur, dem Raster der

Straßen usf. Eine Soldatin in voller Uniform – & ja auch nur daran als solche erkennbar – geht mit einer Hündin spazieren, die an den Feldrand pißt. Kinder bemalen den Gehsteig an der Berliner Straße mit Kreide. Dann passiere ich die Tierärztliche Klinik Hamm. Das Wohnbad ist Anspruch, nicht Privileg. Tritt ein Satz zwischen diese Bilder im Stadtraum. & ja, die Sonne scheint. Das alles an einem warmen Frühlingsnachmittag. In einem alten Eckhaus ist die *Bierstube Restaurant Anno 03* untergebracht, mit Bürgersaal. Durch Bockum-Hövel tönt eine melancholische Weise vom Band, mit der ein Schrotthändler auf sich aufmerksam macht, der mit seinem Lastwagen die Straßen abfährt, auf der Suche nach Verwertbarem. Er hat blaue Metallspinde geladen. Eben hat es noch nach Münsterland ausgesehen, dann geben einem größere Wohnblöcke wieder das Gefühl von Stadt/Vorstadt. Kurz nach 17 Uhr bin ich der erste Gast im *Billard Pub* an der Höveler Kirche. Halb besoffen ist rausgeschmissenes Geld! Der türkische Chef des Lokals, in seinem Anzug bemüht, wie ein Geschäftsmann zu wirken, ist zurück von einem Heimaturlaub & beklagt sich bitter darüber, daß ihm die *Lufthansa* auf seinem Flug eine Pilotin zugemutet hat. Das ist doch ein Männerberuf! & sie hat auch, wie es zu erwarten gewesen war, eine unmögliche Landung hingelegt. Die weibliche Thekenkraft nimmt die Suada hin ohne Contra zu geben. Sicher. & weiter beklagt sich dieser Höveler Gastronom: Kaum ist man mal nicht in Deutschland, verliert *Schalke!* Setzt man den Rundgang durch Bockum-Hövel im *World Wide Web* fort, wird einem dort ein Satz von Georg Christoph Lichtenberg mit auf den Weg gegeben: Sehr viele & vielleicht die meisten Menschen müssen, um etwas zu finden, erst wissen, daß es da ist. Wohl wahr.

Dérive VII: Walsum

Das blaue Band des Frühlings in Hamborn. Fahrt mit der Straßenbahn in den Duisburger Norden. Unterwegs wird auf einer Hauswand die Frage gestellt: Wo sind wir? & auch gleich beantwortet: Im Ghetto. Andere Texte im Vorbeifahren: *Berg & Hütten Apotheke, Mettwurst-Lothar.* & noch eine Frage, mit der sich aber kein Individuum artikuliert, sondern eine Plakatkampagne: In was für einer Gesellschaft wollen wir leben? In dieser ganz bestimmt nicht, möchte ich antworten. Aber was heißt hier eigentlich »wir«? Dieses »wir« ist erschlichen & unterstellt eine in Wahrheit nicht existierende Gemeinschaft von Menschen, die sich im Duisburger Norden bewegen, & solchen, die Kampagnen im öffentlichen Raum gestalten können & bezahlen. & wie sagt Guy Debord? Von Anfang an habe er es für gut befunden, sich dem Sturz der Gesellschaft zu widmen & auch entsprechend gehandelt. Die gemächliche Straßenbahnfahrt in den Norden, über die Duisburger, die Weseler, schließlich die Friedrich-Ebert-Straße, hat im Untergrund des Duisburger Hauptbahnhofs ihren Ausgang genommen, wo die kleine Straßenbahn nach Dinslaken in dem großen unterirdischen Bahnhof immer etwas verloren wirkt, dort zunächst als U-Bahn startet & zwischen den Stationen Duissern & Auf dem Damm immerhin durch den längsten deutschen Stadtbahntunnel fährt, den Hafen unterquerend. Eine überflüssige Information, zugegeben, die ich irgendwo gelesen & mir anscheinend gemerkt habe. Man vergißt zu wenig. Mit der Haltestelle Schwan ist Walsum erreicht. Ein merkwürdiger Name, der Assoziationen hervorruft, die ich mit Walsum nicht zusammenbringe. Dann die Station Sonnenstraße, das Rathaus Walsum, der Kometenplatz. Kosmisches, das einen Kontrast bildet zu diesem kleinstädtischen Subzentrum, den Zweckbauten an der Friedrich-Ebert-Straße, & sich fortsetzt in Mond- & Sternstraße, Meteorstraße, Kometenstraße. In den Vororten, die sich rasch ausdehnen, muß man den Straßen oft sehr schnell einen Namen geben. Sagt Michel Butor. Man wählt einen Bereich des Vokabulars, der dieser Stadtregion eine bestimmte Färbung verleiht. Merkur-, Jupiter-, Mars- & Uranusstraße, Orionstraße. Unweit der Planeten auch eine Kantstraße, der gestirnte Himmel usf. Alle diese Wörter setzen sich fort, vervielfachen sich, hallen wider in den Namen von Geschäften, Tankstellen, Hotels. Butor spricht von einer verblüffenden Fülle gelenkter Evokationen. & wenn hier auch das gesamte Sonnensystem mobilisiert wird, so wirkt die Geschäftswelt um den Kometenplatz doch reichlich banal. Top Trends für wenig Cents. Eine Geschenkboutique. Das *Waldschlößchen* & das *Balkan Restaurant International*. Viele LKWs auf dieser Nord-Süd-Achse, auf der die Straßenbahn weiterfährt bis Dinslaken. Ein Bus zum Allwetterbad. Eine Kurze Straße. Eine *Gilde-Stube,* in der auch Fremdenzimmer angeboten werden. Technischer Fachhandel; Werkzeuge, Maschinen, Eisenwaren. In der *Stadtschänke* steht ein Frühlingsfest bevor: Lassen Sie sich im bayerischen Stil überraschen & verwöhnen! Überraschen – nunja, es wird halt Bier geben, Weißwürste & weiß-blau gemusterte Tischdecken. Am 4. Mai ist dann »Deckel-Day«, was immer das heißen mag. Achtung! Ein in Tarnfarben lackierter Geländewagen fällt mir auf, ein riesiger Bundesadler auf der Fassade eines Postamts, weiters die Aufschriften *Kinki Moden, Treffpunkt »bei Maria«.* Der offen zutageliegende Text wird durch das Lesen wiederbelebt. So Butor. Etwa durch einen durch Städte streifenden Leser. Aber der in den Kellerräumen schlafende Text ist von nicht geringerer Bedeutung. Entscheidend ist, daß man ihn eines Tages wird konsultieren können. Wie aber vorstoßen in die Keller, zu den verborgenen Texten? Nichts geht mehr, sollten sie vollständig verschwunden sein. Befürchtet Butor. Einstweilen weiter, an den Oberflächen entlang, notgedrungen: Pferdewetten & Trinken. *Bier Zack.* Arzneimittelberatung, Impfberatung usf. in der *Engel-Apotheke.* Wir in Walsum: Wo »große« Mode wenig kostet. Soft zur Haut, aber Power in der Bräune. Die *Buchhandlung Lesenswert,* in deren Sortiment ich mir aber nichts Lesenswertes vorstellen kann – es sei denn, es gibt eine brauchbare Abteilung mit Regionalia oder ein paar Reclam-Heftchen für Schüler. *Friseursalon Istanbul, Brunnenstube* usf. Dienet dem Herrn mit Freuden! Danket dem Herrn! Eine kleine evangelische Kirche an der Schulstraße, wo die Bäume in Blüte stehen. Ein Junge kehrt am Pfarrhaus mit einem Besen die herabgefallenen Blüten zusammen. Die Gaststätte des *TV Aldenrade* verspricht gute Küche, eine Gartenwirtschaft.

Jetzt schlägt eine andere Kirche, wohl die katholische. Ich meine, das Rauschen eines Güterzuges zu hören, der vielleicht unterwegs ist zum *Bergwerk Walsum*. In einem Schaufenster Urnen, Tischlerei & Bestattungen, Meisterbetrieb. Parken nur für Mieter der *Wohnbau Dinslaken*. Auf der Dittfeldstraße kommt mir ein Pferdefuhrwerk entgegen, ein mit zwei Pferden bespannter sogenannter Partywagen. Die Gruppe auf dem mit einer Plane überdachten Wagen scheint entschlossen zum Feiern & zum Saufen. Ein altes Ehepaar hat der vorbeifahrende Wagen sogar an den Gartenzaun gelockt. Ein Ereignis in der Vorstadt. Dann eine LKW-Einfahrt, *Industrie-Service*. Das Pumpwerk Duisburg Kleine Emscher. Plätschern ist zu hören. Das Wasser ist braunrot. Diese Anlage wird durch Video überwacht! Ja, wo ich auch halt mache, bin ich umgeben, eingekreist von Text. Beim Zurechtfinden könnten vielleicht bestimmte Bücher helfen, meint Butor. Lektüren über die *Emschergenossenschaft*, Studien über die Renaturierung des Emscher-Systems, Bergsenkungen usf. Davon vielleicht ein anderes Mal oder an anderer Stelle mehr. Auf dem Gelände des Pumpwerks steht wie verloren ein kleines Haus, heruntergelassene Fensterläden im Erdgeschoß. Ein merkwürdiger Standort für ein Wohnhaus, das inzwischen verlassen ist oder auch nicht. Schwarz- & Grautöne, Schmutz auf der ehemals weißen Fassade. Dann der *Kleingartenverein Walsum 1941 e.V.*, einige Deutschland-Fahnen markieren das Gelände. Vor mir taucht der riesige, in Bau befindliche Turm eines Heizkraftwerks auf. Ich laufe Richtung Bergwerk bzw. Rheinufer. Umgeben von Text, auch auf Plakaten: Wir feiern den »Walsumer-Frühling«. In dieser merkwürdigen Zeichensetzung. Angekündigt werden ein Festzelt auf dem Friedrich-Ebert-Platz & darin: Tanz in den Mai, Vater = Familientag!, die 1. Große Koch-Show, eine Ü. 40 Party. Eine Druckerei, die inzwischen anders heißt, war früher die *Druckerei H. Wasserstrass,* was in der Nähe des Rheins sowie zahlreicher Häfen & Kanäle nicht unpassend erscheint. Eine Römerstraße, die weiter nördlich gar in eine Heerstraße übergeht, sorgt für eine solide historische Verankerung mitten im Walsumer Siedlungsbrei. Färbt die Wahrnehmung. An der Ecke Theodor-Heuss-Straße der traurige Anblick einer aufgegebenen Kneipe. Auf der Getränkekarte, die weiterhin & zweckfrei in einer kleinen Vitrine aushängt, sind die Bier- & Schnapspreise noch in DM angegeben. Dazu kann das *Walsumer Brauhaus Urfels* keine ernsthafte Alternative sein – ein geschmackloser Neubau mit großem Biergarten, dessen Gestalter selbst vor Scheußlichkeiten wie künstlichen Wasserfällen nicht zurückschreckten. Gleichwohl reklamiert die unsympathische Institution niederrheinische Tradition für sich. Ich hoffe, die Walsumer Kneipengänger kümmern sich nicht um das Brauhaus-Hybrid, in dem ab & an auch noch Live-Jazz angedroht ist & überlassen es den über die Autobahn aus anderen Stadtteilen & Nachbarstädten anrauschenden Gästen! Vom Ursprung her vollkommen. Will das Wasser aus der *Rheinfels-Quelle* sein. Getränke- & Brunnenbetriebe. Hoch stapeln sich die Getränkekästen. Achtung Kraftfahrer! Bitte bis zur Schranke vorfahren & beim Pförtner einen Laufzettel holen! Die Versandleitung bedankt sich schon mal für die Einhaltung der Regeln. Natürlich geht's uns gut! Mit Wasser aus der *Rheinfels-Quelle*. Behindern aber ausgedehnte Betriebsgelände das freie Umherschweifen. Dérive – man findet diese Definition in Anm. 150 eines *Kleinen Organons* – kann verstanden werden als antizipatorische Forschungs- & Lebensweise in Zeiten einer Windstille der Klassenkämpfe. Eine solche Zeit ist gewiß auch das beginnende 21. Jahrhundert. Die Frage aber muß gestellt werden, auf welche Grenzen ein so verstandener »unitärer Urbanismus« in Stadtlandschaften wie dem Duisburger Norden stößt. Denn Flâneure & Spaziergänger werden in der Zwischenstadt nicht erwartet. Zweckfreie Bewegungen sind nicht vorgesehen in diesen Räumen. & monofunktionale Einheiten haben deutlichere Grenzen als polyfunktionale oder funktional offene Strukturen. Es gibt bestimmte Gründe, sie aufzusuchen, & andere Besucher sind auch nicht erwünscht. So ist das Zechengelände eine »verbotene Stadt«, wie es oft mystifizierend heißt, oder deutlicher: eine No-go-Area. An das Gelände des *Bergwerks Walsum* direkt anschließend das des Heizkraftwerks, ein Gewirr von Kränen, der in Bau befindliche Block 10. Der erste Neubau eines Steinkohlenkraftwerks in Deutschland seit zehn Jahren. Eine Bürgerinitiative wendet sich gegen die »totale Verschandelung von Duisburg-Walsum«. Ästhetische oder schlimmer: Geschmacksurteile, über die man streiten kann. Ich empfinde den Anblick des plötzlich auftauchenden, gigantischen Kühlturms, etwa von den Wiesen am Rheinufer her kommend, durchaus als schön, meinetwegen: erhaben. Widersinnig aber erscheint die Aussicht, daß das Bergwerk nebenan stillgelegt sein wird, wenn das neue Steinkohlenkraftwerk in Betrieb geht. Man wird die Kohle dann von sonstwoher heranschaffen müssen, über den Rhein. Errichtet wird auch eine Bekohlungsanlage für das *Kraftwerk Walsum* Block 10. Inspire the Next. Das Kraftwerk der Zukunft. Noch drehen sich die Seilscheiben auf den beiden Fördertürmen über den beiden Schächten Franz Lenze & Wilhelm Roelen, wenn auch nicht mehr lange. Noch wird die Haltestelle Walsum Schacht von einem viel zu selten durch diese nördlichen Vorstädte kurvenden Bus bedient. Keine Kneipe vor dem Tor des *Bergwerks Walsum,* für dessen automatisierte Schrankenanlage eine Codekarte erforderlich ist, wie ich lese. Bloß der *Glückauf*-Getränkemarkt. Eine Bude ist zu vermieten & wirft wahrscheinlich nichts mehr ab. Zwei Fördergerüste vom später sogenannten Typ Walsum, der heute in vielen Kohlenrevieren anzutreffen sein soll. Auf einem steht in großen Lettern »WALSUM«, auf dem anderen: »KOHLE«. Grubenfelder zu beiden Seiten des Rheins. Niederrhein von unten: Blicke in die Tiefe & in die Vergangenheit auf Informationstafeln am »Standort Duisburg-Walsum«. Die Rückenansicht eines bulligen Bergarbeiters in einem ärmellosen Shirt. Das Bild ist rosarot eingefärbt. Wer von Duisburg sprach, dachte lange Zeit an Stahlindustrie & Steinkohle. Als Folge der Strukturkrise mußten in den sechziger & siebziger Jahren sechs Duisburger Zechenanlagen schließen. Allein die jüngste, das *Bergwerk Walsum,* überlebte. Das Ruhrgebiet vor 400 Millionen Jahren als sumpfige Uferzone eines tropischen Meeres. Abgestorbene Wurzelstöcke, Stämme & Äste sinken ins Wasser usf. Irgendwann setzt dann die »Inkohlung« ein. Bestimmte Bücher könnten dabei helfen, sich zurechtzufinden. Beispielsweise *Die alten Zechen an der Ruhr* von Wilhelm & Gertrude Hermann. Dem Buch ist zu entnehmen, daß mit dem Abteufen von Schacht I bereits 1909 begonnen wurde. Daß der Ausbruch des Ersten Weltkrieges die Arbeiten unterbrach; neuerliche Unterbrechung durch die französische Besetzung des Ruhrgebiets 1923. Daß das Steinkohlengebirge schließlich 1929 erreicht wurde. Aufnahme der Förderung 1939. Seit 1965 vollmechanisierte Kohlengewinnung;

leistungsfähiger werkseigener Hafen usf. Hinter einer scharfen Kurve, von der Baustelle des Kraftwerks beinahe erdrückt, versteckt sich das Fischrestaurant *Walsumer Hof*. Ein altes Wirtshaus mit Gastgarten. Ein schmiedeeisernes Schild, an dem an einer Kette ein blecherner Fisch hängt, beansprucht eine immerhin bis ins Jahr 1838 zurückreichende Tradition. Zu dieser Nachmittagsstunde ist es nicht möglich, auf ein Pils einzukehren. Eine Straße führt hinunter zur Autofähre, mit der man nach Orsoy übersetzen kann. Kurz vor Erreichen des Ufers ein Warnschild mit einem stilisierten, in die Fluten stürzenden Auto. Zu den sprachlichen treten in den Städten unzählige Zeichen, die man wie die einer Sprache entziffern lernen muß. Sagt Butor. Zu dem offenkundigen, aus Wörtern gebildeten Text kommt ein großer Bereich von Halbtext, von nicht ausgeführter, im Entstehen begriffener Schrift, ein Ensemble von Signalen, Anhaltspunkten. Zum Rhein hin abfallende Wiesen, Flußpanorama. Blick auf vorbeifahrende Schiffe, Schwäne am Ufer. Am anderen Rheinufer Dorfsilhouetten mit Kirchtürmen. Schon zum wiederholten Mal begegnet mir ein photographierender junger Mann, der eine ähnliche Route zu absolvieren scheint wie ich. Dann sind Glocken zu hören, die ich der Kirche in Alt-Walsum zuordne. Alt-Walsum ist das Dorf auf der anderen Seite der Hubbrücke, die den Nordhafen überspannt, den Hafen des *Bergwerks Walsum*. Der letzte Zechenhafen am Rhein: ein langgestrecktes Stichhafenbecken von etwa 450 m Länge, dessen Kopf zu einem Wendebecken erweitert ist; kanalartige Verbindung zum Rhein; auf der gegen Hochwasser geschützten Kaianlage zwei Wippkräne für den Kohlenumschlag; Förderbänder für die Verladung der Asche aus dem Heizkraftwerk; die Hubbrücke ermöglicht, daß der Hafen auch bei Hochwasser angefahren werden kann. Auf der anderen Seite des Nordhafens, der Zeche gegenüber, der alte Dorfkern & die Fachklinik St. Camillus, spezialisiert auf die populärsten Süchte, Alkohol- & Medikamentenabhängigkeit. Das Pferdefuhrwerk mit der feiernden Gruppe hat auf einem Parkplatz angehalten. Wahrscheinlich spazieren sie zum Rheinufer. Niederrhein, Schnapsrhein – befinde ich mich zudem auf der sogenannten Niederrheinroute, die von Duisburg aus die Kreise Wesel & Kleve für Radfahrer erschließt. Ich lese: Walsum war bis Mitte des vorigen Jahrhunderts ein kleines Dorf; erste Industriebetriebe nach 1868; heute neben der Zeche eine Papierfabrik sowie Getränke- & Brunnenbetriebe. Zwischenzeitlich soll sich der nördlichste Stadtbezirk mit seinen Einkaufszentren in den Ortsteilen Aldenrade & Vierlinden, dem Allwetterbad, dem Schul- & Sportzentrum Driesenbusch, der Stadthalle & der unter Naturschutz stehenden Rheinaue zu einem beliebten Wohnort entwickelt haben. In die Kaiserstraße biegt der LKW eines Schrotthändlers, der mit Fidirallala-Getröte auf sich aufmerksam macht. Alt-Walsum hat zu bieten: das *Stadtcafé Muth* & das Gasthaus *Zum Johanniter,* das mit einem Festsaal aufwarten kann. Feiern mit Freunden. Ein Bolzplatz für Kinder zwischen 6 & 14 Jahren unterliegt merkwürdigen, widersprüchlichen Vorschriften: Ruhezeit 13 bis 15 Uhr, Spielzeit 8 bis 20 Uhr. & ja, die Straßennamen verleihen auch diesem Viertel eine bestimmte Färbung. Eine Fülle gelenkter Evokationen. In Alt-Walsum handelt es sich um Bergbau-Vokabular: Zum Alten Mann, Zum Aufhauen, Zum Füllort, Förderstraße, Hobelgasse usf. Nach dem Durchschreiten von zwei Eisenbahnbrücken hat man Alt-Walsum hinter sich gelassen. Hat Walsum-Vierlinden erreicht & steht dann an der Kreuzung zu dieser Römerstraße. Dort gibt es die Kneipe *Alt-Walsum,* sozusagen leicht exterritorial, & das griechische Lokal *Apostel.* Die Königstraße, der ich bereits eine Weile folge, heißt nach der Kreuzung Bahnhofstraße, & ich frage mich, welcher Bahnhof damit gemeint sein soll, wo Walsum doch schon lange abgehängt ist vom Bahnverkehr – wenn man von der Anbindung des *Bergwerks Walsum* einmal absieht. Aber nur ein kleines Stück nördlich der Kreuzung König- bzw. Bahnhofstraße/Römerstraße, von Bäumen umstanden & verdeckt, entdecke ich dann doch den alten Bahnhof Walsum – noch immer der Schriftzug »Bahnhof« auf dem Gebäude, das in einem erdigen, dunklen Braunton gestrichen ist. Die Fenster im Erdgeschoß der Bahnhofsruine sind vernagelt. Zusätzlich sollen rotweiße Absperrbänder offenbar eine zumindest optische Barriere bilden. Aus der 1. Etage hängen gleich mehrere deutsche Fahnen. Der idiotische Fußball gestattet verklemmten Deutschen ihre kleine, kontrollierte nationale Aufwallung. Die Fahnen werden wohl bald wieder verschwunden sein. Die Gleise sind überwuchert, aber noch vorhanden. Die *Deutsche Bahn* warnt vor Unfallgefahr. In der

Römerstraße das Restaurant *Zur goldenen Henne.* Außerdem Industrienähmaschinen. Der *Zack/Zack Schnellimbiß.* Wir machen Sie darauf aufmerksam, daß wir keine Gästetoiletten haben. Läßt das *Zack/Zack*-Team wissen. Wir wünschen einen guten Appetit! An der Bahnhofstraße dann eine Gaststätte mit dem beschwörenden Namen *Zur Einigkeit.* Bekanntlich liegt der Ausgangspunkt des Traumes ja in der Wirklichkeit & verwirklicht sich auch in ihr. »Grenzenloser Jubel« schon jetzt beim *DJK Vierlinden 28 e.V.* Jahrelang habe die »Zweite« der *DJK Vierlinden* auf diesen Tag warten müssen, wie einem in einer Vitrine ausgestellten Zeitungsartikel zu entnehmen ist. Ein Photo zeigt junge Männer in grellgelben T-Shirts & schwarzen Hosen, die ihre Arme in die Höhe recken & dabei ausgelassen wirken & besoffen. Fußballer vermutlich. Wohnbauten aus den fünfziger Jahren in der Bahnhofstraße. Die Tür der Kneipe *Zur Quelle* steht schon am frühen Nachmittag einladend auf. Auf der Leuchtschrift über dem Eingang ist ein surreales Bild zu sehen, das eher Eisberge & Geysire zu zeigen scheint als eine Quelle. Will man das Lokal betreten, muß man zuerst unter einer riesigen Deutschland-Fahne hindurch, die über dem Eingang hängt. Schön ist das nicht, aber ich will endlich ein Bier trinken. Empfangen werde ich von einem Gesprächsfetzen: »... ein vernünftiger Mann sagt sowas nicht.« Was, könnte man fragen & sich natürlich vieles als Antwort vorstellen – so auch den in der *Quelle* zu lesenden Kneipenspruch: Bier & Weiber sind die besten Zeitvertreiber. Vollkommen überflüssige Verkehrsmeldungen aus Dresden werden in die Kneipe gespült, denn hier läuft merkwürdigerweise der *Mitteldeutsche Rundfunk.* Daß das Rauchverbot nur eine vorübergehende Schikane ist, davon ist die Wirtin überzeugt. Einstweilen ist die *Quelle* eben ein »Raucherclub«. Bald steht auch die »Walsumer Wacholderkirmes« ins Haus, mit Zapfenstreich, einem zünftigen bayerischen Abend usf. Feines für 4 Pfoten findet man in Walsum ebenso wie einen *Theken-Treff.* Der Kiosk mit dem eindeutigen Namen *Don Promillo* garantiert eine solide Alkoholversorgung. Der von zweistöckigen Nachkriegsbauten flankierte Franz-Lenze-Platz ist großzügig angelegt. In der Mitte des langgezogenen Platzes Parkanlagen, schließlich ein Parkplatz, ein Marktplatz, ein Supermarkt. Im häßlich ausgemalten *Ritterkrug* sammeln sich schon am frühen Nachmittag junge Trinker. Duisburg: Die Erde, die uns glücklich macht. Steht auf einem Transparent mit stilisierten Fördertürmen. Das lokale Drecksblatt rechtfertigt in einem Kommentar die Stillegung des *Bergwerks Walsum*: Ja, um die Schließung kam man nicht herum. Zu groß sind schon jetzt die überirdischen Schäden an Gebäuden, an Straßen, an Kanälen & Deichen. Ja, das Aus ist eine Erlösung für die Region. Ja ja ja ... billige Einpeitsch-Rhetorik. Heute werden die untertägigen Gewinnungsmaschinen endgültig abgestellt. Mit der Buslinie 919, die nur alle 30 Minuten aus Alt-Walsum kommend in die Römerstraße biegt, obwohl sie weite Teile von Duisburgs nördlichstem Stadtteil als einzige Linie erschließt, fahre ich zur Haltestelle Schwan. Warum die wohl so heißt? Jedenfalls gibt es dort die Eckkneipe *Zum Schwan*, in die ich mich erst mal setze. Die Wörter vervielfachen sich, hallen wider. Gelenkte Evokationen. Am Schwan.

Wilhelm Lehmbruck Museum

Den Bürgern Duisburgs & allen Freunden der Kunst öffnet am 5. Juni 1964 das Wilhelm Lehmbruck Museum seine Pforten. Unser ehrendes Gedenken gilt dem großen Künstler, dem die Heimatstadt das neue Museum ideell zueignet. Getauft auf den Namen des aus Duisburg-Meiderich gebürtigen Bildhauers, erbaut nach Plänen seines Sohnes Dr. Manfred Lehmbruck, hervorgegangen aus einem 1902 gegründeten Museumsverein & dem 1929 konstituierten Städtischen Kunstmuseum. Seit 1925, dem Jahr der Jahrtausendfeier der Rheinlande, bildete das Werk von Wilhelm Lehmbruck (1881–1919) einen Sammlungsschwerpunkt. Angesichts der Tatsache, daß in Duisburg nach dem letzten Kriege kaum nennenswerte Kunstschätze vorhanden waren & das Sammeln nahezu völlig neu begonnen werden mußte, mochte manchen der Entschluß, ein Museum zu bauen, ein wagemutiges, wenn nicht utopisches Unterfangen dünken. Schreibt der Direktor anläßlich der Eröffnung. In den kurzen Jahren des inneren Aufbaus hat sich bei den damit Betrauten die ursprüngliche Überzeugung zur Gewißheit gesteigert, daß der Bildhauerkunst im Gesamtbild des zeitgenössischen Geisteslebens eine ganz besondere Bedeutung zukommt dank kaum geahnter neuer Formvorstellungen & Aussagemöglichkeiten, die ihren Ursprung haben in Anregungen Wilhelm Lehmbrucks & seiner Zeitgenossen. Der Architekt Manfred Lehmbruck schreibt: Die für die Industriestadt Duisburg typische Konfrontation von harter Arbeitswelt & herber Schönheit prägt auch die bauliche Situation des Kunstmuseums. Die städtebaulich hervorragende Lage im Zentrum der Großstadt, in Nähe des Bahnhofs & am Schnittpunkt wichtiger Verkehrsstraßen stellt das Museum mitten ins Leben. Dennoch bleibt es ein Ort der Ruhe & Besinnung durch seine Einbettung in den Immanuel-Kant-Park, der zugleich die unerläßliche innige Verbindung von Natur & Kunst sicherstellt. Der hinter dem Museum gelegene Teil des Parks ist ein nächtlicher Treffpunkt für schwule Männer – ein Cruisinggebiet allerdings von zweifelhaftem Ruf. Man hört von Polizeirazzien in den letzten Jahren, andere wieder beklagen, daß im Kant-Park heute nichts mehr los sei. Beim Betreten des Museumsbereichs überschreitet der Besucher eine

Schwelle in Form einer Betonplatte, in die ein Lehmbruck-Zitat eingelassen ist: »Alle Kunst ist Maß.« Eine Aufstellung der meisten Plastiken im Freien verbietet die aggressive Luft der Industriestadt. Ein typischer Bau der Nachkriegsmoderne, ein von Grünfläche umgebener Solitär, der inzwischen unter Denkmalschutz steht. Viele loben die einzigartige Kombination von herausragender Museumsarchitektur & dem seit 1990 bestehenden Skulpturenpark; inzwischen ist auch die Sicherung des gesamten Lebenswerkes Lehmbrucks für das Museum gelungen. Drei Baukörper, transparente Gestaltung, viel natürliches Licht; Durchblicke, die Räume fließen ineinander. Ein ins Erdreich versenkter Innenhof soll ein Gefühl der Geborgenheit vermitteln. Das Grundrißbild ist, der Kunst entsprechend, nach innen gewandt. Die der städtischen Kunstsammlung & den Wechselausstellungen zugedachten Räume lassen sich mit wenigen Standard-Elementen flexibel umbauen. In dem Trakt, in dem die Werke Lehmbrucks untergebracht sind, entfällt hingegen die Forderung nach Variation & Improvisation. Manfred Lehmbruck spricht von der »statischen Ruhe« eines anderen Museumstyps. Alle diese Anstrengungen dienen der ungestörten Begegnung von Mensch & Kunst. Der große Lehmbruck-Saal ist die Attraktion des Museums of Modern Art in New York. Berichtet der Kunstkritiker & Lehmbruck-Freund Paul Westheim. Man kann sich heute schwerlich noch eine Vorstellung machen, wie verständnislos damals sein Schaffen abgelehnt wurde. Freunde des Künstlers haben einen stämmigen, blonden Bauernjungen mit westfälischem Akzent in Erinnerung, Sohn eines einfachen Bergarbeiters aus Meiderich. Erinnern sich an ein armseliges Hinterhof-Wohnatelier in Paris, auch an eine sie chokierende Umwälzung seines Schaffens während dieser Pariser Zeit. Von Streckung & Verräumlichung der Figur ist die Rede, von übersinnlicher Tektonik; unter dem Eindruck des Ersten Weltkriegs dann eine Wendung ins Expressive, Fragmentarische & Reduzierte. Naiv, bestürzt & wissenssehnsüchtig nannte ein Dichter 1916 die Figuren von Wilhelm Lehmbruck, der Kunsthistorikern neben Ernst Barlach als wichtigster deutscher Bildhauer der klassischen Moderne gilt. Wilhelm Lehmbrucks Ruf als Bildhauer war der Stadt Duisburg Verpflichtung, die »Plastik des XX. Jahrhunderts« zum Hauptsammelgebiet des Museums zu erheben.

Dérive VIII: Rheinhausen

Im Zug nach Xanten über den Rhein – nicht auf der »Brücke der Solidarität«, das ist die nächste flußabwärts. Die Niederrheinstrecke. Blick auf Rheinwiesen & riesige Parkplätze. Logistik. Von der Hütte am linken Niederrhein ist nichts mehr übrig. Irgendwo die Aufschrift *Union Stahl*. Lesewut Blicklenkung Entzifferungszwang, wie Bodo Hell schreibt. Wie man davon abhängig ist, & nicht nur in fremder Umgebung: Was steht denn da? Wie ich von mir sagen würde, daß meine Aufmerksamkeit sich in erster Linie auf buchstäblich Lesbares richtet & dann erst auf Bilder & Symbole. Eine verblaßte Aufschrift erinnert an ein *Hotel Brendel*. Der Bahnhof Rheinhausen, ein ansehnliches Gebäude, ist seiner Funktion beraubt worden & kann nicht einmal mehr betreten werden. Durch einen Fußgängertunnel verläßt man das Bahngelände, auf dem man sich nicht aufhalten soll. Irgendwo lese ich »Dienstweg« – eigentlich doch ein abstrakter Begriff, den ich mir bislang nie anschaulich, als etwas im Raum real Beschreibbares vorgestellt habe. Wohin er führt, erschließt sich mir nicht. Ich sehe eine Lärmschutzwand, eine Kleingartenkolonie. Eine italienische Flagge setzt dort einen Akzent. Im Text der Stadt verborgen. Zwei Schaukästen. Einer ist leer, die Scheibe eingeschlagen. Mit Graffiti überzogen. Auch die Scheibe des anderen ist zugespraypt. Dahinter ein Plan: NRW-Straßenbau oder so ähnlich. Landesbetrieb Straßenbau. Vom »Bauwerk Nr. 9« ist die Rede, von einer Südtangente, die in Bau ist oder inzwischen längst fertiggestellt. Oder fallengelassen. Der Raum ist lesbar auf einem verblassenden Plan, der aber erst einmal entziffert werden müßte. Ich will mich damit nicht aufhalten, mit Plänen & ihren möglichen Lesarten, sondern mich selbst in diesem Raum bewegen. Denn die Stadt umfängt den Körper, der sich in ihr aufhält. Er ist von den Straßen umschlungen, die ihn nach einem anonymen Gesetz drehen & wenden, wie Michel de Certeau sagt. Kinderstimmen sind zu hören. Ich befinde mich in einer ruhigen Wohngegend. Der Bahnhof Rheinhausen liegt dezentral, abseits des Zentrums der erst in den siebziger Jahren Duisburg zugeschlagenen Stadt. Eine Maiblumenstraße gar. Bauten aus den achtziger Jahren, aber auch Schlichteres, Kubisches. Restmoderne. Provisionsfreie Vermietung von Gewerberäumen. Auf einem Garagentor ist ein kitschiges Meeresbild mit zwei Fischerbooten zu sehen. »Schützler 2« heißt das eine im Vordergrund, das von der Begrenzung des Bildraums, den der linke Rand des Tors bedeutet, beschnitten wird. Nebenan *Schützler's Fischpavillon.* Eine »Frittenschmiede«. Die Gaststätte *Behring-Stuben.* Ich folge der Behringstraße in Richtung Rheinhausen-Mitte. Seitenstraßen sind nach Komponisten benannt: Haydn, Gluck, Mahler. Die Behringstraße läuft auf eine breite Verkehrsschneise zu, die etwas verniedlichend Lindenallee heißt. Unausgesetzt donnern hier Lastwagen vorbei auf dem Weg zum *Logport,* der sich auf dem Gelände des restlos beseitigten Rheinhauser Hüttenwerks ausbreitet. Ein Logistikstandort, in dem man hier die Zukunft sehen will. Logistik, das bedeutet Erzeugung von Verkehrsströmen, auch Umleitung. Automobile Zonen. & die heutigen Agglomerationen sind ohne die Automobilisierung nicht zu verstehen. Das Auto ist die Bedingung für ihre Existenz. Ein Rentner, der gerade damit beschäftigt ist, sein Auto zu waschen, & mich mit meinem Duisburger Stadtplan sieht, bietet seine Hilfe an. Ich bedanke mich & behaupte, bereits gefunden zu haben, wonach ich gesucht hätte. & könnte doch in Wahrheit nicht sagen, wonach. Ich entnehme dem Plan, daß sich zwischen der Lindenallee & der Friedrich-Ebert-Straße der Bürgermeister-Johann-Asch-Platz befindet – als Reminiszenz an die Zeit, als Rheinhausen noch einen Bürgermeister hatte. Eine Grünfläche, vorgetäuschte Natur, ein schwacher Abklatsch. Auf dem Rasen verstreut liegen Faltblätter der Stadtbibliothek Duisburg: Der Bücherbus kommt! Er kommt auch regelmäßig zum Friemersheimer Marktplatz auf der anderen Seite der Gleise. Mobil & ortsteilnah. Auf dem Rasen auch eine seltsame Stele, die mit Graffiti bedeckt ist – rot, orange, pink. Alte Menschen im Park. Auf einem anderen Monument, einem schlichten, unbehauenen Stein, ist eine Tafel angebracht, die an die Frauen & Männer erinnert, die »fern der Heimat beim Arbeitseinsatz in Rheinhausen Leid ertragen mußten & ums Leben kamen«. Ihr Schicksal mahnt uns zum Dienst am Frieden. Dekretiert die *Graueninitiative Krupp Stahl Rheinhausen.* Ein Autofahrer fragt nach der Polizeihauptwache Ulmenstraße. Keine Ahnung. Rheinhausen präsentiert sich entlang der Friedrich-Ebert-Straße als autogerechte Stadt. Zwischen der Nachkriegsarchitektur Abstandsgrün als klägliches Trugbild des freien Raumes, des Raumes für Begegnungen & des Spiels. Ein anderes Spiel ist die räumliche Erforschung der Stadt, indem man sich treiben läßt. Zur Erkundung bisher unentdeckter Nutzungsmöglichkeiten. Aber man wird sich dann nicht lange aufhalten mit diesen Rasenflächen, auf ihnen. Ein künstliches Zentrum für ein zwischen Hochemmerich, Friemersheim, Kaldenhausen zersplittertes Rheinhausen. Ein Restaurant *Zum Rathaus*. Die anscheinend in den siebziger Jahren erbaute Rheinhausen-Halle. In der Halle auch ein Lokal mit Namen *Trio*. Der Schriftzug stellt das »o« als Anspielung auf die drei ineinander verschlungenen Kruppschen Ringe dar. So weit ist es inzwischen gekommen, daß man sich gerne an den Kriegsverbrecher Krupp erinnert, der sich das Rheinhausener Hüttenwerk in den Nachkriegsjahren peu à peu, gegen den Willen der Belegschaft & trotz anderslautender Beschlüsse der Alliierten, wieder unter den Nagel riß! Nun, die Löhne, die von der Logistikbranche gezahlt werden, sind viel niedriger als einst in der Hütte. In der Halle findet demnächst ein Computermarkt statt. Ein Aushang ist womöglich eine ernstgemeinte Drohung: Abfälle nicht in den Mülleimer werfen: Geldbuße 35 Euro. Cigaretten auf den Boden werfen: Geldbuße 10 Euro. *Ja, was glauben Sie denn?* ist der Titel eines Kabarettprogramms, das man in der Halle erleben kann. Sozialdemokratische Kultur. Das Postamt gegenüber ist durch einen langen, um das Gebäude laufenden Streifen als solches gekennzeichnet. Auf dem Abstandsgrün tummeln sich viele Hasen. In der evangelischen Erlöserkirche treffen sich die *Anonymen Alkoholiker*. Die einzige Voraussetzung für die Zugehörigkeit ist der Wunsch, mit dem Trinken aufzuhören. Unser Hauptzweck ist, nüchtern zu bleiben & anderen Alkoholikern zur Nüchternheit zu verhelfen. Auch Angehörige von Trinkern haben in der Erlöserkirche eine Anlaufstelle: Wenn Ihr Leben durch das Trinken eines anderen beeinträchtigt wird, können wir Ihnen helfen, etwas dagegen zu unternehmen. Ob es allerdings wirklich empfehlenswert wäre, bei der psychogeographischen Kartographierung des Ruhrgebiets auf Alkohol ganz zu verzichten, wage ich doch sehr zu bezweifeln. Man verstünde dann doch einiges nicht! Im Regenbogenhaus wird die Ausstellung *Das Kreuz mit dem Kreuz* gezeigt. Ein Künstler hat sich mit dem Symbol beschäftigt. Es ist ein Kreuz! Könnte man, bei der verqueren Metaphorik bleibend, ausrufen oder fragen: Muß das wirklich sein? Vielleicht sollte man sich besser der Technik einer für »jeden« erlernbaren Selbstverteidigung widmen. Männer, Frauen, Kinder werden so in den Stand versetzt, sich voreinander zu verteidigen. Die Komponistennamen setzen sich im Stadtbild fort: Händel, Lortzing, Bruckner. Vor einem Flachbau in der Brahmsstraße hat sich eine Schlange gebildet. Es handelt sich um eine der Lebensmittel-Ausgabestellen, von denen es in Duisburg inzwischen wieder einige gibt. Der Bedarf scheint groß. Ab 14 Uhr kann man sich in eine Liste eintragen. Ab 15 Uhr werden die Wartenden dann in der entsprechenden Reihenfolge aufgerufen. Ausgabe von Lebensmitteln solange der Vorrat reicht. Die Schwarzenberger Straße führt an der Margarethensiedlung vorbei. Ab 1903 errichtet als Musterbeispiel der Gartenstadtbewegung; bis in die dreißiger Jahre fünf Mal erweitert, dann von Krupp jahrzehntelang vernachlässigt. Der Verkauf an die Mieter führte zu einer uneinheitlichen Sanierung, die heute von Denkmalschützern beklagt wird. Auf der Schwarzenberger Straße, die schließlich zur Margarethenstraße wird, wie die Siedlung benannt nach einer sich als Wohltäterin aufspielenden Krupp-Gattin, donnert die Logistik auf die »Brücke der Solidarität« zu. Auf die Gartenstadt folgt Verdichtung, Gründerzeit & Blockrandbebauung. Billige Läden & Internetcafés. Türkische Fahnen überspannen die Straße. In einem Eckhaus schließlich die Gaststätte *Deutsches Haus*. Paradoxie, fast möchte man meinen: Ironie in dem multiethnischen Viertel, denn das *Deutsche Haus* ist – vor wie hinter dem Tresen – ausschließlich bevölkert von dunkelhäutigen Menschen. Zigeunerwurst, Mettwurst & Leberkäse werden dennoch angeboten. Wer tötet wen? Wird eine Frage laut, die sich auf irgendeine Fiktion bezieht, Film oder Schundroman, & nicht etwa auf eine in dieser Kneipe virulente Auseinandersetzung. Der Junge, der die Frage stellt, wird von dem jungen Mann hinter der Theke darüber belehrt, daß man im Netz bereits herausfinden könne, wie die Handlung in dem Buch, das noch nicht erschienen ist, weitergehe. Um einen Film geht es aber wohl auch & um die Frage, ob der Schauspieler es denn schaffen werde, den Master Chief (oder so ähnlich) so rüberzubringen, wie er wirklich sei. Eine gewagte Spekulation zweifellos, denn wie soll auf das wahre Wesen einer Figur geschlossen werden, die ausschließlich in der Fiktion existiert? Das funktioniert ja schon bei wirklichen Menschen nicht! Anderseits muß ich an Inger Christensen denken & ihre Überlegungen über die »ordnende Wirkung des Zufalls«: Alles, was ein Schriftsteller schreibt, hätte genausogut anders sein können. Aber erst, wenn er es geschrieben hat. Wie ordnet der Zufall das Sich-treiben-Lassen in einer Stadt? Die Wirkung des Zufalls läßt einen im Bestehenden herumirren. Aber ganz zufällig wird es nicht gekommen sein, daß ich schon wieder in einer Kneipe sitze. Im *Deutschen Haus* wird auch Englisch gesprochen. Ein schwarzer Herr im Anzug geht mit zwei Damen in einen Nebenraum. Excuse me! Der Chef kommt mit Einkaufstüten zurück vom gegenüber gelegenen Supermarkt & vergißt nicht, mich zu begrüßen: Tag! Sortiert Besteck. Eine für eine nachmittägliche Kneipe relativ hohe Ereignisdichte, denke ich. Vielleicht wäre es lohnend, hier länger sitzenzubleiben. Psychogeographische Forschung meint ja auch – so drückt es zumindest ein Autorenkollektiv aus – eine Sondierung des proletarischen Bewußtseins. Eine Suche nach Handlungsspielräumen für eine revolutionäre Praxis. Aber gehen Revolutionen nicht normalerweise auf der Straße vor sich? Die Straße ist Unordnung. Heißt es in der *Revolution der Städte*. Alle Bestandteile städtischen Lebens ergießen sich auf die Straße. Hier begegnen sie sich. Diese Unordnung lebt. Sie überrascht. Von wegen Unordnung! Der Rheinhausener Markt ist ein riesiger, leerer Platz, über den sich auf Rollatoren gestützte Greisinnen bewegen. Ein *Chinagarten* steht jetzt unter neuer Leitung. In einem Schaufenster sind Wasserpfeifen ausgestellt. & ja, Straßen sind Abfolgen von Schaufenstern, von zum Verkauf ausgestellten Dingen. Logik der Ware usf. Um den Marktplatz & nicht um die durch Rathaus & Rheinhausen-Halle markierte Mitte findet sich also das Zentrum von Rheinhausen – zumindest, was die Kneipendichte betrifft. Die *Markt Klause* ist ein langer, dunkler Schlauch. Unter der Decke verlaufen Rohre, die man rot gestrichen hat. An der langgezogenen Theke sitzen alte Trinker, aber auch junge Männer, in Fußball-Diskussionen verstrickt. Scheiße gespielt, aber Glück gehabt. Wird ein Spiel lapidar zusammengefaßt. Auf den Tischen brennen Kerzen. Niemand kümmert der sonnige Junitag draußen vor der Tür. Bis 18 Uhr kostet ein Pils 1 Euro, ein Gedeck 1,50 Euro. Deutschland! Deutschland! Geschrei. Wir wollen hier keinen Krach haben! Heißt es aber bestimmt. Die Musik wird lauter gestellt. Scheiß Türken! Unbeeindruckt blickt ein alter Trinker mit glasigen Augen hinaus auf die

Straße, in die Sonne. Was sieht er dort? LKWs donnern vorbei. Logistik. Busse auch mit dem vielversprechenden Fahrziel Moers Königlicher Hof. Wie ist es möglich, daß es dort einen königlichen Hof gibt? Einige Seitenstraßen tragen Frauennamen, Hildegard, Elisabeth, Berta usf. Im *Rheinhausener Treff* werden Skatspieler gesucht. Beschallt ist die Kneipe mit *Radio Neandertal*. Der Männerchor *Germania Schwarzenberg*, der sich in der Gaststätte *Nellen-Krause* trifft, sucht neue Sänger: Neue Männer braucht der Chor! Männer, erhebt eure Stimmen! Wir brauchen Dich! Die *Kupferkanne* befindet sich in einem wohl in den siebziger oder achtziger Jahren erbauten Eckhaus, merkwürdig verschachtelt & chaotisch gegliedert erscheint die schräg zurückweichende Fassade: möglichst viel Sonne für möglichst viele Balkone muß die Devise gelautet haben für diese Architektur. & dann geht das Licht aus. & keiner schaut zu. Fragmente aus Schlagertexten in der *Kupferkanne*, die geschmacklos eingerichtet ist & versucht, einen Pub zu imitieren. Auf der Tür zur Herrentoilette steht denn auch »gentlemen«. Ab morgen, so wird auf einem Aushang mitgeteilt, wird eine Mittagspause eingeführt, & zwar von 14 bis 15 Uhr (außer Mittwoch & Samstag). Von einem Onkel Heinz heißt es, daß er angeschlagen gewesen sei & am Dösen. Es soll eine lange Nacht gewesen sein, doch wieder mal sehr schön. Ein bramarbasierender Alter artikuliert Befürchtungen, das kommende Rauchverbot betreffend. Seit Stunden schon steh ich am Tresen. Über eine andere Kneipe wird geurteilt: War ja klar, daß die bald wieder zumacht! War ja der letzte Laden! Eine Frau, die mich nach Hause trägt. Wird einem Wunsch Ausdruck verliehen. Eine Frau, die mir Aspirin aufs Kissen legt & über meinen Kater wacht. Ein Gast, der vor der *Kupferkanne* gesessen ist, kommt mit seiner Kaffeetasse ins Lokal zurück & wird begrüßt mit der Ermahnung: Fang ja nicht an zu randalieren! Er sieht nicht so aus, als würde diese Gefahr bestehen. Überhaupt sieht es ja nicht danach aus, als würde sich so bald Widerstand regen gegen die Verhältnisse. Das einzige, was mit Sicherheit nicht stattfindet, ist eine Revolte. Vielleicht wird zu fortgeschrittener Stunde & ab einem gewissen Grad der Alkoholisierung manchmal tatsächlich ein wenig randaliert. Das mag schon sein. Aber am Ende hat doch höchstens ein Zechkumpane ein blaues Auge. Ja, sie sammeln in sich das Elend & die Demütigungen aller Ausbeutungssysteme der Vergangenheit an.

& ja: Die Zeit heilt keine Wunden. Die Gaststätte *Bierklause*, der Treffpunkt am Annaplatz, wird erst um 17 Uhr öffnen. Das *Haus Ettwig* hat jetzt schon geöffnet. In der dunklen Stube bin ich der einzige Gast. Höhlen sind diese Gaststuben, in die man sich am hellichten Tag verkriechen kann. Auf den Tischen Gläser, in denen kleine Deutschland-Fähnchen stecken. Das ist der niedliche Fußball-Nationalismus. Auch im Radio irgendein Fußballquatsch. Gesund wird man am besten zu Hause. Wer sagt das? Eine Eisen- & eine Stahl-, eine Erz- & eine Industriestraße, da ich mich langsam dem Gelände der ehemaligen Hütte nähere. Die *Diamant Reinigung* will ein »Treffpunkt für gepflegte Leute« sein. Ein Deutsch-türkischer Kulturverein. Ein Türkisch-deutscher Kulturverein. Was ist der Unterschied? *Milano Mode,* das Internetcafé *Blue Sky*. Ja, der Himmel über der Ruhr ist wieder blau, auch der Himmel über Rheinhausen. Ein Eckhaus, das zu vermieten ist, sieht aus, als hätte sich vor langer Zeit ein Kino in ihm befunden. Fünfziger Jahre, abgerundete Ecke. Heute gibt es in Rheinhausen natürlich kein Kino mehr. An einer anderen Ecke die Gaststätte *Zum Reichsadler*. Die große Gaststube scheint seit Jahrzehnten nur unwesentlich verändert worden zu sein. Ganz oben auf der hölzernen Thekenwand thront der Reichsadler. Butzenscheiben, dunkles Holz. Zweifellos eine bedeutende Institution! Reiche gehen unter, die Hütte stirbt, aber der *Reichsadler* ist in Rheinhausen noch immer ein verläßlicher Ankerpunkt. Ich hoffe, es wird ihn auch noch geben, wenn in Duisburg das letzte Stahlwerk geschlossen haben wird! Ob noch jemand käme? Wird mein Auftauchen als einsamer Wanderer von der Wirtin ein wenig beargwöhnt. Ob ich etwas essen wolle. Leider bin ich zur falschen Zeit in der richtigen Kneipe gelandet, & es ist jetzt zu früh, um etwas zu essen, oder zu spät. Ein Pils für den jungen Mann! Die Wirtin, die sich zu mir an den Tisch gesetzt hatte, erhebt sich schnell wieder, als ein kleiner, beleibter Mann die Gaststätte betritt. Schnell wird ein Pils gezapft. Der kleine Mann raucht & wird von der Wirtin auch dazu ermuntert, das vor In-Kraft-Treten des Rauchverbots noch ausgiebig zu tun. Auf dem Weg zum Gelände des ehemaligen Hüttenwerks komme ich am *Business Center 2000* vorbei, das nicht so aussieht, als sei der Start ins neue Jahrtausend gelungen. Ich komme auch an der *Alevitischen Gemeinde Duisburg* vorbei. Aufschriften auf Fassaden, hinter die man nicht blickt. Eine

Franz-Schubert-Straße. Ich streife wieder das Komponistenviertel auf meiner Schleife durch Rheinhausen, die auf den Stadtplan projiziert wohl eine Art Halbkreis beschreiben würde oder eher ein halbes Oval. Ich komme an einem freistehenden Hochbunker vorbei, ehe ich dann die Bahn unterquere. Die Niederrheinstrecke, auf der Züge wie *Der Niederrheiner* verkehren. Haltepunkt Duisburg-Rheinhausen Ost. Ein Bushaltestelle kann wegen Kanalbauarbeiten seit dem 21. Februar nicht mehr bedient werden. Jenseits der Bahn, hinter Bauzäunen die Ruine von Tor 1 des Hüttenwerks. Ansprechende Architektur von 1957 mit einem schnittigen Dach. Heute läßt sich nur noch erahnen, daß sich hinter dem Tor 1 eines der bedeutendsten Hüttenwerke des Ruhrgebiets erstreckte. *Rheinhauser Hütte,* später *Friedrich-Alfred-Hütte.* 1947 kann die von den Briten geplante Demontage verhindert werden. Rationalisierung & Marktanpassung; legendäre Mahnwachen vor Tor 1 Ende der achtziger Jahre; endgültige Stillegung 1993, Abbruch 1997. Nein, wie sollte man das »erahnen«, gäbe es die Informationstafel am Tor 1 nicht. Zu sehen ist nur die Ruine des originellen Tor-Bauwerks. Die Europaallee führt in den *Logport* hinein. Parkplätze, Zäune, Container, Kräne, Schienen. Dazwischen Rasen, ein riesiges Gebiet. Gesichtslose Lagerhallen, von denen ich mir nicht vorstellen kann, daß man mit Gedenktafeln auf sie hinweisen oder sie als Baudenkmäler erhalten wird, wenn man sie dereinst nicht mehr benötigen wird. Am Ende der Europaallee, wie eine Insel auf diesem weiten Logistikfeld – & früher wohl vom Hüttenwerk umschlossen – liegt die Beamtensiedlung Bliersheim mit dem Casino Krupp. Repräsentative Villen, heute schmutzig braun, mit zugenagelten Fenstern, zugemauerten Eingängen. Gleichzeitig mit der Margarethensiedlung errichtet für die leitenden Angestellten. Englischer Landhausstil mit Jugendstilelementen. Einzelvillen für die Betriebschefs, Doppelhäuser für die Assistenten. Residenzpflicht bis in die fünfziger Jahre. Eine Passantin meint, ich käme zu spät. Jugendliche Randalierer hätten schuld an dem beklagenswerten Zustand der Siedlung, die natürlich unter Denkmalschutz stehe. Man habe irrigerweise angenommen, die neuen Firmen auf dem *Logport*-Gelände würden die Villen für die Verwaltung mieten. Aber die global operierende Logistikbranche benötigt keine repräsentativen Niederlassungen in Duisburg-Rheinhausen. Die Beamtensiedlung ist umzingelt von LKWs. *Logport* & die

Hafen Duisburg-Rheinhausen GmbH danken für die Unterstützung durch den Europäischen Fonds für Regionale Entwicklung. Es gibt auch eine *HR Hüttenwerkentsorgungs GmbH*, die hier tätig war oder ist. Im Ruhrgebiet gewiß ein lohnendes Betätigungsfeld. Am Damm öffnet sich der Blick zur Hochofensilhouette auf der anderen Rheinseite. Hüttenheim. Gänse auf einer Wiese, Idylle, Elsterweg. Dann ist mit Friemersheim der nächste Dorfkern erreicht. Es gibt wenig überraschend einen *Friemersheimer Hof*. Hinter dem Friedhof Friemersheim liegt der Kruppsee. Auch noch die Freizeitaktivitäten standen hier einst im Zeichen des allmächtigen Konzerns. Der Blick zurück ist inzwischen nostalgisch verklärt. Es entsteht kein neues proletarisches Bewußtsein – Bewußtsein, in keinem Bereich Herr über das eigene Leben zu sein. Neben der Allgegenwart von Krupp ist Preußen eingeschrieben in die Topographie von Friemersheim: Reichsstraße, Bismarck, Scharnhorst, Moltke usf. Am Beginn der Friedhofallee das *Sonneneck*, ein Flachbau mit pseudo-rustikalen Fachwerk-Zitaten, Wagenräder als Dekor, ein Biergarten. Seit dem 19. Mai ist das *Sonneneck* montags & dienstags morgens geschlossen (Frühschoppen). Bis auf Widerruf. Läßt die Wirtin in seltsamem Amtsdeutsch mitteilen. Die Trinkhalle in der Kronprinzenstraße ist wegen Urlaub geschlossen, was einige Trinker aber nicht daran hindert, sich dennoch vor ihr zu versammeln. Die Unordnung auf der Straße lebt. Auf der Bühne des Augenblicks. Hier ist manchmal noch Leben. Am Ende der Kronprinzenstraße schließlich das Restaurant *Belweder*. Polnische Spezialitäten. Einen besonderen Ausblick hat man aber nicht von den Räumlichkeiten des Lokals aus, eher von dem Fußgängerweg, der sich direkt vor dem Gebäude hoch zur Friedrich-Ebert-Straße schraubt. Aber auch von dort oben, von der Brücke, die über die Gleise des Bahnhofs Rheinhausen führt, hat man keinen wirklichen Überblick. Die Stadtlandschaft ist nicht sichtbar.

Aufruhr: Rheinhausen

Die Krise des Ruhrgebiets nimmt möglicherweise die Entwicklung künftiger Krisenzentren vorweg. Wenn es an der Ruhr brennt, reicht das Wasser des Rheins nicht, um das Feuer zu löschen. Wenn die Bastion des Aufruhrs nach 160 Tagen fällt. Wenn man das Ergebnis als Niederlage bezeichnen muß. Wenn wir die Mechanismen der Macht begreifen. Wenn die Spannungen im Betriebsrat zunehmen. Wenn alles wieder auf systemstabilisierende Reformen hinausläuft. Wenn politische Lernprozesse stattfinden. Wenn sie nicht stattfinden. Wenn der Versuch der Tabuisierung bestimmter Kampfformen nicht gelingt. Wenn die Probleme tiefer liegen. Wenn der Rückgang industrieller Produktion nicht zur Erhöhung der Lebensqualität führt. Wenn eine Gewerkschaftsbewegung sich selbst aufgibt. Wenn eine fortschrittliche Kampfbewegung bestehendes Recht bricht. Wenn die Opfer des Kapitalismus & seiner Propagandisten in ihrem täglichen Leben die Widersprüche dieses Systems erfahren. Wenn die Mehrheit des Betriebsrats keine Möglichkeit mehr sieht, den Kampf mit Aussicht auf Erfolg weiterzuführen. Wenn der Vorstand der *Krupp Stahl AG* im Rahmen eines »Optimierungskonzeptes« den Abbau von 2000 Arbeitsplätzen in Rheinhausen beschließt. Wenn der Gesamtbetriebsrat der *Krupp Stahl AG* diesem Konzept zustimmt.

Unter der Voraussetzung, daß Ersatzarbeitsplätze geschaffen werden & alle *Krupp*-Standorte als gesichert gelten können. Nur zwei Monate später wird die Schließung des Rheinhausener Werks dann doch bekanntgegeben. Wochenlange Geheimverhandlungen der Vorstände von *Krupp Stahl, Thyssen Stahl* & der *Mannesmann Röhrenwerke*. Verteilung der Produktion auf Mannesmann & Thyssen. 3000 Stahlarbeiter der Nacht- & Frühschicht ziehen am 27. November 1987 vor die Hauptverwaltung, um vom Vorstandsvorsitzenden persönlich zu erfahren, was zwischen den Konzernen ausgehandelt wurde. Am Abend findet eine öffentliche Sitzung des Bürgercomités statt, das bereits 1979 gegründet wurde, um die Schließung des Bertha-Krankenhauses zu verhindern. Drei Tage später tritt im Walzwerk Rheinhausen unter Anteilnahme der Bevölkerung eine außerordentliche Betriebsversammlung zusammen. 10.000 Menschen, Eier gegen den

Vorstandsvorsitzenden. Später wird von einem Meilenstein der Gewerkschaftsbewegung die Rede sein. Am großen »Stahlaktionstag« kommt es in Teilen des Reviers zu generalstreikähnlichen Zuständen. Das kann selbst die bürgerliche Presse nicht leugnen. Mehrmals blockieren die Rheinhausener zusammen mit der Solidaritätsbewegung Straßen & Brücken. Greifen in die Straßenverkehrsordnung ein & erfüllen im juristischen Sinne den Tatbestand der Nötigung. Immer wieder gibt es Vorfälle & Ereignisse in Rheinhausen, die aus dem Rahmen fallen. »Wir planen & planen, zerbrechen uns den Kopf, dann kommt *Thyssen* mit einem Abbauplan, & alles war für die Katz.« Sagt der Oberbürgermeister a.D. »Die eigentliche Entwicklungsplanung für die Stadt betreiben die Konzerne.« Rheinhausen ist überall.

Ein Fanal für die Arbeiterbewegung in Deutschland. Zahlreiche Arbeitskämpfe orientieren sich in den folgenden Jahren daran. »Rheinhausen« als letzter großer »Test«. Wofür? Wie viele Lügen geschluckt werden? Wie lange es dauert, bis eine Protestbewegung ins Leere läuft? Duldsamkeit in allen ihren Formen ist & bleibt der erste moralische Makel. Jede statische Ordnung zerfällt zu Staub. Früher oder später. Neue Kampfschritte & Kampferfahrungen sind vielleicht noch einmal etwas wert. Indem sie in die Geschichte geworfen sind, indem sie an der Arbeit & an den Kämpfen, aus denen diese Geschichte besteht, teilnehmen müssen, sind die Menschen gezwungen, ihre gegenseitigen Beziehungen mit nüchternen Augen anzusehen. Werden Texte herübergeweht, die 20 Jahre alt sind oder 40. *internationale sozialistische publikationen*. *Die Gesellschaft des Spektakels*. Usf. Auf einem alten Photo sehe ich den Oberbürgermeister a.D. an einem Rednerpult mit der Aufschrift »Das Revier muß leben!«. Der Oberbürgermeister a.D. gestikuliert mit seiner rechten Hand, die beinahe aussieht wie zur Faust geballt. Ich sehe den Vorstandsvorsitzenden mit einem Stahlarbeiterhelm. Der Vorstandsvorsitzende duckt sich weg im Eierhagel. Am Rande einer Demonstration wird eine mit dem Namen des Vortandsvorsitzenden versehene Puppe verbrannt. Jugendliche scheinen Spaß zu haben an der Aktion. Wütende Stahlarbeiter (erkennbar an ihren Helmen) ziehen zur Hauptverwaltung. In ihrem Schwarzweiß wirken die Photos älter als sie sind. Die Erinnerung an die Arbeitskämpfe, die inzwischen 20 Jahre zurückliegen, wird gerne als »Nostalgie« denunziert. Die offizielle Lesart lautet, daß diese Arbeitskämpfe

»sowieso nichts« gebracht hätten. Revolten seien sinnlos, weil es eben keine Alternative gebe. Was würde aus den Arbeitern werden ohne die Fabrikbesitzer, die so gut sind, sie zu beschäftigen? Ausgereizt – mehr war nicht drin! Aber war wirklich nicht mehr drin?

Alles geht mit atemberaubender Geschwindigkeit vonstatten. Wie ein Blitz aus heiterem Himmel verbreitet sich die Nachricht von der Stillegung des hochmodernen Stahlwerks in Rheinhausen. Groß ist der Drang, nicht herumzusitzen, sondern etwas zu tun. Die Arbeiter sind gut gerüstet. Am Wochenende beginnt sich der Widerstand zu formieren. Nun weiß auch der Letzte, daß die Kruppianer die Schließung des Werks nicht kampflos hinnehmen werden. Fesseln spürt man erst, wenn man sich rührt. Schnelle Zuspitzung & erste Höhepunkte. Geladen mit Zorn ziehen die Stahlkocher vor das Verwaltungsgebäude. Der Platz ist voll, die Stimmung wie vor einem Gewitter. Sie haben mit uns Verträge gemacht & diese Verträge auf beschämende Weise gebrochen. Da treibt man die Kruppsche Belegschaft zur Arbeit an wie noch nie. Da wird die Belegschaft auf unerträgliche Weise dezimiert. & nachdem wir alle im Dreieck gesprungen sind, wird uns der Dolch in den Rücken geknallt. Aber wir leben noch, & wir werden uns zur Wehr setzen! Lautsprecherwagen fahren durch die Siedlungen & spielen die kämpferische Rede des Betriebsleiters ab, die als »mitreißend« erlebt wird & inzwischen als »legendär« gilt. Wem kann man in diesem Land noch trauen? Die Frage wird nicht beantwortet. Welchem Menschen, der in der Öffentlichkeit steht, kann man noch etwas abnehmen? Natürlich niemandem. & früher konnte man es doch wohl auch nicht. Man will uns hier Beruhigungspillen geben. Kruppsche Arbeiter, nehmt diese historische Stunde wahr, um endlich das auszufechten, was wir ausfechten müssen! Der Betriebsleiter beschwichtigt aber auch: Hier ist nicht die Hafenstraße. Wir werden keine Gewalt anwenden. Die innere Anspannung platzt, ein unbeschreibliches Pfeifkonzert setzt ein. Wir wollen hier keine Schwätzereien. Wir wollen Aktionen, die diesen Standort Rheinhausen erhalten. Hier ist der Teufel los. Aber entgegen dem »Stahlpolitischen Programm« der *IG Metall* ist die Vergesellschaftung der Stahlkonzerne nicht Kampfziel.

Der fünfmonatige Kampf der Rheinhausener hat viel bewegt. Ziel & Inhalt des Kampfes haben Maßstäbe gesetzt. Wenn dieser

Kampf aber dennoch nicht erfolgreicher beendet werden konnte, dann lag das u.a. an der einheitlichen Front der drei beteiligten Großkonzerne. An der mangelnden Solidarität führender Politiker. Am Mißlingen eines standortübergreifenden Kampfes. Die Stahlarbeiter hatten aber gelernt aus der Stillegung der Hattinger *Henrichshütte*, die kurz zuvor durchgesetzt worden war & wo die Orientierung des Kampfes auf Ersatzarbeitsplätze & symbolische Aktionen statt Streik in die Niederlage geführt hatte. Die Losung hieß: »Kein zweites Hattingen«! Gewerkschaftsfunktionären & führenden Sozialdemokraten bereitete derweil die Fülle von Verstößen gegen die herrschende Rechtsordnung Sorgen. Die Kruppianer haben kollektiv die Arbeit niedergelegt, Werkstore blockiert, Lieferungen behindert & Räume, Telephone, Kopierer usf. für ihre Zwecke genutzt. Die Belegschaft übte zeitweilig die Kontrolle über die Produktion aus. Im alten Walzwerk wurden Solidaritätsveranstaltungen durchgeführt, an denen sich Zehntausende Menschen beteiligten, die auf dem Betriebsgelände eigentlich nichts zu suchen hatten. Massendelegationen besuchten andere Betriebe, Glastüren gingen zu Bruch, Hunderte Kruppianer belagerten den Düsseldorfer Landtag innerhalb der Bannmeile. All das ist im Sinne der herrschenden Rechtsordnung illegal & verstößt in den meisten Fällen gegen bestimmte Gesetze wie Verletzung arbeitsvertraglicher Pflichten, Nötigung usf. Eine fortschrittliche Kampfbewegung bricht bestehendes Recht & muß das auch tun, weil dieses Recht offensichtlich die Positionen einer gesellschaftsfeindlichen, aber mächtigen Minderheit schützt. Es gibt keinen ernsthaften Arbeitskampf ohne Risiko. Schließlich handelt es sich um Notwehr. Seid nicht zimperlich in der Wahl der Mittel, die gegnerische Seite ist es auch nicht! Der Oberbürgermeister a.D. erkennt an, daß im Arbeitskampf eine eigene Gesetzlichkeit herrscht, die sich seinem Einfluß entzieht. Die Bundesrepublik ist eine Klassengesellschaft, & das herrschende Recht ist das Recht der Herrschenden. Legitimität & Legalität liegen oft weit auseinander.

Die erste Brückenblockade! Schnell spricht sich die Nachricht herum. Als die Frühschicht Dienstbeginn hat, sind es schon Hunderte. Bürger bringen Kaffee & Brötchen. Die Rheinhausener zeigen viel Verständnis für die Aktion, die Polizei leitet den Verkehr um. In ihrem Kampf gegen die Werkschließung können die Kruppianer auf ein breites Bündnis zählen. Schüler demonstrieren gegen den industriellen Kahlschlag, Einzelhändler helfen mit Spenden. Arbeiterfrauen gehen auf die Straße & organisieren eigene Proteste. Mit 20 Bussen fahren Kruppianer nach Bochum & verschaffen sich Zutritt zur Aufsichtsratssitzung der *Krupp Stahl AG*. Zwei Tage später stürmen sie die Villa Hügel in Essen, wo der Mutterkonzern *Krupp GmbH* tagt. Die Villa auf dem Hügel ist erst in Gefahr, wenn die Hütte in der Ebene bedroht ist. Versichert ein Pfarrer. Tags darauf, am sogenannten Stahlaktionstag, werden zahlreiche Kreuzungen & die B 1 in Dortmund bis zu acht Stunden lang blockiert. Wir schützen unsere Stadt! Hafenarbeiter blockieren die Hafeneinfahrt, um einen Erztransport für *Krupp* aufzuhalten. Die Anzahl der Beteiligten, die Protestformen & die Unterstützung in der Bevölkerung kommen offenbar überraschend. Die Wucht, die Respektlosigkeit & die Frische des Kampfes. Der 10. Dezember 1987 ist für die Herrschenden ein Alarmsignal. Dem *Krupp*-Vorstand ist klar, daß sich ein Flächenbrand zu entwickeln droht, der eingedämmt werden muß. »Läuft euch die Sache hier auch nicht aus dem Ruder?« Fragen besorgte Gewerkschaftsfunktionäre. Haben offensichtlich Angst, daß der Protest etwas bewirken könnte. Ohren zu & durch. Der Konzern antwortet mit Hinhaltetaktik & will mit dem Betriebsrat über Zukunftsmodelle verhandeln. »Wenn du heute als Betriebsrat zum Megaphon & zur roten Fahne greifen mußt, hast du schon verloren.« Meint ein Betriebsrat & Aufsichtsratsmitglied. Nicht durchsetzen können sich diejenigen, die eine sofortige Arbeitsniederlegung fordern. Der Betriebsrat, der auch im Aufsichtsrat sitzt, sagt. »Nein, das werden wir nicht tun. Wir werden arbeiten & werden wieder rausgehen aus der Arbeit. Wir gehen wieder arbeiten, & wir gehen wieder raus, d.h.: Wir werden keinen unbefristeten Streik machen, zumal ein sogenannter Schaukelbetrieb für das Unternehmen am teuersten ist.« Der sozialdemokratische Städtebauminister sagt: »Die übertriebene Dramatisierung der Situation in Rheinhausen kann ich nicht akzeptieren.« Die Zeit läuft.

Auf einem Photo ist das Schaufenster eines Duisburger Lebensmittelladens zu sehen, in dem ein großes Transparent hängt: »Solidarität mit den Rheinhausener Krupparbeitern«. Das Geschäft bleibt für einige Stunden geschlossen. Ich sehe Bilder von der Besetzung der Rheinhausener Rheinbrücke, die damals in »Brücke der Solidarität«

umbenannt wurde & diesen Namen inzwischen offiziell trägt. Es ist Winter, die Betriebsfeuerwehr schafft Brennkörbe heran, in denen mit Holz gegen die Kälte geheizt wird. Ein Pulk, der sich im Verwaltungsgebäude der *Krupp Stahl AG* in Bochum eine Treppe hinaufdrängt. Kruppianer besetzen den Sitzungssaal, stecken sich feixend & demonstrativ Cigarren an. Im Hintergrund ist ein Photograph zu sehen, der sich die Szene nicht entgehen läßt. »Vorsicht bissige Belegschaft« steht auf einem Transparent, das mürrisch dreinblickende Männer in die Villa Hügel gebracht haben. Man weiß, daß das vielen braven Gewerkschaftern schon zu weit gegangen ist & daß die Bissigkeit dieser Belegschaft seine Grenzen hatte – auch wenn es vorübergehend zu Irritationen kam. Der Sturm ins Allerheiligste. Es wird behauptet, daß für den Vorstandsvorsitzenden eine Welt zusammengebrochen sei, der sich von »seinen« Arbeitern geliebt wähnte. Eine Menschenmenge, auf vielen Köpfen weiße Helme, in der riesigen Eingangshalle der Villa Hügel, mit den Gemälden der damals schon ausgestorbenen Krupps an den Wänden, Rüstungsfabrikanten, Ausbeuter, Kriegsverbrecher. Kürzlich wurde in der Villa eine Ausstellung mit Werken aus dem Folkwang Museum eröffnet, & die Kritikerin des *Deutschlandfunks* hob in ihrem Bericht die Dissonanz zwischen der plumpen Protzarchitektur & der zur selben Zeit entstandenen modernen Kunst hervor. Die auf allen Ebenen immer weiter vorangetriebene kapitalistische Entfremdung macht es den Arbeitern immer schwerer, ihr eigenes Elend zu erkennen & zu benennen. Sie stehen vor der Alternative, entweder ihr ganzes Elend oder nichts abzulehnen. Erst wenn wir die Mechanismen dieser Macht, die uns gängelt, ausbeutet & unterdrückt, begreifen, können wir nach dieser Macht greifen.

War wirklich nicht mehr drin? Stellen wir uns nur z.B. vor, die Stahlkocher hätten die Hütte besetzt & in Besitz genommen oder es wäre zum Generalstreik gekommen. Oder die Villa Hügel in Essen hätte gebrannt. Der Aktivist, der in der Leitung der gewerkschaftlichen Vertrauensleute in der Hütte tätig war, sagt: »Ich war rasend, mir war alles egal. Der Film war gerissen.« Er las die von der Betriebsgruppe der *Marxistisch-leninistischen Partei* (MLPD) herausgegebene Betriebszeitung *Heißes Eisen*: »Die hatten geschrieben, was auf uns zukommt, & so kam es schließlich.« & arbeitete deshalb mit den Aktivisten der MLPD zusammen. So stellt man sich ins Abseits. Erhalt der Hütte um jeden Preis! Der Betriebsrat, der auch im Aufsichtsrat saß, sagt: »Wir haben natürlich als betriebliche Vertreter auf Erhalt des Stahlstandorts gepocht bis zum Schluß. Wir konnten aber auch gar nicht anders, wir konnten nicht sagen: Also wir gucken mal, daß wir einen ordentlichen Sozialplan hinkriegen oder daß wir nur Teile des Unternehmens retten. Es ging nur eins – Sieg oder Blut am Stiefel.« Also Blut am Stiefel. Rheinhausen paßte nicht ins sozialdemokratische Konzept. Es herrschte Rat- & Konzeptionslosigkeit. Nach dem Arbeitskampf entschloß sich die *IG Metall,* die unter den Stahlarbeitern dramatisch an Ansehen verloren hatte, zu einer Aufarbeitung, die allerdings nie veröffentlicht wurde. Es fehlte vor allem an einer strategischen Diskussion um die Zukunft der Stahlindustrie. Die starke Orientierung auf den eigenen Standort gab dem Kampf insgesamt einen eher defensiven Charakter & erschwerte auch den Einbezug der Standorte, die selbst nicht unmittelbar gefährdet waren. Möglicherweise hätten die Probleme & politischen Defizite überwunden werden können, wenn man Rheinhausen zum Modellfall schlechthin gemacht hätte. Von der Dimension, der Heftigkeit & der Publizität der Auseinandersetzung her hätten dafür sicherlich gute Voraussetzungen bestanden. Die Chancen, am Beispiel Rheinhausen eine arbeitsorientierte Alternative in der Strukturpolitik zu realisieren, wurde nicht wahrgenommen.

Der Vorstand spielt auf Zeit & setzt darauf, daß die Auseinandersetzung in einer Verhandlungsphase in ruhigeren & berechenbareren Bahnen verlaufen würde. & er setzt auf die herannahende Weihnachtszeit. Aber am 18. Dezember nehmen 25.000 Menschen an einer Demonstration teil, an die sich ein ökumenischer Gottesdienst im alten Walzwerk anschließt. & zu Weihnachten treffen sich wieder Tausende an der Mahnwache vor Tor 1. Seit Ende November ist das Mahnwachen-Zelt Tag & Nacht besetzt. Solange die Mahnwache steht, ist unser Kampf nicht zu Ende gekämpft. Im Januar kommt es zu einem Warnstreik von 50.000 Beschäftigten in 63 Stahlbetrieben. 15.000 Schüler & Auszubildende schließen gemeinsam mit den Arbeitern der Frühschicht eine Menschenkette um das Hüttenwerk. Stahlarbeiter aus Hattingen & Duisburg schließen einen »Pakt der Solidarität«. Am 14. Februar kommt es vor der Rhein-Ruhr-Halle in Duisburg-Hamborn zu einer denkwürdigen Abstimmung. Fast 6000 Vertrauensleute & eine starke Abordnung aus Rheinhausen stimmen bei einer Funktionärskonferenz der *IG Metall* gegen den Willen der anwesenden Hauptamtlichen für die sofortige Einleitung der Streik-Urabstimmung & die Vergesellschaftung der Stahlindustrie. In den offiziellen Publikationen der *IG Metall* wird jede Information über die Vorgänge vor der Rhein-Ruhr-Halle unterschlagen. Wie soll sich eine Gewerkschaft verhalten, wenn die Entwicklung im Betrieb eine Eigendynamik gewinnt, so daß die Betroffenen sagen: Jetzt nehmen wir das selbst in die Hand?

Die Rheinhausener Bastion des Aufruhrs im Revier war nach 160 Tagen gefallen. Eine Schlacht war verloren. Wie kann man aus den Fehlern lernen? Muß man die Richtung ändern? Eine Reihe von Möglichkeiten wurde nicht genutzt, die den Kampf wenigstens zu einem relativen Erfolg hätten führen können. Wie ernst ist das Argument zu nehmen, die Gewerkschaft wäre mit Regreßforderungen konfrontiert worden, wenn sie sich an die Spitze des Streiks gesetzt hätte? Arbeitskampfrisiko oder faule Ausreden? Wie weit kann, wie weit muß die Gewerkschaft in einer konkreten Kampfsituation gehen, will sie ihre Glaubwürdigkeit nicht verspielen? Sicher, es gibt keinen ernsthaften Arbeitskampf ohne Risiko. Dieses Risiko muß mit dem drohenden Versagen der Gewerkschaft in ihrer Schutzfunktion den Mitgliedern gegenüber & drohender Demoralisierung nach nachhaltiger Schwächung abgewogen werden. Schließlich sympathisierte die Bevölkerung von Tag zu Tag stärker mit dieser Belegschaft. Die Rheinhausener haben die Grenzen der Legalität immer wieder entschlossen, aber diszipliniert überschritten. Sie haben den Preis für polizeiliche & juristische Unterdrückungsmaßnahmen & für Maßregelungen durch den *Krupp*-Vorstand sehr hoch geschraubt. Niemand konnte es ernsthaft wagen, sie mit den Mitteln des bürgerlichen Strafrechts anzugehen. Die Bewegung hatte eine zu große Kraft entwickelt & zu große Sympathien auf ihrer Seite. Denn was ist das für ein Recht & was für eine Ordnung, die vertragsbrüchige Vorstände & politische Betrüger ungeschoren läßt? Warum stehen die bürgerlichen Parteien, einschließlich der Sozialdemokratie, einem solchen Existenzkampf so feindselig gegenüber? Warum stellen sich die Sozialdemokraten, die an Orten wie Rheinhausen ihre besten Wahlergebnisse erzielen, nicht eindeutig auf die Seite der Kämpfenden? Warum sind die Gewerkschaften so schwach aufgetreten? Ja, warum wohl? In dieser komplexen &

furchtbaren Entwicklung hat das Proletariat in den Industrieländern völlig die Behauptung seiner selbständigen Perspektive & schließlich seine Illusionen verloren, nicht aber sein Wesen. Es ist nicht aufgehoben. Seine Existenz in der gesteigerten Entfremdung des modernen Kapitalismus dauert unerbittlich fort.

Die Stahlkocher gehen im Mai 1988 nach mehr als 160 Tagen Arbeitskampf als Geschlagene vom Feld. Nachdem Konzernleitung & bürgerliche Parteien alle Hebel in Bewegung gesetzt hatten, um den Streik zu beenden. Nachdem der Streik mit der Aussicht auf Rettung durch die Landesregierung über die Köpfe der Mehrheit der kampfbereiten Stahlarbeiter hinweg abgewürgt worden war. Nachdem der Ostermarsch Ruhr seinen Auftakt am Tor 1 genommen hatte. Nachdem der Vorstand bei den Verhandlungen in Bochum bei seinen »Betonpositionen« geblieben war. Nachdem es noch einmal eine Galgenfrist gegeben hatte. Nachdem 20.000 Menschen zu einem Aktionstag unter dem Motto »Rheinhausen ist überall« gekommen waren. Nachdem noch einmal Wochen mit Vermittlungsgesprächen vergangen waren. Nachdem die Ankündigung, bei einem schlechten Verlauf der Vermittlungsgespräche weiterzukämpfen, sich als rein verbal erwiesen hatte. Den Stillegungsbeschluß hat man nicht vollständig abwenden können. Ein Hochofen wird zwar vorerst erhalten, fällt aber fünf Jahre später einem neuerlichen Schließungsbeschluß zum Opfer. Der Betriebsrat sagt: »Die Leute sind nicht arbeitslos geworden. & wenn ich sie heute treffe, Samstag auf dem Markt, dann merkt man den Leuten ihren Stolz an, so ein großes Ding gedreht zu haben & sich politisch so nachhaltig in Erinnerung gerufen zu haben.« Der Pfarrer sagt: »Es gibt Heldenzeiten, die dauern nicht ewig. Ich sehe kommen, daß die Stahlindustrie hier einmal ganz verschwindet.« Der Arbeitsrechtsexperte meint: »Wenn ein Unternehmen sagt: ›Wir wollen ein Werk schließen‹, & die Arbeitnehmer sagen: ›Ja, dann arbeiten wir nicht‹, dann sagt das Unternehmen: ›Wunderbar, das ist genau das, was wir wollen.‹« Noch gibt es viele Betriebsräte & Vertrauensleute, die zu der Schlußfolgerung kommen: Rheinhausen hat alles eingesetzt & doch alles verloren. Jede Hütte stirbt für sich allein.

Fünf Jahre später: Ein großes Schild mit der Aufschrift »Businesspark Niederrhein« zeugt von der mühsamen Ansiedlung neuer Unternehmen. Hinter dem Schild eine riesige Freifläche. 1000 neue

Arbeitsplätze sollten hier bald entstehen, von High-Tech-Firmen war die Rede. Inzwischen wäre die Stadt über jeden Klempner-Betrieb froh, der sich hier niederließe, denn bislang hat sich nicht ein einziges Unternehmen angesiedelt. Die Rheinhausener nennen den Businesspark auf dem Areal, das die Stadt Duisburg teuer von *Krupp* gekauft hat, »Is-Nix-Park«. Nur ein Gewerbe blüht: Prostituierte nutzen das Gelände für ihre Arbeit. Die beiden Anliegerstraßen im Businesspark sind nach von der *Roten Armee Fraktion* ermordeten Managern benannt. Später siedelt sich eine Porzellanpuppenmanufaktur & das Bildungszentrum des *Altlastenversorgungs- & Altlastensanierungsverbands* an. Zehn Jahre später beginnt die Planierung der größten Industriebrache Duisburgs. Die Kosten trägt das Land. Die alte Walzwerkshalle wird abgerissen. Bis zu sechs Meter tief sind ihre Fundamente, die Überraschungen freigeben: Gänge & Lagerräume, von denen niemand etwas wußte. Wie sich die Bilder gleichen: Aufgebrachte Stahlarbeiter versuchen erfolglos, die *Krupp*-Zentrale in Essen zu stürmen, um gegen den Versuch einer feindlichen Übernahme von *Thyssen* durch *Krupp-Hoesch* zu protestieren. 20 Jahre später sind die architektonischen Spuren des Hüttenwerks nahezu vollständig ausgelöscht. Sattelschlepper donnern über das Gelände, wo das Logistikzentrum *Logport* mit eigenem Hafenbecken & Anschluß an Schiene & Straße entstanden ist. Wer auf dem *Logport*-Gelände arbeitet, der ist nicht selten prekär beschäftigt & arbeitet für wenig Geld. Der *Logport*-Sprecher leugnet das gar nicht: »Es wird sicherlich nie möglich sein, auf dem *Logport*-Gelände wieder die alte Situation herzustellen, sowohl was die Arbeitsplatzzahl angeht als auch die Qualität oder das Lohnniveau, weil natürlich heute ganz andere Lohnniveaus üblich sind.« So verändern sich die Perspektiven. Mit Rheinhausen hat die Radikalität der Gegenwehr nur einen vorläufigen Höhepunkt erreicht.

Muß man das Ergebnis als Niederlage bezeichnen? Kann man sagen, daß ein Kampf, der so viel bewegt hat, mit einer Niederlage geendet hat? Führt das nicht dazu, daß man künftig erst gar nicht anfängt zu kämpfen? Das ist doch beabsichtigt! Bleibt mehr als nur Erinnerung? Die Rheinhausener selbst haben das Ergebnis nüchtern als Niederlage eingeschätzt, weil das Ziel des Kampfes – Erhalt der Hütte – nicht erreicht werden konnte. Unsere Bemühungen um die

Standortsicherung sind gescheitert. Wenn der Kampf nicht erfolgreicher beendet werden konnte, dann u.a. weil man es nicht bloß mit dem *Krupp*-Konzern, sondern mindestens ebenso mit *Thyssen* & *Mannesmann* zu tun hatte. Weil es um unternehmensstrategische Überlegungen ging, die auf den europäischen Markt gerichtet waren. Weil sich führende Politiker nach anfangs vollmundigen Solidaritätserklärungen offensichtlich dem Druck der Stahlkonzerne beugten. Weil ein Teil der Presse in der Auseinandersetzung mehr & mehr ordnungspolitische Probleme sehen wollte. Weil es nicht gelungen ist, den Kampf standortübergreifend zu führen. Die Belegschaft der *Krupp*-Hütte & die Bevölkerung Rheinhausens haben einen Kampf geführt, der mittlerweile schon geschichtliche Bedeutung erlangt hat. Durch die phantasievollen Aktionen hat die Bevölkerung des Ruhrgebiets ein neues Bewußtsein politischer Kraft erhalten & zu einem neuen solidarischen Umgehen miteinander gefunden. Pfeifen im Walde. Das Proletariat besteht aus der ungeheuren Mehrzahl der Arbeiter, die jede Macht über die Bestimmung ihres Lebens verloren haben & sich – sobald sie das wissen – wieder als Proletariat definieren. Als das in dieser Gesellschaft wirkende Negative. Die Krise des Ruhrgebiets ist gekennzeichnet von unakzeptablen Widersprüchen.

Dérive IX: Lehmkuhle, Vonderort, Osterfeld, Dellwig, Borbeck

Der Bottroper Hauptbahnhof als Ausgangspunkt, ein Sonntagnachmittag. Der Wunsch, endlich einmal das Museum Quadrat zu besichtigen – auch wenn mir sofort die Schmähungen Dieter Roths in den Sinn kommen, der absichtlich den Vornamen des aus Bottrop gebürtigen Künstlers, dem dieses Museum mit seiner Quadrat-Obsession gewidmet ist, verwechselte & von Hans Albers sprach statt von Josef. Da half nur noch Schmieren & Wüten. Der Bottroper Hauptbahnhof dürfte der einzige Hauptbahnhof Deutschlands sein, der über kein richtiges Empfangsgebäude verfügt. Auch halten hier nur S-Bahnen & Regionalzüge. Ich ahne zwar schon, daß ich wieder zu spät dran bin, laufe aber dennoch Richtung Innenstadt. Zum zentralen Berliner Platz. Der Platz ist eine einzige große Baugrube. Zentraler Omnibusbahnhof. Kräne, Photos eines längst verschwundenen Kaiser-Wilhelm-Denkmals & der *Gastwirtschaft Rüdel,* die bis 1960 existiert hat, beschwören die Vergangenheit. Beschworen wird aber auch Kommendes: ein Platz mit Vergangenheit & Zukunft! Errichtet wird allerdings bloß ein Einkaufszentrum. An das im August 2007 abgerissene Hallenbad erinnert noch die Kneipe *Am Hallenbad.* Am Ende sind die Erinnerungen nur noch in Kneipennamen präsent. Busse fahren viel zu wenige am Sonntagnachmittag, also mache ich mich lieber zu Fuß auf den Weg zum Quadrat. Durch eine Innenstadt mit Fußgängerzone. Eine Gruppierung, die sich »Bürger für Bottrop« nennt, fordert die Öffnung der Fußgängerzone für Radfahrer nach 20 Uhr. Statistisch gesehen, so wird behauptet, gebe es dann ein Fußgängeraufkommen von bloß einem Passanten pro Minute. Unter den Passanten, ganz ohne Podest & mitten auf der Straße, steht das Denkmal eines Wilhelm Postberg – wer immer das sein mag –, genannt Knubbel: ein untersetzter glatzköpfiger Mann, der gerade herzlich von einer Frau begrüßt wird, die das Bottroper Original (1902–1973) gekannt haben muß. Nun ist die Straße ein Ort der Begegnungen, wie Henri Lefèbvre schreibt. Aber welcher? Oberflächlicher: Man streift sich, aber man begegnet sich nicht. & bei einem Verkehrsaufkommen von einem Passanten pro Minute streift man sich nicht einmal. Es gibt eine *Humboldt-Buchhandlung* am Rathaus, Leidenschaft für gute Bücher. Im Schaufenster werden stolz die *Bottroper Protokolle*, die heute niemand mehr liest, in einer Neuausgabe präsentiert. Aber immerhin ist Bottrop einmal in die Literatur eingegangen. Geschichten & Anekdoten aus dem alten Bottrop hingegen können nur ein lokales Interesse beanspruchen: *Kohle, Künstler & ein wenig Königsblau*. *Wilma's Mode-Fenster* steht leer, ein Bestattungsinstitut feiert sein 110-jähriges Bestehen mit alten Photos von Leichenwagen & den längst verstorbenen Unternehmensgründern. Die Kirchhellener Straße läuft auf den Stadtgarten zu, wo Humboldt als Büste schon wieder auftaucht. Villen am Stadtpark, ein Springbrunnen, Spaziergänger. Das Museum Quadrat – ich habe es geahnt – hat natürlich längst geschlossen. Seit 16 Uhr. Planlos stehe ich unter den Sonntagsspaziergängern & wirke vermutlich auch wie jemand, der sich gerade auf einem Sonntagsspaziergang befindet. Von den Spaziergängern im Bottroper Stadtgarten wird aber kaum jemand wie ich extra aus Dortmund gekommen sein. Ich wende mich um, laufe zurück Richtung Innenstadt. Vorbei an Siedlungshäusern. Am Lamperfeld. An dem nach Ernst Wilczok, der mit einer dreijährigen Unterbrechung bis zu seinem Tod 1988 fast 40 Jahre lang Oberbürgermeister von Bottrop war, benannten Platz. Eine sozialdemokratische Hochburg ist Bottrop noch heute, die Macht der Gewohnheit siegt bei den Wählern noch immer verläßlich. Ja, das Proletariat ist beinahe schon verschwunden, ohne zuvor seine historische Rolle ausgefüllt zu haben, die Marx ihm zugedacht hatte, & die Revolution zu machen. Ein anderer Bottroper Lokalmatador ist der konservative Regisseur & Opernzampano August Everding, nach dem die Stadt ein Kulturzentrum benannt hat. Hohles Repräsentationstheater im Sinne dieses berühmten Sohnes kann sich Bottrop zum Glück nicht leisten. Die Kirchhellener Straße will ein »Quartier für Spezialisten« sein, in der Osterfelder Straße gibt es eine *Pinguin Apotheke*. Ein Café hat Stühle auf den lauten Pferdemarkt gestellt, nach Ernst Wilczok ist neben dem Platz auch noch das Haus benannt, in dem die Bottroper SPD residiert. Die *Stadtküche Mengede* hat ein »Schüler-Spezial« im Angebot: Hamburger mit Pommes & Getränk nach Wahl. Die Schüler können sich bei

Bedarf auch gleich an die Johanniter wenden: Wir bilden Sie aus! Das *Café Siebeck* in der Essener Straße schließt schon um 18 Uhr, ich werde aber dennoch nicht abgewiesen. Bloß Cappuccino bekomme ich keinen mehr. Die Kaffeemaschine wird gerade gereinigt, aber eine Tasse Kaffee ist noch möglich. Das Café ist altmodisch-anheimelnd eingerichtet. Unter Lüstern sitzen alte Damen beim Kaffee. Gegenüber die Kneipe *Zum Belgier,* die mit der Dumpfformel »the place 2 be« wirbt. An der Ecke Essener/Bogenstraße ist eine Kneipe brutal zugemauert worden – ein erschreckender Anblick. Ich komme an einem kleinen Sexshop vorbei, verlasse die Innenstadt. Die Bogenstraße beschreibt tatsächlich einen Bogen & steigt an. Jetzt wird es interessant. Nach dem kleinstädtischen Stadtzentrum mit all seinen erwartbaren Ingredienzien, den Innenstadtkirchen & dem Stadtpark neben dem Museum, betrete ich jetzt wieder unbekanntes Terrain. Ein Schild weist auf das Kleine Motorradmuseum hin, die hochherrschaftliche Villa Dickmann kommt in den Blick. Architekten & Wirtschaftsprüfer haben hier ihren Sitz. Alternde Paare gehen mit ihren Hunden spazieren. Dann weitet sich der Blick auf einen Park, ein Tal – die Lehmkuhle: Schutt abladen verboten! Unten tost auf dem Südring der Verkehr. Gewerbe, Hundefutter, Gebrauchtwagen. Im Springfeld heißt eine Straße, eine andere Im Wildland. Kleine Häuser, Reihenhäuser in der verlandschafteten Stadt. Durchdringung von Freiräumen & Bebauung. An der Sandbahn, der einst von der *Westfälischen Sandgräberei GmbH* ausgebeutete Boden. Man muß den alten Text, den die Menschen dem unersetzlichen Material des Bodens eingeschrieben haben, noch einmal mit größter Sorgfalt abkratzen. Sagt André Corboz. Es handelt sich um langsame Schichtenbildungen, die man kennen sollte. Um verschüttete Landschaften, die auf ganz andere Bodennutzungen hinweisen. Unten, ganz in der Nähe des Bottroper Hauptbahnhofs, eine Bebauung wie man sie eher in Vorstädten vermuten würde: Fastfood, ein *Hotel Rhein-Ruhr* usf., billige Investorenarchitektur. Die Realität der Peripherie. Die Armeler Straße führt an einem Park vorbei. Dann ein abrupter Übergang von der Vorstadt in die Landschaft. Ein Feld, über dem abendlicher Dunst liegt. Der Mond ist auch schon aufgegangen. Aber das ist ein Irrtum. Obwohl man hier den Eindruck haben muß, am Stadtrand angelangt zu sein, befindet man sich doch bloß auf einer Landschaftsinsel inmitten der Ruhrstadt. Die Stadt birst auseinander. In Zonen, Anhängsel, Ausfransungen & Enklaven. Die diffuse Stadt wirkt insgesamt planlos. Zu hören sind Vogelstimmen, aber auch Geräusche vom nahen Güterbahnhof. Überlagerungen, ein Palimpsest. Die *Kreisjägerschaft Bottrop e.V.* bietet wieder einen Begleithunde-Kursus an. Für verantwortungsvolle Hundebesitzer, die einen gut sozialisierten & erzogenen Hund als notwendig erachten. Die *Kreisjägerschaft* verspricht: Sie werden bald feststellen, daß ein Hund, der gehorcht, für beide Seiten Freude & außerdem die Anerkennung von Nicht-Hundebesitzern bringt. Als Nicht-Hundebesitzer würde ich es tatsächlich begrüßen, wenn ein Hund, der sich anschickt mich anzufallen, von seinem Besitzer noch rechtzeitig zurückgepfiffen werden kann. Ich folge dem Thiathildweg, immer parallel zu den Bahnanlagen & dem noch ein Stück weiter südlich verlaufenden Emscherschnellweg. Ein Schild klärt mich darüber auf, daß ich den »Historischen Wanderweg Bottrop« kreuze, der in Nord-Süd-Richtung durch Bottrop verläuft. Ich komme an einer Bushaltestelle vorbei, einem Parkplatz, Altglascontainern. Hundebesitzer halten an & parken. Man könnte meinen, am Stadtrand angelangt zu sein. Das trifft zu & trifft doch nicht zu, so willkürlich, wie die Stadtgrenzen die Stadtlandschaft des Ruhrgebiets zerschneiden. Erkennbar nur an den Ortstafeln & auf Plänen. Ein Schild weist auf das Torhaus des Hauses Hove. Das einsame, freistehende Torhaus ist das Relikt eines Rittersitzes, ältestes Gebäude der Stadt. Daneben Pferde, eine Reitbahn. Auf dieses ländliche Szenario folgt eine Siedlung aus dunklen, abweisenden Backsteinhäusern. Es dämmert. Erleuchtet ist aber die Gaststätte *Im Jägerhof* in der Hovermannstraße. Lethargie eines frühen Sonntagabends, nur wenige Gäste. Ich war noch niemals in New York. Die immergleichen Schlager. Eine Dartscheibe an der Wand & ein Geweih. In der Gaststätte, in der schlesische Küche angeboten wird, residiert der *Schützenverein Osterfeld-Vonderort 1925*. Lust auf frisches *Diebels*? Nein, ich trinke lieber Pils. Ein an der Theke sitzender Gast stellt zutreffend fest, daß es draußen schon dunkel ist. Zeit, nach Hause zu gehen. Ein gerahmtes Puzzle an der Wand zeigt die *Schalke*-Arena. Privatfernseh-Müll schwappt in die Kneipe. Berichtet wird über irgendeinen

Schlagersänger oder Fußballer, der eine Villa in München-Bogenhausen besichtigt, die 3,9 Millionen Euro kosten soll. Ich verstehe weder, warum das niemanden empört, noch, wie das jemanden im Ernst interessieren könnte. Der stumpfsinnige Kleinbürgertraum von der Villa, die natürlich geschmacklos eingerichtet ist & über eine extragroße Badewanne verfügt. Draußen werden andere Immobilien angeboten: Ihr neues Zuhause auf herrlichen Gartengrundstücken! Kleine Einfamilienhäuser im Landhausstil. Am Waldrand ist schließlich die Stadtgrenze zu Oberhausen erreicht. Auf der anderen Seite erstreckt sich der riesige Güterbahnhof Osterfeld-Süd. Am Haltepunkt Bottrop-Vonderort hält ab & an eine Regionalbahn. Die Straße, der ich folge, schwenkt schließlich vom Güterbahnhof weg, Gründerzeithäuser kommen in den Blick. Ein breite Autoschneise, die Bottrop mit Oberhausen verbindet, heißt zunächst Bottroper, dann Osterfelder Straße. Städtische Verdichtung in Oberhausen-Osterfeld. Auf den dunklen Straßen stehen verloren die lebensgroßen Figuren von Bergleuten herum, eine Bergmannskapelle. Niedliche Beschwörung der Vergangenheit. Auf einer Schautafel Daten aus der Osterfelder Geschichte. Erste Erwähnung der Burg Vondern, Inbetriebnahme der *St. Antony-Hütte,* Anschluß an die Emschertalbahn, Errichtung der *Zeche Osterfeld,* Trennung von Bottrop & Gründung des Amtes Osterfeld, größter Sammelbahnhof Europas, Stillegung der *Zeche Vondern* usf. In einem Imbiß wird der Gast mit aufmunternden Zeitungsmeldungen empfangen: Pommes gesünder als Salat! Currywurst macht schlau. Bewiesen! Im *Osterfelder Hof* findet die Nachbereitung eines Fußballspiels statt. Am kommenden Mittwoch steht ein Großkampftag bevor, & man diskutiert, ob man hinfahren oder das Spiel lieber im Fernsehen verfolgen soll. Alle haben sich am Tresen zusammengerottet, & der geräumige Gastraum liegt im Dunkeln. Schwarzweißphotos zeigen Fördertürme. In der *Osterfelder Bierstube* hat sich eine schön geschwungene Theke aus den fünfziger Jahren erhalten. Ansonsten aber nur Nippes. Alles ist so komisch geworden! Stellt eine am Tresen sitzende Frau fest. In der *Bierstube* wird nicht die Weltlage kommentiert, sondern bloß das Privatleben eines Mitmenschen: Wenn ich vorhabe mich zu trennen, nehme ich mir doch eine Wohnung ohne meinen Mann! Das klingt vernünftig, gestaltet sich aber vermutlich schwierig, solange die Trennung noch nicht vollzogen ist. Osterfeld liegt dunkel & ausgestorben. Ein Hochbunker ist mit einem spiralenartigen Ornament behübscht worden, das in der Nacht angestrahlt wird, Dynamik & Drehung suggerierend wie ein Feuerrad. In der Stadt, in der längst alle Feuer erloschen sind. In der holzgetäfelten *Gaststätte Kusenberg* in der Bottroper Straße wird dem Verein *Rot-Weiß Oberhausen* gehuldigt. Aber es ist langsam Zeit zu gehen, bald schon fährt am Bahnhof Oberhausen-Osterfeld Süd viel zu früh der letzte Zug zum Oberhausener Hauptbahnhof. Man kann sich diesem merkwürdigen, die Ruhrstadt durchschneidenden Streifen, dieser Schneise, die vom Rhein-Herne-Kanal, der Emscher, dem Emscherschnellweg & dem Güterbahnhof gebildet wird, auch von der anderen Seite nähern. Vom Essener Norden her. Ich steige am S-Bahnhof Dellwig Ost aus. Eine Blitz- & eine Donnerstraße lassen aufmerken & setzen dramatische Akzente. Ja, wir langweilen uns in der Stadt. Aber wer sich richtig müde läuft, kann noch geheimnisvolle Straßenschilder entdecken. Essen-Dellwig wirkt sonst eher beschaulich, lediglich verkehrsreich. Die Bahnschranken senken sich, ein Intercity-Zug rauscht vorbei, kurz danach eine S-Bahn. Mehrere Bahnlinien kreuzen sich, über- & unterqueren sich hier auf Brücken. Die Strecke von Essen nach Bottrop, die Hauptstrecke Gelsenkirchen–Altenessen–Oberhausen. Dazu kommen Güterlinien. Die Gleise zerschneiden den Essener Norden. Hinter den Schranken ein Gewerbegebiet, in dem man sich als Fußgänger, als Flâneur gar, wie ein Fremdkörper vorkommen muß. Metallhandel, An- & Verkauf von Schrott & Metall. Schlüsselfertigbau, Industriebau. Aber auch Spezialschmiermittel, automatische Sprühgeräte. Andere, bruchstückhafte Schönheiten. An das Gewerbegebiet grenzt ein Stück Wildnis. Der Gleispark Frintrop auf dem Gelände eines ehemaligen Bahnhofs will ein Stück typisches Niemandsland als Teil des Emscher-Landschaftsparks bewahren. Der vorhandenen Vegetation wird nichts hinzugefügt, geringfügige Eingriffe in die Brache nur im Stil des von der *Internationalen Bauausstellung Emscher Park* kreierten minimalistischen Chiques. Anreicherung mit landschaftsgestaltenden Elementen, Integration der industriehistorischen Relikte in die Landschaftsgestaltung, so lauten die Stichworte, Anlage & Ausbau von Wegesystemen usf.

Birken natürlich, die ja überall zu wachsen scheinen, so giftig kann der Boden gar nicht sein. Zu dieser Nachmittagsstunde sehe ich im Park nur ein küssendes Pärchen, einen Skintypen & einen kleinen blonden Jungen, der sich auf seinem Weg durch die Anlage immer wieder umdreht. Nach mir? Warum? Was erweckt seine Neugier? Angestrebt werden weiters die Ausmerzung von Zerschneidungen, die Vernetzung von Landschaftsteilen. Also Tunnel & Brückenbauten, die den Gleispark mit der Stadt verbinden. Ich kehre aber nicht in die Stadt zurück, sondern dringe weiter vor in das Gewerbegebiet. Die Vondernstraße läuft auf einen Tunnel zu, der unter einem von allen Seiten zugewucherten Bahnviadukt durchführt. Eine stillgelegte oder schwach genutzte Güterstrecke. Dahinter eine weitere Schranke. So muß es in den Industriedörfern des späten 19. Jahrhunderts zugegangen sein, in denen überall kreuz & quer & ohne Rücksicht auf die Anwohner Gleise verlegt wurden, beschrankte Bahnübergänge ständig den Verkehr aufhielten. Hinter der neuerlichen Schranke Schrebergärten, Hecken, eine Vertriebsstelle für technische Gase. Passagen sind das, Schnitte. Von Schwelle zu Schwelle. Übergänge, kritische Phasen. Dann ist die Stadtgrenze zu Oberhausen erreicht. Der Oberhausener Stadtteil Borbeck scheint von Essen völlig abgetrennt, durch die Gleise & das Gewerbegebiet abgeschnitten. Eine Buslinie, die durch das Viertel kurvt, verbindet Borbeck mit der Oberhausener Innenstadt bzw. mit Sterkrade. Die Industriestadt, sagt Lefèbvre, ist eine Gespensterstadt. Der Schatten einer städtischen Wirklichkeit. Aus Bestandteilen, die durch Zwang zusammengebracht werden. Mehrere Logiken stehen sich gegenüber & prallen gelegentlich aufeinander. Was aber hat das Wort ›Schleuse‹ zu bedeuten, das hier jemand mehrfach auf den Gehweg gesprayt hat? »Schleuse«, auch »Schleuse III«. Verweise auf die ehemalige Schleuse Essen-Dellwig, die Bergsenkungen überflüssig gemacht haben. Was hat das zu bedeuten? Vage Zeichen sind das, Wortgewebe aus dem Zusammenhang gerissen. Im Gewebe der Stadt. *Zum Anker* heißt ein Kiosk, der auch ein Bistro sein will. Auf einer Grünfläche vor einer Häuserzeile ist ein Anker als Denkmal aufgestellt. In der Quellstraße gibt es eine *Quell-Apotheke* & drei ansehnliche, alte Häuser. In der Einbleckstraße stoße ich auf die *Imbiß-Pizzeria Bari*. In der *Bezirkssportanlage an der Schleuse* sind die Fußballer von *Spiel & Sport 1921 Oberhausen e.V.* zu Gange. Ein zünftiges Oktoberfest an der Schleuse ist angekündigt unter Mitwirkung der Band *Die Alpen Geier*. Vor dem *Haus Matecki* kehrt ein hübscher blonder Junge im Fußball-Outfit Laub. Das einzige Lokal in diesem zwischen Kanal & Gleisanlagen eingepferchten Viertel hat zu dieser Stunde noch nicht geöffnet, auf einer Tafel ist angekündigt: Heute ab 18 Uhr Muscheln! Die Einbleckstraße führt auf einer Brücke über den Kanal, in der Ferne ist der Oberhausener Gasometer zu sehen. Dann wieder Kleingärten, eine Saugstelle am Kanal, eine weitere Brücke über die Emscher. Kurz danach ein Tunnel unter dem Emscherschnellweg. Die Autobahn dominiert akustisch die Szene. Das sind Einschnitte im städtischen Gewebe. Voneinander getrennte Mikrozonen, deren Rolle untersucht werden muß. Auf der anderen Seite des Tunnels öffnet sich rechts die Landschaft, auf der anderen Seite liegt ein Abstellplatz für Wohnwagen, Wohnmobile & Autos. Kein Verkauf! Eine Warteschleife. Wenige Häuser. Von der Gaststätte an der Ecke Armin-/Breilstraße, die Roland Günter wegen ihrer kulturgeschichtlich bedeutsamen Fassade erwähnt, ist leider nichts mehr auszumachen. Die parallel zur Autobahn & in ihrem Schatten verlaufende Straße wird zu einer Allee, zu einem ländlichen Fragment mitten in der Stadt, zu dem der Autobahnlärm nicht so recht passen mag. Henri Lefèbvre spricht von Überlagerungen, Abstufungen, allen möglichen Unausgeglichenheiten. Ein überraschendes Relikt ist die Burg Vondern, eine spätgotische Wasserburg, klevisch-märkisches Lehensgut, bestehend aus Vorburg – schwere runde Flankierungstürme, niedrige Zwischenbauten – & Herrenhaus, bedrängt von Autobahn & Güterbahnhof. Zum Burgtor führt ein mit Kopfsteinen gepflasterter Weg. Auf einer Tafel ist zu lesen: Für eine zeitliche Einordnung der heute noch bestehenden Bauten »Burg Vondern« fehlen z. Z. jegliche Quellen. Es muß festgehalten werden, daß es sich bei der Burg Vondern um einen Wehrbau handelt, der viel schwerer einzuordnen ist als Kirchen oder Burgen jener Zeit. Mag sein – jedenfalls gefällt mir, daß eine Informationstafel hier mit Relativierungen anstatt mit Informationen aufwartet. Angekündigt ist der II. Martinimarkt Burg Vondern, mit Ritterlager, Martinsfeuer, Mantelteilung um 18 Uhr. Eine Glückaufstraße ruft die Bergbauvergangenheit ins Gedächtnis, dahinter beginnt die Siedlung Vondern mit der ehemaligen Verkaufsanstalt IV der *Gutehoffnungshütte*, in der längst nichts mehr verkauft wird, als besonderem Schmuckstück – einst von der *Zeche Vondern* in die Mangel genommen, heute vom Emscherschnellweg; Siedlung im Stil einer Gartenvorstadt, 1907 bis 1913 erbaut für Bergleute vornehmlich aus Österreich & Oberschlesien. Man kann sich dieser merkwürdigen Insel zwischen Autobahn & Güterbahnhof aber auch von Oberhausen-Osterfeld aus nähern. Ich nehme dazu einen neuen Anlauf, nachdem ich letztens ja in den Osterfelder Kneipen versackt war, in dieser *Rot-Weiß*-Gaststätte & im *Osterfelder Hof*, & nicht mehr weiter vorgestoßen auf das Terrain jenseits des Bahnhofs. Eine Brücke über die Bahnanlagen führt auf die Insel, diese Enklave, die zwischen dem Emscherschnellweg & dem Bahnhof Osterfeld Süd liegt. Dort stoße ich zunächst auf eine Kläranlage & einen Friedhof. Eine Fußgängerbrücke verbindet die Enklave mit der *Neuen Mitte,* dem Einkaufs- & Unterhaltungsdistrikt auf dem Boden der abgeräumten *Gutehoffnungshütte* – eine elegante Brücke, die Autobahn, Emscher & Rhein-Herne-Kanal überspannt & den Flâneur ins Entertainment-Stahlbad locken will, in die Investorenstadt, inmitten derer das monolithische Monument des riesigen Gasometers dennoch seine Würde bewahrt; Lernen von Las Vegas. Ja, die Abfolge von Schaufenstern, von zum Verkauf ausgestellten Dingen zeigt, wie die Logik der Ware eine passive Betrachtungsweise erzwingt. Der Platz der Guten Hoffnung in der *Neuen Mitte* ist ein falsches Versprechen. Ich kehre wieder um – nicht ohne die Ausblicke genossen zu haben, die sich auf der Brücke bieten. Die *Stadt Breisach,* Heimathafen Wörth am Main, fährt in diesem Moment unter der Brücke durch. Aussichten auf den Gasometer, in dem eine Ausstellung mit dem Titel *Das Auge des Himmels* gezeigt wird, auf ein Riesenrad & einen Förderturm der alten *Zeche Osterfeld.* Zurück auf der Insel: Einfamilienhäuser, in einem wenig ansprechenden Flachbau an der Wittekindstraße das *Haus Wittekind,* geschlossen. Restaurant & Biergarten, vier Bundeskegelbahnen, Saal bis zu 100 Personen. Das Wittekindstadion der *Sportgemeinschaft Osterfeld e.V.* Die Aufschrift auf einem geparkten Auto wirbt für ein Erotik-Auktionshaus im Netz, *www.genudelt.de.* Heute schon genudelt? Neue Geschäftsmodelle zu Zeiten des sogenannten Strukturwandels. In der Teutstraße ein paar alte Häuser. Jemand hat die Forderung auf eine Hauswand gesprüht: Faschisten raus aus El Salvador! So macht die Weltpolitik auch vor diesem Winkel Oberhausens nicht halt. Dazwischen ein Kiosk, an dem in Ermangelung einer Kneipe getrunken wird, PKW-Lackierungen, Autoglas. Eine katholische Bekenntnisschule. Die Wittekindstraße geht in die Arminstraße über, ich nähere mich wieder der Siedlung Vondern. In der Glückaufstraße steht auf einem Dach ein Schornsteinfeger, wie ich ihn nur noch im Karneval oder zu Silvester erwartet hätte: ganz in Schwarz gekleidet & mit einem Zylinder. Im städtischen Raum ist das Anderswo überall & nirgends.

Non-Site Oberhausen

Beispielsweise das Ruhrgebiet: einander überschneidende Formen, ein Chaos aus Siedlungen. Dampf, Rauch & Feuer. Formen, die einander überdecken & verschleiern. Oder die Jersey Meadows: ein Netz von Kanälen, wucherndes Schilfgras. Antennenmasten, Motels & Tankstellen. Müllhalden & Schornsteine. Orte, die in irgendeiner Weise zerstört oder pulverisiert sind. Denaturiert. Keine Ideen, keine Konzepte, keine Systeme, keine Strukturen. Man steht einer Nichtwelt gegenüber. Oder einem »Nicht-Ort« im Museum. Der 13. Dezember 1968 soll ein trüber Tag gewesen sein. Bernd & Hilla Becher fahren gemeinsam mit Robert Smithson nach Oberhausen. Smithson bereitet eine Ausstellung in Düsseldorf vor & sucht Material für ein neues »Non-Site«. Seine Begegnung mit den Bechers wird in der einschlägigen Literatur immer wieder erwähnt. Das Problem ist, daß man sich einem Nicht-Ort nur unter seiner eigenen Negation nähern kann. Schreibt Smithson. Man ist mit etwas Unerklärlichem konfrontiert. Da gibt es nichts mehr auszudrücken. Ein Non-Site ist ein dreidimensionales, logisches Bild, das abstrakt ist, aber einen realen Ort repräsentiert, ohne ihm ähnlich zu sein. Ein dreidimensionales Bild, das nicht wie ein Bild aussieht. Robert Smithson findet einen geeigneten Platz auf dem Schlackenberg der *Gutehoffnungshütte* in Oberhausen. Das *Non-Site Oberhausen* besteht aus fünf Behältern unterschiedlicher Höhe, die ausgebrannte Schlacke enthalten & im Ausstellungsraum stufenförmig angeordnet sind. In der zum »Container« umfunktionierten Skulptur – Anspielung auf die kubischen Formen der Minimal Art – wird rohe Materie in ungeformtem Zustand zur Schau gestellt. Smithson zeigt, was die Minimal Art »unterschlägt«. An der Wand Karten, auf denen die Fundorte des Materials vermerkt sind. Jedes Element der Installation verweist auf andere Weise auf den abwesenden Ort. Nicht-Orte sind auch Orte, an denen es nichts zu sehen gibt. Smithson liefert kein Bild. So die Erläuterung der Kunsthistoriker. Er thematisiert mit der Dialektik von Ort & Nicht-Ort die Beziehung zwischen konkreten Orten in abgelegenen, kaum bewußt wahrgenommenen Gegenden & der Repräsentation im ästhetischen Kontext der Ausstellung. Der Ort ist der unscharfe Rand. Man kann sich an nichts festhalten außer an der Schlacke. Der Nicht-Ort ist wie eine Karte, die einem zeigt, wo die Randgebiete sind. Es kommt selten vor, daß jemand diese Randgebiete besucht. Aber es ist gut, über sie Bescheid zu wissen. Was das bedeutet? Die Karte führt einen irgendwohin. Wenn man aber ankommt, weiß man nicht genau, wo man ist. Sagen wir, daß jemand auf eine fiktive Reise geht, wenn er sich an den Ort des Non-Site begeben möchte. Dann nützen also alle Karten nichts mehr & man muß auf gut Glück losgehen. Robert Smithson sagt: Ich mag das Gefühl, Steine quer durch das Land zu transportieren. Im August 2004 tritt das Museum of Contemporary Art Los Angeles an die *DSU Gesellschaft für Dienstleistung & Umwelttechnik* in Duisburg mit der Bitte um Beschaffung von Ruhrgebiets-Stahlwerksschlacke heran. Ein Zürcher Sammler, Leihgeber des *Non-Site Oberhausen,* das er mit dem von seinem Vater, einem verurteilten Kriegsverbrecher, ergaunerten Geld erworben hat, möchte die Original-Schlacke nicht in die USA schicken. Da das Herkunftswerk in Oberhausen seit den achtziger Jahren nicht mehr existiert, einigt man sich darauf, in Größe & Aussehen ähnliche Schlacke aus Duisburg zu verwenden. Das Non-Site wird in Zürich photographiert, daraufhin wird auf dem Gelände des Stahlwerks Beekerwerth nach 120 passenden Schlackenexponaten gesucht, die nach Los Angeles geflogen werden. Der Stahlwerksdienstleister wendet sich an die Presse: Duisburger Schlacke wird Kunst in L.A.! Die Reise ist etwas Erfundenes, Ausgedachtes, Künstliches. Eine Nicht-Reise von einem Ort zu einem Nicht-Ort. In gewisser Weise ist der Nicht-Ort das Zentrum eines Systems, & der Ort selbst ist der Rand oder die Grenzlinie. Robert Smithson spricht von »Graden der Entropie«. Von Mattigkeit, Schläfrigkeit, Gleichgültigkeit, Apathie, Trägheit, Reglosigkeit, Lethargie, Ermüdung usf. Er sagt: Ich glaube, es spielt eigentlich keine Rolle, wo man sich befindet. Alles verschwindet einfach. Die Orte weichen in die Nicht-Orte zurück. & die Nicht-Orte weichen wieder zu den Orten zurück. Es geht immer vor & zurück. Hin & her. Orte neu entdecken. Sie dann nicht wiedererkennen ...

Dérive X: Eving

Die Evinger Straße ist eine Ausfallstraße nach Norden & sieht auch so aus. Dichter Verkehr, eine oberirdisch als Straßenbahn verkehrende U-Bahn. Zur Linken das Gewerbegebiet Eving. Eine Bahnunterführung. Dahinter das Gewerbegebiet Minister Stein. *Neue Mitte Eving* ist das Etikett, das sich vermutlich irgendwelche Werbeleute ausgedacht haben – ein Etikettenschwindel, denn die »Neue Mitte« ist die alte. Der Hammerkopfturm der *Zeche Minister Stein* war immer schon Blickfang & Mittelpunkt in diesem Stadtteil. Er ist seinem Abriß entgangen, man hat Bureauflächen unter ihn gestapelt. Zwei Seilscheiben wurden als Denkmal aufgestellt. Abteufarbeiten seit 1871, dann jahrelang Probleme mit Wassereinbrüchen; Ausbau zur Großschachtanlage ab 1922; im Februar 1925 der »schwarze Mittwoch«, an dem bei einer Schlagwetterexplosion 136 Bergleute ums Leben kommen. Der Generaldirektor der *Gelsenkirchener Bergwerks-AG,* der den Hammerkopfturm errichten ließ, war einer der größten Förderer Adolf Hitlers & machte ihn bei den Industriellen des Ruhrgebiets salonfähig. Stillegung von *Minister Stein* 1987 als letztes Dortmunder Bergwerk. An der Evinger Straße, die auch jetzt, da Eving längst erreicht ist, noch immer so heißt, Vorstadtatmosphäre. Ein rund um die Uhr geöffneter Imbiß offeriert amerikanisches Junkfood. Drive thru. Hinter dem Gebäude ein kleiner Hügel, von einer in eine Protegohaube mündenden Rohrleitung bekrönt – eine seltsame Skulptur & ein letzter Hinweis auf einen Schacht des Bergwerks. Ausleitung von Grubengasen. Wenn es sich aber um eine Krone handelt, dann um eine Dornenkrone. Denn von dem aufragenden Rohr stehen unterhalb der flammendurchschlagsicheren Haube rundum Metallspitzen ab. Nun, alles hat Symbolwert. Das ist schon klar. Alles ist lesbar. Heraus kommen dann meist Fehllektüren, die aber umso interessanter sind, nicht wahr? »Protego« jedenfalls klingt beruhigend. Von dem Hügel aus überblicke ich den »attraktiven Gewerbestandort« rund um den zum Bureauhaus umgebauten Förderturm. *Stop & go,* nicht immer fließt der Verkehr. Unten an der Straße ein Elektromarkt. *Fritzi's Kinderwelt* auch, die aber nichts zu tun hat mit der Dichterin aus Wien. Hier werden nur Kindergeburtstage ausgerichtet. Ein Schild weist zur Polizeiwache, untergebracht in einem Zechengebäude an der Deutschen Straße. Eine Werbebotschaft gilt polnischem Bier: Probier's mal polnisch! Das muß nicht sein, finde ich, jedenfalls nicht in Dortmund. Von einem kleinen Park an der Deutschen Straße blickt man auf den Hammerkopfturm. Professionelle Trinker haben sich dort niedergelassen, die aber kein polnisches Bier trinken, wenn ich recht sehe. Grubenwehrstraße & Hammerkopfweg heißen umliegende Straßen, auch: Am Zechenbahnhof. Dazwischen die uninspirierende Gewerbeparkstraße. Man kann & mag sich unter einem Gewerbepark nichts Rechtes vorstellen. Grüne Wiesen warten auf was auch immer. & was wird nicht alles Park genannt, dieses einst noble Konzept der Gartenkunst in den Schmutz ziehend! Im Turm sind die *RAG Montan Immobilien* untergebracht. Kompetenz, die aus der Tiefe kommt. Schreibt der Konzern sich zu, der mit Kohle nicht mehr so gern in Verbindung gebracht werden will. Lohnverpackung & Logistik in einem anderen alten Zechengebäude. Blister-, Schrumpf- & Sammelpackungen. Wir lagern in unseren sauberen Lagerhallen Ihre Rohwaren ein, stellen Ihre Waren auf Europaletten zum Versand bereit & versenden Ihre Waren in Ihrem Namen an Ihre Kunden. »Sanitär Heizung Klima« steht auf einem Fahrzeug, das an der Gewerbeparkstraße hält, neben Werbung für eine Partyhalle in Datteln. Der Fahrer steigt aus & tritt zum Pissen an die Büsche. Die Tagesanlagen des Bergwerks, die man nicht abgerissen hat, bilden das *Zentrum Minister Stein*. Ein Arbeits- & Sozialwissenschaftliches Zentrum. Eine *Gesellschaft für Empirische Arbeitsforschung* & Beratung residiert hier, wo es keine Arbeit mehr gibt. Die *Forschungsgesellschaft für Gerontologie e. V.* scheint hier besser placiert. Vielleicht gibt es sogar Synergien mit dem ebenfalls in dieser Neuen Mitte untergebrachten *Sekretariat für Zukunftsforschung*. Denn was wird die Zukunft bringen außer Überalterung & Schrumpfung? In »Programmatischen Skizzen« war bereits 1960 zu lesen, daß die Nicht-Zukunft auf der Gewißheit fuße, daß die gegenwärtigen Zustände auf keinen Fall für einen Friedens- oder Kriegszustand gehalten werden könnten: Von nun an sind weder Frieden noch Krieg möglich. Eine Revolution aber auch nicht. Eine Gedenkstätte erinnert an den »schwarzen Mittwoch«: Unseren toten Kameraden. Neben der Inschrift das Standbild eines ernst dreinblickenden, breitbeinig dastehenden Bergmanns mit nacktem Oberkörper. Weiter sind in der Neuen Evinger Mitte vertreten: ein *Verein zur Förderung für Frauenerwerbstätigkeit im Revier,* eine *Gesellschaft für angewandte Unternehmensforschung & Sozialstatistik,* Fortbildung, Supervision, Konfliktmanagement usf. Auf dem Evinger Platz gibt es eine feste Bühne. Das Café *Coco Grande* & eine Zweigstelle der Stadt- & Landesbibliothek. Nein, man hat hier sicher nichts falsch gemacht. Eine Mischnutzung für die alten Zechengebäude, öffentliche Einrichtungen, Gastronomie usf. Hier ist auch die Bezirksverwaltungsstelle untergebracht. Der Brunnen mit einer Weltkugel vor dem Verwaltungsgebäude wirkt etwas großspurig für eine Behörde, die doch nur für einen Dortmunder Verwaltungsbezirk zuständig ist. An der Ecke Evinger/Bergstraße, in einem Eckhaus mit Türmchen entgeht eine Gaststätte, das *Haus Frohning,* nicht meiner Aufmerksamkeit. Aber ach, ich bin zwei Wochen zu spät gekommen! Zu meinem Bedauern muß ich aus gesundheitlichen Gründen zum 30.9.2008 Lebewohl zu euch sagen. Ist auf einem Zettel in der Vitrine, in der zu besseren Zeiten die Getränkekarte ausgehangen haben muß, zu lesen. Auf diesem Wege möchte ich bei all meinen Gästen, die mir seit fast drei Jahren die Treue gehalten haben, danke sagen!! Nun sind drei Jahre ja keine lange Zeit. Vielleicht besteht noch Hoffnung für das *Haus Frohning.* & wurde in einer volkskundlichen Dissertation nicht nachgewiesen, daß die Pächter von Dortmunder Kneipen im Durchschnitt alle zwei Jahre wechseln? Der *Evinger Schlüsseldienst* in der Bergstraße hat auch Bergbau-Devotionalien im Angebot: einen handgeschnitzten Bergmann, einen sechsteiligen Untertagezug, eine echte holländische Beamtenlampe & eine echt gefahrene Grubenlampe, aber auch ein Frosch-Geleucht & eine sogenannte Staßfurter Kugel, worunter man sich eine Öllampe vorzustellen hat, & den »Aschenbecher Glück auf«. Ich komme an einer türkischen Gaststätte vorbei, erreiche schließlich die Alte Colonie Eving. Individuell gestaltete, teils mehrgeschossige Gebäude, zahlreiche Gärten. Zur 1898/99 erbauten Alten Colonie kommt schon ein Jahr später die Neue. Acht unterschiedliche Häusertypen, & schließlich sollte der neue Stadtteil auch eine Mitte bekommen: das Wohlfahrtsgebäude am Nollendorfplatz, in dem heute der *Offene Kanal* untergebracht ist, aber auch die *Chorakademie am Konzerthaus Dortmund*. Ein Backsteinbau mit Giebeln & Türmchen. Der in den siebziger Jahren des 20. Jahrhunderts drohende Abriß der Colonie konnte weitgehend verhindert werden. Zwischen die alten Coloniehäuser mischen sich inzwischen neuere, unscheinbare Wohnbauten. In der Körnerstraße hat jemand einen Schuppen schwarz-rot-golden gestrichen: Weltmeister 1954, 1974, 1990. Ich hoffe, die Serie kann so bald nicht fortgesetzt werden. Weiter so, Deutschland – die Parole, die man dumm oder zynisch finden kann, gibt eine Regierungspartei aus. Nun, die gesellschaftliche Entfremdung & Unterdrückung kann unmöglich gestaltet werden, sie kann nur en bloc mit dieser Gesellschaft zurückgewiesen werden. Gibt ein Manifest vom 17. Mai 1960 zu bedenken. Die Kirche am Franz-Stock-Platz ist naheliegenderweise der heiligen Barbara geweiht. Das *Vereinshaus St. Barbara* ist eine Gaststätte mit Biergarten, & es wirkt wesentlich einladender als die verschlossene Kirche. In der leeren Gaststube wird mir dennoch ein bestimmter Tisch zugewiesen: Gleich kommen die Kartenspieler! Der Raum ist mit Kitsch & Nippes zugemüllt: eine Kuckucksuhr, ein Eichhörnchen & eine Hexe. Leider aber nichts Bergbaugeschichtliches, wie es einem nach der hl. Barbara benannten Vereinsheim wohl anstehen würde. An anderen Tagen trifft sich hier ein Modelleisenbahn-Stammtisch. Mir, der ich nur eine Tasse Kaffee bestellt habe, wird ein Kännchen angedreht, was ich aber ohne Protest geschehen lasse. & wie zur Entschuldigung heißt es: Bei uns fängt das dienstags immer erst etwas später dran. Ich störe mich aber gar nicht an der leeren Stube & kann es verschmerzen, wenn ich nicht alle Rentner aus der Alten Colonie auf einmal kennenlerne. Ich verlasse das *Vereinsheim,* noch ehe die Kartenspieler erschienen sind. Die *Turmstube* ist inzwischen ein türkisches Café. Das *Nachbarschaftshaus Fürst Hardenberg* ist ein Produkt der bewohnergetragenen Erneuerung der Siedlung Fürst Hardenberg. Auf der Höhe Belle-Alliance-Straße ist eine Anhöhe erreicht, der Evinger Berg. Ein Laden bietet Wohnaccessoires & Gartendekorationen an, auch Weihnachtsdekoration. Das Hausärztezentrum Bergstraße gibt es noch nicht. Es ist aber bereits auf einem Bauschild angekündigt. Dann mündet die Bergstraße in die

Lindenhorster Straße, die auf eine Bahnschranke zuläuft. In einem Haus mit großem Giebel ist ein Blumenladen aufgegeben worden. Die Bahnschranke ist unten, ein Klingelton ist zu hören. Ein Junge sagt: Es kommt kein Zug, es bimmelt schon seit 20 Minuten. Mich zieht es aber auch gar nicht auf die andere Seite, befindet sich doch diesseits des Bahnübergangs das *Haus Kindel,* & es erscheint mir in gewisser Weise auch folgerichtig, daß mein Untersuchungsgebiet hier an eine wie auch immer künstliche Grenze stößt. Ich befinde mich zweifellos an einem psychogeographisch neuralgischen Punkt. Guy Debord spricht von plötzlichen Stimmungswechseln auf Straßen in einer Entfernung von nur wenigen Metern; von der offensichtlichen Aufteilung der Stadt in einzelne, scharf unterscheidbare psychische Klimazonen; von der Richtung der stärksten Gefälle, der alle Spaziergänger ohne bestimmtes Ziel folgen müssen. So hat es mich in die Lindenhorster Straße verschlagen. Ich betrete die Gaststätte, während es an der Schranke noch immer bimmelt. Heute wegen Krankheit offen ab 16 Uhr. Es ist zum Glück schon nach 16 Uhr. Hier kocht die Chefin selbst. Überall im Lokal sind deutsche Flaggen verteilt. An der Wand hängt das Portrait eines Hundes. Die Gaststube ist ein großzügiger Raum, es gibt einen Billardtisch. An der Theke drei Männer & eine Frau. Die alten Männer fragen sich, wie die Türken & Tamilen, die in Dortmund angeblich Häuser kaufen, das alles bezahlen können. Die Unterstellung schwingt mit: Wenn die soviel Geld haben, dann kann es nur ergaunert sein. Dann wird das Thema gewechselt: Ruf mal die Polizei, die soll die Schranke wieder aufmachen! Aber so dringlich ist das nicht, solange man im *Haus Kindel* an der Theke sitzt. Irgendwann geht die Schranke auch so wieder hoch, was ich eigentlich bedaure. Mir hat die Situation draußen auf der Straße gefallen. Der Vorfall wird aber noch nachbereitet. Männer in der Kneipe müssen ja immer ihren technischen Sachverstand ins Spiel bringen. Eine Lok muß in der Kontaktschiene gestanden haben. Ein Gesprächspartner verwandelt den Sachverhalt in eine Metapher: Du stehst auf dem Kontakt! Dann eine Rückblende: In den Sechzigern war schon was los in Eving! Heute jedoch nicht mehr. Für Rentner ist das wohl zu verkraften. Dann gehen die drei Männer hinaus, um ein Motorrad zu besichtigen. Die Frau bleibt an der Theke zurück. Jetzt kann sie mit der Wirtin ein Gespräch unter Frauen führen, das gleich auf den Punkt kommt: Die Männer sollte man alle erschießen! Sie wird wissen, wovon sie spricht, wird lange genug verheiratet sein. Gegen den Heißhunger werden angeboten: Brathering & Rollmops. Die Gaststätte *Zum Minister Stein* an der Bergstraße verfügt über einen großen, düsteren Gastraum, in dem nur wenige Tische stehen – als ob der viele Platz als Tanzfläche Verwendung finden würde. Der alten Wirtin sitzt an der Theke als einziger Gast ein alter Mann gegenüber. In einem Aquarium schwimmen Goldfische, was die Kontemplation beim Trinken unterstützen könnte. Aber leider überträgt das Fernsehen vollkommen überflüssige Informationen in die Gaststätte. Irgendein Filmschauspieler ist verstorben, & in dem Bericht wird hervorgestrichen, daß er im Clinch mit seinem Vater gelegen haben soll, der auch Schauspieler ist. Es ist unmöglich wegzuhören & wegzusehen in der ansonsten ruhigen Gaststätte. Ich wandere die Bergstraße zurück, will den anderen, jenseits der Evinger Straße liegenden Teil Evings erforschen. Ich finde mich wieder in der Gewerbeparkstraße, komme an der *Dortmunder Sackfabrik* vorbei, die sich naheliegenderweise DOSAFA abkürzt & in einem schlichten, nichtssagenden Gebäude untergebracht ist. Die Straße führt am Nordfriedhof vorbei, der an seiner Ostseite von keiner Mauer begrenzt ist. Über einen Pfad sickere ich quasi in den Friedhof ein, auf dem es ein Denkmal der Märzgefallenen geben soll. Auf dem Nordfriedhof sollen neun von insgesamt 13 Aufständischen liegen, die am 15. März 1920 beim Sturm auf das Stadthaus von der Polizei getötet wurden. Immerhin konnte Dortmund zwei Tage später unter die Kontrolle der Roten Armee gebracht werden. Allerdings nicht länger als 17 Tage. Es dämmert schon, ich kann das Denkmal nicht finden. In seinen »Anmerkungen gegen den Urbanismus« schreibt Raoul Vaneigem, daß die Friedhöfe die natürlichsten grünen Zonen seien. & die einzigen, die harmonisch in den Rahmen der zukünftigen Städte passen werden, wie die letzten verlorenen Paradiese. Dem Friedhof gegenüber liegt ein Teich, eine Siedlung, deren Straßen nach Fischen benannt sind: Lachsweg, Karpfenweg, Hechtweg usf. Ein U-Bahnhof heißt An den Teichen, obwohl ich nur den einen Teich erkennen kann. An der Obrevinger Straße liegt ein Kleingartenverein, der schlicht & geradeheraus *Erholung* heißt. Es gibt eine *Werkstatt über den Teichen*, eine anerkannte Werkstatt für behinderte Menschen im Sinne des § 136 SGB IX. Reihenhäuser, ein Bestattungsinstitut als einzige Infrastruktur. Ein alter Hof als letztes Relikt der vom Bergbau überrollten Dörfer. Fragment einer agrarischen Landschaft. Ein Feld, Blick auf den Hammerkopfturm. Die Osterfeldstraße zieht sich öde dahin & bietet keine Anhaltspunkte in der Dunkelheit. Wohnbau mit Abstandsgrün. Wenig Baumasse & Langeweile. Mit Colin Rowe können wir rekapitulieren: Zersetzung der Straße & jedes stark definierten, öffentlichen Raums ab 1930. Der öffentliche Raum ist so unbestimmt geworden, daß ihm jede Bedeutung abgeht. Der Nährgrund der Stadt ist von kontinuierlicher Masse in kontinuierliche Leere verwandelt worden. Luft, Licht, Aussicht usf. Die Situationisten forderten: Man muß unbewohnbare Umgebungen bauen, die Straßen des wirklichen Lebens! Irgendwann kreuzt die Osterfeldstraße die Bayrische Straße. An der Kreuzung Bayrische/Deutsche Straße dann immerhin ein Marktplatz, ein definierter, zentraler Ort, dessen Umfeld aber auch nicht sehr viel zu bieten hat. Immerhin etwas Gastronomie. Eine *Taverne:* Genießen Sie Griechenland! Grill, Schnellrestaurant. Das freundliche Lokal. In der Deutschen Straße die *Alibaba Oldies Lounge,* in der sich an der Theke Männer zum Würfeln zusammengerottet haben. Die Bezeichnung ›Lounge‹ ist ein völliger Mißgriff für die kleine Kneipe. Den Stammgästen wird es egal sein. An der Bayrischen Straße steht ein weiß-blauer Maibaum, jetzt im Herbst möglicherweise durch das Oktoberfest motiviert. In der Umgebung auch nach anderen deutschen Volksstämmen benannte Straßen: Schwäbische, Hessische, Pfälzische Straße, Siebenbürgenstraße, Steiermarkstraße usf. Weiter nördlich führt eine Märchenstraße zu anderen Fiktionen: Nixen-, Elfen-, Rübezahlweg, Sterntalerweg usf. Aus der *Gaststätte Nowaczyk* dringen merkwürdige Geräusche: Hammerschläge. Unter Gejohle werden Nägel in einen Holzpflock geschlagen. Ein seltsam archaischer westfälischer Wettkampf scheint hier gerade zu Ende zu gehen, denn der Baumstamm ist bereits übersät mit Nägeln. Vielleicht hat das Ganze aber auch mit Bergbautradition zu tun, denn in einer Ecke des Lokals ist eine Bergmannsfigur aufgestellt. Eine Alte hat Probleme, ihre vielen Schnäpse zu bezahlen. Die kleine Kneipe ist laut & voll. An der Ecke Holtkottenweg hat *Schumacher's Grill-Eck* geöffnet. Ich folge der Bayrischen Straße, die etwas dichter bebaut ist & so etwas wie die Lebensader von Eving zu sein scheint. Gerate in die Kneipe *Zur Kanne*, wo gerade Positionen zur Erwerbsarbeit diskutiert werden. Besser was tun als beschissen leben! Aber das eigentliche Problem ist doch, daß einem ein gutes Leben verwehrt wird, wenn man nicht arbeitet, obwohl es in der Gesellschaft immer weniger Arbeit gibt & die Propagierung von Arbeitsethos & dgl. immer unsinniger wird. Erfahrungen werden ausgetauscht. Jemand hat mit 15 Jahren begonnen zu arbeiten, ein anderer schon mit 12 am Bauernhof. Ein Taxi wird gerufen: Hallo, einmal zur *Kanne* bitte! Ein Rüdiger & ein Andreas traktieren in einem Gespräch an der Theke ihre Einstellung zu Frauen. Die Frage, ob sie Frauen nur als Sexobjekte betrachten würden. Im *Haus Bleich* laufen Fernsehnachrichten, in denen von Turbulenzen am Finanzmarkt die Rede ist. Es ist nicht zu erkennen, daß das Beunruhigung auslösen würde. Die offizielle Propaganda hat noch keinen überzeugenden Weg gefunden, die Menschen einerseits zu beruhigen, damit sie nicht plötzlich ihre Spareinlagen haben wollen, ihnen aber gleichzeitig auch genügend Angst zu machen, um Geldgeschenke an die Kapitaleigner & eilige Sondergesetze vorzubereiten. Ruhige, kontemplative Atmosphäre im *Haus Bleich*. Draußen Nacht über Eving. Nur wenige Lichter & Bierschilder in der Bayrischen Straße, die sich schließlich zur Allee verbreitert. Die Stadt franst in die Landschaft aus. Aber das ist trügerisch. Im Ruhrgebiet gibt es keinen klassischen Stadtrand. Nirgends sind die Städte wirklich zu Ende. Es folgt die nächste Stadt. Thomas Sieverts sagt: Die offene Landschaft ist zur Binnenfigur innerhalb des »Hintergrunds« einer Siedlungsfläche geworden. Eine Kleingartenkolonie & eine Gaststätte heißen *Grüne Tanne*. In der Preußischen Straße, die es als Gegengewicht zur Bayrischen Straße folgerichtig auch gibt, das *Haus Teuber,* in dem gerade Probleme mit der Zapfanlage aufgetreten sind. Mal spritzt es, mal kommt gar nichts. Abgesehen davon aber auch hier kontemplative Stimmung. Keine Musik, würfelnde Gäste an der Theke. Geräusche nur vom Aufschlagen der Würfel auf das Holz der Theke. Ab & an eine Klospülung im Keller. Mit zunehmendem Alter erhöht sich die Zahl derer, die mich am Arsch lecken können. Artikuliert sich eine Lebenserfahrung. Einer geht aufs Klo, einer kommt vom Klo. Wird mit der Bemerkung bedacht: der reichste Junggeselle von Eving! Wenn das kein Versprechen ist! Eine Schlagzeile an einem Kiosk verkündet: Sportler aus Gelsenkirchen verunglückt in Österreich! Wir sind anders, weil alles vom Holzkohlengrill ist. Beschreibt ein Imbiß seine Abweichung von der Norm. Ein Ecklokal an der Hessischen Straße hat geschlossen, aber es gibt noch *Viktorias Darttreff* in der Dornstraße. Erstaunlich genug, daß Viktoria den Kneipennamen ohne den idiotischen, falschen Apostroph vor dem »s« hinbekommen hat. Aber schön ist die kleine Kaschemme nicht. Die Gestaltung schwankt zwischen Nüchtern- & Geschmacklosigkeit. Die Wände sind crèmefarben gestrichen, die Decke ist aus Holz. In *Viktorias Darttreff* residiert der *Raucherclub Dornstraße.* Ich bin in Eving angekommen, das ringsum längst in Nacht versunken ist.

Men only

Verwinkelte Räumlichkeiten an der Dammstraße. Labyrinthe, dunkle Treppenhäuser & Innenhöfe. Durchgesessene alte Sofas, schmuddelige Ecken & Gerümpel, flackernde Kerzen. Pornofilme. Ein Schwimmbecken & eine Terrasse, Trocken-, Dampf- & Biosauna in den Räumlichkeiten des ehemaligen Swingerclubs *Kleeblatt* in Dortmund-Eving. Die Dammstraße führt in ein Industriegebiet. In den *Metallhüttenwerken Bruch,* dem größten unabhängigen Familienunternehmen in der deutschen Sekundäraluminium-Branche, wird auch nachts gearbeitet. In der letzten Schmelzschmiede Dortmunds. Im schwulen Paradies stehen ein Verhörzimmer, drei Andreaskreuze, zwei Kerkerzellen, Käfig, Glaskäfig, Blastheke, Spielwiese, Crusingkabinen mit Glory Holes, Strafbock, Sling & ein großer, separater Gelbbereich zur Verfügung. Bei uns ist nichts gelackt oder steril. Dafür bieten wir dir aber einen authentischen Rahmen für deine SM-Phantasien. Es gibt nur selten einen Dreßcode, aber du kannst natürlich deine neue Uniform oder Lederbreeches tragen. Oder was dir sonst gefällt. Sei einfach das, was du gerne sein möchtest! Das wäre also zunächst einmal herauszufinden. In dem großen Raum mit den häßlichen, durchgesessenen Sofas, in dem immer irgendwelche Pornos laufen, findet ein Spanking-Workshop statt. Techniken werden erklärt, Peitschen vorgeführt. Von den Anwesenden soll sich ein Freiwilliger melden. Verklemmte Atmosphäre wie in der Schule. In einem gekachelten Raum wird gepißt. Ein williges Opfer hat sich in die Ecke gekauert & wartet darauf, naß zu werden. Im Treppenhaus flackern rot Grabkerzen. Es gibt immer noch einen Raum, eine Abzweigung, einen Gang, von dem man nicht weiß, wo er hinführt. Wo sich noch jemand versteckt. Im Dunkeln wartet. Man findet immer eine ruhige Ecke, um umgestört zu sein. Oder man findet sich plötzlich in der Sauna wieder, auf der Etage mit dem großen Schwimmbecken. Es ist nicht abschätzbar, wie ein Abend verlaufen wird. Gemessen an der Besucherzahl sind die Räume viel zu groß. Aber selbst mit wenigen Kerlen kann man eine Menge Spaß haben. Oft rottet sich ohnehin alles an der Theke zusammen, wo billiges Flaschenbier verkauft wird. Wir halten die Musik extra in moderater Lautstärke, damit du ganz zwanglos die geilsten Gespräche führen kannst! Niemand wird zu etwas gezwungen, was er nicht möchte. Alles beruht auf Gegenseitigkeit. Trau dich einfach, du weißt nicht was du verpaßt! Golden Shower, Bondage, Westspank. Die unterschiedlichen Fetischparties sorgen auch dafür, daß genau die richtigen Kerle für dich anzutreffen sind. Wenn überhaupt eine größere Anzahl von Kerlen anzutreffen ist. Wir können die Enttäuschung sehr gut verstehen, wenn ein Abend mal nicht so gut besucht ist. Gewiß gut besucht ist der alljährliche »Lederpott« Ende August. Schon am Freitag spürt man die tolle Stimmung, ca. 120 Kerle verbringen einen geilen Fetischabend im *Men Only.* »Dany, das Partyluder« sorgt als wandelnde Obsttheke für eine Überraschung. Spontane SM-Performances finden statt. Diese Nacht ist nicht zum Schlafen da. Erste hämmernde Technoklänge aus dem Innenhof um 22 Uhr. Oben im Kaminsaal Hits aus den achtziger bis 2000er Jahren. Zwei Oberschwestern vom *Orden der perpetuellen Indulgenz* stellen offiziell die anwesenden Schärpenträger Mr. Fetisch NRW, Mr. Rub Bear, Mr. RubClub, Mr. Bear Germany & Mr. Bear Rhein-Main vor. Leider kann Mr. German Leather am »Lederpott« nicht teilnehmen, er läßt aber offiziell seine Grüße ausrichten. Spontan spricht der Orden dem Fetischverein eine Haussegnung aus, die der Sekretär dankend & gerührt in Empfang nimmt. Schau mal was da bellt! An einem Wochenende im Oktober findet im Fetischlabyrinth in Dortmund-Eving ein Clubtreffen der *Dog & Master Börse* statt. Übernachtungsmöglichkeiten in Schlafsäcken & für die Hunde im gemeinsamen Stall. Als Doggy kann ich meine unterwürfige Seite am besten ausleben. Es ist einfach ein überwältigendes Gefühl, auf allen Vieren von einem geilen Kerl mit einfachen Kommandos dominiert zu werden. Außerdem macht es mir Spaß, ohne zu sprechen dem Trainer meine Bedürfnisse & Wünsche mitzuteilen. Freitag ab 17 Uhr Eintreffen der Master & Dogs. Einstallung der Dogs. Öffnung des Dog- Asyls ab 21 Uhr, Begrüßungsabend & Vorstellung sowie Kennenlernen der Dogs in freiem Training & Spiel. Auf Wunsch Training mit erfahrenen Mastern. Ab 23 Uhr Freilauf der Dogs mit oder ohne Master. Einstallung der Dogs. Du solltest immer daran denken, deine Knie mit Schonern zu schützen. Denk auch daran: Dein Gleichgewichtssinn ist auf allen Vieren anders! Krabble niemals kopfüber eine Treppe hinunter, das kann sehr schnell ins Auge gehen! Rolle oder

Identität werden immer dann angenommen & auch beendet, wenn der Master dem Dog das Halsband als äußeres Kennzeichen & als klare Anweisung umlegt. Der Dog hat dann sofort seine Stellung einzunehmen: kniend zu Füßen des Masters. Wenn der Dog seine Haltung & seinen Platz eingenommen hat, ist ihm jede Form der sprachlichen Äußerung streng untersagt. Gespräche oder Wortäußerungen sind erst wieder möglich, wenn die Session beendet ist oder der Herr den Dog aus seinen Pflichten wieder entläßt, indem er ihm das Halsband abnimmt & ihn wieder auf die Füße stellt. Niemals eine direkte mündliche Aufforderung! Wenn der Herr nicht Gassi gehen will, muß der Dog warten.

Dérive XI: Unna, Massen, Königsborn

Obwohl der Bahnhof nur von Regionalzügen & S-Bahnen angefahren wird, hat ihn die *Deutsche Bahn* nicht verkommen lassen. Der Bahnhof von Unna hat schöne, alte Bahnsteigüberdachungen zu bieten & sogar ein Reisezentrum, Fahrkartenverkauf also nicht nur an Automaten. Im Bahnhofsgebäude residiert die *IG Metall.* Wir gestalten Zukunft! Man kann das als leere Versprechen ansehen oder als Drohung. Aber nicht nur die Gewerkschaft nutzt den alten Bahnhof, in dem Gebäude gibt es auch ein eher dubios anmutendes Restaurant, das gleichzeitig eine »Sportsbar« sein möchte & *Rocky Mountain* heißt. Dem Bahnhof gegenüber hat sich mit dem *Ringhotel Katharinen Hof* drittklassige Postmoderne breitgemacht. Plakate künden von einem »Original Wiener Gastspiel« in der Erich-Göpfert-Stadthalle – wer mag Erich Göpfert gewesen sein, ein Sozialdemokrat? – mit Solisten aus Wien, Ballett & Orchester, insgesamt 45 Mitwirkenden: *Wiener Blut.* Das bedeutet dann aber eine stark reduzierte Orchesterbesetzung. Wen soll die Zahl 45 beeindrucken? Wissen die Unnaer nicht, wie groß ein Orchester normalerweise besetzt ist? Der Ruf der Musikstadt Wien jedenfalls ist unausrottbar. Treppen führen hoch zu einem Kirchplatz, zur Pfarrkirche St. Katharina, erbaut 1933/34. Der Vorgängerbau von 1848 war zu klein geworden. Kann man lesen, & das klingt beinahe stolz. Tympana über den Westportalen & Heiligenfiguren von Josef Baron (1955/56), im Südturm ein Eselsrelief eines unbekannten Künstlers. Um den Katharinenplatz Rathaus & Post, so daß alles seine kleinstädtische Ordnung hat. Wie die Innenstadt von Unna sich überhaupt als intaktes Gebilde am Rand des Ruhrgebiets behauptet. Der Mythos der alten Stadt, Fachwerk & verwinkelte Gassen. Umgeben von einer Ringstraße, Westring, Ostring, Südring usf. Schon lange sind die Mauern verschwunden, & mit Verwirrung stellt man fest, daß die wesentliche Unterscheidung zwischen Stadt & Land nicht mehr besteht. Die Bahnhofstraße als Fußgängerzone mit den Läden, die man erwarten darf: ein *Bücherzentrum,* in dem in Kürze eine Kunstausstellung stattfinden wird. *Die junge Mode,* das *Café Prünte.* Neben dem aufschneiderischen Klotz der *Volksbank* ist in einem alten Fachwerkhaus das Standesamt untergebracht. In der »Burg«, einem originellen Gebäude mit rundem Türmchen, das Hellweg-Museum als Weiterentwicklung des einstigen Heimatmuseums mit dem »Goldschatz von Unna«. Besinnung auf die »gute, alte Zeit« als Reflex auf die Industrialisierung usf. Aber leider stehe ich auf Kriegsfuß mit den Öffnungszeiten der kleinen Provinzmuseen, immer komme ich zu spät. Die *Sparkasse Unna* erläutert auf Schildern umständlich die »Einstellbedingungen« auf ihrem Kundenparkplatz. Überhaupt ist der Hellweg ein ständig wiederkehrendes Motiv bei Unnaer Namensgebungen. In der Stadt findet beispielsweise auch ein »Celloherbst am Hellweg« statt. In der Nicolaistraße krumme, alte Fachwerkhäuser. In einem Haus an der Ecke zur Morgenstraße sind in den Fensternischen im Erdgeschoß, über den Schaufenstern auf Initiative der *Hansa-Apotheke* Tafeln angebracht, die über die Stadtgeschichte informieren: Hansekaufleute seit 1250, Fernhandel mit Lübeck, Danzig, Riga, Stockholm usf.; Bier, Salz, Leinen & Eisenerzeugnisse. Hansestadt seit 1469, später vertrat die westfälische Reichsstadt Dortmund auf den Hansetagen die Interessen Unnas. Seit 1549 gemeinsam mit Hamm Prinzipalstadt; Pest & Kriegsnöte Ende des 16. Jahrhunderts, Rückzug aus der Hanse. Die Morgenstraße war eine von fünf Torstraßen, Stadtausgang Richtung Osten, mit der schönen Etymologie Moren = Morgen = Sonnenaufgang. In der Schäferstraße der *Eselskeller*. Ich will den Tag jetzt aber noch nicht in Bier auflösen. Auf ein Haus in der Klosterstraße hat jemand Papageien & Urwaldvegetation gemalt. Die Läden schließen jetzt langsam an diesem späten Samstagnachmittag. Ein Hotel trägt den merkwürdigen Namen *Kraka,* die Bar des Hauses heißt *Heaven's:* It's not only a bar. Himmlische Atmosphäre, ja klar. Die evangelische Stadtkirche ist eine dreischiffige gotische Hallenkirche, den Passanten läßt die Kirche wissen: Nutzung des Kirchplatzes auf eigene Gefahr! Mir scheint das gar nicht so gefährlich im Moment. Ich wüßte aber auch nicht, wie ich den Kirchplatz nutzen sollte, umnutzen gegebenenfalls. Die Situationisten wollten die Städte ohnehin neu bauen & diskutierten darüber, ob alle Kirchen abgerissen werden müßten oder ob manche Baudenkmäler stehenbleiben dürften. Diskutierten über die psycho-funktionale Wirklichkeit der Kirchen. Für den Abriß ihrer Sakralbauten sorgen die Kirchen im Ruhrgebiet inzwischen selbst & ganz ohne Revolution. Fragen nach dem Gebrauch der gegenwärtigen & dem Bau der zukünftigen Stadt müssen neu gestellt werden. Nach Szenerien für Wachträume. Aber die Altstädte evozieren bei den Leuten einstweilen nur alberne Ideen, Nachtwächterführungen, Kostümfeste & dgl. Durchaus ansehnlich ist der Marktplatz mit dem Alten Rathaus & dem ehemaligen Gasthaus *Zum König von Preußen*, in dem Heinrich Heine zwei Mal übernachtet haben soll, der ja auch davon berichtet, im »Wirthshaus zu Unna« Punsch getrunken zu haben. Bevor ich aber in Versuchung komme, mich in einer historischen Gaststätte in ein Altstadt-Delirium zu trinken, folge ich lieber der Massener Straße, die zur *Lindenbrauerei* führt & die Rückkehr ins Industriezeitalter erlaubt. An der Massener Straße klafft eine große Baugrube, in die man durch Gucklöcher im Bauzaun blicken kann. Anscheinend sind Schüler zu Schmierereien zum Thema »Reise in den Dschungel« angeleitet worden. Schön ist das nicht. Ein Lokal bietet portugiesische & internationale Spezialitäten. Einem verstorbenen Künstler, der ein »Franzose im Herzen« gewesen sein soll, sich aber gleichwohl in biederen Ansichten der Altstadt von Unna gewidmet hat, ist eine Stiftung gewidmet. Eine Tafel in einem Schaufenster klärt über die wechselvolle Geschichte der Unnaer Rathäuser auf: Stadterhebung um 1290, erste Erwähnung eines Rathauses am 26. Februar 1346; 1489 Bau des zweiten Rathauses; 1833 Einweihung des dritten Rathauses; am 1. August 1914 wird das vierte Rathaus seiner Bestimmung übergeben usf. Geschichtsbewußtsein allenthalben, man will aus seiner Altstadt Kapital schlagen. Eine Bodenmarkierung erinnert an das verschwundene Massener Tor (um 1320). Die *Lindenbrauerei* liegt schon außerhalb des Altstadtrings. Tradition & Wandel, von der Braukunst zur Lichtkunst. Brauereien in Unna seit 1346, um 1800 bestehen 39 Brauereien. Heute keine einzige mehr, die ab 1859 in mehreren Bauabschnitten errichtete *Lindenbrauerei,* in der das *Linden-Adler-Pils* gebraut wurde, schloß 1979. Erster Großbetrieb der Stadt, fünfgeschossiges Sudhaus aus dem späten 19. Jahrhundert. In den ehemaligen Kühlkellern heute das *Zentrum für internationale Lichtkunst.* Weithin leuchtend, tief unter der Erde strahlend. Lichtmetropole Ruhr. Weiters die »Kulturkneipe« *Schalander,* das

Restaurant *Tartarenhütte,* auf dem Dach der *Latino Beach.* Das Gesundheitshaus des Kreises Unna hat auch noch Platz gefunden in der alten Brauerei. Ein Junge in einem weißen Kapuzenpullover darf legal & unter Aufsicht eine Mauer besprühen. Aber das macht doch keinen Spaß, oder? Auf einer anderen Wand ist bereits eine Reproduktion von Hoppers *Nighthawks* entstanden; Sehnsucht nach der großen Stadt in der westfälischen Provinz. Immerhin geht von der Massener eine Rembrandtstraße ab. Dem *Kultur- & Kommunikationszentrum Lindenbrauerei* gegenüber eine weitere Metropolen-Beschwörung, die *Manhattan Sports Bar,* auch eine *Pizzeria Torino* – eine Reverenz an eine mir liebe Industriestadt immerhin. Eine Messe in der Stadthalle mit dem nichtssagenden Namen *Modern Life* ist angekündigt. Die Messe für Bauen & Wohnen. Im *Meisterhaus* befindet sich die gleichnamige Gaststätte, die eine der Fachwerk-Bodenständigkeit kontrastierende italienische Küche bietet, Gildestube, Zunftstube usf. In der Hertinger Straße auch ein Seniorentreff & das *Gasthaus Agethen.* Ein Fachgeschäft für Bilderrahmen & Einrahmungen feiert sein 30-jähriges Bestehen & bietet deshalb kitschige Schmierereien mit 30-prozentigem Rabatt an: einen »Ostsee-Abend«, eine grausige Venedig-Ansicht & ach, schon wieder Manhattan! Ein nach einem besseren Maler, nach Picasso benanntes Lokal möchte Unnas »Inn-Treff« sein. Eine kleine Gasse heißt Krummfuß, & dort findet sich passenderweise auch der Laden eines Schusters. Der *Original Shantychor Unna* erinnert daran, daß die Stadt einst Hansestadt war. Zu hören sind demnächst: Shanties & Seemannslieder, umrahmt von Musik & Döntjes vom Meer & noch mehr! Vom Meer auf mehr zu kommen scheint ein unausrottbarer Kalauer zu sein, vor dem ja selbst Dichterinnen nicht zurückschrecken. Wasser marsch! Eine Station des Stadtökologischen Erlebnispfads Unna. Ein sorgsamer Umgang mit Wasser ist gefragt. Drehen Sie am Handrad! Eine absurde Skulptur besteht aus einer Art Welle, die sich hellblau unter einem grauen Bogen durchwindet. Ein in Bronze gegossenes historisches Stadtmodell zeigt Unna um 1860. Güldener Trog ist eine hübsche Adresse in dieser Altstadt. Im sogenannten Nicolaiviertel bewegen sich viele Läden ungut zwischen Kitsch & Esoterik, *elfenzauber* usf. Ein Gedicht auf der Mauer eines alten Hauses ist ein Memento mori:

»Dieses Haus ist mein & doch nicht mein, / wird nach mir eines Anderen sein« usf. Was zumindest hübsch paradox beginnt, endet in einer biederen Apotheose des Handwerks: »Auch dieses Viertel sei all zu meiner Zeit / dem Fleiße & der Kunst geweiht.« Dabei ist es doch sehr fraglich, ob man in der Unnaer Innenstadt auch nur einen qualifizierten Handwerker finden würde neben all den Kitschproduzenten. Zu lesen gibt es viel, weil man die Häuser hier anscheinend gerne beschriftet. Keine alte Inschrift, sondern eine Tafel jüngeren Datums auf einem Haus, in dem sich eine Galerie befindet, verkündet: »Weil jedes Teil das andre stützt, / Könnt' ich Jahrhundert stehn, / Wenn jeder so dem Ganzen nützt, / Wird keiner untergehn.« Nun, das Fachwerkhaus steht gewiß schon jahrhundertelang. Was das aber dem Ganzen nützen soll & was damit überhaupt gemeint ist, das ist nicht klar. & untergehen werden wir alle. Inmitten der ganzen Fachwerk-Heimeligkeit wundert es mich zu sehen, daß in einem der alten, kleinen Häuser die *Internationale Komponistinnenbibliothek* untergebracht ist. Warum wohl? Stammt etwa eine bedeutende Komponistin aus Unna? Eine Kneipe heißt *Kom'ma*. Ein Uhrmacher in der Bahnhofstraße wartet mit der Atomzeit auf: die genaueste Zeit. Aber die benötige ich jetzt gar nicht. Ein *Oller Kotten* ist auf den zweiten Blick auch ein Italiener, obwohl auch Schnitzel als Tribut an Westfalen auf der Karte stehen. Im ehemaligen Landratsamt ist eine psychologische Beratungsstelle untergebracht. Der orange Jet einer Billigfluglinie befindet sich hör- & sichtbar im Sinkflug auf Dortmund. Ich komme an Schautafeln des Post- & des Polizeisportvereins vorbei & entdecke das imposante Gebäude der Mühle Bremme, einer alten Dampfmühle in der Nähe des Postgebäudes. Davor ein großer Parkplatz. Die Freiheit stirbt mit Sicherheit. Das hat jemand zutreffend vorausgesehen. Rettet das Meer! Ergeht eine Forderung. Zeit, die Innenstadt zu verlassen. Ich will den Abend in keiner Altstadtschänke verbringen. Bis zur nächsten S-Bahn kann ich noch ein Pils im *Bistro Trittbrett* trinken. Ein paar Leute haben sich in der Kneipe schon zusammengerottet. Im Fußgängertunnel unter dem Bahnhof ist auch eine Wand legal bemalt worden, mit einem großen Förderturm. Unna für das Ruhrgebiet. In Anbetracht des bevorstehenden Kulturhauptstadtjahres soll auf die kulturellen Stärken hingewiesen werden: Ankerpunkt auf der *Route Industriekultur, Zentrum für internationale Lichtkunst, Internationale Komponistinnenbibliothek,* größtes italienisches Fest in Nordeuropa usf. Die Unnaer Sportler sagen »Nein« zu Rassismus & Gewalt! Was sollten sie auch sonst sagen, wenn man sie fragt? Wer braucht solche Bekenntnisse, wer verlangt sie? Die S-Bahn Richtung Dortmund, die nur alle 30 Minuten fährt, hält schon nach ein paar hundert Metern am Haltepunkt Unna West. Die eingleisige Strecke nach Unna-Königsborn beschreibt dann einen Halbkreis oder besser: ein halbes Oval. Nächster Halt ist Unna-Königsborn. Unsere S-Bahn ändert dort ihre Fahrtrichtung & benötigt dafür wenige Minuten Aufenthalt. Der Gegenzug aus Dortmund trifft zeitgleich auf demselben Bahnsteig ein. Ein interessantes Schauspiel, das ein wenig Entschleunigung & große, weite Bahnwelt in den ansonsten wenig inspirierenden S-Bahnbetrieb bringt. Gekappte Strecken, notdürftig neu zusammengenäht. Wenige Minuten Aufenthalt, dann geht es weiter zur nächsten Station, Unna-Massen. Ich steige aus, von einem Viertel am Rande Unnas angezogen, das so etwas wie ein weißer Fleck ist auf dem Stadtplan, ein Ort, den niemand freiwillig aufsucht – von der *Landesstelle Unna-Massen,* der Landesstelle für Aussiedler, Zuwanderer & ausländische Flüchtlinge, die demnächst endgültig geschlossen wird, eine Stadt in der Stadt. Am Bahnhof Massen hängen keine Fahrpläne, Busse Richtung Landesstelle fahren bloß stündlich. Das hat keinen Sinn, wie so oft im Ruhrgebiet gehe ich lieber zu Fuß. Zwei Jungs haben sich an der Haltestelle auf eine längere Wartezeit eingerichtet & trinken sich schon mal warm. Es ist kurz nach 18 Uhr. Am Anfang eines neuen Weges steht ein würdevoller Abschied. Verkündet ein Bestattungshaus. Hinter dem Bahndamm ein Parkplatz, Park & Ride, dann ein Acker. Ich folge der Massener Bahnhofstraße, die an einer Fabrikhalle vorbeiführt. Ein Industriegebiet, immer wieder Europafahnen. Kunststoffbau, Chemie. Felder, dann beginnt die Bebauung wieder. Das Ortsschild Massen. Von Unna ist keine Rede. Die Bahnhofstraße trifft auf die Dortmunder Straße. Ich bin mir gleich sicher, daß es sich bei dieser Kreuzung um einen psychogeographischen Drehpunkt handeln muß, eine zentrale Interferenzzone. Auf der einen Seite eine alte Fabrikhalle, auf der anderen die *Massener Frühstücksstube,* die jetzt geschlossen hat.

Frühstück & Mittagstisch, geöffnet von 5 bis 15 Uhr. Am kommenden Dienstag wird es Schweinebraten geben. Ich denke, es wäre reizvoll, einmal zur morgendlicher Stunde aus Dortmund herüberzukommen, am besten nach einer durchzechten Nacht. Guy Debord spricht von einem psychogeographischen Bodenprofil mit beständigen Strömen, festen Punkten & Strudeln. Hier in Unna-Massen kommt hinzu, daß der Boden unterteuft ist. Erinnerungen an die *Zeche Massener Tiefbau*, Schacht III. Das Steinkohlengebirge wurde 1896 in 114 m Tiefe erreicht, Endteufe bei 378 m. Stillegung am 31. 12. 1925 im Zuge einer allgemeinen Bergbaukrise. Die Grubenbaue liefen voller Wasser, die Tagesanlagen wurden weitgehend abgerissen. Der unverfüllte Schacht III erhielt einen Betondeckel. Rauchende Schlote auf einem alten Bild (Blick von Nordosten), die man sich heute in Massen gar nicht mehr vorstellen kann. An der Nordstraße liegen Einfamilienhäuser. In der Dortmunder Straße ist ein Neubau geschmacklos mit Fachwerk dekoriert worden. Die Wasserkurler Straße führt weiter Richtung Landesstelle. Nach der baulichen Verdichtung zunächst wieder Äcker. Von der Wasserkurler Straße zweigt eine Straße ab, die den eigenartigen Namen Auf der Tüte trägt. Kein Mensch, der nicht vorher Pläne konsultiert hat, würde denken, daß diese Straße zur *Landesstelle für Aussiedler, Zuwanderer & ausländische Flüchtlinge in Nordrhein-Westfalen* führt, die ja immerhin die Dimensionen eines Stadtviertels hat & verborgen hinter Bäumen liegt. Warnschilder empfangen den, der bis hierher vorgedrungen ist: Den Anordnungen des Aufsichtspersonals ist Folge zu leisten! Keine Haftung für Schäden bei verkehrswidrigem Verhalten! Achtung elektrisch versenkbare Straßensperre! Dieser Bereich ist videoüberwacht usf. Einen Moment frage ich mich, ob ein Betreten der Landesstelle so ohne weiteres überhaupt gestattet ist. Aber auf den zahlreichen Schildern steht nichts Gegenteiliges. Die Straßen sind nach Flüssen benannt: Lippe, Emscher, Seseke usf. Wohnbauten aus den fünfziger Jahren, Grünflächen. Die Siedlung, durch die am frühen Abend schon der letzte Bus kurvt, liegt ausgestorben da. Die jüngste Sprachregelung spricht von einem *Kompetenzzentrum für Integration* der Bezirksregierung Arnsberg. Aushänge in russischer Sprache, ein Behelfskrankenhaus in der Lippestraße, ein Internetcafé in der Ruhrstraße. Verwaltungsgebäude,

Dienstgebäude, ein Marktplatz, Spielplätze. Die *Jüdische Kultusgemeinde Dortmund* lädt zu Informationsveranstaltungen ein. Auch die *Landsmannschaft der Deutschen aus Rußland e. V.* wirbt um die Russen. Der kleine Lebensmittelladen hat längst geschlossen, auf den Straßen ist niemand zu sehen. Es gibt zwar Anzeichen, daß einige Häuser noch bewohnt sein müssen, aber insgesamt wirkt alles abweisend & öde. Mir bleibt nichts anderes übrig als umzukehren, zurückzukehren zum Massener Bahnhof. Extreme Verinselung in Unna-Massen. Weit auseinandergezogen, ja: -gerissen liegen die Landesstelle, das Industriegebiet, der Ortsteil auf der anderen Seite der Gleise, wo ich so etwas wie das Zentrum vermute – verbunden wenn überhaupt, dann in der Regel durch Autofahrten. Ich denke an Guy Debord & seine Collagen, auf denen er Ausrisse aus Stadtplänen mit Pfeilen verbindet. Ich unterquere auf der Massener Bahnhofstraße die Bahnanlagen. Auf der anderen Seite Einfamilienhäuser, Gehöfte. Endlich trifft die Straße auf den Massener Hellweg. Wieder kommt der kulturhistorische Resonanzraum Hellweg ins Spiel. Alles ist lesbar, alles hat Symbolwert. Der Massener Hellweg ist eine Ausfall- oder auch: Einfallstraße. Stadtrandatmosphäre, eine Tankstelle. Inzwischen ist es dunkel. Leuchtschriften kommen in den Blick & beleben das Bild, Zeichen. In einem markanten historisierenden Gebäude mit zwei Türmchen der *Massener Hof.* Auf den ich vielleicht noch zurückkommen muß. Ein Grill-Restaurant, auch: *Pizzeria Rimini.* Was man will. Das Ortsende ist markiert durch einen leichten Knick, den der Hellweg nach rechts macht, eine weitere Tankstelle. Ich wende mich zurück nach Massen, wo eine Kneipe *Zum Posthorn* heißt. Oft erinnern Kneipen ja noch an die verschwundenen oder nur noch als Unterabteilung eines Schreibwarenladens oder Kiosks scheintot sich weiterschleppenden Postämter. Als wollten sie sich nicht ausreden lassen, daß zu einem Ortsteil oder Dorf doch ein Postamt gehört. Im Massener *Posthorn* findet bald eine Kaninchenschau statt. Einem Lokalblatt, das in der Kneipe ausliegt, entnehme ich, daß das »Massener Oktoberfest« mit einem Fehlstart begonnen hat: Es ist schon wieder passiert! Probleme beim Faßanstich, bekanntlich ein schlechtes Omen. Für ein starkes Unna – Händler lernen für die Zukunft. Freizeit erleben in Unna & Holzwickede. Die Stadtwerke Unna informieren über den

Klimaschutz. Wer wird Sportler des Jahres? Das ist mir vollkommen gleichgültig. Ich möchte ein Bier trinken, werde beargwöhnt. Sie sind aber nicht von hier? Begegnet mir die Wirtin mit Mißtrauen, als Eindringling. Ich glaube, ich bin nicht mehr im Ruhrgebiet, sondern in der westfälischen Provinz. Die Frage nach dem Herkommen als Eingangsfrage kenne ich aus Kneipen in Berlin, in der Provinz – nicht aber aus dem Ruhrgebiet, wo man herkommen darf, woher man will & wo diese Frage in der Regel erst gestellt wird, wenn ein Gespräch bereits begonnen & eine Richtung genommen hat. Ob ich aus Bayern käme? Die Wirtin glaubt doch wohl nicht im Ernst, daß ich als Bayer zum »Massener Oktoberfest« angereist bin, bewahre! Jemand betritt das *Posthorn*, & der Kommentar der Wirtin lautet: Ich seh Gespenster! Ein seltener Gast? Oder jemand, der schon am Vortag soviel gesoffen hat, daß mit seiner so schnellen Wiederkehr nicht gerechnet werden konnte? Mir gefällt, daß die Kneipe sehr schlicht eingerichtet ist & nichts von rustikaler Gemütlichkeit hat. Ich ziehe den Hellweg weiter. Komme vorbei an einem *Grill-Restaurant Olympia*. Es muß mindestens 1000 Lokale dieses Namens im Ruhrgebiet geben! An einer Pizzeria. Schließlich an der *Prinzbörse*, die sich heute dem Oktoberfest verschrieben hat. Davon ist aber zunächst nicht viel zu bemerken. Der Tresen ist bevölkert wie vermutlich an jedem Wochenende. Es läuft die übliche Schlagermusik. Aber immerhin gibt es Bayerischen Kartoffelsalat & Bayerische »Bratpflanzerl«. Ob ich aus Bayern komme, werde ich nicht gefragt. Die Gäste werden aufgefordert: Legt euer Geld in Alkohol an. Wo sonst gibt es 40 %? Das leuchtet ein. Eine Besucherin dieses Kneipen-Oktoberfests hat Udo, den Wirt, heute schon im Supermarkt getroffen & erzählt davon. Wir haben an der Fleischtheke geknutscht! Sagt Udo, um seine Frau zu provozieren. Die Frau am Tresen kontert: Nein, in der Schnapsabteilung! Dann beginnt das Oktoberfest in der *Prinzbörse* offiziell. Udo tritt an das DJ-Pult & kündigt bayerische Musik an. Aber nicht den ganzen Abend! Beeilt er sich hinzuzusetzen, um seine Gäste nicht zu verschrecken, & preist die bayerischen Spezialitäten. Ich bestelle gehorsam & wundere mich doch einigermaßen über die Konsistenz & Unförmigkeit dieser bayerischen Frikadelle. Das Zillertal wird besungen. Bayern als Synonym für das gesamte Alpenland, wer weiß das so genau. Es ist schön, ein Musikant zu sein. Ein froher Gast ist keine Last. Die weiß-blaue Nacht in der *Prinzbörse* wird bestimmt lang. Aber ich muß weiter. Bilde ich mir zumindest ein. Auf der Suche nach magischen Stellen, kleinen, vergessenen Kneipen, Brachen, Höhlen usf. Nun, der Blick bleibt bruchstückhaft. & auch, wenn die Situationisten zu einem spielerischen Gebrauch der Stadt aufrufen, den *Massener Spieltreff* betrete ich dennoch nicht. Spiel Spaß Spannung stelle ich mir anders vor. Der *Korfu Grill* bietet deutsche & griechische Spezialitäten. Italienische Spezialitäten wären auch zu haben am Massener Hellweg. Ich fahre mit der S-Bahn zurück nach Unna-Königsborn & stelle mir Massen & Königsborn als zwei Fragmente der Stadt vor, als Ausrisse aus dem Stadtplan, die mit einem Pfeil verbunden sind. Der Pfeil ist die S-Bahnlinie 4. Auf dem Bahnhof Unna-Königsborn zwei Kopfgleise & wieder dieses Schauspiel: Der Zug aus Dortmund & der aus Unna fahren zeitgleich in den Bahnhof ein & halten einander gegenüber auf demselben Bahnsteig. Unsere S-Bahn ändert die Fahrtrichtung & benötigt dafür wenige Minuten Aufenthalt. Direkt am Bahnhof die Pizzeria *Big Food*. Schnitt – eine völlig andere Atmosphäre als in Massen, kein Oktoberfest. In dem schön renovierten alten Bahnhofsgebäude das *Bistro Insider* & das Restaurant *Le Gourmet*, hell erleuchtet. In den Stadtplan hat sich die Bergbaugeschichte eingeschrieben: Zechenstraße, Schlägelstraße, Stollenweg, Schwarzes Gold, Am Alten Schacht usf. Entlang des südlich des Bahnhofs gelegenen Kurparks erstreckt sich ein ruhiges Wohnviertel. Bauten aus den siebziger Jahren, eine Einkaufspassage. Eine Taverne heißt *Der Grieche*, ein Eiscafé *Florenz*, die üblichen Urlaubsziele. Alleen, Kurort-Atmosphäre. An der Friedrich-Ebert-Straße eine Kinderklinik, eine alte Windmühle als Wahrzeichen. In dem windbetriebenen Salinenpumpwerk ist das *Literaturbüro Westfalen* untergebracht. *Rainer's Fahrschule* wirbt mit einer großen Deutschland-Fahne. Außerdem werden Tattoo-Entfernungen mit Geld-zurück-Garantie angeboten. Ein China-Imbiß heißt *Bambus*, eine *Kleine Kneipe* hat das Zeitliche gesegnet: Vor dem Eingang zur Eckkneipe steht ein Baugerüst, rot-weiß gestreifte Absperrbänder bilden eine weitere Barriere vor dem doch sicherlich ohnehin versperrten Eingang. Traurig. Das *Deutsche Haus* hat auch geschlossen, es bietet bürgerliche Küche in einem Fachwerkhaus. Verschiedene Läden, wie man sagt, des täglichen Bedarfs, Tintenshop & Copy, Druck & Werbung usf. *Lebenszentrum Königsborn.* Auf der anderen Seite der Bahnunterführung, kurz vor dem Kopfbahnhof Königsborn, wird die Friedrich-Ebert- zur Kamener Straße, die keine Allee mehr ist, & die Atmosphäre ändert sich augenblicklich: auf der einen Seite der Kurort, auf der anderen Vorstadt. Stadtfelder in der Zwischenstadt: Sie gleichen einem Zusammenspiel unterschiedlicher, nicht immer leicht verständlicher Textfragmente. *World of Video, Playland,* Autoteile. Der Wohnpark Königsborn. Vororte, Wohnviertel, Industriekomplexe. Verstädterte Marktflecken. Das Stadtgewebe wuchert, dehnt sich aus & verschlingt die Überbleibsel des ländlichen Daseins.

Bangemachen gilt nicht

für Jürgen Link

Wenn man dem Ruhrgebiet eine Subjektivität, einen Willen unterschieben könnte, dann könnte man sagen: Das Ruhrgebiet weigert sich, Metropole zu werden. Es ist ein Rhizom, ein recht unübersichtliches Wurzelgeflecht. & genau das ist die Landschaft für mögliche Partisanensubjekte. Sagt Jürgen Link. Eine exemplarisch rhizomatische Großstadtlandschaft ohne Zentrum, überall von großen, aber bizarr begrenzten Flächen Agrarland unterbrochen & an den Rändern überall nicht bloß offen zu den umliegenden Landschaften, sondern in Richtung weiter Fluchtlinien wie der Tendenz von Ruhr & Rhein zum Meer & der Einwanderer in Richtung ihrer alten Heimaten, insbesondere im Osten. Inzwischen ist es auch nicht mehr zu früh zu konstatieren, daß diese rhizomatische Struktur den Untergang der Montanindustrie überlebt hat & die neuen Kombinate aus Elektronik, Energie & Wissensindustrie nicht weniger prägt als früher diejenigen von Kohle & Stahl. Jürgen Links Roman *Bangemachen gilt nicht auf der Suche nach der Roten Ruhr-Armee* spiegelt die rhizomatische Struktur des Ruhrgebiets, das auf endlosen Fahrten, die oft Suchbewegungen gleichen, durchmessen wird. Auf wechselnden Routen zur Arbeit, die sich mehr & mehr mit neuralgischen Punkten anfüllen, wie zum Beispiel der Kreuzung im Loch unter der Eisenbahnbrücke vor *Ruhrstahl 3*. Auf dem laufenden B 1-Band, dem Rubikon der Ruhr. Auf Fahrten in den Norden. Auf der vergeblichen Suche nach einer »Chaos-Kneipe«, die von den »Ursprünglichen Chaoten« in einer unbekannten »Ecke« der Emscherzone 2 einmal auf der Suche nach »echt türkischen« (d.h. nicht kurdischen) maoistischen Kollegen entdeckt worden war. Im Norden haben selbst die Kneipen eine rhizomatische Struktur. Die »Chaos-Kneipe«, so die Erinnerung an das nicht mehr auffindbare Lokal, erstreckte sich vertikal auf drei Ebenen & horizontal fingerartig in Hinterhöfe hinein. Unten gab es eine schmale, an ein Stück Keller mit Bar anschließende Kegelbahn, auf der für den Sommer eine Art Biergarten draufgesetzt war. Auf der mittleren Ebene auf Höhe der Straße gab es den Thekenraum & angrenzend teils hinter Holzgittern mit Rankenpflanzen, teils hinter einer

Ziehharmonikatür drei Gesellschaftsräume, einer vom Fußballverein, einer von den Taubenzüchtern. Eine schmale Treppe führte auf die 3. Ebene in einen ziemlich kleinen schummrigen Tanzboden mit Jukebox. Auch das bis Ende der siebziger Jahre propagierte Prinzip »Entballung«, das den Abriß alter Siedlungen & ihre Ersetzung durch Hochhäuser vorsieht, bringt keine Ordnung in das Chaos. Tankstellen oder Bushaltestellen mit Kiosken erweisen sich schnell als neue Magnetpole, an denen die Azubis & Arbeitslosen sich wieder ballen. & in der Nähe dieser Pole ist bald wieder jeder Quadratmeter Nische vollgestopft mit wilden Fußballplätzen, Sonnenbadewiesen, Flohmärkten & Schrebergärten, die wiederum Bastelgaragen & Frittenbuden anziehen. Nur durch wenige Namen mit der realen Geographie verknüpft, bildet doch so etwas wie eine abstrakte Topographie des Ruhrgebiets das Gerüst des Romans. *Bangemachen gilt nicht* ist ein Erfahrungsbericht einer Gruppe nicht-konvertierter 68er, der Erzählstrom ist getragen von einem kollektiven »Wir«, das männliche & weibliche Anteile hat & auch in sich gespalten sein kann, geeint aber durch eine Kollektivliebe zum Ruhrproletariat. Die letzten »Alten Ruhr-Matrosen« kennen noch die Schauplätze & Frontverläufe der Märzrevolution 1920, als eine Rote Ruhrarmee kurzzeitig das Revier kontrollierte, & sie kennen auch das Haldenprinzip. Erleben schon zum wiederholten Mal, wie die Halden so lange anwachsen, bis es nicht mehr weitergeht & die Krise da ist. & das Ruhrgebiet war ja auch der Raum, wo die Kooperation der Intellektuellen an den neugegründeten Universitäten mit den Arbeitern ein Stück weiter ging & ernster wurde als anderswo. Auf dem Langen Marsch durch die Ruhr müssen die »Ursprünglichen Chaoten« viele Niederlagen verkraften & sich gegen das Überrolltwerden wappnen, gegen Krankheiten & gegen neue Angriffe des »V-Trägers«, des Verantwortungsträgers, wie die staatlichen Autoritäten ironisch genannt werden, bei ihrem eigenen zynischen Wort von der Verantwortung genommen. Rückschläge, Chaos in den Köpfen. Ob daraus ein schönes Chaos wird, steht durchaus auf der Kippe. Fragen quellen hoch, die in die unteren Gehirnsohlen verfrachtet worden waren. Um 1973, spätestens '74 haben sich die ein paar Jahre offenstehenden Schneisen geschlossen & waren nicht wieder aufzukriegen. Man wird seitdem wieder für spinnert erklärt für Dinge, die vorher ernsthaft diskutiert & ansatzweise sogar ausprobiert werden konnten. Der Roman *Bangemachen gilt nicht* heißt im Untertitel: »eine Vorerinnerung«. Die verschiedenen Zeitebenen sind so ineinander verschachtelt, daß die Chronologie immer wieder aufgehoben erscheint. Das ist die literarische Entsprechung eines trotzigen Aufbegehrens gegen die Zeitläufte, das sich Alternativen nicht ausreden lassen will. In den kollektiven Hauptstrom der Erzählung, die sich auf eine Zeit »2001 plus x« zubewegt, sind immer wieder sogenannte Simulationen eingeschaltet, welche die Zukunft aus der Sicht von damals entwerfen & dann etwa als »Hochrechnung von 1974 auf 1994« figurieren. Fehlprognosen werden nicht getilgt. Allerdings haben sich einige der bittersten Voraussagen, beispielsweise die Militarisierung der deutschen Außenpolitik, inzwischen bewahrheitet. Die Simulationen, die den Langen Marsch des »V-Trägers« zum deutschen Vietnam prognostizieren. An einer Stelle ist die Rede davon, daß die Eltern der »Ursprünglichen Chaoten« sich damit beruhigen, daß diese Simulationen als »moderne Dichtung« angesehen werden könnten & die Kinder vielleicht ja noch den Notausgang in die Kunst finden. Ernster ist die Frage, ob der »V-Träger« überhaupt eine andere Entscheidung möglich macht als die zwischen Terror & Spielwiese. Wie soll ein Spagat aussehen zwischen Normalität & Kulturrevolution? Ende der achtziger Jahre erzwingt der Kampf um die Hütte in Rheinhausen noch einmal eine Reaktion: Die meisten Übriggebliebenen von den »Ursprünglichen Chaoten« werden in ihren über das Ruhrgebiet verstreuten Tauchstationen unversehens kräftig durchgeschüttelt. Ein Widerstandsnest an der Ruhrmündung? War das der Moment, um noch einmal zu versuchen, etwas anzuschieben? Querkopplungen müssen hergestellt werden. Jede Menge Kreuz- & Querverbindungen auch bei den Lektüren, assoziative Denkfluchten. Wenn ich *Bangemachen gilt nicht* zur Hand nehme & mir den Text anhand meiner Anstreichungen, gemacht während der ersten Lektüre auf dem Krankenbett im Sommer 2008, ohne Ablenkungen & Unterbrechungen wie im Fluge, wieder vergegenwärtige. Der Autor ist beschäftigt mit dem Umsortieren der Montagestücke, hofft auf Ideen für Umwidmungen des einen oder anderen Schrotthaufens zu kommen, auf dem Langen Marsch durch die Normalität. Inzwischen sind dann wieder 100 Liter Bier durch die Gurgel geflossen, 5000 km Pendelfahrt zusammengekommen, kreuz & quer durchs Revier. Angstvorstellungen schieben sich dazwischen, eine Fahrt durch die Nacht in die Katastrophe, wenn Militärkolonnen auf der Autobahn auftauchen & beim Überholen die jungen Kerle in den Tarnanzügen unter der hinten offenen Plane zu sehen sind, wie sie dasitzen & wahrscheinlich herumalbern. Es muß weiter nach dem »Pförtchen in der Mauer« gesucht werden, das vom Erzähler-Wir ja schon einmal erblickt wurde, im Vorbeirasen in einer dreckigen Fabrikmauer in Frankreich, & das einen Spalt weit offenstand.

Dérive XII: Bergkamen

Einen Bahnhof gibt es schon lange nicht mehr, also muß ich die Reise mit dem Bus machen. Am Ortseingang empfängt mich gleich das *Schützen- & Heimathaus,* sonst hat die Einfallstraße aber nur wenig ländlich-anheimelnden Charakter, eher Vorstadtatmosphäre: ein Baumarkt, *American Pizza,* der im Ruhrgebiet omnipräsente Getränkemarkt *Dursty.* Auf der Klause: Ein Kiosk mit Flachdach & Fachwerkzitaten versucht einen wenig überzeugenden Kompromiß. Vom Bus aus kann ich nur Textfragmente entziffern, die eine oder andere Aufschrift: Schreiben – Lesen – Schenken. Sind das Aufforderungen oder Beschreibungen? Würde es sinniger vielleicht heißen: Lesen – Entwenden – Schreiben. Sind Texte doch aus Texten gebaut & kann auch die Stadt als Text aufgefaßt werden. Mehr noch: Die Stadt kann als ein literarisches Werk betrachtet werden. Sagt Michel Butor. Als ein literarisches Werk, das auch nonverbale Teile enthält. Mit eigenen Regeln & Kompositionsverfahren. Oder es herrscht die Anarchie der Vorstadt, des Wildwuchses an der Peripherie: geplante Zufälligkeit, fröhliche Sprunghaftigkeit, aggressive Synkopierung usf. Während sich der Bus im Zickzackkurs seiner Endstation nähert, ist die ganze Zeit schon ein markanter Förderturm zu sehen. Die Endstation, das ist der Busbahnhof am Rathaus. Das Rathaus ist ein schlichtes Bureauhaus aus den siebziger Jahren, mit golden verspiegelten Fenstern. Ein künstliches Zentrum, eine irgendwie osteuropäische Atmosphäre. Vortäuschung eines Stadtzentrums nennt Colin Rowe derartige architektonische Anstrengungen. Eine Art Akropolis, die als Agora auftritt; Vortäuschung von Masse mit den Mitteln der Leere. Große Baukörper, dazwischen viel Grün. Städte, so schreibt Butor weiter, können nach ihrer Textdichte klassifiziert werden. Nach dem Grad der Zurschaustellung ihres Textes, der Textmenge, die gleichzeitig zu sehen ist. So muß Bergkamen als Stadt von eher geringer Textdichte gelten, entsprechend der lockeren Bebauung. Der Besucher wird auf einer Tafel am Rathaus aufgeklärt: Die Stadt Bergkamen entstand 1966 aus den Gemeinden Bergkamen, Heil, Oberaden, Rünthe & Weddinghofen. 1968 kam die Gemeinde Overberge dazu. Seitdem gab es offenbar keine Eingemeindungen mehr. Was spräche aber dagegen, mit

Kamen zu fusionieren oder sich Werne einzuverleiben? Gleich alles in einer Ruhrstadt zusammenzufassen? Für die Bürger der neuen Stadt Bergkamen wurde jedenfalls dieses Rathaus errichtet. In Sichtweite ein Friedhof, ein leerstehendes Hochhaus, an dessen Fassade ein schlechter Künstler aus Köln läppische Ornamente anbringen durfte, die als stilisierte Kinderzeichnungen Häuschen in pseudo-naiver Manier zeigen. Der Platz der Partnerstädte ist Gennevilliers, Hettstedt, Tasucu & Wieliczka gewidmet. Zwei zur Hälfte im Boden versenkte Seilscheiben dürfen natürlich auch nicht fehlen in der ehemaligen Bergbaustadt. Auf der Grünfläche hat man das Stadtwappen angepflanzt. Es sieht aus, als würde es Bienenwaben darstellen, geometrisch abstrakt, zusammengesetzt aus sieben Sechsecken. Neben den üblichen Supermärkten hat dieses neue Stadtzentrum ein Gerontopsychiatrisches Zentrum zu bieten, Tagesklinik des *Landschaftsverbandes Westfalen-Lippe*. Guter Grund für gute Geschäfte. Flächen, die der Bergbau zurückgelassen hat, werden angeboten: Gewerbegebiet Grimberg 1/2, Gewerbegebiet Neu-Monopol. Hier erscheint in Kürze der Gewerbegebietsplan. Nur wenige Schritte von der Stadtmitte entfernt endet abrupt die Stadt. Jenseits der Erich-Ollenhauer-Straße liegt das Gelände des *Bergwerks Monopol* mit dem 73 hohen Vollwandstrebengerüst von 1980. Das Wahrzeichen von Bergkamen. Schönheit & Monumentalität gehören zusammen. Schreibt Henri Lefèbvre. Das Monument ist die einzige Stätte eines Kollektivlebens, das man sich vorstellen kann. Ins Herz eines Raumes, wo die Merkmale einer Gesellschaft zusammentreffen & zur Banalität werden, bringen Monumente eine Transzendenz, ein Anderswo. Freilich ist das Betreten der Bergwerksanlagen für Unbefugte verboten, das Monument nur aus mehr oder weniger großer Ferne zu sehen. Über ein Jahrhundert prägt der Bergbau die heutige Stadt Bergkamen. Eine Informationstafel erläutert Geschichte. Zunächst *Zeche Akropolis,* dann *Monopol.* Der Name des Champagners, mit dem der Kauf von Zechen & Kohlefeldern in Kamen & Bergkamen gefeiert wurde, soll dafür verantwortlich sein: *Heidsieck Monopole.* Bau der *Doppelschachtanlage Grimberg 1/2* zwischen 1890 & 1894; Modernisierung & Ausbau unter dem Namen *Neu-Monopol* seit 1975. 1982 Rückbenennung von *Neu-Monopol* auf den alten Namen *Monopol;* seit 1993 Verbund der beiden Bergkamener Bergwerke *Monopol & Haus Aden;* seit 1998

Verbund mit dem *Bergwerk Heinrich Robert* in Hamm. Hinter einem Zaun & den überwucherten Gleisen die große, langgestreckte Kohlenaufbereitungshalle, die in Architektur & Farbgestaltung auf das benachbarte Zentrum von Bergkamen abgestimmt sein soll: ein gigantisches Satteldach, braun, mit grünen Flecken, gelben & grauen, immer wieder unterbrochenen Streifen. Inzwischen wird in dem monströsen Gebäude Holz sortiert & aufbereitet. Aus der Ferne Geräusche, als ob auf dem Gelände gearbeitet würde. Ein auf Gummierung, Beschichtung, Verschleißschutz & Kunststofftechnik spezialisierter Betrieb hat sich hier ebenfalls angesiedelt. Auf einem Parkplatz stehen Autos mit polnischen Kennzeichen, dahinter beginnt ein »Privatgelände«. Ein kontrollierter Raum, den man nur mit Auftrag & Erlaubnis betreten kann. Der Alltag sortiert sich in räumlich von einander getrennten Bereichen. & die Bergkamener gehen an diesem Sonntagnachmittag brav in dem Park auf der anderen Seite der Ollenhauer-Straße, nahe an dem neuen Zentrum der Stadt, spazieren, & haben kein Interesse daran, sich in dem Gewerbegebiet zu bewegen, gar Werksgelände zu betreten, Zäune zu überklettern usf. Es gibt keinen städtischen Raum ohne Garten, ohne Park, ohne vorgetäuschte Natur. Ich komme an der Betriebsstelle Bergkamen der *Fernwärmeversorgung Niederrhein GmbH* vorbei. An einem verwilderten Parkplatz, an dem Müll abgeladen wird. Die Ernst-Schering-Straße führt auf das Werksgelände der *Bayer Schering Pharma AG*. Davor noch Kraftfahrzeugtechnik, KFZ-Reparaturen & Inspektionen aller Fabrikate. Fahrzeugtuning, Veredelung, Leistungsoptimierung von Turbodieselmotoren usf. Massage, Krankengymnastik, TÜV-Akademie. Ein »Betriebsweg« zweigt ab: Wandern & Radfahren auf eigene Gefahr gestattet. Ein Schild weist auf ein *Casino,* in dem von 6.30 bis 14.30 Uhr Frühstück & Mittagstisch angeboten werden. Ein Graffito gibt Rätsel auf: »Donau-Fluß«. Läßt die Gedanken in die Ferne schweifen. Die Schering-Straße unterquert die Güterbahn, dahinter der Eingang zum Werksgelände: Letzte Wendemöglichkeit, keine Funktelephone benutzen! Das sind die Grenzen der Stadt. Der jüngsten Stadt des Ruhrgebiets. Der zwischenstädtische Raum ist von starren Grenzen durchzogen, die mögliche Bewegungen kanalisieren oder aber der Bewegung Einhalt gebieten. Sagt Susanne Hauser. Alles ist bestimmt, alles ist kontrolliert, alles ist durchschaubar & folgt einer eindimensionalen Logik. Der Bewegung wird also Einhalt geboten. Ich gehe zurück zur Stadtmitte. Eine Zentrumsstraße unterstreicht den Zentralitätsanspruch der neuen Innenstadt. Ein Ärztehaus findet sich, die Markthalle Bergkamen, Wohnblöcke. Hinter einem Kreisverkehr dann unvermittelt kleine Siedlungshäuser – die Vorstadt, in die das neue Zentrum um das Rathaus implantiert wurde. Ein Wasserpark mit einer Wasserachse, unterschiedlich gestalteten Uferbereichen, Promenade & Spielplatz. Es scheint, als würde dieser Park angenommen, wie man sagt. Ich aber verweile nicht, biege in die Landwehrstraße ein, wo sich verschiedene Läden finden, Nützliches & Überflüssiges, nichts Aufregendes: ein Kosmetik- & ein Küchenfachgeschäft, Reinigung, Fahrschule usf. An der Ecke zur Bambergstraße endlich eine Kneipe: *Zum Deutschen Eck* – eine große Gaststätte, deren Haupteingang an dieser Ecke aber verrammelt erscheint. Die Tür hat nicht einmal eine Klinke. Auf einem leeren Schaukasten ist zu lesen: Eheleute Kalder. Ein Nebeneingang aber ist offen. Man steht hinter dieser Tür ganz unvermittelt im Durchgang zur Damentoilette, erreicht aber von dort aus den Gastraum. Männer an der Theke haben eine Fußballeinwand im Blick. In einem Nebenzimmer erfreut ein Wildschweinkopf. Was ist normal? Fragt die Wirtin. & erhält darauf die treffende Antwort: Kommt darauf an, wie besoffen du bist! Ich denke an Jürgen Link & seinen *Versuch über den Normalismus*. Dort heißt es: Das normalistische Subjekt regelt sein Verhalten nach der ›Signal‹-Qualität von Fakten, was einen geschlossenen Regelkreis impliziert: Die ›Fakten‹ sind ihrerseits subjektives Verhalten, & das regulierte ›Verhalten‹ setzt seinerseits wieder ›Fakten‹. ›Fakten‹ zu ›Signalen‹, ›Signale‹ zu Verhaltensweisen usf. Circulus vitiosus normalis. Besoffen bin ich noch nicht. Ich bestelle einen Kaffee. Die Wirtin erkundigt sich fürsorglich, ob er auch heiß genug ist. In der Bambergstraße: Blick auf ein Windrad, bald ist schon wieder der Stadtrand erreicht. *Magic Hall*, Fahrzeugtechnik. Haben Sie Ihr Öl unter Kontrolle? Die Straße überquert den Kuhbach, naturnah umgebaut zwischen 1998 & 2004. Der *Lippeverband* präsentiert: Natur & Skulptur. Kunst am Kuhbach. Plastische Eindrücke von Wasser & Stadtgeschichte am Kuhbach-Weg. Holz-Plastiken, Stahl-Mäander, Rohr-Skulpturen usf., Materialien, die auch beim Gewässer-Umbau zum Einsatz kamen. Landschaft, Felder, Pferde. Der Nährgrund der Stadt ist von kontinuierlicher Masse in kontinuierliche Leere verwandelt worden. Colin Rowe spricht von Versuchen, erträglichere Schauplätze des Lebens zu schaffen. Luft, Licht, Aussicht, freier Raum usf. Aber auch die nächste Autobahn ist von ferne bereits zu hören. Ich verlasse die Stadt nicht, kehre wieder um & gerate in ein Dichterviertel: Döblin, Brecht, Tucholsky, Mann (wenigstens Heinrich) usf. In der Eichendorffstraße das *Grillstübchen*. Die heiße Adresse für frische Brötchen. Es folgen ein Hausratverwertungshof & ein Gebrauchtwarensupermarkt. Die Präsidentenstraße steigt in Richtung Norden an & wird zur Fußgängerzone. Ist das etwa die wahre Stadtmitte? Zentralitätsansprüche jedenfalls auch hier: ein *Centralhof*, der an diesem frühen Sonntagabend aber geschlossen hat. Eine *Buchhandlung am Nordberg*. Offiziell heißt es: Stadtmitte in Bergkamen ist weder allein der Nordberg im Osten, noch das Rathausviertel im Westen. Sondern beide Bereiche gleichermaßen sowie der Verbindungsraum zwischen ihnen – ein bipolares, aufgelockertes Zentrum, in der Form mit einer Hantel vergleichbar. Aber Zentralität & Auflockerung gehen nun einmal nicht zusammen. Der Platz von Gennevilliers verweist noch einmal auf die Partnerstadt im Norden von Paris, über die zu erfahren ist, daß sie über den zweitgrößten Binnenhafen Europas verfügt & an die Pariser Metro angeschlossen ist. Der größte Binnenhafen Europas liegt natürlich im Ruhrgebiet, Bergkamen jedoch ist nicht einmal an das Netz der *Deutschen Bahn* angeschlossen. Gleich nebenan der Platz von Tasucu. Von der türkischen Partnerstadt kann man lesen, daß sich dort der Fährhafen nach Zypern befindet & daß sie das Taurus-Gebirge in ihrem Rücken hat. Immer diese anthropologisierenden Metaphern: Wo ist der Rücken der Stadt, der Kopf, der Arsch? Im *Hotel am Nordberg*, einem schlichten Sechziger-Jahre-Bau, gibt es auch einen *Nordbergkeller*: Restaurant & Gaststätte, der gemütliche Treffpunkt im Herzen von Bergkamen. Also doch im Zentrum. Im Keller eine Theke aus weißgestrichenem Holz, darüber eine Möwe, Tische in Nischen, durch Glasplatten voneinander getrennt. Üble Beschallung aus dem Radio, eine doppelte Ladung Classic Rock. Nachrichten: Koalitionsverhandlungen in Bayern, Auswirkungen der Finanzkrise usf. Alte Zeitungsausschnitte erinnern an die Zeiten, als das Haus noch *Bergkamener Hof* hieß: eröffnet 1968 als erstes Hotel der jungen Stadt Bergkamen. Am Nebentisch wird ein Holzfällerschnitzel serviert, auf der Karte eine große Auswahl an Schnitzeln. Eine alte Werbung verkündet eine Sensation: Ein Eisbein in 60 Sekunden! Mikrowellen garen Hotelspeisen sekundenschnell. Fortschrittsglaube aus den sechziger Jahren. Die moderne Stadtplanung als konkrete Verwirklichung eines Albtraums. Die Kunst der Beruhigung in ihrer reinsten Form. Das *Haus Elsner* hat geschlossen, will jedenfalls niemanden mehr einlassen. Hinter den nur halb heruntergelassenen Rolläden ist Licht zu sehen, junge Männer an der Theke. Auf einer Leuchtschrift ist eine Taube abgebildet: *Vereinsheim RV Nordberg Bergkamen.* In der Friedrich-Ebert-Straße, welche die Präsidentenstraße mit dem Busbahnhof verbindet, die unvermeidliche *Glückauf Apotheke,* das ebenso unvermeidliche *Eiscafé Dolomiten.* Raum für Erfolg? Mieten Sie hier Ihre Gewerbeflächen. Die Bäume an der Straße werden von unten angestrahlt, markante Beleuchtungskörper & Baumreihen. Den Gehsteig entlang windet sich ein Rinnsal, eine »Quellskulptur«, blaues Band. Neue Wohnbauten, dazwischen eine Art Tor, das auf den weiten Stadtmarkt führt. Krankengymnastik auf neurophysiologischer Basis für Kinder & Erwachsene. Schlingentischtherapie, Traktionsbehandlung, Migränebehandlung, Atemtherapie, Eistherapie, aber auch Heißluft, Lymphdrainage, Bewegungsübungen usf. Das Gebäude einer aufgegebenen, alten Tankstelle ist zu vermieten. In einem Kiosk & Stehcafé hat sich eine Bierrunde versammelt. Die Stadt ist ausgestorben. Den Busbahnhof werden heute nicht mehr viele Busse verlassen. Auf verschlungenen Wegen versuche ich mich wenigstens noch bis Lünen durchzuschlagen.

Gemenge Stadt. Verhinderte Stadtentwicklung

Willkürlich zugebaute Hinterhöfe deuten auf die Notwendigkeit, binnen kurzem Wohnraum für zuwandernde Arbeiterfamilien zu schaffen. Die Werkssiedlung im Schatten des Förderturms ist ein Zeichen für betriebliche Notwendigkeiten, unternehmerischen Eigennutz oder für patriarchalische Fürsorge. In den Ortszentren erinnern kurzfristig erweiterte Amtshäuser an den Zwang, die kommunalen Verwaltungen der sprunghaft wachsenden Einwohnerzahl anzupassen. Gründerzeitliche Stuckfassaden vor bergischen Fachwerkhäusern repräsentieren plötzlichen Reichtum von Geschäftsleuten. Unregelmäßig bebaute Ortskerne zeugen von immensen Planungsdefiziten in Riesendörfern, denen die politisch Verantwortlichen die Stadtrechte lange vorenthielten. Sonderentwicklungen & Pseudo-Verstädterung. Bauanarchie, Wildwuchs von Tiefbauzechen mit ihren chaotischen Gemengelagen aus betrieblichen Einrichtungen, Verkehrswegen, Halden, Brachen & Arbeitersiedlungen. Defiziente Urbanisierung. Über die Emscherzone wird gesagt: Gewiß, es gibt auch dort heute Städte, aber wie sehen sie aus? Alle zeigen sie gleichsam einen Widerwillen gegen ein echte Stadtgründung. Die Ambivalenz des Gemenges ist in der Fülle der Gespräche auf der Straße & in der Ruhrgebietsliteratur deutlich sichtbar. Daraus geht hervor, daß die Gemenge-Stadt mehr als andere Stadt-Typen zwei wichtige Eigenschaften besitzt: Offenheit & Prozeßhaftigkeit.

Die vier Städte der Hellweg-Linie besitzen bis zur Mitte des 19. Jahrhunderts keine wesentlichen zentralörtlichen Funktionen, die sie von anderen Städten abheben würde. Für die heranwachsenden Siedlungsgebilde außerhalb der bestehenden städtischen Weichbilder, in denen für Zechen & Hütten so gut wie kein Platz ist, sind zwei Faktoren maßgeblich: Der bergrechtliche Felder-Beleihungs-Codex ist anfangs ganz kleinräumig & legt Schachtstandorte im Abstand von rund 1500 m nahe – & zwar beinahe völlig unbeschadet bestehender Siedlungen, jedoch unter Nutzung der langsam besser bekannten Sättel, Mulden & Überschiebungen im flözführenden Karbon. Zudem wird die Ansiedlung in der Nähe der Zechen wegen der mangelnden Aufnahmefähigkeit der altstädtischen Weichbilder, die außerdem einen sehr erheblichen Sanierungsbedarf aufweisen, geradezu zwingend, ebenso wie das unternehmerische Engagement im Siedlungsbau. Die ländlichen Verhältnisse der Bauern werden kaum angetastet. Dörfliche Landwirtschaft & die neue, noch kleine Industrie leben nebeneinander, ohne sich zu tangieren. Nach 1860 entstehen Großbetriebe, die bald übermächtig werden & sich rücksichtslos ausbreiten. Die Zechen auf dem Land ermöglichen vielen Arbeitern, ihre gewohnte agrarische Lebensweise zumindest partiell weiterzuführen. Von den ländlichen Strukturen bleibt nur ein Teil erhalten, dieser aber mit einer erstaunlichen Überlebensfähigkeit. Während die Industrie-Unternehmen ihre Standorte frei wählen, strukturiert die Eisenbahn den künftigen städtischen Raum im »Land der großen Dörfer«. In dieser halb-ländlichen Gemenge-Lage entstehen große Konflikte.

Ohne nennenswerte Orientierung an der überlieferten Siedlungsstruktur überzieht bald eine große Anzahl von neuen Schachtanlagen die Region. Demgegenüber werden die Hochofenwerke bevorzugt an Plätzen errichtet, die eine möglichst billige Rohstoffzufuhr von Kohle & Erz ermöglichen. Schon die oberflächliche Kenntnis eines großen Industriedorfs legt die Einsicht nahe, daß Urbanisierung nicht zwangsläufig aus Industrialisierung folgt, die Zusammenballung von Arbeitern nicht zwangsläufig zur sozialistischen Bewegung führt & mit der Ausweitung der Bureaukratie nicht immer vermehrte Rationalität ihrer inneren Struktur & ihrer Ergebnisse einhergeht. In den vierziger & fünfziger Jahren des 19. Jahrhunderts wird Borbeck aus seiner agrarischen Idylle gerissen. Hier wird im Bergbau erstmals die Mergeldecke durchstoßen, & damit ist der Weg für ein Dutzend Tiefbauzechen freigemacht, bald ergänzt durch Zink- & Eisenhütten. Urbanisierung & Bureaukratisierung aber finden nicht statt. Von öffentlicher Planung findet sich bis Anfang der siebziger Jahre keine Spur. Die Masse der Bevölkerung trägt wenig oder nichts an Kommunalzuschlägen zu den direkten Steuern zum Gemeindehaushalt bei & hat keine hörbare Stimme im Gemeinderat. Sie ist überwiegend jung & extrem mobil & wird allenfalls bei Umzügen, Kirmessen durch Saufereien & Raufereien als Polizeiproblem aktenkundig. Der Recklinghäuser Landrat klagt: Die Ärzte in Lembeck & Kirchhellen sowie ein Arzt in Datteln sind dem Trunke derart ergeben, daß seinerzeit der Amtmann in Wulfen bei mir beantragt hat, den Lembecker Arzt auf die Säuferliste zu setzen. Der Arzt in Datteln, der wegen Trunkenheit aus dem Krankenhause, dessen Anstaltsarzt er war, verwiesen werden mußte, ist vor einigen Tagen am Delirium gestorben. Der einzige in Disteln wohnende Arzt neigt ebenfalls zum Trunke & sitzt mit den Bergleuten in den Wirtschaften. Der zweite in Datteln ansässige Arzt hat sich mit dem jetzt verstorbenen in öffentlicher Wirtschaft geprügelt.

Der Düsseldorfer Regierungspräsident schließt sich im August 1898 einem Gutachten des Landrats an & empfiehlt dem Antrag der Landgemeinde Altenessen auf »Verleihung der Städte-Ordnung« keine Folge zu leisten: Altenessen teilt das Schicksal vieler Industriegemeinden des Westens, nur ein Konglomerat von weit über das platte Land hin verstreuten Zechen, Arbeiterkolonien, Kirchen & Schulhäusern zu bilden, ohne über bloße Ansätze zur geschlossenen städtischen Bebauung bisher hinweggekommen zu sein. Diese Arbeitergemeinden unterscheiden sich hierin ganz wesentlich von den großen Vororts-Landgemeinden bei Berlin & anderen Städten des Ostens, welche sich ja von letzteren kaum noch abheben & bei denen daher das Verlangen nach der Städte-Ordnung berechtigt sein mag. Von den 1090 ha umfassenden Areal der Gemeinde Altenessen sind einschließlich der Hofräume & Gärten nur 218 ha bebaut, während 789 ha noch landwirtschaftlich genutzt werden. Charakteristisch ist ferner, daß nur eine einzige Straße in Altenessen, die Essen-Horster-Provinzialstraße, überhaupt gepflastert ist, auch nicht einmal diese aber ganz mit Bürgersteigen versehen ist. Nach dieser ganzen Konfiguration handelt es sich bei Altenessen um ein kommunales Gebilde, das vielleicht in einer späteren Periode mit Recht die Verleihung der Städte-Ordnung nachsuchen kann, zur Zeit aber allem anderen eher gleicht als dem, was man mit dem Begriff einer Stadt gemeinhin verbindet.

Morphologisch kann man die spezifische Zersiedlung des mittleren Ruhrgebiets sehen – dieses Gemenge aus Zechen & Verkehrsanlagen, Gehöften & Halden, Brachen & Kolonien, zusammenhanglos aufs Feld gesetzten Häusern & Kanälen. Was diese Zersiedlung aber für die Bewohner bedeutet, ihre kollektive Umwelterfahrung, ist unbekannt. Die Unternehmer kaufen den grundbesitzenden Bauern den Boden ab, wo immer sie ihn benötigen. Viele Arbeiterfamilien bauen sich in Nachbarschaftshilfe ihre einundhalbgeschossigen Häuser. Die Industrie geht mit ihren Abwässern um, wie es ihr paßt. Alteingesessene Bauern werden durch Bodenverkäufe reich & beherrschen als »Meistbeerbte« den Gemeinderat. Ihre einzigen Ziele sind: Die Steuern sollen so gering wie möglich & der Grundstückshandel möglichst interventionsfrei bleiben. Unruhe & Dynamik herrschen im Revier. Überall wird repariert & erneuert, abgerissen & aufgebaut. Ganze Stadtteile wachsen in Windeseile aus dem Boden. Kaum ein Stadtplan, der auch nur für einen überschaubaren Zeitraum Gültigkeit beanspruchen kann. An »amerikanische« Zustände fühlt man sich erinnert! In Borbeck grenzen die Villenstraßen für die kleine Schicht der Begüterten an ein Straßenbahndepot & an ein Bergwerksgelände. Zechenabwässer fließen durch Wohngebiete. In Altenessen errichtet man die evangelische Volksschule direkt neben dem größten Schweinemarkt ganz Deutschlands. Der Unterricht ist durch Lärm & Gestank stark beeinträchtigt. Außerdem schwänzen viele Schüler den Unterricht, um sich ihr Taschengeld als Schweinetreiber aufzubessern. Auf engstem Raum durchschneiden die Eisenbahntrassen der Durchgangslinien & der Werksbahnen den Ort & seine Straßenzüge. Die Aufsplitterung des Siedlungsgefüges durch den Streckenwildwuchs ist irreparabel. Grundstücke sind oft so zwischen Bahndämmen eingeschlossen, daß sie für eine Bebauung nicht mehr in Frage kommen. Die Vielzahl an Übergängen, Schranken & Niveaukreuzungen behindert den Personenverkehr erheblich. Dazu kommen große physische Belastungen für die anliegende Wohnbevölkerung durch den beinahe ganztägigen Rangierbetrieb. Die Fuhrwerke fahren wild durcheinander. Die Fuhrleute haben teilweise nicht das geringste Verständnis für den Verkehr & rufen Gefahren herauf.

Stadtrechtsbestrebungen in Preußens größtem Dorf, der ungesund vergrößerten Gemeinde Hamborn. Im Januar 1910 erreicht ein Antrag den Regierungspräsidenten in Düsseldorf: Die Bebauung der Gemeinde ist nicht eng & geschlossen gestaltet, nicht von einem Kernpunkte ausgehend nach allen Richtungen sich ausdehnend, wie man es in vielen deutschen Städten gewohnt ist, sondern offen & frei über die ganze Gemeinde verstreut. Die Straßen sind überall breit angelegt, zum großen Teil mit Pflaster, sonst aber in anderer Weise gut befestigt, durchweg gut entwässert, beleuchtet & zum Teil kanalisiert. Hamborn hat sich keineswegs als Vorstadt entwickelt, macht auch nicht den Eindruck einer Vorstadt. Von der nächsten Großstadt Duisburg liegt es durch die Emscherniederung & unbebautes freies Gelände getrennt, hat auch mit dieser Stadt keinen wirtschaftlichen Zusammenhang. Mit der Ausdehnung der Industrie & mit der wachsenden Einwohnerzahl hat die Bebauung stets Schritt gehalten. Die Verwaltung der Gemeinde entspricht in ihrer inneren Einrichtung ganz der deutschen Mittelstadt. Sie ist in einem großen, schönen, der Neuzeit entsprechenden Rathause untergebracht. Seit einer Reihe von Jahren werden die Gemeinderatsmitglieder von den Eingesessenen bestürmt, für die Erwerbung der Städterechte nach Kräften einzutreten. Der Landrat versucht, die Stadterhebung zu verhindern, denn: Hamborn ist der gegebene Mittelpunkt & Ausgangsort für alle Arbeiterbewegung an der unteren Ruhr. Erringen hier die Aufständischen zunächst Erfolge, so wird dies die Bewegung in den Nachbarorten mächtig anfachen. Auf jeden Fall bildet nach meiner Überzeugung ein jedes Jahr, das Hamborn in seiner jetzigen Verfassung zur ruhigen inneren Kräftigung gelassen wird, einen großen Gewinn.

Von der Arbeiterbevölkerung scheint in gesundheitlicher, sozialer & sittlicher Beziehung die größte Gefahr für das Volk auszugehen. Laut preußischer Städte- & Gemeindeordnung liegt die örtliche Polizeiaufsicht bei der Kommune. In Landgemeinden ist die Polizeigewalt direkt an den Landrat gebunden, der als Institution unmittelbarer Staatsverwaltung im kapitalistischen Umgestaltungsprozeß noch Elemente der absolutistischen Herrschaftsordnung verkörpert. Zur Stadt erhobene Industriedörfer, die dem Zugriff des Landrats entzogen sind, werden deshalb als Sicherheitsrisiko betrachtet. Der Arnsberger Regierungspräsident ist der Auffassung, daß die Entstehung kleinerer Stadtkreise im Industriegebiet nicht zu fördern ist. Treten polizeiliche Schwierigkeiten schon in Fällen hervor, wo es sich um Städte von über 100.000 Einwohnern handelt, so steigern sich die Bedenken, wenn man die bevorstehenden kommunalen Veränderungen, die Entwicklung von Landgemeinden zu Städten, Städten zu Landkreisen ins Auge faßt. Es findet ein ständiges Fluktuieren der Bevölkerung statt. Wenn man endlich den unruhigen & gewalttätigen Charakter der hiesigen Bevölkerung berücksichtigt, unter der sich ein starker Prozentsatz Italiener, Kroaten, Polen, Holländer & sonstiger zu Ausschreitungen sehr neigender Ausländer befindet, so wird man sich der Überzeugung nicht entziehen können, daß die gewissenhafte Wahrnehmung der Sicherheitspolizei hier auf Schwierigkeiten stößt. Schreibt der Bochumer Polizeipräsident G. Offensichtlich bereitet sich der Staat auf bürgerkriegsähnliche Verhältnisse bei zu erwartenden Arbeitskämpfen vor. Der Staat zieht Konsequenzen aus den Erfahrungen des Bergarbeiterstreiks von 1889. Das Ausmaß der Ausschreitungen hatte die Unzulänglichkeit des Polizeisystems im Ruhrgebiet scheinbar unter Beweis gestellt & zu Überreaktionen des Münsteraner & Arnsberger Regierungspräsidenten geführt, die nach wenigen Tagen Militär zur Verstärkung einsetzten.

Reisebeschreibungen aus der Zeit um 1920: Im kalten Licht der Bogenlampen dampften Kokereien & Hüttenwerke, ragten Schachttürme & Abraumhalden, loderten die glutroten Fackeln der Hochöfen. Dazwischen, in ungewissen Abständen, gleich Fremdkörpern in dieser Umgebung, kreuzgekrönte Türme protziger Kirchen. Schienenstränge mit endlosen Güterzügen kreuzten die Straßen, während hoch in der Luft, an schwankenden Seilen, Kohlenkarren pendelten, die irgendwoher aus dem Dunkel der Nacht kamen & irgendwohin verschwanden. Der Besucher wundert sich über die vielfach gekrümmten Straßen mit ihrer unregelmäßigen Bebauung, über unzureichende Verkehrsverbindungen zwischen einzelnen Großstädten & die Reste alter Dorfkerne. Der Dortmunder Kreisphysikus Nathanael W. schreibt 1913: Wer als unbefangener Beobachter aus anderen Gegenden unseres Vaterlandes kommend besonders die älteren Ortsteile unserer Industriegemeinden durchwandert, wer die vielen hohen, oft nur teilweise oder gar nicht verputzten, in der Regel jeden Schmuckes baren, von vielen Familien bewohnten Häuser, die schmutzigen Höfe, die staubigen oder schlammigen Straßen, die noch in sehr vielen Ortschaften offen daherfließenden Abwässer sieht, der bekommt den unabweisbaren Eindruck: Hier ist nicht gut hausen.

Den gleichen Haustyp, der die geschlossene Bebauung der Vorstädte prägt, findet man auch häufig zwischen den einzelnen Ortskernen auf dem flachen Land. Immer wieder verblüffen längere Häuserzeilen, die ohne Bezug zu irgendeiner Anschlußbebauung in der freien Landschaft stehen. Gelegentlich stößt man auf einzelne, völlig isolierte Stadthäuser. Auf ländliche Fragmente, planlose Siedlungsgruppen, Andeutungen von Straßen, die von Bahngleisen durchkreuzt sich irgendwo im Niemandsland totlaufen. Ein Chaos von Halden & Brachen, Fabriken & Güterbahnhöfen. In der Emscherzone sind die neuen Geschäftszentren in der Gründerzeit häufig in Anlehnung an alte Dörfer entstanden. Vereinzelt ist der alte Dorfkern, etwa in Dortmund-Mengede, bis heute in wesentlichen Zügen erhalten. In Herne-Crange, Castrop oder Dortmund-Huckarde erinnern Ansammlungen von Fachwerkhäusern an die vorindustrielle Zeit. Selbst in den Zentren von Gelsenkirchen & Buer findet man vereinzelte Fachwerkbauten. In den »verspäteten« Städten. Die Zersiedlung ist bis heute strukturdominant geblieben. Das Ruhrgebiet wuchs nur ganz zu Beginn konzentrisch um einige wenige Städte, seit 1850 vielmehr polyzentrisch bis zur Behauptung der alten Städte via Eingemeindung, was freilich aus einer ganzen Reihe von Gründen die Polyzentralität nicht aufzulösen vermochte.

Vielerorts verfallen aufgegebene Fabriksbauten. An anderer Stelle werden letzte Relikte von Bergwerken zu Denkmälern gemacht. Aufgebockte Seilscheiben & bepflanzte Förderwagen zieren nun vielfach Grünanlagen. Grubenloks finden sich auf Spielplätzen wieder. Wenn die Arbeit ausgeht, kommt sie ins Museum. Wer durch das Gebiet zwischen Ruhr & Emscher reist, erlebt auffällig den ständigen Wechsel von unterschiedlichen Entwicklungstraditionen. Vor allem das halb-ländliche, offene Gemenge ist seinem Wesen nach bürgerlich-anarchisch. Das heißt: Herrschaft ist minimiert. Noch heute ist insbesondere das nördliche Ruhrgebiet an vielen Stellen geprägt durch unregelmäßige Straßenbilder, unübersichtliche Verkehrsführung & eine willkürliche Durchmischung von Gewerbe- & Wohngebieten, landwirtschaftlichen Flächen & Industriebrachen. Die Spannweite der Prägungen, die sich mit der Gemenge-Struktur verbinden, werden oft übersehen. Im Ruhrgebiet berühren sich die Extreme & laufen direkt durch die Personen. Das führt zu einer mentalen Gemenge-Struktur. Die Gemenge-Struktur setzt neben jede Sicht sofort andere. Wer eine Meinung hat, muß damit rechnen, irritiert zu werden. Relativiert zu werden. Das schafft ein Klima des ständigen Miteinander-Redens. Auch des Streitens.

Dérive XIII: Mengede

Fahrt nach Norden durch abrupt wechselnde Szenerien: den Dortmunder Hafen zunächst mit seinen Kränen & Containern, LKW-Verkehr. Durch Deusen, Fragment eines alten Ortskerns. Dann Bauernhöfe, Landschaft, freies Feld. In der Ferne, mehr zu erahnen als zu sehen, Ellinghausen, das riesige Warenverteilungszentrum eines Möbelhauses, große, schlichte Hallen. Der Bus hält am Bahnhof Dortmund-Mengede, der über kein Empfangsgebäude verfügt. Eine großdimensionierte Brücke überspannt die Bahnhanlagen, führt hinüber zum Gelände der ehemaligen *Zeche Adolph von Hansemann,* deren auffälliges Verwaltungs- & Kauengebäude, aus Backstein & im Stil einer historisierenden Ritterburgromantik, mit Türmchen & Zinnen erbaut, einem Stadttor in Stendal nachempfunden sein soll. Heute befindet sich in dem herausgeputzten Baudenkmal ein Bildungszentrum. Über die Vergangenheit ist zu erfahren: 1850 begann der Bergbau in Mengede mit Bohrungen, Mutungen & Verleihungen von Grubenfeldern. 1875 wurden sieben Einzelfelder zu einem Grubenfeld unter dem Namen *Adolph von Hansemann* zusammengefaßt. Starke Wasserzuflüsse & technische Schwierigkeiten, regelmäßige Kohlenförderung deshalb erst ab 1899. Ab 1926 Teil der *Gelsenkirchener Bergwerks-AG.* 1938 Verlagerung der Kohlenförderung zu neuen Schächten in Oestrich. 1967 Stillegung, Verlust von 2600 Arbeitsplätzen in Mengede. Im Torhaus das Bergbaumuseum Kleinzeche des *Bergmann-Unterstützungs-Vereins Dortmund-Mengede 1884;* Wahrung der bergmännischen Tradition, Karbidlampen, Öllampen, Handlampen, eine Flözstrecke mit einem deutschen Türstock & echter Kohle. Auf dem Gelände einer ehemaligen Benzolgewinnungs- & Benzolreinigungsanlage der Freizeitpark Adolph von Hansemann. Jahreszahlen & Daten aus der Industriegeschichte stürmen auf mich ein: 1913 erreichtet in Verbindung mit der seit 1899 bestehenden *Kokerei Adolph von Hansemann;* 1930 Stillegung der Kokerei, dennoch Erweiterung der Benzolreinigung, um das Rohbenzol der benachbarten Kokereien *Erin, Westhausen, Minister Stein* & *Hansa* zu verarbeiten; 1957 Umstellung der Anlage von Säurewäsche auf raffinierende Druckhydrierung, 1977 Stillegung. 1988 wird der Park, in dem eine

Seilscheibe an den Mengeder Bergbau erinnert, der Bevölkerung übergeben. Am Ende werden immer Parks angelegt, Grünflächen oder aber Gewerbeparks, wie es dann beschönigend heißt. Vergangene Städte werden rekonstruiert. Zukünftige Städte werden konstruiert. Schreibt Waltraud Seidlhofer. Zerstörte Städte haben mit zukünftigen eines gemeinsam: Sie existieren auf Papier oder in Form von anderen Aufzeichnungen. Auf alten Bildern in den Museen, auf Gedenktafeln. Auch auf den Plänen, wo sich die Vergangenheit mit den Namen von Straßen & Plätzen eingeschrieben hat. So gibt es in Mengede natürlich eine Barbarastraße, eine Hansemannstraße. In einem Café an der Bahnstrecke ist eine Talentshow angekündigt. *La Strada* & *Pizzeria Rimini* heißen italienische Lokale. Das Plätschern eines Brunnens läßt aufhorchen inmitten der vorstädtischen Geräuschkulisse, des Verkehrslärms. Jemand stellt scheußliche Holzbrunnen her, wie ich sie nur aus Tirol kenne, die man sich aber auch in Dortmunder Kleingartenkolonien vorstellen kann. An den Personenbahnhof Dortmund-Mengede anschließend erstreckt sich das Areal eines Güterbahnhofs. Der Zutritt ist nicht untersagt, der vordere Teil findet als Parkplatz Verwendung. Vereinzelte Güterwaggons stehen herum. Es ist nicht auszumachen, ob hier noch irgendeine Art reduzierten Betriebs herrscht. Ein langer Tankzug fährt vorbei. Die Brücke über die Bahnanlagen mündet auf der anderen Seite in die Molkereistraße. Dort, wo die langsam ansteigende Fahrbahn wieder das Niveau der übrigen Straßen erreicht hat, erregt das kleine *Bistro am Bahnhof* meine Aufmerksamkeit. Wann war es eigentlich Mode, noch die unscheinbarste Kaschemme zum Bistro zu adeln, in den Siebzigern? Gleichviel – zwar bekomme ich keinen Kaffee mehr, so kurz vor dem Schließen, aber ein Bier geht noch, *Ritter Pils* aus der Flasche. Das ist eine der vielen untergegangenen Dortmunder Brauereien, deren Name noch pseudomäßig weiterlebt, um die unwiderrufliche Konzentration der Dortmunder Bierproduktion in einem einzigen Betrieb zu verschleiern. Das Konzept Bistro aber nimmt man hier ernst, Bilder an den Wänden spielen auf das Thema Pariser Bohème an. Eine Bohème in Mengede kann ich mir nicht vorstellen, verkörpere sie wohl im Moment auch im Alleingang. In der Kühltheke stehen ausschließlich Bierflaschen, belegte Brötchen sind wohl nur früher am Tag erhältlich. Das Lokal erinnert mich an eine italienische Bar in einem Industrievorort,

197

in Turin vielleicht oder in Mestre. Die Einrichtung könnte man als schäbig-funktional bezeichnen. Auf den runden Tischen liegen Plastiktischdecken. Es wird gewürfelt. Ein Türke berichtet von seiner Flugangst, die ihn daran hindert, nach Mallorca zu reisen. Ich, der ich nicht an Flugangst leide, würde trotzdem niemals nach Mallorca reisen. Sage das aber nicht. Gestern war es lange hell. & auch jetzt ist es noch hell. Wird die Einführung der Sommerzeit kommentiert, werden ihre Auswirkungen auch im *Bistro am Bahnhof* bemerkt. Dafür ist es am Morgen ganz düster. Das ist mir noch nicht aufgefallen. Der erste Gedanke ist immer der beste. Wird eine allzu pragmatische Weisheit geäußert. Das *Bistro* schließt, ich kann hier nicht bleiben. Also weiter hinein nach Mengede. Vorbei an einem Amtshaus, dem Polizeipräsidium, einem Friseursalon. Die *Gildenstube* ist häßlich eingerichtet & kann es nicht aufnehmen mit dem *Bistro am Bahnhof*. Es handelt sich aber um eine gut besuchte Gaststätte, anscheinend eine Institution. Die junge Tresenkraft erzählt einem Gast von der Ausbildung, die sie gerade macht & die sie für eine Leitungsposition in einem Kindergarten qualifizieren wird. Ein dreijähriges Studium, währenddem sie zwischen Dortmund & Koblenz pendeln muß. Dabei bin ich auch schon 27! Nein, eine Bohème hat wirklich keine Chance in Mengede. Das alltägliche Leben ist der Maßstab für alles. Für die Erfüllung oder vielmehr: Nicht-Erfüllung menschlicher Beziehungen. Für die revolutionäre Politik. So Guy Debord 1961. Alles hängt tatsächlich davon ab, auf welcher Ebene man es wagt, die Frage zu stellen: Wie lebt man? Wie gibt man sich damit zufrieden? Ohne sich nur eine Minute von der Werbung einschüchtern zu lassen, deren Ziel es ist, uns davon zu überzeugen, daß man glücklich sein könne, einfach weil Gott existiert oder die *Colgate*-Zahnpasta. Ein an der Theke sitzender Mann erinnert mich in seiner Physiognomie an Imre Kertész. Er ist es nicht, er sagt ohne ungarischen Akzent: Scheiß auf Deutschland! Der Kontext erschließt sich mir nicht. Imre Kertész wartet auf ein Taxi, das nicht & nicht kommt. Das angeblich aus Waltrop angefordert werden mußte – als ob es in Dortmund keine Taxis gäbe! Imre Kertész trägt es mit Fassung & trinkt noch ein Glas Rotwein. Das Taxi kommt nicht, ich ziehe weiter. Das vom *Sauerländischen Gebirgs-Verein e.V.* ausgeschilderte »Wegenetz Dortmund Nordwest« berührt Mengede. Schilder, Aufschriften, der Text der Stadt. Überall erwarten & bestürmen einen Wörter, wie Michel Butor schreibt. Läden machen auf sich aufmerksam, Gewerbe: Moderne Haarpflege, Elektro-Lagerverkauf, Hörgeräte. Der *Schuh-Eildienst Südwest.* Wieso eigentlich Südwest? Ich wähne mich im Dortmunder Nordwesten, muß aber zugeben, daß die Dortmunder Stadtmitte natürlich nur ein möglicher Bezugspunkt ist. Ich mache Ihre Schuhe wieder fit! Verstopfung? Wir beraten Sie gerne in dieser Apotheke! Bedenklich wird es spätestens dann, wenn in einem Stadtteil die Zahl der Apotheken die der Kneipen übersteigt. Aber so weit scheint es hier noch nicht gekommen zu sein. Ein Lokal mit dem unentschiedenen Namen *Zweierlei* ist schon am 28. September in die Winterpause gegangen. Muß also grandiose Umsätze gemacht haben im Sommer. Ein »Dortmunder Bündnis gegen Depression« behauptet: Gemeinsam schaffen wir's! Fraglich erscheint, ob da ein kabarettistisches Begleitprogramm mit einer »bekannten Dortmunder Künstlerin« nicht contraproduktiv wirken muß. In der Siegburgstraße gibt es einen *Siegburg Grill,* deutsche & griechische Küche. Gegenüber der *Athen Grill* mit eindeutigerem Griechenland-Bezug. Ach, es gibt viel zu viele griechische Imbisse im Ruhrgebiet! Ich entscheide mich für den *Siegburg Grill,* esse dort eine Frikadelle & trinke dazu Dortmunder Bier. Der Markt scheint der zentrale Platz zu sein in Mengede. Auf dem Platz steht ein eigenartiges, schlicht schuhschachtelförmiges Gebäude mit einem Billard-Salon im Erdgeschoß: *Spiel-Studio Play-In.* Ich ziehe die *Gaststätte zum Busbahnhof* vor. Als ich die Kneipe betreten will, torkelt mir Imre Kertész entgegen. & der wollte doch schon vor einer Stunde mit dem Taxi nach Hause fahren. Das Taxi aus Waltrop ist also nicht gekommen. Oder er war zu ungeduldig, darauf zu warten. Ich war noch niemals in New York. Dröhnt es durch die Kneipe. Ich hätte mir gar nicht erlauben können, besoffen hier herumzufahren. Versichert ein Gast. Imre Kertész ist schnell wieder zurück in der Gaststätte. Die haben sonntags geschlossen. Heute ist aber Montag. Was immer das zu bedeuten hat. Noch mal zur Polizei möchte ich auch nicht zurück. Wer möchte das schon. Wortspiele in der *Gaststätte zum Busbahnhof:* Das ist so – bei den jungen Altgesellen. Bei den alten Junggesellen. Ob das eine Schiffsglocke ist, die da im Lokal hängt? Nein, eine Pferdeglocke, mit einem Hufeisen dran. Bringt Glück! In fünf Minuten fährt der Bus von Imre Kertész, der zumindest vorgibt, jetzt wirklich nach Hause zu wollen. Die wenigen Schritte zum Busbahnhof müßten auch für einen Bezechten zu schaffen sein. Eine ältere Frau, die alleine an einem Tisch sitzt, kramt in einer komischen Tüte herum, verschwindet dann endlos aufs Klo. Wenn ich ein Vogel wär, flög ich zu dir. Läßt Guido, der Wirt, sich vernehmen & zitiert damit ein Schild, das hinter der Theke hängt. Weil ich nicht fliegen kann, vögle ich hier. An der Theke findet eine Debatte um sprachliche Feinheiten statt, genauer: den Unterschied zwischen Lehre & Leere. Imre Kertész beteuert, jetzt wirklich gehen zu wollen. Man ist sich in der Kneipe aber sicher: Er kommt bestimmt wieder zurück. Er wird den Bus versäumen. Ein Schlager behauptet: Das Leben ist schön. Wer glaubt das? Wessen ist eigentlich das Privatleben beraubt worden? Fragt Guy Debord. Ganz einfach des Lebens, das grausam von ihm abwesend ist. Die Leute sind der Kommunikation & der Selbstverwirklichung so weit beraubt worden, wie es nur möglich ist. Der Möglichkeit, ihre eigene Geschichte zu gestalten. In der Nähe des Busbahnhofs die merkwürdige Adresse Am Hohen Teich. Teich ist weit & breit keiner auszumachen. & sind Teiche nicht eher tief als hoch? In der *Wohnfabrik* werden massive Möbel angeboten. Eine *Kronen*-Leuchtschrift führt leider in die Irre, weist den Weg nicht zur nächsten Kneipe, sondern bloß zum *China Restaurant Hai-Pin*. In einer Ecke sind ein paar Altbauten stehengeblieben. Das *Burghof* mit dem *Restaurant Hopfenstube* hat geschlossen. Ein Hausbesitzer hat sich zu einem grotesken Text hinreißen lassen, in dem er sich – & das muß doch vergeblich bleiben – an vorbeikommende Hunde wendet: Du armer Hund, jetzt mußt du schon wieder auf die Wege scheißen. Kannst du nicht endlich deinen Leuten beibringen, daß es dafür andere Plätze gibt? In der Hoffnung, daß wir dich nicht beim Kacken knipsen müssen, wünschen wir noch einen schönen Tag. Wuff, hechel, hechel. Die infantile Dummheit dieser Sätze wird nur von der Willfährigkeit überboten, mit der sich hier jemand privat an den allgegenwärtigen Überwachungswahn anbiedert. Der treue Sklave, der Bulle, der Söldner; äußerster Endpunkt der Entfremdung. Hechel, hechel. Der Burgring verweist auf Vergangenheit vor der Epoche der Montanindustrie. Alte Backsteingemäuer an der Freihofstraße. Der Mythos der Alten Stadt. We don't have what you are looking for. Ist auf einer Leuchtschrift zu lesen. Partyhall, Dienstleistungen, WG –

die Mengeder Bohème? Die Aussicht auf Unerwartetes könnte reizvoll sein. Aber dann heißt es ranschmeißerisch: But we can make it for you! Wer soll überhaupt auf Englisch angesprochen werden in Dortmund-Mengede? Die evangelische Kirche Mengede ist ein Baudenkmal. Eine Hallenkirche mit Querhaus & Seitenschiffen, einem Chor aus der Mitte des 13. Jahrhunderts. Hervorgehoben wird die gerade, geschlossene Form. Die alten Fachwerkhäuser rund um die Kirche hingegen sind windschief. In einem anspruchslosen Neubau aus den achtziger Jahren das *Hotel Handelshof*, an das ein Restaurant mit Kegelbahn angeschlossen ist. Ein Seniorenhaus heißt *Hausemannstift*. Wen soll der auf klösterliches Leben anspielende Name eigentlich locken? Ich irre durch den alten Ortskern: Mengeder Schulstraße, Gut Altmengede usf. In der Mitte eines Kreisverkehrs ist eine eigenartige Skulptur, ein sich quietschend bewegendes Mobile aufgestellt. In der Ferne ist das Güterverteilungszentrum in Ellinghausen zu sehen – eine Enklave, Stadt in der Stadt, monströs in seinen Dimensionen & doch eigenartig entrückt, immer nur von weitem zu sehen. Betreten verboten! heißt es an einem Regenrückhaltebecken. An der Ecke Im Apen/Dönnstraße behindert eine große Baustelle den Verkehr. Aber jetzt, zu vorgerückter Stunde, ist hier kaum Verkehr. Eine langgezogene Baugrube, unzählige Warnlichter blinken. & da es augenblicklich niemanden gibt, der gewarnt werden müßte, fiele es leicht, einem Gedanken von André Corboz zu folgen & die Lichter ästhetisch zu betrachten. Auch wenn es ein Irrtum wäre, den visuellen Oberbau des Verkehrssystems mit einer künstlerischen Gestaltung der Stadt zu verwechseln, muß man zugeben, daß zum Beispiel die Vision des Stadtzentrums in nächtlichen Stunden, in denen es leer ist, d.h., in welchem die Funktionen des Systems aufgehoben scheinen, den Eindruck einer Freiheit der Zeichen vermittelt. Der aber utopisch bleiben muß, eine bloße Ahnung, was es bedeuten würde, würde man diesen ganzen technischen & finanziellen Aufwand für zweckfreie Installationen mobilisieren. Der gewaltige Gegensatz der in der ganzen Stadt blinkenden Lichter & deren zeitweiliger Nutzlosigkeit ergibt einen Bedeutungsüberschuß. Keineswegs als zwecklos können hingegen die Leuchtschriften, die auf Wirtshäuser hinweisen, bezeichnet werden. Etwa auf die Gaststätte *Zum Rabeneck,* in der kroatische Spezialitäten angeboten werden. Das Lokal ist leer; schlichte Holztische, die Wände holzgetäfelt. Daß ich hier dennoch nicht alleine bin, bedeuten mir Stimmen, die von ferne kommen – von der Kegelbahn, wie sich herausstellt. Auf einem Wandteller ist die Aufforderung zu lesen: Trink nie Wasser! Ein Bild zeigt einen Jungen mit einem rustikalen Hut, der in einen Bach pinkelt. Ein Gast verabschiedet sich, macht die Biege, wie er sich ausdrückt. Muß früh raus & obendrein einen klaren Kopf haben. Von einem 14-tägigen Urlaub ist die Rede & vom Umbau einer Küche. Der *Sparclub Rabeneck* informiert. Wenn es Nacht wird in Paris. In Dortmund. Draußen Felder, Einfamilienhäuser. Sie sind überall zu finden. Sie bilden die neue Form der Stadt. Weder entwickeln sie besondere Charakteristika der Region, noch eine eigene Identität. Aber was stiftet Identität? Die Vorgeschichte Mengedes im Mittelalter? Die Geschichte der *Zeche Adolph von Hansemann?* Diffuse Vorstellungen von Metropole & Großstadt, die aus US-amerikanischen Filmen bezogen werden. Jede reale Stadt hat eine Vielzahl von Fiktionen. Schreibt Waltraud Seidlhofer. Sie werden gezeichnet, beschrieben, rekonstruiert & erdacht. Jede Stadt existiert also – zumindest als fiktive Stadt – unzählige Male. Wäre es möglich, die Fiktionen einer Stadt, & zwar die gegenwärtigen, vergangenen & zukünftigen, mit ihrem augenblicklichen Erscheinungsbild zu verbinden, würde man das komplexe Bild dieser Stadt erhalten. Großstädtisch dimensioniert & in scharfem Kontrast zu den verbliebenen Altstadthäusern ist die Brücke über die Bahnanlagen. Auf meinem mäandernden Weg durch Mengede erreiche ich endlich wieder dieses markante Bauwerk. An der Brückenauffahrt heißt ein Lokal *Manhattan:* Darts & mehr. Es hat geschlossen. Nun, solche Brücken wird es in New Yorker Vorstädten auch geben. *Gabi's Bistro Imbiß* ist zwar hell erleuchtet. Ein zweiter Blick aber zeigt, daß die Scheiben abgeklebt sind: Wir renovieren! An der Brücke bemerke ich auch eine 1873 errichtete Stele mit einem Adler. Sie gibt mir einen Spruch mit auf den Weg: Möge Gott erhalten, was die Tapfern' erfochten!

Aufruhr: Kohlenkrise

Die Krise des Ruhrgebiets nimmt möglicherweise die Entwicklung künftiger Krisenzentren vorweg. Wenn es an der Ruhr brennt, reicht das Wasser des Rheins nicht, um das Feuer zu löschen. Wenn der Kampf gegen Kahlschlag & Verelendung im Revier verknüpft wird mit dem Kampf gegen jegliche Ausbeutung & Unterdrückung. Wenn es nicht mehr ausreicht, immer wieder & periodisch die Notwendigkeit der Vergesellschaftung zu beschwören. Wenn die Krise des Ruhrgebiets von unakzeptablen Widersprüchen gekennzeichnet ist. Wenn die Frage nach dem Zusammenhang von Krisenbetroffenheit & Handlungsperspektiven aufgeworfen wird. Wenn die »nachindustrielle Gesellschaft« als die große Hoffnung des 20. Jahrhunderts dargestellt wird. Wenn ein entsprechendes Problembewußtsein fehlt. Wenn die Geschichte der westdeutschen Arbeiter- & Gewerkschaftsbewegung über weite Strecken immer noch nicht aufgearbeitet ist. Wenn sich das Drängen der Bergarbeiter nach Veränderung in Unklarheiten & Verschwommenheiten verliert. Wenn selbst kollektive Handlungssituationen im Zusammenhang mit Tarifauseinandersetzungen & Zechenstillegungen nicht zwangsläufig die Voraussetzung für eine Radikalisierung der betroffenen Bergarbeiter schaffen.

Weil die Erwartung einer traditionellen staatlichen Sonderbehandlung ebenso vorhanden ist wie die Hoffnung, daß mit dem Regierungswechsel eine politische Wende eintreten könnte. Sensationelle Wahlerfolge der Sozialdemokraten im Ruhrgebiet Mitte der sechziger Jahre. Die Hoffnung war nicht gerechtfertigt. Es sollten dennoch beinahe 40 Jahre vergehen, bis die sozialdemokratische Landesregierung dann endgültig aus dem Amt gejagt wurde. Das Ruhrrevier war damals selbst für deutsche Verhältnisse eine besonders stark von der Industrie geprägte Region. Ein Land von Fördertürmen & Hochöfen. Schwarzer Himmel über der Ruhr, graue Fassaden, tausend Feuer usf. Bergbau & Metallverarbeitung ernährten 1957 mehr als die Hälfte der Industriebeschäftigten. Schließlich übernahm das Ruhrgebiet auch beim Niedergang der westdeutschen Industriegesellschaft eine Vorreiterrolle. Der krisenhafte Prozeß der Deindustrialisierung begann hier wesentlich früher als anderswo. Seit 1958 nahmen die Industriearbeitsplätze ab, während im Bundesdurchschnitt erst in den siebziger Jahren aus Stagnation Schrumpfung wurde. An der Ruhr ballten sich die Probleme der Deindustrialisierung während der späten fünfziger & sechziger Jahre in einer verhältnismäßig kurzen Periode zusammen. Das signalisierte dem Rest des Landes das Ende des Wirtschaftswunders. Das nährte tiefe Zweifel an der inneren Stabilität der Bundesrepublik & den grundlegenden Prinzipien ihrer Wirtschaftsordnung. Das löste verhängnisvolle Kettenreaktionen aus. Als im Februar 1958 wegen stockenden Absatzes die Bergleute in einigen Ruhrzechen Feierschichten einlegen mußten, war das für viele Zeitgenossen eine Überraschung.

Läßt man den Bergbau wirklich fallen wie eine heiße Kartoffel, wie behauptet wird? Oder sollten auf dem grünen Rasen neue Schächte niedergebracht werden? Besteht die Notwendigkeit eines energiepolitischen Umdenkens? Vom »eisernen Dreieck« von Staat, Gewerkschaften & Unternehmern ist die Rede. Von der »Zwangslinie« des staatlich gebundenen Kohlenpreises. Damit wird auch die Frage nach dem Zusammenhang von Krisenbetroffenheit & Handlungsperspektiven aufgeworfen. & hat der Vorsitzende der *IG Bergbau* nicht bereits 1956 festgestellt, daß der Steinkohlenbergbau nicht nur in eine menschliche, sondern auch in eine technische Krise geraten ist? Trotz vieler Ansätze moderner Abbaumethoden? Mehren sich Hinweise auf den Ernst der Situation. Läßt sich durch den Neubau von Schachtanlagen, durch Rationalisierungen & Mechanisierungsmaßnahmen die Kostenstruktur des Steinkohlenbergbaus so verbessern, daß er im Wettbewerb mit den anderen Energieträgern bestehen kann? Auf einer »lebensfähigen« & »gesunden« wirtschaftlichen Grundlage? Wird davon berichtet, daß spezialisierte Bergarbeiter wie etwa Grubenhandwerker & Lokführer sowie jüngere & leistungsfähigere Kohlenhauer freiwillig & in Scharen ihre unsicher gewordenen Arbeitsplätze verlassen & sich Arbeit in anderen Berufen suchen. Bergflucht. Ein Vorstandsmitglied der *IG Bergbau* meint: »Die Falschen verlassen die Pütts.« Es ist die Rede von Unentschlossenheit, Halbheiten, mangelnder Einsicht, zu spätem Handeln & zu großer Rücksichtnahme auf den »großen Bruder über dem Teich«. Von Blindheit gegenüber den wirtschaftlichen Notwendigkeiten & fehlender Logik. Davon, daß die Bergarbeiter diese Stunden wirtschaftlichen

Versagens niemals vergessen würden. Auf dem Schlachtfeld einer verkehrten Kohlenpolitik. Bieten sich wenigstens individuelle Auswege an? Droht ein wirtschaftspolitisches Stalingrad an Rhein & Ruhr? Die Kohlenkrise hatte begonnen. Die Haldenbestände an Steinkohle & Steinkohlenkoks wuchsen sprunghaft an. Das kam umso überraschender, als alle Prognosen von einem ständig steigenden Energieverbrauch ausgegangen waren. Der designierte Vorsitzende der *IG Bergbau* hatte 1956 in Dortmund erklärt: »Es ist kein Geheimnis, daß der Kohlenbergbau der Bundesrepublik die als Folge des wirtschaftlichen Wachstums immer breiter werdende Energielücke allein nicht mehr schließen kann.« Als Sofortprogramm wurde die Abteufung neuer Schachtanlagen im Norden des Ruhrgebiets gefordert sowie die Wiederinbetriebnahme bereits stillgelegter Zechen in Bochum, Witten, im Süden des Dortmunder Raums & in Essen-Werden. Noch im Frühjahr 1957 waren die Bergarbeiter von der Regierung aufgefordert worden, zur Sicherung der Brennstoffversorgung Sonderschichten zu verfahren. Selbst als sich bereits die ersten Anzeichen der Kohlenkrise zeigten, hielt die *IG Bergbau* an ihren Prognosen fest. Mitte der fünfziger Jahre ging die Zeit langsam zu Ende, in der die Wirtschaft auf große Reserven Arbeitssuchender zurückgreifen konnte. Der Übergang zur Vollbeschäftigung machte sich zuerst im Bergbau als Problem bemerkbar. Die extensiven Methoden der Profitmaximierung stießen immer mehr an ihre Grenzen. Unmittelbar nach dem Krieg war die Parole »Die Gruben in des Volkes Hand« in allen Gewerkschaften & Parteien konsensfähig, wenn es auch Auffassungsunterschiede im Détail gab. Denn der Wettbewerb über den Markt hat nur da Sinn, wo die Chancen der Produzenten tatsächlich ungefähr die gleichen sind. Hier in der Kohle aber bestimmen die Flözverhältnisse, die Teufe & die Transportlage die Kosten. Würde das Wettbewerbsprinzip der Marktwirtschaft für die Kohle gelten, so würde eine Ausschaltung der Grenzzechen & eine Konzentration auf die besten Betriebe erfolgen. Wo bei wachsendem Energiebedarf auf längere Sicht doch auch diese Grenzbetriebe noch gebraucht werden! 1958 wurde auf der 6. Generalversammlung der *IG Bergbau* der Neuordnungsplan diskutiert: Wir müssen einmal der Öffentlichkeit sagen, wie wir uns die Sache vorstellen. Das Gebot der Stunde ist schwer. & über diese Schwere müssen wir uns unterhalten. Wir müssen uns diese

Schwere bewußt machen, um uns keiner Illusion oder einer Utopie hinzugeben. Wir müssen der Welt beweisen, daß dieser Bergbau reif ist, in die Hände einer gemeinwirtschaftlichen Ordnung überführt zu werden. Wir können die Überführung der Kohle in Gemeineigentum nicht einfach nur mit Entschließungen oder mit Forderungen durchführen, sondern wir müssen uns im klaren sein, daß wir diese Forderung mit einem Kampf durchsetzen müssen.

Die *Situationistische Internationale* proklamiert 1962: Es gibt den Widerstand, & er wird immer stärker. Es werden bessere Tage kommen. In demselben Maße, indem die alten Formeln der Opposition ihre Wirkungslosigkeit oder – noch öfter – ihr völliges Aufgehen in einer Teilnahme an der gegenwärtigen Ordnung enthüllen, breitet sich die Unzufriedenheit unterirdisch aus & unterhöhlt das Gebäude der Gesellschaft des Überflusses. Als sich die Streikenden in Liège am 6. Januar 1961 daran machten, die Druckmaschinen der Tageszeitung *La Meuse* zu zerstören, haben sie mit diesem Angriff auf den Informationsapparat, der sich in den Händen ihrer Feinde befindet, einen Gipfel des Bewußtseins ihrer Bewegung erreicht. Das absolute Monopol der Informationsübermittlung war aufgeteilt zwischen Regierungsbehörden & den leitenden Funktionären der gewerkschaftlichen & sozialistischen Bureaukratie. Genau hier lag der springende Punkt des Konflikts, das nie aufgesprengte Schloß, das den Zugang des »wilden« Arbeitskampfes zur Perspektive der Macht versperrte. Ob der Zusammenbruch unmittelbar bevorsteht? Ob mit einer katastrophalen Entwicklung zu rechnen ist? Ob das Zeitalter der Kohle zu Ende geht? Ob das Revier stirbt? Stellen sich Fragen angesichts dieses Scherbenhaufens, zumal nach dem »Knall von Gelsenkirchen«. Solange die Krise anhält, wird die Frage nach der Verantwortung in der Öffentlichkeit gestellt werden.

Hier geht es ganz nüchtern um die Ablösung der bisher bestimmenden Schicht durch die Gewerkschaften. Es ist also der syndikalistische Sozialismus, der hier zum Zuge kommt. So gut es ist, daß die Veränderung der Eigentumsverhältnisse wenigstens in einem Industriezweig auf der Tagesordnung bleibt, so besteht doch die reale Gefahr, daß das Wort von der Sozialisierung zur Ablenkung von aktuellen Tagesfragen wird. Hatten einige auf dem Gewerkschaftskongreß 1958 Angst vor der eigenen Courage. In den fünfziger Jahren galt der

Ruhrbergbau als eine Branche, die traditionell besonders stark von Klassengegensätzen geprägt war. Die Bergarbeiter standen in dem Ruf, potentiell »radikal« zu sein. Der Bundeskanzler fürchtete sich vor den »Kommunisten« im Ruhrgebiet, das er aus seiner Zeit als Vorsitzender des Provinzialausschusses der Rheinprovinz von 1917 bis 1933 zu kennen glaubte: »Wenn Sie Ihre Gedanken zurückgehen lassen, dann werden Sie wissen, daß die Unruhe im Industriegebiet in der Weimarer Republik immer auf andere Teile Deutschlands überschlug & dort Unruhe hervorrief.« Warnungen vor der »roten Gefahr«, vor dem Absinken der Belegschaften in Radikalismus verfingen, Angst vor politischem Radikalismus war abrufbar. Der spätere Bundeskanzler war 1922 davon überzeugt: »Mehrere Generationen, in den heutigen Großstädten geboren & aufgewachsen, hält das deutsche Volk nicht aus.« Es gibt keinen Zweifel, daß die Kommunisten 1958/59 an der Ruhr außerordentlich aktiv waren. Die DDR schleuste tonnenweise Propagandamaterial ins Ruhrgebiet ein. Es ist aber schwer einzuschätzen, wie die kommunistische Propaganda auf die Bergleute & ihre Angehörigen wirkte. Zeitgenössische Umfragen dazu gibt es nicht. & selbst wenn es sie gäbe, wären sie wenig aussagekräftig angesichts des repressiven politischen Klimas & der Verfemung der KPD. Große Enttäuschung & Unruhe an der Ruhr. Am gefährlichsten & neuralgischsten Punkt der ganzen Bundesrepublik, diesem Tummelplatz kommunistischer Agenten.

Je länger die Kohlenkrise andauerte, desto mehr wurde sie in der Öffentlichkeit als Strukturkrise verstanden, die den Steinkohlenbergbau nicht nur konjunkturell getroffen, sondern in seiner energiewirtschaftlichen Stellung grundsätzlich erschüttert habe. Die immer kleiner werdenden Zahlen auf der Lohnabrechnung führten zu immer intensiverem Nachdenken über die Ursachen der Kohlenkrise. Wie sich zeigen sollte, war es schon zu spät, den Ruhrkohlenbergbau für den Wettbewerb auf dem Weltmarkt konkurrenzfähig zu machen. Die in der Krise nicht mehr absetzbare Kohle wurde zunächst auf Halden geschüttet. Neben dem vertrauten Bild der Fördertürme prägten bald rasch wachsende schwarze Berge die Landschaft im Ruhrgebiet. Von der Popularisierung des Begriffs ›Strukturkrise‹ bis zur Zustimmung zu Zechenschließungen & Entlassungen war es nur noch ein kleiner Schritt. Der Bergbau ist infolge seiner veralteten Struktur & des Dornröschenschlafs vieler führender Manager so unelastisch, daß er nicht einmal konjunkturellen Schwankungen gewachsen ist. In dieser Krisenzeit war der Bergmann bei allen lauten Worten auf der Straße & in den Versammlungen dennoch vor Ort sehr diszipliniert & fleißig. Die Lage im Ruhrbergbau hat inzwischen einen Verschlechterungsgrad erreicht, der für uns Veranlassung sein müßte, gemeinsam mit allen Mitteln zu versuchen, der Entwicklung zu begegnen. Wenn nicht das Ruhrgebiet politisch in Flammen aufgehen soll. Die Zahl der Feierschichten stieg weiter an, die Unruhe in der Bergarbeiterschaft nahm zu. Der politischen Tätigkeit der sowjetzonalen Stellen waren anscheinend Tür & Tor geöffnet. Infolge der in den letzten Monaten ausgesprochenen Kündigungen & der vielen Pressenotizen, in denen von voraussichtlich notwendigen Zechenstillegungen & Massenentlassungen im Bergbau die Rede war, ist bei den Bergleuten große Unruhe entstanden. Das Ruhr-Problem. Die freiwilligen Abgänge von Bergarbeitern haben in einem beängstigenden Umfang zugenommen. Eine unheilvolle Unruhe geht durch die Steinkohlenreviere. Eine kaum wieder gutzumachende Beunruhigung des Reviers. Soziale Sicherheit statt Chaos. Das Betriebsklima ist kälter geworden, angereichert mit Spannungen & Nervosität. Die Schweigemärsche genügen nicht. Erforderlich wären Abwehrmaßnahmen gegen die rücksichtslose Markteroberungsstrategie der Erdölkonzerne, Kontrolle & Lenkung aller Energieimporte sowie der Investitionen in der Energiewirtschaft & die Schaffung eines einheitlichen, nicht diskriminierenden Preis- & Wettbewerbssystems. Der Steinkohlenbergbau ist ein Industriezweig, der langfristig planen muß.

Nihilistische & anarchistische Bestrebungen in der ansonsten so konservativen Stadt Bochum. Als innerhalb kürzester Zeit mehrere große Schachtanlagen im Bochumer Raum ihre Förderung einstellen mußten. Die *Bochumer Bergbau AG* rief in Informationsblättern zu »Ruhe & Besonnenheit« auf. Das Vorgehen der *Bochumer Bergbau AG* wurde dennoch als »mehr oder weniger autokratisch« empfunden. Ein Sozialplan für die *Schachtanlage Prinz Regent/Dannenbaum*, die als erste ihre Förderung einstellen sollte, konnte die Empörung nicht dämpfen. Die Bochumer Südzechen galten als unrentable Marginalzechen. Verlegungspläne & Verlegungswünsche, schließlich aber doch größere Kompromißbereitschaft im Umgang mit den Betriebsräten & der *IG Bergbau*. In der Folge eilige Änderungen an den Stillegungsplänen. In Bochum wirkte sich die Kohlenkrise nicht nur sehr frühzeitig & schnell aus, sondern auch besonders heftig & tiefgreifend. Besonders schwerwiegende soziale Folgen im Falle der Schließung der *Zeche Prinz Regent/Dannenbaum*. Denn die betriebsbezogenen Spezialkenntnisse & -fähigkeiten verlieren bei der Verlegung wegen der häufig veränderten Abbauverhältnisse, etwa in der Lagerung der Flöze oder der Festigkeit des Gesteins, in der Regel ihre Bedeutung. Erhebliche Verdiensteinbußen drohen. Da den verlegungswilligen Belegschaftsmitgliedern die Wahl der Aufnahmezeche freigestellt war, wurden zudem bewährte Arbeitsgruppen auseinandergerissen. Während die Verlegungen innerhalb Bochums weitgehend erfolgreich blieben, kehrten rund ein Drittel der zur *Rhein-Elbe AG* & zur *Dortberg AG* verlegten Bergarbeiter wieder ab. Das labile Gleichgewicht zwischen Zu- & Abgängen geriet aus den Fugen. So gering die Mobilität der Bergarbeiter auch war, so wenig hatte die *Bochumer Bergbau AG* ihrerseits Maßnahmen ergriffen, die geeignet waren, die Verlegungen zu unterstützen. Große Bodenständigkeit im Bochumer Süden, auch wenn die überkommene Sozialstruktur in den traditionsreichen Familienpütts längst aufgesprengt worden war. In der Öffentlichkeit wurden Erinnerungen an den letzten großen Bergarbeiterstreik 1923 wach. Nun lösten die oft überraschenden Stillegungsbeschlüsse, von denen die Bergarbeiter meist aus der Presse erfuhren, zwar einhellige Empörung aus, aber der anfängliche Protest verlor sich wieder sehr schnell. Zwar fanden die Betriebsversammlungen unmittelbar nach Stillegungsbeschlüssen in einer gereizten & angespannten Atmosphäre statt. Angesichts der tatsächlichen Zersplitterung der Zechenbelegschaften blieben die Aufrufe zu gemeinsamem Handeln aber Beschwörungen. Höhepunkt der Entlassungswelle 1959. Betroffen waren vor allem ältere, leistungsschwache & unbequeme Belegschaftsmitglieder. Die Schweine! Hast du es gelesen? Machen den Pütt einfach zu!

Es werden bessere Tage kommen. Lernprozesse, Suche nach Handlungsmöglichkeiten im politischen Nebel. Es gibt den Widerstand, & er wird immer stärker. Anfang 1962 haben die streikenden Bergleute von Decazeville 20 Mann für einen Hungerstreik delegiert & sich damit auf 20 Hauptdarsteller verlassen, die Mitleid erregen sollten. Sie haben zwangsläufig ihren Kampf verloren, weil ihre einzige Chance darin gelegen hätte, ihre kollektive Intervention um jeden Preis über die Grenzen ihres eigenen, ökonomisch defizitären Sektors hinaus auszudehnen. Revolutionäre Arbeiter vergessen häufig, daß die Repräsentation immer auf das Notwendigste beschränkt bleiben muß. Am 4. August zeigte sich die Öffentlichkeit verwundert darüber, daß streikende Bergarbeiter auf 21 Autos losgegangen waren, die vor dem Direktionsgebäude parkten & die doch fast alle Angestellten des Bergwerks gehörten, die sozial kaum besser gestellt sind als die Streikenden. Wie kann man aber übersehen, daß es sich dabei um eine Abwehrhandlung gegen den zentralen Gegenstand des entfremdeten Konsums handelte, wenn man die vielen Gründe beiseite läßt, die die Aggressivität der Ausgebeuteten jederzeit rechtfertigen? Zum ersten Mal erscheint eine Welle des Vandalismus gegen die Maschinen des Konsums, deren Wert nicht in der Zerstörung selbst liegt, sondern im Ungehorsam, der später in der Lage sein wird, sich in ein positives Projekt zu verwandeln. Aber wann wird das sein? Wie lange müssen diese Ideen noch in Texten & Dokumenten überwintern? Wieviel Zeit haben wir noch?

Bevor die Bankrotterklärung kommt. Bevor alle Trümpfe verspielt sind. Denn angesichts der wachsenden Halden & Feierschichten verloren die gewerkschaftlichen Kampfmittel an Drohpotential. Es war klar, daß eine entscheidende politische Tat folgen müsse. Nach dem »schwarzen Tag von Düsseldorf«. Marsch auf Bonn. Hunderttausend & mehr nach Bonn & ordentlich Krach schlagen! Die von *Radio Moskau* verbreitete Meldung, daß damit der Bürgerkrieg im Bundesgebiet beginnen würde, mußte dementiert werden. Eine Flut von Schmähungen, unsachliche Argumente. Unzufriedenheit mit der Tätigkeit der Gewerkschaft, die in extremen Fällen in völlige Ablehnung umschlagen konnte. Die Befürchtung, die Kampfmaßnahmen könnten der zentralen Gewerkschaftsführung entgleiten & von den Kommunisten für ihre parteipolitischen Zwecke ausgenutzt werden. Angeblich Zersetzungsarbeit undemokratischer & illegaler politischer Kräfte, die Unruhe & Sorge unter den Kumpeln zu verbreiten versuchten. Ein Tummelplatz politischer Scharlatane. Östlich orientierte Propaganda. Ein radikaler Hexenkessel. Das Stimmungsbarometer in Schächten, Werkstätten & Verwaltungen stand zweifellos auf Sturm.

Die Rede war von einer »kardinalen Gefährdung der innenpolitischen Gesamtsituation«: Wir können uns einen Herzinfarkt in diesem Land nicht erlauben! Die Stimmung im Revier war auf einem neuen Tiefpunkt angelangt. Da sich das Aufhaldungstempo nicht verlangsamte. Da das Anwachsen der Haldenbestände nicht aufzuhalten war & jedermann zeigte, daß der Steinkohlenbergbau auf einen erneuten krisenhaften Einbruch zusteuerte. Da die Haldenverlagerungsaktionen, die Einlagerung von 4 Millionen t Kohle in revierfernen Gebieten zwiespältig aufgenommen wurden. Von Spazierfahrten die Rede war & einem Beschäftigungsprogramm für die Binnenschiffahrt. Man kann in zwei Monaten nicht die Halden wegzaubern, die in neun Jahren Strukturkrise aufgetürmt worden sind. Das Faß war damit endgültig zum Überlaufen gebracht worden. Droht ein Sturzflug mit politisch möglicherweise explosiven Folgen.

Das ist nach dem Kriege noch nicht vorgekommen. & daß es in der Nachkriegszeit nicht zu größeren Zusammenstößen gekommen ist, hat hauptsächlich zwei Gründe. Erstens traten die Zechenherren, die oft wegen ihrer Kooperation mit dem NS-Regime Angst vor strafrechtlicher Verfolgung hatten, gegenüber den nicht selten als Widerstandskämpfer ausgewiesenen Gewerkschaftsführern sehr vorsichtig auf. Zudem schweißte die einstigen Gegner zunächst die gemeinsame Abwehr der alliierten Ambitionen zusammen, die Ressourcen an der Ruhr auszubeuten. »Es bedarf gemeinsamer Anstrengungen, um dem Steinkohlenbergbau im Rahmen der Gesamtwirtschaft die Bedeutung zu erhalten, die ihm bei der Sicherung des Energiebedarfs zukommt«, wandte sich der Vorsitzende der *IG Bergbau* an den Geschäftsführer des *Unternehmensverbandes Ruhrbergbau*. In der Antwort heißt es: »Sie werden mich immer als Weggenossen finden, wenn es um gemeinsame Anstrengungen zum gemeinsam erstrebten Ziel geht. Ich werde weiter für den Bergbau kämpfen, weil ich weiß, daß damit auch den sozialen Notwendigkeiten am besten gedient ist.« Ein Landtagsabgeordneter ist davon überzeugt, daß die Gewerkschafts- & Unternehmerverbände in gewissen Partien der Kohlepolitik ganz gut zusammenspielen – eine seltsame Kohle-Koalition. Die Gewerkschaft entschloß sich dazu, ihren Plan einer Vergesellschaftung des Bergbaus nicht mehr zu erwähnen, um bei Bedarf die Sozialisierungsforderung wieder aufnehmen zu können & so nach außen den Eindruck eines wachsenden Radikalismus' der Bergarbeiter zu erwecken. Das Gespenst der Sozialisierung! Der Unternehmensverband will uns auf die Barrikaden bringen, damit durch unsere Maßnahmen dem Bergbau durch die Bundes- & Landesregierung wirtschaftlich geholfen werden soll. Es bedurfte einer erneuten Zurschaustellung des »Radikalismus« an der Ruhr. Die Radikalisierung der Auseinandersetzungen nahm zu. Es sollte bald wenigstens der Anschein entstehen, daß etwas geschieht. Mystische Verklärungen des Ruhrreviers – so als genüge ein kleiner Funke, um das Pulverfaß an der Ruhr zur Explosion zu bringen. Unter dem Eindruck der Bedrohung der ganzen Branche verloren viele der alten Streitpunkte zwischen Kapital & Arbeit an Relevanz & wurden ausgeräumt. Es ging um die Erhaltung der »Spitzenstellung des Bergmanns«. Entscheidungen wurden gefällt, die eine ernste Bedrohung für den gesamten Steinkohlenbergbau zur Folge hatten. Kapitalismus ohne Schrecken. Es sollte eine Lösung gefunden werden, die die selbstzerstörerischen Debatten endlich abschloß. Der Streik konnte abgeblasen werden. Es hieß aber auch: Möglicherweise wird die Pauke in näherer Zukunft wieder eingesetzt werden müssen. Welche Konflikte prägen die nachindustrielle Gesellschaft? Spitzt sich der Klassengegensatz weiter zu? Gewannen durch die Zechenschließungen an der Ruhr die Konflikte zwischen den Bergarbeitern, denen ohnehin der Ruf des Radikalismus anhaftete, & den Bergbauunternehmern weiter an Schärfe?

Die Lunte brennt! Protestversammlungen, Kundgebungen & Demonstrationen auf *Shamrock 1/2* in Herne, auf *Shamrock 3/4* in Wanne-Eickel, auf *Adolph von Hansemann* in Dortmund-Mengede & auf *König Ludwig 1/2* & *König Ludwig 3/4* in Recklinghausen-Süd. Wir sind bereit. Wir wissen, was wir wollen! Die Kumpel fühlen sich belogen & betrogen. Ich kann euch versichern: Wenn wir wirklich auf die Straße gehen, dann flattern ihnen die Unterhosen! Ihr seht, eine Lawine beginnt zu rollen. Geld für Fehlinvestitionen ist da. Für Lohn- & Gehaltserhöhungen sind aber keine Mittel vorhanden. Wir werden kämpfen & die Unternehmer dort treffen, wo sie am empfindlichsten sind: am Profit. Jetzt hat der Esel malocht, jetzt hat der Esel seinen Dienst getan. Jetzt wird er erschossen. Wir lassen uns durch nichts von unseren Forderungen abbringen. So falsch es aber wäre, bei den Bergarbeitern von einer explosiven Stimmung in dem Sinne zu sprechen, daß es zu offener Gewalttätigkeit kommen könnte, so falsch wäre es auch, die tiefe Verbitterung der Kumpel zu übersehen. Wenn es zu weiteren überstürzten Zechenstillegungen kommen sollte, bei denen keinerlei organisierte Vorsorge für eine Umsetzung der Arbeitskräfte getroffen ist, dann könnte sich hier ein politischer Zündstoff ansammeln, der gefährlich werden kann. Jetzt war der Schrei nach Gewalt – »Aufhängen« oder »Reden ist Quatsch« – noch vereinzelt ... Was glaubt man, dem Bergmann nach dem Fiasko von Bismarck noch anbieten zu können? Unsere Geduld ist ein für allemal zu Ende. Ich weiß nicht, wo wir die für die Aufrechterhaltung der Sicherheit im Betrieb erforderlichen Kollegen hernehmen sollen. Erinnerung an den alten Bergarbeiterdichter Heinrich Kämpchen: »Wir sind keine rohe, verwilderte Schar, / Wir wollen nur menschliche Rechte. / Wir krümmen keinem Kinde ein Haar, / doch sind wir auch klar zum Gefechte.« Lebhafter, langanhaltender Beifall. Die explosive Stimmung unter den Bergleuten hatte das Maß noch nicht erreicht, um handlungsbestimmend werden zu können. Der erhoffte Knall ließ auf sich warten.

Die Protestdemonstration der 15.000 Bergarbeiter auf dem alten Marktplatz in Dortmund-Huckarde hatte Wellen geschlagen. Auf dem sonst friedfertigem Handel dienenden, von vorstädtisch-kleinbürgerlichen Fassaden geprägten Platz herrschten Pulverfaß-Stimmung & echtes Barrikaden-Pathos. Aber der erhoffte Knall ließ weiter auf sich warten. Neben Unruhe & zum Teil auch Empörung breitete sich nicht selten Enttäuschung, Trauer & Resignation aus. Die Stimmung im Revier war auf einem neuen Tiefpunkt angelangt. 1945 dienstverpflichtet – 1967 die Existenz vernichtet. Ein Arbeitsplatz, der jeden Tag gekündigt werden kann, ist die Hölle auf Erden. Möge von dieser Stunde an die Flamme der erwachenden Arbeitnehmerschaft durch das gesamte Revier lodern! Die Lunte brennt! So kämpferisch der Ton war, es wurden doch nur Hilfen von Bundes- & Landesregierung gefordert. Ein Veto des Ministerpräsidenten. Politisch änderte sich nichts, sozialpolitische Maßnahmen ließen weiter auf sich warten. Schon kurz nach einer Kundgebung in Bergkamen erreichten die Spannungen einen neuen Höhepunkt, als völlig überraschend die Stillegung der Schachtanlagen *Concordia 2/3* & *Concordia 4/5* in Oberhausen bekanntgegeben wurde. Empörung über das »volkswirtschaftliche Verbrechen«, mit Steuermitteln wertvolle Lagerstätten aufzugeben & leistungsfähige Anlagen zu vernichten. Im Herbst wird die Stilllegung der Schachtanlagen *Hansa* in Dortmund & *Pluto* in Wanne-Eickel angekündigt. Statt der gewohnten schwarzen, beherrschten roten Fahnen das Bild. Falls im Dortmunder Raum noch eine Schachtanlage stillgelegt wird, brechen alle Dämme. Eh der Kumpel verreckt, muß die Regierung weg! Wir haben die Versammlungen nicht mehr in der Hand. Eines Tages wird es nicht mehr möglich sein, die Leute zu halten. Die Radikalität wird losbrechen, unkontrollierbar. In Huckarde wurde die Internationale gesungen. Beobachter spotteten darüber oder beruhigten sich damit, daß viele den Text der 2. Strophe nicht beherrschen. Von einem wiedererwachenden Klassenbewußtsein bei den Bergarbeitern zu sprechen, verkennt aber wohl die Stimmung. Es wird Entwarnung gegeben. Vorerst sind politische Provokateure im Revier kaum auszumachen.

Dérive XIV: Haspe

Ins Tal der Ennepe hinein, an langen Reihen von Häusern vorbei, Fassaden: Verwahrlosung & Leerstand. Heruntergekommene Gründerzeitbauten. Fragmente einer Stadtlandschaft, die am Fenster eines Busses vorbeiziehen. Sobald man in Hagen die Innenstadt mit ihren vielen unattraktiven Zweckbauten verlassen hat, mehren sich die alten Häuser. Wie zum Hohn heißen die Verkehrsbetriebe hier *Hagener Straßenbahn AG* & betreiben doch schon seit den siebziger Jahren keine einzige Straßenbahnlinie mehr. Totaler Ausverkauf allenthalben: Viele Haltestellen tragen nicht die Namen von Straßen oder wichtigen öffentlichen Gebäuden, ihre Namen sind an Firmen verkauft worden, an Autohäuser & Banken. Eine Station vom Hagener Hauptbahnhof entfernt ist der Bahnhof Hagen-Heubing, vormals Haspe-Heubing. Ein schlichter S-Bahnhaltepunkt, kein Bahnhofsgebäude, keine Bahnsteigüberdachung. Die Bahnlinie verläuft parallel zur Ennepe. Man tritt hinaus auf die Straße Am Hasper Bahnhof. Wird dort über folgendes informiert: Die Hasper Schützenvereine laden ein! Zu einer Kranzniederlegung für die Toten der Weltkriege am Volkstrauertag. Am Ehrenmal Auf der Hardt. Anschließend treffen sich die Schützen zum Aufwärmen in den Räumen des Hasper Schützenvereins. Die Hammerstraße, die zwischen Fluß & Bahn verläuft, führt zum Hasper Hammer, einem mit Wasserkraft betriebenen alten Hammerwerk. Zum früheren *Ennepetaler Sensenwerk*. In das kleine, rotgestrichene Fachwerkhaus ist ein Kulturzentrum eingezogen, Kabarett & Kleinkunst. Produziert wird längst nichts mehr, die Wasserkraft aber immer noch in kleinem Maßstab genutzt. Die *Turbine Haspe* ist ein Kleinkraftwasserwerk & ein außerschulischer Lernort: 2 Francis Saugrohrturbinen (Baujahr 1936), 2 Asynchrongeneratoren, vollautomatische Steuerung. Die Ennepe rauscht am Wehr. Industrie & Stadt haben sich in Hagen entlang mehrerer Flußtäler entwickelt. Das ergibt eine reizvolle Topographie mit einer Vielzahl von Hügeln, Tälern, Aussichtspunkten. Flußläufen, Bächen. Rauschen. Die Industriestadt ist häufig eine formlose Stadt, eine Agglomeration von kaum städtischem Charakter. Sagt Henri Lefèbvre. Ein Konglomerat, ein Ineinandergehen von Städten & Ortschaften geht dieser kritischen Zone voraus &

kündigt sie an. Wie etwa im Ruhrgebiet. In Hagen & Haspe. Ich gehe die Hammerstraße wieder in Richtung Bahnhof zurück, wo an der Tillmannsstraße die Stadt beginnt. Verlasse die Fluß-, Tal- & Hammeratmosphäre. Hier beginnt ein Viertel mit ansprechender Gründerzeitbebauung. Eine Bäckerei arbeitet ausschließlich mit natürlichen Zutaten, guter Butter & eigenen Rezepturen. Tut das groß auf Schildern kund. Haspe & wir, Bäckerei & mehr – aber es müßte doch gar nicht mehr sein, denke ich, ein vernünftiges Angebot von Backwaren würde doch reichen. Ein Lokal heißt schlicht *Stube & Küche*. Auf der Karte stehen Schnitzel, Cevapcici, Gyros usf. In der Heubingstraße heißt ein Laden *Heubinger Allerlei*. Über einer Einfahrt ist ein Pferdekopf nebst Hufeisen angebracht, über dem Eingang eines Eckhauses prangt ein imposanter Reichsadler. Möglich, daß es hier einmal eine Gaststätte *Zum Reichsadler* gegeben hat. Die Frankstraße endet an den Gleisen, ein Fußweg führt zum Friedhof. An der Ecke Heubing-/Tillmannsstraße hat der *Sporting-Club Hagen-Haspe e.V.* seinen Vereinssitz in einem Ecklokal. Sò para sòcios. Heißt es unmißverständlich. Nur für Mitglieder. Das ist schade, denn der Club scheint über eine ansprechende Gaststube zu verfügen. Eine Leuchtschrift erinnert an eine untergegangene Hagener Brauerei: *Andreas Edel Pils.* Die Tillmannsstraße überquert auf einer Brücke die Ennepe, trifft auf den Kurt-Schumacher-Ring. Dort eine Reihe anspruchsloser Flachbauten, Gewerbe. Lagerverkauf, Weine & mehr aus Griechenland. Portugiesische Fragmente im Text dieser deutschen Stadt: *Pastelaria Portugalia*. Portugiesische Konditoreispezialitäten, Hochzeitstorten, Taufen, Jubileen usf. Weiters Shopideen: Verpackung, Tragelaschen, Preisauszeichnungen. Ein *Stahlkontor*, die *Kooperative K*, Verein zur Förderung aktueller Kunst, Werkstatt & Galerie. Den Gewerbebauten gegenüber, am Kurt-Schumacher-Ring, eine Zeile mit Gründerzeitbauten. Die Gaststätte *Am Markt*, auf die ich wahrscheinlich noch zurückkommen muß. Rauchen macht sehr schnell abhängig: Fangen Sie erst gar nicht an! Meint der Inhaber eines Schusterladens den Passanten in seinem Schaufenster mitteilen zu müssen. In der *Gaststätte Ratskeller*, ich gehe weiter die Tillmannsstraße entlang, hat der *Burn Out e.V.* seine Heimstätte. Das stimmt bedenklich. Selbsthilfe mit Alkohol, oder wie soll man das verstehen? In die Gaststätte *Zum alten Stadthaus* ist mittlerweile das *Restaurant Dalmatia* eingezogen. Überhaupt verschleiert man im Westfälischen den Wandel alter Wirtshaus-Institutionen zu Italienern, Griechen, Jugoslawen gerne & behält die alten Namen bei. Das hat etwas Beruhigendes. Eine Änderungsschneiderei wirbt: Wir ändern fachmännisch Ihre Garderobe, modernisieren, reparieren usf. Auch Leder & Pelze. Wer läßt seine Garderobe heute noch modernisieren? Wer trägt noch Pelz? Eine Reinigung heißt *Ilka's Kugelblitz* – eine Anspielung wohl auf die Geschwindigkeit, in der die Dienstleistungen erbracht werden. In der Berliner Straße stoße ich wieder auf eine portugiesische Spur, auf den *Kulturverein der Portugiesen in Hagen-Haspe e.V.*, gegründet am 8. 9. 1978. Das Restaurant im *Vereinshaus St. Bonifatius* wartet mit einer Schnitzelparade auf: »Grüner Teufel«, »Florida«, »Urlaubstraum« usf. In der Berliner Straße sind in zwei einander schräg gegenüberliegenden, schmalen Baulücken zwei merkwürdige, irgendwie behelfsmäßig wirkende Gebäude errichtet worden, die jeweils einen Gebrauchtwarenladen beherbergen – beide einstöckig & gerade mal groß genug für die kleinen Geschäfte. Haushaltsauflösungen, Entrümpelungen, Ankauf/Verkauf. & gegenüber: Mode & mehr aus 2. Hand, Ankauf/Verkauf. In den Schaufenstern Kleidung, Schmuck, Krüge, Nippes. Wo Berliner, Kölner & Voerder Straße zusammenstoßen, ist der gefühlte Mittelpunkt von Haspe. Die Haltestelle heißt Hasper Kreisel. Ein Hochbunker, der erst auf den zweiten Blick als solcher zu erkennen ist, setzt an dieser Stelle einen eigenartigen Akzent. Auf die Front des Bunkers sind zwei Hausfassaden gemalt, zwischen denen man auf einen Hochofen blickt – Reminiszenz an die schon vor Jahrzehnten stillgelegte *Hasper Hütte*. Die Stadt Haspe ist um dieses Stahlwerk herum gewachsen & hat diesen Mittelpunkt verloren. Die Mitte ist heute leer. Unmöglich, daß das nicht zu Phantomschmerzen führt. Aber darüber kann ich noch nichts Genaueres sagen. Bemüht um Entzifferung des urbanen Raums: Hochofen-, Erz-, Koks- & Eisenstraßen haben sich in den Stadtplan eingeschrieben, ein Hüttenplatz. Der Raum, der anhand von Bildern & Stadtplänen mehr oder weniger gut lesbar wird, kann auf mehrerlei Weise entziffert werden. Muß letztlich aber doch erwandert werden. Die Stadt schreibt sich auf Plänen nieder. Sagt Henri Lefèbvre. Bald wird ihre Schrift andere Formen annehmen: Träume, Bekenntnisse, Romane, Melodramen. Die »Hasper Wetterstation«, eine an einer Kette befestigte Kugel, ist ein müder Scherz, der mir auch schon an anderen Orten begegnet ist: Wenn man die Kugel nicht sieht, ist starker Nebel. Wenn die Kugel weiß ist, schneit es. Wenn diese Kugel nach oben zeigt, geht die Welt unter. Usf. Das ist nicht der Fall. An der Kugel ist gar nichts zu bemerken. Schlagzeilen drängen mit ihren Lettern ins Hasper Stadtbild: Regio-Flughäfen in NRW droht der Absturz. Geheime UFO-Akten veröffentlicht. Nein, es handelt sich nicht um Satire. Das ist der aktuelle Stand der Verblödung, der noch viel Schlimmeres befürchten läßt. Außerdem Aushänge des *Hasper Schützenvereins e.V.* Die Vereinsdichte in Haspe scheint sehr groß zu sein. Ein Café heißt *Himmlisch*, eine Damenschneiderei *Le Grand Chic.* Das hat immerhin Stil. In der Aula des Ricarda-Huch-Gymnasium wird mit einem Konzert für Trompete & Orgel gefeiert: 50 Jahre Ott-Orgel. In der Kölner Straße der *Buch-Handelskontor Convention von Tauroggen.* Das ist der seltsamste Name einer Buchhandlung, der mir bislang untergekommen ist. Warum wird an den Waffenstillstand vom 30. Dezember 1812 erinnert? Militaria & Regionalia in der Buchhandlung, Haspe-Fahnen & -Mützen. Aber auch Bücher von Ernst Meister, dem Dichter aus Haspe, der es in diesen Laden wahrscheinlich mit seiner dunklen Poesie gar nicht geschafft hätte ohne seinen Heimatvorteil in der »Stadt am Walde«. Der seiner alsbald nach Hagen eingemeindeten Stadt Haspe Zeit seines Lebens die Treue gehalten hat. Ich belausche eine Unterhaltung, in der es um eine Fahrt zur Frankfurter Buchmesse geht & um irgendeinen idiotischen Roman, der gerade in Frankfurt ausgezeichnet wurde & für den auf allen Kanälen Reklame gemacht wird. Warum nur geben sich Menschen, die ja immerhin & im Gegensatz zu den meisten anderen Buchhandlungen aufsuchen, so schnell zufrieden? Mit so einem Dreck? Lesen sie wenigstens Ernst Meister? *Bistro Zinkhütte, Hüttenapotheke,* Werkstraße – Namen bewahren die Erinnerung an die Hütte. Auf ihrem Gelände sind Wohnbauten errichtet & Grünflächen angelegt worden. Ein Stück Stadt, dem man ansieht, daß es implantiert wurde in das Gewebe, aus dem man die Hütte gerissen hat. Der Text der Stadt ist eine Collage. Die Textur. Ernst Meister fand den rostbraunen Qualm aus den Hochöfen am Abendhimmel »romantisch«, unter Anführungsstrichen. In der *Alten Reichsbank*, dem schmuck herausgeputzten Gasthaus, findet sich inzwischen die *Osteria Da Paolo.* Ein freistehendes, ebenfalls akkurat renoviertes Gebäude sieht aus wie ein altes Stellwerk, das aber hier an der Kölner Straße, wo weit & breit keine Gleise zu sehen sind, wenig Sinn zu ergeben scheint. Aber wer überblickt noch die vielen Streckenstillegungen? Vielleicht hat es sich um eine Werksbahn gehandelt. In einem anspruchslosen, neuen Bureauhaus hat die Firma *Brandt Zwieback Schokoladen GmbH* ihren Sitz. Den orangen Schriftzug & die Visage eines lächelnden blonden Jungen als Erkennungszeichen hat die Werbung ins kollektive Gedächtnis der Bundesrepublik gebrannt. Produziert wird seit einigen Jahren aber nicht mehr in Haspe. Das Werk wurde nach Thüringen verlegt, um die Löhne zu drücken. Im *Altstadt Gasthaus Heinemann* hingegen herrscht erfreulicherweise Aufbruchsstimmung: Sehr geehrte Gäste!! Wir suchen für unsere gemütliche Kneipe einen Dartverein, einen Skatclub & ein Kaffeekränzchen!! Das Mobiliar in dem Lokal macht einen relativ neuen Eindruck, ist aber traditionell rustikal. Am Tresen sitzt ein älteres Paar, sonst ist der Schankraum leer. Es gibt noch weitere Räume. Irgendwo ganz hinten wird Billard gespielt. Die Unterhaltung an der Theke dreht sich um Rauchen & Rauchverbote. Das einzige Thema, das die Leute wirklich aufregen & aus der Reserve locken kann. Alles andere wird hingenommen. Ein doofer Sender hat nichts Wichtigeres zu senden als die heutigen »Popgeburtstage«. Also erreicht mich die vollkommen überflüssige Information, daß irgendein Jazzmusiker heute 91 geworden wäre. Ist er aber nicht, weil er zu viele Drogen genommen oder zuviel gesoffen hat, wie es sich für einen Jazzmusiker gehört. Zwischen der Thekenkraft, einer Polin, & einer älteren Deutschen entspinnen sich Gespräche über das Lernen von Sprachen. Die Deutsche bringt in ihrem Diskussionsbeitrag Integrieren & Intrigieren durcheinander. Dazu ließen sich bestimmt einige geistreiche Bemerkungen machen, aber das Gespräch an der Theke behält biedere Bodenhaftung. Von einem Griechen, der seit 40 Jahren in Deutschland lebt & noch immer kein Deutsch spricht, ist die Rede. Man müsse sich doch Mühe geben! & die Polin, die im *Altstadt Gasthaus* Bier zapft & sich mit ihren Gästen auf Deutsch unterhält, dient als positives Beispiel. Die Radionachrichten liefern die Information in die Kneipe, daß die Armut einer OECD-Studie zufolge zunimmt. Das kann im Ernst nicht verwundern. Stellt sich nur die Frage, warum das gerade jetzt zugegeben wird. In der Kneipe stellt niemand diese Frage.

Dann werden Trinksprüche im internationalen Vergleich durchgenommen, Polen, Bulgarien usf. Ich verlasse das *Altstadt Gasthaus* & gehe zurück zum Hasper Kreisel, biege in die Voerder Straße ein. Ein *Preisgigant* wirbt mit der Behauptung, immer günstig zu sein. Dramatisch der Eingang zur Suchtkrankenhilfe des *Blauen Kreuzes:* Ganz unten an der Hausmauer, nur knapp über dem Boden, ist ein alter Schriftzug zu lesen: »Die so im Elend sind führe ins Haus«. Es wird also erwartet, daß man sich diesem Hilfsangebot auf allen Vieren nähert. Erst dann nähert, wenn man so tief gesunken ist. So weit bin ich noch nicht, wenn ich auch von der Notwendigkeit überzeugt bin, sich einen Stadtteil zu ersaufen, alle diese Kneipen aufzusuchen, beispielsweise in Hagen-Haspe. Zerrüttung. Die bewußte Schaffung von Situationen usf. An der Ecke Voerder/Vollbrinkstraße erinnert das Portal des alten Gußstahlwerks als Monument an die Vergangenheit der Stahlstadt Haspe. Die Lage der Werks war das Gebiet An der Kohlenbahn bis zur Kipperstraße. Der Standort des Portals entspricht heute der Stelle An der Kohlenbahn 30. Das Werk beschäftigte zur Hochkonjunktur fast 2000 Personen. Bewacht wird das ehemalige Werkstor von einer Gießerfigur des *Deutschen Formermeister Bundes e.V.* Gegenüber der *Gasthof zur Hasper Hütte,* Vereinslokal des *M. G. V. Liederkranzes Hasperbach 1847,* der die Erinnerung an das Werk auch wachhält & leider geschlossen hat. Ruhetag. Ein griechischer Imbiß, schlicht & behelfsmäßig neben eine Einfahrt gebaut, ist in helles Neonlicht getaucht. Die Voerder Straße läuft auf eine Unterführung unter der Bahnstrecke nach Wuppertal zu, die Haspe ebenfalls durchschneidet. Die Straße führt in ein Tal hinein. Links & rechts steigen Straßen an, ein Fluß ist zu hören. Hügel sind in der Dunkelheit nur zu erahnen. Rauschen. Der Hasper Bach fließt aus diesem Tal heraus & mündet in Haspe in die Ennepe. Die Stadt Hagen verzweigt sich in Täler, Flußläufen entlang, die sich in weitere Täler verzweigen, aus denen auch Flüsse & Bäche kommen. Überall ist die Präsenz des Wassers spürbar, das mir ein angenehmes, beruhigendes Gefühl gibt. Rauschen. Im Tal des Hasper Baches Fabrikhallen, alte mit Giebeln & Bogenfenstern & auch neuere, schlichte. *Luhn & Pulvermacher, Dittmann & Neuhaus.* Autoteile, Federn & Stoßdämpfer, Gesenkschmieden, Oberflächenveredelung usf. Gegenüber der *Verzinkerei Pfingsten* das *Alte Pfingsten Brauhaus,* in dem ein eigenes

Lager-Bier gebraut wird. *Pfingsten* – so scheinen Arbeits- & Feierabendwelt in einer Hand. Womöglich eine alte Institution, ist das Brauhaus aber doch neu eingerichtet worden, bietet gutbürgerliche Küche. Ab dem 7. Oktober Gänsebraten! Heute stehen Stubenküken auf der Karte. Das gefällt mir nicht, Küken möchte ich keine essen! Auf die Verzinkerei folgt ein Korridor von Altbauten, der mir eine Art psychogeographisches Gravitationszentrum zu sein scheint. Kein Mensch ist auf der Straße zu sehen. Das Rauschen des Hasper Baches ist zu hören, schemenhaft sind in der Dunkelheit Hügel auszumachen. Aus der Sicht des Umherschweifenden haben die Städte ein psychogeographisches Bodenprofil mit beständigen Strömen, festen Punkten & Strudeln. Nun erlauben uns bewegliche Winkel & flüchtige Perspektiven zwar, zu originellen Auffassungen des Raumes vorzustoßen, aber dieser Blick muß doch bruchstückhaft bleiben. In einem Fachwerkhaus ist das *Kinderhaus Löwenzahn* untergebracht. Dann wird die Voerder Straße endgültig zu einer Ausfallstraße, & es fehlen weitere Anhaltspunkte & Zeichen. Das sind Zwischenräume, die durchfahren & nicht durchwandert werden wollen. Also zurück nach Haspe, das noch lange nicht erschöpfend kartographiert ist. Das mit dem Kraftstrom aus diesem Tal im Hintergrund noch einmal eine andere Färbung bekommt. Die Stadt erscheint als zweite Natur, Metall & Stein, der Urnatur, den Elementen aus Feuer, Wasser, Luft & Erde aufgesetzt. Sagt Henri Lefèbvre. Im städtischen Raum ist das Anderswo überall & nirgends. Vor der Bahnunterführung steigen links & rechts Straßen steil an. Dammstraße, Am Karweg. Die Hestertstraße überquert auf einer Brücke die Bahnstrecke. Hat einen Imbiß mit dem Namen *Grill-Pizzeria Hestert* zu bieten. Die *Hestert Apotheke* befindet sich in einem reich ornamentierten Eckhaus, dessen Fassade angestrahlt wird. Über dem Eingang steht in einer Nische eine Heiligenfigur. Die Hestertstraße wird zur Heilig-Geist-Straße. Das *Hoasper Bierhus* in einem der Neubauten auf dem abgeräumten Gelände der Hütte hat nur Nippes & Pseudogemütlichkeit zu bieten. Eine Laterne steht im Lokal, Plakate beschwören die Vergangenheit: *Andreas* – gute alte Bierzeit. & ich werde nicht einmal bedient, weil ich kein Mitglied im Raucherclub des Hauses bin. Der Wirt behauptet, sich strafbar zu machen, würde er mich bedienen. Inzwischen haben alle Kneipen irgendwelche pseudomäßigen Raucherclubs gegründet. Daß das ein Hindernis ist, wenn man dort als Nicht-Stammgast ein Bier trinken will, ist mir allerdings noch nie vorgekommen. Obwohl ich noch nicht betrunken bin, bin ich sehr ungehalten & sage, daß ich ja gehen könne, wenn er keine Gäste haben wolle in seinem blöden *Bierhus* & gehe auch wirklich. Umso weniger gern, als es jetzt zu regnen beginnt. Ich setze mich in die Pizzeria *Il Punto Rosso*, bestelle eine Pizza & Bier. Für was in diesem Kontext ein roter Punkt stehen könnte, ist mir auf Anhieb nicht klar. Die »Aktion Roter Punkt«, mit der um 1970 in der BRD gegen Fahrgelderhöhungen protestiert wurde, wäre heute jedenfalls wieder bitter nötig. Darauf wird der Name der Pizzeria in Haspe aber nicht anspielen, das immerhin einst eine kommunistische Hochburg gewesen sein soll. Die *Interessen- & Fördergemeinschaft Pro Haspe* sorgt sich um die Weihnachtsbeleuchtung. Eine Glühbirne für Haspe! Patenschaften sollen übernommen werden, damit die Weihnachtsbeleuchtung in den nächsten Jahren wieder in alter Schönheit erstrahlen kann. Außerdem soll eine schrittweise Umstellung auf Energiesparlampen erfolgen. Unser Ziel ist es, Haspe durch die neue Weihnachtsbeleuchtung in neuem Licht erstrahlen zu lassen & Ihnen dadurch in der dunklen Jahreszeit ein Gefühl von Geborgenheit zu vermitteln. An einem regnerischen Herbstabend können nur die Kneipen von Haspe ein wenig Geborgenheit vermitteln, das Bier, eventuell auch ein Gläschen »Hasper Maggi«, wie ein immerhin 46-prozentiger Doppelwacholder genannt wird. In der Berliner Straße hat die Gaststätte *Zum Pflug* geöffnet. In der Kneipe, über deren Eingang ein Pflug abgebildet ist, zitiert jemand ein polnisches Sprichwort: Ein Kind ist kein Kind. Wie die Polen sagen. Das klingt katholisch & soll wohl soviel heißen wie: Auf einem Bein kann man nicht stehen, es muß weitergesoffen werden. Das Sprichwort löst eine Diskussion über Identitäten aus: Bist du Pole? Nein, versichert der Sprecher, Deutscher, in Haspe aufgewachsen, reinrassig! Darauf der zutreffende Einwand: Wer ist das schon! Die Rede ist weiter von einem Sozialarbeiter & einem Harald mit einer Himmelfahrtsnase, der noch nicht ergraut ist & wunderschöne Kinder hat. Die Frage taucht auf: Wer ist der, der immer am Bahnhof herumläuft, der Kaputte? Daß es sich bei der seltsamen Figur um Harald handeln könnte, wird abgestritten. Harald ist der Gesunde! Die sehen alle gleich aus! Einer ist Polizist, einer Sozialpädagoge. Die

Frau des sozial auffälligen Harald (oder auch nicht Harald), so wird erzählt, habe sich von ihm scheiden lassen, woran er zugrundegegangen sei. Er unterhält sich am Bahnhof mit den Kindern, trägt seine Monatskarte um den Hals. Der ist kaputt im Kopf! Schulen sollen ihn bereits angezeigt haben. Denn es ist offenbar nicht mehr erlaubt, sich mit Kindern zu unterhalten. Sein ganzer Bildungsstand nütze ihm nichts. Eine Frau in dieser Gesprächrunde im *Pflug* besteht darauf, daß es sich bei dem Auffälligen vom Bahnhof um Harald handeln müsse, was abermals bestritten wird. Ich glaube, Bernd! Sag nicht immer Kaputter! Wird eingewendet. Das ist ein bildschöner Mann, das war ein bildschöner Junge! Dann lassen ihn alle in der Kneipe hochleben. Womit das Thema aber noch immer nicht abgehakt ist: Ich könnte schwören, er heißt Harald! Harald (oder auch nicht Harald) soll wunderschöne Locken haben & immer noch schön sein, obwohl er jahrelang Konsum treibt. Das Hitlerzeichen hat er gemacht an der Bushaltestelle! Der hat Narrenfreiheit! Wenn du ihn ansprichst, ist er ganz normal, gebildet. Was nützt ihm seine Narrenfreiheit? Er wird also nicht eingesperrt. Man wird eingesperrt oder es wird einem Narrenfreiheit zugebilligt. Verräterisch ist auch die Rede vom Kaputtsein. Kaputt ist etwas oder jemand, der nicht funktioniert. Dann kommt die Identitätsproblematik wieder hoch. Denn jemand hat sich aus dem Gespräch herausgehalten, weil er kein Hasper ist. Ich bin auch kein Hasper & halte mich ebenfalls heraus aus dem Gespräch. Drei Liter *Krombacher Pils* kosten 15 Euro. Das ist ein Angebot. Dann wird mit Nachdruck darauf hingewiesen: Richtig malochen, das heißt am Hochofen stehen! Obwohl Gerüstbau auch nicht ohne ist. Keine 35 Minuten würde er das aushalten, ist froh, zum Bau gewechselt zu haben. Ich muß weiter. In der Corbacher Straße hat auch noch die *Corbacher Schänke* einladend geöffnet. Wir sind ein Familienbetrieb & seit vielen Jahren in der Gastronomie tätig. Unsere Küche ist jederzeit bereit, sie mit deutschen & italienischen Gerichten zu verwöhnen. Zwei Kegelbahnen stehen zur Verfügung, außerdem Räumlichkeiten für bis zu 80 Personen. Freunde, die sich dem Dartsport verschrieben haben, sind herzlich willkommen. Einen Ruhetag gibt es bei uns nicht, so daß wir sieben Tage in der Woche für Sie da sind. Das beruhigt. Ein Fußballspiel läuft im Fernsehen, alte Herren haben sich am Tresen versammelt. Einer sitzt allein an seinem Tisch. An einem anderen sitzt ein junger, gar nicht schlecht aussehender Vater mit seinem kleinen Sohn, der ihn ständig belabert. Die Mutter kommt schließlich auch dazu. Das Deutsch-Italienische wird mit Fähnchen über dem Tresen betont. Neben der Zapfanlage gibt es in der *Corbacher Schänke* auch eine Espressomaschine. Für den 8. November ist eine Cocktailparty angekündigt. Die Corbacher Straße ist eine Verlängerung der Tillmannsstraße, die mich vor Stunden nach Haspe hineingeführt hat. Ich komme an einem aufgegebenen Rohbau vorbei, bilde mir ein, daß er auch Brandspuren aufweist, kann das in der Dunkelheit aber nicht deutlich erkennen. Nun muß ich noch die Gaststätte *Am Markt* in Augenschein nehmen. Es ist fast schon zu spät dafür. In der dunklen Kneipe finde ich nur einen Gast vor – nein, das ist der Wirt – & einen kleinen, kläffenden Hund. Der Fernseher läuft auch hier. Das Spiel ist längst vorbei, ein torreicher Abend wird résumiert. Noch schlimmer zu ertragen als die Übertragungen von Spielen sind ihre Nachbereitungen in langen Interviews mit abgehalfterten Fußballern. Es ist schwer, wegzuschauen & -zuhören, wenn ein Lokal ganz leer ist. Der Wirt spielt alleine Darts, also gegen sich selbst, trainiert. Ein Gespräch läßt sich in der leeren Gaststätte aber schlecht vermeiden. Seine Einschätzung ist, daß ich hier auf der Durchreise bin. Ich bestätige das, sage wahrheitsgemäß, daß ich noch nach Dortmund fahren will mit dem letzten Zug & behaupte wahrheitswidrig, daß ich jemanden besucht hätte in Haspe. Ich weiß nicht, welches Echo es ausgelöst hätte, hätte ich erzählt, daß ich schon den ganzen Tag durch Haspe laufe & versuche, in möglichst jede Kneipe zu gehen. Zur Erklärung seiner leeren Kneipe erläutert der Wirt, daß in Haspe nichts los sei. Nur alte Leute, die alle schon gegangen seien. Die kommen am frühen Abend & bleiben drei, vier Stunden. Der Hund, der vom Wirt mit einem kleinen Ball unterhalten wird, bellt mich aufgeregt an.

Der Hagener Impuls

Was ist geblieben vom »Hagener Impuls«? Nachdem die Bemühungen gescheitert waren, das *Bauhaus* von Weimar nach Hagen zu holen? Nachdem die Folkwang-Sammlung nach dem Tod von Karl Ernst Osthaus nach Essen verkauft worden war? Hat Hagen jemals begriffen, was Osthaus in dieser Stadt angestoßen hat? Daß der neue Hauptbahnhof 1910 in neobarocker Formgebung errichtet wurde, konnte er nicht verhindern. Aber Osthaus sorgte dafür, daß über dem Haupteingang ein Glasfenster von Johan Thorn-Prikker mit dem programmatischen Titel *Der Künstler als Lehrer für Handel & Gewerbe* eingesetzt wurde. Über dem Portal des Stadttheaters stehen vier überlebensgroße nackte Frauenfiguren der von Osthaus nach Hagen geholten Bildhauerein Milly Steger, damals ein Skandal. Als Osthaus den kitschigen Entwurf des Krematoriums sah, den der *Hagener Verein für Feuerbestattung* bauen wollte, engagierte er auf eigene Kosten Peter Behrens, der ein Gebäude in streng geometrisch-stereometrischer Form entwarf, das S. Miniato al Monte in Florenz zitiert. Der Hohenhof, den Osthaus 1906 bis 1908 als sein Wohnhaus erbauen ließ, von Henry van de Velde als Gesamtkunstwerk konzipiert, sollte Teil einer vorbildlich gestalteten Wohnsiedlung, der Gartenstadt Hohenhagen als Wald- & Parklandschaft werden. Das von Peter Behrens entworfene Haus Cuno für den Hagener Oberbürgermeister sowie einige Künstlerhäuser des Architekten J. L. Mathieu Lauweriks sind heute noch zu sehen. Von 1933 bis 1939 beherbergte das Haus eine Ausbildungsstätte der Nationalsozialisten, bis 1945 ein Lazarett, bis 1962 eine Frauenklinik & von 1962 bis 1976 eine Abteilung der Pädagogischen Hochschule Dortmund. Seit Anfang der achtziger Jahre wurden die Räume rekonstruiert & die Jugendstileinrichtung wieder zusammengetragen. Originale Möbel wurden wieder aufgekauft, einige fehlende Stücke mußten nachgebaut werden. Heute: Ankerpunkt der *Route Industriekultur* & Museum des Hagener Impulses, Außenstelle des Karl Ernst Osthaus Museums. Die Stillosigkeit des ausgehenden 19. Jahrhunderts verletzte die Seele des jungen Osthaus. Er sah in dieser einzigartigen Anhäufung architektonischer Scheußlichkeiten, hinter dem Pomp & Schwulst der Fassaden die Lebenslüge seiner Zeit. Er sagt: In allen Ländern wucherte der Schund auf den Mistbeeten des Liberalismus. Das Unternehmertum hatte die Kunst aus der Architektur & dem Gewerbe verdrängt. Wo konnte sich dieser Abstieg hüllenloser offenbaren als in den Städten, die ihr Dasein ausschließlich der Industrie verdanken? Hier in Hagen, wo ich geboren bin, in diesem kunstverlassenen Industriebezirk, muß ich versuchen, das Begreifen des Schönen in der Natur zu wecken. Meine Absicht ging auf die Gründung mehrerer Institute, die wissenschaftlichen & künstlerischen Zwecken dienen sollten. Eine Erbschaft ermöglicht ihm, den Bau eines Museums für Naturwissenschaften zu planen. Zur kulturellen Hebung des industriellen Westens, dessen Entwicklung ich miterlebte & dessen Verwahrlosung ich stark empfand. Eine Reise in den Orient ist für Karl Ernst Osthaus ein Wendepunkt. Der Orient hatte mein Urteil über Architektur geschärft, & meinem empfindlich gewordenen Auge hielt weder das deutsche Bauwesen im ganzen noch mein eigenes, im Bau befindliches Museum stand. Schreibt Osthaus. Ich faßte sehr bestimmte Begriffe von einem modernen Stil & war überrascht genug, dasselbe Bestreben bei einigen Künstlern lebendig zu finden, die in diesen Tagen von sich reden machten. Mich berührte besonders das Schaffen des Vlamen Henry van de Velde. Ein kurzer Entschluß machte ihn am 1. Mai 1900 zum Nachfolger meines Museumsarchitekten. Van de Velde übernimmt die Verantwortung für die Innenausstattung des Museums, das schließlich als Folkwang-Museum eröffnet wird – das erste Museum für moderne Kunst. Es wird verständlich sein, daß die lebhafte Einstellung auf moderne Kunst nun auch zu einer eingehenden Beschäftigung mit den Werken zeitgenössischer Maler & Bildhauer führte. Das Folkwang-Museum war den jungen Künstlern & Kunstgelehrten wie ein Himmelszeichen im westlichen Deutschland. Sie sahen dort ein Ideal, das ihnen ein führendes Beispiel erschien. Sagt Emil Nolde. Henry van de Velde schreibt an Osthaus: Wenn dieses Museum über die nötigen Mittel verfügt, all das zu vereinigen, was die Industrie unter Mitwirkung der Künstler hervorbringt, so wird es ein Kampfplatz werden, in dessen Schranken jeder Industrielle darum kämpfen muß, den Wert seiner Fabrikation dem Publikum zu beweisen. Die Sammlung umfaßt Werke von Cézanne, Gauguin, van Gogh, Hodler, Manet, Matisse, Rodin usf. In der Eingangshalle steht der »Knabenbrunnen« von

George Minne. Osthaus holt Künstler wie den Maler Christian Rohlfs nach Hagen, der dort die Impressionisten kennenlernt. Er entwickelt für Hagen ein visionäres Projekt: ein ästhetisches Gesamtkonzept, mehr noch: einen Plan zur Umstrukturierung des Ruhrgebiets nach künstlerischen Gesichtspunkten. Er gründet ein zweites Museum: das Deutsche Museum für Kunst in Handel & Gewerbe, das erste moderne Kunstgewerbemuseum der Welt. Ein weiteres Projekt ist die Arbeitersiedlung Walddorf im Wasserlosen Tal. Ein Teil der Ideen scheitert. Der Ausbruch des Krieges verhindert die Fortsetzung mancher Bestrebungen. Das meiste bleibt ungebaut. So die von Bruno Taut entworfene »Stadtkrone« als Folkwang-Komplex – mit einem gläsernen »Haus der festlichen Andacht«, einer Folkwang-Schule mit Sternwarte & Wohnpavillons. Die Zeit war noch nicht reif für die Absichten, die Osthaus verfolgte. Roland Günter verleiht der Hoffnung Ausdruck, daß wichtige Impulse nicht verlorengehen, sondern immer wieder aufleuchten & herausfordern. Die Region könnte daran noch erheblich besser anknüpfen. Sie besitzt einen Schatz, der nicht hoch genug bewertet werden kann: die Geburtsstätte der Moderne.

Dérive XV: Hochlarmark, Grullbad

Recklinghausen Süd: Halt für S-Bahnen & Regionalzüge. Ein großes Stellwerk, das zur Abwechslung einmal nicht verfällt, sondern offensichtlich in Betrieb ist. Der Lärm, der von der nahen Autobahn herüberdringt, übertönt die Bahngeräusche. Ein Tankzug mit Waggons der *Chemie Linz* fährt langsam vorbei. Unten, im Fußgängertunnel, zeigen Graffiti einen Förderturm & das Brandenburger Tor. Soll das ein Hinweis darauf sein, daß wir uns im Westen des alten Preußen befinden? Ich nehme den Ausgang Richtung Hochlarmark, steige die Treppen hoch. Die Schranken hinter mir sind schon wieder oder noch immer geschlossen, ein Intercity rast vorbei. Das ist die Strecke Luxembourg–Norddeich Mole, für einige Städte des nördlichen Ruhrgebiets die einzige Anbindung an eine Intercity-Linie. Ein Bus mit dem Ziel Gelsenkirchen-Buer sammelt an einer Bushaltestelle Jugendliche ein. Die Hochlarmarkstraße unterquert die Autobahn. Recklinghausen leuchtet. Das kündigt ein Plakat an, einen Werbespruch kopierend, mit dem München vor langer Zeit einmal Erfolg hatte. In Recklinghausen ist das aber nicht metaphorisch gemeint. Recklinghausen leuchtet zeitweise wirklich, soll attraktiver werden durch Licht, bunte Beleuchtung von Fassaden usf. – im Ruhrgebiet ein bewährtes, zumindest aber verbreitetes Mittel. Andauernd werden irgendwelche Hochöfen, Fördertürme, Landmarken in farbiges Licht getaucht. Im Hintergrund, jenseits der Emscher & schon auf Herner Stadtgebiet, ist ein Heizkraftwerk zu sehen. Die Straße macht einen Knick nach Süden, die Gaststätte *Zur Post* wurde leider aufgegeben. Wenn nach den Postämtern jetzt auch noch alle Kneipen mit Post-Bezügen in ihren Namen aufgelassen werden, dann wird die Lage allmählich ernst. Gastronomie-Objekt zu verpachten. Läßt die *Dortmunder Actien Brauerei* in einem Aushang wissen. Würde man das Objekt pachten, man hätte wohl diese Brauerei am Hals. Mir bleibt die Hoffnung, daß die *Post* zu Recklinghausen-Hochlarmark schon wieder verpachtet sein wird, wenn jemand diese Zeilen liest! Auf einem eingestaubten Stück Zeitung ist zu lesen: Explosions-Alarm im Revier! Wir leben auf 200.000 Kriegsbomben. An der Ecke Sonntagstraße gibt es mit dem *Hochlarmarker-Eck* immerhin noch eine funktionierende Kneipe – ich hoffe, auch dann noch, wenn jemand diese Zeilen liest! Der *Konsolen-Stop* bietet den Umbau von Spielkonsolen an. Die Straße An der Zechenbahn führt von der Hochlarmarkstraße weg & beschreibt einen Halbkreis, um wieder in sie einzumünden. *Leo's Bude,* eine Trinkhalle, ist ein rustikales Holzhäuschen. Die Hochlarmarkstraße läuft auf riesige Strommasten zu. Hecken entlang. Ist es wirklich wahr, höre ich tatsächlich eine Ziege mähen, eine Bergmannskuh? & ist es wirklich wahr, sehe ich hinter einem Zaun & Bäumen tatsächlich eine riesige Kohlenhalde? Ich fühle mich augenblicklich in ein vollkommenes Cliché-Ruhrgebiet versetzt, das es doch eigentlich gar nicht mehr gibt. Oder doch? Die *Deutsche Steinkohle AG,* Betriebsdirektion Kokerei Prosper/Horster Weg, teilt mit: Betreten der Anlage für Unbefugte verboten! Gemäß § 300 BVOSt vom 20. 2. 1970. Absperrungen, Grenzlinien, Verbote. Diese Grenzen öffnen sich nicht einer wie auch immer gearteten Kommunikation. Sagt Susanne Hauser. Monofunktionale Einheiten haben deutlichere Grenzen als funktional offene Strukturen. Es gibt verschiedene Gründe sie aufzusuchen. & diese Gründe führen selbstverständlich dazu, daß sich nur diejenigen, für die diese Gründe Relevanz haben, dorthin begeben. Welche Gründe habe ich, mich hierher zu begeben? Was habe ich hier verloren? Kartographierung, ästhetische Betrachtung, das gilt ja nicht. Prallt ab an diesen Zonen. Rändern. Zäune sind deutliche Grenzen. Eine Schranke senkt sich, ein Kohlenzug fährt vorbei. *Ruhrkohle AG, Zechenbahn- & Hafenbetriebe Ruhr-Mitte.* Die Grenzen öffnen sich nicht, mein Weg führt entlang an Zäunen, Gleisen. Links erstreckt sich ein Autofriedhof, auf der rechten Seite Kleingärten. Unter einem Strommasten ein eingestürztes Häuschen. Fremdes, Anderes, Unverfügbares. Ein weiteres Verbotsschild: Betreten der Halde verboten, Lebensgefahr! Hoheward, der Landschaftspark. Denn diese Halde wird im westlichen & südlichen Bereich noch geschüttet & ist noch nicht überall ein harmloses, begrüntes Naherholungsgebiet. Überall Zäune, verbotene Zonen, Bahngelände. Ein Förderturm, der noch nicht zum Industriedenkmal aufgehübscht ist, sondern rostig. Maschinenhallen. Ein Bike- & Skatepark, ein Kiosk, eine Betriebsstätte der Firma *Deutsche Industrieholz GmbH.* Über die Straße, die das

Gelände der ehemaligen Schachtanlage II der *Zeche Recklinghausen* von dem Teil der Halde trennt, der bereits begrünt ist & begehbar, schlängelt sich die sogenannte Drachenbrücke, eine Konstruktion aus Metall mit einem stilisierten Drachenkopf. Habe ich wirklich irgendwo gehört oder bilde ich mir nur ein, daß der Drache der ursprünglichen Idee zufolge sogar Feuer speien sollte? Das hätte dann immerhin Dimensionen einer absurden Verspieltheit, die an Guy Debord & seine Wertschätzung für Phantastisches, Naïves & Barockes erinnern, exotische Monumente, die Schlösser Ludwigs II. von Bayern & den *Palais Idéal* von Ferdinand Cheval. Um den alten Förderturm ist ein Park angelegt worden. Dort muß ein kleines blondes Mädchen ihre zunächst unwillige, nach Hause drängende Großmutter erst überreden, aber dann wird ihr die Hose heruntergezogen & sie wird zum Pissen hochgehalten. Am Ausgang dieses Parks. Der Landschaftspark nach dem Masterplan »Neue Horizonte« ist ein Gemeinschaftsprojekt der Städte Herten & Recklinghausen: Auftakt-Plätze dienen als Eingänge in den Landschaftspark; alle Wege, die aus den Stadtteilen auf die Halde zuführen, werden durch die sogenannte Ring-Promenade miteinander verbunden; die Zugänge zur Halde zeichnen sich durch eine Sichtschneise im Haldenwald ab, an deren Ende sich in ca. 30 m Höhe Aussichtsplattformen befinden; diese »Balkone« werden durch eine Ringpromenade miteinander verbunden; Serpentinen führen im Zickzack zu den Balkonen; an bestimmten Punkten kann auch der direkte Zugang über eine Stahltreppe gewählt werden. Alles scheint wohldurchdacht & hat sicherlich Landschaftsarchitekten zu guten Aufträgen verholfen. Alles scheint etwas zu gut durchgeplant. Der besondere Reiz des Halden-Erlebnisses liegt, wie bei einer Bergtour, in der Erklimmung des »Gipfels«. Teilt mir ein Schild doch tatsächlich auch noch mit. Wer hätte das gedacht? & warum steht der Gipfel unter Anführungsstrichen? Er ist doch auch bei einem künstlichen Berg der höchste Punkt. Gleichviel: Die Halde erhält in der Endgestaltung keine Kuppe oder Spitze, sondern wird als Tafel-Berg ausgebildet. Das Hochplateau ist Standort für die Horizont-Astronomie. Der Blick kann nicht nur über das Ruhrgebiet & das Münsterland schweifen, sondern ist auch wieder frei für die Beobachtung des Himmelsrandes. Über einer kreisrunden Fläche mit einem

Durchmesser von fast 100 Metern erheben sich zwei ineinander verschränkte Stahlrohrbögen. Auf der neuen Landmarke können Sie sich treffen, spielen, in der Sonne sitzen, den Wind spüren oder die Rhythmen planetarer & stellarer Objekte erleben. Bier trinken. Das Observatorium ist noch nicht fertig, eingezäunt. Wie es funktionieren soll, erschließt sich mir nicht. Inwiefern helfen mir die riesigen Stahlbögen bei der Beobachtung der Sterne? Auf dem östlichen Plateau ist der 2005 fertiggestellte 8,5 m hohe Obelisk auf einer riesigen Horizontal-Sonnenuhr ein Besuchermagnet. Verweilen, die Bewegung der Sonne & den Wechsel von Tag & Nacht sinnlich erfahren usf. Das Schattenende der Obeliskenkugel zeigt die wahre Ortszeit & das Datum an. Steht man an jenem Ort auf der Schattenfläche, von dem aus betrachtet die Kugel die Sonne verdeckt, so erlebt man eine künstliche Sonnenfinsternis. Das klingt dramatisch, dürfte aber jetzt gar nicht umsetzbar sein bei Bewölkung & bereits einsetzendem Dämmerlicht. Dahinter beginnt der Teil der Halde, der nicht betreten werden darf. Schwarz & nicht begrünt, mit Fahrwegen für die LKWs, die das Bergematerial bringen anstatt der Wanderwege. Betreten der Bergwerksanlagen für Unbefugte verboten! Blick auf den »Zukunftsstandort« Ewald, den Förderturm des vor wenigen Jahren geschlossenen *Bergwerks Ewald,* auf dessen Gelände die üblichen Versuche stattfinden, Gewerbe anzusiedeln. Ein Mädchen läßt einen Drachen steigen, ein Junge kurvt mit seinem Mountainbike über die Halde. Ich laufe zurück Richtung Hochlarmark. Auf dem Förderturm der *Zeche Recklinghausen II* ist jetzt bereits eine Lichtinstallation angeschaltet: grüne Neonröhren, welche die Seilscheiben nachzeichnen & durch ihr Blinken Bewegung suggerieren. Kategorie Deutsches Strebengerüst, Maschinenhalle aus den Jahren 1963/64. Mit seiner Vollwandverkleidung dokumentiert das Fördergerüst nicht nur einen wichtigen Entwicklungsschritt in der Konstruktion solcher Anlagen, sondern ist in seiner Art auch ein Einzelstück. Abweichend von der üblichen Bauweise sind hier vier Seilscheiben nebeneinander angeordnet. Der Antrieb erfolgte über zwei Tandemdampfmaschinen mit jeweils 3800 PS Leistung. Sie wurden Anfang der sechziger Jahre von der *Eisenhütte Prinz Rudolph* in Dülmen als die vermutlich letzten Dampffördermaschinen in Deutschland gebaut. Zurück in die Stadt, vorbei am *Trainingszentrum Bergbau,* Standort Hochlarmark, dem Trainingsbergwerk in der ehemaligen Bergehalde der *Zeche Recklinghausen II,* wo während des Zweiten Weltkriegs Schutzräume für die Bergleute eingerichtet waren. 1975 wurden die Schutzräume weiter aufgefahren, so daß ein Streckennetz von über 1400 m Länge entstand; drei unterschiedliche Gewinnungseinrichtungen (Strebe), drei Streckenvortriebe & ein Schacht. In dem so entstandenen »Bergwerk« können in sicherer Umgebung & ohne Störung des Abbaubetriebes alle technischen & geologischen Situationen simuliert werden, sicherheitsrelevantes Verhalten unter Untertagebedingungen usf. Mit einem Kreisverkehr an der Karlstraße beginnt recht eigentlich die Stadt. Es dunkelt bereits. In einem Schaufenster protestiert die *Neue Recklinghäuser Wählergemeinschaft.* Aber es geht nur gegen Feinstaub. Das allerdings mit dichterischem Pathos: Warum die Angst? Laßt uns verdrängen, laßt Gift & Feinstaub sich vermengen, laßt Lärm doch weiter Nerven töten, verschließt die Augen vor des Volkes Nöten. Das ist der Tod für Hochlarmark. Das Plakat ist in Form einer Todesanzeige gestaltet. Warum können diese Hochlarmarker von der Lärm- & Giftproblematik nicht zu weitergehenden Analysen vorstoßen? Die Transportzeit ist zusätzliche Arbeit, die den Tag verkürzt. Sagt Guy Debord. Wir müssen vom Verkehr als zusätzliche Arbeit zum Verkehr als Vergnügen übergehen. Was hieße das? In der Westfalenstraße gibt es ein Restaurant *Zum Schiffchen.* Diabetessportgruppen suchen neue Mitglieder. Hier treffen sich Senioren! Hier wird diskutiert, geklönt, gesungen, gespielt & gelacht & was uns sonst noch alles einfällt. Aber möchte man das wissen? Weiter an einem *Saloniki Grill* vorbei, einer Praxis für Physiotherapie mit einem Igel im Fenster, einem Sanitätshaus: Einlagen, Bandagen, Inkontinenzversorgung usf. Ich komme zurück auf das *Hochlarmarker-Eck:* eine überzeugende, alte Kneipe, sachlich eingerichtet & ohne Schnickschnack. An der Theke alte, kartenspielende Männer. Die Kneipe beherbergt ein großartiges Kunstwerk, einen runden Spiegel, auf den man in zwei konzentrischen Kreisen *Kuemmerling*-Flaschen aufgeklebt hat – eine schöne, die Minimal Art transzendierende Arbeit, Beweis zudem, wie man mit den kleinen Fläschchen in allen Kunstgattungen wirksam werden kann & eben nicht nur in der Musik, wie das Emmett

Williams, Hansjörg Mayer & Dieter Roth in ihrem *Kuemmerling Trio* vorgeführt haben. Ich unterquere abermals die Autobahn, komme wieder am Haltepunkt Recklinghausen Süd vorbei & folge der Hochlarmarkstraße auf der anderen Seite der Bahnanlagen. Ein Bus mit dem vielversprechenden Fahrziel Recklinghausen Neue Horizonte fährt vorbei. Er wird doch nicht hoch zum Horizont-Observatorium fahren? Kaum vorstellbar, daß es möglich sein könnte, mit einem Linienbus im *Verkehrsverbund Rhein-Ruhr* zu neuen Horizonten vorzustoßen. Ich muß auch an das Bild von der Horizontabschreitung denken, das ein konservativer Philosoph gebraucht – ein Paradox. Dazu darf man sich nicht bewegen, andernfalls der Horizont sich ja ständig weiterverschieben würde. Ich aber bleibe nicht stehen, komme an einem originellen Gründerzeitbau mit Türmchen vorbei, an einer Kfz-Werkstätte, die einen kostenlosen Pannen-Kurs anbietet. Wir zeigen Ihnen unter fachlicher Anleitung, wie Sie kleine Pannen an Ihrem Fahrzeug schnell & sicher selbst beheben können. *Ruhrland Textil* ist das Modehaus auch für Übergrößen. Im *Haus Kutsche* ist gerade eine Diskussion im Gange. Man solle sich doch die Köpfe nicht heißreden! Ergeht ein Rat. Immer lächeln, auch wenn einem nicht danach zumute ist. Das halte ich für eine äußerst fragwürdige Maxime, sage das aber nicht. Dann wird geknobelt, die Wirtin trinkt Schnaps zum Tee. Neben dem *Haus Kutsche* ein *Paulaner Garten*, das *Hotel Bergedick* mit angeschlossenem Restaurant. Wildspezialitäten, gehobene Preise. Das *China-Restaurant Min-Fluß*. Keine Ahnung, was es mit diesem Fluß auf sich hat. Die Hochlarmarkstraße jedenfalls überquert einen Bach, der kurz danach in die Emscher münden wird. Ein *Pilsstübchen* hat leider geschlossen, der Eingang erscheint geradezu verbarrikadiert hinter einem Bauzaun. An einem geschlossenen Laden für Lotto Reisen Tabak steht zu lesen: Liebe Kunden! Aufgrund unglücklicher Umstände, die leider nicht in unserer Macht stehen, wird unser Geschäft ab sofort geschlossen! Wir bedanken uns für Ihre jahrelange Treue & wünschen Ihnen alles Gute! Das liest sich dramatisch, unterstrichen durch die vielen Rufezeichen. Aber was steht schon in unserer Macht? Kurz darauf ist die Bochumer Straße erreicht, eine wichtige Nord-Süd-Magistrale, die Recklinghausen mit Herne & Bochum verbindet. An der Ecke Kanalstraße lockt ein großer Anker in die Gaststätte *Zum Anker.* Welcome aboard! Der Rhein-Herne-Kanal ist nicht weit & der Stadthafen Recklinghausen. Im *Anker: Dortmunder Actien Bräu,* Mettwurst & Pferdeklops. Knobeln auch hier. An der Bochumer Straße fällt ein altes Fachwerkhaus aus dem architektonischen Rahmen, westfälische Fragmente im Siedlungsbrei. *Zollhaus Antiquitäten,* die Stadtgrenze ist nicht weit. Das *Café Cosy* wirbt mit Flammenschrift, Neueröffnung, ein Frühstückscafé. Auf der Jungfernheide. Das *Hospiz zum heiligen Franziskus.* Viele Wege – ein Ziel: in Würde leben bis zuletzt. Aber warum erst zuletzt? Wenn alles zu spät ist. Könnte man fragen. Warum nicht gleich? *Firlefantastisch:* alles zur Party. Abschiednehmen in Frieden. Das meistgewählte Beerdigungsinstitut im Ruhrgebiet. Wer hilft im Trauerfall? Wenn Sie wirklich gute Beratung & Hilfe brauchen? Das führende Beerdigungsinstitut bezüglich der Anzahl durchgeführter Bestattungen. Es ist immer schwer, einen Menschen zu verlieren. Aber eine würdevolle & angemessene Bestattung muß auch mit begrenzten Mitteln möglich sein. Alle, die glauben, Bestatter hätten gleiche oder identische Preise, sind falsch informiert. Nun könnte man über den Unterschied zwischen Gleichheit & Identität nachsinnen. Der Beerdigungs-Discounter insistiert: Schützen Sie sich vor hohen & überteuerten Preisen, diese kosten Sie tatsächlich viel Geld. Wer hätte das gedacht? Nur wer Preise kennt, ist vor Überraschungen geschützt. Im *Süder Treff* ist ein Gast im Blaumann – es lebe der alte Malocher-Ruhrpott! – in einen intensiven Dialog mit der Wirtin oder Thekenkraft verstrickt. Es geht um einen abwesenden Dritten, der mit seinem Leben abgeschlossen hat. Unbewältigte Vergangenheit, Scheidung. Unglück usf. Eine neue Freundin, die aber ihre Freiheit will & unter der Fuchtel ihres 22-jährigen Sohnes steht. Zu Weihnachten wird er melancholisch. Zu Weihnachten darfst du ihn nicht mitbringen! Wenn er dann einen Kurzen trinkt ... Die Wirtin (oder Thekenkraft) mußte ihn schon rauswerfen (den abwesenden Dritten), muß ihn heute, da er gar nicht anwesend ist, nicht rauswerfen. In der Kneipe hängt eine kreisrunde Tafel mit den »*Kuemmerling*-Trinkgeboten«, mit der offiziell für den Kräuterliqueur geworben wird – offenbar das Vorbild für das Kunstwerk im *Hochlarmarker-Eck.* Die Fläschchen sind hier nicht aufgeklebt, sondern nur gezeichnet. Willkommen in der Runde! Nur volle *Kuemmerling*-Fläschchen dürfen stehen. Leergetrunkene werden hingelegt. Erst von den leergetrunkenen Fläschchen darf die Nummer auf dem Flaschenboden abgelesen werden. Der Inhaber der höchsten Zahl muß eine neue Runde spendieren – & kann Revanche fordern. Unleserliche oder fehlende Zahlen gelten als Freilos für die nächste Runde. Im Zweifelsfall gilt das Wort des Wirts usf. Hauptsache, es gibt immer ein Argument für eine nächste Runde. Im Imbiß *Heiße Kiste* riskiere ich eine Recklinghäuser Wurst. Informationen über den Rundfunk stellen in Aussicht: Temperaturen in der Nacht höchstens 5° C, im Sauerland & in der Eifel kann es Frost geben. Auf der Bochumer Straße stoße ich außerdem auf den Döner- & Pizza-Spezialisten in Recklinghausen, auf das *Musikhaus Süd*. Merkwürdig, wie der Süden sich in das Straßenbild einschreibt, hier im nördlichen Ruhrgebiet, einer willkürlichen Stadtgrenze wegen. Ich passiere eine Lutherkirche. Eine Kneipe *Zur Krone,* die aber ausgerechnet am Mittwoch ihren Ruhetag hat. Fingernagel-Design, Ausbildung mit Zertifikat, im Schaufenster die Freiheitsstatue. Die Kneipe mit dem schönen Namen *Wirtshaus* ist nur eine kleine, schmale, häßlich modernisierte – oder soll man sagen: postmodernisierte – Kaschemme. Aber alles rottet sich um die Theke zusammen. Ein großer Spiegel gegenüber vergrößert den Raum. Ein Alter hat noch einen weiten Weg & soll achtgeben, wenn Autos rausgeschossen kommen. Ja, das Auto ist das höchste Gut eines entfremdeten Lebens, das wichtigste Produkt des kapitalistischen Marktes, im Mittelpunkt der globalen Propaganda. Besonders gefährlich für Fußgänger, Betrunkene, Flâneure. In den automobilen Räumen, die keine andere Fortbewegungsart mehr dulden. Die dazu zwingen, für den Heimweg von der Kneipe ein Taxi zu rufen. Weiter Richtung Norden: Ihr Ideenbäcker. Ich meine: Bäcker sollten keinen Ideen haben, sondern ihr Handwerk verstehen. Kreativität macht alles nur noch schlimmer. Nicht nur in der Kunst! Das Stadthaus Süd, Bürgerbureau, Sozialer Dienst, Stadtbücherei usf. Stadtteilprojekt Süd/Grullbad. Fassadenprogramm, Wirtschaftsförderung, Seniorenstammtisch usf. Mehr Freude am Bild, Bilder für alle. Kultur kommt – allerdings nur seichte Unterhaltung, Komödien im Bürgerhaus Süd, die grauenhaftesten Klamotten aus Berlin & Hamburg:

Geschichten mit Mama & Papa (Komödie am Kurfürstendamm), *Geld oder Charakter* (Ohnsorg Theater). Das größte Thema in Grullbad scheint aber die Bestattungsvorsorge zu sein. Die drängendsten Fragen scheinen zu lauten: Wenn ich morgen sterben sollte, wer beerdigt mich? Das läßt an den Totengräber von Schubert denken, für den sich die Frage noch ganz anders & dringlicher stellt: Doch ach! Wer legt mich hinein? Die finstere Litanei in Grullbad aber geht weiter: Wenn ich morgen sterben sollte, wer ist für die Kosten da? Wenn ich morgen sterben sollte, werden Kosten entstehen in Höhe von …? Wenn ich morgen sterben sollte, wie möchte ich beerdigt werden? Wenn ich morgen sterben sollte, wie habe ich mein Feld bestellt? Existentielle Fragen werden aufgeworfen. Memento mori in der Bochumer Straße. Ein Bestatter kündigt Antworten auf die Fragen in seinem Vortrag an. Machen Sie es den Menschen, die sie lieben, leichter! Heute – nicht morgen. Zusammen – nicht alleine. Dann ist der Neumarkt erreicht, eine Zäsur auf der nicht endenwollenden Bochumer Straße, ein Subzentrum im Recklinghäuser Süden. Das *Haus Henning* verspricht westfälische Gastlichkeit & mehr. Ein urgemütliches & unkompliziertes Ambiente. Eine große Auswahl an Spirituosen & eine Kegelbahn. Es wird am besten sein, erst mal ein paar Pils zu trinken, um die letzten Fragen zu vertiefen oder zu vergessen, die das Bestattungsgewerbe aufwirft. Die Gaststätte ist laut & voll. Helles Holz, billige Surrogate für rustikale Gemütlichkeit. Ein Alter wirft seinen Hocker an der Theke um & wird gleich angefahren: Keine Randale! Er habe doch wohl nicht die Absicht, den Bürgermeister zu bedrohen, der also – das schließe ich aus der Bemerkung – im *Haus Henning* anwesend sein muß? Dafür gebe es doch keinen Grund! Das kann ich mir eigentlich nicht vorstellen. Immerhin wird mir in Recklinghausen-Süd kein Fußball zugemutet an diesem Abend. Jemand muß noch acht Jahre leben, damit sein Sohn in den Genuß irgendwelcher Steuervorteile kommt. Schwer zu beurteilen, wie gut seine Aussichten sind. Das Leben wird in Grullbad vom Ende her betrachtet. Man hat nicht mehr viel Zeit & beschäftigt sich in erster Linie mit Bestattungsvorsorge. Dazu paßt ein Witz, der über den unerträglichen, nicht totzukriegenden Nazi-Schauspieler – was heißt: Schauspieler! – Johannes Heesters erzählt wird: Der Tod klopft an der Tür. Der

Schmierenkomödiant: Sie wollen bestimmt zu meiner Frau! Simone, Besuch für dich! So wie der Anblick von fast allem, was auf der Welt geschieht, unsere Wut & unseren Ekel hervorruft, so gelingt es uns doch zusehends, an allem unseren Spaß zu haben. Sagt Guy Debord & deutet damit einen Ausweg an. Am besten mit Hilfe von Alkohol. Auf dem Rückweg überbrücke ich die Wartezeit in Herne in *Charly's Bummelzug,* der Bahnhofskneipe. Der Nahverkehr im Ruhrgebiet ist so schlecht organisiert & so unzuverlässig, daß man höllisch aufpassen muß, nicht an irgendeinem Punkt zu resignieren & in einer Kneipe zu versacken, die einen früher oder später unsanft in die Nacht entlassen würde, wenn längst keine Busse & Bahnen mehr fahren. Der *Bummelzug* ist eine gediegene Institution. Die Wirtin wird von einem Gast gefragt, wann sie die Kneipe öffne. Der Gast wundert sich über die Antwort: Um 8 Uhr morgens, da kommen schon die ersten Biertrinker. Das hätte er nicht gedacht. Selbst am Neujahrstag um 9 Uhr.

Aufruhr: Hüttenkampf

Die Krise des Ruhrgebiets nimmt möglicherweise die Entwicklung künftiger Krisenzentren vorweg. Wenn es an der Ruhr brennt, reicht das Wasser des Rheins nicht, um das Feuer zu löschen. Wenn nicht das Ruhrgebiet politisch in Flammen aufgehen soll. Wenn die Tiefe & Breite der Krise nicht erkannt wird. Wenn der Kampfrhythmus das Leben bestimmt. Wenn Strukturumbrüche & Krisenprozesse auch stabil erscheinende Gebiete erfassen können. Wenn das System nicht umgestürzt wird. Wenn die Verschmelzung des Erkennens mit dem Handeln nicht verwirklicht wird. Wenn die Septemberstreiks als Vorboten der Wiederkehr des Subjekts der Revolution gedeutet werden. Wenn die Stahlmisere nicht naturbedingt ist. Wenn die Gefahr der Deindustrialisierung besteht. Wenn die Konzerne eine konfrontative Strategie verfolgen. Wenn nach einer »großen Lösung« gesucht wird. Wenn es schwerer wird. Wenn Solidarität das Gebot der Stunde ist. Wenn die Roheisenerzeugung gestrichen wird.

Dann steht die ganze Hütte auf dem Spiel. Auf dem Weg in die Krise. »Hände weg von der *Henrichshütte*« heißt es zum ersten Mal 1974, als die *Henrichshütte* an die *August Thyssen-Hütte* in Duisburg-Hamborn verpachtet werden soll. Einstündiger spontaner Streik, Demonstrationszug zum Untermarkt. Die Mitbestimmung soll erhalten bleiben. Sorgen bereiten auch die Äußerungen führender Vertreter der *Wirtschaftsvereinigung Eisen & Stahl* in Düsseldorf, die Stahlproduktion auf der Rheinschiene müsse gestärkt werden. 1949 war die Demontage der Hütte durch die britische Besatzungsmacht verhindert worden. 4000 Belegschaftsmitglieder erfüllt von tiefster Besorgnis um das Schicksal ihres Werkes, das seit vier Jahren dem Wiederaufbau gedient hatte. Allerdings fragte sich schon damals ein Gemeindevertreter: »Wenn wir uns gegen eine Demontage aussprechen, so setzen wir uns gewissermaßen für die Unternehmer ein, die uns schon einmal rücksichtslos auf die Straße geworfen haben. Wer gibt uns die Garantie, daß das in Zukunft nicht mehr vorkommen wird?« Natürlich niemand. Organisation des Werks in Sparten, Betriebsstillegungen. 1983 werden die Sinteranlage & die 2,8 m-Grobblechstraße, 1985 der Schneidbetrieb im Kümpelwerk stillgelegt.

Demonstration am 1. Mai 1983: Nein zur Teilung – keinen Zaun durch die Hütte. Ausgliederung der Stahlbereiche aus dem Konzern, Kapazitätsabbau, Vernichtung von Arbeitsplätzen, Gefährdung ganzer Stahlstandorte & industrielle Verödung. Im 2. Halbjahr 1986 zeichnet sich eine neue Phase der Umstrukturierung der Stahlindustrie ab. Stimmt es, daß noch im Jahr 1986 ein Hochofen stillgelegt werden soll? Wann wird über die Forderung der Arbeitnehmervertreter entschieden, die Hochöfen neu zuzustellen? Bestürzung & Empörung über das Ausmaß der geplanten Arbeitsplatzvernichtung. Akute Gefährdung der Flüssigphase der *Thyssen Henrichshütte AG*.

Das Revier wird wach. Am 6. Oktober 1986 wird die Neuzustellung der Hochöfen, also die fällige technische Erneuerung vom Vorstandssprecher der *Thyssen Henrichshütte AG* in Frage gestellt. Werden die Hochöfen faktisch zur Stillegung freigegeben. Dazu kommen die Pläne von *Eurofer,* 4,5 Millionen Tonnen Grobblech-Walzkapazitäten abzubauen. Die Auffassung verbreitet sich: Wenn *Thyssen* die Roheisenerzeugung streicht, dann steht die ganze Hütte auf dem Spiel. Hattingen muß leben. Hattingen wird zur Geisterstadt. Eine ganze Stadt wehrt sich gegen den drohenden Niedergang. Die Region Hattingen steht & fällt mit der Stahlindustrie. Hattingen darf kein Armenhaus werden. Die Wirtschaftsregion Hattingen kann nur leben, wenn der Stahlstandort erhalten bleibt. Stahl hat Zukunft! Wehren wir uns gemeinsam! In den Stahlstandorten brennt es. Rot ist der Stahl in seiner Glut. Wir werden langsam rot vor Wut. Der Eingriff der »anderen Seite« in die traditionellen Lebensbedingungen der Arbeitenden ist brutal, ein Angriff. Er treibt sie auf die Barrikaden. Da stehen sie nun. & jetzt? Das revolutionäre Projekt muß in den hochindustrialisierten Ländern verwirklicht werden. Ein aufrichtiger Widerstand gegen die Macht hat bis heute eine verleumdete Tradition bewahrt, vermochte aber nicht, sich als neue Kraft einzubringen. Wir setzen unseren begonnenen Kampf ohne Illusionen, aber mit Hoffnung fort. Heißt es nach einer Krisensitzung am »schwarzen Donnerstag«, »Grobblechkonferenz« der *Thyssen Stahl AG*. Die Schlagzeile der *Süddeutschen Zeitung* am 19. Februar 1987 lautet: »Der Infarkt des stählernen Herzens«. Der Vorstandsvorsitzende der *Thyssen Stahl AG* erklärt in Duisburg das »Aus für den Stahlstandort Hattingen«. Die beiden Hochöfen, die 4,2 m-Grobblechstraße, das Elektrostahlwerk & die Stranggießanlage sollen stillgelegt werden. Der Betriebsrat, die Belegschaft & die Mitglieder der Ortsverwaltung der *IG Metall* kommen wochenlang nicht zur Ruhe. Entsetzen, Wut, Aufforderung zum Widerstand. Kann aus Widerstand eine auf Kampf basierende Reformbewegung erwachsen?

Ich fahre mit einem Aufzug den Hochofen III hinauf, der vor ein paar Jahren denkmalgerecht restauriert worden ist. Von Hochofen II ist nur noch die Ofensau übrig. Von der Wiederinbetriebnahme nach dem Zweiten Weltkrieg bis zur Stillegung waren nur die notwendigen Instandsetzungsarbeiten durchgeführt worden. Blick über das weitgehend abgeräumte Hüttengelände & das Ruhrtal, zur Ruine Blankenstein. Der Hochofen III ist das Zentrum des LWL Industriemuseums Henrichshütte, das seit 1989 vom *Landschaftsverband Westfalen-Lippe* aufgebaut wurde. Zum Hochofen mit Gichtbühne, Abstichhalle & Staubsäcken gehören auch Rohrleitungen zu & von den Winderhitzern sowie das Maschinenhaus. Als periphere, zum Hochofen hinführende Bereiche sind Erz- & Koksbunker sowie Transportbänder & der Schrägaufzug zu sehen, die seiner Beschickung dienten. Der Hochofen III weist außen als dominierendes Material einen dicken Stahlmantel (Panzer) mit einer Vielzahl von Kühlklappen auf. Einen besonderen Bereich bildet der Hochofenkopf mit der Gichtglocke, von der aus große Rohrleitungen zu den Staubsäcken führen, in denen das Gichtgas gereinigt wurde. Letzteres wurde über weitere Rohrleitungen & die Cowper (Winderhitzer) energetisch wieder dem Hochofenprozeß zugeführt. Eine zweite Sondersituation stellt die Abstichhalle im unteren Bereich dar, die eine größere Zahl von speziellen Funktionsteilen enthält. Das Hochofentragwerk ist eine Stahlkonstruktion mit mehreren Laufebenen. Hier sind zusätzlich die Versorgungsleitungen, Bedienungselemente & Beleuchtungen zu berücksichtigen, die das arbeitsgeschichtliche Erscheinungsbild der Anlage ausmachen. Auf einem »Weg des Eisens« wird dem Besucher anhand der originalen Anlagen vermittelt, wie das Eisen verarbeitet wurde. Alles ist begehbar & kann erkundet werden, auch die ehemalige Gießhalle, wo das Eisen abgestochen wurde. Ein Gang durch das Areal der *Henrichshütte* führt über viele Treppen.

Die Ereignisse führen zu einer Krise der Denk- & Verhaltensmuster, die unter den Montanbeschäftigten des Reviers vorherrschend sind. Die Stimmung auf der Hütte ist explosiv. »Gesucht wegen Arbeitsplatzmord« steht auf einem Plakat, das wie ein Steckbrief gestaltet ist, darunter die Photos von *Thyssen*-Managern. Diesmal geht es um alles. Von den 4700 Arbeitsplätzen sollen 2904 vernichtet werden. Übrig bleibt die Weiterverarbeitung, aber auch ihr Schicksal ist ungewiß. Bedeutet das wirklich das Ende der 133-jährigen Stahlgeschichte in Hattingen? Wer kämpft, kann verlieren. Wer nicht kämpft, hat schon verloren. Wer uns vernichten will, dem müssen wir unsere Entschlossenheit zeigen. Wir dürfen die Unternehmer nicht mehr allein wirtschaften lassen. Notwendig ist die Vergesellschaftung der Stahlindustrie. Während sich heute die herrschende Welt mehr denn je als endgültig ausgibt, kann das Begreifen nur auf ihre Infragestellung gegründet sein. Hattingen kämpft! Die Stadt wird eine verschworene Gemeinschaft. Ihr Kampf wird europaweit bekannt. Der entschlossene Widerstand geht in die Geschichte ein.

Ausstellungen im Westfälischen Industriemuseum, 10 Jahre später, 20 Jahre später. Zeitzeugen erinnern sich. Mahnwachen, Wochen der Unruhe. Die Gaststätte *Zum kühlen Grunde* platzt bei der Gründungsversammlung des Bürgercomités *Hattingen muß leben – verteidigt die Arbeitsplätze auf der Hütte* aus allen Nähten. Vorrangiges Ziel ist die Mobilisierung der Bevölkerung gegen die Zerschlagung des Stahlstandortes. Oberhausen & Hattingen kämpfen solidarisch. Die Hütte im Hattinger Tal haben wir schon oft verflucht & vermißt – drum muß sie bleiben, wo sie ist. Es wird anders kommen. Einen Hochofen wird man nach China verkaufen. Demontage durch die Chinesen, nicht durch die Briten. Hattingen wird untergehen. Laßt die *Henrichshütte* stehen! Das Grundprinzip heißt Widerstand. Das System hat den inneren Fehler, daß es die Menschen nicht vollkommen verdinglichen kann. Es muß sie handeln lassen & sich ihrer Mitwirkung vergewissern, sonst würden die Produktion der Verdinglichung & ihr Konsum aufhören. So kämpft das herrschende System mit der Geschichte. Mit seiner eigenen Geschichte, die zugleich die seiner Verstärkung & die seiner Infragestellung ist. Wenn die Kluft zwischen der Dimension der Probleme & den Handlungsansätzen der Politik deutlich wird. Wenn alle gegenwärtig diskutierten Programme der Dimension der Widersprüche & Probleme nicht gerecht werden. Wenn wir marschieren. Dann fragen wir nicht, dann marschieren wir.

Das 60 m hohe Gebäude des Blasstahlwerkes wurde am 23. Januar 2005 vor den Augen von 2500 Schaulustigen gesprengt, der Gasometer bereits 1994. Ehemalige Stahlwerker haben den Stahlwerkskomplex im Maßstab 1:100 nachgebaut: LD-Stahlwerk, Stranggießanlage, Elektro-Stahlwerk, Stahlgießerei, Schrottplatz & Gießgruben. Das Modell nimmt eine Fläche von 6,20 mal 2,40 m ein. Dabei wurde auf unwesentliche Dinge wie die ausgedehnten Rohrleitungen, die nur die Sicht versperren würden, verzichtet. Hallendächer & Wände sind nur angedeutet & die Zwischendecken größtenteils aus Plexiglas hergestellt. Die im Modellbau unerfahrenen Hüttenarbeiter besuchten zunächst die Ausstellung *Intermodellbau* in Dortmund, mußten dort aber feststellen, daß die im Handel erhältlichen Fertigmodelle für das Stahlwerksmodell vollkommen ungeeignet waren. Die Stahlwerker mußten also in 1600 Arbeitsstunden alles selbst bauen. Analog zu diesem Modell des Stahlwerks entsteht nun auch ein Walzwerksmodell. Es kann dabei auf Pläne zurückgegriffen werden, die sich im alten Walzwerksbureau fanden. Walzenständer, Stoßöfen oder Blöcke sind während der Arbeit Anlaß für dramatische oder heitere Anekdoten aus dem Walzwerksbetrieb. Immerhin können sich die Männer hier verbal verständigen & müssen nicht auf ihr ausgeklügeltes System aus Handzeichen zurückgreifen, das der Lärm der Walzstraßen notwendig gemacht hatte.

Wie geht es weiter in der Chronologie des Widerstands? Mit Informationsgesprächen mit Lehrern, Pfarrern & Politikern im Betriebsbureau. Mahnwachen, Aktionstagen, einem Widerstandsdorf. Einer Demonstration der Bäcker & Metzger. Dabei war das Verhältnis des Hattinger Mittelstands zur *Henrichshütte* traditionell keineswegs ungetrübt, der mit dem Lohnniveau & den Sozialleistungen des Großbetriebs nicht konkurrieren konnte. Die Hütte konnte sich die Auszubildenden & Facharbeiter jedes Jahrgangs aussuchen. Beteiligte bezeichnen die Aktionen rückblickend als phantasievoll. Eine Sekretärin sagt: »Wenn es brennt, bin ich wieder da.« Sie habe neue Zusammenhänge kennengelernt & sei heute in der Lage, jedem ohne Hemmungen ihre Meinung zu sagen. Ein Hochofenarbeiter meint, er hätte früher aktiv werden & sich nicht darauf verlassen dürfen, daß alles über Sozialpläne geregelt wird. Das süße Gift der Sozialpläne! Abmildern, Abfedern & strukturpolitisch Begleiten heißt das Rezept einer Politik, die sich an die wirklichen Probleme & Widersprüche nicht heranwagen will. Oder die dafür gewählt oder bezahlt wird, das nicht zu tun. Die Vorsitzende des *Hattinger Kunstvereins* spricht von einem Zusammengehörigkeitsgefühl, die Leiterin der Volkshochschule bewundert vor allem die Frauen, die für ihre Männer & Söhne gekämpft hätten. Ein Betriebsratsmitglied sagt: »Ich bin in den letzten Monaten viel gereist. Unsere Erfahrungen wurden von den Gewerkschaften in der ganzen Republik verlangt.« Der Vorsitzende der *Hattinger Sängervereinigung* berichtet: »Auch in unseren Sängerkreisen sind wir über die alltäglichen Vereinskonflikte hinaus zu einer engeren Verbundenheit gelangt.« & der Polizeichef erinnert sich daran, sich in einem Spannungsfeld befunden zu haben, sagt, daß er sogar Verständnis dafür gehabt hätte, wenn die logische Wut der Betroffenen massiver zum Ausdruck gekommen wäre. Letztlich sei aber alles glimpflich gelaufen.

Waren die Aktionen etwa nicht phantasievoll genug? Eigentlich bleibt die Wurzel des herrschenden Mangels an Phantasie unverständlich, solange man nicht zur Phantasie des Mangels gelangt, solange man sich nicht vorstellt, was abwesend, verboten & versteckt ist, obwohl es doch möglich wäre. Eine Reihe von Möglichkeiten, die den Kampf noch zu einem relativen Erfolg führen hätte können, wurde nicht genutzt. In der »Woche der Unruhe« wird auf einer Krisenkonferenz in der Gaststätte *Zum kühlen Grunde* festgestellt: Das, was im Moment in Hattingen & Oberhausen abläuft, ist der Beginn eines Aufruhrs an der Ruhr. Ein Autocorso zur Konzernzentrale in Duisburg wird organisiert. Ohne *Thyssen* können wir leben – ohne die Hütte nicht! Der Sprockhöveler Bürgermeister sagt in der Glückauf-Halle in Sprockhövel: »Auch wenn nur 3 % Sprockhöveler auf der Hütte arbeiten, muß dennoch jeder Bürger dieser Stadt mithelfen, daß Hattingen stehenbleibt.« Am Sonntag wird in allen katholischen & evangelischen Kirchen in Hattingen & Niedersprockhövel eine gemeinsame Erklärung der Geistlichen verlesen: »Unser Herr Jesus Christus gebietet, Ungerechtigkeit beim Namen zu nennen & an der Seite der Schwächsten zu stehen. Wir rufen die Christen im Raum Hattingen auf 1. zur Unterschrift des Aufrufs des Bürgercomités, 2. zur Teilnahme an der Demonstration am 18. März.« Eine ganze Stadt erhebt sich gegen die gnadenlose Politik des Kaputtmachens. Alle werden herzlich gebeten, an ihrem PKW, im Schaufenster oder wo auch immer kenntlich zu machen, daß sie sich dem Kampf anschließen. Schreiben Sie Beschwerdebriefe, Hilferufe oder ähnliches an *Thyssen,* an Ihre Abgeordneten oder an den Bundeskanzler. Wenn wir alle gemeinsam für unser Ziel eintreten, die Arbeitsplätze auf der Hütte zu erhalten, dann, aber nur dann, haben wir eine Chance.

Heute ist das 70.000 qm große, altlastensanierte Gelände der *Henrichshütte* neben einigen neuen Gewerbeansiedlungen & Parkflächen einer der acht Standorte des Westfälischen Industriemuseums & Teil der *Route der Industriekultur.* Am Beispiel der 1854 gegründeten *Henrichshütte* soll die Geschichte des Eisenhüttenwesens erschlossen werden. In der Werksgeschichte finden sich Erz- & Kohlegruben, Koks-, Eisen- & Stahlproduktion, Walzwerke, Schmieden, Gießereien & Bearbeitungswerkstätten. Bis zu 10.000 Menschen arbeiteten in den Betrieben der Hütte. Um das Werk wuchs auf der grünen Wiese ein neuer Stadtteil aus Arbeiterkolonien verschiedener Bauphasen. Die *Henrichshütte* durchlebte den Aufstieg, die Blüte & den Niedergang der Eisen- & Stahlindustrie an der Ruhr. Nach derzeitigem Kenntnisstand sind mehr als 30 industrielle Großhochöfen museal oder als Denkmale gesichert. Defizite gibt es dagegen bei den Stahlwerken & anderen Anlagen der Weiterverarbeitung. In Deutschland sind 16 Hochöfen zu Denkmälern geworden. Diese Entwicklung begann 1982 im saarländischen Neunkirchen mit dem Versuch, ein komplettes Hüttenwerk mit Roheisenerzeugung, Stahlproduktion & Walzstraße zu erhalten. Die *Summ'schen Eisenwerke* wären dafür ideal gewesen, standen aber dem Expansionsstreben der Stadt im Wege. Parallel dazu gab es auch im Ruhrgebiet Erhaltungsdiskussionen. Die drei kleineren, 1985 stillgelegten Hochöfen von *Thyssen* in Duisburg-Meiderich wurden mit dem umgebenden Areal zum Landschaftspark Nord, mit dem Hochofen der *Henrichshütte* in Hattingen wurde ein vorrangig museales Konzept verfolgt. Obwohl damit im Ruhrgebiet schon vier Hochöfen erhalten sind, waren auch Bestrebungen in Dortmund erfolgreich, die beiden verbliebenen Hochöfen im Stadtteil Hörde als letzte Zeugen dieser Industrie am Ort zu retten.

Alles Kacke, alles Dreck, denn die Hütte ist bald weg! Jetzt müssen wir uns alle wehren. Jetzt müssen wir zusammenstehen. Die Verantwortlichen sollten beweisen, daß in unserer Gesellschaftsordnung die soziale Marktwirtschaft verankert ist. Fordert der Bürgermeister. Ein Pfarrer glaubt, daß die Zeit vorbei sei, in der sich mündige Bürger

Sand in die Augen streuen lassen. Schön wär's – & kann er sich das als Kirchenmann denn im Ernst wünschen? Für einen Arbeiter scheint die Welt noch in Ordnung: »Auf der Arbeit kümmert sich der Betriebsrat um meine Interessen, daheim kümmert sich meine Frau um die häuslichen Dinge.« Der Ministerpräsident wird noch zehn Jahre später beschwichtigen. Es sei hart, in so einer Situation nicht mehr Hilfreiches sagen zu können, aber der Schaden, den falsche Versprechen anrichteten, sei auf lange Sicht viel größer. Der schwierige Strukturwandel sei mit der »Zukunftsinitiative Montanregionen« vorangebracht worden. Die Bürgerinnen & Bürger, die einen vergeblichen Kampf gegen die Stillegung der Hütte geführt haben, werden gelobt. Sie haben den Mut nicht verloren! Ein Arbeiter erinnert sich: »Ich hatte das Gefühl, daß ein Teil von mir stillgelegt werden soll.« Jetzt hat man die Lohnabhängigen so weit, daß sie sich mit den Betrieben, in denen ihre Arbeitskraft ausgebeutet wird, identifizieren, & das ist dann auch wieder nicht recht. Ein Störfaktor, mangelnde Flexibilität usf. Hattingen ist die stahlabhängigste Stadt in der Bundesrepublik. Bei den Schwächsten in unserer Region fängt man an & tritt eine Lawine im ganzen Ruhrgebiet los. Die *Henrichshütte* muß leben! Die Branche kämpft ums Überleben. Aber das Konzept des Überlebens bedeutet doch nur einen bis zum Ende der Erschöpfung verschobenen Selbstmord, einen täglichen Verzicht auf das Leben! & sollte diese Gesellschaft einmal mit brutaler Offenheit proklamieren, wie leer & trostlos das Leben ist, das sie den Menschen auferlegt, so daß es allen als beste Lösung erscheinen würde, sich zu erhängen, es würde ihr doch gelingen, ein gesundes & rentables Geschäft mit der Herstellung von Stricken zu betreiben. Hattingen ohne Hütte ist Jugend ohne Zukunft. Ja, auf dem Papier ist das Recht auf Arbeit ein Menschenrecht, die Absicht von *Thyssen*, die Hütte plattzuwalzen, daher eine Menschenrechtsverletzung. Wir sind heute zur Sklaverei der befreienden Arbeit verdammt. Verhandlungen über einen Interessensausgleich gemäß § 111/112 Betriebsverfassungsgesetz. Ein Solidaritäts-Handballspiel, als Geister verkleidete Frauen werden von den Trompetern des *Fanfaren-Zuges Rot-Weiß* trotz strömenden Regens unterstützt, eine Menschenkette von der Ruhr- bis zur Kosterbrücke, Fackelzug zum Abschluß der Mahnwache. Erstmals seit 1944 läuten am Stahlaktionstag ab 11.30 Uhr die Glocken aller Kirchen der Stadt gemeinsam.

Ausstellungen im Westfälischen Industriemuseum Henrichshütte: *Von Gießern, Glöcknern & Geläute*. Glocken begleiten den Menschen von der Wiege bis zur Bahre, führen ihn durch Tag & Jahr, schützen & mahnen ihn. Glocken aus Westfalen & ganz Europa sind zu hören, 200 Exponate, zusammengetragen zwischen Karlsruhe & Kiel. Auch Glocken, die gar keine sind: Käse- & Dunstglocken, Glockenrock & Saugglocke. Der Museumsleiter sagt: »Glocken spielen die Begleitmusik zur Entwicklung unserer Kultur.« Glocken ordneten die Welt des Mittelalters & verkündeten Geburt & Tod, Krieg & Frieden, Freude & Leid. Glocken gedeihen im Frieden & werden im Krieg zu Kanonen umgeschmolzen. Stahlglocken läuten die Industrialisierung ein. Oder *Botschaften des Herzens*. Liebende sprechen ihre eigene Sprache. Die Wege dieser Botschaften haben sich im Laufe der Zeit verändert. Das Thema Liebe in einem Hütten-Museum? »Das paßt durchaus zusammen«, meint der Museumsleiter. Bis heute sei der Arbeitsplatz das erfolgversprechendste Revier für die Partnersuche. Das habe insbesondere auch für die *Henrichshütte* gegolten. »Hier wurde nicht nur Stahl, sondern auch so mancher Bund fürs Leben geschmiedet.« Die Ausstellung soll ein Medium sein, um an diese Hütten-Liebesgeschichten heranzukommen. & doch bleibt am Ende oft nicht mehr übrig als ein Abschiedsbrief, ein Häufchen zerrissene Liebesbriefe oder ein Scheidungsurteil. Die Befürchtung, daß es nach dem Ende der Hütte zu Spannungen in den Ehen kommen würde, hat sich bewahrheitet, mit erheblichen Problemen bis hin zu Scheidung & Obdachlosigkeit. Wenn vor allem ältere Arbeitnehmer, die keine neue Arbeit finden konnten, nach Jahrzehnten regelmäßiger Erwerbstätigkeit plötzlich den ganzen Tag zu Hause ohne Beschäftigung verbringen mußten.

Wir schlagen Krach! Wir lassen uns unsere Zukunft nicht verbauen! In der Nacht wird der Eingang zur Lehrwerkstatt symbolisch zugemauert. In der Werkstatt ist jede zweite Maschine mit Packpapier eingepackt. So werde es in zwei Jahren aussehen, denn jeder zweite Ausbildungsplatz soll vernichtet werden. Das Gespenst der Arbeitslosigkeit geht um. 12 Mitglieder der Fraueninitiative treten vor dem Eingang der *Henrichshütte* in einen unbefristeten Hungerstreik. Hattingen ist ein Symbol, darin liegt die Chance. Trotz Drohungen des *Thyssen*-Vorstandes wird im September ein »Dorf des Widerstands« auf dem Parkplatz gegenüber des Verwaltungsgebäudes errichtet. Die

Polizei unternimmt nichts & verweist auf die Zuständigkeit des Werkschutzes. Der Werkschutzleiter weist die Protestierenden auf die Rechtswidrigkeit ihres Tuns hin. Ihm wird bedeutet: »Mach dich vom Platz, sonst landest du im Sprockhöveler Bach!« Die nächste Runde des Kampfes. Der *IG-Metall*-Bevollmächtigte glaubt: »Die Bürger begreifen zunehmend, daß eine solche Konzernpolitik, die dem privatwirtschaftlichen Profitstreben Vorrang vor dem Erhalt ihrer Arbeitsplätze einräumt, zu einer katastrophalen Entwicklung in der Region führt.« Aber was folgt daraus? Eine leidenschaftliche Beteiligung aller ist notwendig, weil der verantwortliche, sich aufopfernde Aktivist der klassischen Politik überall mit der klassischen Politik selbst verschwindet. In Hattingen wurde unter Beweis gestellt, daß die Tradition unseres gemeinsamen Widerstandes gegen Kapitalwillkür & politische Gleichgültigkeit höchst lebendig ist. Betroffene & Noch-nicht-Betroffene. Ein »Hüttenfest«: Wer so wie wir kämpfen kann, der darf sich auch eine Pause gönnen, um zu feiern. Wir wissen heute noch nicht, ob wir am Ende Erfolg haben werden. Macht denen Mut, die schon aufgeben wollen! Das ist jetzt Notwehr. Da können wir nicht mehr fragen, ob das auch alles legal ist. Die »Senioren« erinnern sich: »Nach zahlreichen nervenzerreißenden Aktionen & Verhandlungen haben wir die Demontage verhindert.« Beim »Hüttenlied« packt es so manchen Zuhörer. Am 1. Oktober übergeben Mitglieder des Stahlaktionsausschusses der *IG Metall* dem stellvertretenden Präsidenten des Deutschen Bundestages 180.000 Unterschriften, welche die Vergesellschaftung der Stahlindustrie fordern. Am 2. Oktober wird eine »Bonner Regelung« verkündet, der zufolge es in Hattingen keine Massenentlassungen geben soll. Keine betriebsbedingten Kündigungen, der Staat darf das bezahlen. Die Beschwichtigung funktioniert. Gewisse Leute zweifeln an einem neuen Beginn der Revolution. Sie wiederholen, daß das Proletariat sich im Zustand des Schrumpfens befinde oder die Arbeiter heute zufrieden seien. Das kann nur zweierlei bedeuten: Entweder erklären sie ihre eigene Zufriedenheit. Oder sie ordnen sich in eine von den Arbeitern getrennte Kategorie ein. Der Kampf um die Region hat die ihm adäquate Form noch nicht gefunden.

Man kann, aus Essen kommend, mit der S-Bahn nach Hattingen fahren. Die S-Bahn endet in einem bunkerartigen Tiefbahnhof – großstädtisch wie die breite Verkehrsschneise, die einen von der Altstadt trennt, wenn man aus dem Untergrund ans Tageslicht gelangt, & die man auf einer Fußgängerbrücke überqueren muß. Einen richtigen Bahnhof hat die Stadt nicht mehr. An der Ruhr fährt eine Museumsbahn, neben Busverbindungen gibt es eine Straßenbahnlinie nach Bochum. Die Hütte liegt nicht weit abseits der Innenstadt, ist aber nur schlecht mit dem Bus zu erreichen. Blick zunächst auf ein großes Parkhaus, dahinter die Altstadt, die viele erstaunt, die so etwas im Ruhrgebiet nicht vermuten & vielleicht die Bilder der Innenstädte von Bochum oder Duisburg im Kopf haben. Viel anheimelndes Fachwerk, viele Kneipen. Für die Altstadt, mit der Hattingen heute wirbt, hat es auch schon Abrißpläne gegeben, um die Stadt noch autogerechter zu gestalten. Im Industriemuseum wird ein Vortrag gehalten, in dem es heißt: Um die Ereignisse des Jahres 1987 richtig verstehen zu können, muß man sich darüber klar sein, welche Bedeutung die *Henrichshütte* über 130 Jahre lang für die Stadt Hattingen hatte. Das Résumé lautet: Der geballte Widerstand der gesamten Stadt konnte den endgültigen Verlust von 2700 Arbeitsplätzen nicht verhindern. Er hatte aber wenigstens insofern Erfolg, als es entgegen den Ankündigungen von *Thyssen* mit Hilfe von Land, Bund & *Europäischer Gemeinschaft* zu sozialverträglichen Lösungen für die Beschäftigten kam. Alle betroffenen Belegschaftsmitglieder konnten ab dem 53. Lebensjahr in den Sozialplan gehen, einigen wurden Arbeitsplätze in anderen Werken von *Thyssen* wie in Duisburg, Witten, Krefeld angeboten. Die Hoffnung, daß bei den von *Klöckner, Krupp* & *Thyssen* neu gegründeten *Vereinigten Schmiedewerken* (VSG) 2000 Mitarbeiter einen gesicherten Arbeitsplatz erhalten könnten, hat sich nicht erfüllt. Vielmehr fiel nach weiterem Arbeitsplatzabbau im Jahre 1995 auch die VSG in Konkurs. Alle Proteste gegen den Abbau der Stahlarbeitsplätze hatten nichts genutzt, die immer wieder von der Stadtverordnetenversammlung gegenüber *Thyssen* erhobene Forderung, Ersatzarbeitsplätze zu schaffen, trug keine Früchte. In mehreren Gesprächen mit dem Ministerium für Stadtentwicklung, Wohnen & Verkehr wurde Ende 1988 Einvernehmen darüber erzielt, einen Gewerbe- & Landschaftspark nach dem Modell »Arbeiten im Park« zu entwickeln. Außerdem ergab sich die Chance, Teile der früheren Ruhrauenlandschaft wiederherzustellen & damit der Natur etwas von dem zurückzugeben, was ihr durch die Schwerindustrie seit 1854 genommen worden war. Politiker reden vom Strukturwandel, der in Hattingen gelungen sei. Dabei muß man sich vor Augen führen, daß durch den Schwund der Kaufkraft & Abwanderungen aus der Stadt & Verlust auch der gesamte Einzelhandel vorübergehend in die Krise gezogen wurde. Über Umschulungsprogramme hinaus gab es auch soziale Programme: Seniorenstudiengänge in Dortmund & Bochum, eine Arbeitsgruppe zur Renovierung eines Segelschiffs, eine Zeitschrift *(W.I.R. Wir im Ruhestand)*, eine Trachtengruppe.

Am 10. Dezember 1987 stehen im Revier die Räder still. Um 5 Uhr morgens werden die Werkstore mit Ketten verschlossen, um 8 sind die Eingangsstraßen nach Hattingen gesperrt. Straßensperren auch in Duisburg, Essen, Recklinghausen. Die Hattinger glauben: Wir sind mächtig, wenn wir gemeinsam kämpfen. Wir sind sicherlich noch zu weit aus mehr fähig. Falls das die Konzernleitung & die Politik tatsächlich befürchtet haben sollten, haben sich diese Befürchtungen nicht bestätigt. Der Betriebsrat der *Thyssen Henrichshütte AG* lädt ein zum letzten Abstich am Hochofen. Was die britische Besatzungsmacht 1949 nicht fertiggebracht hat, das hat nun die *Thyssen Stahl AG* vollbracht: die Stillegung der Hattinger Hochöfen. Dies ist ein schwarzer Tag für Hattingen, aber unser Kampf geht weiter. Wir müssen unsere kurze Wut in einen langen Zorn verwandeln. Unruhe ist erste Bürgerpflicht. Ein lauter Knall erschüttert das Werksgelände. Die letzten Gase sind verpufft. Die Stillegung des letzten Hochofens erfahren alle Beteiligten als Zäsur. Die öffentliche Aufmerksamkeit hat sich inzwischen auf das *Krupp*-Stahlwerk in Rheinhausen verlagert. Der Obermeister der Fleischerinnung meint: »Unser Widerstand hat sich gelohnt.« Die Hattinger Bewegung, so eine optimistische Einschätzung damals, sei vor allem der Start einer Bewegung im gesamten Ruhrgebiet gewesen. Solidarität & Zusammenhalt der Menschen über Stadt- & Branchengrenzen hinweg werden gefordert. Unbefristete Streiks oder gar eine Betriebsbesetzung finden nicht statt. Offensive Kampfformen werden als wenig erfolgversprechend eingeschätzt. Im Januar sind auch Hattinger dabei, als in Duisburg-Rheinhausen die Vergesellschaftung der Stahlindustrie gefordert wird. Beschäftigungsgesellschaften werden als erster Schritt zur Vergesellschaftung betrachtet. In Hattingen gibt es keine schwarzen Fahnen. Rote Fahnen sieht man besser. Wir haben unseren Kampf nicht gewonnen. Aber er war auf keinen Fall umsonst.

Der Ansturm der ersten Arbeiterbewegung gegen die gesamte Organisation der alten Welt ist schon lange zu Ende, & nichts könnte ihn noch einmal zum Leben erwecken. Er schlug fehl, nicht ohne außerordentliche Ergebnisse erzielt zu haben. Sie waren aber nicht das angestrebte Ergebnis. Man muß die klassische Arbeiterbewegung wieder illusionslos studieren lernen & dabei einen klaren Kopf bewahren. Denn ihre politischen & pseudo-theoretischen Erben haben nur ihre Fehlschläge geerbt. Der Kampf um die Region hat die ihm adäquate Form noch nicht gefunden. Die Kampferfahrungen vergangener Perioden prägten die Senioren, die das Bewußtsein der historischen Bedeutung der Hütte sowie der Kämpfe ihrer Belegschaft in die Bewegung hineintrugen. Die mittlere Generation, für die ein abgefedertes Ausscheiden vorgesehen war, begriff mehrheitlich ihre Verantwortung & setzte sich für die Jüngeren ein: Sozialpläne vernichten die Arbeitsplätze der Hattinger Jugend! An der jüngeren Generation waren die demokratischen Bewegungen der siebziger Jahre nicht spurlos vorübergegangen. Auch bei ausbleibendem Erfolg geht das Widerstandsniveau der Belegschaften in die ökonomische & politische Kostenkalkulation & Strategiebildung des Kapitals ein. Eine neue politische Dynamik kann nur ausgelöst werden, wenn es in der Verarbeitung der Kämpfe gelingt, Desorientierungen in politisch-strategischen Fragen & im Bewußtsein der Arbeiterklasse zurückzudrängen. Es gibt aber keine breite gesellschaftliche Strömung für ein neues soziales oder politisches Projekt, der sich die betroffenen Arbeiter anschließen könnten. Kann aus Widerstand eine auf Kampf basierende Reformbewegung erwachsen? Neue Formen bringen allein noch keine neuen Inhalte hervor. Die Stadt hat den Kampf verloren. 3000 Arbeitsplätze sind vernichtet, die zugesagten Ersatzarbeitsplätze wurden nicht geschaffen. Stattdessen kassierte *Thyssen* Millionen für das Gelände des heutigen Gewerbe- & Landschaftsparks. Schon 1993 sind in Hattingen durch die geplante Stillegung der Stahlgießerei & des Stahlwerks & die Verlegung der Hauptverwaltung der VGS nach Bochum wieder 1000 Arbeitsplätze gefährdet. Am 27. Mai wird die letzte Stahlschmelze abgegossen. Diese Prozesse verlaufen sehr schnell. Wieder entsteht dringender Handlungsbedarf.

Dérive XVI: Oberhagen, Eilpe

Unmittelbar hinter dem südlichen Tunnelportal liegt der Bahnsteig des Haltepunkts Hagen-Oberhagen. Der längste »klassische« Eisenbahntunnel des Landes Nordrhein-Westfalen unterquert in einer zwei Kilometer langen Kurve den Stadtteil Wehringhausen. Den von einem Bismarckturm bekrönten Goldberg. Waldlust, Waldhang, Stadtwald. Errichtet zur Trennung von Straßen- & Bahnverkehr in der Innenstadt; Baubeginn im November 1906. Der Zug verläßt den Tunnel, & es eröffnet sich ein Blick über die Dächer von Oberhagen, auf Wohnblöcke, Türme, Hügel. Der Bahnsteig ist mit Gras überwuchert. Ein ratloser Mann kann den Aushängen nicht entnehmen, wann der nächste Zug nach Dortmund fährt, ich muß ihm helfen. Er wird sich gedulden müssen. Im Fußgängertunnel, den man auf dem Weg zur Stadt nehmen muß, riecht es scharf nach Pisse. Der lange, wenig begangene Tunnel bietet sich aber auch wirklich an, dort ungestört seine Notdurft zu verrichten. Am Boden Glasscherben. Dann steht man auf der Hochstraße. Das *Hexenhäusken* hat nicht geöffnet. Im Restaurant *Taj Mahal* gibt es indische & italienische Spezialitäten. An der Frankfurter Straße hauptsächlich unscheinbare Nachkriegsbauten. Eine Kneipe, die zuvor *Highlander* hieß, wird gerade zum *Apfelbaum* umgerüstet, Eröffnung am 31. Oktober ab 20 Uhr. Alle Kostümierten erhalten einen Cocktail gratis. Das heißt wohl, daß man mit einer Totenkopfmaske oder sonstwie albern halloweenmäßig ausgestattet aufkreuzen müßte, um in den Genuß des kostenlosen Cocktails zu kommen. Andere Kneipen heißen *Zum gemütlichen Eck* & *Zur Kegelbahn*, bodenständig & solide. Die kleine Engelsgasse paßt nicht so recht in das Gefüge der Vorstadt mit Jäger-, Schul- & Mühlenstraßen. Die Tuchmacherstraße verweist auf Handwerk. An ihr stehen dunkelgraue Häuser, ein Hochbunker auch, der mit einem Riesengemälde über die ganze Höhe der Fassade behübscht wurde. Seltsamer Exotismus: drei dunkelhäutige Gestalten in bunten Gewändern, die Krüge auf ihren Köpfen balancieren, Gefäße. Auf einem Schild am Bunker steht: *Musikschul-Zentrum Hagen*. Das scheint der Ort für das ganz Laute zu sein, Bandproben usf. Die Architekturen der Zukunft sind schon gebaut. Sagen die Architekten von Coop Himmelb(l)au. Es sind die verödeten Plätze, die verwahrlosten Straßen, die devastierten Gebäude, die die Stadt heute prägen & auch die Stadt der Zukunft prägen werden. Das ist nicht zu bestreiten – gleichgültig, ob sogenannte Starachitekten die eine oder andere Preziose in die Ödnis setzen. Ein neues Museum oder was auch immer. Oberhagen ist eingezwängt zwischen die Hügel & einem aufgegebenen Industriegelände an der Volme, einem der Flüsse, an denen entlang die Stadt sich entwickelt hat. Wasserkraft, ehemalige Textil-Industrie. Ein Teil der Hallen ist akkurat renoviert. *Hagener Textil Industrie,* vormals Gebr. Elbers. Das sogenannte Elbersgelände. Die Diskontinuitäten sind verschleiert. Sagt Henri Lefèbvre. Zwischen dem Industriellen & dem Städtischen wird die Illusion eines Zusammenhangs geschaffen. Auf dem Elbersgelände hat auch die Max Reger Musikschule ihr Domizil. Ich frage mich, warum man sich den fränkischen Alkoholiker zum Patron erkoren hat & ob man seine Völlerei im Wirtshaus & auf dem Notenpapier gar zum Vorbild für die Hagener Jugend erklären möchte? Nebenan, auf der Springe, ist leider einer dieser scheußlichen Multiplex-Kinokomplexe errichtet worden, mit der die Filmindustrie ihren Schund bis in die letzte Provinzstadt verbreitet. Das Falsche bildet den Geschmack & stützt das Falsche, indem es vorsätzlich die Möglichkeit der Bezugnahme auf das Authentische beseitigt. Die Stadtbücherei hat sich so weit aufgegeben, daß sie sich das Gebäude mit dem Kino teilt & auch nicht mehr Bücherei nennt, sondern *Hagen Media* – womit offenbar ausgedrückt sein soll, daß man hier nur noch den sogenannten Non-Book-Bereich ernstnimmt, auf dem heute ja auch die ganzen Hoffnungen des Buchhandels ruhen. Dem Gebäude, Springe 1, gegenüber liegt die Kneipe *Springe 8,* so präzise wie unprätentiös die Adresse zum Namen erhebend, Café & Bistro. Auf dem Elbersgelände hat auch die *Große Hagener Karnevalsgesellschaft e. V. Närrischer Reichstag von 1881* ihr Domizil. Im Vereinsheim *Närrischer Reichstag,* dem »Haus der Feste«, davon bin ich überzeugt, wird man bestimmt besser unterhalten als im Multiplex-Kino. Allerdings dürfte es schwierig sein, die Darbietungen im realen Reichstag zu Berlin satirisch zu überbieten. Das unreflektierte Vorurteil, daß es in den Parlamenten um nichts gehe & die relevanten Entscheidungen in Wahrheit in Aufsichtsräten, Banken usf. getroffen würden, hält einer Überprüfung ja durchaus stand & wird nur dadurch entwertet, daß daraus niemand Schlußfolgerungen zieht & sich mit den lächerlichen Figuren im Reichstag & auf der Karnevalssitzung arrangiert. Im »Haus der Feste« oder auch *Kulturzentrum Tor 2* im alten Elbers-Pumpenhaus treten außerhalb der Session an Stelle der Karnevalisten Schmierenkomödianten auf: *Fisch sucht Flügel, Sketchparade – zwei Männer in den Fallen des Alltags.* Die beiden sind auf dem Plakat mit Biergläsern abgebildet. *Man muß das auch mal so sehen.* Ja schon, aber wie? Nun, zu närrisch darf der Reichstag nicht sein. Unmißverständlich heißt es: Feuerwerkeln & Müll abladen verboten! Nach 22 Uhr keine lauten Aktionen mehr! Der repressive Raum wird mit großer Sorgfalt organisiert. Die Eilper Straße führt auf einer Brücke über die Volme. Ich bleibe auf der Oberhagener Seite, will heute das Stadtfragment zwischen der Volme & den Hügeln erkunden. Am Ufer hinter dem grausigen Kinopalast hat man eine Promenade angelegt. Zurück in die Frankfurter Straße, wo die üble Wortschöpfung *Funtasticum* ins Auge springt. Es geht um Wasserpfeifen & Piercing, wogegen ja eigentlich nichts einzuwenden ist. Gegen die Zumutung dieses bemühten Wortspiels aber sehr wohl! Weiters ein *Haus des Tabaks* & ein *China-Restaurant Shanghai*. Auf dem Johanniskirchplatz erinnert ein Denkmal an Karl Halle, einen Musiker, der tatsächlich einen Bezug zu Hagen hat: Pianist & Dirigent, am 11. April 1819 im Hause Kirchplatz 2 geboren, gestorben am 25. Oktober 1895 in Manchester. Stationen seines Musikschaffens: Hagen, Darmstadt, Paris, Manchester; seit 1858 eigenes Orchester mit weltbekannten Konzerten. Von der britischen Königin 1887 als Sir Charles Hallé geadelt. Musik auch in der Johanniskirche. Ein Konzert der Johanniskantorei Hagen & der Capella Westfalica ist angekündigt; die Es-Dur-Messe von Schubert, Beethovens Siebte, historische Instrumente. Mal nicht alleine frühstücken … Weitere Angebote der Kirchengemeinde. Wir laden Trauernde ein, miteinander zu frühstücken, sich auszutauschen, zuzuhören. Am Marktplatz fällt mir gleich eine vertrauenserweckende *Marktklause* auf. Der Märkische Ring rechts, der Bergische links von der Frankfurter Straße markieren die Grenze zur Innenstadt. Hinter dieser Autoschneise beginnt die Fußgängerzone mit den bekannten, so austauschbaren wie uninteressanten Läden. Ein zwischen dem 21. Oktober & dem 2. November stattfindender »Schaufensterwettbewerb« läßt Übles befürchten. Am Märkischen Ring hat einen Kneipe den interessanten Namen *Käfig*, ist aber auf den ersten Blick eine gewöhnliche Bierkneipe & kein SM-Treffpunkt. Auf dem Bergischen Ring werden schlesische Spezialitäten angeboten. Krakauer – die Originale. Es gibt ein *Haus Husermann* & ein *Internationales Restaurant Dubrovnik*. Nichts Überraschendes. Die Überraschungen müssen außerhalb der Innenstädte gesucht werden. Ich kehre um & laufe zurück. Nach Oberhagen hinein, die parallel zur Frankfurter Straße verlaufende Hochstraße entlang. Dabei habe ich das Gefühl, in einen sich verengenden Schlauch hineinzulaufen. Die Hügel bedrängen die Stadt. In der 3. Etage eines Hauses wird eine Wohnung für Sportliche & Junggebliebene angeboten. Überalterung vermutlich auch hier. Merkwürdigerweise gibt es kein merkbares Gefälle zwischen Oberhagen & der Innenstadt. Oder liegt das eigentliche Oberhagen oben in den Hügeln? Jenseits der Gleise der Volmetalbahn, die sich durch das Tal windet & auf den Tunnel hinter dem Haltepunkt Oberhagen zuläuft, steigt die Forststraße an. Macht eine Kurve, geht über in die Buntebachstraße. Am Hang wie hingewürfelt kleine Häuser. Gründerzeitbebauung, die Sunderlohstraße führt steil bergan. Von einem Kiosk, vor dem Bierkästen gestapelt sind, weht eine skurrile Schlagzeile heran: Kleiner Junge vom Snack-Automaten erschlagen! Vater stand daneben. Ein Glaser bietet einen 24-Stunden-Notdienst an. Von den Elbershallen, unten im Tal, leuchtet eine rote Leuchtschrift in den regnerischen Spätnachmittag. Von einem Hügel leuchtet eine Hotel-Leuchtschrift. Hagener pflegen Hagener. Lese ich irgendwo. Das Wort *Putsch* springt mich an. Nein, das ist keine affige, pseudo-politische Kunst-Intervention, sondern der Name einer Firma für Anlagen- & Spezialmaschinenbau. Produkte für die Zucker-, Gemüse- & Glasindustrie. *Putsch*, Tor 2, 3, 4. Hallen & Verwaltung. Unten im Volmetal franst die Stadt langsam aus. Eine Tankstelle, Autozubehör. Kohlenhandel, *Hanne's Frühstücksstübchen. Judo Center Hagen*. Die Frankfurter geht über in die Eilper Straße. Alles, was gefällt, ist schlecht. Alles, was funktioniert, ist schlecht. Rufen Coop Himmelb(l)au dazwischen. Gut ist, was akzeptiert werden muß. Aber was muß akzeptiert werden? Das ist doch eine Geldfrage. Wäre ich »Investor«, ich könnte doch überall in Hagen bauen, was ich wollte. Könnte Bushaltestellen kaufen & ihnen Namen geben usf. Müßte das dann akzeptiert werden? Wer wird überhaupt gefragt? Die Eilper Straße unterquert die Volmetalbahn. Davor noch *Kunst an der Brücke*. Eine Malschule für Kinder, Jugendliche & Erwachsene. Auch an diesem Gebäude zeigt ein Glasfenster dunkelhäutige Figuren, die irgend etwas auf ihren Köpfen balancieren, alles in einem Fünfziger-Jahre-Stil, leicht abstrakt. Dahinter Industrie: die Stahlwarenfabrik *Volme-Draht*. Ein Spaltbetrieb wirft die Frage auf, was man sich darunter vorzustellen hat. Hinter der Brücke verdichtet sich die Bebauung wieder, die Stadtrand-Atmosphäre verflüchtigt sich. In der Jägerstraße, wo es wieder hoch geht zu Wald & Hügel, haben die *Jägerstuben* geschlossen: Kalte & warme Küche, Bundeskegelbahn. *Spargemeinschaft Müde Mark*. Immer dabei. Betriebe, zum Teil rätselhafte Fachsprachen. Metallbau, Grau- & Tempergießerei, Werkzeugfabrik. Blicke in Werkshallen in Hinterhöfen. Elektrotechnische Anlagen. Näheres erfahren könnte man vielleicht im *Technik-Atelier Te-At*. Verblüffend, spannend, faszinierend. Die Zauberwelt der Naturwissenschaft. Frei nach Albert Einstein. Anfassen, Erforschen, Begreifen der großen & kleinen Technik der Alltagswelt. Experimentieren, Kreieren, verstehen. Erfolgswege für Mädchen & Jungs. Ein Gebäude, das die *Kettenfabrik Wippermann* zurückgelassen hat, wird vom *Historischen Centrum Hagen* genutzt. Der Name der Fabrik lebt weiter in der Wippermann-Passage. In dem Gebäude hat auch der *Hagenring* seine Galerie. Das klingt bedrohlich germanisch, ist aber nur der lokale Bund bildender Künstler. Das *Restaurant Milius* ist chic & teuer, paßt nicht so recht nach Eilpe. Auf der Karte irisches Rinderfiletsteak in Bioqualität & dgl. Von der Eilper Straße zweigt die Kurfürstenstraße ab, steigt an. Historisierende Laternen markieren die »Altstadt«. Es geht aber gleich wieder bergab. Auf dem Bleichplatz eine Zeile mit Fachwerkhäusern, die Siedlung Lange Riege, Fachwerk-Reihenhäuser sozusagen. Wohnung & Werkstätte der Eilper Klingenschmiede, lange vor der Industrialisierung. Am 21. Mai 1661 schlossen einige Solinger Klingenschmiede einen Vertrag mit dem Großen Kurfürsten Markgraf

Friedrich Wilhelm zu Brandenburg, in dem sie zusicherten, sich auf dessen Territorium niederzulassen. Als Ort wurde Eilpe ausgewählt. Der Kurfürst ließ auf seine Kosten die Gebäude errichten. Fertigstellung bereits 1665/1666; Verfall der Klingenschmieden in Eilpe seit Beginn des 19. Jahrhunderts. Die Lange Riege bildet einen maximalen Kontrast zur gegenüberliegenden Gründerzeitzeile. Dazwischen Bäume, eine technische Apparatur, die ich nicht einordnen kann, als Denkmal. Ein Standbild von Kaiser Friedrich III. Darauf nimmt die *Apotheke am Denkmal* Bezug. Dann die Felsenstraße, Hüttenbergstraße. Am Weitblick. Die Stadt verzweigt sich entlang der Selbecker Straße in ein weiteres Tal. Einen Bach entlang, der in die Volme mündet. An der Straße alte Häuser mit Schieferfassaden in bergischer Manier. Der *Schultenhof* ist in der Dämmerung angestrahlt. Darin eine Begegnungsstätte der *Arbeiterwohlfahrt Hagen – Märkischer Kreis*. Andere Begegnungsstätten: die *Alte Dorfschänke* in einem anderen Schieferhäuschen. *Jianni's Imbiß*, die geschlossene Kneipe *Zur Krone*. Ich wähne mich schon am Land, im Bergischen oder im Sauerland, aber nein: Industrie auch in diesem Tal. Das Stadtgewebe beginnt zu wuchern, dehnt sich aus & verschlingt die Überbleibsel des ländlichen Daseins. Sagt Henri Lefèbvre. Fragwürdige Protuberanzen entstehen. Ein Kronrohr-Werk, gegründet 1911, Stahlrohr-Zieherei, Preß- & Stanzwerk. Eine Offenbarung ist dann das *Eilper Stübchen*, ein geradezu metaphysischer Ort. Eine niedrige alte Stube, Holzbalken. Eine einfache Theke. Ein Alter mit einem merkwürdigen Berghut sitzt bei Pils & Klarem. Noch ein zweiter Mann sitzt an der Theke, einer ist an einem Spielautomaten zu Gange. Einer will einen Enzian trinken. An den wuchtigen Balken sind Weisheiten aus unvordenklichen Zeiten eingeritzt. Ja, schon die Klingenschmiede müssen im *Eilper Stübchen* verkehrt haben. Kraft im Schluck, karg im Wort. Starke Faust am rechten Ort. Das ist eine so treffende wie knappe Charakterisierung des Westfälischen. Der Bauer gewinnt euch Bier & Brot. Dann werden euch die Wänglein rot. Ein schönes Bild. Wer nicht zur rechten Stunde lacht, auch nicht im Ernst das Rechte macht. Musik & Radio bleiben einem angenehmerweise erspart im *Eilper Stübchen*. Nur der Spielautomat gibt Geräusche von sich. Ein Schwarzweiß-Bild zeigt die Lange Riege, ein Steuerrad & ein Hufeisen ergänzen die Dekoration bedeutungsschwer. Die Namen San Remo & Monaco kommen ins Spiel. Die Frage wird aufgeworfen, in welcher der beiden Städte ein bestimmtes Fahrradrennen stattfindet. Jemand will anschreiben lassen, was aber vehement abgelehnt wird. Der Gesprächsfaden knüpft sich an Monaco an, das dortige Spielcasino. Da kommst du doch sowieso nicht hin mit dem Wohnmobil! Nur, wenn dort oben etwas frei ist! Was aber nicht zu erwarten sei. Einer der beiden Gesprächsteilnehmer markiert seine Ortskundigkeit, ist einmal mit dem Reisebus dort gewesen. Jemand schickt sich an zu gehen. Heute schon so früh auf die Couch? Die Jacke kann man sich ja schon mal anziehen! Warm anziehen wird man sich in jedem Fall noch müssen. Könnte sich auch einfach aufsaugen lassen von diesen Tälern & waldigen Hügeln. Einfach in einer dieser Kneipen weitertrinken bis zur letzten Konsequenz. Kraft im Schluck usf. Da wird einem so westfälisch zumute. Da besteht durchaus die Gefahr, daß mit dem Alkoholpegel der Mut sinkt. Fragen, die man stellen könnte, sind: Welche Gefühle erweckt Hagen-Eilpe? Warum? Welche Stimmungsänderungen sind je nach Uhrzeit zu bemerken? Ist ein Mittelpunkt des erforschten Terrains zu erkennen? Wo? Ich denke, mit dem *Eilper Stübchen* ist in etwa der Rand des Gebietes erreicht, das ich ins Auge fassen will. Ich fühle eine gewisse Gravitation zum Tal der Volme hin. Strömungen, diese Täler entlang. Diese Straßen, Schläuche. Wo die Eilper Straße in die Volmetalstraße mündet, scheint die Stadt endgültig auszufransen. An einem Einkaufszentrum, Stadtrandatmosphäre. Vor der Kunstschmiede & Schlosserei *Zyche* steht eine seltsame Metallskulptur. Die Kunst des Schmiedens. Wir schmieden Ihre Pläne. An der Eilper Straße außerdem die *Einhorn-Apotheke,* die auf alt & rustikal gestylte Kneipe *Grammophon*. Zurück auf den Platz, dem zweifellos die Lange Riege eine ganz eigene Atmosphäre verleiht. Eine Gaststätte in der Riegestraße heißt *Gottfried von Eilpe.* Wer das wohl gewesen sein mag? Um die Theke haben sich die Stammgäste zusammengerottet. Ich halte mich im Hintergrund, setze mich an einen Tisch. Registriere Fragmente von Gesprächen. Es ist von Herdecke die Rede, das eine Frau genau kennt, weil sie dort Verwandte hat. Ihr Sohn hat eine Zeitlang dort gelebt. & es gibt in Herdecke ein Kneipe mit dem Namen *Dornröschen,* wo einem eine

Wendeltreppe zur Toilette gefährlich werden kann, wenn man nicht mehr nüchtern ist. Alles ist auf modern gemacht dort – Scheiße! In Eilpe hingegen ist der Alkoholisierte weniger gefährdet. Einem wird auf den Kopf zugesagt: Du wirst immer dicker! Der aber weiß zu kontern: Ein guter Ficker wird immer dicker! Das sind alles nur Sprüche. Eine Einsicht wird artikuliert. Es wird doch nichts getan! Beispielsweise für Bildung. Kann ich doch nur darüber lachen! Beispielsweise über die Studiengebühren. Das Problem ist bloß, daß aus dieser Einsicht nichts folgt. Das sind eben auch nur Sprüche. & der Sprecher hat seine Lektion gelernt: Widerstand ist zwecklos. Man kann nichts tun. & man hält besser außerhalb der Kneipe den Mund. Wundert sich schließlich auch längst nicht mehr darüber, daß sich nichts ändert. In einer Ecke sitzt ein altes, stummes Ehepaar, er beim Bier, sie beim Wasser. Währenddessen werden an der Theke andere Ungerechtigkeiten erörtert: Fahr mal nach Ostdeutschland, alles vom Feinsten – & unsere Straßen! Nun, es wird sicher bald auch wieder Investitionen im Westen geben. Dem Baugewerbe ist es doch egal, wo es seine Geschäfte macht. Dann taucht die Frage auf, wie verschiedene Gewichtseinheiten aufeinander zu beziehen sind, Zentner, Tonne usf., im Zusammenhang mit einem abwesenden fetten Mann, dem auch noch ein kleiner Schwanz angedichtet wird. Keiner kann mehr kopfrechnen! Wohl wahr. & keiner kann mehr Gedichte auswendig! Das wird ernsthaft bedauert im *Gottfried von Eilpe*. & natürlich, unvermeidlich kommt die Rede auf Schillers »Glocke«. Festgemauert in der Erde ... Beginnt eine Frau zu rezitieren. Aber das war dann auch schon alles, was sie behalten hat. Andere Fragen kommen ins Spiel, andere Distinktionen: Bist du evangelisch oder katholisch? Eine dritte Möglichkeit kann man sich offenbar nicht vorstellen in Eilpe. Atheist? Hast du schon einen richtigen Atheisten gesehen? Was ist denn ein Atheist? Das soll wohl auf die alte Leier hinauslaufen, daß doch auch jeder Atheist in Wahrheit bla etc. blabla. Daß sie einen »richtigen« Atheisten kennenlernen könnten, heute Abend in ihrer Kneipe, ahnen sie nicht. Weißt du deinen Konfirmationsspruch noch? Nein, man memoriert auch das nicht. Weißt du, wie lange das her ist? Das läßt sich ausrechnen. Der Sprecher ist 60, der Zuhörer 56. & Werner ist gar nicht ungläubig, sondern nur apostolisch oder so etwas. Werner, sag mir deinen

Konfirmationsspruch! Das kann er natürlich auch nicht. Bist du freiapostolisch oder sowas? Wir stammen alle vom Affen ab, sagt dir das etwas? Das ist meine Theorie. Ich verlasse die Gaststätte, noch ehe die Evolutionstheorie umfassend erörtert worden ist. Die Schmiedestraße erinnert an die Eilper Handwerkstradition. Ein Bach rauscht. Die *Schwan-Apotheke* besteht seit 1877. Ich fahre mit einem der seltenen Busse ein Stück stadteinwärts. Ich habe mir dieses Territorium Oberhagen/Eilpe jetzt erarbeitet. Ich kann darüber verfügen. Die Fragmente & Atmosphären nach Belieben zusammensetzen. Springen. Ich fahre zum Ring, gewissermaßen ans andere Ende des Untersuchungsgebiets. Steuere das *Haus Husermann* am Bergischen Ring an. Solide Gastlichkeit, etwas essen. Ich erinnere mich daran, gelesen zu haben, wie der Maler Christian Rohlfs sich mit der westfälischen Küche zunächst schwergetan, sich in Briefen darüber beklagt hatte. Er ist dann aber trotzdem in Hagen geblieben. Die weiß-blaue Dekoration, die weiß-blauen Tischdecken signalisieren: Oktoberfest bei *Husermann*. Warum nur ist man im Ruhrgebiet überall so scharf auf das weiß-blaue Massenbesäufnis? Aber hat nicht bereits Erik Reger auf die bayerisch-ruhrländischen Wahlverwandtschaften hingewiesen, was Völlerei & Saufen betrifft? Wie auch immer. Der Wirt stellt die lustige Frage: Wollen Sie bayerisch oder normal essen? Ich bestelle Spanferkel. Die Preise sind moderat. Die Gaststube ist geräumig & rustikal, einfache Holztische. In Hörweite tafelt eine ausgelassene Damenrunde. Es geht um die Enkelinnen im Kindergarten: Die werfen mit Ausdrücken um sich, das gibt es gar nicht! In eine gute orthopädische Klinik, ist eine Sprecherin überzeugt, kommt man nur mit Beziehungen. Die hat sie, ihre Nichte ist Oberärztin. Naßgeschwitzt eilt eine heran, der sogleich gratuliert & eine Tafel Schokolade überreicht wird. Chaos, erklärt sich die Eilige, weil Fliesen verlegt worden sind oder so ähnlich. Der Brand des Gemeindehauses in Herdecke ist eine Gesprächsthema. Schon wieder Herdecke! Niemand könne sich vorstellen, was dort los war. Rußpartikel auf dem Teppich usf. Jetzt müsse renoviert werden. Zwei Brände innerhalb einer Woche in Herdecke, niemand verstehe das. Ein anderes Thema wird aufgebracht: Hast du heute im Radio gehört, daß es keine richtigen Männer gibt? Die Bestätigung dessen, was sie immer schon vermutet hatte, scheint willkommen. Ich bin zwar besoffen, aber nicht betrunken. Wird geistreich differenziert. Ehe das Tischgespräch noch einmal auf die Orthopädie zurückkommt. Auf die Schmerzambulanz, Alkohol- & Medikamentenspiegel. Ab in die Röhre! Ich breche vom Schwein gestärkt auf. Überquere den Ring & folge abermals der Frankfurter Straße. Dort einige griechische Akzente: *Zum Zorbas, Café Thessaloniki* usf. Erotisch shoppen. & dann gab es ja noch das *Gemütliche Eck*, auch: *Raucherclub »Zur halben Lunge«*. Zutritt nur für Mitglieder. Nicht-Raucher auch erwünscht. Anmeldung beim Wirt. Das wird so genau nicht gehandhabt. Ich werde nicht dazu genötigt, dem Club beizutreten, bestelle einfach ein Bier. Die Kneipe ist voll & laut. & der Altersdurchschnitt ist hier mal etwas niedriger. Nicht nur Rentner. Es wird geknobelt, Darts gespielt. Die Böhmerstraße steigt steil an, hügelwärts. Aber ich bleibe jetzt unten im Tal. Die *Marktklause* ist auch noch eine Anlaufstelle. Dort wird gerade die Wirtin vermißt, die aber gleich wieder auftaucht. Ich war mal eben strullen! Aber das werden die drei Männer sich schon gedacht haben, die an der Theke sitzen. Einer fürchtet, sein Publikum zu langweilen, weil er wieder einmal sein Expertenwissen über den Autorennsport, die sicherlich idiotischste aller »Sportarten«, so ausführlich ausgebreitet hat. Aber er guckt eben schon seit 1970 Formel 1. Seit Jochen Rindt in Monza verunglückt ist. Warum nun das? Hofft er etwa auf weitere spektakuläre Unfälle? Man könne sich ja auch über Frauen unterhalten. Wird nicht ganz im Ernst vorgeschlagen. Ist doch immer dieselbe Scheiße! Er sei seit 19 Jahren Single. Die Wirtin wartet schon den ganzen Abend darauf, daß ihr ein Drink ausgegeben wird & sagt das jetzt auch. Seid ihr alle schwul oder was? Hier wird einmal ganz unverblümt offengelegt, wie das Prinzip Saufkneipe funktioniert. Hinter dem Tresen eine Frau, am Tresen die Männer. Die Frau muß nicht jung sein & keine Schönheit, aber zumindest eine minimale erotische Spannung ist doch wünschenswert & soll am Köcheln gehalten werden. Einer der Männer hat nur noch 55 Euro, erwähnt das zur Erklärung, daß er keinen ausgeben kann. Das kann aber nicht überzeugen. Damit wirst du doch wohl bis Freitag auskommen! Sein Trinkgefährte darf nicht über 30 Euro kommen heute. Aber damit kommt man schon einigermaßen weit in der *Markt-*

klause. Ein Wandbild aus dem Jahr 2000 zeigt das Marktgeschehen. Am Sonntagabend findet ein Dart-Turnier statt. Hier ist kein Hotel! Das muß deutlich gesagt werden. Geh nach Hause, wenn du schlafen willst! Fragment einer Geschichte – eines Witzes? Zwei Schwestern wohnen in einem Haus. Eine Schwester bekommt Besuch von ihrem Schwager. Der fragt sie in Anwesenheit ihres Freundes, ob sie Lust auf einen Quickie habe. Seine Alte lasse ihn nicht ran. &? Ich weiß auch nicht, lassen wir diesen narrativen Quatsch. Weiter zu anderen Textfragmenten. Ja – zu Hagener Schulen! Eine Großdemo gegen Schulschließungen steht bevor. Der Nachthimmel ist klar. & es ist etwas frisch geworden. Besonders in Verbindung mit Alkohol lassen die Plätze, Straßen, Gebäude die Spannweite der städtischen Realität erahnen & in der Trostlosigkeit der Stadt zu Zeichen einer faszinierenden Verwahrlosung werden. Aber die *Gaststätte Honselstube* lädt zum längeren Bleiben nicht ein. Zu häßlich ist die vermutlich von der Brauerei bezahlte Einrichtung. Die Erfüllung ist das *Eilper Stübchen*.

Entschleunigungspunkt 8 Hz

für Udo Wid

Wir sind umgeben von elektromagnetischen Wellen. Wir wissen das & machen es uns in der Regel doch nicht bewußt. Wie auch &: Warum auch sollten wir das tun? Weil der Elektrosmog möglicherweise gefährlich ist? Weil man die Wahrheit doch nicht erfährt & die Unbedenklichkeit bescheinigenden Studien alle von der Industrie gekauft sind. Weil die unsichtbare Bedrohung zwar einerseits leichter verdrängt werden kann, andererseits aber auch mehr Spielraum läßt für Phantasien & Ängste. Drahtlose Kommunikation ist heute in allen Bereichen der Gesellschaft selbstverständlich. Aber auch Zellen sind elektrische Systeme. Es gibt keine eindeutige Grenze zwischen den elektromagnetischen Feldern des menschlichen Metabolismus & jenen, die in seiner Umgebung vorhanden sind. So daß das Verständnis des elektromagnetischen Feldes möglicherweise der einzige Weg ist, um uns & unsere Umgebung zu begreifen. Die Ausstellung *Waves* in der PHOENIX Halle in Dortmund-Hörde möchte ihren Besuchern Anstöße geben, ihre elektromagnetische Umwelt zu erforschen & besser zu verstehen. Der Kontrast zwischen der ehemaligen Gasgebläsehalle, die später noch als Reserveteillager diente, diesem Industriedenkmal & der zeitgenössischen Medienkunst, die dort gezeigt wird, könnte größer nicht sein. Elektromagnetische Wellen als künstlerisches Material, elektromagnetische Landschaften: Man kann das Unsichtbare visualisieren oder man kann es hörbar machen. Kann das Rauschen von Fernsehsignalen verstärken oder Walgesänge sichtbar machen. Kann Schallwellen direkt in Licht umwandeln oder auf einer Wasseroberfläche durch akustische Vibrationen Wellenskulpturen erzeugen. Wären die uns umgebenden Funk- & Schallwellen sichtbar, dann würden sie den Raum derart ausfüllen, würden derart chaotische Strukturen erzeugen, daß wir aufgrund der Dichte der Information nichts mehr wahrnehmen könnten. Rauschen. Vielleicht findet man das beunruhigend. Vielleicht denkt man: Unsere Sinne sind so ausgestattet, daß wir alles für uns Relevante oder gar: Gefährliche auch wahrnehmen können, herausfiltern. Aber das stimmt ja wohl nicht, Radioaktivität kann man nicht sehen. Beruhigend soll der *Entschleunigungspunkt 8 Hz* von Udo Wid wirken. Udo Wid sitzt neben dem Entschleunigungspunkt im Dortmunder Stadtgarten im Gras & spricht von der Synergie der Disziplinen. Von der Notwendigkeit, daß Wissenschaft, Kunst, Philosophie & Alltagspraxis wieder zusammenfinden aus ihrer Fragmentierung. Denken, Fühlen, Wollen & Tun. & wünscht sich, daß seine Zuhörer während seines Vortrags einschlafen. Die sowohl innerpersönlich als auch kulturell durch diese Divergenzen entstehenden Spannungen sind gespeicherte Energie (bzw. Information), die aber nur frei wird, wenn sich zwischen den kulturellen Bereichen Synergien ausbilden können. Der *Entschleunigungspunkt 8 Hz* ist ein kleiner, solarbetriebener, in den Boden eingelassener Sender. Solche Sender hat Wid auch schon in Dublin, Malo bei Vicenza & Wien installiert. Der Dortmunder Punkt befindet sich in der Nähe des U-Bahnhofs Stadtgarten, wo Entschleunigung vielleicht besonders not tut. Die abgestrahlte Frequenz kann hörbar gemacht werden, wenn man sich mit einem Radio nähert. 8 Hz entsprechen den Alpha-Gehirnwellen, die einen kontemplativen & also entschleunigten Bewußtseinszustand begleiten. Aber auch der elektromagnetische Hohlraumresonator, den das System Erde-Ionosphäre bildet, schwingt auf dieser Frequenz. Schon bei der Entdeckung dieser sogenannten Schumann-Resonanzen wurde ein Zusammenhang vermutet. Heute, im Übergang zur Nach-Moderne wird die Differenz der fragmentierten kulturellen Bereiche besonders spürbar, weil die Rationalität die Kraft verbindender Sinnstiftung verloren, die Ästhetik aber noch keine Methode entwickelt hat, sich als neue Art zu behaupten. Der Dortmunder Punkt will dazu einen Beitrag leisten. Aber der Sender ist schwach.

In der Nordstadt

für Crauss.

Im Norden die Horden. Im Norden geht die Sonne auf. Sprüche über einen noch immer übel beleumundeten Stadtteil. 150 Jahre Aufbau & Auszehrung. Dieses Gebiet ist zusammengeschrumpft auf das Problem: Da liegt noch etwas zwischen dem Bordell & *Hoesch*. Der Stadtteil hinter den Bahngleisen. Dunkle Gerüchte, daß das nördliche Viertel völlig entrechtet & zu einer Art Ghetto für aufsässige Bürger werden sollte. Stimmen, daß der Oberbürgermeister S. noch nie einen Fuß in den Norden gesetzt habe. Gleich hinter dem Dortmunder Hauptbahnhof. Mit der Eisenbahn als unübersehbarer Trennlinie. Eisenbahnvorstadt. Enge Durchdringung von Wohn- & Industriegebieten. Eingegrenzt durch die Haupteisenbahnlinie im Süden, der *Dortmunder Union* & dem Hafen im Westen, dem Westerholz mit den angrenzenden Sportanlagen im Norden & den gemeinsam mit den Flächen des Güterbahnhofs Dortmund-Eving, dem Gelände der *Zeche Kaiserstuhl* sowie der *Maschinenfabrik Deutschland* wie ein Keil in die Nordstadt getriebenen Werksflächen der *Westfalenhütte* im Nordosten & Osten. Nördliche Dunkelkammer, eine Stadt für sich. Eine Ende der fünfziger Jahre des 19. Jahrhunderts vor dem Kuckelketor auf dem Sumpfboden des sogenannten Schwarzen Meeres errichtete Siedlung wurde »Krim« genannt. Ein zentral gelegenes, ausgedehntes Gründerzeitviertel, das aber dennoch keine Begehrlichkeiten weckt, sondern bloß immer wieder mit irgendwelchen Programmen bedacht wird, Reparaturversuchen. Einer der wenigen Teile der Ruhrstadt, dem Urbanität nicht abgesprochen werden kann – im landläufigen, konsensfähigen Sinne. »Nord-Variationen« in den Namen von Kneipen & Läden. Eine berüchtigte Kneipe hieß *Nordpol*. Die Stadt ist eine Wildnis, da blickt keiner mehr durch. Verlust der Orientierung. Auf Wanderungen durch die Nordstadt kann ich mich an den vertrauten Bildern & Zeichen nicht orientieren. Viele Aufschriften kann ich nicht lesen, weil sie in türkischer Sprache oder in anderen Fremdsprachen verfaßt sind. Der Boden scheint so wenig lukrativ, daß die üblichen Ketten hier nur wenige Filialen betreiben. Stattdessen türkische Billigsupermärkte & dgl., Logos, die für mich keinen Wiedererkennungswert haben. Am Steinplatz, unmittelbar nördlich des Hauptbahnhofs, hat eine Kahlschlagsanierung stattgefunden. Anders konnte man sich dem so legendären wie berüchtigten Rotlichtviertel nicht erwehren. Die Bordelle sind heute ein einer abgeschirmten, übersichtlichen Straße zusammengefaßt. Eine Kneipe, die diesem Milieu zuzurechnen ist, hat hinter dem Hauptbahnhof noch überlebt: *Bei Erni*. Es ist ein bislang singulärer Fall, daß der Kollege C. & ich, die wir uns auf einem Streifzug durch die Nordstadt befinden, uns beide nicht in eine Kneipe hineintrauen, mindestens größere Bedenken haben. Keiner ist so sicher, daß er den anderen mitziehen könnte. & wir sind doch in Graz & Berlin wirklich noch nie vor irgendeiner Kaschemme zurückgeschreckt! Die Tür steht offen, es ist laut, die Mehrheit der Zecher vermutlich bereits im Stadium der Sturzbetrunkenheit. Unabsehbar, was wir zu hören bekämen, was geschehen würde, würden wir uns an den Tresen drängen. In den Texten der Situationisten, die sich um ihre Dérive-Experimente drehen, ist die Rede davon, daß solche Streifzüge am besten in Gruppen unternommen werden sollten. Ich denke: Es wäre doch einen Versuch wert, mit dem Kollegen C. durch die Nordstadt zu streifen, schreckt er doch in der Regel vor keiner Kaschemme zurück, macht wie ich die Nacht gerne zum Tage & ist auch im Trinken ausdauernd mit seiner einem Dortmunder Experiment sehr angemessenen westfälischen Konstitution. Ich weiß mit Sicherheit, daß wir in der *Laterne* waren & in mehreren Kneipen in der Nähe des Nordmarkts. Ich vermute, wir haben es nicht bis in die Gegend um den Borsigplatz geschafft. Ich glaube aber, daß wir in der Malinckrodtstraße ein dubioses Lokal besucht haben. Wir sind irre, wirre Kreise durch den Dortmunder Norden gegangen & haben uns dabei von einer Bierleuchtschrift zur nächsten gehangelt. Ja, sogar in das Gebiet südlich des Bahnhofs sind wir kurz vorgestoßen, waren in dieser Nacht sogar zwei Mal in der *Fledermaus*, dieser seltsamen Kneipe im Untergrund der Fußgängerpassage unter dem Bahnhofsvorplatz. Ich glaube, wir haben beim kroatischen Imbiß in der Schützenstraße etwas gegessen, weil das *Subrosa* geschlossen hatte oder weil es dort zu laut oder zu voll war. Ich bin sicher, daß wir auch in der *Zaubermaus* waren, einer schwulen Kneipe, die man schon wegen ihres Namens aufsuchen muß. & ich weiß noch, daß wir angesichts der beiden Kneipen mit der Maus im Namen eine ganz Reihe von Variationen entwickelt haben, wie weitere Mäusekneipen heißen könnten. Aufgeschrieben haben wir davon nichts. Aber sehr viel Genaueres kann ich nicht mehr sagen. Es ist einfach nicht möglich, sich beim gemeinsamen Umherschweifen & Trinken ganz in Gesprächen zu entäußern & dann noch so viel davon zu behalten oder gar zu notieren, daß eine einigermaßen schlüssige Rekonstruktion hinterher möglich ist. Ich muß also kapitulieren. So wie wir auf dieser Tour auch irgendwann kapitulieren mußten – nicht ohne ein zweites Mal die *Fledermaus* aufgesucht zu haben. Es ist möglich, daß wir dort Schnäpse getrunken haben. Sicher ist das nicht. Es gibt ein Beweisphoto, das den Kollegen C. in der *Fledermaus* zeigt. Ich habe eine starke Erinnerung an die merkwürdige Atmosphäre in der kleinen Untergrund-Kneipe, aus der heraus man mitten in der Nacht in die hellerleuchtete Fußgängerpassage blickt. Der Rückweg ins Künstlerhaus war zu schaffen, & man muß eigentlich auch nur einmal abbiegen, hat man einmal den Hauptbahnhof durch den Nordausgang verlassen – eine Nordwestpassage, von der *Fledermaus* aus gesehen. Das erinnert mich an den englischen »Opiumesser« Thomas de Quincey, der eines der frühesten Dérive-Erlebnisse geschildert hat, zu einem Zeitpunkt, als man so etwas vielleicht auch nur in London erleben konnte. Er schreibt: Ich pflegte oft am Samstagabend, nachdem ich Opium genommen hatte, die Märkte & Plätze von London zu durchwandern. Manche dieser Streifzüge führten mich weit weg. Zuweilen geriet ich bei meinem Bestreben, nach den nautischen Regeln heimwärts zu steuern, indem ich mein Auge auf den Polarstern richtete & mich streng nordwestlich hielt, statt all die Kaps & Landzungen zu umschiffen, vor denen ich bei der Ausfahrt gekreuzt hatte, plötzlich in solch verschlungene Probleme von Gassen, solch rätselhafte Eingänge, solche Sphynxgeheimnisse von Straßen, die keinen Durchgang hatten, daß ich dachte, ich sei der erste Entdecker dieser terrae incognitae, & bezweifelte, daß sie in den neuesten Karten von London schon eingezeichnet sind.

Emschertalbahn

Der kleine Dieseltriebwagen der *NordWestBahn* wartet auf Gleis 23 des Dortmunder Hauptbahnhofs. Um 12.30 Uhr ist der viel zu selten, zu bestimmten Tageszeiten & am Wochenende nicht einmal stündlich verkehrende Zug mit dem Fahrziel Dorsten gut besetzt. Er fährt zunächst auf einem Abschnitt der verstümmelten Strecke der früheren Cöln-Mindener-Emschertalbahn, um in Wanne-Eickel nach Norden abzuschwenken. Den Fahrgästen – unter ihnen viele Schüler auf dem Heimweg von der Innenstadt in Dortmunder Vorstädte – wird zu dieser Mittagsstunde ein guter Morgen gewünscht. Für mich nun aber, der ich noch nicht sehr lange wach bin an diesem Herbsttag, paßt der Gruß. Der Zug fährt wie immer auf die Minute pünktlich ab, auf mit verspäteten Zügen der *Deutschen Bahn* eintreffende Reisende wird von den privaten Bahngesellschaften aus Prinzip keine Rücksicht genommen. Der Triebwagen verläßt die weiten Gleisfelder des Dortmunder Hauptbahnhofs in nordwestlicher Richtung. Rechts taucht das Künstlerhaus, indem ich gerade wohne, kurz im Blickfeld auf, zur Linken *ThyssenKrupp Schulte;* Werkstoffhandel ab Lager, umfangreiche Dienstleistungen rund um Werkstoffe nach Maß. Die Bahnanlagen werden von einer Brücke überspannt, auf der eine vielbefahrene Straße zum Hafen führt. Dahinter das weitläufige, überwucherte Areal des aufgegebenen Güterbahnhofs. Birkenwälder, Brücken, Hafenkräne, verfallene Stellwerke. Der Zug überquert die Emscher, dieses Rinnsal, dessen Verlauf er nur ein ganz kurzes Stück gefolgt ist. Von wegen Emschertal! Die Emscher fließt weiter nach Norden, die Bahnstrecke macht einen Knick in Richtung Westen. Kleingärten, Blick auf den Förderturm der *Zeche Hansa*. Huckarde Nord ist der erste Haltepunkt. Das alte Bahnhofsgebäude ist zu einem Restaurant umgebaut worden, der sogenannte Haltepunkt stellt wie alle Halte auf dem ausschließlich von der *Regionalbahn 43* genutzten Streckenabschnitt die letzte Schwundstufe eines Bahnhofs dar: kein Empfangsgebäude, nicht einmal ein überdachter Bahnsteig, ein Fahrkartenautomat. & wenn man Glück hat, hängt irgendwo ein Fahrplan. Im Siedlungsbrei wird ein Friedhof sichtbar, ansonsten Kleingärten, so weit das Auge reicht. Es reicht nicht weit. Auf einer Brücke überqueren wir die Trasse der S-Bahn nach Castrop-Rauxel, Herne, Gelsenkirchen. Noch mehr Kleingärten. Ich habe irgendwo gelesen, daß Dortmund über die größte Kleingartendichte verfügt, wahrscheinlich weltweit. Das Stellwerk Dortmund-Rahm taucht auf, der Zug passiert einen beschrankten Bahnübergang. Der Fluß des Autoverkehrs wird hier nur selten gestoppt. Wohnbau, Wald. Dortmund-Rahm ist auch nur ein Haltepunkt, mit einem kleinen Wartehäuschen wie an einer Bushaltestelle. Die Bahnlinie kreuzt die Rahmer Straße, wieder ein Schranken. Auf der rechten Seite wechseln Kleingärten mit Reihenhäusern ab, während sich zur Linken der Blick auf ein freies Feld weitet, ehe auch dort wieder Kleingärten auftauchen, einzelne Häuser, Landwirtschaft. Der Dieseltriebwagen stößt einen Pfiff aus, bevor er auf einer Brücke die Sauerlandlinie überquert, wie die Autobahn von Dortmund nach Aschaffenburg genannt wird – so, als wäre sie für irgendeine Art von Linienverkehr gebaut worden & nicht für Raser & LKWs. Der Pfiff, für den sich keine Notwendigkeit vorstellen läßt, gemahnt auf der vernachlässigten & zum größten Teil auf ein Gleis zurückgebauten Strecke an eine bessere Bahnwelt. Der Zug ist durchwegs in sehr geringem Tempo unterwegs. Die Strecke wird für ein kleines Stück lang zweigleisig, ein Postverteilungszentrum kommt in den Blick. Der Haltepunkt Dortmund-Marten. Hier hat sich ein hölzernes Gebäude erhalten – Billiglösungen bereits in den 1870er Jahren, als die meisten Bauwerke an der Emschertal-Strecke aus Holz errichtet wurden. Im Bahnhofsbereich zwei Gleise, von denen nur eines benutzt wird. Gewerbe, Industrie. Auf dem Bahnhofsgelände werden rostfarbene Drahtrollen gelagert. LKWs sind zu sehen. Auf einer Seite eine Halle, ein Haus mit Fachwerkimitat, auf der anderen Bäume & noch mehr Drahtrollen. Die Tür zum Führerstand des Triebwagens ist geöffnet. Heraus ist eine Unterhaltung unter Kollegen zu hören. Der Zugführer spricht davon, sich für Freitag etwas eingebrockt zu haben: Coesfeld, Borken, Essen. Orte, zwischen denen die *NordWestBahn* mit ihren Dieseltriebwagen verkehrt. Hinter Bäumen sind Wohnhäuser & Zweckbauten zu erahnen. Eine Böschung versperrt die Sicht, kurz darauf wieder freier Blick auf Felder, Alleen. Man hat den Eindruck, die Stadt weit hinter sich gelassen zu haben & sich auf dem Land zu befinden. Dabei sind hier bloß zwei Dortmunder Stadtteile aus irgendeinem Grund nicht zusammengewachsen.

Dabei ist man noch keine 10 km gefahren. Dortmund-Lütgendortmund Nord, auf der linken Seite ist wieder ein Stück Stadt zu sehen, Wohnbebauung, rechts ein Feld. Der Zug fährt durch einen Laubwald, ich meine ein Gewässer zu erahnen. Birken – die Bäume, die noch auf dem kontaminiertesten Boden wachsen, auf dem Areal des aufgegebenen Güterbahnhofs, auf alten Zechengeländen. Etwas Beschleunigung jetzt & erstmals das Gefühl, tatsächlich über Land zu fahren. Die Strecke schwenkt nach Norden, & kurz darauf ist Dortmund-Bövinghausen erreicht. Die früheren Ausmaße des Bahnhofs sind noch zu erahnen. Die Gleise großteils abgebaut, das Stellwerk aufgegeben & mit Graffiti bedeckt, zugewuchert, ist der Bahnhof zu einem dieser elenden Haltepunkte degradiert worden. Es folgt ein zweigleisiger Abschnitt, allerdings ist das zweite Gleis zugewachsen. Abbau, Abbruch, Geisterbahnsteige kennzeichnen die Emschertalbahn. Doppelbrücken, auf denen nur mehr ein Gleis verläuft, verrottete Gleise im Unterholz. Die Unterquerung einer rostigen Brücke. Die Stadtgrenze zu Castrop-Rauxel. In Castrop-Rauxel-Merklinde fällt der Blick auf eine belebte Straße. Der Haltepunkt ist genauso verkommen wie die Haltepunkte auf Dortmunder Stadtgebiet. Gärten, Rückansichten von Wohnhäusern, Bäume dann zu beiden Seiten der Strecke. Einzelne, freistehende Häuser, ein vermutlich sogar befahrbares 2. Gleis. Die Bebauung verdichtet sich, eine Anmutung von Stadt, Castrop-Rauxel-Süd. Blick in eine Einkaufsstraße, auf das italienische Restaurant *Il Gambero*. Dann zur Linken eine neue Siedlung, geschmacklose Mehrfamilienhäuser mit Giebeln, ein erst jüngst erschlossenes Gebiet. Der Zug wird langsamer & kommt bald darauf zum Stehen. Der Gegenzug nach Dortmund muß abgewartet werden. Das ist das Resultat des weitgehenden Rückbaus des zweiten Streckengleises. Kurz vor einer Westkurve tauchen auf der rechten Seite Reihenhäuser auf & ein Wald. Links ein großer Parkplatz & ein Einkaufszentrum. Der Förderturm der *Zeche Erin*. Ein Feld, noch ein Förderturm, inmitten von Kleingärten das Hinweisschild auf eine Gaststätte. Die Strecke ist längst wieder eingleisig, schon ist Herne erreicht: Haltepunkt Herne-Börnig. Im Niemandsland, zumindest ist vom Zug aus keine Stadt zu erkennen. Eine Brücke über eine Straße, weiter verläuft die Strecke zwischen Autobahnzubringern, Sportplätzen, überwucherten Resten von Gleisanlagen, Laubwäldern & mündet schließlich in die Cöln-

Mindener Hauptstrecke, auf der man Herne, von Dortmund Hbf aus kommend, in weniger als der Hälfte der Fahrzeit erreichen kann, ein. Herne ist denn auch der erste richtige Bahnhof auf dieser Fahrt. Hier gibt es sogar Anschlüsse zu S-Bahnen & Regionalzügen, eine U-Bahn-linie nach Bochum. Achten Sie bitte auf die Lautsprecherdurchsagen auf dem Bahnsteig! Die Privatbahn übernimmt natürlich keinerlei Verantwortung. Die Bahnanlagen sind auch hier inzwischen, nach dem Ende des Bergbaus, überdimensioniert. Bescheidene Ausstattung des Bahnhofs, die Dächer über den Bahnsteigen, die an ihren äußersten Enden langsam zuwachsen, sind sparsam kurz. Das Gebäude wurde – der *Internationalen Bauausstellung Emscher Park* sei Dank – in den neunziger Jahren anständig instandgesetzt & beherbergt auch eine Filiale der Kneipenkette *Charly's Bummelzug,* deren Bochumer Niederlassung im dortigen Hauptbahnhof dessen letzte Renovierung bedauerlicherweise nicht überlebt hat. Ein Güterzug kommt uns entgegen, der irgendwelche Rollen geladen hat. Speditionsunternehmen, Lagerhallen, Blick in die Bahnhofstraße, die Fußgängerzone & Haupteinkaufsstraße von Herne. Backstein auf der einen Seite, Wohnbau auf der anderen. Ein Umspannwerk, eine Brücke über die Autobahn, die hier dem Kreuz Herne zustrebt. Rechts im Hintergrund kommt ein Heizkraftwerk ins Blickfeld, dann ist das viel zu groß gewordene Gleisfeld des Hauptbahnhofs von Wanne-Eickel erreicht. Der Hauptbahnhof einer Stadt, die es gar nicht mehr gibt. Der Lokalpatriotismus konnte siegen, weil die Bahn bisher die Kosten der Umbenennung gescheut hat. Der kleine Dieseltriebwagen fährt an langen Kohlenzügen vorbei, die hier abgestellt sind, an der verfallenden Stückgutumladehalle, einem Stellwerk, dessen Aufschrift sich zu verflüchtigen beginnt: »Wanne-Eickel H f«, & das erste »e« hängt auch schon schief. Ein Teil der Gleisanlagen ist bereits zugewachsen. Ich zweifle daran, daß unser Aufenthalt in Wanne-Eickel in dieser Länge planmäßig ist. Eine Kohlenzug der RAG/RBH fährt an uns vorbei. Montanlogistik. Im Führerstand anhaltendes, die Weiterfahrt verzögerndes Gequatsche. Der Fahrer – Lokführer kann man ihn ja nun schlecht nennen – wird von einer Frau mit großem Organ abgelöst, die sich über alles mögliche aufregt, u.a. darüber, daß sie am Wochenende nach Dorsten fahren muß. Weiterfahrt, & die Cöln-Mindener Strecke wird wieder verlassen. Kurve nach Nordwesten, eine eingleisige Verbindungsstrecke. Blick auf Gütergleise, Tankwaggons. Waggons, die Röhren geladen haben. Ein Sportplatz. Überquerung einer anderen Bahntrasse. Blick auf alte Zechenhäuser. Ein Stellwerk, Einmündung in die Trasse der Niederländisch-Westfälischen Eisenbahn. Der Zug verkehrt jetzt parallel zur eigentlichen, zur früheren Emschertalbahn. Kleingärten, ein Tennisplatz, eine moderne Kirche. Auf der linken Seite taucht ein Doppelbockfördergerüst auf. Das der *Zeche Pluto*? Wald & Gestrüpp. & dann gleich wieder, wenn man so will, das Gegenteil davon. Wir fahren auf einer Brücke über den Emscherschnellweg. Harte Schnitte, wenn man so will. Zur Linken ein freistehender Malakowturm, romantisch bewachsen & eingezäunt, dessen sich der Denkmalschutz anscheinend erbarmt hat. Blick auf einen Hügel, der wahrscheinlich eine Halde ist. Ein Lokschuppen, vollkommen verrostete Waggons. Aber auch Tankwaggons, die sich offensichtlich im Einsatz befinden. Links eine Abzweigung, die ins Nichts führt. Ehemalige Zechenbahn. Direkt an der Autobahn liegt der Haltepunkt Gelsenkirchen-Zoo. Weite Gleisanlagen des riesigen, einst wichtigen Güterbahnhofs Gelsenkirchen-Bismarck. Ein Gegenzug. Auf der anderen Seite Tankwaggons. Verrostete Waggons, dahinter Brache, freies Feld. Eine Abzweigung nach Südwesten, zur eigentlichen Strecke der Emschertalbahn. Bis wieder strukturierende Elemente auftauchen. Kleingärten, ein Friedhof, Wohnbauten in ansprechendem Backstein. Autohandel. Eine Brücke schließlich über den Rhein-Herne-Kanal & gleich dahinter über die Emscher, die nach Süden fließt & also in die der heutigen Emschertalbahn entgegengesetzte Richtung strebt. An einer Brücke finden Bauarbeiten statt. Flammenzeichen über der Raffinerie, Blick auf die Fußballarena. Rauch. Der zu einem traurigen Haltepunkt degradierte ehemalige Bahnhof Gelsenkirchen-Buer Süd.

Dérive XVII: Buer (Nord-Süd-Passage)

Eine Stunde bin ich unterwegs von Dortmund nach Gelsenkirchen-Buer. Kurz vor Erreichen des Haltepunkts Gelsenkirchen-Buer Süd bieten sich vom Dieseltriebwagen der Emschertalbahn aus Blicke auf die Raffinerie in Horst. Beinahe beruhigend möchte ich es nennen, daß es diese Panoramen noch gibt, die einem vor Augen führen, daß nicht das ganze Ruhrgebiet begrünt & zum Industriemuseum geworden ist. Ein Freund meinte neulich, man müsse nach Polen fahren, um einen Eindruck davon zu bekommen, wie das Ruhrgebiet einmal ausgesehen hat. Man bekommt dort mehr Industrie vor Augen geführt, fördernde Bergwerke, ratternde Straßenbahnen, schlechte Straßen. Hier muß man es verstehen, im Text der Stadt zu lesen. Zeichen zu deuten, Relikte einzuordnen. Von Vorstadt zu Vorstadt, von Ruine zu Ruine. Der Haltepunkt der Emschertalbahn auf der Strecke Wanne-Eickel–Dorsten liegt etwas abseits der Horster Straße, versteckt & ohne das Hinweisschild nicht zu erahnen. Auf den Weg zwischen Haltepunkt & Straße hat jemand gesprüht: »Ich liebe Dich Sabrina Frisch«. An der Horster Straße erinnert das *Bahnhofs Bistro*, vormals *Gast Wirthschaft zum Bahnhof* daran, daß es hier einmal einen richtigen Bahnhof gegeben haben muß. Auf der anderen Seite der *Bubu Night Club* – & das wäre doch schon ein Ansatz für ein veritables Bahnhofsviertel! Ich mache mich auf nach Norden. Die Straßenbahn hat hier ein Stück lang ihre eingleisige Trasse am Rand der Straße – so wie es früher üblich war bei den vielen Überlandstraßenbahnen im Norden des Ruhrgebiets. Dort, wo die Straßenbahnen die Gleise der Emschertalbahn queren, müssen sie abbremsen & im Schrittempo über die Kreuzung rumpeln. In den seltenen Fällen, wenn gerade ein Zug kommt & die Schranken geschlossen sind, müssen die Straßenbahnen hier sowieso halten. Wahrscheinlich sind die Tage der Emschertalbahn ja ohnehin gezählt, sonst würde man diese Langsamfahrstelle beseitigen. Einstweilen fahre ich so oft es geht mit der Emschertalbahn. Über den Bahnübergang kommt mir ein Leichenwagen entgegen. Texte bestürmen mich als Werbebotschaften. Hier steht Ihre neue Küche! »Küch« doch mal rein! Kalauert es grausam. *Natursteinpark Ruhr.* Exclusive Ideen für Haus & Garen. Nun ja: für die Verschandelung der Vorstädte & der Vorgärten. Autoteile & Reifenservice. Das Augsburger Kasperle kommt nach Buer. In die zum Gewerbegebiet Kampstraße führende Kampstraße fließt LKW-Verkehr. Ein Schild weist auf den Friedhof Beckhausen-Sutum. Das ist hier erst mal Beckhausen, das aber Teil der 1928 mit Gelsenkirchen zusammengelegten Stadt Buer war. Zwischen all dem Gewerbe ein italienisches Lokal: *Ristorante Pizzeria La Sorgente.* Gebrauchtwagen!!! Der Händler versucht alles: Ankauf auch mit Kreditablösung. Finanzierung auch ohne Anzahlung. Die Bebauung verdichtet sich: zunächst auf einer, dann auf beiden Straßenseiten. Unscheinbare Nachkriegsarchitektur. »Zeit für Schönheit« fordert ein Kosmetikinstitut ein. Ich nehme mir die Zeit für eine andere Schönheit. In der Zwischenstadt, die nicht mehr als Ganzes zu bestimmen ist, wie Thomas Sieverts sagt. An den Rändern & Grenzen des Ästhetischen. Wo Ästhetik in Anästhetik umkippen kann. Wo Wahrnehmungskonflikte unterschiedlicher Art & Intensität sich ausbilden. Lieber gut gefahren, als dumm gelaufen! Redet der Werbespruch einer Fahrschule dazwischen. Auch wenn ich zugeben muß, daß man im Ruhrgebiet angesichts des katastrophalen öffentlichen Nahverkehrs ein Auto braucht, ist das doch eine der falschen Alternativen, die Jürgen Link mit WNLIA beantwortet – Wedernoch, lieber irgendwie anders. Die Straßenbahn fährt wieder zweigleisig in der Straßenmitte. Das muß hier so etwas wie das Zentrum von Beckhausen sein, mit Angeboten auch jenseits von Autos, Autoteilen & sonstigem Zubehör: *Das kleine Teehaus.* Chinesische & asiatische Spezialitäten. Ein Gemischtwarenladen nennt sich *Trend Shop:* Photodienst, Schreibwaren, Deko-Artikel. Neben dem Allerweltsangebot sind im Schaufenster aber auch Bergbau-Devotionalien ausgestellt: Teller mit Bergbau-Motiven, Tassen. Fragmente aus Texten, traditionelles Liedgut. Glück auf! ... ins Bergwerk ein, wo Bergleut sein. Wir haun das Silber fein, bei der Nacht aus Felsenstein. Motive aus dem alten Gelsenkirchen, aber auch aus der Industriestadt, ein Förderturm, das Hans-Sachs-Haus, eine Ikone der Zwanziger-Jahre-Architektur, von den dummdreisten Gelsenkirchener Provinzpolitikern inzwischen bis auf die Fassade zerstört. Alte Photos & ein vergilbter Zeitungsausschnitt erinnern an die Gelsenkirchener Bergbaugeschichte. Die Schlagzeile im übelsten Blatt des Landes lautete vor Jahren: Gruben-Katastrophe in Schalke. Glück: 5 gerettet. Tränen:

5 noch drin. Ein Bild zeigt Männer mit schwarzen Gesichtern. Um Ausgleich ist auch ein Bestattungsinstitut bemüht, in dessen Schaufenster Särge ein Memento mori mitten in Beckhausen sind. Alles hat seine Zeit. Heißt es beschwichtigend. Es gibt eine Zeit der Freude, eine Zeit der Stille, eine Zeit des Schmerzes, der Trauer & eine Zeit der dankbaren Erinnerung. Eine Zeit der Rebellion, des Kampfes ist nicht vorgesehen. & zur Sache – was Sie von uns erwarten können: Wir überführen im In- & Ausland & bestatten in jeder gewünschten Art & Weise in Gelsenkirchen & in allen anderen Orten. Erdbestattungen, Feuerbestattungen, Überführungen, Urnen-Seebeisetzung mit & ohne Angehörigenbegleitung, Bestattungsvorsorge. Wir entlasten Sie durch Erledigung aller amtlichen Meldungen, Überführung mit eigenen Spezialwagen, Beratung bei der Wahl des Sarges usf. Wir sind mit allen nationalen & internationalen Vorschriften vertraut. Ständig dienstbereit. Ein auf Verkauf & Reparatur von Espressomaschinen spezialisierter Laden ist an eine andere Adresse in der Horster Straße umgezogen. Es gibt eine Druckerei & einen *Laden am Eck,* der BW-Artikel, Waffen, Messer, Darts & dgl. anbietet, Klamotten & Unterwäsche in Tarnfarben auch schon für die Kleinsten beiderlei Geschlechts. Es gibt ein *Bistro am Markt,* ein Sonnenstudio. Die Stadt, davon spricht Henri Lefèbvre, ist eine Konzentration von allem, was es auf der Welt, in der Natur, im Kosmos gibt. Früchte des Feldes, Erzeugnisse der Industrie, Werke des Menschen, Objekte & Instrumente, Handlungen & Situationen, Zeichen & Symbole. & sicher, Gelsenkirchen-Beckhausen ist ein nicht einmal mittelmäßiges Beispiel für städtische Vielfalt. & doch trifft einiges zusammen, Heterogenes: Da sind der *Beckhausener Grill,* das *Casino Beckhausen,* die *Gelateria Primavera.* »Beckhausen« hallt vielfältig wieder in den Namen & Bezeichnungen, wacker wird lokale Unterscheidbarkeit behauptet in der Zwischenstadt, meist mehr simuliert. In einem Laden werden Gitarren & Verstärker verkauft. Die *Glückauf-Quelle* hat am frühen Nachmittag schon geöffnet. Also hinein, um etwas Fühlung aufzunehmen mit diesem Teil Gelsenkirchens. Der Wirt beklagt sich gerade über die Familie seiner Schwägerin aus Bochum, mit der man sich nur über Bochum unterhalten könne. Die reden immer über Bochum, & ich kann nicht mitreden! Da ist wieder diese mitunter bedenkliche Zersplitterung des Reviers, denn Bochum ist doch eine direkt an Gel-

senkirchen angrenzende Nachbarstadt! Die Tischdecken sollen den Gast in der *Glückauf-Quelle* schon auf Halloween einstimmen. Warum man so einen Quatsch überhaupt aufgreift in einer vermutlich alteingesessenen Nachbarschaftskneipe mit in die Jahre gekommenem Publikum? Die Werbe-Propaganda ist allmächtig. Ein Gast betritt die Kneipe & bestellt ein Weizen, macht sich am Automaten neben dem Eingang zu schaffen. Kommst rein & machst gleich Krach! Wird das kommentiert. Geräuschempfindliche Wirtsleute – man möchte es kaum glauben. Dann wird geknobelt. Dann betreten zwei Männer in Arbeitskluft die Kneipe. Die Wirtin weiß schon, was sie wollen: ein Krefelder & einen Radler. Das *Lady-Gymnastik-Studio* empfiehlt sich für die aktive Frau von heute. In einem kleinen, zurückgesetzten Flachbau, vor dem orange Sonnenschirme aufgestellt sind, befindet sich die *Pizzeria La Grotta*. Dahinter ein Wohnhaus. Auf dem Platz vor der Liebfrauenkirche will der Kirchenvorstand anscheinend die männliche Jugend in die Schranken weisen: Ballspiele, Rad-, Rollerblades-, Skateboardfahren sind auf dem gesamten Kirchplatz verboten! Bei Zuwiderhandlung wird Strafanzeige erstattet. Die Horster Straße ist auf diesem Abschnitt nicht zuletzt wegen des Kopfsteinpflasters relativ laut. *Beauty & more* ist der Name eines Großhandels – für was eigentlich? Ich komme an einem Bureau vorbei mit Grubenlampen & einer Bergmannsfigur im Schaufenster: *Sterbekasse »Notgemeinschaft Zeche Hugo«*. Der Eintritt ist bis zum Alter von 65 Jahren möglich. Ein Plakat wirbt für eine Informationsveranstaltung über »Hilfe in der letzten Lebensphase«, in der sich viele Bewohner Beckhausens offensichtlich befinden. *Palliativnetz Gelsenkirchen*. Menschen mit schweren Krankheiten bedürfen auch in der letzten Lebensphase intensiver Behandlung, Betreuung & Begleitung. Als Leitmotiv wird ein(e) C. Saunders zitiert. (Wer ist das? Ich kenne nur eine langweilige Komponistin, die so ähnlich heißt.) Nicht dem Leben mehr Tage, sondern den Tagen mehr Leben geben. In der Braukämperstraße, die von der Horster Straße abzweigt & auch in irgendein Gewerbegebiet führt, eines der vielen Eiscafés *Venezia*. Endlich wieder frische Waffeln! Schuhreparaturen, Schlüssel- & Gravurdienst. Eine *Getränke Arena*. Donnerstag ist Kindertag. Bei einem Friseur. Die *Imbißhalle Schmitz* macht einen vertrauenswürdigen Eindruck. Auf der Karte Schweinegulyás, Wirsingeintopf usf. Die Bezeichnung des Lokals, das keinen übermäßig großen Eindruck macht, als »Halle« kommt mir übertrieben vor, aber nun. Daneben *Der Krug*, die *Gaststätte Schmitz*, Rundumversorgung. Der *RC Buer/Westerholt* lädt ein zu einer »Country-Touren-Fahrt für jedermann«, kreuz & quer durch den Emscherbruch. GEmeinsam GEradelt. Im Fenster eines unscheinbaren, grauen Hauses wird für Reisen nach Polen geworben: Danzig, Krakau, Ostsee. Dann führt die Horster Straße über einen Bach, einen Nebenfluß der Emscher. Noch bevor sie den Emscherschnellweg unterquert, springt auf der linken Straßenseite ein Schrankenwärterhäuschen ins Auge, hübsch renoviert, mit blauem Dach, das kleinste Industriedenkmal des Ruhrgebiets, wie es heißt. Daneben das skurrile Grabmal von Alex, dem »letzten Grubenpferd«. Was man als Parodie auf die vergangenheitsverliebte Ruhr-Heimattümelei auffassen möchte, ist vermutlich bitter ernst gemeint & mit viel Herzblut arrangiert worden. An einem kleinen Teich hat man gar eine Barbara-Grotte ganz aus Kohlen gestaltet. Hinter der Autobahnunterführung führt der Schachtweg Richtung Rungenberghalde. Das Gelände der *Zeche Hugo*. Der Bergbau hat Lücken & Brachen in der Stadtlandschaft hinterlassen. Auch die Gestaltung der Rungenberghalde nach dem Ende des Bergbaus stellt einen Versuch dar, eine Landmarke zu modellieren im Siedlungsbrei. Betont künstliche Schüttung nach den Vorgaben eines Schweizer Architekturbureaus; Haldenbauwerk der 4. Generation in Form einer Doppelpyramide, die Schneise zwischen den beiden Erhebungen nimmt eine Achse der nahegelegenen Siedlung Schüngelberg auf. Auf den beiden Gipfeln Spiegelscheinwerfer, die »Nachtzeichen« in die Dunkelheit zeichnen. Die Gipfel der Pyramiden sind kahl. Die beiden Lichtkanonen sind heftig bemalt & besprüht worden – mit Liebesschwüren, Vorwürfen, vielen Rechtschreibfehlern. Miss you so. Ich liebe dich. Schaziii's. Ich hab euch alle gaaanz doll lieb!!! Usf. Jemandem wird auf den Kopf zugesagt: Du bist schwul! In Gelsenkirchen-Buer vermutlich eine Beleidigung. Scheiß Korn, die Bibel ist besser! Werden abstruse Scheinalternativen aufgemacht. Das Panorama auf den Pyramiden erlaubt Blicke auf die Raffinerie, die Gelsenkirchener Fußballarena, die Essener City mit ihren paar Hochhäusern, eine weitere Innenstadt, auf die Nachbarhalden – die mit dem Tetraeder in Bottrop, aber auch auf die Halden Hoppenbruch & Hoheward in Herten, Gipfel & Nebengipfel. So setzt sich die Ruhrstadt zusammen & wird lesbar. Henri Lefèbvre sagt: Wenn sich die Stadt selbst zur Schau stellt – von einer Terrasse, einem Hügel, einem hochgelegenen Ort aus (der das Anderswo ist, von wo aus das Urbane erkennbar ist) – so nicht, weil der Beschauer damit ein äußeres Abbild der Realität erblickt, sondern weil der Blick sammelt, zusammenfaßt. Es ist die der städtischen Wirklichkeit selbst, die sich offenbart. Das Summen eines Modellflugzeugs ist zu hören, kurz darauf der tiefere Ton eines richtigen. Es gibt Trampelpfade, offizielle & wilde Wege. Die Halde wird heftig genutzt. Die ganzen Sichtachsen & Spielereien scheinen ein brauchbares Gelände zu ergeben, einen Abenteuerspielplatz, ein Labyrinth. Nördlich der Halde ein eingezäuntes, weitgehend abgeräumtes Gelände. Reste des *Bergwerks Hugo* (1873–1998). Auf der Brachfläche der einsame Förderturm über Schacht 2, einige Hallen, kubische Bauten. Ein sehenswertes Ensemble bergbaulicher Strukturen im Kernland des Ruhrgebiets. Von der Gründungsanlage aus der Zeit nach dem deutsch-französischen Krieg ist nichts mehr erhalten. Errichtung eines Zentralförderschachts in den fünfziger Jahren; Erweiterung der Schachtanlage durch den Industriearchitekten Fritz Schupp. Abstieg zum *Schacht Hugo,* um mich sind Menschen mit Hunden unterwegs. In der Zwischenstadt entstehen in ihrer Funktion & Bedeutung unlesbare Restflächen. Ehemalige Deponien, Bergwerksgelände, Bauerwartungsland. Die Landschaft als Archiv von Möglichkeiten. Der nächste Gewerbepark. Originelleres wird auf *Hugo* auch nicht entstehen. Denn das Projekt eines Besucherbergwerks ist schon vor Jahren gescheitert. Das ist sehr schade. Denn auch wenn man es vor lauter »Strukturwandel« nicht gerne hört im Ruhrgebiet: Die Bergbaugeschichte macht neugierig & ist doch die entscheidende Differenz zu anderen Regionen. Also Abstieg – das *Hugo*-Gelände, das gar nicht betreten werden kann. Das ist das weiße Rauschen eines ökonomisch sinnlos gewordenen oder unsichtbaren Gebietes. Die Tagesanlagen sind weitegehend verschwunden. Neben den Resten des stillgelegten Bergwerks die Siedlung Schüngelberg, die noch in den neunziger Jahren erweitert wurde. Als das Ende von *Hugo* noch nicht besiegelt war. Neuer Wohnbau mit originellen Raumlösungen, welche die Bettruhe von Schichtarbeitern auch untertags garantieren sollten. Die könnte man jetzt eigentlich unsereins zur Verfügung stellen, Schriftstellern, die meist auch – wenn überhaupt – am

Tag zur Ruhe kommen. Die Siedlung vereinigt verschiedene Baustile & Siedlungskonzeptionen aus der Geschichte des Wohnungsbaus für Bergleute & gilt als eines der Glanzstücke der *Internationalen Bauausstellung Emscher Park;* beispielhafte Sanierung, bemerkenswertes Neubauprojekt. Ab 1897 griff der Wohnungsbau der *Zeche Hugo* auf das Gebiet westlich der Werksbahn über. An die Stelle der Reihung gleicher Haustypen wie in der Holthauser Straße tritt später eine Bebauung nach dem Gartenstadtmodell, die Einzel-, Doppel- & Reihenhäuser zu ansprechenden Straßenbildern zusammenfügt. Höhepunkte bilden der Torbau am Anfang & die kleine Platzanlage in der Mitte der Straße. Weitere Bauphase ab 1916: geschlossene Bebauung mit zweigeschossigen Häuserzeilen auf beiden Straßenseiten in der Albrechtstraße. Neben der Siedlung, am Fuß der Halde ein kleiner Sportplatz, auf dem zwei Jungs Fußball spielen. Das ist werktags von 8 bis 20 Uhr erlaubt, wie man einem Schild entnehmen kann. Mitten in der Siedlung ein Umspannwerk. Eine Moschee & ein Jugendtreff in einer ehemaligen Kneipe, wie es scheint. Eine Gaststätte gibt es in der zwischen Halde, Bergwerksgelände & Werksbahn eingeklemmten Siedlung, zu der es nur eine Zufahrtsstraße gibt, heute nicht mehr. Dafür türkische Spezialitäten, ein kleiner Lebensmittelladen. *Jockel's Büdchen,* Stehcafé. Täglich frische Brötchen. Süßigkeiten, Zeitschriften, Spirituosen, Tabakwaren. In einem der Neubauten in der Eschweiler Straße das Kleine Museum: Schon der Vorgarten ist mit Bergbau- & Fußballreliquien vollgestopft. Dort steht ein in den *Schalke*-Farben blau-weiß gestrichener Kohlenförderwagen. Das Museum ist eine Privatinitiative. Rettung von Erinnerungsstücken aus dem Bergwerk. Ein Raum ist dem Fußball gewidmet, müssen die Spieler von *Schalke 04* doch zur Vortäuschung von Traditions- & Volksverbundenheit immer Grubenfahrten absolvieren. Solange das möglich war, fanden sie auf *Hugo* statt. Wir erhalten die Bergbaugeschichte lebendig. Verkünden die Museumsmacher. Der Pütt gab den Menschen Arbeit & Brot, in der Kolonie pulsierte das Leben. So wohlgeordnet waren die Verhältnisse. & weiter arg lokalpatriotisch: Die Menschen in Gelsenkirchen sind gesellig & bodenständig. Sie sind offen & herzlich. Ihre Sprache ist so klar wie das Wasser. Ihre Herzen sind so groß wie das Universum. Es sind einfach Menschen mit Herz & Verstand. Was soll man dazu sagen, wenn man selbst über keine Sprache so klar wie Grubenwasser verfügt? Das Museum hat nur einmal in der Woche geöffnet. Ein sozialdemokratischer Politiker engagiert sich, lotst Fußballer & Schulklassen ins Haus. Ich verlasse dieses Schüngelberg-Biotop, folge der Horster Straße weiter nach Norden. Komme an dem *Hotel Restaurant Balkanhof* vorbei. Internationale Spezialitäten. Gegenüber eines der vielen Seilscheiben-Denkmäler. Eine abgelegte Seilscheibe des *Bergwerks Hugo*, gestiftet im August 1985. Als die Zeche noch in Betrieb war. Das Erklettern der Seilscheibe ist verboten! Hinter der Seilscheibe ein Park, ein Landschaftsschutzgebiet gar, ein Grünzug mit Verkehrskindergarten, begrenzt von den breiten Schneisen der Emil-Zimmermann- & der Kurt-Schumacher-Straße. Ich schweife ab. »Zur Beachtung« wird einem mit auf diesen Weg gegeben: In den Anlagen dürfen nur die Wege & die als Spielplätze, Spiel- oder Liegeflächen kenntlich gemachten Flächen betreten werden. Es ist untersagt, Bänke, Tische & andere Einrichtungsgegenstände zu beschädigen oder unbefugt von ihrem Aufstellungsort zu entfernen, auf Tischen oder Bänken zu stehen oder zu liegen, auf Bäume zu klettern oder Pflanzen zu beschädigen, Nester auszunehmen, Tiere zu scheuchen, zu fangen oder den Tierfang vorzubereiten, zu lärmen. Der Oberstadtdirektor. Grünflächen – ein klägliches Trugbild des freien Raumes der Begegnungen & des Spiels! Am Lohmühlenteich alte Fachwerkhäuser. Enten, Kinder, das Stadion Lohmühle. Jenseits der Kurt-Schumacher-Straße der Berger See. Blick auf Schloß Berge & ein Kriegerdenkmal. Auf dem Weg zurück zur Horster Straße – ich will ja meine Wanderung nach Norden fortsetzen – komme ich am *Eiscafé Dellwitz* vorbei (seit 1958), an alten Zechenhäusern. An der Horster Straße Villen, in das alte Markengebäude der *Zeche Hugo* ist die *Trattoria Villa Italia* eingezogen. Es gibt auch andere kulinarische Angebote: *Hot Chicken*. Hähnchen wie es sein soll. Heiß ... knusprig ... saftig ... Probier mal was Neues! Drängt ein anderer Werbespruch sich in den Vordergrund. Es geht um die einem Supermarkt angeschlossene Backstube. Es könnte um beliebig anderes gehen. Besuchen Sie uns im Internet! Dazu lädt jetzt eine Fahrschule ein. Ich werde dieser Einladung nicht Folge leisten. Ich versuche, mich zu Fuß durchs Revier zu schlagen. Diese Landschaft für mögliche Partisanensubjekte, wie Jürgen Link sagt. Der Horster Straße entlang, die ich zu lesen versuche. Was ist zu entziffern? Was sagt mir eine Aufschrift, die darauf hinweist, daß sich in einem Gebäude an dieser Straße ein islamischer Kulturverein befindet? Dessen Vorstand auch auf Deutsch wissen läßt: Das Verteilen von Zeitschriften jeglicher Art, Handzetteln, Reklamezetteln & Publikationen innerhalb & außerhalb des Vereinsgebäudes ist ohne Genehmigung des Vorstands strengstens untersagt. Wer sagt, daß die moderne städtische Umwelt wenig anschaulich ist, obwohl sie uns mit einer Flut von visuellen Extra-Signalen überschüttet? Andere Aufschriften: *Bottega del Vino*. Reklame: Logoentwurf, Leuchtreklame, Folienbuchstaben, Beschriftungen, Schilder aller Art, Siebdruck, Digitaldruck, Werbebanner. So wird die Beschriftung des Stadtraums vorangetrieben. *Gelsen-Net. Emscher Lippe Digital.* Zu den verborgenen Texten, von denen Michel Butor spricht & mit denen er Schriften meint, die in den Häusern liegen, den Kellern & Archiven, kommen die Texte im *World Wide Web*. Hinweise im Stadtraum auf Texte im Netz müssen verfolgt werden, Verknüpfungen müssen aufgespürt werden oder hergestellt. Ein altes, graues Haus, einstöckig & klein, irgendwie mitleiderregend, steht zum Abbruch, das Grundstück zum Verkauf bereit – für einen weiteren Getränkemarkt? Die Straße steigt an, die bauliche Verdichtung nimmt zu. Dann eine imposante Kirche, St. Ludgerus. Auch hier Werbebotschaften, Sprüche: Spinner gesucht!!! Tag der Visionen, Ideenbörse für die Kinder- & Jugendarbeit in St. Ludgerus & Heilig Geist usf. Vor der Kirche steht ein Kohlenwagen. Bergbauverbundenheit ist auch nach der Schließung des letzten Gelsenkirchener Bergwerks unabdingbar. Der Name »Hugo« hallt in der ganzen Gegend nach: *Gaststätte Hugo*, Haltestelle *Zeche Hugo* usf. Es geht auf 17 Uhr zu & gerade öffnet die *Gaststätte Klingeberg* – eine kleine, dunkle Stube, altmodisch gemütlich. Ich bin der erste & vorerst einzige Gast. Die alte Wirtin faßt die Lage in wenigen Worten zusammen: Alles ist kaputtgegangen hier, die Zechen geschlossen. Am Monatsende hat niemand Geld. & sie sieht voraus: Es wird noch schlimmer kommen. Da kann man nicht widersprechen. & wie zur Illustration kommt im Fernsehen, das in der Kneipe läuft, die Nachricht, daß in der Autoindustrie Kurzarbeit angemeldet wird. Ich schweife noch einmal ab von der Horster Straße. Die Beckeradsdelle führt bergab. Das *Haus Herder* an der Ecke Koloniestraße ist eine gediegene Institution. Gründerzeitarchitektur, internationale Küche. Hier tagt die SPD Buer Mitte III. Hoffentlich nicht heute. Das Lokal ist etwas forciert rustikal gestaltet. Ein Alter bricht gerade auf, will noch in den Schrebergarten. Den Kalender, der auf Aquarellen Ansichten von alten Zechen zeigt, habe ich heute schon in einer anderen Kneipe gesehen. Auf dem aktuellen Kalenderblatt ist die *Zeche Nordstern* abgbildet. Zurück in die Horster Straße, weiter nach Norden, wo sich der *Antalya Treff* an Kosmetik, Fußpflege, *Magic Games* reiht. Eine Spedition. Umzüge schnell direkt preiswert. *Sonnenoase & Bräunungsstudio*. Fleischwaren, asiatische Lebensmittel, Geschenkartikel, Haushaltswaren. Der Nachtclub *Club Eve*. Live Shows, Cocktails & Dreams. Der *China Imbiß Asia*. Frisuren für Frauen & Männer. *Ulli's Anglertreff*. Dort sind Jahreskarten für den Rhein sowie Tageskarten für Ruhr & Kanal erhältlich. Die breite Vinckestraße bildet eine Barriere, die Grenze zu einem anderen Territorium, der Innenstadt von Buer. Im Vorübergehen dringt ein Gesprächsfetzen an mein Ohr: Bei der jetzigen Wirtschaft … Ja was denn? & Michel Butor gibt ja zu bedenken: Die Gespräche, die ich auf der Straße höre, stellen nur einen winzigen Teil im Verhältnis zu dem dar, was in den Häusern gesprochen wird. Wo also ansetzen? Wo käme man da hin? Wie weiter? Ich komme am *Olympos Grill* vorbei, an einer eingerüsteten Kirche, die schon von der Halde aus zu sehen war, das Zentrum von Buer markierend. Die Apostelkirche braucht Unterstützung! Ins alte *Haus Rohrmann* ist ein italienisches Lokal eingezogen, die *Trattoria Vitali* lockt mit sardischen Spezialitäten, Linsensuppe, Wildschwein. An der nächsten Ecke schon der nächste Italiener, *La Vecchia Osteria*. Dazwischen eine »Skulpturenwiese«, verantwortet vom Städtischen Museum. Seit 1992 ist hier ein aus neun »Eisensteinen« bestehendes Ensemble des Düsseldorfer Stahlbildhauers Sandro Antal mit dem Titel *Rolling Sun* zu sehen. Antals Skulpturen sind klar zu beschreiben. Läßt der Text auf einer Erläuterungstafel wissen, der allerdings genau das gar nicht erst versucht. Er vollführt keine intellektuellen Drahtseilakte, sondern benutzt das breite Repertoire einfacher Gegenstände, wie sie dem Menschen seit dem Beginn der Handwerkskultur vertraut sind. Also ist dieser Künstler zweifellos der Richtige für den klaren Verstand der Gelsenkirchener mit ihrer glasklaren Sprache! Die Innenstadt von Buer ist erreicht, dieses eine Zentrum der bipolaren Stadt Gelsenkirchen, in der multipolaren Ruhrstadt. Es gibt sogar einen Kinopalast, die *Schauburg*. Einen *Sexpalast* auch. Zwischen den Werbebotschaften werden die Passanten auf einem an einen Laternenmast geklebten Zettel auch darüber informiert: Konstanze wird 40!!! Ein Förderwagen erinnert an die letzte Förderschicht, *Bergwerk Ewald/Hugo, 28. 4. 2000*. Die Horster Straße endet in der Innenstadt von Buer. An der Ecke eine komische, kleine Baracke, in der sich einmal eine urige Kaschemme befunden haben muß: *Käseglocke. Zum Schalker Hannes*. Das Zentrum ist am späten Nachmittag belebt. Etwas Gründerzeitbebauung, wenige ältere Häuser. Die *Buersche Alte Apotheke* anno 1807. Eine Fußgängerzone, wie es sich für eine westdeutsche Innenstadt gehört. Henri Lefèbvre fragt: Ist nicht der Raum, den die Straße im Stadtgeschehen einnimmt, der Ort des Wortes, der Ort, an dem Worte & Zeichen ebenso wie Dinge getauscht werden? Ist nicht sie der bevorzugte Ort zur Niederschrift des Wortes? Nun, ich stehe mit meinem Notizbuch in der Horster Straße in Gelsenkirchen-Buer, in der Hochstraße. Wo das Wort »ausbrechen« & sich unter Umgehung von Vorschriften & Institutionen auf den Mauern niederschreiben kann? Rem Koolhaas sagt: Die Straße ist tot – eine Entdeckung, die zeitlich zusammenfällt mit den hektischen Versuchen ihrer Wiederbelebung. »Kunst im öffentlichen Raum« ist allgegenwärtig – als würde die Addition zweier Tode ein Leben ergeben. Die immergleichen Läden. Eine Buchhandlung, die höchstens wegen ihrer Regionalia-Abteilung einen Besuch wert sein dürfte. Wenn überhaupt. Fettarme Pommes unter 5 %. Frisch gegrillte Würstchen. Eine *Geschenkoase*. Ein Hinweis auf das »ehemalige Kaufhaus Weiser«. Dieses 1927/28 errichtete ungewöhnliche Gebäude erinnert an das wirtschaftliche Lebenswerk des Textilkaufmanns & späteren Ehrenbürgers Josef Weiser (1881–1964). Die Hervorhebung von horizontalen Gliederungselementen war damals für Kaufhäuser ungewöhnlich. Mit seinen Ecktürmen wurde es ein städtebauliches Wahrzeichen. Weiser war als Christ wie als Bürger sehr aktiv. Den Zusammenschluß mit Buer konnte auch er nicht verhindern. Druck der Nazis führte beim jüdischen Eigentümer des *Kaufhauses Alsberg* zu Überschuldung & Betriebsaufgabe, auch ein Käufer machte Konkurs. 1938 übernahm Weiser das Haus. Nennt man das nicht Arisierung? Es heißt aber auch: Im Nationalsozialismus wurde Weiser bei seinen Tätigkeiten behindert & kurzzeitig verhaftet. &: Nach 1945 war er 2. Vorsitzender der Industrie- & Handelskammer. Ein eigenartiges »Kunstwerk« beharrt auf den alten Grenzen der Stadt Buer. Das Stadtgebiet ist als Platte in den Boden eingelassen, darauf vier Figuren, eine mit Blumen in der Hand, eine mit einer Aktentasche. Auf dem Grundriß sind die Stadtteile – Erle, Scholven, Hassel usf. – verzeichnet. Die katholische Propsteikirche St. Urbanus markiert die Stadtmitte. Unsere Kirche ist dem heiligen Papst Urban I. geweiht. Er war einer der ersten Nachfolger des heiligen Apostels Petrus. Die Sorge um die städtische Bevölkerung sowie Güte, Gerechtigkeit & eine tiefe Glaubensüberzeugung prägten sein Wirken. Bereits im Jahr 1032 wird eine Kirche in Buer urkundlich erwähnt, Ausgrabungen weisen auf einen romanischen Kirchenbau um 1200 hin. Nach 1300 Umbau in eine gotische Hallenkirche, Brand ausgerechnet am Urbanustag 1688. Die schnellwachsende Bevölkerung des Ruhrgebiets & der bauliche Zustand machten 1890 den Abbruch der wiederaufgebauten Kirche notwendig; Neubau im neugotischen Stil, Kriegszerstörungen usf. Der Propsteichor St. Urbanus lädt ein: Wir suchen begeisterungsfähige Sängerinnen & Sänger in allen Stimmlagen. Wir gestalten in St. Urbanus die Gottesdienste, singen außerhalb der Pfarrgemeinde & geben Konzerte mit Chören, Solisten & Symphonieorchestern. Um die Kirche ein wenig altdeutsch-westfälische Atmosphäre, auf alt herausgeputzte Lokale. Der *Dorfkrug* verkündet: Enten eingeflogen! Hat eine halbe deutsche Mastente mit Apfelrotkohl auf der Karte. Ob Mastenten überhaupt noch fliegen können? Daneben ein *Hexenhäuschen,* aber auch eine Sportsbar, der *Fliegenpilz.* Einzig das *Wacholderhäuschen* scheint mir eine vertrauenswürdige Institution zu sein in dieser Innenstadt – auch wenn mich die Dekoration im Piraten-Stil etwas irritiert. Dazu kommen künstliche Spinnweben, Halloween wirft seine Schatten voraus. An der Theke wird geknobelt. Im *Wacholderhäuschen* hat man auch einen Verein gegründet & eine »Satzung« erlassen, gibt sie den Besuchern zur Kenntnis: Der Zweck des Vereins ist die Pflege der nordrhein-westfälischen Wirtshaustradition & der Aufrechterhaltung der Tabak- & Rauchkultur im Rahmen der Geselligkeit. Im Rahmen der Geselligkeit ist gut! Es wäre dann genau zu prüfen, wann dieser Rahmen verlassen, gar: gesprengt wird. Schiffsmodelle, Bilder von Schiffen, Netze & ein Aquarium geben dem vollgestopften *Wacholderhäuschen* auch noch den Anstrich einer Seemannskneipe. Das *Lokal ohne*

Namen (L.O.N.) hat immerhin 140 Biersorten im Angebot. Ein Internetcafé steht zum Verkauf. Freiheit & De-la-Chevallerie-Straße begrenzen als breite Autoschneisen die Buersche Altstadt bzw. ihre Reste. Der weithin sichtbare Rathausturm dokumentiert den Stolz der eigenständigen Stadt, der nicht lange währen sollte. Ich setze meinen Weg weiter nach Norden fort. Jenseits der Schneisen ruhige Wohnviertel, unbelebte Straßen. Es ist inzwischen dunkel & ich halte Ausschau nach Bier-Leuchtschriften. In der Brinkgartenstraße gibt es einen irischen Pub. *Vitali* ist noch einmal mit einem Feinkostladen vertreten. *Dröges Eck* schließlich empfiehlt sich als Buersche Traditionsgaststätte. Seit 1922, gutbürgerliche Küche. Der *Damenstammtisch* »Gut Stoß« tagt hier ebenso wie der *Sparverein* »Die Drögen« (seit 1957), der sympathischerweise ein Schwein auf seinem Wimpel führt. Ich könnte Grünkohl essen, wenn ich nicht nur auf ein schnelles Pils hier wäre. Mein Weg durch Buer endet am Bahnhof Gelsenkirchen-Buer Nord, der nur ein S-Bahn-Halt ist mit lächerlich selten verkehrenden Zügen. So reicht auch ein einziges Gleis, ein Bahnsteig. Buer verfügt über keinen ernstzunehmenden Bahnhof mehr. Nördlich der Gleise begrenzt eine weitere Raffinerie das von mir durchwanderte Terrain. Auch wenn es heute keinen Grund mehr gibt, Gelsenkirchen »Stadt der 1000 Feuer« zu nennen, hier leuchtet immerhin noch eine Raffinerie-Fackel in den Abendhimmel.

Willi Dickhut Museum

Das Museum in der Schmalhorststraße in Gelsenkirchen-Horst ist in keinem Reise- oder Museumsführer verzeichnet. Auch von der Stadt Gelsenkirchen, die ja nicht unbedingt überreich ist an Museen, wird seine Existenz verschwiegen. Dabei ist das Museum zur Geschichte der deutschen Arbeiterbewegung keineswegs so klein, daß es als völlig marginal oder unerheblich gelten müßte. Der Grund ist, daß es dem Gewerkschafter, Antifaschisten & Arbeitertheoretiker Willi Dickhut (1904–1992) gewidmet ist, der maßgeblich am Aufbau der MLPD beteiligt war & verantwortlich für die Schriftenreihe »Revolutionärer Weg«, & daß es sich in der »Horster Mitte« befindet, in der die MLPD auch ihre Bundesgeschäftsstelle hat. Die Weltrevolution wird von Gelsenkirchen-Horst ausgehen, spottet die Lokalpresse gerne, wenn sie sich dann doch einmal gezwungen sieht, die Partei zu erwähnen. Was will das Willi Dickhut Museum, das Museum der Zukunft? Es heißt: Wer aus der Vergangenheit lernen möchte, findet eine Fülle von Anregungen. Er brannte wie Feuer. Mit seinem Leben & Werk hat Willi Dickhut ein Beispiel für die Jugend gegeben, wie der Kampf um den echten Sozialismus geführt werden muß. Seit 1926 Mitglied der KPD, Stadtverordneter in Solingen, in der NS-Zeit mehrfach in Haft. 1966 Ausschluß aus der KPD, weil er die Verhältnisse in der Sowjetunion unter Chruschtschow kritisierte. Seither engagiert in der KPD/ML, Förderer des Zusammenschlusses mit dem KAB/ML zum *Kommunistischen Arbeiterbund Deutschlands,* seit ihrer Gründung 1982 in der MLPD. Von Willi Dickhut liegen u.a. die Schriften *Der staatsmonopolistische Kapitalismus in der BRD* (2 Bände), *Proletarischer Widerstand gegen Faschismus & Krieg* (2 Bände), *Krisen & Klassenkampf, Die Restauration des Kapitalismus in der Sowjetunion* sowie *Sozialismus am Ende?* vor. Er war einer der wenigen Kämpfer der alten KPD, die für den Aufbau einer neuen revolutionären Partei zur Verfügung standen. Ein durch & durch politischer Mensch. Seine sozialistischen Ziele, für die er sich schon als junger Mann entschieden hatte, verfolgte er mit aller Konsequenz, ohne sich zu schonen, selbst unter Lebensgefahr. Ein vielseitig interessierter & bescheidener Mensch, umfassend gebildet. Denn: Wir als Kommunisten müssen alles können. Man muß den festen Willen haben, sich auf allen Gebieten zurechtzufinden. Indem man darin eindringt, stärkt man sich in der Beherrschung der dialektischen Methode. Wird Dickhut im Museum zitiert. Politik & Leben erscheinen heute oft als unvereinbare Gegensätze. Willi Dickhut war stets darauf bedacht, alle Lebensbereiche mit seiner proletarischen Lebensanschauung zu durchdringen. Er sagt: Ich habe mit 31 Jahren eine wissenschaftliche Arbeit zum Mikrokosmos geschrieben. Ich habe in der Zeit in drei Schichten gearbeitet & illegale Parteiarbeit gemacht. Aber ich wollte beweisen, daß es auch unter schwierigsten Bedingungen möglich ist, wissenschaftlich zu arbeiten. Vom Standpunkt des dialektischen Materialismus bin ich an die Entwicklungen der Naturgeschichte gegangen & habe mich mit der bürgerlichen Wissenschaft kritisch auseinandergesetzt. Ein & denselben Fehler habe ich nie im Leben wiederholt. Sagt Willi Dickhut von sich & ist überzeugt: Die gründliche Aneignung & Anwendung der dialektischen Methode ist der Schlüssel zur weitgehenden Vermeidung von Fehlern. Je geringer die Anwendung der dialektischen Methode, umso mehr Fehler – oder umgekehrt. Willi Dickhut besaß das tiefe Vertrauen in die Massen & ihre Fähigkeit zur Selbstbefreiung. Nie mit Mittelmäßigem abfinden! Lässigkeit, Oberflächlichkeit, Trott, Ideenlosigkeit waren ihm zuwider. Kann man im Willi Dickhut Museum lesen. Seine Nachbarn in Solingen vermissen ihn sehr. Er hat sich doch wirklich um alles gekümmert! & hatte immer im Auge, ob die Haustür geölt war. Ob die Glühbirne im Treppenhaus erneuert werden mußte. Ob die von ihm regelmäßig kontrollierte Wasseruhr einen zu hohen Verbrauch zeigte & er sich deshalb mit den Stadtwerken stritt. Ob er sorgfältig über die Einhaltung der Pflichten jedes Mieters in der Kehrwoche wachte. Ein tropfender Wasserhahn im eigenen Badezimmer mußte umgehend repariert werden. Wie schnell kommt da ein Kubikmeter zusammen... & das Wassergeld wird doch im Haus auf alle Mieter umgelegt! In der »Horster Mitte«, dem ehemaligen Sparkassengebäude, in dem zeitweise auch eine Polizeiwache untergebracht war, gibt es neben dem Willi Dickhut Museum auch eine Bibliothek. Während reihenweise kommunale Bildungseinrichtungen geschlossen werden, bieten wir mit dieser Bibliothek den Menschen im Stadtteil preiswerten Zugriff zu Literatur & elektronischen Medien.

Carnap

Nördlich von Rhein-Herne-Kanal & Emscher liegt noch ein kleines Stück Essen. Der nördlichste Stadtteil. Carnap. Die lebens- & liebenswerte Perle im Essener Norden. Die Stadtbahn fährt über eine Brücke & hält am Bahnhof Arenbergstraße. Eine Tankstelle ist zu einer Pizzeria umgebaut worden. Daneben steht auf einer Grünfläche eine Seilscheibe. 650 Jahre Carnap (1332–1982), 100 Jahre Steinkohlenbergbau in Carnap, *Zeche Mathias Stinnes* (1872–1972). Gefördert: 130 Millionen Tonnen. Hinter dem kleinen Park ein Spielplatz & ein Hochbunker, den man diskret dunkelgrün gestrichen hat. Auf einem kleinen Schild wird die Telephonnummer der *Bunker Zentrale Oberhausen* mitgeteilt. Das Betreten des BGZ ist strengstens untersagt. Ausgenommen sind BGZ-Ausweishaber! Zuwiderhandlungen werden als Hausfriedensbruch zur Anzeige gebracht. Ein Baugrundstück steht zum Verkauf. 1407 qm, provisionsfrei. Schön, hier zu wohnen. In einer Villa residiert *Beauty Art 24,* Groß- & Einzelhandel für Fingernagel- & Kosmetikartikel. Köpfe für den Essener Norden auf Wahlplakaten. Ein Kumpel für den Norden. Der sozialdemokratische Kandidat. Die Straße steigt zur Brücke hin an. Zur Zweigertbrücke (Nr. 336, km 19,323). Das Benutzen des Betriebsgeländes der Wasser- & Schiffahrtsverwaltung des Bundes ist strompolizeilich verboten. Fußgänger & Radfahrer frei auf eigene Gefahr, keine Mofas. Über 675 Jahre Carnap. Kann man inzwischen sagen. Die ersten urkundlich gesicherten Nachrichten über das Geschlecht der Herren von Carnap finden sich schon im 14. Jahrhundert. Bereits 1096 soll ein Werner von Carnap im Kampf gegen den Kölner Erzbischof gefallen sein. Die Familie Carnap hatte Ritterrang & trug in ihrem Wappen eine silberne Pferdeprame mit einem braunen Strick auf blauem Grund. Das Wappen ist auf die Pferdezucht im Emscherbruch zurückzuführen & hat sich bis heute als Stadtteilwappen gehalten. Carnap ist wie ein gemütliches Dorf, um das die Großstadt Essen herumgewachsen ist. So möchte man sich sehen. Hier kennt man sich & ist trotzdem dem Neuen & Fremden gegenüber aufgeschlossen. In der Vogelwiesche & Waldemey heißen kleine Seitenstraßen, Wohnhäuser & Kleingärten. Ein Bureau des *Lohnsteuerberatungsbundes e.V.* Alte Stallungen in Hinterhöfen. Die Stadt gehört den Bürgern! Wird auf einem Plakat contrafaktisch festgestellt oder eher: gefordert. Das Pumpwerk Essen-Carnap der *Emschergenossenschaft*. !!! Achtung !!! Auf den Anlagen findet kein regelmäßiger Winterdienst statt. In der Obringer Voerde *LC Light Lampen Calisir,* Einbaustrahler, Energiesparlampen, Halogen-Leuchtmittel usf. Ein geheimnisvolles kleines Häuschen mit verwildertem Garten. Dahinter beginnt das Gelände des Müllheizkraftwerks. Seit über 20 Jahren betreibt die *RWE Power AG* das Müllheizkraftwerk (MHKW) auf dem Areal eines ehemaligen Steinkohlenkraftwerks, in dem der Hausmüll von Essen, Bottrop, Gelsenkirchen, Gladbeck & Mülheim an der Ruhr entsorgt wird – mit einer Jahreskapazität von 700.000 Tonnen & vier Verbrennungslinien eine der größten Anlagen Deutschlands. Bereits Anfang der sechziger Jahre wurde durch Umbauten am damaligen Steinkohlenkraftwerk mit der Müllverbrennung begonnen. Werktäglich, jeweils zwischen 6 & 20 Uhr werden mit etwa 450 Müllanlieferungen bis zu 3500 Tonnen Restmüll der fünf Carnap-Städte zum MHKW gebracht. An der rechnergestützten Waagestation werden die Fahrzeugdaten sowie die Abfallarten erfaßt & die Restmüllmenge verwogen. Schallschutzmaßnahmen entlang der Kraftwerkgrenze reduzieren die Lärmemissionen für die Anwohner auf ein Minimum. Durch Ansaugung der für die Verbrennung benötigten Luft aus der Entladehalle & dem Müllbunker wird Müllgeruch außerhalb der Anlage vermieden. Mit zwei Kränen wird der Restmüll gemischt, gestapelt & über vier Aufgabetrichter den vier Kesseln zugeteilt. Bei einer Verbrennungstemperatur von ca. 1000° C wird der Restmüll verbrannt. Das aus dem Schornstein austretende Rauchgas wird kontinuierlich überwacht. Im Kamin sind Meßgeräte für jede der vier Linien installiert, mit denen die Schadstoffkomponenten Staub, Schwefeldioxid, Stickoxide, Kohlenmonoxid, organischer Kohlenstoff, Salzsäure & Ammoniak gemessen werden. Täglich werden mehr als eine halbe Million emissionsrelevanter Daten erfaßt. Vor dem Eingang zum Kraftwerk, in dem man sich in einem Informationsraum über die Emissionen informieren kann, ist in einem Park eine Turbine als Skulptur aufgestellt. Der Oberbürgermeister der Stadt Essen teilt mit: Diese Wiese darf jeder nutzen.

Auch Hunde dürfen hier unangeleint laufen. Dies gilt nicht für leinenpflichtige Hunde nach dem Landeshundegesetz. An der Arenbergstraße gibt es eine Outlet-Verkaufsstelle der *RKL Ruhr Kristall Glas AG.* Eines Betriebs, den es gar nicht mehr gibt. Das *Bistrorante Die Oase* ist ein Schnellimbiß mit Kiosk, bietet auch preiswerte Fremdenzimmer an. Über dem Seiteneingang der *Oase* wird gerade ein Vordach montiert. Am Stadion Mathias Stinnes steht ein ziemlich ramponiertes, offenbar aufgegebenes Vereinsheim. Das Mitführen von Hunden & alkoholischen Getränken auf der Sportanlage ist nicht gestattet. Der Platzwart. Das Befahren der Sportanlage mit Fahrzeugen aller Art sowie das Mitführen von Hunden ist nicht gestattet. Der Oberstadtdirektor. Gegenüber dem Stadion entsteht der Gewerbepark Carnaper Hof. Gewerbeflächen im Grünen für Gewerbenutzer & Investoren. Sofort Bebaubar! Die Ruhrglasstraße führt zur *Saint-Gobain Oberland GPS Glasproduktions-Servive GmbH.* Rechts grenzt ein freies Feld an die Straße. Parkplätze für Mitarbeiter, Besucher & Schichtmitarbeiter. Hinter einer Bahnunterführung beginnt das Werksgelände. Von der Ruhrglasstraße zweigt die Boyer Straße ab, die sich eine Güterbahnstrecke entlangzieht. Gegen den nächtlichen Lärm, der viele Anwohner plagt, konnte kürzlich mit der Erneuerung der Gleise von Bottrop Süd bis Gelsenkirchen-Horst, Abzweig Nordstern, ein kleiner Erfolg erzielt werden. Zwischen Gebrauchtwagenhändlern verkommene Häuser & Container. Import, Export. Car-Export. An- & Verkauf von PKWs aller Art usf. Seitenstraßen führen in eine alte Zechensiedlung mit Backsteinhäuschen. Die Siedlung Mathias Stinnes, die fast ein Drittel von Carnap ausmacht, zeichnet sich durch ihren recht guten Erhaltungszustand & das geschlossene, ursprüngliche Siedlungsbild aus. Erbaut zwischen 1890 & 1921 in zwei Bauabschnitten für Zuwanderer aus Ost- & Westpreußen. An den über 20 verschiedenen Gebäudetypen ist die Rangordnung der Bewohner ablesbar. Im evangelischen Gemeindezentrum findet gerade ein Einführungsseminar über »gewaltfreie Kommunikation« statt. An der Kirche erinnert ein Grabdenkmal an Pfarrer Arthur Boshamer († 1924) & seine Gattin. An der Boyer Straße, kurz vor der Abzweigung Großfeldweg, stehen an einem kleinen Holzkreuz frische Blumen. An der Stelle soll ein Motorradfahrer zu Tode gekommen sein. An der Ecke Boyer/Carnaper Straße ist eine Kneipe verschwunden. Östlich der Carnaper Straße findet man etwas abseits in der Timpestraße aber eine Traditionsgaststätte. Den *Jägerhof* gibt es hier schon immer. An der Fassade eine geschwungene, grüne Leuchtschrift im Stil der fünfziger Jahren. Auch im Schankraum hat eine alte Theke überlebt. Drin sitzen Männer bei Bier, Schnaps & Fußball. *Schalke* liegt im Rückstand. Der *Verband der Lungen- & Sozialgeschädigten* hält jeden Mittwoch eine Sprechstunde im Lokal ab. Auf einem Plakat wird allen Freunden & Bekannten von Heini gedankt, die es möglich gemacht haben, daß er in Carnap seine letzte Ruhe findet. Trauerfeier & Urnenbeisetzung am 2. September. Der *Kiosk im Osterbruch* lädt zu einem Fest ein. Ein Jahr sind wir nun hier. Gefeiert wird mit einem Flohmarkt für jedermann, Musik & Tanz. Für Euer leibliches Wohl wird mit Kaffee, Kuchen & frischen Reibekuchen gesorgt. Natürlich zu ganz kleinem Preis! Im Senioren-Begegnungszentrum in der Timpestraße werden an jedem 2. Montag im Monat Serviceleistungen wie die Verlängerung von Schwerbehindertenausweisen, Beratung rund um das Thema Grundsicherung im Alter & Wohnberatung für ältere, behinderte & dementiell erkrankte Menschen angeboten. Bürgerservice vor Ort. Auf dem öde daliegenden Marktplatz ist ein großer Mast aufgestellt, bekränzt wie ein Maibaum. Daran aufgehängt sind wappenartige Schilder, die auf die verschiedenen Seiten Carnaps hinweisen: Ruhrglas, Müllheizkraftwerk, Handwerk & Bergbau. Eine Neuapostolische Kirche ist vorhanden, eine Schule. Der Schulhof ist werktäglich in der unterrichtsfreien Zeit als Spielplatz für Kinder bis zu 14 Jahren freigegeben, & zwar im Sommer bis 19 Uhr & im Winter bis zum Einbruch der Dunkelheit. Das Befahren des Schulhofes mit motorbetriebenen Fahrzeugen ist nicht gestattet. Mitführung von Hunden ist nicht gestattet. Der Oberbürgermeister. Rettet die Bildung & nicht die Banken & Konzerne! Fordert die DKP auf einem Plakat vergeblich. *Ice & the Sunshine,* Sonnen & Bistro lautet ein Angebot. Eine Trinkhalle verkauft auch Schulartikel. Das Viertel endet an der Lohwiese. Dort befindet sich das Evangelische Altenzentrum, südlich davon der Emscherpark. Mega-markenstarke Sonderposten. Lebensmittel, Drogerie & Hygiene. Karnap = Carnap? Die Karnaper Straße ist die Hauptschlagader im Essener hohen Norden. An der Ecke Lohwiese zunächst eine Tankstelle. Dann die zur Pizzeria umgebaute alte Tankstelle, der kleine Park mit der Seilscheibe. Wohnbau aus den zwanziger Jahren, freistehende ältere Häuser. Ein Haarstudio, ein Elektro-Meisterbetrieb. Ab der Ecke Arminiusstraße dann Verdichtung. Auf der linken Seite Blockrandbebauung, rechts zunächst noch ein Grünstreifen vor den Häusern. Das *Merlin Pub* hat endgültig geschlossen. In der Turnhalle der Schule ist der *Turnverein Karnap 04 e.V.* zu Gange, in einem Aushang wird ausführlich vom Ausflug zu einem Volleyballturnier in Sevelen berichtet. Auf einen Laden, der aktuelle Damenmode auch in Übergrößen anbietet, folgen ein Spielsalon, die *Nordstern Apotheke*. Besonders hervor sticht ein historistisches Haus mit rustikalen Anklängen, Holz & Giebel. Den Giebel ziert die Inschrift: Ohn' Gottes Gunst – all' Bau'n umsunst. Die Fahrschule mit Durchblick! Ein Pflegedienst sucht Kranken- & Altenpfleger, bittet um Entschuldigung für die Unannehmlichkeiten während der Dauer der Umbauarbeiten, Neugestaltung des Eingangsbereichs usf. Ihr Alten- & Pflegedienst seit 20 Jahren in Carnap. Die *Carnap Ink Corp.*, ein Tattoo-Studio, Haarmoden, *Deniz's Kiosk*. Die *Sonnen Apotheke,* eine Änderungsschneiderei, Blumen, Döner. *Alt Carnap* heißt das Vereinslokal des *Männergesangsvereins 1888 Karnap.* Rauchkultur in Carnap, dunkles Holz & eine Theke aus den fünfziger Jahren. In der oft bis in die frühen Morgenstunden geöffneten Kneipe – dann ist die Leuchtschrift mit dem Schriftzug »Alt Carnap« der einzige Anhaltspunkt im nächtlich ausgestorbenen Norden – zeigen Wandbilder den Wildpferdefang im Emscherbruch & den Oberhof Carnap, laut Urkunde von 1332. Auf ein Stehcafé (alles frisch, alles gut) folgt kurz vor der Bahnunterführung die *Gaststätte Bürgerhaus.* Gutbürgerliche Küche, Vereinslokal des *Werkschors Ruhrglas Essen-Karnap 1934.* Im Herbst steht das 75-jährige Jubiläum bevor. Mit 75 Jahren ist noch lange nicht Schluß! Wie alle Vereine hatte auch der Werkschor unter dem Zweiten Weltkrieg stark gelitten. Dennoch fanden schon im August 1945 wieder die ersten Proben statt. Der Chor hat die häufigen Besitzerwechsel der Carnaper Glaswerke überlebt. In vielen Gesprächen mit den Besitzern konnte jeweils durchgesetzt werden, daß der *Werkschor Ruhrglas* als kulturelles Aushängeschild für die Carnaper Glasindustrie tätig bleiben konnte. Die aktiven Sänger sind dem Chor mehrheitlich schon 40, 50 oder 60 Jahre treu. Auch im *Bürgerhaus* läuft Fußball im Fernsehen. *Schalke* hat das Spiel verloren. Das heißt: Wir werden nicht viele Schalker hier sehen heute! Einen doch: Ein Gast trifft direkt aus dem Stadion ein, hat das Spiel aus Frust frühzeitig verlassen. Direkt in die Kneipe. Ein Paar ist gerade aus dem Urlaub zurück. Die Rede kommt auf Heinis Beerdigung. Jemand ist nicht dazu bereit, wegen der Beerdigung sein Sexualleben durcheinanderzubringen. Ich bin doch nicht bekloppt!

Essen New Babylon

Die Krise des Urbanismus verschärft sich immer weiter. In den alten Vierteln sind die Straßen in Autobahnen ausgeartet, während die Freizeit durch die Touristenströme kommerzialisiert & entstellt wurde. In den Neubaugebieten sind zwei Themen beherrschend: der Autoverkehr & der Komfort zu Hause. Das sind die erbärmlichen Ausdrucksformen des bürgerlichen Glücks, die kein Interesse am Spiel haben. Constant fordert eine andere Stadt für ein anderes Leben. Wir wollen das Abenteuer. Einige suchen es auf dem Mond, da sie es auf der Erde nicht mehr finden. In erster Linie & zunächst rechnen wir aber mit einer Veränderung auf dieser Erde. Wir haben vor, hier neue Situationen zu schaffen. Unser Betätigungsfeld ist die Stadt. Wir sind dabei, neue Techniken zu erfinden. Wir prüfen das Potential, das die vorhandenen Städte bieten. Wir stellen Pläne & Modelle für zukünftige Städte her. Wir lehnen das Konzept einer grünen Stadt ab, in der isolierte Wolkenkratzer zwangsläufig die unmittelbaren Beziehungen & die gemeinsamen Handlungsmöglichkeiten der Menschen begrenzen müssen. Die von uns geplanten, zukünftigen Städte bieten eine noch nie dagewesene Variationsfähigkeit der Eindrücke an. Am 9. Januar 1960 wird in der Galerie van de Loo in Essen die Ausstellung *Constant: Konstruktionen & Modelle* eröffnet, in der der niederländische Künstler seine Visionen von »New Babylon« zeigt. Der Münchener Kunsthändler Otto van de Loo, geboren in Witten an der Ruhr, unterhielt damals eine Zweigstelle in Essen & arbeitete mit Künstlern aus dem Umfeld der *Situationistischen Internationale* (SI) wie Asger Jorn, Pinot Gallizio & der Münchener Gruppe SPUR zusammen. Im Vorfeld debattierten Constant & Guy Debord das Risiko einer Galerie-Präsentation, wobei Constant sich skeptischer zeigte. Einig war man sich, daß die Konzentration auf Architektur notwendig sei, um nicht vorschnell in die Schublade »Kunst« sortiert werden zu können. Otto van de Loo, das sagte Guy Debord auch, sei der gefährlichste, weil intelligenteste Kunsthändler. Der Urbanismus verspricht das Glück. Architektur ist das einfachste Mittel, um die Realität zu formen. Um Träume zu erzeugen. Einen Lebensraum, in dem die dauernde Veränderung des Milieus gewährleistet ist. In dieser Stadt kommt es andauernd zu zufälligen Begegnungen, die das Lebensgefühl bestimmen. Die »bedeckte Stadt« ist das Gesamtkunstwerk des Situationismus, das Leben in ihr die universelle Poesie. Eine Theorie der gesamten Anwendung der künstlerischen & technischen Mittel, die zur vollständigen Konstruktion eines Milieus in dynamischer Verbindung mit Verhaltensexperimenten zusammenwirken. »New Babylon« steigt als ein Gerüst ohne Dimension in den Luftraum. Wir denken bei solch riesigen Konstruktionen an die Möglichkeit, die Natur zu bezwingen. Ein Text, den Debord für den Katalog der Constant-Ausstellung in Essen verfaßt hat, erscheint ohne sein Einverständnis in einer gekürzten Fassung. In der 4. Ausgabe der Zeitschrift der SI heißt es dazu: Der Sinn eines Textes über den »unitären Urbanismus«, der von Debord verfaßt & am 9. Januar 1960 durch eine Essener Kunstgalerie auf Deutsch veröffentlicht wurde, ist durch mehrere Auslassungen beträchtlich verfälscht worden. Ist es in diesem Zusammenhang nötig, daran zu erinnern, daß wir, denen jegliche Vorstellung des Privateigentums von Gedanken bzw. Sätzen fremd ist, folglich irgend jemandem erlauben, diese oder jene situationistische Schrift ohne Quellenangabe oder sogar mit einer beliebigen Zuschreibung vollständig oder teilweise zu veröffentlichen – nur nicht mit unseren eigenen Unterschriften? Es ist völlig unannehmbar, daß unsere Veröffentlichungen umgearbeitet werden & daß ihre Verfasser scheinbar weiterhin für sie verantwortlich sind. In derselben Ausgabe der Zeitschrift findet sich auch die erste Reisebeschreibung eines Spaziergangs durch »New Babylon«, Constants »Beschreibung der gelben Zone«: Der am Stadtrand gelegene Häuserblock hat seinen Namen von der Farbe eines größeren Teils seiner Bodenfläche. Dadurch soll die eher fröhliche Stimmung verstärkt werden. Für die tragende Konstruktion wurde Titan verwendet, für die Verkleidung der Wände Nylon. Wegen der Bauweise mit übereinanderliegenden Ebenen muß der größte Teil der Fläche künstlich beleuchtet & mit Klimaanlagen ausgestattet werden. Nirgends ist jedoch versucht worden, die natürlichen Verhältnisse nachzuahmen. In diesem Stadtteil kann man auf dem Luftweg ankommen. Im westlichen Teil befinden sich das große & das kleine Labyrinthhaus mit Wasserspielen, Circus & großem Tanzplatz. Unter dem weißen Platz hängt der grüne Platz, von dem man eine herrliche Aussicht auf den darunter vorbeiziehenden Autobahnverkehr hat. Die beiden Labyrinthhäuser bestehen aus vielen Zimmern mit unregelmäßigen Formen, Wendeltreppen, verlorenen Winkeln, freien Geländen & Sackgassen. Durch ein längeres Verweilen in diesen Häusern wird so etwas wie eine heilsame Gehirnwäsche bewirkt. Das Ruhrgebiet scheint der logische Ort für die Visionen von »New Babylon« zu sein. Im nächsten Jahr wird von 4. März bis 9. April in der Städtischen Galerie Bochum die Ausstellung *Constant Amsterdam* gezeigt. Am 6. April 1961 hält Constant im Auditorium Maximum der Verwaltungs- & Wirtschaftsakademie Bochum einen Vortrag mit dem Titel: »New Babylon, die Idee einer zukünftigen Stadt«. Auf seiner Übermalung einer Karte des Ruhrgebiets legt Constant spinnennetzartige Strukturen über die Stadtlandschaft. Inzwischen ist er nicht mehr Mitglied in der SI. In der 6. Ausgabe ihres Bulletins schreiben die Situationisten: Seit sechs bis acht Monaten kann man Manöver besonders von Architekten & Kapitalisten in der BRD beobachten, die einen »unitären Urbanismus« sofort & wenigstens im Ruhrgebiet einleiten wollen. Wenig unterrichtete & auf eilige Realisierungen erpichte Kaufleute meinten, die nahe Eröffnung eines U.U.-Laboratoriums in Essen (als Ergebnis der Veränderung der Kunstgalerie Van de Loo) ankündigen zu können. Ein Dementi haben sie nur widerwillig & erst dann veröffentlicht, nachdem wir mit öffentlicher Enthüllung der Fälschung gedroht hatten. Der Ex-Situationist Constant schlägt jetzt selbst in seinem im März vom Bochumer Stadtmuseum herausgegebenen Katalog Fabrikmodelle vor. Dieser geschickte Mann bietet sich zwischen zwei oder drei Plagiaten schlecht verstandener situationistischer Ideen offen als Public-Relations-Agent an, um die Massen in die kapitalistische technische Zivilisation einzugliedern. & er wirft der SI vor, ihr gesamtes Programm einer Umwälzung der städtischen Umwelt aufgegeben zu haben, mit dem er sich als einziger beschäftigen würde. Constants Bereitwilligkeit, eine aus durchweg neuen Gebäuden & Strukturen bestehende Stadt zu planen, sagt Juri Steiner, widersprach Debords Ansicht, daß die Schönheit jeder Stadt gerade im Prozeß der »Sedimentierung« liegt, dank welchem einzelne Spuren ihrer Vergangenheit sogar die aggressivsten Formen kapitalistischer Neubebauung überleben können. Unbearbeitet, eine unendliche Ruine, liegt der Baustoff mit den Erinnerungen & Konflikten am Boden.

Dérive XVIII: Großenbaum, Huckingen, Hüttenheim

In viele Richtungen franst das Ruhrgebiet regelrecht aus. Der Süden Duisburgs allerdings geht mehr oder weniger nahtlos in Düsseldorf über. Man müßte hier keine Grenze ziehen. Sicherlich ist das eine periphere Zone. Aber wo Duisburg-Rahm endet, beginnt auch gleich Düsseldorf-Angermund. Zum Düsseldorfer Flughafen ist es nicht weit. Die wohlhabende Landeshauptstadt & das abgewrackte Duisburg trennen dennoch Welten. & man pflegt auch beiderseits Ressentiments. Der grüne Süden ist natürlich die beste Gegend in Duisburg. In Duisburg-Großenbaum halten nur S-Bahnen. Ein Bahnhofsgebäude gibt es trotzdem, das die Gaststätte *gleis drei* nutzt. Auf dem Platz vor dem Bahnhof steht ein komischer Brunnen mit der Figur einer Ziege, wenn ich das Vieh richtig identifiziere. Eine weitere Gaststätte: Brauereiausschank. Das Jahr ist erst wenige Tage alt, die Ankündigung der Sylvesterparty mit freiem Eintritt hängt noch aus: Kartoffelsalat, Würstchen, Sekt um 24 Uhr, spendiert von der Wirtin. Eine Straße, die sich den Gleisen entlang erstreckt, heißt Zum Schlagbaum & ist ein Hinweis auf eine historisch festgeschriebene Grenze. Die *Hubertus-Apotheke* läßt Waldesnähe anklingen. Gesund ist bunt! Was soll das jetzt heißen? Die Kunden der ehemaligen *Sonnen-Apotheke* werden auch hierher erwiesen, denn vor wenigen Tagen ist eine Tradition zu Ende gegangen: Nach fast 90 Jahren *Sonnen-Apotheke* in Großenbaum habe ich zum 31. 12. 2008 den Geschäftsbetrieb eingestellt. Teilt Lothar K. mit, & man muß schon sagen: Er hat wirklich lange durchgehalten! Zwei seiner Mitarbeiterinnen werden fortan in der *Hubertus-Apotheke* anzutreffen sein. In einer Bäckerei gibt es lecker Hefezöpfe mit Glasur. Schön, daß Sie bei uns einkaufen! Den Spruch mutet der Discounter auch denen zu, die gar nicht einkaufen bei ihm. Die *Gaststätte Hundgeburt* befindet sich in demselben Gebäudekomplex wie der Brauereiausschank, in dem die Silvesterparty stattgefunden hat. Es ist nicht ersichtlich, ob die Lokale irgendwie zusammenhängen. In der Gaststätte stehen noch immer Reste eines Buffets herum, vermutlich seit Silvester. Ein Bus mit dem Fahrziel Duisburg-Kaßlerfeld/Am Unkelstein fährt & fährt nicht ab. Die Infrastruktur konzentriert sich entlang der Großenbaumer Straße, die südlich des Bahnhofs Angermunder Straße heißt. 10 km ist die Duisburger Innenstadt entfernt. Die Roten kommen wieder! Gemeint sind die Weihnachtsmänner, & Weihnachten liegt jetzt auch schon wieder zehn Tage zurück. Betrachtet man unsere gegenwärtige Art, große Stadtgebiete zu erleben, sagt Kevin Lynch, dann ist das Ordnungsprinzip der Abfolge, der Gliederung im Zeitmaßstab vorherrschend. Das ist uns von der Literatur her vertraut. & kann seine Entsprechung in der Abfolge von Sätzen & Zeilen finden. An der Großenbaumer Straße die Gaststätten *Bodamer* & *Zum Hubertus*. Der *Bureaubedarf Maurer* existiert schon seit 1946. Ich kehre ein bei *Hähnchen King*, um mich für eine winterliche Wanderung zu stärken. Zum Frühstücken bin ich wieder nicht gekommen & wollte mich doch auf den Weg machen, ehe der Einbruch der Dämmerung schon wieder allzu absehbar wird. In einer Villa mit Jugendstil-Anklängen – Villa Mihlo – befindet sich die *Mihlo-Klause*. Eine »rheinische Kulturkneipe«, sprich: Raucherkneipe. Geöffnet, bis der letzte Gast geht, augenblicklich aber noch nicht. An Sehenswürdigkeiten hat der Stadtbezirk Duisburg-Süd zu bieten: die Sechs-Seen-Platte sowie ein Kreuz & eine alte Linde am Bahnhof. Das Kreuz entdecke ich, mit diesem Hinweis versehen, jetzt auch. Ein Schild klärt auf: Hier in der ehemaligen Mark »Am Baum« steht urkundlich verbürgt seit a. D. 1715 dieses Kreuz. Hier versammelten sich allsonntäglich die Gläubigen zum gemeinsamen Kirchgang nach Huckingen, & hier hielten sie auch ihre Andachten ab. Seit dem 17. Dezember, das kann man auch lesen, wird Ralf H. vermißt. 47 Jahre, ca. 170 cm, kräftig gebaut, Brillenträger. Bekleidet ist er wahrscheinlich mit einer braunen Wildlederjacke, einer dunkelbeigen Hose & einem blauen Pullover. Gegen 10.15 Uhr wurde er noch am Bahnhof Buchholz gesehen. Dann verliert sich seine Spur. Ein Verein wünscht den lieben Mitbürgerinnen & Mitbürgern ein Jahr ohne Seelenschmerz & Kopfweh, ohne Sorgen & mit soviel Erfolg, wie man braucht, um zufrieden zu sein. & nur soviel Streß, wie Sie vertragen, um gesund zu bleiben. So wenig Ärger wie möglich usf. Ich unterquere die Bahnstrecke & nehme den Westausgang des Bahnhofs. Ein geschlossene Kneipe hinter dem Bahnhof heißt *Am Tunnel-Eck*. Direkt daneben ein Döner- & Pizzaladen. Montag ist Döner-Tag, Dienstag ist Pizza-Tag usf. Duisburg-Süd bewegt sich, Training für Hunde & Halter. Das sind hier die Angebote & Aufrufe. Nie wieder

Diät! Abnehmen mit System. Rückenschmerzfrei mit System. Was das für ein System sein mag, das auf so unterschiedliche Probleme anwendbar ist? Gleich hinter dem Bahnhof liegt auch schon der erste See, der Großenbaumer See, an dem es ein Strandbad gibt. Die Remberger Straße führt auf einer Brücke über die Autobahn, zum dahinter liegenden Remberger See. Der See ist zugefroren. Eine weite Winterlandschaft. Hunde & Kinder werden ausgeführt. Winter an der Sechs-Seen-Platte, Hinweise auf die Gefährlichkeit des Eises. Wenn man einbreche, könne das Eis verrutschen, & man finde dann das Loch nicht mehr. Laut Stadtverwaltung besteht auf den zugefrorenen Binnengewässern immer noch Lebensgefahr. Dann setzt sich die Stadt fort. Huckingen, an der Straße liegt das Malteser-Krankenhaus St. Anna. Notaufnahme, Krankentransporte, Liefereinfahrt. Die Remberger Straße führt auf einer weiteren Brücke über die Stadtbahn nach Düsseldorf, kurz danach ist die Düsseldorfer Landstraße erreicht – eine weitere vielbefahrene Nord-Süd-Verbindung. Überhaupt, so scheint mir, muß der ganze Duisburger Süden in Nord-Süd-Richtung gelesen werden. Ich, der ich mich quer dazu in Ost-West-Richtung bewege, kann dies nur mit Hilfe von Brücken & Unterführungen tun, die mir diese Schneisen überwinden helfen. Man müßte diese Straßen alle der Reihe nach in Nord-Süd-Richtung abgehen, um diesen Bereich der Stadt wirklich zu kartographieren. Das Raumerlebnis auf dieser Achse kenne ich nur auf der S-Bahn- & der Stadtbahnstrecke. Ich verändere die Welt. Teilt ein Plakat mit. Es geht nur um eine Spende & also nicht ernsthaft um Veränderung. Dann ist das Zentrum von Huckingen erreicht, mit einem Marktplatz, einer schönen, altmodischen *Bäckerei Brockerhoff. Zoo Süd, Suncheck* usf. Der *Fuchsbau* (anno 1910) hat schon vor seinem 100-jährigen Jubiläum das Zeitliche gesegnet. Ich setze meine Wanderung auf der Mündelheimer Straße fort, wo sich nach dem Huckinger Zentrum sehr bald wieder Vorstadtatmosphäre einstellt. Das ist immerhin zur Abwechslung eine Autoschneise, die nicht in Nord-Süd-Richtung verläuft. Kevin Lynch sagt über solche suburbanen Landschaften: Es muß zugegeben werden, daß eine Umgebung, die Geheimnisse, Irrwege & Überraschungen bereithält, ein gewisses Etwas hat. Der Stadtplaner dekretiert: Die Gebiete der Verworrenheit müssen aber im überschaubaren Ganzen klein bliben. Im Ruhrgebiet sind sie ubiquitär. An der Mündelheimer Straße gibt es einen Verein für Mädchen- & Frauenfußball, einen *Nikolaus-Grill. Insel der Träume*, lese ich. Es geht nur um Kosmetik. Der *Circus Probst* kommt in die Stadt: Kultur pur seit 1865. Die *Hütten-Apotheke* kündigt dann bereits die nahen Hüttenwerke an. Die Straße führt zu einer Art Platz direkt am Hüttengelände. Eine aus der Duisburger Innenstadt kommende Straßenbahnlinie endet hier, Buslinien treffen zusammen. Die *Gaststätte Lösken* scheint eine wichtige Institution an neuralgischem Punkt zu sein, Typus: Kneipe vor dem Werkstor. Die Mündelheimer Straße setzt sich fort in der Mannesmannstraße. Das ist programmatisch, denn sie teilt das Gelände des Stahlwerks in zwei Teile. Stahl, das sind wir! Auf der einen Seite die *Hüttenwerke Krupp Mannesmann* (HKM), auf der anderen das Blechwalzwerk *ThyssenKrupp Steel*. Aber gehört das nicht ohnehin alles zusammen? Wer soll da durchblicken. Hinter dem Zaun ist auf dem Werksgelände ein Plakat zu erkennen: Die Produktion bringt's nicht allein – die Sicherheit muß Vorbild sein. Wir bei HKM. Gewaltiger LKW-Verkehr auf der Straße. Die Werksanlagen im Duisburger Süden gehen in ihren Ursprüngen auf die Gründung eines Siemens-Martin-Stahlwerks durch die Essener Firma *Schulz-Knaudt* im Jahre 1909 zurück. Damals suchten die *Mannesmann Röhrenwerke* nach einem geeigneten Stahlerzeugungs-Standort, um für die Rohrherstellung unabhängig von anderen Stahlunternehmen zu werden. *Mannesmann* übernahm das Werk 1914. Seit 1932 *Heinrich-Bierwes-Hütte;* ab 1970 Neuordnung der Unternehmensbereiche von *Mannesmann* & *Thyssen*. Alleinige Aufgabe war es fortan, die *Mannesmann Röhrenwerke* mit Vormaterial zu versorgen. 1987 Zusammenführung der beiden Duisburger Stahl-Standorte von *Krupp* & *Mannesmann* auf dem Gelände der Hüttenwerke Huckingen. Auf das Werksgelände folgen die Ehinger Berge. *Im Eichwäldchen* heißt ein Lokal & inszeniert Idylle als Kontrastprogramm. Nebenan ein Schießstand. Der Gewerbepark am Goldacker. Pferde sind zu sehen, eine US-amerikanische Fahne weht. An der Straße parken Lastwagen. Auf einem Privatgelände ist das Parken verboten. Fremdparker werden kostenpflichtig abgeschleppt. Das wird auch auf Russisch mitgeteilt. Man könnte sagen: Verwirrungspunkte, Stauungen, schwache Abgrenzungen, Isolierungen, Unterbrechungen, Unklarheiten, Verzweigungen, Mangel an charakteristischen Merkmalen usf. An das Blechwalzwerk grenzt die Siedlung Hüttenheim an. Geschlossene Häuserzeilen verbinden sich mit den Ideen der Gartenstadtbewegung. Heißt es auf der *Route Industriekultur*. Hoher Migrantenanteil seit den sechziger Jahren, was *Mannesmann* als Vorwand nahm, die Siedlung nicht weiter zu pflegen. So wurde es als folgerichtig empfunden, als 1984 vom Abriß gesprochen wurde. Eine Bürgerinitiative setzte sich erfolgreich für ihren Erhalt ein. Eine ehemalige Kneipe ist jetzt ein türkisches Lokal & heißt *Topkapi*. In Ermangelung von Alternativen setzte ich mich hinein & trinke ein Bier. Mein Auftauchen in diesem versteckten Winkel, habe ich den Eindruck, wird als ungewöhnlich, aber nicht als störend empfunden. An den Tischen sitzen Männer bei einem Würfelspiel. Kevin Lynch sagt: Der Anblick von Städten kann ein besonderes Vergnügen bereiten, wie alltäglich er auch immer sein mag. Städteplanung ist eine zeitbemessene Kunst, für die jedoch kaum die kontrollierten & begrenzten Sequenzen anderer Künste in Anwendung gebracht werden können. Es ist in jedem Augenblick mehr vorhanden, als das Auge sehen & das Ohr zu hören vermag. Viel mehr, als ich notieren oder mir gar merken kann. Immer gibt es einen Hintergrund oder eine Aussicht, die darauf warten, erforscht zu werden. Nichts wird durch sich selbst erfahren, alles steht im Zusammenhang mit seiner Umgebung, mit der Aufeinanderfolge von Ereignissen, die zu ihm hinführen, mit der Erinnerung an vergangene Erlebnisse. Also weiter, noch tiefer hinein in dieses Hüttenheim. Am Werksgelände entlang zieht sich der Ungelsheimer Graben. Auf die Siedlung folgt ein Stück Landschaft, Kleingärten. Ein freistehendes »Bürger-Haus«. Dann ein ziemlich ödes Wohnviertel mit wenig Infrastruktur. Ein Supermarkt hatte nur bis 13 Uhr geöffnet, eine Konditorei ist geschlossen. Ich entschließe mich, mit einem Bus aus dieser Sackgasse zu fliehen. Mir fällt auf, daß die Ansagestimme im Bus die Stationsnamen – ist das in Duisburg immer so? –»-berch« & »-wech« ausspricht (Rosenberchstraße usf.). In der *Gaststätte Lösken* ist am frühen Abend noch kein Betrieb. So bleibt mir nichts anderes übrig, als gemeinsam mit dem Wirt den Fernsehnachrichten zu folgen, so laut, wie der Fernseher geschaltet ist. Obwohl hier *Warsteiner* ausgeschenkt wird, organisiert man in der Kneipe eine Besichtigung der *Köpi*-Brauerei. 25 Plätze sind frei, es muß im voraus bezahlt werden. Im November 2006 hat die *Gaststätte*

Lösken ihr 100-jähriges Bestehen gefeiert. Daß das markante Eckhaus eine Institution birgt, war mir auf den ersten Blick klar. Draußen ist es schon dunkel, & ich sehe, wie ein Hochofenabstich den Himmel rot färbt. Das ist schön & inzwischen ja ein ästhetisches Ereignis, das einem nur noch in Duisburg geboten wird. Bevor ich mich auf den Rückweg nach Düsseldorf mache, von wo aus ich zu dieser Expedition in den Duisburger Süden aufgebrochen bin, mache ich noch Station in der *Schänke Sittardsberg,* direkt an der gleichnamigen Stadtbahn-Station. Ein Knotenpunkt mit der Atmosphäre eines großstädtischen Außenbezirks. Die *Schänke* ist in einem Neubau untergebracht & auf pseudo-rustikal gestylt. Alle Gäste gruppieren sich um eine zentrale Theke, viel Nippes steht herum. Für den 24. Januar ist eine geschlossene Gesellschaft angekündigt. Die Gespräche drehen sich um unangenehme Dinge. Um Spritzen in die Zahnwurzel, die ein Gast über sich ergehen lassen mußte & ein Bewerbungsgespräch. Der Sprecher will »etwas Mechanisches« machen. Dann wird erzählt, daß eine 70-jährige Frau, die in der Kneipe Anwesenden bekannt war, tot aufgefunden worden ist. Hausarzt, Polizei, Obduktion, das ganze Procedere wird mindestens drei Tage dauern. Am Bahnhof der Stadtbahn hängt eine »Medieninformation«, der man entnehmen kann, daß die Rolltreppen einen Monat lang außer Betrieb sein werden. Grund hierfür ist die Erweiterung der Schaltanlage für die Stromversorgung. Duisburger sind aktiv! Behauptet ein Plakat. Sie möchten aktiv sein für Ihre Stadt? Gemeinsam mit anderen etwas bewegen? Etwas für Ihr Lebensumfeld tun? Sich einbringen? In diesem Fall stehen »rund 50« Angebote bereit. Meistens ist unsere Wahrnehmung der Stadt nicht ungeteilt & gleichmäßig. Sagt Kevin Lynch. Sondern vielmehr zerstückelt, fragmentarisch, mit anderen Dingen & Interessen vermischt. Fast alle Sinne treten in Tätigkeit, & das vorgestellte Bild setzt sich aus ihnen allen zusammen.

EarPort

für Kunsu Shim & Gerhard Stäbler

Duisburg-Innenhafen: rätselhafte Fragmente im »Garten der Erinnerungen«, Teile von Gebäuden, halb abgerissen, Ruinen – künstliche? Erinnerungen an was? Es heißt: Auf dem Gelände gab es dicht an dicht Holz-Sägereien & Speditionen. Mühlenbetriebe mit pneumatischen Elevatoren, die das Getreide direkt aus den Schiffen in die Speicher & Silos transportierten. Umgekehrt sorgten Schütttrichter für das Umfüllen auf Getreideschiffe. Am Holzhafen wurden Kohlekipper errichtet, um die Kohle aus den Waggons in die Lastschiffe umzuladen. Der Holzhandel war eng mit der Kohle verbunden. Für den Schachtausbau in den Zechen des Ruhrgebiets wurde Grubenholz benötigt. Dani Karavan gestaltet den »Garten der Erinnerungen«, zeichnet Grundrisse in Weißbeton nach. Legt ein Feld mit Bauschutt der alten Gebäude an: urtümlich aufgetürmt als ein wildes Meer von Felsen. Eine gespenstische dramatische Landschaft. Man hört hier Geräusche von der Autobahn. Sagt Kunsu Shim. & durch die Entfernung klingt es manchmal wie Meeresrauschen. & dann sind Geräusche von den Baustellen zu hören. Am Innenhafen wird ein altes Speichergebäude zum NRW-Landesarchiv umgebaut. Ein britischer »Stararchitekt« errichtet einen Bureau- & Hotelkomplex, das Kunstmuseum in der Küppersmühle wird erweitert. & neulich gab's eine richtige Gasexplosion, in deren Folge ein dicker Eisenpfeiler gegen die Brücke schlug. Erzählt Kunsu Shim, der doch so leise, von unendlich langen Pausen durchzogene Musik schreibt, begeistert. & dadurch entstand ein unglaublicher kurzer, lauter Klang. Es wäre toll, wenn man so einen Klang im Konzert erzeugen & hörbar machen könnte! Von einer Halle bewahrt Karavan Spuren. Wie große Waagen ragen Stützen-Binder-Konstruktionen in die Luft. Rasen wellt sich, in Beton gefaßt, & assoziiert Wasser. Eine Überschwemmung? Von zwei Verwaltungsbauten läßt Karavan die abgeschälten Treppenhäuser wie herausgerissen stehen. Gerhard Stäbler sagt: Das ganze Feld gleicht eigentlich einer antiken Ausgrabungsstätte. Aber eben umgestülpt, zeitlich umgestülpt. Ruinenreste von Gebäuden, Steinbrocken. Geländemodulationen. Italo Calvino schreibt von den unsichtbaren

Teilen einer Stadt. Die kann man hier irgendwie riechen. Es könnte das sein, könnte das gewesen sein ... Man kann die Phantasie spielen lassen. & ähnlich wie bei den Gedichten der Sappho, in denen es ganz viele Leerzeilen gibt, gibt es auch hier Lücken in der Architektur, die wie Leerzeilen wirken. In die man unsichtbare Städte hineindenken kann. Unsichtbares Geschehen. Shim & Stäbler lernen Ende der neunziger Jahre das in Umstrukturierung befindliche Areal am Innenhafen kennen. Aus einem ungeplanten Nebeneinander anspruchsloser Gebäude soll ein bewußt komponiertes Ensemble geformt werden. Häuser werden abgerissen, Teile stehengelassen. Zwei Häuser werden im wesentlichen unberührt in den Park integriert. Shim & Stäbler sagen: Leerstehen können die nicht bleiben, da würden wir gerne einziehen! & eines dieser Häuser – das ehemalige Haus Trinks, das einen Getränkehandel beherbergte – wird dann auch zum *EarPort*. Lebens- & Arbeitsort der Komponisten Kunsu Shim & Gerhard Stäbler, in direkter Nachbarschaft zur *Stiftung DKM* von Dirk Krämer & Klaus Maas, die dort eine Galerie betreiben. Im Erdgeschoß finden Veranstaltungen mit Werkstattcharakter statt, die Shim & Stäbler spontan & ohne Umwege programmieren können. Auf der Suche nach Übergängen zu anderen Künsten. Mit analytischer Klarheit & offenem Herzen. Für Hörer, die Störungen & Provokationen parieren mit Nachdenken & eigenem Engagement. Deren Grundsatz es ist, das Offene, Unsichere, Ungeklärte zu genießen. Die zunehmend allergisch auf akustische (Umwelt-)Verpestung reagieren. Sei es durch Lärm, durch die überall sich ausbreitende Hintergrundmusik oder – subtiler – durch Musik selbst, die dumpfen Gefühlen folgt, sie bestätigt, reizt oder aufputscht. Andere Räume & Himmel. Der Innenhafen ist für uns ein Ort, der uns inspiriert durch seinen experimentellen Geist, der sich aufs Jetzt & auf die Zukunft orientiert, vor allem aber durch seine besondere Schönheit. Sagen Kunsu Shim & Gerhard Stäbler. Man ist da & zugleich an einem imaginären Ort. Einer antiken Stätte der Moderne, die Komponisten, Musiker, Tänzer, Künstler anzieht. Die als Resultat einer klaren Sicht der Dinge eigene, alternative Welten gegen den grauen Alltag erschaffen. Kompositorische Systeme, die allegorisch auf eine Veränderung des Bestehenden zielen. Musik, die sich mit der »Welt« auseinandersetzt. Mit ihren akustischen Bedingungen. Mit irisierender, extremer Ruhe.

Dérive XIX: Annen

Nach Witten fahre ich eigentlich immer nur, wenn die *Wittener Tage für neue Kammermusik* stattfinden. So wie ich eigentlich immer nur dann nach Kassel fahre, wenn dort die *documenta* läuft. Oder nach Bayreuth, wenn dort gerade keine Festspiele sind. Auch dieser Witten-Besuch bildet keine Ausnahme. Ende April, & die *Wittener Tage für neue Kammermusik* stehen wieder einmal bevor. Ich beschließe, vorher noch andere Seiten von Witten ins Auge zu fassen, anderen Pfaden zu folgen, als denen zwischen Saalbau, Märkischem Museum & Rudolf Steiner Schule. Ich steige also nicht am Wittener Hauptbahnhof aus, sondern fahre mit der S-Bahn eine Station weiter, zum Bahnhof Witten-Annen Nord. Daß es in Annen keinen weiteren Bahnhof gibt, keinen Bahnhof Annen Süd oder Ost, illustriert, daß auch & gerade im südlichen Ruhrgebiet empfindliche Lücken in das Bahnnetz gerissen wurden. Auf die Treppen, die vom Bahnsteig in den Fußgängertunnel führen, hat jemand akkurat mit Schablone & in roter Farbe gesprüht: WUENSCHEN HILFT WIEDER. Darauf würde ich mich nicht verlassen, & ich glaube das auch nicht so recht. Im Tunnel haben sich die *Ultras Bochum* verewigt. Man wird direkt in eine schäbige Ladenpassage mit einem Textildiscount geleitet. Demnächst soll es nebenan auch einen Sporthandel mit erweitertem Sortiment geben. Das *Haus Prünte* gegenüber, das ja eine Aufgabe als Bahnhofskneipe zu erfüllen hätte, steht leider zu vermieten. Dafür gibt es aber nur wenige Meter weiter eine *Pils Börse*. Das *Café Baudach* mit einer großen Auswahl an Sahnetorten. Der Verkehr auf der Annenstraße ist dicht. Am direkt neben dem Bahnhof gelegenen Bahnübergang senken sich die Schranken. Es vergeht viel Zeit, bis die S-Bahn mit dem Fahrziel Mönchengladbach kommt, dafür gehen die Schranken danach umso schneller wieder hoch. Ich überquere die Gleise. Auf der anderen Seite ist die *Grill-Station Annen* aufgegeben worden, die für ein vernünftiges Bahnhofsumfeld ja auch unerläßlich wäre. Das Ladenlokal, in dem es zuletzt, wie man noch lesen kann, um Brettspiel & Fantasy ging – *Einhorn Spiele* –, sucht nach einem neuen Mieter. Auf einem leeren Marktplatz hält einzig das Standbild einer Gemüsefrau die Stellung. Wie so oft färbt das Marktgeschehen die

Namen der Umgebung: *Hoppe's am Markt,* Hotel & Gasthaus seit 1884. Die Privatuniversität Witten-Herdecke unterhält hier einen Standort. Eine Druckerei offeriert Privat- & Geschäftsdrucksachen. Eine leerstehende Halle, Hinterlassenschaften irgendeiner Industrie. Stockumer Straße 28, *Wittener Industrie & Technologie Park* (WITG): Hinter einem ehemaligen Werkstor hat sich unterschiedlichstes Gewerbe niedergelassen. Wird nach weiteren Interessenten gesucht: Hallen- & Gewerbeflächen provisionsfrei zu vermieten! Dort, wo das Werkstor gewesen sein muß, werden Lastwagen noch immer kontrolliert: Stop! LKW-Kontrolle! Anmeldung beim Pförtner. Verstoß gegen die Zufahrtskontrolle führt zu Werksverbot! Bitte Motor abstellen! Auf dem Gelände Stockumer Straße 28 haben sich angesiedelt: das Institut für Werkstoffkunde der Leibniz Universität Hannover, eine Härterei, das *Zentrum für Sprache & Bewegung,* das *Service Center Witten* (Maintenance Technologies), *Computer Aktiv.* Maschinen- & Anlagenbau, Verschleiß- & Schweißtechnik, Stahlverarbeitung, Edelstahlverarbeitung. Transporte & Kurierdienst, Nah- & Fernverkehr. Schließtechnik, Sicherheitstechnik, Ladenbautechnik, Produktentwicklung, Arbeitsschutz usf. *Ruhrpumpen.* Die Anhäufung von Projekten & Produkten in Lagern, Berge von Obst auf den Märkten. Zusammenballungen vielfältiger, nebeneinander, übereinander liegender, zusammengetragener Objekte. Das macht die Stadt aus. Sagt Henri Lefèbvre. Aber auch Menschenmassen, Leute, die sich gegenseitig auf die Füße treten. Das findet man hier nicht. Auf dem weiten Gelände sind kaum Menschen unterwegs. In einer drastischen Umkehrung der vermeintlich wichtigsten Eigenschaft der Stadt ist der alles beherrschende Eindruck der eigenschaftslosen Stadt eine gespenstische Ruhe. Sagt Rem Koolhaas. Hinter parkenden Autos ist ein Hochbunker zu sehen. Er wird genutzt von der *Scan-Service Computer Consultung GmbH;* Archivierungskonzepte, Dokumentenmanagement, Langzeitarchivierungen usf. Der Bunker scheint in der Tat vertrauenswürdig als Archiv, Archivierungskonzepte könnte ich auch gebrauchen. Oder soll ich mich darauf verlassen, daß irgendein Literaturarchiv einmal die nötigsten Aufräumarbeiten übernehmen wird? Trotz der Zugangskontrolle auf dem Gelände wirbt das *Bistro im WITG* damit, öffentlich zugänglich zu sein. In dieser Woche hat der Speiseplan u.a. feuriges Paprikagulyás, Schnitzel »Bernaise«, delikaten Burgunderschinken & deftige Jägerrippe vorgesehen – was verdächtig kannibalisch klingt. Alle Gerichte auch zum Mitnehmen, telephonische Vorbestellung möglich. Vor dem Verwaltungsgebäude der *SMS Meer GmbH* verweist eine Skulptur vermutlich auf die Produkte des Unternehmens: hochkant aufgestellte & ineinander verschachtelte Ringe, die wie die Wellen nach einem Steinwurf ins Wasser immer größer werden & dabei ihre Farbe ändern, von Gelb über Rosa bis Dunkelrot. Was die Zukunft bringen wird? Hier entstehen ein Getränke- & ein Tierbedarfsmarkt. Der »1. Wittener Osteoporosetag« wirft seine Schatten voraus, angekündigt von der *Adler Apotheke*. Ein Gesangstherapeut wendet sich an Menschen, die glauben, daß sie nicht singen können. Sie sollten das seiner Meinung nach zumindest »zur Gesundheitsförderung« tun. Einstieg bis Mitte Mai möglich. Das Ganze irgendwie anthroposophisch verbrämt. Wie der Wirrkopf Rudolf Steiner ja überhaupt weite Teile von Witten zu seinem Einflußbereich zählen kann. Der Gewerbeansammlung gegenüber das *Georg Hotel* in einem drittklassigen postmodernen Bau, Seminar- & Tagungshaus. Wie lächerlich & doof die jeweiligen Architekturmoden sind, sieht man ja meist erst dann in aller Deutlichkeit, wenn sie sich zu den Provinzbaumeistern hinuntergefressen haben. Aber man täusche sich nicht: Die Staatsgalerie in Stuttgart ist auch lächerlich, das Haas-Haus in Wien. Ein kleiner freistehender Kiosk empfiehlt sich als *Eddi's Durst & Wurst Expreß*. Auf Industrie & Gewerbe folgt schlagartig Ländliches: das Restaurant *Zum Scheunentor* in einem alten Hof. Das *Sportzentrum Kälberweg*, Miniaturgolf am Kälberweg usf. Von einem gewissen Punkt an wird auch eine verfeinerte Methode der Beschreibung unzureichend. Sagt Henri Lefèbvre. Beziehungen, die zugleich leserlich & unleserlich sind. Sichtbar & unsichtbar. Zentrum & Peripherie, das Offene & das Geschlossene, Oben & Unten usf. Industrie & Gewerbe öffnen sich einem ja nicht. Man erfährt nichts, kommt nirgends hinein. Jetzt ist es aber Zeit, die *Pils Börse* am Bahnhof aufzusuchen. Auf dem Weg dorthin sehe ich, daß der *Annener Kiosk* zu vermieten ist. An einen mit Stacheldraht bewährten Zaun an den Gleisen hat jemand ein Schild angebracht: Extra für Fortschrittmachen eingezäuntes ~~Haus~~ Gelände. In der *Pils Börse* kostet jeden Dienstag ein Gedeck nur 2 Euro. Aber es ist nicht Dienstag. Ich muß mich in eine Mitgliederliste eintragen. Das ist wieder diese Raucherclub-Geschichte. Es könnte ja jemand vom Ordnungsamt kommen! Eine Gefahr, die ich nicht einzuschätzen vermag. Aber vielleicht sind die Kontrollen in der Anthroposophen-Stadt ja besonders scharf. Ein Trinker stößt schon am frühen Nachmittag zu tiefen Einsichten vor: Diesen Staat kannst du nur besoffen ertragen! Spricht zutreffend von einer Krise des Systems. Alle meckern, aber niemand äußert seinen Unmut dann bei Abstimmungen oder engagiert sich gar in der Kommunalpolitik! Was bei dem Zustand der lokalen Presse aber auch nicht verwundern kann, die weite Teile der Bevölkerung zuverlässig verblödet & sediert. Nur so konnte das »rote Ruhrgebiet« von der Sozialdemokratie in ein politisches Wachkoma versetzt werden. Gedanken werden nur da & dort in Kneipen wie dieser laut, in der ein anderer Gast nüchtern bleiben muß. Vielleicht kann aber die Bebelstraße als Ermutigung verstanden werden? Sie geht in eine Fußgängerzone über. Vor dem *Haus Eckey,* das eine brauchbare Institution zu sein scheint, hat es rosa Blütenblätter auf die Bebelstraße geschneit. Neben einem Sicherheitsfachgeschäft für die Eigenheim-Paranoiker, die es sicherlich auch in Witten-Annen in nicht unerheblicher Zahl gibt, gibt es das *Café Relax* & das *City Billard Café.* Die Geschwister-Scholl-Straße läuft auf eine Unterführung zu, die unter einem Radweg hindurchführt, der auf einer ehemaligen Bahntrasse angelegt wurde. Ich laufe noch einmal zum Bahnhof zurück & nehme mir vor, mir Annen über die Annenstraße zu erschließen. In einem Schaufenster wird ein Bändchen mit Heimatliteratur präsentiert: *Zwei vom Ardey erzählen aus dem schönen Witten an der Ruhr.* In der Annenstraße hat ein Sonnenstudio dicht gemacht: Die in Umlauf befindlichen »Suncards« werden in unseren Studios in der näheren Umgebung umgebucht & können weiterverwendet werden. Wir freuen uns auf Ihren Besuch & hoffen, daß es Ihnen in den anderen Filialen gefällt. Nach dem Abschnitt am Bahnhof zerfleddert entlang der Annenstraße erst mal die Stadt. Dem Bahngelände gegenüber Parkplätze, Märkte, eine Tankstelle. Das *Centrovital,* Medizin Therapie Annen. Kurz danach wieder bauliche Verdichtung, Bebauung auf beiden Seiten der Annenstraße. *Beauty Company. Billardsport.* 1, 2, 3 neu. Billardzubehör, Dartzubehör, Backgammonzubehör – die Poetik der Liste, wieder einmal. Reparaturservice. *Rick's Frühstückscafé. Casablanca Kick & Win.* Livewetten. Im Schaufenster eines Funk- & Fernsehspezialisten überraschen Zitate von John Ruskin, der als englischer Sozialreformer vorgestellt wird & mir Ignoranten bislang nur durch seine *Stones of Venice* bekannt war: Es gibt kaum etwas auf dieser Welt, das nicht irgend jemand ein wenig schlechter machen & etwas billiger verkaufen könnte. & die Menschen, die sich nur am Preis orientieren, werden die gerechte Beute solcher Machenschaften. Es ist unklug, zuviel zu bezahlen, aber es ist noch schlechter, zu wenig zu bezahlen. Das Gesetz der Wirtschaft verbietet es, für wenig Geld viel Wert zu erhalten. Alle Achtung – hier geht der Einzelhandel in Würde unter! Was der gebeutelte Funk- & Fernsehspezialist nicht denken & sagen darf ist, daß es andere Gründe geben könnte als schiere Ignoranz, zu billigen Angeboten zu greifen, beispielsweise nicht vorhandenes Geld. Weiter der Annenstraße entlang: Ihr Kiosk & mehr. Tätowierungen, die *Neue Apotheke,* eine Filiale der Stadtbücherei. Das *Deutsch-Türkische Freundschaftshaus Witten-Annen.* Warum nennt man ein Vereinsheim so? Ist das Wunschdenken oder Anbiederung? *Ristorante Pizzeria Portofino.* An der Ecke Erlenweg springt mir an der schmutzig-dunkelbraunen Fassade eines unscheinbaren Nachkriegsbaus sofort eine *Dortmunder-Kronen*-Werbung ins Auge, das *Kronen-Eck.* Im Zeichen der Krone die Braukunst genießen. Die Dortmunder Privatbrauerei existiert inzwischen leider nur noch dem Namen nach. Ein Bier dieses Namens wird aber noch immer gebraut. Im *Kronen-Eck,* einer großen, eher nüchternen Stube mit Holztischen, insgesamt angenehm, lenkt ein kleiner, laut kläffender Hund die Aufmerksamkeit auf sich & macht mir Angst. So klein kann ein Hund gar nicht sein, daß ich mich nicht vor ihm fürchten würde! Müssen wir wirklich Angst vor sozialen Unruhen haben? Fragt das größte Dreckblatt des Landes, das in der Kneipe ausliegt. Einmal abgesehen von der Verlogenheit dieses »Wir« – Angst müßten doch höchstens die Verantwortlichen für diese Art von Gossenjournalismus, ihre Mitarbeiter & Profiteure haben & gewiß nicht die ungebildeten, unmündigen »Leser«, denen sie ihren Seich andrehen. Irgend etwas aber muß sich doch getan haben, ankündigen, im Schwange sein, sonst würde niemand so weit gehen, über »soziale Unruhen« überhaupt zu reden & sie zu dementieren. Auf der anderen Straßenseite Sanitätsfachhandel: Stoma- & Inkontinenzberatung, Kompressionstherapie, Krankenpflegeartikel usf. Der *Salon Anne.* Zunehmend langweiliger Wohnbau aus den fünfziger Jahren. In eine alte Tankstelle ist ein Gebrauchtwarenhandel eingezogen. Ein Bierschild weckt die trügerische Hoffnung auf eine Kneipe. Aber es handelt sich nur um einen Getränkemarkt. Die Schrift der Stadt mag nicht entzifferbar sein oder fehlerhaft. Aber das bedeutet nicht, daß es keine Schrift gibt. Sagt Rem Koolhaas. Vielleicht haben wir ja bloß ein neues Analphabetentum produziert, eine neue Blindheit. »Profis in Edelstahl« bieten sich an: Metallbau & Stahlbau, Maschinenbau & Anlagenbau, Treppen & Geländer, Windschutz & Sichtschutz, Industriemontagen, Schweißfachbetrieb usf. Fachbetrieb gem. § 191. Ob die *Maschinenfabrik Böhmer* noch arbeitet, ist an dem Gebäude nicht abzulesen. Die *Jesus Freaks Ruhrtal* werben mit ihrer Internetadresse in einem Fenster. Aufgegeben wurde das *Tanzcafé Florida.* Von Florida bis Capri – zuverlässig setzen die Namen von Urlaubszielen ihre Zeichen in den Straßenraum der Industriestädte, so eintönig wie verheißungsvoll. Eine Straße heißt Am Stadion & führt zu einem solchen. Von der Annenstraße aus ist es nicht zu sehen. Auch die Annenstraße unterquert jetzt den Radweg, der der ehemaligen Bahnlinie folgt. Dahinter hat jemand die Marktfrauenfigur, die mit ihrem Bauchladen unter einem Schirm steht & an der ich heute schon vorbeigekommen bin, auf eine Fassade gemalt. Die harmlose Plastik scheint ein Identifikationspunkt zu sein in Annen. Auf der rechten Seite erstreckt sich ein weiträumiges Industriegelände. *Evonik Industries,* Teil eines Konzerns, der alle paar Jahre umbenannt wird, ein häßliches Kunstwort. Die eigenschaftslose Stadtlandschaft ist in der Regel eine Mischung aus penibel strukturierten Sektoren, die noch aus ihrem Frühstadium stammen, als die Macht noch nicht zersplittert war, & immer naturwüchsigeren, praktisch überall aus dem Boden schießenden Agglomerationen. Ein Radfahrer transportiert eine Kiste mit der Aufschrift »Friede auf Erden«. Ein Fachgeschäft für Sanitär & Heizung bringt mit einem überdimensionalen Wasserhahn als Zeichen ein klein wenig Unterhaltung in die Straße. Ein *Horse Shop* ist ins Gewerbegebiet Wullen umgezogen. Wir freuen uns auf Ihren Besuch! Der alte Laden an der Annenstraße war einem schauderhaften Gebäude mit billigsten, dazu ausschließlich rechtwinkeligen Fachwerk-Imitationen untergebracht. Im Gewerbegebiet Wullen wird man sich wahrscheinlich auch das noch sparen. In ein altes Fabrikgebäude ist das *Deutsche Rote Kreuz* gezogen. Ein Plakat der SPD fordert dazu auf:

Jetzt reden Sie! Ihr Anliegen ist unser Programm! Die sogenannte Basis im Ruhrgebiet, gegen die zehn Jahre Politik gemacht wurde, kann das nur als Hohn empfinden. & die SPD würde sich sehr wundern, wenn die Angesprochenen wirklich reden würden. Dann ist nach langer Durststrecke endlich wieder eine Kneipe erreicht. Das *Annen-Eck* in einem Flachbau, der keineswegs an einer Straßenecke liegt. Wie sich der Ausdruck ›Eckkneipe‹ ja auch zu einem Bild verselbständigt hat & keineswegs nur auf Kneipen angewandt wird, die tatsächlich in Eckhäusern zu finden sind. Im *Annen-Eck* eine irgendwie osteuropäische Atmosphäre, grau gestrichene Holzmöbel, Lampions, die eine Herausforderung für die Betrunkenen sein müssen. Ein Mann, dem ich schon in der *Pils Börse* begegnet bin, fragt, ob ich auf ihn angesetzt sei? Das könnte ich ihn auch fragen. Ich muß jetzt die Karten aber auf den Tisch legen & meine Anwesenheit in Witten rechtfertigen, erwähne die *Wittener Tage,* die diesem Einheimischen erwartungsgemäß nichts sagen. & ich fand es eigentlich auch immer sympathisch an diesem Festival für neue Musik, daß es seine Ressourcen nicht für Anbiederungsversuche an die sogenannte Bevölkerung verschwendet. & ich gönne dem Fachpublikum auch die Konfrontation mit der Gleichgültigkeit der Ruhrgebietsstadt. Aber das Stichwort Musik ist gefallen im *Annen-Eck.* Der Mann hat mich schon »künstlerisch« eingeschätzt. Das klingt gar nicht geringschätzig. Er erzählt davon, als Baß in einem Chor gesungen zu haben, dazu aber nach zwei Stimmbandoperationen nicht mehr in der Lage zu sein. Eine dritte Operation, die mit der Gefahr des Verstummens verbunden gewesen wäre, habe er abgelehnt. Er suche nach der Übersetzung eines kroatischen Liedes, das er sehr mag. Aber das ist ein ganz anderer Bereich, da kann ich ihm leider nicht helfen. Ob er das erwartet hat? Der bald 70-jährige bestätigt, was ich schon vermutet hatte: den grausamen Niedergang der Kneipenkultur in Annen! Früher habe es 36 Kneipen gegeben, heute existiere keine einzige »Stammkneipe« mehr in Witten-Annen-Ardey. Die Kneipen, die ich heute noch vorfinde in Annen, kann er also bloß als Notlösungen betrachten. Sein Kriterium für »Stammkneipe« würde mich jetzt noch interessieren, denn so unzufrieden bin ich mit *Pils Börse, Kronen-* & *Annen-Eck* eigentlich gar nicht. Aber der Sänger verabschiedet sich, muß noch am Kemnader See Hunde einfangen. Verabschiedet sich mit dem Rat bzw. der

Aufforderung, ich solle so werden, wie er sein sollte. Das gibt Stoff zum Nachdenken. Die Annenstraße endet an der Ardeystraße. Ich werde mich Annen noch einmal von einer anderen Seite her nähern müssen. Ich komme aus der Wittener Innenstadt, laufe die Husemannstraße entlang, bis zu ihrem Ende an der Ardeystraße, deren östlicher Abschnitt Annen im Süden durchquert. Schilder weisen auf ein *Hotel Specht*. In einem Gebäude an der Ardeystraße residieren die *RuhrAdvokaten* mit eigenem Parkplatz für Mandanten. Weine & mehr bietet der Laden *Les Bons Vins*. Immer dieses Mehr! Dieses Verlangen nach Mehr! Ich wäre rundum zufrieden, wenn ein Weinladen einfach ein Sortiment an interessanten Weinen vorhalten würde & nicht ... was weiß ich. Die Röhrchenstraße ist gesperrt, die Ardeystraße steigt an. Die Martin-Luther-Gemeinde, die ihre Kirche an der Wartburgstraße hat, posaunt: Begeisterung verbindet! Die Ardeystraße macht eine Kurve, Blick hinunter auf Wohnbauten, Plattenbauten aus den siebziger Jahren, die als Blöcke im Grün herumstehen. Die Gelassenheit der eigenschaftslosen Stadt wird durch Evakuierung der öffentlichen Sphäre erreicht. Sagt Rem Koolhaas. Wie bei einer Feuerwehrübung. Die urbane Fläche berücksichtigt nur noch notwendige Bewegungen, in erster Linie das Auto. Zu Fuß können einem Straßen wie die Ardeystraße aber ziemlich lang werden. Es gibt nicht viel zu sehen, zu lesen. Fast aufregend möchte man es da schon nennen, daß auch hier eine Tankstelle zu einem Getränkemarkt umgestaltet wurde. Gesoffen wird zu Hause. Ein asiatischer Schnellimbiß vereinigt China-Thai-Vietnam – was man will oder gar nicht unterscheiden kann. Der *Artemis Palast* wartet immerhin mit einem Biergarten auf. Das *Holzkamp Eck* ist nur ein Imbiß, Frikadellen frisch aus der Pfanne. Die Holzkampstraße führt bergab. Ein paar alte Fachwerkhäuser erinnern an verschwundene Dörfer. Am Bahnhof Annen Nord wird sich der Kreis wieder schließen. Die eigenschaftslose Stadt ist im Vergleich zur klassischen Stadt ruhiggestellt.

Wittener Tage

Zwischen Saalbau, Haus Witten, Märkischem Museum & Rudolf Steiner Schule. Eine Menschentraube bewegt sich Ende April ein Wochenende lang auf den immergleichen Wegen durch Witten. Viele wohnen in dem Hotel direkt am Saalbau. Nehmen von der Stadt kaum Notiz, & die Stadt nimmt ihrerseits auch nur wenig Notiz von den *Wittener Tagen für neue Kammermusik*. Beginn ist am Freitagabend, am Sonntagnachmittag ist alles vorbei. Die Konzertprogramme, die fast ausschließlich aus Uraufführungen bestehen, werden mit seltsamen Motti versehen: Stromschlucht, Wolkenräuber, Irtusianische Klänge, Elementarteilchen, Treiblinien, Unanrührbarkeiten, Quartett-Dämmerung usf. Man muß den Rätseln, die diese Begriffe aufgeben, aber nicht zu lange nachhängen, denn die Komponisten müssen für die Programmbücher auch konzise, knappe Werkeinführungen verfassen. 2008 wurde das 40-jährige Bestehen der *Wittener Tage für neue Kammermusik* gefeiert, die »Vorgeschichte« begann schon 1936, als der Wittener Komponist Robert Ruthenfranz die *Wittener Musik-*, später: *Kammermusiktage* gründete. 1944 kriegsbedingte Unterbrechung, als die Kammermusiktage bereits unter Motto »Komponisten im Waffenrock« angekündigt sind, 1947 Wiederaufnahme. In den sechziger Jahren dann schleichende Entmachtung des konservativen Komponisten & musikalischen Leiters. Die Stadt Witten möchte mit dem *Westdeutschen Rundfunk* (WDR) zusammenarbeiten, der sich für Witten ein richtiges Avantgarde-Festival vorstellt. Ruthenfranz will zwar »wirklich neue Musik unter eventueller Einbeziehung von Experimenten« berücksichtigen, macht aber gleichzeitig deutlich, was er davon hält: Man möchte sich ja informieren, wo wir stehen. Im positiven & negativen Sinne! Wo stehen die *Wittener Tage?* In »Komplikationen thematischer & damit grundsätzlicher Art«, wie Ruthenfranz 1966 schreibt. 1969 schließlich finden erstmals *Wittener Tage für neue Kammermusik* statt, zunächst noch gemeinsam von WDR-Redakteur Wolfgang Brennecke, dem ein »Donaueschingen des Ruhrgebiets« vorschwebt, & Robert Ruthenfranz gestaltet. Aber schon 1970 stirbt Ruthenfranz. 1976 sendet der

WDR erstmals alle Konzerte, seit 1977 ist er gemeinsam mit der Stadt Witten der Veranstalter. Kammermusik wird in Witten weit gefaßt, so daß neben »klassischen« Kammerbesetzungen wie Streichquartett auch Chorkonzerte & Musiktheater ihren Platz haben. Programmschwerpunkte waren u.a. Georges Aperghis, John Cage, Paul-Heinz-Dittrich, Morton Feldman, Alvin Lucier, Mathias Spahlinger, Gerhard Stäbler, Karlheinz Stockhausen & Iannis Xenakis gewidmet. Die erfolgreichsten in Witten uraufgeführten Stücke sind Heinz Holligers Liederzyklus *Beiseit*, Gérard Griseys *Vortex Temporum*, Georges Aperghis' *Machinations* & Salvatore Sciarrinos *Infinito nero*. Das Haus Witten steht so nahe an einer Bahnstrecke, daß viele Komponisten den Fahrplan in ihre Konzeption einbeziehen. Mauricio Kagel funktioniert 1979 eine Pilstulpe zur »Trinkglastrompete« um & wirkt damit selbst an seinem Stück *Blue's Blue, eine musikethnologische Rekonstruktion* mit. György Kurtág widmet der Stadt Witten aus Dankbarkeit seine *Mikroludien*. Nicolaus A. Huber notiert den Husten eines Zuschauers im stummen Präludium von Georges Aperghis' *Zeugen* & verarbeitet ihn in einem Stück. Ich halte es nicht die ganze Zeit aus in der verschworenen Gruppe der Neue-Musik-Spezialisten, für die »Witten« ein Pflichttermin ist. Komponisten, die aufgeführt werden wollen, Leiter anderer Festivals, Berichterstatter. Auf dem Weg zur Rudolf Steiner Schule, die genauso grausam aussieht wie sie heißt, in der aber immer die Konzerte des Arditti Quartets stattfinden, mache ich Station im *Lenk-Krug*. Die anderen werden im Shuttle-Bus vorbeigefahren, damit sie nicht durch die wenig elegante Herbeder Straße spazieren müssen, am Edelstahl-Werk vorbei. An die Kneipe gegenüber, heute ein türkisches Lokal, erinnert nur noch der Name: *Zum alten Gußstahlwerk*. Überhaupt ein merkwürdiges Viertel, in dem man auch einen *Hundesalon Paris* & *Gerd's Nußknackerstube* findet, spezialisiert auf erzgebirgische Volkskunst: Lichterbögen, Pyramiden, Nußknacker, Baumbehang usf. Im *Lenk-Krug* wünscht mir der Wirt noch »einen schönen Aufenthalt« & fragt sich, was ich in Witten mache, wo doch kneipen- & discomäßig nichts los sei. Von den Kammermusiktagen, von denen auch die im *Krug* ausliegende Zeitung *Witten aktuell* keinerlei Notiz nimmt, hat er noch nie etwas gehört. Die Zeitung kündigt nur das Konzert eines Blechbläserquintetts an. In einem Jahr erwarten mich geräuschhafte Strukturen, ein Stück mit dem plakativen Titel *Zerstören,* das eine »psychosomatische Reaktion« sein will & mir gar nicht gefällt. Ein Komponist beschäftigt sich mit der »Stadt Venedig & ihren Schatten« & einer der erstaunlichsten Leistungen der mittelalterlichen Kartographie, entstanden auf S. Michele. Glockenbojen sind zu hören. Als der Kartographen-Mönch leibhaftig erscheint, wird es endgültig kitschig. *Die auf dich zurückgreifende Zeit* – was ist das für ein Titel? Bedeutungsschwer sind viele. Annette Schmucki greift ins Wörtermeer & sagt: Mich interessieren Wortklumpen. Das Sprechen erfinden. Jetzt. Die gerichtete musikalische Entwicklung & ihre vervielfachte Projektion auf das Ensemble sind der »gedankliche Hintergrund« einer Komposition. *Lokaler Widerstand* heißt ein Stück in einer Serie, die eine Kettenreaktion darstellt. Ein Stück für 12 Streicher ist eine Hommage an den Zahlentheoretiker Pál Erdös. Musik & Mathematik macht sich immer gut. Rolf Riehm vertont Inger Christensen nicht, sondern spielt ihre Stimme ein. Mathias Spahlinger entnimmt seinen Titel *fugitive beauté* einem Baudelaire-Gedicht & schreibt: Große Gefühle werden durch Selbstbeobachtung stärker. Von Baudelaire ist zu lernen, daß schöner erscheint & Sehnsucht erzeugt, was sich entzieht. Immer wieder Brian Ferneyhough mit perfekt & cool abschnurrenden Gebilden. Von »sechs Briefen an die Dunkelheit« ist an anderer Stelle bedeutungsschwer die Rede. In einem Witten-Jahrgang geht es verstärkt um Sprachbehandlung, Sprechmusik. Es ist sogar die Rede von der nach der Romantik »zweiten großen Blütezeit eines produktiven Zusammenstoßes von Musik & Dichtung bzw. Vortragskunst«. Peter Ablinger konfrontiert die Stimmen von Morton Feldman oder Mao Zedong in historischen O-Tönen mit ihrer zeitlichen & spektralen Rasterung als Klavierpart & sagt: Ich glaube, daß Tautologie das Grundprinzip von Sprache überhaupt ist. Ein Komponist beschäftigt sich mit den Gesten der Musiker, ein anderer ist durch die Körperhaftigkeit & Zeitstruktur des Vorgangs Anschlag/Ausklang eines vibrierenden Gegenstandes angeregt. Georges Aperghis verwendet Texte von Robert Walser & Handpuppen von Paul Klee. Er zitiert Walser: Meine kleinen Prosastückchen beliebt mir mit kleinen Tänzerinnen zu vergleichen, die so lange tanzen, bis sie vollständig verbraucht sind & vor Müdigkeit hinsinken. Walter Zimmermann versucht, die 514 Sentenzen, aus denen Antonio Porchias *Voces Abandonadas* bestehen, in Klangembleme zu übersetzen. Ein Streichquartett heißt viel- & nichtssagend *Palimpsest*, ein anderes stammt aus einem Zyklus, der laut Aussage des Komponisten von Konrad Bayer angeregt ist. Einer spricht von der Erfahrung, daß aus dem Bruchstück eines energetisch & formal gut proportionierten Kunstwerks auf dessen Ganzheit geschlossen werden kann. Naja. Mal sind Klanginstallationen auf dem Hohenstein zu hören. Im Haarmannstempel hat Stephan Froleyks eine »Klavierlandschaft« aus ramponierten Instrumenten gestaltet, die brachial bearbeitet werden. Mal wird die *Zeche Nachtigall* beschallt. Dort hat Jay Schwartz seine elektroakustisch gesteuerten Tamtams installiert, die über das ganze Areal des Industriemuseums dröhnen. Von Linearität ist in einem Jahr die Rede, von einer »Topologie des Hörens«. Hans Abrahamsen nennt einen aus zehn Kanons bestehenden Zyklus *Schnee*. Ein Stück basiert auf Briefen, die Emma Hauck während ihres Aufenthalts in der Psychiatrischen Klinik Heidelberg an ihren Ehemann schrieb. Ein französischer Komponist lebt geistig ich weiß nicht in welcher Vergangenheit & betont den »metaphysischen Aspekt« seiner Vorgangsweise. Ich brauche vor dem nächsten Konzert in der Rudolf Steiner Schule eine kleine Auszeit von den *Wittener Tagen*. Der *Lenk-Krug* ist gerade am Schließen. Der Fußballnachmittag ist vorbei, & jetzt steht eine »kleine private Feier« bevor. Das *Haus Pfalz* gibt es nicht mehr, man könnte es pachten. Als Alternative bietet sich die *Union Klause* an. Dort eine schöne alte Theke, Stehtische, viel Betriebsamkeit an den Automaten. Ich denke an die Aufforderung von Georges Aperghis, den Lärm der Stadt wahrzunehmen & ihn musikalisch produktiv zu machen. Ich lese: Ich habe zuviel Blut in meinem Alkohol-System. Ich brauch noch'n Bier. Ich auch, vor der Uraufführung eines Stücks mit dem Titel *Holzwege*. Ein Komponist arbeitet mit Bratgeräuschen. Aperghis taucht auch im nächsten Jahr wieder auf & stellt die Frage: Was wäre das musikalische Äquivalent für die Graffiti, die in den Städten auf die Mauern gesprüht werden? Jemand hat vergeblich versucht, die Rhythmen des Rohrsänger-Gesanges präzise zu transkribieren, ist davon aber dennoch zu einem Stück angeregt worden. Die Frage wird aufgeworfen: Warum schreibt heute kaum noch jemand Klaviertrios? Dem kann natürlich mit Kompositionsaufträgen abgeholfen werden. Jorge E. López hat sich den langgehegten Wunsch erfüllt, eine Brücke zu Haydn zu schlagen. Ming Taso schreibt ein Stück für das Arditti Quartet, das er *Pathology of Syntax* nennt & das mit vielen Beethoven-Fragmenten »durchtränkt« ist. Abschließend: *Dawn Flight*. Flug in die Dämmerung.

Dérive XX: Styrum

Mülheim West: Der S-Bahnhof liegt zwischen ausgedehnten Industriearealen & einer vielbefahrenen Straße, eine Station vom Mülheimer Hauptbahnhof entfernt. Er entläßt einen ganz unvermittelt in ein Stück geradezu klassisches Industrie-Ruhrgebiet. Man kann sich diesem Territorium aber auch von der Innenstadt aus nähern, dem einzigen Stadtzentrum einer Ruhrgebietsstadt, durch das tatsächlich die Ruhr fließt, die ja etwa an Dortmund & Essen weit im Süden mehr vorbeifließt. »Stadt am Wasser« oder: »Stadt am Fluß« heißen die dazu passenden Etiketten, die in der Selbstdarstellung verwandt werden. Wasser macht sich immer gut – selbst wenn es sich bei dem Fluß um die übel beleumundete Ruhr handelt. Ich verlasse die Innenstadt in nördlicher Richtung & wandere die Friedrich-Ebert-Straße entlang, die von dem pompösen Rathaus überspannt wird. Weitere Unterführungen unter einer Bahnstrecke, unter Autobrücken. Der Autoverkehr, der natürlich Vorrang hat, wird sortiert über Brücken, Kreisel, Auf- & Abfahrten. Dazwischen liegt ein verwahrloster Park. Ein Plakat informiert: Der Tanzbär aus Wuppertal kommt ins *Café Intermezzo*. Ein Lokal heißt *Marktplatz* & begrüßt seine Gäste mit einer großen Deutschland-Fahne über dem Eingang. Das finde ich nicht einladend. In einem Bureauhaus an der Aktienstraße residiert die Bundesnetzagentur, Außenstelle Mülheim. Durch die vielen Brücken & Schwellen, breiten Autostraßen von ihr auf Abstand gehalten, bedrängt die Industrie von Norden her gleichwohl die Mülheimer Innenstadt. In anderen Städten der Region sind die zentrumsnahen Industrieflächen längst brachgefallen. Hier nicht. Westlich der Friedrich-Ebert-Straße erstreckt sich das Gelände der *Friedrich-Wilhelms-Hütte*. Nein, das sind natürlich keine Räume für Fußgänger. Ich muß trotzdem durch – durch diese Passage, von der ein Abweichen nach links oder rechts über längere Zeit nicht möglich ist. Ein extrem kontrollierter & disziplinierender Raum. Susanne Hauser konstatiert für solche Areale Monofunktionalität, Großmaßstäblichkeit & fehlende Durchwegungen. Unverbundenheit & Gleichgültigkeit, Blockaden & Selektionen. Die *Friedrich-Wilhelms-Hütte* wird als eine der wichtigsten Zeuginnen für die frühe Wirtschafts- & Industriegeschichte im

Ruhrgebiet bezeichnet. 1811 gründete Johann Dinnendahl eine mechanische Werkstatt in Mülheim, 1819/20 baute er zusätzlich eine Eisenschmelze. Für einen Kokshochofen nach englischem Vorbild fehlte ihm jedoch das nötige Kapital. Der Ruhrorter Kaufmann Friedrich Wilhelm Liebrecht, dessen Vornamen der Hütte den Namen gaben, wurde zu seinem finanzkräftigen Partner. Seit 2001 eigenständiges Unternehmen im Bereich Guß der *Georgsmarienhütte Holding GmbH;* im Laufe der Zeit zahlreiche Umbauten, wenig erinnert an die lange Geschichte der Hütte, in der immer noch Eisen & Stahl gegossen, Komponenten für Motoren, Turbinen, Armaturen, Fahrzeuge usf. gefertigt werden. Langgestreckte Fertigungshallen, Verwaltungsgebäude. Auf der Friedrich-Ebert-Straße, einer rechten Verkehrshölle, fahren grüne Straßenbahnen nach Oberhausen. Undefinierbare Geräusche dringen aus der Hütte & unterstreichen, daß es sich um einen arbeitenden Betrieb handelt. Näher dran ist besser. Behauptet ein Werbespruch von *Radio Mülheim.* Es ließe sich natürlich einwenden, daß manchmal auch Distanz von Vorteil ist. Hier freilich, wo Industriebetriebe als Städte in der Stadt sich abschotten & Unbefugten den Eintritt verwehren, stellt sich die Frage so ohnehin nicht. Auf der anderen Straßenseite andere Geschäftszweige: alles zu unmöglichen Preisen in einem DVD-Megastore. Auto-Navigation, Digitalkameras usf. Auch Finanzierung möglich! Ja, Einkaufen ohne Geld ist doch das großartigste Konsumversprechen & hat schon halb Amerika in den Privatkonkurs geritten. Ein Schild weist auf ein Haus der Wirtschaft. Dann ist – mitten auf diesem Korridor zwischen Industrie- & Gewerbeflächen, Hütte & Röhrenwerken – der ehemalige Bahnhof Mülheim West erreicht, heute nur noch S-Bahn-Halt, das Empfangsgebäude schon lange abgebrochen. Eine verirrte Frau möchte eigentlich zum Mülheimer Hauptbahnhof. Das ist nur eine kurze Fahrt, aber sie wird eine ganze Weile warten müssen, bis die nächste S-Bahn fährt. Gewerbehallen & -flächen sind zu vermieten. Fahrzeugteile & mehr. Keilriemenscheiben, Keilriemen, Zahnriemen, Ketten, Antriebe. Dann zweigt die Oberhausener Straße von der Friedrich-Ebert-Straße ab, überspannt auf einer Brücke die Bahnanlagen. Blicke auf Güter- & Werksbahnanlagen, auf das der *Friedrich-Wilhelms-Hütte* gegenüberliegende Gelände der *Mannesmann Röhrenwerke. ThyssenKrupp Materials Europe GmbH,* & die Brücke heißt ja auch Thyssenbrücke. Ausgedehnte Flächen, auf denen Rohre gelagert werden. Mit Rohren beladene Waggons. Hier wird die Ostsee-Pipeline produziert. Auf einem Plakat kündigt der Circus mit der besten gemischten Raubtiernummer der Welt seinen Besuch im Ruhrgebiet an. Auf der anderen Seite der Brücke wird die Industrielandschaft von einem Stück Stadt abgelöst. Eine markante Kirche ist schon von der Brücke aus zu sehen: St. Mariae Rosenkranz. Vor der Kirche eine Grünfläche mit Resten eines Bunkers, an dem Bänke aufgestellt sind. Ein kleiner Abenteuerspielplatz, auf dem zwei Jungs herumtollen. Einer der beiden pißt in die Hecken am Rand des Platzes. Von diesem Marienplatz geht eine Marienstraße ab, die aber kurz darauf am Werksgelände der Röhrenwerke schon wieder endet. Colin Rowe spricht von zusammenprallenden Feldern, von in Zwischenräumen liegenden Trümmern. Von Zuständen der Verwirrung & malerischen Zufallsereignissen. Einen Kiosk mit Stehcafé gibt es in dieser abgelegenen, abgeschnittenen Ecke, die *Gaststätte Union.* Das freundliche Gasthaus, Kneipe, Festsaal, Kegelbahn, Biergarten – direkt vor dem Werkstor, wie das im alten Ruhrgebiet ja gang & gäbe war. Heute ist bedauerlicherweise Ruhetag. Wir öffnen Horizonte. Verkündet eine Aufschrift auf einem Ladenlokal, das allerdings nicht so aussieht, als ob in ihm noch gearbeitet würde. Die Neustadtstraße, Fortsetzung der Marienstraße, ist schon wieder eine von zwei Werksgeländen begrenzte Passage, von der weder nach links, noch rechts abgewichen werden kann. Auf der einen Seite die Röhrenwerke, auf der anderen Seite *Wernert Pumpen.* Ihr Partner für die Förderung problematischer Flüssigkeiten. Magnetkupplungspumpen, Hochsicherheitspumpen, Prozeßpumpen, Mahlpumpen usf. Dann wieder Wohnhäuser, etwas Gründerzeit. *Tommy's Styrumer Klause,* eine leider aufgegebene Kneipe. Die Neustadtstraße trifft auf einer platzartigen Kreuzung auf die Dümptener Straße, dort der Laden eines Angelshops. Die Dümptener Straße, die irgendwann in die Fritz-Thyssen-Straße übergeht, zieht sich dem Gelände der Röhrenwerke entlang. Auf der anderen Straßenseite Vorstadtatmosphäre, kleine Häuser & Gärten, Verkauf von Kartoffeln, Obst & Eiern, Blumen. Geduckte, einstöckige Häuser sind das. Das ist nicht der Eigenheim-Luxus der Speckgürtel. & es handelt sich auch um kein Neubaugebiet, sondern um gewachsene Strukturen. In einem aufgegebenen Lokal an der Ecke Feldstraße konnte man früher leckere frische Schnitzel bekommen. Die Straße überquert auf einer Brücke eine Werksbahn. Dahinter breiten sich die Röhrenwerke auch auf der anderen Straßenseite aus. Ja, das scheinbar endlos ausgedehnte Feld hat die Tendenz, die Wahrnehmung zu lähmen. Wer hat eine Vorstellung von hunderten Kilometern Röhren, die hier produziert & dann zusammengefügt, im Meer versenkt werden? Ich wende mich zurück in das kleinteilige Viertel, in das die Feldstraße hineinführt & das einen maximalen Kontrast zu diesem Werksgelände bildet. Eine Kneipe mit dem Namen *Schwarzer Peter* hat geschlossen. Ein Bestattungsinstitut stellt eindringlich fünf wichtige Fragen an die sicherlich überalterte Bevölkerung dieses Stadtteils: Wie möchte ich einmal bestattet werden? Wissen das auch diejenigen, die einmal dafür zuständig sind? Wer soll einmal für meine Bestattung zuständig sein? Wer trägt die Kosten für diese Bestattung? Welche Unterlagen werden benötigt? Wer auch nur eine dieser Fragen nicht mit Sicherheit beantworten könne, so der Bestatter, sollte sich einmal die Zeit nehmen & ihn am besten konsultieren. Daß einem diese Fragen auch gleichgültig sein könnten, ist im Geschäftsmodell Bestattungsvorsorge natürlich nicht vorgesehen. & klar, der Bestatter kann mir ganz genau sagen, welche Grabarten & Bestattungsmöglichkeiten es gibt. Welche Kosten auf meine Angehörigen zukommen & welche Vorsorge-Möglichkeiten ich habe. Zu den umfassenden Angeboten zählen: Trauerfeiern auch an Wochenenden & Feiertagen, Abschiednahme an jedem Tag & zu fast jeder Stunde, eine hauseigene Trauerhalle, ein Institut für Thanatologie & Embalming usf. Als Alternativen zu einer anonymen Bestattung, zu der sich nach Ansicht des Bestatters Menschen nur entscheiden, weil sie diese Möglichkeiten nicht kennen, die da wären: ein Urnengemeinschaftsgrab, eine teilanonyme Bestattung (z.B. in Oberhausen), eine Waldbestattung, eine Diamantbestattung, bei der die Asche des Verstorbenen zu einem Diamanten verarbeitet wird. Außerdem im Angebot: Kettenanhänger mit Photogravur oder Fingerabdruckanhänger mit dem Fingerabdruck des geliebten Menschen, der auch um ein Bild des Verstorbenen ergänzt werden kann – eine einzigartige Erinnerung an einen einzigartigen Menschen. Die Feldstraße wird gesäumt von kleinen Bäumen & Sträuchern, zwischen denen ein Junge & ein Mädchen Verstecken spielen. Die *Feldklause* gibt es nicht mehr. Eine Trinkhalle erweckt den

Eindruck, in die Räumlichkeiten einer ehemaligen Eckkneipe eingezogen zu sein. Durch eine Tür, den mutmaßlich früheren Kneipeneingang, betritt man einen Raum, in dem sich die Verkaufsfront des Kiosks befindet. Endlich das *König-Stübchen*. Hier sitzen die alten Männer noch um die Theke. Sind als Bevölkerungsgruppe & als Trinker wohl nicht mehr stark genug, mehrere Kneipen am Leben zu erhalten in diesem Quartier. Kriegst du noch einen Kurzen? Wird einer der Männer gefragt, was prompt mit dem Kommentar beantwortet wird: Hat doch selber einen Kurzen! Jau! Das Thekengespräch dreht sich um Musik der scheußlichsten Sorte, Kastelruther Spatzen & dgl. Aber nicht alle im *König-Stübchen* wollen gefälschte Volksmusik hören. Es gibt auch Anhänger des einfachen, dummdeutschen Schlagers. & wenn »Die kleine Kneipe« in einem solchen Stübchen gespielt wird, dann könnte ein wohlwollender Beobachter ja Autoreflexion am Werke sehen & behaupten, hier werde eine Meta-Ebene eingezogen: Die kleine Kneipe in unserer Straße. Wo das Leben noch lebenswert ist. Dort fragt dich keiner, was du hast oder bist usf. & nein, mich fragt auch niemand. Bevor ich weiterziehe, werden noch die Niederländisch-Kenntnisse eines Gastes diskutiert. Die Gaststätte *Zum Pfeffermann* hat heute Ruhetag, in der Moltkestraße ist ein Haus um eine kuriose Windmühlen-Imitation erweitert worden, ausgeführt in Fachwerk & zwei Stockwerke hoch. Das kitschige Gebäude umgibt einen zur Straße hin offenen Hof. Auf Holzbalken sind Sinnsprüche zu lesen: Ora et labora. & in einer Anwandlung von Selbsterkenntnis: Wie Menschen denken & leben, so bauen & wohnen sie. & gewiß: Es ist auch eine Frage der Geistesverfassung, in der man einen Ort besucht. D.h.: Wenn man hofft, das Bizarre zu finden, wird es einem vielleicht nicht entgehen. So Colin Rowe. & wenn man hofft, eine sonderbare Zukunft zu sehen, ist man möglicherweise befähigt, sie zu entdecken. Auf der einen Seite von den Röhrenwerken, wird dieses Viertel mit den kleinen Häusern & dem Vorstadtcharakter auf der anderen Seite von der Oberhauser Straße begrenzt, die städtisches Gepräge hat. Ein Lokal heißt – man könnte fast denken programmatisch – *Café New City*. Auch ein *Orient Café* ist vorhanden & eine *Phönix Apotheke*. Eine Bierkneipe heißt *Ex-Brings*. Ich mache dort kurz Station. Am Tresen sitzt ein hübscher Junge mit einer Baseball-Kappe, vermutlich der Sohn der Wirtin oder Thekenkraft. Ein Gast füllt einen Lottoschein aus & ist sich doch bewußt, daß es sich um ein Nullsummenspiel handelt. Sagt das zumindest. & die Nullsummenspiele sind doch immerhin die nachhaltigsten. Es gibt naheliegenderweise eine *Hütten Apotheke* in der Oberhausener Straße, weitere Gastronomie: *Spanferkel Hugo,* Spanferkelbraterei & Partyservice. Aus dem original alten Backstubenofen. Spanferkel, Grillschinken, Burgunderschinken, Spieß- & Rollbraten usf. Fisch- & Steak-Spezialitäten im Restaurant *Am Kamin.* Die Siegfriedbrücke, ein Fußgängersteg, führt wieder zurück auf die andere Seite der Gleisanlagen. Von der Brücke aus Blick auf endlose, mit Röhren beladene Güterzüge, ein Stellwerk. In das Viertel auf der anderen Seite hat sich mit Meißel-, Hammer-, Schlägel- & Eisenstraßen die Industriegeschichte eingeschrieben. Hat man dieses nur wenige Blöcke breite Viertel aber hinter sich gelassen, findet man sich unversehens in einer Uferlandschaft an der Ruhr. Die Burgstraße verweist auf das Schloß Styrum, mit italienischem Restaurant & Altentagesstätte. Für eine Supermarktkette, deren milliardenschwere Besitzer in Mülheim leben, sind an der Burgstraße betont schmucklose Verwaltungsgebäude errichtet worden. In unmittelbarer Nachbarschaft zum Schloß ein markanter Turm, bei dem es sich um einen ehemaligen Wasserspeicher handelt. Die *Route Industriekultur* hat mich wieder eingeholt. Mit dem Aquarius Wassermuseum in einem von August Thyssen 1892/93 erbauten, nun ja: wohl eher finanzierten Turm zur Versorgung seiner nahegelegenen Walz- & Röhrenwerke. Nach der Jahrhundertwende verlagerte Thyssen den Schwerpunkt seiner Fabrikation nach Duisburg & verkaufte 1912 das Styrumer Wasserwerk, das in der neugegründeten *Rheinisch-Westfälische Wasserwerksgesellschaft* aufging; 1982 Stillegung des Styrumer Wasserturms, Eröffnung eines multimedialen, mehrfach preisgekrönten Museums 1992. An der Ruhr Kleingärten, ein Naturlehrpfad. Die Styrumer Ruhraue im Wandel. Karten illustrieren die Veränderungen der Landschaft über Jahrhunderte. Erläutert werden auch Sandfilterbecken, in denen Vögel beobachtet werden können, die auf den Kies- & Sandbänken von Flüssen oder an der Meeresküste zu Hause sind. Auf der Suche nach Ersatzlebensräumen für zerstörte naturnahe Flußlandschaften weichen einige Arten auf Filter- & Klärbecken oder Industriebrachen aus: Flußuferläufer, Lachmöwe, Stockente, Kiebitz & Bachstelze. Das »Haus am Wasser«, der ehemalige Neickmannshof, ist ein Denkmal, ehemaliger Wirtschaftshof der Reichsherrschaft Styrum. 500-jährige Hofgeschichte, Übergang von vorindustrieller zu industrieller Produktion usf. In unmittelbarer Nachbarschaft schmuckloser Wohnbau aus den siebziger Jahren. Ich möchte mich jetzt nicht weiter in der Styrumer Auenlandschaft ergehen, folge der Moritzstraße, die wieder zurück in bebautes Gebiet führt. Ich komme am *Mülheimer Kegelzentrum* vorbei, am Clubhaus des *1. FC Mülheim*. Am *IWW Zentrum Wasser*, Rheinisch-Westfälisches Institut für Wasserforschung, Wasserressourcen-Management, Wassertechnologie, Wassernetze, Wasserqualität, Angewandte Mikrobiologie usf. Das Naturbad Mülheim-Styrum wird gleich dreisprachig angepriesen: Piscine Biologique, Natural Swimmingpool. Das ist hier wieder ganz eindeutig eine Gegend für Autofahrer, nicht für Fußgänger, Flâneure gar. Von der Moritz- zweigt die Friesenstraße ab, die auf einer Brücke über den Ruhrschnellweg, die ständig verstopfte Autobahn, führt. Was mag das Gebiet dahinter zu bieten haben? Der schmale Streifen zwischen der Autobahn & der parallel zu ihr verlaufenden Bahnstrecke? Auf den ersten Blick nicht viel: uniforme Wohnbauten aus der Nachkriegszeit, Kleingärten. Schilder weisen auf das Ruhrstadion. Ein Kiosk ist die einzige, sozusagen öffentliche Anlaufstelle. & keineswegs sollten Kioske unterschätzt werden als Magnetpole in der Ruhrstadt! Niemand steht an diesem frühen Abend am Kiosk, trinkt Bier. Ich komme hier nicht weiter, laufe zurück & überquere abermals den Ruhrschnellweg. Tiefer hinein in dieses Styrum. Vorbei an einer alten Tankstelle mit dem *Styrumer Pflanzenmarkt*. Einem Weinladen: *Wein als Geschenk*. Der Bahnhof Mülheim (R) Styrum hat ein ansehnliches Empfangsgebäude, in dem sich auch das Restaurant *Zum alten Bahnhof* befindet. Davor ein veritabler Bahnhofsvorplatz, gegenüber Gasthof & Hotel *Zum Jägermeister*. Das klingt etwas bedenklich, allerdings scheint das Haus nicht oder nicht mehr in Betrieb zu sein. Ich gehe die Straße weiter, die parallel zu den Bahnanlagen verläuft & stoße kurz darauf auf in wahres Kneipenjuwel: die Gaststätte *Zur Reichskrone*, eine Raucherkneipe wie inzwischen fast alle Kneipen im Ruhrgebiet. In dem großen in einem eigenartigen Rot gestrichenen Gastraum sitzen alte Herren an einem langgestreckten Tisch, zwei sitzen an der Theke. Der *Kegelclub »Die Königsmörder«* gratuliert auf einer Urkunde zum 25. Gaststättenjubiläum.

Ich gehe pissen & komme auf dem Weg zu den Toiletten im Flur an einer Gittertür vorbei: Betreten nur für Mitarbeiter, Firma Max Werth. Die *Reichskrone* teilt das Gebäude mit einem Reifenfachbetrieb, Herstellung von Dichtungen & Gummiformteilen usf., womit auch hier eine gedeihliche Koexistenz von Arbeit & Feierabendwelt gegeben zu sein scheint. Ich komme am *Styrumer Treff* vorbei, einer kioskartigen Kneipe mit Stehtischen. Es ist dunkel, & ja, ich irre inzwischen im Kreis umher & denke: Ich muß mir das Viertel mit den Hammer-, Schlägel- & Meißelstraßen noch einmal näher ansehen. Ich habe noch kein Gefühl für die Atmosphäre, war vorhin ja gleich in die Ruhrauen abgedriftet. Arbeiten an der weitestmöglichen Bewußtwerdung der Elemente, die eine Situation bestimmen. Guy Debord sagt voraus: Schöne Abenteuer können, heißt es, nur schöne Viertel zum Schauplatz & Ursprung haben. Der Begriff des schönen Viertels wird sich ändern. Wo könnte man sich besser darauf einstimmen als im Ruhrgebiet? Ich komme an der *Gaststätte Kaya* vorbei, an einem *Schlemmer-Imbiß*, der die »leckersten Schnitzel« anpreist. Entschließe mich, doch noch einmal über die Siegfriedbrücke zu gehen, auf die andere Seite der Bahnanlagen. Wo die Oberhausener Straße noch nicht ausgeschöpft ist. *Im Heckfeld* heißt dort eine Kneipe, in der außer mir nur ein Gast in einer Militärhose sitzt. Die Wände sind orange gestrichen. & das ist nicht die erste Kneipe in Styrum, in der zur Dekoration LKW-Modelle herumstehen. Ich werde vom Wirt mit Handschlag begrüßt, der offenbar die Chance wittert, mit mir einen neuen Gast zu rekrutieren. Es sei ein ganz schwieriges Durchkommen, Stammgäste eine ganz wichtige Basis, Gäste, die sich in der Kneipe zu Skatrunden träfen. Mit dem Rauchverbot habe er glücklicherweise kein Problem, weil die Kneipe nicht größer als 65 qm sei. Dem *Haus Baltes*, dem Restaurant gegenüber, wirft er vor, das Rauchverbot einfach zu ignorieren. Dann werde ich noch hingewiesen auf demnächst in der Kneipe stattfindende Saufabende mit ermäßigten Getränken. Ich wechsle die Straßenseite & inspiziere das *Haus Baltes,* wo wirklich geraucht wird. Frischer Spargel wird dort angeboten. Ein Gast mit jugoslawischem Akzent bestellt ein *Ducksteiner* & muß sich sagen lassen, daß er einen Rentnerhaarschnitt hat. Weiter die Albertstraße, die an einem Zaun direkt an den Gleisen entlangführt, wo die Waggons mit den Röhren stehen. Ich inspiziere das Viertel nördlich des Bahnhofs Styrum, auf der Suche nach weiteren Kneipen. Von weitem ist aber nur die Leuchtschrift der *Löwen-Apotheke* zu sehen, in einem freistehenden alten Haus an der Kaiser-Wilhelm-Straße. Zurück Richtung Bahnhof. Die *Gaststätte Hesselmann* ist zwar beleuchtet, hat aber dennoch nicht – zumindest nicht offiziell – geöffnet. Durch die Fenster sind Geweihe & ausgestopfte Vögel zu erkennen, die Köpfe von zwei jungen Männern. So bleibt mir nichts anderes übrig, als meine Styrum-Expedition im *Alten Bahnhof* im Bahnhofsgebäude zu beschließen. Das Lokal ist durchaus brauchbar, allerdings ohne Patina oder besondere Atmosphäre. Ein großer, hoher Raum mit einem Gemälde eines Dampfzugs, der in den Bahnhof Styrum einfährt. Ein anderes Bild zeigt einen kleinen Schienenbus. Gedeckte Tische, gut besucht an diesem Abend, an einem Tisch eine große Seniorenrunde. Der Wirt sagt: Früher war Styrum bedeutend verrufener als heute. Der Gast sieht die Vergangenheit anders: Früher war alles Grau in Grau. Das ist eigentlich gar kein Widerspruch. Aber kann man das heutige Styrum denn als bunt bezeichnen? Was heißt »verrufen«? Ist die Erinnerung an frühere Ausschweifungen stark genug, um die Leere mit Inhalt zu füllen?

Genderterror

Queeres Abfeiern. Für alle Genderverwirrten. Für Frauen, Schwule, Transgender, Lesben, Männer, A- & Bisexuelle, Intersexuelle, Heteros & jene, die ihr 23. Chromosomenpaar im Klo runtergespült haben & in keine dieser Kategorien passen wollen. Wichtig ist nur, worauf wir Bock haben & worauf du Bock hast. Pervers sind wir gerne. Weil das soziale Geschlecht, die eigene Geschlechtsidentität & die anderer durcheinandergebracht, -geschüttelt & dekonstruiert werden soll. Weil Heteronormativität ein gesellschaftliches Konstrukt ist, das es aufzubrechen gilt. Heteronormativität ist als gesellschaftlicher Zwang in den Staat & seine Institutionen eingelagert. Der queere Perspektivwechsel muß fortgesetzt werden. Jeden 1. Freitag im Monat im *Autonomen Zentrum* in Mülheim an der Ruhr. Lesbische & schwule Identitäten müssen ebenso dekonstruiert werden wie heterosexuelle. Denn auch Homosexuelle können durch feste schwule oder lesbische Identitäten unbewußt die Heteronormativität stützen. Wenn jemand nur auf das eigene Geschlecht steht & das »andere« ausschließt, wird damit die Geschlechterpolarität reproduziert. Heterosexualität als Norm wird von den Lesben & Schwulen bestätigt, die um Toleranz für ihr »Anderssein« werben. Aber Heteronormativität kann bekämpft werden. Es geht darum, Widersprüche & Brüche in der Heterosexualität zu benennen & zu verstärken. Eine beliebte Theoretikerin wird zitiert, die Geschlecht als »fortdauernde diskursive Praxis« definiert. Mach dich frei von den normierten & sozialisierten Vorstellungen von festen & eindeutigen Geschlechtern! Auf den *Genderterror*-Parties wird eine Crossdressing-Ecke angeboten, in der erste Ausbrüche aus der Geschlechtsidentität geprobt werden können. In der die Möglichkeit besteht, sich mit Klamotten, die nicht zum von der Gesellschaft vorgeschriebenen Geschlecht passen, einzukleiden oder sich zu schminken. Wir haben Haare überall & nirgendwo. Wir haben eins, zwei, drei, ganz viele Brüste. & wir küssen, wen wir wollen! Nimm Menschen als Menschen wahr & nicht als Frau oder Mann. Als passendes oder unpassendes Beutestück auf der Suche nach einem Sexualpartner oder einer Sexualpartnerin. Abtanzen im *Autonomen Zen-*

trum. Indie, Elektro, Rock, Punk & Pop usf. Nicht die Musik, die sonst auf Schwulenparties läuft. Tanz auf den Geschlechtern. Tanzfreude für alle – egal welches scheinbaren Geschlechts, mit welcher sexuellen Vorliebe auch immer. Wir haben keine Lust auf rassistische Sprüche, sexistische Anmachen, homophobes Gebaren oder andere Schweinereien. Wichtig ist nur, worauf wir Bock haben. An jedem 1. Freitag im Monat strömen queere Menschen mit bunten Haaren aus allen Teilen des Ruhrgebiets in die Mülheimer Auerstraße. Aber auch immer mehr Leute, die einfach nur billig saufen wollen. Gäste, die auf der falschen Party gelandet sind. *Kronsberg Pilsener*, preiswerte Cocktails mit viel Alkohol. Das Profil wird immer wässriger, der Anteil der Besucher, die die *Genderterror* als billige Saufparty mißverstehen, immer größer. So stellt sich die Frage, wie unpolitische Gäste entweder politisiert oder aber vergrault werden können. Was wohl erfolgversprechender ist? Am Eingang gibt es inzwischen einen deutlichen Hinweis auf die »Perversenparty«. Ob das jemanden abschrecken wird? Der schon betrunken ankommt in der Auerstraße? Ob es etwas helfen würde, die Party noch offensiver schwullesbisch zu gestalten, um Leute, die nur zum Saufen kommen, mit queerer Kultur zu konfrontieren? Wird das queere Publikum von einem Massenpublikum verdrängt? Das Bier ist immer zu warm, weil es nur zwei Kühlschränke gibt. Auf immer mehr Besucher kommen immer weniger freiwillige Helfer. Auf der Party, deren Anspruch es ja eigentlich ist, die Grenze zwischen Veranstaltern & Gästen zum Verschwinden zu bringen. Schließlich Eskalation & Thekenstreik. Fast 500 Besucher, Pöbeleien an der Theke. Thekenkräfte werden angeschrien, Krawall & Remidemmi. Die Menschen, die die *Genderterror* machen, bekommen dafür nicht nur kein Geld. Sie müssen sich in letzter Zeit auch immer häufiger beschimpfen lassen. Außerdem Beschwerden über Tags & Schmiereien auf dem Weg vom Hauptbahnhof zum *Autonomen Zentrum*. Die Besucherinnen & Besucher werden dazu aufgefordert, Stifte & Sprühdosen zu Hause zu lassen, um die Veranstaltungen nicht zu gefährden! Mackerhaftes Reviermarkieren hat nichts verloren auf der *Genderterror!* Katerstimmung: Partygäste werden wegen ihrer Sexualität oder ihres nicht klar zu erkennenden Geschlechts diskriminiert & angegriffen. Vielen Heteros scheint jegliche Sensibilität für den Umgang mit Heteronormativität abzugehen. Vielen Lesben & Schwulen mit eindeutiger Identität auch. Die Party fällt aus. Stattdessen wird über die Probleme diskutiert. Coolness war gestern. Militanz ist kein Selbstzweck. Aber wer sich nicht an die Regeln hält, fliegt raus! Wer die Crossdressing-Ecke als Trash-Karneval mißbraucht. Wer aus dem heteronormativen Bild herausfallende Menschen belästigt. Wer zu betrunken ist oder mitgebrachten Hartalk konsumiert. Rassistische, antisemitische & sexistische Beleidigungen führen auch zum Rauswurf. Wer unreflektiert zu alternativer Musik abgehen & sich besinnungslos saufen will, der kann ja nach Bochum ins *Matrix* fahren. Die *Genderterror* will ein Freiraum sein für Frauen, Lesben, Schwule, Transgender & andere Queers. Frei von Rassismus, Sexismus & Homophobie. Wir sind uns darin einig, daß die Region eine queere Party braucht. Ende offen. Pervers sind wir gerne.

Dérive XXI: Castrop

Mit der Emschertalbahn durch den Dortmunder Nordwesten, durch Vororte wie Huckarde, Marten, Lütgendortmund, Bövinghausen. Nach 20 Minuten ist die nächste Stadt erreicht, Castrop-Rauxel. Castrop-Rauxel-Merklinde, dann Castrop-Rauxel Süd. Im Zentrum von Castrop, dem einen Pol dieser Doppelstadt. Der Haltepunkt scheint zentral zu liegen, am nahegelegenen Münsterplatz treffen Buslinien aus verschiedenen Städten aufeinander, aus Dortmund & aus dem Bochumer Süden. Ein Münster, nach dem dieser Platz benannt sein könnte, gibt es nicht, also muß die Stadt Münster der Namensgeber sein. Stattdessen Neubauten. Rund um den Platz verschiedene Geschäfte, nichts Spektakuläres: eine *Kronen Apotheke,* ein Sanitätshaus, Optik, Hörgeräte, Damenmoden, Wolle für mehr Handarbeiten, Tischdecken-Nähservice, das *Café Prosciutteria am Münsterplatz,* noch eine Apotheke, Saisonartikel, Haushaltswaren, Drogerieartikel, Einrahmungen (Montagen, Gobelins, Ölgemälde), ein Zoohaus. Alles, was andernorts entsteht, reißt die Stadt an sich. Sagt Henri Lefèbvre. Früchte & Objekte, Produkte & Produzenten, Werke & schöpferisch Tätige, Aktivitäten & Situationen. & was erschafft sie? Nichts. Um den Busbahnhof herum ist auch Hip-Hop Sportwear zu haben, Eis im *Eiscafé Fiore.* Es gibt einen Bioladen & ein Spiel- & Freizeitcenter. Eine Kneipe, die schon ab 9 Uhr morgens geöffnet hat, der *Treffpunkt.* Werbung, die ihr Ziel erreicht – als Verkehrsmittelwerbung, mit denen die Busse zugeschissen werden, aus denen man kaum noch gucken kann. Richtung Südwesten Blick auf einen Hochbunker & einen Förderturm der *Zeche Erin,* der etwas verloren auf dem zum Park umgestalteten Zechengelände steht. *B & B Möbel im Bunker.* Sonder- & Restposten, Einzelstücke, Messemodelle; jede Menge Topmöbel zu Spottpreisen. Am Bunker auch ein Spritzenautomat & eine Spritzen-Entsorgungsbox der *AIDS-Hilfe NRW.* Um das alte Zechengelände zu erreichen, muß man zunächst das Einkaufszentrum Widumer Platz am Widumer Tor durchqueren – eine Ladenpassage der billigsten Sorte, architektonisch anspruchslos & von übelstem Schlagermüll beschallt. Ich nehme so schnell wie möglich den »Ausgang Erin«, hinter dem eine Brücke eine breite Straße überspannt & einen in den Gewerbe- & Landschaftspark geleitet, wo auch das Energieunternehmen RWE ein Verwaltungsgebäude errichtet hat – zweckmäßig, weder häßlich noch schön. Um das übliche Projekt Zechengelände zu Gewerbeparks geistern verschiedene Bezeichnungen: Dienstleistungszentrum Erin (DIEZE), Mulvany Center nach dem irischen Bergbauunternehmer usf. Der Förderturm steht über dem ehemaligen Schacht Erin 7, einem Schild sind die Schachtkoordinaten zu entnehmen. Rechtswert: 2590552,43. Hochwert: 5713259,93. Durchmesser: 7,00 m. Mit der Gründung der *Zeche Erin* begann im Jahre 1867 die große Zeit der Kohleförderung in Castrop-Rauxel. Ihren Namen erhielt die Zechenanlage von ihrem Gründer William Thomas Mulvany, abgeleitet von seiner Heimat Irland. In keiner anderen Stadt wurde eine Zeche in so großer Nähe zu einem historischen Ortskern angesiedelt. Die Zechenanlage Erin, die zeitweise mehr als 4000 Menschen beschäftigte, wurde 1983 stillgelegt. Seitdem setzt sich der *Erin-Förder-Turm-Verein Castrop-Rauxel e.V.* für den Erhalt des Turmes ein. Gemeinsam mit dem Hammerkopfturm Erin in Castrop-Rauxel & der Förderanlage Teutoburgia in Herne dokumentiert der Förderturm Erin 7 bedeutende bau- & technikgeschichtliche Abschnitte der nordrhein-westfälischen Industriegeschichte. Ihre Restaurierung im gegenwärtigen Strukturwandel, der sich zwischen Emscher & Ruhr vollzieht, steht für den Erhalt der kulturellen Identität. Das wurde 1990 formuliert. Von einer Anhöhe im Park aus ist ein weiterer Förderturm zu sehen, die Halde Hoheward. Der langweilige, mit Blech verkleidete Zweckbau einer Halle, die gerade errichtet wird. Am Rande des Parks Wohnbau neueren Datums – aus der Zeit wohl, als die Zeche längst stillgelegt war. Eine Schmuckwerkstatt hat sich hier angesiedelt, blaue Schilder mit dem weißen »P« weisen auf die Parkplätze Altstadt West & Altstadt Süd. Ein alter Kohlenwagen ist zum Blumentrog umfunktioniert worden. In der Erinstraße sind Polizei & Knappschaft in einander gegenüberliegende Neubauten gezogen. In der Lönsstraße *Le Paris*, exklusive Mode & Schuhe. Da ist sie wieder, diese Paris-Beschwörung. & ich trage ja auch Bilder von Paris in mir – einer Stadt, der ich bislang einen bloß halbtägigen Besuch abgestattet habe, auf einer Irrfahrt von der Normandie nach Brüssel oder auch umgekehrt –, vermittelt durch Guy Debord, der dort auf der Suche nach neuen Formen des Labyrinths war. & das scheint doch in der Ruhrstadt noch weniger aussichtsreich als in einem Paris, das es längst nicht mehr gibt. & ist es auf eine andere als die erwartete Weise vielleicht doch. Über das Erkunden von Umgebungseinheiten wird man zu der Hauptthese geführt, daß es psychogeographische Drehscheiben gibt. Wo sind sie in Castrop? *Hell's Kitchen* öffnet erst am Abend & wirbt mit dem komischen Spruch: Gott ißt mit uns. Erlebnisgastronomie für Jung & Alt, Raucherkneipe. Eine Tafel vor der Kneipe kündigt verbilligtes Bier am Freitag- & Samstagabend von 22 bis 24 Uhr an. Der *Treffpunkt* hat aber bereits geöffnet. Die Kneipe ist leer, was vom Wirt gleich mit der Bemerkung »Einer im Lokal, zwei hinter der Theke« quittiert wird. Aber dann erscheinen in rascher Folge eine alte Frau & ein Biertrinker, der nach dem raschen Genuß eines Glases schnell wieder geht, & ein Mann mit Krücken & einem Verband am Fuß. Der Unfall ist am Vorabend passiert. & das Unfallopfer stellt die rhetorische Frage: Was soll ich bei der Hitze auf dem Sofa? Es ist wirklich viel zu heiß, zu heiß eigentlich, um durch Städte zu streifen. Aber wenn ich immer auf ideale Bedingungen warten würde, käme ich überhaupt nicht weiter bzw. aus der Kneipe raus. Das lokale Drecksblatt beklagt das Ende einer vielen liebgewordenen Tradition: 39 Jahre lang zogen die Bilder des Photographen K. im Schaufenster der Castroper *Kronen Apotheke* die Passanten in ihren Bann. Jetzt wurde die Ausstellung geschlossen, Eigentümerwechsel usf. Das ist also die Castroper Altstadt: ein wenig Fußgängerzone, ein *Altstadt-Friseur*, ein *Grill-Pavillon*. Die Stadtbibliothek ist eine Baustelle. Ein Bauschild droht ein »City Center Castrop« an, Umbau des Geschäftshauses Münsterstr. 3. Auf einer Platte im Boden ist zu lesen: Hier stand die Castroper Synagoge, errichtet im Jahre 1845. Sie wurde unter der Herrschaft der Gewalt & des Unrechts am 10. November 1938 zerstört. Auf dem Platz vor der Lambertuskirche hat man eine Skulptur aus stilisierten Würfeln aufgestellt. Es gibt einen »Welt-Laden« & ein Trauercafé. Einladung zum Kontakt & Austausch mit anderen Trauernden, zum Gespräch in einer geschützten Atmosphäre, zu Getränken usf. Wenn die Trauerwelle kommt, dann lade ich sie ein zu mir. Wird eine Poetin zitiert, die der Herausforderung mit Kitsch begegnet. & ich fange sie auf in einer großen Schale, in die ich Seerosen setze. An der Kirche steht ein einsames Fachwerkhaus, 1816 erbaut, 1999 wiederhergestellt. Zwei alte Frauen unterhalten sich auf dem Lambertusplatz. Eine berichtet von einem Gespräch mit ihrem Arzt & zitiert ihn: Sie werden nicht jünger! Besonders zu beunruhigen scheint sie das aber nicht. Jetzt fahren wir erst mal in Urlaub ins Sauerland! Auf dem Marktplatz & in seiner Umgebung bilden wild zusammengewürfelte Bauten große Kontraste: ein altes schiefergetäfeltes Häuschen, ein Giebelhaus mit der *Goldbörse Wollschläger*. Gründerzeitbauten neben Neubauten mit stilisierten Giebeln, einem Sparkassen-Gebäude aus den siebziger Jahren, in der Mitte ein Reiterdenkmal. Die Stadt als Collage. Eine Methode, den Überbleibseln in der Welt Aufmerksamkeit zu schenken, ihre Integrität zu erhalten & ihnen Würde zu verleihen. Unvereinbare Gegenstände, die durch verschiedene Mittel zusammengehalten werden (physische, optische, psychologische). Für den Abend ist in irgendeiner Aula einer Nachbarstadt eine Kundgebung mit einem sozialdemokratischen Minister angekündigt. In der Buchhandlung am Castroper Markt stehen Regionalia hoch im Kurs: *Zeche Erin. Die Geschichte eines außergewöhnlichen Bergwerks.* Ein Buch über Ihre Region! Am Stadtgarten heißt die Straße, die zu dem gleichnamigen Park führt. Geworben wird für Selbstverteidigung für Erwachsene & Kinder. Kostenloses Probetraining! Ja, schaden kann das gewiß nicht. Sicher sollte man ernsthaft erwägen, sich in solchen Techniken ausbilden zu lassen. An der Fassade der *Stadtgarten Apotheke* fällt eine große Uhr auf. Die Viktoriastrße führt in eine alte Zechensiedlung hinein. Angesichts der Hitze ist es wohl besser, sich Castrop über seine Gaststätten zu nähern, die da am & um den Marktplatz heißen: *Alter Markt, Marktschänke* & *Klapsmühle*. In der *Marktschänke* sitzen ältere Herrschaften an einer langgezogenen Theke, eine Discokugel, an der Wand Kacheln im holländischen Stil, blau-weiß. Kitsch dringt aus den Lautsprechern: Du hast mein Herz berührt. Ein Traum zuviel usf. Oder doch eher ein Traum zu wenig? Träume spielen eine höchst ambivalente Rolle. Unliebsame Ideen können abgetan werden, indem man von ihnen sagt, daß sie ja »nur« Träume seien. Andererseits kann ein Traum aber auch ein starker Impuls sein, eine Vision. Die Kulturindustrie aber ist dazu da, den Menschen ihre Träume auszureden. Im Strom der Zeit. *Dortmunder Kronen* wird ausgeschenkt. Aus dem Herzen Dortmunds. & man ist sich einig in der *Marktschänke:* eine Schweinehitze! Zu heiß! Mir ist es auch zu heiß. Ich kehre nach kurzem Weg gleich in die nächste Kneipe ein, in den *Alten Markt* in einem Neubau mit Giebel. Summer in the City. Herzlich willkommen! Ihr *Alter Markt*-Team. In der Kneipe viel Holz, am Tresen alte Männer, in einer abgesonderten Gruppe aber auch Mädchen & zwei minderjährige Jungs. Ein kleines Mädchen blättert in der übelsten Zeitung des Landes. Schlimm, wenn man schon von klein auf mit solchen Druckerzeugnissen konfrontiert wird & es folglich für normal hält bzw. daran gewöhnt wird, daß Zeitungen aus Fußball, Pornographie & Desinformation bestehen! Jemand muß um Viertel nach vier zu Hause sein, wird das nicht schaffen. Das ist schon in einer Viertelstunde! Ich weiß nicht warum. Aber du weißt warum. Fressen sich dumme Schlagertexte auch hier in die Gehirne. Warum notiere ich sie immer wieder, wenn auch nur in Fragmenten? Nun, das ist der Text der Stadt. Ein bißchen Verläßlichkeit muß da sein oder Zuverlässigkeit. Forderungen, Binsenweisheiten. Aus Stereotypen zusammengesetzte Gespräche. Ein grausiges Sommergetränk wird als »Mallorca Spezial« angeboten: Rotwein-Coke auf Eis. Ich halte mich lieber an ein kühles Pils. Eine beleibte Frau mit Handtasche sucht nach einem Horst, erhält die Auskunft: Der war hier! Ein älterer Mann betritt die Kneipe & räumt den Stehtisch neben mir frei, räumt Tischtuch, Bierdeckel, den Dekorationskitsch auf die Seite. Warum das jetzt? Mit »so richtig schön schweißtreibend« wird im Schundradio die Wetterlage kommentiert. Der Mann geht zu den jungen Leuten an der Theke & begrüßt eine blonde Frau mit Kuß, wird mit Horst angesprochen, setzt sich mit einem Ordner & einem Taschenrechner an den freigeräumten Tisch. Es geht um wichtige Vereinsangelegenheiten. Horst fragt: Was haben wir heute für ein Datum? Ich kann es ihm sagen: den 6. August. Eine Waltraud übergibt Horst einen Schlüssel, den sie von ihrem Bund löst. Horst kümmert sich um den Inhalt des Sparschranks des örtlichen Sparvereins, führt Buch über den Inhalt der einzelnen Kästchen, in denen sich im Durchschnitt zwischen 10 & 20 Euro finden. Ein »Event-Kalender«, der in der Kneipe ausliegt, preist Castrop-Rauxel als »Europastadt im Grünen«? Was läuft wo? Wieso Europastadt? Zweifellos liegt Castrop-Rauxel in Europa, das gewiß. & hat noch niemand gemerkt, daß die Beteuerung, daß im Ruhrgebiet alles im Grünen liegt, längst zu einem Cliché geworden ist, das auch niemand mehr hören mag? Am Markt dringt ein weiteres Fragment aus einem Gespräch zweier alter Frauen an mein Ohr: Da geh' ich lieber mit zwei Stöcken! Ich bekomme nicht mit, was die noch schlimmere Variante wäre – vielleicht eine Beinamputation? Am Markt hat man eine etwas lächerliche Skulptur aufgestellt, die Figur einer untersetzten Bäuerin mit einem Kürbis & einem Obstkorb. In der Wittener Straße fällt mir ein schönes altes Haus mit einem *Café Antik* auf. Zurück am Bahnhof. Gewagt, diesen Haltepunkt überhaupt als Bahnhof zu bezeichnen. Grotesk, daß auf Schildern »rauchfreie Bahnhöfe« ausgerufen werden an diesen Haltepunkten, die über keine Empfangsgebäude mit geschlossenen Räumen verfügen, oft nicht einmal über Bahnsteigdächer. Parallel zu den Gleisen verläuft die Denkmalstraße, ich kann aber nicht ergründen, welches Monument ihr den Namen gegeben haben mag. An der Oberen Münsterstraße, nördlich des Bahnhofs, gibt es ein Kino, dessen sympathischer Name *Die Kurbel* an ein Programmkino denken läßt, in dem aber nur kommerzieller Schund gezeigt wird. Eine Kneipe mit dem Namen *Heuwagen* gibt es nicht mehr, für das Ladenlokal werden neue Mieter gesucht. Ein Geschäft mit dem albernen Namen *Trödelitäten* hat sich verlegt auf Altes aus Uromas Zeiten. Alte Bücher & mehr. Bietet Haushaltsauflösungen an & gewährt Rentnerrabatte. & wer noch nicht tot ist, kann dennoch schon mal mit der Entrümpelung seiner Wohnung beginnen & eine Teil-Wohnungsauflösung ins Auge fassen. Außerdem Ankauf von Orden & Abzeichen von 1813 bis 1945. Zuverlässigkeit & Diskretion sind selbstverständlich! Der *Altstadttreff* ist heute leider keine Anlaufstelle für eine weitere Rast. Ein Aushang teilt mit: Sehr geehrte Kunden, es ist Urlaubszeit. In der Zeit von 27. Juli bis 8. August schließen wir um 15 Uhr. Wir danken für Ihr Verständnis! Ein Imbiß trägt auch den Namen *Hell's Kitchen*. Die Obere Münsterstraße endet an einem Park. Dahinter ein Durchgang, der unter einer vierspurigen Straße durchführt. Das ist der Altstadtring, auf dem die Autos an der Castroper Innenstadt vorbeirasen können. In der Ringstraße hat das *Haus Hagemann* bedauerlicherweise das Zeitliche gesegnet. Die hölzernen Rolläden sind verwittert & dürften schon geraume Zeit nicht mehr geöffnet worden sein. Am Engelsburgplatz, wo die Ringstraße auf den Altstadtring trifft, steht auf einer verkehrsumtosten Insel ein skurriles Kunstwerk, eine sogenannte Energieplastik, gestiftet von der *Gesellschaft für Wohnungs- & Städtebau Castrop-Rauxel mbH* anläßlich ihres 50-jährigen Bestehens 1998. Solar & Wind bewegen die Elemente. Es handelt sich um eine Art Mobile aus rotierenden Vielecken, verdreckten Plexiglasscheiben, Solarzellen. Die häßliche Skulptur ist umgeben von einer akkurat gestutzten Rasenfläche. Die Raser auf dem Altstadtring werden vorsorglich gewarnt: Feuerwehrnotausfahrt, eventuell Dauerrot mit längerer Wartezeit. Das wird nicht so häufig vorkommen, denke ich. Das Urbane ist eine reine Form. Sagt Henri Lefèbvre. Der Punkt der Begegnung, der Ort einer Zusammenkunft, die Gleichzeitigkeit. Diese Form hat keinerlei spezifischen Inhalt, aber alles drängt zu ihr, lebt in ihr. Die autogerechte Ruhrstadt ist dazu gebaut, diese Begegnungen zu unterbinden, Zusammenkünfte zu verunmöglichen. Alle rasen aneinander vorbei, von einer abgeschotteten Insel zur nächsten. Ich biege ab in die Wilhelmstraße, diese viel ruhigere Wohnstraße, eine Art Allee, vor den Häusern teilweise Vorgärten. Ich komme an einem Tapas-Lokal vorbei, schließlich an der *Gaststätte Holtkotte Zur Vöhde*, einem freistehenden Giebelhaus mit einem kleinen Biergarten. Das ist *Petras Biergarten*. Ich gehe aber lieber hinein, in die Gaststube hinter den anheimelnden Bierfenstern der *Dortmunder Union*. Einer Frau, die gerade die Kneipe verläßt, wird der Rat mit auf den Weg gegeben, das Beste aus der Hitze zu machen. Aber was wäre das, wenn nicht der Genuß von kühlen, alkoholischen Getränken? Die älteren Männer um den Tresen sind sich einig: Das wird noch ein Problem werden! Die Altersvorsorge – für die jungen Leute, für sie nicht mehr. Dann löst ein von der Journaille geschürter Skandal eine Debatte aus, dem zufolge irgendwelche Muslime angeblich erzürnt sind über die *Schalke*-Hymne, in der es heißt: »Mohammed war ein Prophet / Der von Fußball nichts versteht / Doch aus all der schönen Farbenpracht / Hat er sich das Blau & Weiße ausgedacht«. Keine Ahnung, was damit gesagt sein soll. Das ist trotz der Farbenpracht einigermaßen dunkle Poesie. In der Kneipe jedenfalls herrscht Konsens: Wenn es jemandem nicht gefällt, soll er doch dorthin gehen, wo er herkommt. Ist doch ganz einfach! Du paßt dich doch auch an, wenn du in Urlaub fährst! Das allerdings wage ich zu bezweifeln. Die Menschen aus dem Ruhrpott sind ja nicht unbedingt bekannt für Anpassungsleistungen auf ihren Mallorca-Urlauben, auch wenn es in Castrop-Rauxel inzwischen die eine oder andere Tapas-Kneipe gibt. Wir sind doch schon tolerant, aber wenn man gar nichts mehr sagen oder singen darf ... Am Ende wird noch jede Stunksitzung im Karneval untersucht! Das Radio meldet: Geduld brauchen Autofahrer auf den wichtigsten Urlaubsrouten. Werden sie aber nicht haben. Die Kinder der Wirtin sind 21, 17 & 14 & müssen nicht mehr beaufsichtigt werden. Die haben andere Interessen, gehen mit Freunden ins Schwimmbad. Sehen & gesehen werden. Ich trink mein Bier ja auch nicht zu Hause! & trotzdem beklagt die Wirtin: Bei uns wird kaum noch Bier getrunken. Irgend jemand würde schon gerne Bier trinken, kann aber nicht schlucken. Ich gehe die Wilhelmstraße noch ein Stück weiter & komme bald an ein häßliches, großes Kruzifix aus Holz, an dem einem ein schlecht gereimter Sinnspruch mit auf den Weg gegeben wird: »Was soll das Kreuz / Das hier am Wege steht? / Es soll dem Wanderer, / Der vorübergeht, / Das große Wort der / Wahrheit sagen: / Der Herr hat deine / Schuld getragen.« Zu mir spricht das Kreuz nicht. Ich finde es aber bemerkenswert, daß die Vorbeikommenden mitten in einem Wohnviertel als Wanderer angesprochen werden. & ich kann mich mit der Figur des Wanderers ja durchaus identifizieren auf meinen Irrfahrten durch diese Städte. Im Schaukasten eines evangelischen Gemeindehauses werden angekündigt: Gesundheitstalk, Sommerfest, Spielenachmittag & Oktoberfest. Der Spruch der Woche lautet: Lebt als Kinder des Lichts! Das ist bei dieser sommerlichen Hitze nun ohnehin kaum zu vermeiden. Für meine Wanderung durch Castrop mußte ich mich heute auch mit Sonnencrème wappnen. Die Pallasstraße ist eine vierspurige Autostraße mit Grünstreifen in der Mitte, Wohnbauten aus den fünfziger Jahren, viel Abstandsgrün. In die ereignislose Ruhe des Viertels knallt eine Schlagzeile an einem Kiosk. Castrop-Rauxel: Schulseife gegen Schweinegrippe! Die Pallasstraße kreuzt die Habinghorster Straße, eine Autorennstrecke ganz ohne Gehweg für Fußgänger. Zwei kleine Nebenstraßen heißen origineller weise Luna- & Orionstraße. Unendliche Weiten, automobile Zonen. Bewegungsformen & Geschwindigkeiten definieren den Raum. Die Erfahrung der Wege & die der Räume. Vor einem Haus, das eine Anwaltsgemeinschaft beherbergt, steht ein kahlköpfiger Mann im Anzug, der mich an Swjatoslaw Richter erinnert. Die Pallasstraße trifft auf die Bahnhofstraße, die auf einer Brücke über den Emscherschnellweg führt. Vorbei am Kreisgesundheitsamt, Nebenstelle Castrop-Rauxel. Die von einem Kreisverkehr unterbrochen wird, von dem aus eine Straße zum Europaplatz führt. Zu Europahalle, Stadthalle, Haus der Wirtschaft, Westfälisches Landestheater usf. *Forum Castrop-Rauxel* – ein großes leerer Platz in der gleißenden Sonne. Künstliches Zentrum zwischen der mit dem Amt Rauxel fusionierten Stadt Castrop, das dafür gebaut ist, von Autofahrern angesteuert zu werden & nicht auf Fußwegen. Die Stadtverwaltung Castrop-Rauxel, das von Arne Jacobsen entworfene Rathaus. Überlagerungen von Gebäude & Landschaft, offene Räume statt der geschlossenen alter Städte. Konzepte der siebziger Jahre. Der ganze Komplex liegt vollkommen ausgestorben da, kein Mensch ist zu sehen. Ich erkunde noch das Viertel auf der anderen Seite der Bahnhofstraße, überquere noch einmal die Autobahn. Sandweg, Schubertstraße, Holzstraße. Ein Kiosk ist zu einem Nagelstudio umgebaut worden. Die Kneipe *Zum Holzkrug* ist schon lange geschlossen. Diese Wanderung nimmt kein gutes Ende.

Aufruhr: Mieterkampf

Die Krise des Ruhrgebiets nimmt möglicherweise die Entwicklung künftiger Krisenzentren vorweg. Wenn es an der Ruhr brennt, reicht das Wasser des Rheins nicht, um das Feuer zu löschen. Wenn Konflikte sich aus der Überlagerung von Staatsinteressen mit denen der großen regionalen Wohnungsgesellschaften entwickeln. Wenn Staats- & Konzerninteressen sich auf mehreren Ebenen treffen. Wenn sich die Bevölkerung entgegen den Einschätzungen des Staates & der Unternehmen als konfliktfähig erweist. Wenn die Abwehr gegen Umwälzungen der Lebensverhältnisse durch Kapital & Staat in Bürgerinitiativen geschieht. Wenn in den meisten Siedlungen ältere Bergarbeiter, Rentner & Witwen dominieren. Wenn die ersten Reaktionen der Betroffenen den Erwartungen entsprechen. Wenn die unkonventionellen Pfade & Mittel der Initiativen eine Medienwirksamkeit entfalten. Wenn viele Menschen das Organisieren & Selbermachen lernen. Wenn in Gelsenkirchen-Erle eine der ungewöhnlichsten Hausbesetzungen stattfindet, die es je gab. Wenn Zerstörung den irrführenden Namen ›Sanierung‹ erhält. Wenn für die Masse der Zechen- & Arbeitersiedlungen des mittleren Ruhrgebiets in Folge der Bergbaukrise die charakteristische Einheit von Wohnen & Arbeiten unterbrochen wird.

Dann beginnt ein baulicher & sozialer Veränderungsprozeß auf drei Ebenen: Die Masse der älteren Bergleute wird zu Frührentnern. Jüngere Bergleute, die ihren Beruf weiter ausüben, wandern ab. Die Bausubstanz der Siedlungen unterliegt einem schnell spürbaren Verfall. Das Interesse an Zechenwohnungen als Infrastruktur der Betriebe erlischt nach der Schließung der Zechen, zumal viele Arbeiter zu »Vergönnungsmieten« dort wohnen. Teile der Siedlungen werden deshalb dem freien Wohnungsmarkt übergeben. Andere Siedlungen werden von den Betrieben an Makler verkauft, die sie als Renditeobjekte ausplündern. Andere werden von den Städten gekauft. So nahm die Stadt Duisburg der *Rheinpreußen AG* das Verwertungsproblem ab & führte die Siedlung einer anderen Form der Verwertung zu: dem Abriß. Viele Zechengesellschaften stellen den Bergbau ein & widmen sich ganz der Verwertung ihrer Liegenschaften. Während die Verluste durch die Gründung der *Ruhrkohle AG* 1967 sozialisiert wurden, blieben die gewinnbringenden Teile des Bergbaus in privater Hand: die chemischen Betriebe (Kohleveredlung) & der Grund- & Hausbesitz. Der hatte zwar bisher nie der Kapitalverwertung gedient, aber er versprach hohe Spekulationsgewinne für die Zukunft. Die Konzerne besitzen in den Ruhrgebietsstädten praktisch das Monopol an Bodenbesitz.

Das Ruhrgebiet ist durch eine scharfe Klassengeographie gekennzeichnet. Arbeitersiedlungen wurden von den Montanunternehmen als Unterschichtswohngebiete markiert & gegen die großzügigen Wohnkomplexe der Zechenbeamten gestellt. Im 19. Jahrhundert wurden Arbeitersiedlungen als Teil der Infrastruktur der Betriebe angelegt. Weil im Ruhrgebiet Arbeitskräfte fast immer in ungenügender Zahl vorhanden waren, waren die Unternehmen dazu gezwungen, Angebote zu machen & Wohnungen bereitzustellen, die bautechnisch & hygienisch besser waren als die Mietskasernen in anderen Städten & zudem billiger. Auch untereinander konkurrierten die Unternehmen mit ihrem Wohnungsangebot. Deshalb waren die Siedlungen immer auf dem neuesten Stand. Nach dem Ersten Weltkrieg schob die Industrie die Kosten für den Wohnungsbau unter dem Vorwand, vom Krieg finanziell gebeutelt zu sein, auf den Staat ab. Die Sozialdemokratie unterlag 1918 dem fatalen Irrglauben, daß die Revolution im politischen Bereich unabhängig vom wirtschaftlichen durchgesetzt werden könne, woraus diese Aufgabenteilung resultierte, die es ermöglicht, daß die Gewinne aus der Produktion von den privaten Kapitaleignern abgeschöpft werden, während die öffentliche Hand die sozialen Schäden zu reparieren hat. Die Konzerne gründeten nach dem Krieg gemeinnützige Wohnungsbaugesellschaften, um an staatliche Fördermittel zu kommen. Zwei Ursachen führten dazu, daß der bislang vernachlässigte Altbaubesitz in den Kolonien Anfang der siebziger Jahre interessant wird. Zum einen ging in Nordrhein-Westfalen die Anzahl der fertiggestellten Mietwohnungen seit 1973 zurück. Zum anderen wurde die Besinnung auf den Altwohnungsbestand durch die Ruhrgebietspolitik des Landes forciert. Die SPD-FDP-Koalition, die 1966 unter dem Druck der Bergbaukrise die Regierung übernommen hatte, war mit dem ehrgeizigen Ziel einer Neuindustrialisierung & -strukturierung des Ruhrgebiets angetreten. Die ganze Region sollte modernisiert & mit einem Raster von leistungsfähigen

Verkehrswege durchzogen werden. An ihren Knotenpunkte sollten umfangreiche Flächensanierungen für eine neue, hochverdichtete Bebauung geschaffen werden.

Während die Besetzer noch im Haus waren, ließ der Abrißunternehmer bereits die andere Haushälfte abreißen. Am 4. Februar 1982 endete in Gelsenkirchen eine der ungewöhnlichsten Hausbesetzungen, die es je gab. Die sogenannte Rentnerhausbesetzung in Erle. Die Bewohner einer Arbeitersiedlung wußten keinen anderen Ausweg mehr, als auf diese Weise gegen die Zerstörung ihrer Siedlung zu protestieren. Liebe Mitbürger, wir wollen hier keine Steine oder Molotow-Cocktails. Wir sind friedliche Leute. Wir wollen nur hier wohnen bleiben, & das ist alles. Um 9 Uhr morgens kam der Bagger, kurz nachdem die letzte Mieterin aus der anderen Haushälfte ausgezogen war. Nachdem die Besetzer sich weigerten, das Haus zu verlassen, legte die Abrißkolonne ohne Rücksicht auf Verluste los, richtete einen Wasserschlauch auf die Fenster. Obwohl sich im besetzten Haus zeitweise mehr als 60 Leute befanden, wurde die andere Haushälfte einfach niedergerissen. Das ganze Haus wackelte, Dachpfannen stürzten herunter, aber die Bagger machten weiter, so daß die Besetzer die Polizei rufen mußten, um die Bagger zu stoppen. Niemand ließ sich von den Worten der Polizei einschüchtern, daß auch passiver Widerstand Widerstand sei. Bis auf ein paar alte Leute ließen sich alle von der Polizei hinaustragen. Nach zwei Stunden auf der Polizeiwache war alles vorbei. In der Augustraße stand nur noch die Außenwand. Der Verwaltungsvorsitzende der Stadtsparkasse hatte den Bewohnern versprochen, daß sie in ihren Häusern wohnen bleiben können. Dem Spekulanten B. hatte die Stadtsparkasse einen Kredit zum Kauf der Häuser gewährt. Tatsächlich wurde dann ein Teil der Siedlung abgerissen, um an ihrer Stelle ein Altenheim zu errichten. Der andere Teil wurde modernisiert & an Privatpersonen verkauft. Während sich mehrere Wohlfahrtsverbände geweigert hatten, mit dem Spekulanten B. über einen Betreuungsvertrag für das geplante Altenheim zu verhandeln, hatte die evangelische Kirche keine Skrupel & bereitete so letzlich den Boden für den Abriß. Resultat: Die alte Arbeitersiedlung ist kaputt.

Karl A. erinnert sich: »Es war so: Hier lag die Kruppsche Siedlung, da lag das Kruppsche Werk, da die Kruppsche Bierhalle, da der

Kruppsche Konsum & da die Kruppsche Sparkasse. Das war ein Kreislauf. Alles schön nah beieinander. Man kaufte im Kruppschen Konsum nur mit Kruppschen Ausweisen. Sehr preiswert. Kruppsche Schmelzerkehlen mußten mit Kruppschem Bier gelöscht werden. Man sagte: Ein Schmelzer, der nicht säuft, bei dem die Charge nicht läuft. Damals wohnten alle zusammen in der Siedlung: Arbeiter, Angestellte & Beamte. Die Beamten hatten größere Wohnungen, fünf & sechs Zimmer. Die Arbeiter vier Zimmer.« Paul H. erzählt: »Meine Eltern haben in Oberhausen am Priesterhof gewohnt. Das war eine berüchtigte Ecke. Da machten alle einen großen Bogen drum. Da stehen doch heute noch die Parolen an der Wand: Priesterhof ist eine feste Burg. Hier kommt nie ein Nazi durch. &: Raus mit den SS- & SA-Strolchen aus den Arbeitervierteln! So große Buchstaben haben wir gemalt – nachts. Heringsbrühe mit Kalk – kriegt niemand mehr weg. Die Häuserfassaden waren schwarz von der Luft, aber das hat uns nicht gestört. Die Wohnqualität hing wesentlich damit zusammen, daß man es selbst mitgestalten & sich durch eigenes Bauen darin einrichten konnte. Die Freiraumgestaltung in der Siedlung war zwar zum Teil vorgeschrieben, aber die Bewohner hatten innerhalb dessen soviel Freiraum, daß sie fast alles selber machten. Fast jeder hatte seine eigene selbstgebaute Laube im Garten & bastelte Spalierzäune um die Vorgärten herum.«

Wir Arbeiter verteidigen unser Wohnviertel gegen Bauspekulanten & Stadtzerstörer. Seit 100 Jahren stand hier keine Wohnung leer. Wir fordern, daß sofort wieder Nachbarn einziehen! Plakatiert die *Bürgerinitiative Flöz Dickebank & Umgebung*. Die Kolonie Flöz Dickebank wurde ab 1870 für die *Zechen Holland, Alma* & *Rheinelbe* errichtet. Die Häuser an der Virchowstraße 30–56 & 31–59 bilden den ältesten Teil. Der Aneinanderreihung einfacher Satteldachgebäude folgten später aufwendiger gestaltete Haustypen. Seit Jahrzehnten ist an den Häusern nichts mehr gemacht worden. Die haben gesagt: Laßt die Häuser erst mal verkommen, bis sie zusammenfallen. Die *Wohnstätten AG* versuchte, die noch recht gute Bausubstanz kurzfristig zu verschleißen & gleichzeitig leerziehen zu lassen. Es heißt: Die Siedlung ist überaltert. Es wurde behauptet: Die Sozialstruktur in Ückendorf müsse verbessert werden. Sind Arbeiter etwa eine schlechte Sozialstruktur? 1972 wurde der Abriß der Siedlung bei der Stadt Gelsenkirchen beantragt. 1973 begann die *Wohnstätten AG* mit dem systematischen Leerziehen der Häuser. Der Wohnungsausschuß der *Zeche Holland* stimmt dem Abriß zu. Die Bewohner der Siedlung Flöz Dickebank werden mit einem einfachen Brief vom bevorstehenden Abriß ihrer Wohnungen informiert. Erste Reaktionen entsprechen den Erwartungen: In Flöz Dickebank kommt zwar Unruhe auf, sie schlägt sich allerdings bloß in Leserbriefen nieder. 1974 wird die Bürgerinitiative als Reaktion auf den Abrißbeschluß des Gelsenkirchener Stadtrats gegründet. 80 % der Bewohner unterstützen auf einer Bürgerversammlung die Forderung: Wir wollen alle bleiben! Anstelle der 270 Altbauwohnungen, so der Plan, sollen 400 bis 600 Wohnungen in Hochhäusern gebaut werden. Die Bewohner werden in die Neubauten umgesetzt. Hier bietet sich eine innerstädtische Verdichtung an, zumal sich der Grundbesitz in der Hand einer Wohnungsgesellschaft befindet. Als die Bewohner Anfang 1974 gezwungen sind, sich gegen die Zerstörung ihrer Siedlung zu wehren, haben sie Erfahrungen mit zwei Modellen von Organisation: der betrieblichen Belegschaftsorganisation & dem Verein. Wenn man etwas revitalisieren will, muß es erst kaputt sein. Aber was ist denn kaputt? Wer sind die Kaputtmacher? Wir haben die beiden Kirchen. Dann haben wir das große Krankenhaus, die Apotheken. Schulen & Spielplätze, Textilgeschäfte, Blumenläden, Gaststätten, Cafés, Gesellschaftshäuser sowie ein Hallen- & Freibad. Wir haben alles. & das können die nicht vertragen, daß wir hier so schön wohnen. Dann tritt eine noch schlimmere Situation ein. Nachdem einige Häuser leergezogen sind, verlagert sich auch noch ein Teil des Gelsenkirchener Strichs hierher. In den ersten drei Monaten nach der Gründung der Bürgerinitiative spricht der Arbeitskreis zunächst alle Bewohner an & versucht, sie über Vollversammlungen zu aktivieren. Im Verlauf des Sommers erweist sich, daß nur ein Teil bereit ist, über Mieterversammlungen hinaus Aktivitäten mitzutragen.

Betrachtet man die Entwicklung der Initiativenbewegung, so kann von einem Wendepunkt 1976/77 gesprochen werden. Von einer Verschiebung der Konfliktinhalte, der die Handlungsmöglichkeiten einschränkt. Die eindeutige Bedrohung hatte zunächst eine Solidarisierung fast aller Bewohner bewirkt. Die offensichtliche Unsinnigkeit der Abrißplanungen führte zu einer positiven Resonanz der Forderungen in den Medien. Die *Wohnstätten AG* hat jetzt noch drei Möglichkeiten, Geld aus den Häusern rauszuholen: Vollmodernisierung & Anhebung der Mieten. Falls das nicht durchkommt, bauen sie in den Gärten noch ein paar Häuser & kommen doch noch zu der gewünschten Verdichtung. Sollte das alles nicht klappen, verkaufen sie eben die ganze Siedlung. Viele Politiker, die uns jetzt helfen, sagen: Laßt uns mal Material zukommen. Ihr Arbeiterinitiativen habt ja inzwischen eure Experten, die schon lange an dieser Geschichte arbeiten. Ab 1976/77 gehen die Eigentümergesellschaften immer mehr dazu über, Wohnungen oder halbe Häuser zum Kauf anzubieten. Um die Vertreibung der Bewohnermehrheit zu verhindern, bilden sich Initiativen, die den Erhalt ihrer Wohnungen als Mietobjekte fordern. Schnell zeigt sich, daß die Bedrohung durch Verkauf keine umfassende Solidarisierung auszulösen vermag. Politiker & die Betriebsräte der *Ruhrkohle AG* unterstützen die Verkaufspläne mit dem Verweis auf eine wünschenswerte Vermögensbildung in Arbeiterhand. Auch die Medien sind keine Verbündeten mehr. Die Solidarität endet dort, wo ernsthafte Interessenskonflikte zwischen den Bewohnern auftreten. Keiner Initiative in einer Werkssiedlung gelingt es, eine Eigentümergesellschaft durch öffentlichen Druck dauerhaft von ihren Verkaufsabsichten abzubringen. Regelmäßig ist eine starke Minderheit dazu bereit, um den Preis der Vertreibung ihrer Nachbarn zu kaufen. Die *Wohnstätten AG* sagt: Die Modernisierung kostet 70.000 DM. Ein anderes Gutachten sagt: Man kann für 39.000 DM modernisieren. Was sind das für Experten? Wozu haben die eigentlich studiert? Die sollen doch die Steuergroschen zurückzahlen, die wir Arbeiter für ihr Studium bezahlt haben! Wir brauchen für die Modernisierung tatsächlich nicht mehr als 7000 DM. Da sieht man mal, wie bekloppt die Experten sind! Nein – die sind nicht bekloppt, sondern gekauft! Die Herren wollten uns einschüchtern! Wir wollen nach unseren Wünschen sanieren. Das kostet einen Bruchteil des Geldes. Nach zweieinhalb Jahren setzt die Initiative den Erhalt & die Instandsetzung der Siedlung Flöz Dickebank durch. Selbst in Zeiten finsterer Reaktion, wie wir sie erleben, ist sozialer Fortschritt möglich, wenn hart an der Sache, konsequent & geschickt gearbeitet wird.

Heute sind viele der Zechensiedlungen Sehenswürdigkeiten auf der *Route Industriekultur*. Es heißt: Die Arbeitersiedlungen des Ruhrgebiets üben seit jeher eine starke Anziehungskraft aus. Oft sorgfältig & liebevoll saniert, haben viele Siedlungen ihre unverwechselbare Identität bewahren können. In der Siedlung Eisenheim in Oberhausen gibt es ein Volksmuseum im ehemaligen Waschhaus der ältesten Arbeitersiedlung des Ruhrgebiets, das vom Rheinischen Industriemuseum getragen wird & in dem auch an den Kampf gegen die Abrißpläne erinnert wird. Viele Wissenschaftler & Planer lernten in Eisenheim & anderen Siedlungen den Zusammenhang von kleinräumiger baulicher Organisation & soziokulturellem Alltagsleben kennen. Eisenheim setzte 1978 Mitbestimmung im Sanierungsprozeß durch & établierte vertraglich zwei »Sozialarchitekten«. Die 1906 bis 1915 auf dem Gelände des ehemaligen Ritterguts Dahlhausen von Krupp errichtete Siedlung Dahlhauser Heide im Bochumer Nordwesten, bestimmt für die Bergleute der *Zeche Hannover*, wurde von 1978 bis 1984 sozialverträglich privatisiert & denkmalgerecht modernisiert & gilt als Musterbeispiel. Im Zentrum der Siedlung liegt der sogenannte Beamtenplatz mit dreigeschossigen Beamtenhäusern für die leitenden Angestellten, die nicht auf Selbstversorgung durch eigene Gärten angewiesen waren. Diese wurden im Zuge der Modernisierung zu Altenwohnungen umgebaut. Die bekannteste Siedlung im Ruhrgebiet ist die Margarethenhöhe im Essener Süden, die als Paradebeispiel einer deutschen Gartenstadt gilt. Straßen heißen Daheim, Sonnenblick, Im Stillen, Am Gehölz. Aus Anlaß der Vermählung ihrer Tochter Berta mit Gustav von Bohlen & Halbach richtete Margarethe Krupp 1908 eine Stiftung zum Zwecke der »Wohnungsfürsorge für die minderbemittelten Klassen« ein & stattete sie mit einer Million Mark sowie einem Gelände von 50 ha aus. Die Margarethenhöhe unterschied sich auch in ihrer Anwohnerschaft von anderen Krupp-Siedlungen, da sie nicht nur Kruppianern offenstand. Die Einheit von Arbeitsplatz & Wohnraum wurde durchbrochen & die Idee einer klassenübergreifenden Siedlung verwirklicht. Arbeiter, Angestellte & Beamte lebten hier zusammen. Hinter dem Torbogenhaus liegt der repräsentativste Teil der Siedlung an der Steilen Straße. Die idyllische, von Giebelhäusern gesäumte Straße wurde am 8. August 1912 von Kaiser Wilhelm II. anläßlich des 100-jährigen Jubiläums der Firma Krupp besichtigt.

 Wir wollen nur hier wohnen bleiben. & das ist alles. Ja, das ist alles. Über das von den Zechenhausinitiativen herausgegebene *Ruhrvolksblatt* sagt ein Arbeiter: »Ich bin für Bürgerinitiativen im Bereich von Arbeitersiedlungen & deren Erhalt als billige Wohnungen. Sollte aber ein Bericht erscheinen über eine BI gegen Kohle- oder Atomkraftwerke & dieser negativ sein, so werde ich das *Ruhrvolksblatt* nicht mehr nehmen & lesen.« Einerseits werden arbeiterkulturelle Normen von der Mehrheit der älteren Siedlungsbewohner anerkannt. Ihr Geltungsbereich ist aber auf den alltäglichen Lebensraum der Siedlung begrenzt. Zuerst waren viele Politiker Gegner für uns. Wird résumiert. Sie machten uns runter: Das ist ja ein wilder Haufen! Das sind so ein paar total Bekloppte. Sie haben natürlich nachgeforscht, ob wir ein Haufen »wilder KPD-Leute« sind. Damit werden ja alle Leute diffamiert, die ihnen nicht passen. Festzustellen ist eine Auflösung der proletarischen Kulturen, ein Bedeutungsverlust der Arbeiterbewegung. Der Verlust eines sozialen & oft auch räumlichen Milieus, in dem alltäglich ein solidarischer Zusammenhang erlebt & erlernt wurde. Eine Entmachtung. Gelsenkirchen ist doch eine Arbeiterstadt. Darauf können wir stolz sein! Als wir gegen das Zumauern der Fenster der leerstehenden Häuser protestierten, passierte folgendes: Leute von der KPD/ML sind über Nacht hergegangen & haben ihre Plakate an die zugemauerten Fenster geklebt. Das sind so feige Typen, die klatschen da nur Plakate dran! Die haben uns plötzlich in Verruf gebracht! So werden die Grenzen von Gruppen deutlich, deren Stärke auf den Resten einer bereits weitgehend aufgelösten Kultur beruht. Getragen werden sie überwiegend von Älteren, die in den zwanziger & dreißiger Jahren aufgewachsen sind. Bei ihnen sind arbeiterkulturelle Normen & Verhaltensweisen noch verankert. Allerdings sind sie nicht mehr Teil einer lebendigen, auf gesellschaftliche Veränderungen orientierten proletarischen Öffentlichkeit & beziehen sich nur noch auf den engen Raum einer Kolonie.

Dérive XXII: Westerholt, Langenbochum

Die Hauptverkehrsachse durch Westerholt in Nord-Süd-Richtung ist die Bahnhofstraße. Dabei gibt es gar keinen Bahnhof mehr. & Herten, die Stadt, zu der Westerholt verwaltungstechnisch gehört, hält den zweifelhaften Rekord, Deutschlands größte Stadt ohne Bahnhof zu sein. An der Bushaltestelle Schloßstraße hat sich an einem Kabuff die Aufschrift »Warteraum« erhalten – Relikt vermutlich aus der Zeit, als hier noch Straßenbahnen fuhren. Alles deutet auf eine ländliche Idylle – der Name Schloßstraße, der auf das nahegelegene Schloß verweist, der Wegweiser zum »Alten Dorf«. Ein ziemlicher Kontrast zum angrenzenden, eher abgewrackten Gelsenkirchener Stadtteil Hassel. So wundere ich mich, daß der Ortsverein der SPD zu einem Bürgergespräch zum Thema »Sicher leben in Westerholt« lädt – oder vielmehr geladen hat, denn das Plakat hängt hier schon seit 2003. Mit Polizisten & Sicherheitsfachleuten wurde damals über Sicherheit in den »eigenen vier Wänden«, in der Nachbarschaft & im Stadtteil gesprochen. Was immer zur Sprache gekommen sein mag, in der Gaststätte *Zur Börse* im November 2003: Kaum je korrelieren bekanntlich die gefühlte & die tatsächliche Bedrohung. In den Schaufenstern des *Cafés Oelmann* hat sich die »gute, alte Zeit« breitgemacht in Form des *Westerholter Heimat-Kabinetts,* das dort verschiedene Ausstellungsstücke – u.a. eine kitschige, stilisierte Panoramaansicht von Alt-Westerholt nebst Schloß, alte Photos von Schulklassen – präsentiert, eine Übergangslösung, denn: Hier entsteht demnächst das neue Heimatkabinett des *Heimatvereins Westerholt 1914 e.V.* Aber auch in dieser Übergangszeit wird der Besucher mit basalen Informationen versorgt: Sie befinden sich in Westerholt, am Nordrand des Ruhrgebiets. Es war früher von Wall & Graben umgeben & konnte nur durch drei Eingänge betreten werden. Diese Eingänge waren Tag & Nacht von Torwächtern bewacht. Einlaß bekam man nur von 5 Uhr morgens bis 9 Uhr abends. Michel Butor sagt: Schon lange sind die Mauern verschwunden, & mit Verwirrung stellt man fest, daß die alte wesentliche Unterscheidung zwischen Stadt & Land nicht mehr besteht. Politisch gehört Westerholt zum Kreis Recklinghausen. Westerholt liegt in einer Senke des Vestischen Höhenrückens. Das Gelände weist nur geringe Höhenunterschiede auf. Stadtrechte seit 1939, am 1. Januar 1975 Angliederung am Herten. Westerholt war mit 4 qkm & 13.791 Einwohnern (1974) eine kleine, aber dicht besiedelte Stadt. Ein wenig fühlt man sich wohl auch heute noch eigenständig. Im Mittelpunkt des Dorfzentrums liegt natürlich ein Kirchplatz. Ein Brunnen mit einer häßlichen, halb-abstrakten Skulptur plätschert. Alte Männer sitzen im Schatten. Ich gehe die Schloßstraße weiter & gerate mehr & mehr in eine Fachwerkidylle. Im *Gasthof Altes Dorf* ist eine Vorstellung des *Theater Culinaria* angekündigt: *Einzigartiges vom Schelm der Nation*. Wir begeistern! Das alte Dorf ist ein Ausflugsziel, mehrere Gaststätten reihen sich aneinander: das *Hotel Alt-Westerholt*, die Gaststätte *Zur Börse*, in der die SPD 2003 über die Sicherheitsproblematik diskutiert hat, mit der Westerholt zu kämpfen hat, seit die Torwächter nicht mehr Tag & Nacht Wache schieben, Schnitzelgerichte dort & Hausmacherkost. Dann das Restaurant *Haus Alt-Westerholt,* das wohl mit dem gleichnamigen Hotel zusammenhängt, mit großem Biergarten. Anno 1722, gepflegte Gastlichkeit. Ein großes Gemälde an der Fassade zeigt – nunja, vermutlich Alt-Westerholt. Gerne wurden in die Balken & Holzstreben der Fachwerkhäuser Sinnsprüche eingraviert. In Alt-Westerholt ist alles hübsch renoviert & man kann viele dieser Sprüche folglich lesen. Das geht dann so: »Aus Holz ist dieses Haus gemacht. / Bewahrt sei diese Sitte. / Daß Fried & Freude daraus lacht / ist unseres Herzens Bitte.« In der Mühlenpforte, dem erhaltenen Stadttor, hat der *Knappenverein St. Barbara* sein Domizil. & auch dort wird einem ein Spruch mit auf den Weg gegeben: »Es grüne die Tanne! / Es wachse das Erz! / Gotte schenke uns allen / Ein fröhliches Herz!« Das muß ein freudloser Ort sein, an dem überall so inständig um Fröhlichkeit gefleht wird! Das ist ein Städtchen der Kategorie »Stadt als Museum«. Eine Anthologie geschichtlicher & malerischer Höhepunkte, Quelle beliebiger, aber sorgfältig ausgewählter Unterweisung. So Colin Rowe. Klar unterschiedene, getrennte Gegenstände & Ereignisse. Das Schloß Westerholt schließlich ist von einem Wassergraben umgeben. Darin ein Hotel, das Restaurant *Zum Pferdestall.* Aber ach, der ehemalige Schloßpark enträt jeglichen Zaubers & ist zu einem Golfplatz umgebaut worden! & gab es hier nicht sogar mal einen Löwenpark, mit dem der Graf Westerholt seinen Spleen vom privaten Safaripark umsetzen durfte? Denn der Adel ist peinlicherweise ja noch immer nicht abgeschafft worden in Deutschland, fast 100 Jahre nach dem Ende des Kaiserreichs. Das Schloß ist in Privatbesitz. Auf der Wiese das Standbild eines skurrilen älteren Herrn mit Hut & Schirm, leicht vornübergebeugt. Das muß der Graf & Löwenliebhaber sein. Auf einem Podest ist eine Sonnenuhr installiert, ein Schild erläutert: Diese antike Sonnenuhr wurde anläßlich des 90. Geburtstags von Egon Graf von & zu Westerholt & Gysenberg im Auftrage seiner Verwandten & Freunde renoviert & hier in Westerholt wieder aufgestellt. Rem Koolhaas sagt: Es gibt immer einen Stadtteil namens Lippenbekenntnis, in dem ein Minimum der Vergangenheit konserviert wird – ein ausgeklügeltes mythisches Unternehmen: Er feiert die Vergangenheit, wie es nur etwas kürzlich Ersonnenes kann. Die *Graf Westerholt'sche Wildkammer* bietet Wild zum Verkauf an. Schwarzwild, Damwild, Rehwild ganzjährig. Hasen, Fasane, Enten ab Mitte November. In der Nähe des Schlosses ein Spielplatz, eine seit dem 1. April 2004 geschlossene Toilettenanlage in einem Ziegelbau, ein Kriegerdenkmal: Ihren gefallenen Söhnen. Die Gemeinde Herten. Ein *Kolpinghaus* mit Restaurant & Bierstube. Ein Bunker ist mit einem Satteldach versehen & in ein Gebäude integriert worden. Die heutige Schlagzeile verkündet, daß der neue Trainer von *Schalke 04* sein erstes Interview unter Tage gegeben hat. Am ehemaligen Rathaus in der Turmstraße steht ein ähnlich häßlicher Brunnen wie auf dem Kirchplatz. Repräsentative Bureauräume zu vermieten (166 qm). Die Bahnhofstraße wird von einem Transparent überspannt, das die Teilnehmer eines demnächst stattfindenden Biker-Meetings willkommen heißt. Der *Motorradclub Bunker Westerholt* lädt ein. Es gibt dort eine *Phönix-Apotheke* (seit 1914) & eine Buchhandlung, die aber mehr Bureaubedarf als Bücher in ihrem Sortiment hat & zudem das Postamt, das es scheinbar auch in Westerholt nicht mehr gibt, ersetzen muß. Ein Laden hat sich auf Teichbau spezialisiert: Alle Produkte für den Teich, umfangreiches Zubehör! Original Japan-Koi Teich-Filteranlagen. Was immer das sein mag. *Zur Krone* heißt eine Kneipe, die auch Bistro sein will. An diesem Sommernachmittag bin ich der einzige Gast. In der *Krone* hat sich eine Fünfziger-Jahre-Theke erhalten, auch Einbauten aus der Zeit. Die Kneipe präsentiert sich als Palimpsest. & das sind ja auch die ästhetisch interessantesten Kneipen, in denen sich die Schichten mehrerer Jahrzehnte ablesen lassen. Holzfiguren von Jazzmusikern & ein stilisiertes Saxophon repräsentieren den Kitsch der jüngsten Zeit. Ein Dart-Automat ist anstelle eines Tisches so in einer Sitzecke aufgestellt worden, daß dort jetzt niemand mehr sitzen kann. Gereimt wird auch hier: »Müde bin ich geh' zur Ruh / Decke meinen Bierbauch zu. / Herrgott, laß den Kater mein / Morgen nicht so schrecklich sein! / Alles andre ist mit Wurst! / Prost!« Interessant, wie hier am Ende die Form aufgebrochen wird, indem ein unmittelbares Bedürfnis sich artikuliert. Im Radio wird unpassenderweise davon berichtet, was Hessen bewegt. Wen interessiert das? Immer wieder stelle ich fest, daß in solchen Kneipen die Privat-Krawallsender entfernter Regionen laufen – Livestream macht es leider möglich –, bei denen sich die sogenannte Musikfarbe, die Zusammensetzung des Schlagermülls, wohl um eine Nuance von der vergleichbarer Sender unterscheidet & deshalb goutiert wird. Draußen auf der Bahnhofstraße wird das »Westerholter Sommerfest« mit der »Westerholter Kunstmeile« angekündigt. Ein parteiloser Clown, der bei den Kommunalwahlen kandidiert, hat fleißig Plakate geklebt. Will sich für die Belange der Bürgerinnen & Bürger einsetzen, die interkommunale Zusammenarbeit in allen zehn Kreisstädten forcieren. Es gibt in der Bahnhofstraße mehrere Bestattungsinstitute, den *Westerholt Grill* mit griechischen Spezialitäten, *Haar Creativ, Trink & Spar*. Weitere handfeste Angebote sind Hydraulik-Service (Schläuche & Armaturen) & Warenautomaten-Aufstellung (Verkauf & Service). Der *Kunsthof* in einer Seitenstraße bietet »Kunst« zum Wohlfühlen & für die Reise zu sich selbst: neue Wege, Raum für Lebenskunst, neue Türen öffnen, verborgene Neigungen entdecken usf. Die fragmentarische Suche nach einer neuen Lebensweise, von der Guy Debord spricht, kann damit nicht gemeint sein. Die revolutionäre Transformation der Welt, die allen Vorstellungen von Überfluß Recht geben wird. Denn sollten die Menschen ihre verborgenen Neigungen wirklich entdecken, sie würden sich wohl kaum noch zufriedengeben mit Yoga & farbenfrohen Pinseleien. Stoppt die chronische Volksvergiftung durch Müllverbrennung!

Fordert eine linke Protestpartei. Ein Radfahrer, vollbärtig, er mag vielleicht 50 sein, fährt mit einer Deutschland-Fahne am Lenker durch Westerholt. Was ist das? Wir bringen Sie überall hin. Verspricht ein Taxi-Unternehmen. & das ist hier auch nötig, weil der öffentliche Verkehr einen keineswegs überall hinbringt. Mode – Röcke, Kleider, Blusen, Hosen. Ein Laden mit Kitschbildern im Schaufenster. Accessoires für ein schönes Zuhause, die »maritimen« Artikel sind um 30 % reduziert. An zwei Tagen im August bleibt das Geschäft geschlossen. Wir kaufen für den Herbst ein!!!! Ich möchte nicht wissen, welcher Herbstlaub- oder Kürbisirrsinn danach im Schaufenster zu sehen sein wird! Ein LKW von einer auf Wasserschadenbeseitigung spezialisierten Firma parkt in der Bahnhofstraße. In der es auch Angebote für ambulante Kranken- & Beatmungspflege gibt. Außerklinische Heimbeatmung. Eine Bushaltestelle heißt noch immer Westerholt Bahnhof, als hätte die Stadt nur ungern Abschied genommen von ihrem Bahnanschluß. Kurz vor der Bahnunterführung steht eine gelbe Grubenlokomotive als Denkmal. Eingesetzt in der Kohlenförderung auf dem *Bergwerk Lippe*, Schachtanlage Westerholt, Außerbetriebnahme 1999. Die *Bürgerschützengilde Westerholt 1583 e. V.* lädt zum Vogelschießen auf dem Schießstand in Westerholt ein. Erscheinen im Schützenrock ist erwünscht. Vor der Unterführung zweigt von der Bahnhofstraße die Straße Zum Bahnhof ab, von Bäumen gesäumt, & nach einem kurzen Stück erreicht man das etwas versteckt liegende Bahnhofsgebäude tatsächlich. Es steht leer, wirkt mit seinem Krüppelwalmdach rustikal, die Fenster sind eingeschlagen. Daneben hat eine Supermarktkette eine langweilige Halle hingestellt. Dahinter sind die Gebäude des *Bergwerks Lippe* zu sehen, kubische Formen, ein ummantelter Förderturm. Erst vor kurzem stillgelegt, hat es nicht die Aura des historischen Industriedenkmals. An den Gleisen, die noch immer vom Güterverkehr genutzt werden, fährt ein Kohlenzug an dem aufgegebenen Bahnhof & dem Bergwerk vorbei. Hinter der Bahnunterführung geht die Bahnhofstraße weiter. Mit dem *Westerholter Spielsalon,* einer aufgegebenen Kneipe, deren Schriftzug kaum zu entziffern ist. Spiel- & Freizeit nonstop. Ein Schild weist auf das nahegelegene Theodor-Fliedner-Haus, ein Altenheim. Ofenfrische Pizza, leckere Döner. Ein Raumausstattermeisterbetrieb, der dieses Kompositum auch so schreibt & nicht zerhackt. Gardinenpflege, Sonnenschutz, Insektenschutz, Aufarbeitung von Polstermöbeln. Steinchenteppich – der vielseitige Bodenbelag. Solartechnik, Rohrreinigung. Das Funktionelle ist das, was praktisch ist. Heißt es im »Elementarprogramm des Bureaus für einen Unitären Urbanismus«. & praktisch ist einzig die Lösung unseres Grundproblems: die Verwirklichung von uns selbst. Unsere Lossagung vom System der Isolierung. Das ist das Nützliche. Das Bergwerk zieht mich magisch an & ich biege in die Geschwisterstraße ein, um mich dem Bergwerksgelände zu nähern. An der Straße eine Bergarbeitersiedlung, mutmaßlich aus den zwanziger Jahren, trutzige Häuser mit Giebeln & grünen Fensterläden, eine *Glückauf-Apotheke,* die in einem Aushang, auf dem ein harmlos aussehendes Schweinchen abgebildet ist, über die Schweinegrippe informiert: Fakten, Infos & Empfehlungen. Es gibt einen Getränkemarkt, die Notversorgung mit Getränken übernimmt *Gigi's Kiosk.* Irgendwann ist die Stadtgrenze zu Gelsenkirchen erreicht, deren Verlauf hier etwas willkürlich erscheint, mitten durch Siedlung & Zechengelände. Der Eingang zum *Bergwerk Lippe.* Der preußische Staat brauchte große Mengen Kohle für die verstaatlichte Eisenbahn & auch für die kaiserliche Marine. Als August Thyssens *Gewerkschaft Deutscher Kaiser* Liquiditätsprobleme hatte, griff der preußische Staat zu & erwarb einen umfangreichen Anteil an den Kohlenvorräten des Ruhrreviers. Ab 1903 Errichtung von Bergwerken in Waltrop, Ahlen, Gelsenkirchen, Dorsten & Marl, die spöttisch »fiskalische Zechen« genannt wurden. Zahlreiche Gebäude aus der Gründerzeit. Das Fördergerüst über Schacht 2 war das einzige im Ruhrgebiet, das bei einem Bombenangriff zerstört wurde. Neuer Zentralförderschacht in den fünfziger Jahren; 1998 Vereinigung mit dem *Bergwerk Fürst Leopold* in Dorsten zum *Verbundbergwerk Lippe.* Das stillgelegte Bergwerk sieht aus, als wäre es eben erst verlassen worden. Noch immer vorhanden sind Briefkästen für Verbesserungsvorschläge, Krankenscheine, Kohlenkarten & Alarmzettel der Grubenwehr. Das Pförtnerhaus ist besetzt, & ehe ich auch nur Anstalten mache, mich zu nähern, gar das Gelände zu betreten, werde ich schon vertrieben. Privatgelände! Ich murmle irgend etwas Unfreundliches & mache mich – betont langsam – davon. Das ist eine klassische »verbotene Stadt« in der Stadt, von denen das Ruhrgebiet einst in allen Zonen durchsetzt war. Unverbundene, monofunktionale Einheiten. Verbunden durch ein System des Nicht-Verbundenseins. Das Ausbildungsgebäude an der Egonstraße ist verlassen. Bereits wieder auf Hertener Stadtgebiet befindet sich der *Gasthof Fousek* – Hotel, Restaurant, Bundeskegelbahn, Biergarten, offenbar eine Institution in diesem Viertel. Weitläufige Räumlichkeiten, ein großer Garten, in dem an diesem Sommertag die meisten Gäste sitzen. Tische sind mit Stoffservietten zum Essen eingedeckt. In der Vitrine steht eine riesige Schwarzwälder Kirschtorte. Schönes Wochenende, schöner Feierabend, nur das Beste! Quillt es stumpfsinnig aus dem Radio. In einem Gespräch ist von zwei »Doktoren« die Rede, von denen einer Türke & einer gar kein Doktor sein soll, ein schwules Paar & als eines der ersten in Deutschland verheiratet. Ein Gast mußte irgend etwas zu ihnen liefern. Es ist kurz vor 18 Uhr, & einige verlassen jetzt den Gasthof, was die Bemerkung nach sich zieht: Um sechs sind alle weg! So sieht es allerdings gar nicht aus. Drei ältere blonde oder blondierte Frauen sind hinter der Theke zu Gange & servieren ununterbrochen Biere in den Garten. Unterhalten sich über irgendeinen Gossenprominenten aus dem Fernsehen, der sich eine Insel in Kanada gekauft haben soll. Hast du das schon gehört? Über eine Kreuzfahrt von Passau nach Budapest & eine Moseltour. Eine der Frauen heißt Elke. Eine Renate wird auch erwartet. Wann kommt die denn? Unablässig treffen Senioren im *Gasthof Fousek* oder auch: *Alt-Fousek* ein. Die *Alte Mühle* in der Körnerstraße, eine Kneipe in einem kleinen, mit einer hölzernen Mühle dekorierten Häuschen, hat geschlossen. Kinder treffen sich vor einem Kiosk. Das *City Café*, auch: *City Pub*, hat gerade Betriebsferien. Bratfertige Rouladen werden angeboten, Blumenkunst & Geschenke mit Herz. Eine Änderungsschneiderei bietet ihre Dienste an: Ändern, kürzen, längen, weiten, engen. In der Bahnhofstraße hat eine Kneipe mit dem Namen *Dolphin* geöffnet. Das Lokal ist mit maritimem Tand ausstaffiert (aus dem Sonderangebots-Ramsch des nahegelegenen Dekorationsladens?), Photos zeigen eine Frau mit einem Delphin. Der einzige Gast ist graubärtig & ausgemergelt. Die Parole wird ausgegeben: Blau & weiß ein Leben lang. Wenn das im nördlichen Revier, so nahe an Gelsenkirchen, nicht ohnehin selbstverständlich sein sollte. Die dominierende Farbe blau verbindet hier das Maritime mit der *Schalke*-Devotion. Eine Reproduktion der so inflationär in Kneipen anzutreffenden Hopper'schen *Nighthawks* hätte aber nicht sein müssen. Dann betritt die Frau, die auf den Bildern mit Delphin abgebildet ist, die Kneipe. Guten Abend! Morgen spielt *Schalke* wieder! Ein unumgehbares Gesprächsthema, Vorfreude, offenbar auch bei den Damen. Eine Frau wird begrüßt & gleich gefragt: Hast'n Kater? Aber nein, sie habe heute noch keinen Alkohol getrunken. Als ob einem der Kater nicht vom Vortag nachhinge & das Weitertrinken nicht lindernd wirken würde! Schrei nicht so! In der Goethestraße finden Erdbewegungen statt, deren Zweck sich mir nicht erschließt. Ein großer Erdhügel setzt immerhin einen Akzent in der langweiligen Wohnstraße. Ein Denkmal, das eine gebückte Frau zeigt, wird auf einer Tafel als »Die Boonpötterin« erläutert – das plattdeutsche Wort für Bohnenpflanzerin. Es war in früheren Zeiten die Bezeichnung der umliegenden Gemeinden für die Westerholter, weil sie in harter Feld- & Gartenarbeit dicke Bohnen anbauten. Die Skulptur erinnert den Betrachter, die Erde zu lieben & die Überlieferungen zu achten. Hauptsache harte Arbeit – im Garten oder unter Tage oder wo auch immer. Die Stadt stellt sich dar als eine Ansammlung von Zonen, Anhängseln, Ausfransungen. Enklaven, die gemeinsam mit der Stadt in dem Bereich existieren, den wir Peripherie nennen. Wo ist das Zentrum? Ist das die Innenstadt von Herten? Oder die Altstadt der trotzig auf Abgrenzung von Herten bestehenden Kleinstadt Westerholt? André Corboz sagt: Eine auf Harmonie ausgerichtete Ästhetik läßt nicht zu, die Beschaffenheit dieser Peripherie zu begreifen. Ich versuche sie zu lesen. Aber was gibt es zu lesen? Wie vielschichtig ist der Text dieser Zonen, wie eintönig? Der *Adlun-Grill* ist ein Imbiß mit ein paar Sitzgelegenheiten. Bei uns schmecken Sie den Unterschied! An der Ecke Malteser-/Storcksmährstraße hat ein aufgelassenes Lokal einen großen Garten. In der Storcksmährstraße auch ein Hallenbad mit der dazu passenden Trinkhalle *Zum Hallenbad,* auf der Leuchtschrift stilisierte, blaue Wellen. Die Straßen sind aufgerissen, & die berühmte rote Erde kommt zum Vorschein. Bratwurstgeruch weht herüber. Kurz nach dem Hallenbad kommt schon die nächste Trinkhalle. Männer in

Arbeitsklamotten sitzen mit ihren Bierflaschen am Boden. Tafeln kündigen exclusives Wohnen an, mitgestaltbare Grundrisse: Grüne Mitte Westerholt. Wovon aber soll nun Westerholt die Mitte sein? Oder ist die Mitte von Westerholt gemeint? Hier in der Nähe befand sich jedenfalls mit dem Rathaus der Mittelpunkt der Stadt Westerholt, die *Rathaus-Apotheke*, aber auch die *Ratsstuben* in einem flachen Vorbau eines Wohnhauses aus den siebziger Jahren, erinnern daran. Die *Ratsstuben* sind auch mit maritimem Kitsch dekoriert, Leuchttürme & dgl. treffen etwas dissonant auf die mit Fachwerkzitaten auf westfälisch getrimmte Stube, auf Ansichten von Alt-Westerholt. Alte Männer & Frauen sitzen rund um die große, den Raum dominierende Theke. Die Zapfanlage schmückt eine Kapitänsmütze – ein Karnevalsmodell. Ältere Damen unterhalten sich über Kuren. Einer ist noch nie eine angeboten worden. Sie wird dazu ermuntert, alles mitzumachen. Würfelspiele werden gespielt. Ein Gast fordert die Wirtin auf, ihm Luft zuzufächern. Sie gibt ihm einen Plastikdeckel, mit dem er aber nicht zufrieden ist, weil er ja nicht selbst an seinen Rücken kommt. Ich brauch einen Neger! Ich verlasse das Zentrum von Westerholt Richtung Osten. Die Breite Straße ist eine Allee mit Parkplätzen auf dem Mittelstreifen, steigt an. Wohnbau, Häuser, Gärten. Schon kündigt ein Schild ein Gewerbegebiet an. Die Breite Straße überquert auf einer Brücke die Bahnstrecke. Vorbei an Fachhandel für Marmor, Granit, Treppen, Fensterbänke, Küchenplatten. Das *Steak-Restaurant Adria* hat einen kitschigen Vorgarten. Hinter der Brücke lockert sich die Bebauung auf, & es sieht jetzt auch wirklich aus wie in einem Gewerbegebiet. Das Festhalten am Begriff Stadt stellt uns vor Probleme, wenn wir die heutigen Megalopolen erfassen & beschreiben wollen. Sagt André Corboz. & wie hängt dieses Alt-Westerholt mit diesem Gewerbegebiet, das man mit dem Auto in wenigen Minuten erreichen kann, zusammen? Wo Reparaturen aller Art angeboten werden. Karosseriearbeiten, Reifenservice & Fahrzeugpflege. Industriemontagen. Wo es ein Fliesenfachgeschäft gibt (Wandfliesen, Mosaik, Bodenbeläge). Ein Recyclingcenter. Entsorgung von Baustoffen, Erdbewegungen. Die Grenze Westerholt–Langenbochum ist erreicht. Die Breite Straße wird zur Schlägel & Eisen-Straße. Ein Malerfachbetrieb (mit Brief & Siegel) bietet Maler- & Tapezierarbeiten an. Raumgestaltung,

Bodenbelagsarbeiten, Wärmedämmung, Fassadenarbeiten usf. Die *Bodrum Eventhalle* steht für ich weiß nicht welche Ereignisse zur Verfügung. Eine Seitenstraße heißt Auf dem Hochstück. Dort verspricht der Bezirks-Schornsteinfegermeister bis zu 70 % Energieeinsparung. Kompetente Beratung hilft, Kosten zu sparen. Energieberatung, Abfallkonzepte, Regenwassernutzung, Gebäudeanalytik usf. An der *Festhalle Klas* – die Hertener lagern ihre Feste scheinbar bereitwillig ins Gewerbegebiet aus – hat sich ein Menschenknäuel gesammelt. Grillgeruch weht herüber. Dann nähert sich eine hupende Autokolonne. Das Brautpaar trifft ein – eine libanesische Hochzeit. Böllerschüsse. Ein Plakat, & es ist ja auch Kommunalwahlkampf gerade, behauptet: Jedes 3. Kind in Herten ist arm. Gegen Hartz IV & Niedriglohn! Der *Hof Wessels,* Bauern-Café mit Hofladen, konterkariert die Gewerbeparkatmosphäre & läßt Westfälisches einsickern. Fit wie ein Wellenreiter! Blökt ein Werbespruch dazwischen. Jetzt Fahrzeugcheck machen & eiskalt tolle Kühlbox abräumen! Eine Gewerbehalle kann noch angemietet werden. Dann wird es wirklich ländlich, Äcker & Bäume treten ins Bild. Aber auch eine Rohrleitung verläuft parallel zur Straße. Am Horizont sind schon wieder Häuser zu sehen & Fördertürme. Eine Unterführung unter einer Werksbahntrasse setzt einen Akzent, strukturiert die Wahrnehmung. Dahinter beginnt eine weitverzweigte Zechensiedlung. Das ist keine der Vorzeigesiedlungen auf der *Route Industriekultur.* Die Fassaden sind schmutzigbraun, der Gesamteindruck ist desolat. An der Kreuzung Feldstraße scheint dann die Mitte von Langenbochum erreicht. Dort neuere Bebauung. Darunter auch ein groteskes Gebäude, das wie eine Parodie auf die Postmoderne wirkt, mit Erkern, Rundungen & einem schiefen Dach. Schon wieder eine *Glückauf-Apotheke.* Auch Langenbochum ist um eine Zeche gewachsen, das *Bergwerk Schlägel & Eisen.* Auf der Feldstraße wird vor Spurrillen gewarnt. Es gibt ein Änderungs-Atelier. Einen Spezialisten für die Planung & Durchführung von Montagen im Konstruktions-, Anlagen- & Maschinenbau. Autoteile & Zubehör. Ein *Haarstudio:* Wir machen Haare nach Ihrem Kopf! Ein Schild erinnert an die *Internationale Bauausstellung Emscher Park,* verweist auf die IBA-Projekte der Stadt Herten: Naturerlebnisgarten Paschenberg, Ökologisches Wohnen Paschumer Tal, Kinderfreundliche Siedlung Feldstraße, ZukunftsZentrum (ZZH) usf. Auf einer freien Fläche soll eine Siedlung entstehen. Denn im Ruhrgebiet schafft man es erstaunlicherweise, bei abnehmender Bevölkerung immer noch mehr zuzubauen & immer noch mehr Flächen zu versiegeln. Das Bauprojekt an der Feldstraße hat den dämlichen Namen »Siedlung Freiwiese« bekommen. Grundstücke mit Kinderbonus, Hertener Siedlungen mit Energie. Ich baue hier! Verlassen liegt das Zechengelände in der Abendsonne, das von zwei Fördertürmen dominiert wird, dem imposanten Stahlkastenstreben-Fördergerüst über dem Hauptförderschacht & dem niedrigeren Strebengerüst über Schacht 3. Die *Zeche Schlägel & Eisen 3/4/7*, 1873 gegründet, bestand vor dem Ersten Weltkrieg aus drei selbständigen Schachtanlagen. In den dreißiger Jahren Ausbau der Anlage 3/4 zur Zentralschachtanlage; 1989 Verbund mit dem *Bergwerk Ewald*. Über Schacht 3 steht das älteste erhaltene deutsche Strebengerüst der Bauart Promnitz in Nordrhein-Westfalen, ein dreibeiniges Gerüst. Ansprechpartner ist die *RAG Montan Immobilien GmbH*. Unbefugten ist das Betreten der Bergwerksanlagen nach § 3 (2) BVOSt des Landesoberbergamts NRW vom 22. 7. 1970 verboten. Die Schienen zum Bergwerk sind zugewuchert, ein Stellwerk zugemauert. Das nahe *Union-Eck* hat geschlossen. Es dämmert, am Pförtnerhaus des Bergwerks schalten sich Lichter ein. Eine Köln-Ehrenfelder Kohlenhaspel (Haujahr 1951) ist als Denkmal aufgestellt worden. Schildern am Eingang ist zu entnehmen, daß auf dem Zechengelände die *Deutsche Steinkohle AG* noch mit ihrem Servicebereich Technik & Logistik vertreten ist oder das zumindest war, außerdem *Siemens Building Technologies GmbH & oHG*. Den Zustellern wird mitgeteilt: Bitte die Sendungen für die *RAG Deutsche Steinkohle AG* weiterleiten an: *RAG Aktiengesellschaft,* Shamrockring 1, 44623 Herne. Oder mit neuer Anschrift zurück an den Absender. Ein gruseliges Denkmal erinnert an den 1. Weltkrieg: Unseren Helden! Weitere Verbotsschilder untersagen das Betreten & Befahren des Werksgeländes durch Unbefugte. Hochspannung Lebensgefahr! Ist an einer Schaltanlage der *E.ON Kraftwerke GmbH* zu lesen. Das Ruhrgebiet, die Pariser Region oder die Peripherie Mailands als chaotisch zu bezeichnen & sie (widersprüchlicherweise) einer ihnen innewohnenden Monotonie zu bezichtigen bedeutet, sich in eine ideale Position zu begeben, von der aus kein Verstehen möglich ist. Sagt André Corboz. Es ist schon Viertel vor neun & hat noch immer 27° C. Ich laufe zurück nach Langenbochum. Leider hat die *Bauernstube* an der Feldstraße geschlossen. Die Pfarrgemeinde Maria Heimsuchung unterhält nebenan eine Bücherei. Die Gaststätte *Bella Nora* ist – das ist auf den ersten Blick nicht zu erkennen – in türkischer Hand. Ein Flaschenbier bekomme ich trotzdem. Es ist stickig, Männer haben sich um einen großen Bildschirm geschart, auf dem Fußball läuft & nehmen regen Anteil an was weiß ich welchem Spiel. Wasserpfeifen stehen herum. Für den 20. August ist der Wochenmarkt an der Kranzplatte angekündigt. An der Langenbochumer Straße ein häßlicher Neubau mit einer Passage im Erdgeschoß. Dort werden dauerhafte Haarentfernung, Altersfleckenentfernung & Hautverjüngung angeboten. & es gibt auch eine Kneipe, das *Café Tauschlag,* geschmacklos eingerichtet, mit viel zuviel Zierrat. Um die zentrale, ovale Theke sind viele ältere Herrschaften versammelt. Es ist kurz nach neun, & ein altes Ehepaar benötigt schon ein Taxi nach Hause. Das dauert mindestens zehn Minuten! Wird ihm beschieden. Im Fernsehen läuft das erste Bundesliga-Spiel der Saison, wenn ich recht verstehe. Eine Frau erzählt: Seit 22 Jahren renne ich auf den Fußballplatz mit ihm, jedes Wochenende! & berührt ihren neben ihr sitzenden Mann dabei zärtlich an der Schulter.

Untersuchungsgebiet Hustadt

mit Jakob Kolding

Also zurück in die Stadt. Oder man fährt bis zur Endstation einer U-Bahnlinie, einer Buslinie. Auf dem Aspei, Merianstraße. An einem regnerischen Samstagnachmittag vielleicht, & der Bus leert sich, hat bald seine Endhaltestelle erreicht. Eulenbaumstraße, Schattbachstraße, Paracelsusweg. Den Wendeplatz, wo er eine halbe Stunde neben einem Kriegerdenkmal warten wird, wo der Busfahrer seine Ruhepause hat. Bis zur Rückfahrt, auf der er sich dann langsam wieder füllen wird, an den Haltestellen Schattbachstraße, Eulenbaumstraße usf. die im Regen stehenden Wartenden einsammeln. Hinter den Bäumen ist die Hustadt zu erahnen. Eine Hochhaussiedlung mit »Trabantenstadt-Charakter«, die sogenannte Universitäts-Rahmenstadt in unmittelbarer Nähe der Universität. Der Künstler K., so heißt es, sei aufgewachsen in einer gesichtslosen Vorstadt von Kopenhagen. Er habe über diese Trabantenstadt, die erbaut worden sei in einem politischen Klima des sozialen Ausgleichs & des Strebens nach einer halbwegs gerechten Grundversorgung, keineswegs nur Negatives zu berichten. In den Städten, in denen er ausstelle, suche er die dortigen Vorstadtsiedlungen auf. Also tun wir es ihm gleich. Fragen uns: Gleichen sich diese Stadtrandsiedlungen in Bochum Wien Kopenhagen Mailand? Warum ja, warum nicht? Was bestimmt einen Ort? Die Architektur? Die Raumplanung? Die Menschen?

Geographie der Ungleichheit: Wie in anderen Städten gibt es auch in Bochum Stadtteile, die im wesentlichen einem einzigen Zweck dienen. Die beispielsweise nur dem Arbeiten, dem Einkaufen oder dem Wohnen dienen. Die Stadt sollte in getrennte Funktionsbereiche für Wohnen, Arbeit & Erholung gegliedert werden. Diese Funktionsbereiche sollten jeweils ganze Viertel umfassen. Angestrebt wurde eine Funktionstrennung im größten Maßstab, die Aufteilung der Stadt. Die Stadt als Gabentisch, als Medium der Ausbeutung. Mit der Einteilung nach Klassen & Einkommen bzw. Besitz korrespondiert die Teilung der Stadt in Funktionen. Konzentration von Wohnungen. Von öffentlichen & privaten Folgeeinrichtungen. Machtverhältnisse & ihre räumliche Ausprägung: Was Funktionstrennung ist & bedeutet. Wo das Leben neu geordnet wird, hat alles & jedes seinen Platz. Konzentration von Kleinindustrie & Gewerbe. Geographie der Trennung: arm & reich, weiß & nicht-weiß, inländisch & ausländisch usf. Die Alten kommen ins Altenheim, die Kinder in den Sandkasten. Die Jugend bekommt ein Jugendzentrum, die Studenten ein Studentenheim. Usf. Neben einer breiten Skala von Arbeitsplätzen sollten an den Knotenpunkten möglichst viele Wohnungen konzentriert werden, so daß innerhalb von 15 Minuten Gehzeit im Endausbau im Regelfall eine Einwohnerzahl von mindestens 30.000 bis 40.000 erreicht wird. So der Handlungsplan der Landesregierung, in dem es auch heißt, daß die Möglichkeit einer stärkeren Verdichtung von Wohnungen untersucht werden soll.

Organisation oder Desorganisation? Wo ist die Stadt? Der polyzentrische Siedlungsraum des Ruhrgebiets hat sich anders als die meisten anderen Ballungsgebiete nicht durch das Wachsen einer beherrschenden Großstadt, sondern durch die Ausdehnung & fortwährende Vermehrung vieler mittlerer, kleiner & kleinster Zentren zur heutigen Stadtlandschaft entwickelt. Im gesamtstädtischen Siedlungsbild widerstehen die in sich geschlossenen Einzelräume & Sonderlandschaften bis heute einer totalen Integration, so daß sich das Erscheinungsbild einer dichten, aber unterschiedlich strukturierten & flächenmäßig weit auseinandergerissenen Stadtlandschaft mit festen Siedlungseinzelkernen in einer locker gefügten städtischen Industriegroßlandschaft darbietet. Aber das urbane Geflecht existiert nicht unabhängig von menschlichem Verhalten oder von zeitgenössischen & historischen Kontexten. Die Landesregierung hat es beispielsweise für notwendig angesehen, einen Handlungsplan für den Zeitraum von 1968 bis 1973 aufzustellen. Um die Zukunftsaufgaben bewältigen zu können, sind neue Strategien & Schwerpunktsetzungen in den unterschiedlichen kommunalen Handlungsfeldern erforderlich. Heißt es in einer Beschlußvorlage der Verwaltung zur integrierten Stadtentwicklung aus dem Jahr 2007. Die zukünftigen Aufgaben werden stärker als heute in der Stabilisierung & Aufwertung von Stadtquartieren, in der Innenstadt- & Stadtteilzentrenentwicklung sowie der Verbesserung der Wohnsituation & Lebensqualität liegen. Aber wo ist die Stadt? Endet hier zwar eine Buslinie & ist auch die Stadtgrenze nicht weit. Ist gleichzeitig aber auch die Entfernung zum Zentrum der

Nachbarstadt nicht groß, folgt auf den Stadtrand, diese vermeintlich peripheren Räume, kein Umland, keine Felder, Wiesen, Wälder, sondern die nächste Stadt. Usf. Kann von peripheren Räumen eigentlich gar nicht die Rede sein, denn wo wäre das Zentrum? Gibt es viele Zentren oder keines. Ein urbanes Patchwork. Eine sich zu keiner Einheit ergänzende Anordnung. Zerfall & Neuzusammensetzung. Prinzip Collage.

Machtverhältnisse & ihre räumliche Ausprägung: Da es keine brauchbaren Rezepte gibt, schreitet die Spaltung der Gesellschaft voran. Auf Dauer ist die Ghettobildung kaum zu verhindern. Wohngebiete mit unattraktiver Wirtschafts- & Bevölkerungsstruktur werden im wesentlichen sich selbst überlassen. Die, für die es sich nicht lohnt, Spezialeinrichtungen zu schaffen, landen in Siedlungen wie der Hustadt. Kommunale Sozialpolitik besteht vor allem in der Verwaltung & Kontrolle des Elends. Die Stadt steht erst am Anfang eines Ausgrenzungsprozesses. Die soziale Spaltung wird, verstärkt durch massenhafte Privatisierung von Mietwohnungsbeständen, in das räumliche Gefüge der Stadt übertragen. Umbau, Umbruch. Stadtumbau West. Gebäudeabbruch, Geländebegrünung. In einer Stadtlandschaft, die geprägt ist von unbenutzten & abbruchreifen Bauten, Auskiesungen, Aufschüttungen & ungeordneter Müllablagerung. Ordnungs- & Pflegemaßnahmen werden ebenso in Erwägung gezogen wie der Abbruch von Altanlagen. Das Ergebnis der Planungsphase in den sechziger & siebziger Jahren sind vor allem jene hochverdichteten Wohnsiedlungen, die keinen Bezug zum traditionellen Siedlungsgefüge haben. Durch die Entwicklungen & die Bevölkerungsfluktuation der letzten 40 Jahre entstand vielfach der subjektive Eindruck einer relativen Geschichtslosigkeit des Stadtteils, der im Widerspruch zur wirklichen Historie steht. Scheinbare Parallelwelten bildeten sich aus, repräsentiert einerseits durch die Universität, andererseits durch das »neue« Querenburg, die Universitäts-Rahmenstadt, & drittens durch die traditionellen Wohnquartiere des »alten« Querenburg mit ihrer alteingesessenen Bürgerschaft. Über die geographischen Überschneidungen hinaus scheinen kaum Berührungspunkte zu bestehen. Unvereinbare Gegensätze werden vereint. Nebeneinandergestellt.

Pläne für die Zukunft: Wo die Vergangenheit beschworen wird, um die Zukunft zu retten, muß es schlecht stehen um die Gegenwart.

Die Namen der Straßen evozieren zunächst Natur & Idylle – Vormholzstraße, Schattbachstraße, aber es ist weit & breit kein Bach zu sehen –, sind dann aber innerhalb der Siedlung nach Medizinern benannt – Robert-Koch-Straße, Hufelandstraße, Virchowstraße. Die Straße führt bergauf, einstöckige Flachbauten zunächst, Reihenhäuser, dann eine Reihe mit dreistöckigen Häusern. Je höher einen der Weg führt, desto höher werden auch die Gebäude, treppenartig übereinandergeschichtet. Der räumliche Auf- korrespondiert dem sozialen Abstieg. Auf dem Backenberg stehen Häuser mit mehr als zehn Stockwerken. Vor- & Nachteile einer solchen Siedlung wären zu erwägen. Dieser Räume, die oft trostlos & unbelebt daliegen. Der Künstler K. bevölkert sie mit Jungs in Kapuzenshirts, die auf Skateboards ins Bild springen oder an Mischpulten frickeln. Junge Männer, die etwas in dem oder mit dem sie umgebenden Raum machen. Zwischen monotonen Fassaden. Die Hustadt war früher ein Ort der Moderne, jetzt trägt sie die Züge eines Ghettos. Die erste Zuzugswelle stand in direktem Zusammenhang mit der Universität als Studienort & Arbeitsplatz sowie der Errichtung des *Opel*-Werks als Arbeitgeber der Neubürger. Im Laufe weniger Jahre änderten sich Charakter & Bevölkerungsstruktur. Jetzt zählt die Hustadt zu den Wohnquartieren mit den höchsten Migrantenanteilen. Hier regieren die Libanesen! Vielleicht kann man die Wohnsilos in ihrer geschichtsvergessenen Einförmigkeit schön finden. Kann Minimal Art assoziieren. Aber was heißt »geschichtsvergessen«? Das ist die Geschichte der Moderne, einer blutlos gewordenen Moderne vielleicht. Wohnutopien. Das sind Trendbrüche des industriekapitalistischen Produktionsprozesses. Transformationen des öffentlichen Raumes. Neoliberale Stadtentwicklung in Europa. Der Künstler K. hat die Vor- & Nachteile dieser Siedlungen selbst erfahren. Wo Arbeiter & Mittelschicht in den siebziger Jahren in einem relativ abgeschirmten Milieu ohne Friktionen zusammenlebten. Der Künstler K. glorifiziert diese Atmosphäre aber nicht. Macht ironische Vorschläge, wie die Häuser bemalt werden könnten. Stellt die Frage: Haben die Bewohner das Recht, die Fassaden der Gebäude & ihre Umgebung zu verändern?

Für wen wurde das alles gebaut? Wer benutzt diese Räume? In diesem weltweiten Umbruchprozeß. Auf dem Backenberg: ein Kinder- & Teenietreff, Migrationsfachdienst, Integrationswerkstatt.

Hustadttreff: Von Frau zu Frau. Zwei kleine Geschäftszentren, an denen sich jeweils noch ein katholisches & ein evangelisches Kirchenzentrum mit Kindergarten anschließen, decken den täglichen Bedarf nur schlecht ab. Bitte diesen Ort *sauber* halten!! Klebt ein Zettel am *Hustadt Kiosk.* Hat es Versuche gegeben, durch die Planung bestimmte Verhaltensmuster in Ihrer Siedlung entweder zu verhindern oder zu fördern? Fragt der Künstler K. Welche? Wie? Auf dem Brunnenplatz ohne Brunnen gibt es neben dem Kiosk auch eine Pizzeria mit dem seltsamen Namen *Bella Beppone,* bei der es sich aber wohl eher um einen Lieferservice handelt & vor der gerade ein Wagen des ärztlichen Notdienstes hält. An dem einzigen Tisch sitzen zwei Frauen mittleren Alters beim Bier. Niemand benutzt im Moment die leeren Räume daneben, in denen zuvor logopädische Behandlungen nach ärztlicher Verordnung durchgeführt wurden: bei kindlichen Sprach-, Sprech- & Stimmstörungen, neurologisch bedingten Sprach- & Sprechstörungen (z.B. nach Schlaganfall), Schluckstörungen sowie Stottern & Poltern. Behandlungen auch nach dem Bobath-Konzept, komplexe Ödem- & Entstauungstherapie, Elektrotherapie. Wird auf einem Zettel die Änderung eines Stichtags angekündigt: In der Hoffnung, daß Sie in den o.a. Zeiten anwesend sind. Bitte ermöglichen Sie, daß unser Beauftragter Zugang zu Ihrer Wohnung erhält. Grautöne, der weite Brunnenplatz im Regen. Dann stechen plötzlich grellgelbe Farbakzente ins Auge, an Hauseingängen & Balkonen, mit denen das Grau des Betons anscheinend aufgelockert werden sollte. Auch auf den Collagen des Künstlers K. finden sich diese gelben Akzente – Flächen, die gegen das Schwarzweiß der Wohnbauten gesetzt sind. Gegen die schwarzweißen Kopien von Bildern. Mitunter disparate & unvereinbare Versatzstücke. Geometrisch-abstrakte Kunst konterkariert die strengen Raster der modernistischen Architektur. Aber auch Fragmente aus Comics, obwohl überall Schilder hängen: Plakatieren verboten! Motive am Rande der Lesbarkeit. Planskizzen, Balkone, die Oberkörper junger Männer. Sperrmüll, irgendwo vor einem der Gebäude abgestellt, ein Herd, ein Sessel. Dazu kontrastierend eine abstrakte Plastik, die man auch in einer derartigen Siedlung aufgestellt hat. Eine Einladung zu ästhetischer Betrachtung also. Eine Einladung, *alles* ästhetisch zu betrachten. Achten wir auf die baulichen Besonderheiten & Gegensätze. Die strengen Raster modernistischer Architektur. Das Lineal ist ein wesentliches Instrument. Es eignet sich sehr gut, um ein Haus zu zeichnen, meint der Künstler K. Achten wir auf Graffiti (Lebanon ist the best), aber auch auf das Gras, das zwischen den Betonplatten sprießt, auf Abnutzungserscheinungen, Materialermüdung. Auf die Versuche, die Wände zu verschiedenen Zeiten mit verschiedenen Farben zu behübschen. Versuchen wir, provisorische Beobachtungsgebiete zu bestimmen – unter ihnen die Beobachtung bestimmter Vorgänge auf den Straßen, aus dem Bereich des Zufalls & des Voraussehbaren.

Auf wen geht die Initiative zum Bau dieser Siedlung zurück? An welche Bewohner hat man gedacht, als die Siedlung entworfen wurde? An welche Art von Familien? An Frauen, die zu Hause arbeiten oder an Frauen, die zur Arbeit gehen? Sind die ursprünglichen Pläne umgesetzt oder sind sie später modifiziert worden? Welche? Warum? Wann? Die Universität liegt weit vom Stadtkern entfernt. Es galt, sie zu integrieren. & es war nötig, sie auch im menschlichen Bereich der Stadt & ihrer Bevölkerung näherzubringen. So entstand ein ganz neuer Stadtteil, die Uni-Rahmenstadt. Zur Zeit scheint ein Betonwahnsinn das Land überfallen zu haben. Wird ein französischer Geistlicher, der Bochum in den siebziger Jahren besucht hat, zitiert. Von gespenstischen Städten, in denen die verschiedenen sozialen Gruppen durch die tiefen Gräben der Autostraßen getrennt sind, ist die Rede. In der Hustadt sind vollends alle liebenswerten, heimatbildenden Merkmale der Wohnstadtteile aus früheren Zeiten ausgemerzt. Die unglückliche Ideologie des neuen Städtebaus, die in so übertriebener Weise »Luft, Licht & Sonne« achtet, muß zwangsläufig jedes Siedlungsgewebe in seine Einzelteile zerlegen. Aber die hohe Bebauung läßt genügend Lebensraum & Platz für liebenswerte, stille Winkel. Es ist Zeit, die Einzelteile zu betrachten. Die aufgeregte Überinstrumentierung mit architektonischen Versatzstücken. Die leider nicht Ausdruck vielfältiger spontaner Lebensäußerungen ist. Herausgelöst aus dem Zusammenhang. Satzfragmente wie: »Chancen der städtischen Demokratisierung«. Der Künstler K. verwendet in seinen Collagen Versatzstücke aus so unterschiedlichen Sphären wie Architektur, Musik, Fußball. Hochkultur, Populärkultur. Man mag sich an die Arbeit von DJs erinnert fühlen oder aber an Konstruktivismus, Avantgarde, vielleicht El Lissitzky, Moholy-Nagy. Wenden wir uns der Geschichte zu, denn geschichtslos ist auch dieser Stadtteil nicht. Einer Meldung aus dem Jahr 1954: Im Rahmen der sozialpolitischen Kampagnen der letzten Jahre wird zur Bekämpfung der Wohnungsnot fieberhaft mit dem Bau von Elendsquartieren fortgefahren. Stahlbeton ist das Lieblingsmaterial der Stadtplaner. Dieser Werkstoff eignete sich zwar für flexibelste Formen, wird jedoch nur zum Bau rechteckiger Gebäude benutzt. Es ist der Kasernenstil, & das Haus der fünfziger Jahre ist eine Schachtel. Die autogerechte Stadt schafft freie Räume, die schnelle Truppenbewegungen ermöglichen. Ein breites Autofahrband zur Innenstadt. Ordnungs- & Disziplinarmuster des Militärwesens. Eine Stadt voll sinnlosem Lärm & Gedränge, die von Idioten erbaut wurde. Auf dem Reißbrett entworfen. Separation ist Trumpf. Wer immer noch glaubt, die neuen Zentren seien ein Rezept für städtisches Leben, sollte einmal einen halben Tag hier verbringen. & wird dann vielleicht die Faszination spüren, die den im Geist der Moderne geplanten Stadtteilen innewohnt.

Die Auswirkungen der Stadtplanung auf Gebäude & öffentliche Räume: Nicht Zufall also, sondern Ordnung? Sinnvoller Zusammenhang von Elementen, die nicht Teilglieder eines Ganzen, sondern selbständige Größen & Wesen sind? Wer nutzt den Raum? Wer ist davon ausgeschlossen? Was ist akzeptables Verhalten? Visuelles & räumliches Chaos. Wird man vielleicht feststellen. Wird vielleicht Jungs in Kapuzenshirts sehen auf dem großen Platz, vor den leerstehenden Ladenlokalen. Collagen eingebettet in das Weiß des leeren, sie umgebenden Blattes. Das Grün der unbebauten Flächen ringsum. Motive am Rande der Lesbarkeit. Aufschriften & Graffiti & was sie bedeuten. Manche Engel sind wie Du & Ich. Hier regieren die Libanesen! Den Protest nach Düsseldorf tragen! Parolen, die der Künstler K. nicht kritisiert, aber auch nicht unterschreibt, wie es heißt. Fragmente, die vermeintlich die Lösung der Probleme ankündigen. Oder Verwirrung stiften. Chaos in die Ordnung bringen. & das wäre ja die Aufgabe von Kunst. Ich bin voll dicht & will pennen. Pershing Unfall = 3. Weltkrieg. Ich grüße alle, die ich kenne! Invasion aus dem Weltraum. Modelle für eine Neugestaltung der Stadt. Hier sind Türken unerwünscht! Sexisten raus! Ein Abdullah wird als Schwein bezeichnet. & dazwischen immer wieder Liebesschwüre auf den Mauern, an den Wartehäuschen an den Bushaltestellen. Eulenbaumstraße, Schattbachstraße. Gibt es hier Freizeiteinrichtungen wie Sportplätze, Spielplätze? Bibliotheken & kulturelle Einrichtungen? Welches Verhalten ist erwünscht & welches nicht? Perzeptive Verhaltensforschung & Selbstbeobachtung. Bietet sich dem Besucher kein Ort, an dem er sich niederlassen, keine Kneipe, kein Café, in das er sich setzen kann. Könnte er sich am Kiosk zwar ein Bier kaufen, wird sich bei diesem naßkalten Wetter aber doch kaum auf eine Bank setzen wollen, auf den Brunnenplatz. Wird also die Untersuchung der Inneren Hustadt zu einem Ende kommen, denn der Besucher kann ja nicht einfach irgendwo klingeln & Einlaß begehren. Wird vielleicht weitere auffällige Farbakzente bemerken beim Heruntersteigen vom Backenberg, rote Farbakzente auf Balkonen möglicherweise, an Müllräumen vorbeikommen & an einer geschlossenen Kneipe, die den Namen *Obelixx* trug, wie man noch erkennen kann, & an dem einzigen alten Fachwerkhaus, das 1486 erstmals erwähnt worden sein soll & in dem sich ebenfalls eine Gaststätte befindet: *Koch's Kotten*, mit Biergarten & Heuboden. Wenn die Gaststätte am Abend öffnet, wird man dort kanadischen Wildlachs essen können.

Pläne machen für die Zukunft: Um die Zukunftsaufgaben bewältigen zu können, sind neue Strategien & Schwerpunktsetzungen in den unterschiedlichen kommunalen Handlungsfeldern erforderlich. Lokale »Überwinterungsstrategien«, deren Grenzen man erkennen sollte. Die Annahme, alternative Stadtpolitik könne die Ursachen der gesamtgesellschaftlichen Krise bewältigen, ist mit Sicherheit unrealistisch. Dafür ist die Reichweite der Lokal- & Kommunalpolitik viel zu begrenzt. Der Stadtplanung & der lokalen Initiativen. Die Folgen des sozialen Umbruchs können lediglich abgemildert werden. Jedes andere Verständnis mündet zwangsläufig in Lokalborniertheit. Im ganzen handelt es sich um einen allmählichen Prozeß der Polarisierung, der mit einem Bedeutungsverlust der Lebensbereiche, die weder öffentlich noch privat sind, verbunden ist. Wird ein Prof. B. zitiert. Stadtumbau ist eine Investition in die Zukunft von Stadtquartieren, da neben der Anpassung des Bestandes auch Chancen für eine Weiterentwicklung geboten werden. Die Aufgaben umfassen vor allem die Stabilisierung, Aufwertung & »Schaffung von Urbanität« in Bereichen, in denen die Siedlungsstruktur den Erfordernissen der Einwohner- & Wirtschaftsentwicklung angepaßt, die Wohnsituation &

Lebensqualität sowie die Arbeits- & Umweltverhältnisse verbessert, nicht mehr bedarfsgerechte bauliche Anlagen einer neuen Nutzung zugeführt oder zurückgebaut & freigelegte Flächen einer nachhaltigen städtebaulichen Entwicklung oder einer hiermit verträglichen Zwischennutzung zugeführt werden sollen. Phantom Urbanität. Wie man sich die vorstellt. Jedenfalls nicht wie die Hustadt. Die Topographie der Nachkriegsmoderne. Die neuen Siedlungen kennen kein erlebbares Innen & Außen mehr, keine einschließenden Fassaden, keine Platzwände. Nur noch öde, billig montierte Baukörper, die rundum isoliert gegeneinander stehen & keine gestalthaften Zwischenräume mehr bilden können. Unsere Vorstellung von Stadt scheint sich an historischen Beispielen zu orientieren. An Rothenburg ob der Tauber oder gleich an Todi, Umbrien, an sanierten Gründerzeitquartieren vielleicht. Weil die moderne industrielle Großstadt in mancher Hinsicht weniger städtisch ist als viele ältere Städte. Aber der Künstler K., der in den siebziger Jahren in einer Trabantenstadt von Kopenhagen aufgewachsen ist, hat nicht nur Negatives zu berichten. Junge Männer machen etwas aus den Räumen, die sie umgeben & die oft trostlos & unbelebt daliegen. Elemente werden miteinander kompatibel, deren Größe & Kontext in Wirklichkeit nicht zusammenstimmen. Ein schwarzer Junge mit Kopfhörern steht wie ein Riese über einer modernistischen Gebäudestruktur, scheint nach ihr zu greifen. Es ist nicht zu erkennen, um was für ein Gebäude, vielmehr: Fragment eines Gebäudes es sich handelt, um ein Stadion oder um eine groteske Autobahnbrücke. Eine Bildfolge, & immer mehr Jungen, junge Männer bevölkern die Bilder, Fußballer, Musiker, eine Hand mit einer Spraydose greift ins Bild. Langsam verschwindet das Gebäude hinter den Menschen, Männern. Das Imaginäre ist das, was eine Tendenz zur Verwirklichung in sich trägt. Wird ein Autor zitiert, dessen Namen mir entfallen ist. Für eine erste von drei Prioritätsstufen werden von den Gutachtern u.a. die funktionale Aufwertung & Gestaltung vorhandener Plätze wie Brunnen- & Hufelandplatz & die Gestaltung der Straße Auf dem Backenberg als wichtige Verbindung zwischen den Plätzen, die Errichtung eines offenen, markanten »Eingangstores« zwischen Hustadtring & Brunnenplatz sowie die Herrichtung & Umnutzung von Brach- zu Spiel- & Sportflächen vorgeschlagen. Flächenentwicklungspläne. Gentrifizierung oder soziale Erneuerung.

Bewohnbarmachung. Organisation oder Desorganisation. Um einen Ort zu verstehen, ist es notwendig, ihn im Kontext seiner Verflechtung zu betrachten. Das Besondere mißt sich am Durchsetzungsgrad der allgemeinen Ursachen & Konsequenzen des Umbruchs. Kein Wahn ist größer als die heutige Organisation unseres Lebens. Also zurück in die Stadt.

Auf der Wilhelmshöhe

Hommage an Wolfgang Welt

Ich mache mich auf die Suche nach der Wilhelmshöhe. Die Wilhelmshöhe ist ein Literaturort. Sie ist der Fluchtpunkt aller Streifzüge & Abstürze, Ausbruchsversuche, Höhenflüge & Tiefschläge von Wolfgang Welt. Er läßt auch in die Kurzbiographie, die in seinen Büchern abgedruckt ist, schreiben: Geboren 1952 in Bochum, lebt dort (in seinem Elternhaus in der Bergarbeitersiedlung Wilhelmshöhe). & müßte das eigentlich gar nicht tun, denn der Leser jedes seiner unverhohlen & schonungslos autobiographischen Bücher wird umgehend mit der Wilhelmshöhe konfrontiert. In seinem jüngsten Buch *Doris hilft* findet man sich gleich im ersten Satz auf der Wilhelmshöhe: »Kaum aus der Psychiatrie entlassen, holte ich mir auf meiner Mansarde einen runter.« & dann muß sich der Erzähler gleich seiner Wilhelmshöhe versichern, seiner Heimat, seiner Welt, & das ist nicht ganz einfach, weil das *Haus Schulte,* dessen Wirt »Frikadellmann« genannt wird (& in Wirklichkeit Dellmann heißt), geschlossen hat. Schon auf der dritten Seite geht es dann poetologisch in medias res, wenn er schreibt: »Ich wäre sehr gern Schriftsteller geworden, aber was sollte ich schreiben? Sollte ich einen Roman daraus machen, wie ich jeden Tag in die Wirtschaft gehe & mich besaufe?« Aber ja, möchte man ihm zurufen & könnte auch auf Gerald Bisinger verweisen, der seine täglichen Kneipenbesuche sogar in Gedichten aufbewahrt hat. Aber was ist mit der Wilhelmshöhe? Sie ist jedenfalls keine der bekannten Bergarbeitersiedlungen, auf denen einen die *Route Industriekultur* führen würde. & sie ist auf meinem doch relativ zuverlässigen Stadtplan nicht eingezeichnet. Dort finde ich nur die Wilhelmshöher Heide. Klar ist nur soviel, daß die Wilhelmshöhe zwischen der Dortmunder Stadtgrenze & dem *Opel*-Werk II liegt & Bochum-Somborn zugeordnet werden kann. Aber Wolfgang Welt macht mir sowieso nicht viel Hoffnung, seine Wilhelmshöhe im realen Bochum zu finden, denn er beginnt ein kleines Stimmungsbild bereits 1993 mit dem Satz: »Das Ruhrgebiet ist auch nicht mehr, was es einmal war.« Das *Haus Schulte* wird erwähnt, aber es sei schon 20 Jahre her, daß dort der Bär los gewesen sei. Immerhin kann Welt damals noch eine kleine Kneipenrunde machen, dem *Haus König* & dem »Sputnik« (recte: *Bürgerkrug*) einen Besuch abstatten, bevor er weiterzieht zur Kneipe im Bahnhof Langendreer – zehn Minuten zu Fuß, aber der Bahnhof zählt ja schon nicht mehr zur Wilhelmshöhe.

Also mache ich mich auf zur Wilhelmshöhe. Von Lütgendortmund aus, einer Dortmunder Vorstadt mit altem Dorfkern. Eine Brücke führt über den Ruhrschnellweg. Ein Schild weist den Weg zur Justizvollzugsanstalt Bochum-Langendreer. Dann komme ich zum Lütgendortmunder Hellweg. Es ist ein Elend: Die *Brinkhoff*-Brauerei wird jetzt abgerissen, weil man mittlerweile alles aufgekauft & in einer einzigen Dortmunder Brauerei konzentriert hat. Eine *Brinkhoff's Live*-Kneipe gab's dort einmal, auch eine »Haustrunkausgabe«. Das klingt vielversprechend. War das die tägliche Bierration der Brauerei-Mitarbeiter? Immer noch stapeln sich Getränkekästen. Ich laufe auf der Provinzialstraße, eine Autoschneise in Nord-Süd-Richtung, nach Bochum. Nach der Kreuzung zum Hellweg scheint ein Scheitelpunkt erreicht. Einige Häuser stehen leer, eines ist noch immer kohlrabenschwarz. Der Wahlkampf tobt auch hier, & die Nazis scheinen sich Chancen auszurechnen in Dortmund-Lütgendortmund: Jugend wählt deutsch! Arbeitsplätze zuerst für Deutsche! Die Straße führt in eine Senke – eine Bergsenkung? –, dahinter geht es wieder bergauf. Alte Werbeaufschriften der *Ritter*-Brauerei, auch schon lange untergegangen, fallen mir auf. Es gibt ein paar Trinkhallen, einen Pizza-Lieferservice (*La Grappa*), Autoteile, einen Billigsupermarkt. An einem Gartentor steht ein kleiner Junge & fragt mich: »Wollen Sie rein?« Wieso denn das? Was könnte ich in dem Haus wollen? Der Bau eines geschmacklosen Eigenheims scheint in der Rohbauphase steckengeblieben zu sein. Wieder ist ein Scheitelpunkt erreicht, Häuser aus den fünfziger Jahren, blätternde dunkelgraue Farbe. Das erste Bochumer Wahlplakat zeigt mir, daß ich jetzt die Stadtgrenze überschritten habe. Ortsschild habe ich keines bemerkt. Langendreer Ost, so heißt zumindest der Wahlbezirk. Schöne Aussicht & Am Göppersberg heißen Seitenstraßen. Jetzt beginnt eine Zechensiedlung, & das muß doch auch heißen, daß die Wilhelmshöhe erreicht ist. Aber es geht ja schon wieder bergab! Eine Bäckerei mit Stehcafé ist die einzige gastronomische Einrichtung. Sonnige Höhe – auf ein Haus hat man ein großes Sonnenornament gemalt. Auf dem Glück heißt eine

Sackgasse. Das spricht für sich. An der Somborner Straße wuchert hinter dem Zaun, der gegenüber der alten Siedlungshäuser verläuft, soviel Gestrüpp, daß man meinen könnte, am Waldrand zu sein & nicht an der Grenze des *Opel*-Werksgeländes. Man kann hier auch gebrauchte Möbel kaufen.

Dann kommt endlich eine Kneipe: *Irene's Stuben,* Kegelbahn, gutbürgerliche Küche, Gesellschaftszimmer, alles was man braucht. Ein Aushang verrät, was »Uwe's Mittagstisch« Tag für Tag zu bieten hat. In der Gaststätte brennt Licht, aber die Tür ist verschlossen. Ich werde bemerkt, aber nicht eingelassen. Das ist kein gutes Zeichen an einem Freitagabend! Sicherlich ist das eine der Welt'schen Kneipen & wurde in der Zwischenzeit eben umbenannt. Bloß welche? Wer weiß, ob der Frikadellmann noch lebt? Überhaupt besteht die Wilhelmshöhe von Wolfgang Welt ja in erster Linie aus diesen ganzen Gestalten, deren Lebensgeschichte er – so weit sie ihm bekannt ist – immer gleich ausbreitet, wenn er auf sie zu sprechen kommt. Es gibt hier auch einige modernistische, bungalowartige Häuser, die nicht mehr nach Arbeitersiedlung aussehen. Garagen, Vorgärten. Jemand hat eine Europafahne gehißt, jemand hat einen gläsernen Aufzug an sein Haus bauen lassen. Es gibt beträchtliche Höhenunterschiede & steile Straßen in der Siedlung. Mit der *Sportanlage SuS Wilhelmshöhe e.V.* ist definitiv ein Ort der Wilhelmshöhe von Wolfgang Welt erreicht. Er schreibt natürlich auch über seine Fußballkarriere & die Typen, die Ehrenvorsitzende des Vereins waren. Vom Platz aus hat man einen inspirierenden Blick auf die inzwischen leider ausgetrocknete Brauerei in Lütgendortmund. Wohl nicht mehr lange. Es ist aber stimmig, wenn Fußball & Bier so vereint sind. Eine Frau kommt aus einem Hauseingang & fragt mich. »Suchen Sie was?« Ich antworte so unfreundlich wie unaufrichtig & knapp mit »nein« & habe auch nicht den Eindruck, daß die Frage aus Hilfsbereitschaft gestellt wurde. Ich frage mich, wie die Reaktionen wären, wenn ich hier jemanden auf Wolfgang Welt ansprechen würde. Ob man sich darüber ereifert, daß er soviel aus den Biographien der Leute hier preisgibt? Ob man das überhaupt weiß? Es wäre aber höchstens in einer Kneipensituation möglich, diese Frage zu stellen. Überall werden Häuser zum Verkauf angeboten: alte Zechenhäuser oder neue, die noch gar nicht gebaut sind. Die evangelische Kirche, ein Neubau, hat einen eigenartigen

Turm, der eigentlich nur aus einer riesigen Spitze besteht. Der »6. evangelische Kirchenlauf Langendreer« steht bevor. Es schellt, ein Eiswagen kurvt durch die Straßen & macht auf sich aufmerksam. In der Everstalstraße gibt es zumindest eine Trinkhalle in einem Flachbau. An einem Stromkasten stehen zwei Jungs, zwei Mädchen holen derweil die Getränke. Muß man seine Abende heute so verbringen auf der Wilhelmshöhe? Ich habe die Wilhelmshöhe nicht gefunden.

Dérive XXIII: Schalke

Alles ist Scheiße! Die spielenden Jungs, die im Park neben dem Musiktheater auf ihren Fahrrädern die Hügel auf & ab fahren, haben das erkannt. Aber was folgt daraus? Vorerst nichts. Gelsenkirchen wirkt an seinen zentralen Verkehrsachsen, die mitten durch die Stadt schneiden, großstädtisch. Die Straßeninfrastruktur wirkt überdimensioniert & ist es scheinbar doch nicht, sonst würde sich ja nicht immer alles stauen im Ruhrgebiet. Geht man in das Viertel nördlich der Florastraße – in psychogeographischer Hinsicht eine klare Grenzlinie – hinein, ist der Kontrast maximal: ruhige Wohnstraßen, wenig Verkehr. Etwas Gründerzeit, etwas zwanziger Jahre, viel Nachkrieg. Blockrandbebauung, aber viele Grünflächen. Die Grenzstraße macht deutlich, daß eine Zäsur erreicht ist – auch wenn die im Straßenbild & der Bebauung nicht sichtbar ist: die Grenze der Gelsenkirchener »Altstadt« zu Schalke. Atmosphärisch stelle ich keine Zäsur fest. Eine Greisin mit Gehwagen kommt aus einem Kiosk & Callshop in der Liebfrauenstraße. Eine Schnell-Pizzeria & Nudelhaus sorgt für anspruchslose Gastronomie im Viertel. Bald ist die erste *Schalke*-Fahne zu sehen. An der Ecke Münchener Straße/Blumendelle ist eine Kneipe zugemauert worden. Der »Block 68« macht mit einem Graffito auf sich aufmerksam – ein Zeichen, das ich nicht deuten kann. In der Blumendelle ist, wohl in den achtziger Jahren, ein grausiger Öko-Neubau errichtet worden, anscheinend ein Kindergarten. An der Leipziger Straße lockert sich die Bebauung etwas auf. Möglich, daß man auch hier einmal alles gnadenlos durchlüften wollte, Platz schaffen & alles Städtische eliminieren. Eine aufgegebene Kneipe hieß *Grillo* & steht zu vermieten. Das *Internetc@fé Schalke* führt mir vor Augen, wo ich bin. Natürlich ist das Schild blau-weiß gestaltet. Ein Friseur heißt *Studio B*, das Bureau der *Bismarcker Lohsteuerberatung e.V.* hat heute Nachmittag geschlossen. Auf der Straße sind jetzt nur ein paar ältere Männer mit langen Haaren & Bierflaschen zu sehen. An einer Fassade fällt mir eine schön geschwungene alte Leuchtschrift auf: »Fleiss«. In dem Ladenlokal darunter befindet sich längst eine Fahrschule anderen Namens. *Tina's Lädchen*, ein »Änderungs-Atelier«.

Ändere schnell & preiswert. Mir gefällt, daß ein kleiner Kramladen & Handwerksbetrieb sich als »Atelier« bezeichnet. In einem Wohnungsfenster mit gesticktem Vorhang & Blumentöpfen wirbt ein Plakat für die OB-Kandidatin des linken Protestbündnisses, das in allen Medien totgeschwiegen wird. Die Schlagzeile des Tages lautet: Besoffener Raser tötet Autofahrer! Auf ihrer Motorhaube tun der Schalker Hotte & Frau Hotte kund: Auf Kohle geboren, um »Auf Schalke« zu sterben. Einmal Schalke, immer Schalke! Alsenstraße, vorbei an einem großen Friedhof, Breslauer Straße. Die läuft auf die Magdeburger Straße zu, dahinter ein Industrieareal. *Bridon International GmbH,* Drahtseilerei. Schilder herrschen einen an: Kein öffentlicher Durchgang! Unbefugten ist der Zutritt verboten! Eltern haften für ihre Kinder! Auf dem Gelände weisen Pfeile zur Warenannahme, zum Draht- & Service-Centre, zur Draht-Entladestelle. Die Magdeburger Straße ist eine Nahtstelle. Auf der einen Seite dieses Wohnviertel, jenseits von ihr Abfall-, Wasser- & Anlagentechnik. Schweißtechnik, Industriemontage, Bauleitung. Für unser Unternehmen suchen wir ab sofort dringendst erfahrene Schweißer mit gültigen Prüfungen & erfahrene Schlosser/Vorrichter zur sofortigen Einstellung! Wenn man etwas Vernünftiges gelernt hat, findet man also sogar in Gelsenkirchen noch Arbeit. An der Magdeburger Straße auch die *Maschinenfabrik Hese.* Technik, die befördert: Schüttgutfördertechnik, Bergbautechnik, Förderbandtrommeln. Eine Förderbandtrommel ist auf dem Rasen vor dem Firmensitz ausgestellt. Der *Wohnverbund Carpe Diem* bietet Betreuung & Behandlung. *Sozialwerk St. Georg e.V.,* Gelsenkirchen-Buer. Die *Getränkewelt* – Getränke kaufen, wo's Spaß macht! Dann wird die Magdeburger Straße von einer Werksbahn gequert & von beiden Seiten von Industrieflächen in die Mangel genommen. Das Betreten der Bahnanlagen ist verboten! Aber auch ganz & gar unmöglich, denn die Gleise verschwinden hinter einer Metalltür auf dem Gelände der ehemaligen *Schalker Eisenhütte.* Ohne Passierschein ist das Betreten des Werksgeländes nicht gestattet! Anmeldung beim Pförtner. Dann werden die Industriebauten von Wohnhäusern abgelöst. An der Hüttwiese steht ein siebenstöckiges Gebäude. Ein Aushang kündigt die Verlegung der Haltestelle Magdeburger Straße für ca. sechs Wochen an. Aufgrund von Straßenbauarbeiten auf der Bismarckstraße verbunden mit einer Einbahnregelung; Ersatzhaltestelle auf der Grillostraße. Eine »Praxis für systematische Beratung« empfiehlt sich. Die Magdeburger Straße endet an der Bismarckstraße, die in diesem Bereich eine Großbaustelle ist. Ein junger Türke sieht mich mit meinem Notizbuch & befürchtet, ich würde ihn mit seinem Auto aufschreiben. Ist sich anscheinend irgendeiner Schuld bewußt. Ich kann ihn beruhigen. Die Bismarckstraße ist eine breite Autoschneise & bildet auch eine eindeutige Grenzlinie. Die Stadt ist offensichtlich aufgeteilt in verschiedene psychische Klimazonen. Der Wanderer muß diesen Klimazonen auf seinen ziellosen Touren folgen. Daß elegante Straßen Zufriedenheit verschaffen & arme Straßen deprimierend sind, ist ein Irrtum, auf den schon Guy Debord hingewiesen hat. Den man auch mit dem Beispiel dieser animierenden Bismarckstraße widerlegen kann. In Gelsenkirchen heißt nicht nur eine Straße, sondern ein ganzer Stadtteil nach Bismarck. Gut, das ist natürlich bedenklich. Der Augenschein ergibt: Eine Kneipe mit Pseudo-Fachwerk ist zu *Toni's Shop* umgebaut worden, hat u.a. T-Shirts, Wurfzettel, Werbeflyer im Angebot. Bietet Beflockung, Nachfüllservice, kompatible Druckerpatronen usf. Ein neu eröffneter türkischer Imbiß versichert: Hier herrscht Ordnung, Sauberkeit & Disziplin! Das wird den Integrationsminister freuen. An der Ecke Unkelstraße die *Gaststätte Hilkenbach.* & die Stadt Gelsenkirchen verabsäumt auch nicht, den Flâneur über Wilhelm Unkel aufzuklären: Gestorben 1872, erster Betriebsführer der *Zeche Consolidation.* Verunglückt beim Abteufen von Schacht 3. Ein ehrbares Gelsenkirchener Schicksal, das nur noch von Heldentaten im Stadion in den Schatten gestellt werden könnte! Eine Anwaltskanzlei ist hier sicher nicht ohne Grund auf Insolvenzberatung spezialisiert & verspricht: Schuldenfrei in sechs Jahren! Das neue Insolvenzrecht macht es möglich! Das Beste von Gestern zum halben Preis bietet eine Bäckerei an, die ausschließlich Waren vom Vortag verkauft. Ein *Spielpalast* wehrt sich vorsorglich verbal: Stop! Überfall zwecklos! Dieses Objekt besitzt eine Videoüberwachung & einen Zeitverzögerungstresor! *Bei Sorella*, in einer Kneipe mit Kegelbahn, stehen drei alte Männer mit ihrem Pils an der Theke, einer nimmt einen Klaren dazu. Von der Kegelbahn dringen Geräusche, aus dem Radio dröhnt scheußliche Volksmusik. Ich habe keinen Willen. & Ausdauer hab ich auch keine. Sagt die Wirtin, die ihre Haare in einem knalligen Rot gefärbt hat. Ja, was bleibt einem da anderes, als in der Kneipe abzuhängen? Ich lege zumindest eine gewisse Ausdauer bei der Erkundung der Ruhrstadt an den Tag. & ich werde auch nicht den Rest des Tages *Bei Sorella* verbringen. Eine türkische Fleischerei hat Montag & Dienstag geschlossen. Das sind die Schlachttage. In der Grabenstraße erinnert ein Haus mit schmutziggrauer Fassade an das alte, rußige Ruhrgebiet. & wenige hundert Meter entfernt arbeitete ja auch eine Eisenhütte. Das Viertel jenseits der Bismarckstraße, ein abgeschiedener Streifen zwischen zwei vielbefahrenen Straßen, hat wieder eine ganz andere Atmosphäre. Guy Debord wußte: Tatsächlich ruft die Vielfalt der möglichen Stimmungskombinationen, analog zur Auflösung reiner chemischer Körper in der unbegrenzten Anzahl der Mischungen, so differenzierte & so komplexe Gefühle hervor wie die, die jede andere Form von Schauspiel hervorrufen kann. Nun würde ich nicht die Analogie zum Schauspiel wählen, das ich für eine mausetote Gattung halte, die an den Theatern nur noch scheintot am vermeintlichen Leben erhalten wird. Ich denke eher an komplexe Musik. Polyphonie von Welten. Zwei ältere Damen zeigen sich verwundert über eine Frau, die mit nicht weniger als vier Hunden an der Leine vorbeigeht. Das *Haarschneidestudio Sie & Er* stellt knappe Fragen: Feines Haar? Dünnes Haar? Haarausfall? Hält eigenartige Angebote bereit wie Laser-Dauerwelle, American Colors & Strähnen-Spezialtechniken. Brautfrisuren, Spezial-Haarteile usf. Ob die willenlose Wirtin sich hier ihre Haare färben läßt? Die *Gaststätte Hilkenbach* verfügt über eine Bundeskegelbahn. Am Tresen zwei Männer & eine Frau. Merkwürdige orange Vorhänge & Tischdecken in dem schlichten Lokal, Kategorie Saufkneipe. Die Frau berichtet verwundert von einer Röntgen-Untersuchung, bei der sie sich gar nicht nackig machen mußte, das offenbar erwartet hatte. Die Wirtin berichtet von einem Ärgernis. Sie hat zu lange mit dem Kauf eines Bettlakens gezögert, das irgendwo im Angebot war. Die Frage wird gestellt: Wie kommst du jetzt vom Knobeln auf Volksmusik? Vielleicht ja, weil während des Spiels immer diese schreckliche Musik läuft. Ein Peter trifft verschwitzt ein & muß erst mal aufs Klo. Ein Klaus stellt sein Fahrrad im Vorraum ab & kontert die Begrüßung »Lange nicht gesehen!« mit: weil du nie da bist! Dann kommt die Rede auf den Friseur der Wirtin. Jemand macht deutlich: Ich bin nur hobbymäßig hier, so sieht das aus! Jemand verwahrt sich: Schnauz mich nicht an! Ich bin startklar & warte nur auf Erika. Ich bin auch startklar. Ich laufe zurück Richtung Hütte. Werde über den Namensgeber der kleinen Möntingstraße aufgeklärt: Industriepionier, Mitinitiator der Verleihung der Stadtrechte an Gelsenkirchen 1875. Am Kampholz heißt es: Kinder gestalten Europa! Die originelle runde Friedenskirche aus den fünfziger Jahren soll nach dem Vorbild skandinavischer Rundkirchen errichtet worden sein. Die Schalker Straße wird von einem Transparent überspannt: »1909–2009: 100 Jahre *Horstmann's Spezialitäten*«. Den großen Auftritt leistet sich eine Fleischerei. Ich muß bei dem Namen an die unerträglich langweiligen, uninspirierten Vorlesungen eines gleichnamigen »Hegel-Experten« an der Humboldt-Universität denken, für die dieser Metzger ja nichts kann. Er wird besser sein! Es laufen Bemühungen um ein sauberes Gelsenkirchen: Ich bin Ihr Zettelkasten! Ich werde von *Gelsendienste*-Rad(t)fahrern geleert. Ich hätte gerne Hinweise & Ideen für mehr Sauberkeit in Gelsenkirchen. Gibt es Schmuddelecken in Ihrer Nähe oder Lobenswertes zu berichten? Ich werde mich hüten, irgendwelche »Schmuddelecken« zu verpfeifen! Ein Zettelkasten ist doch wohl auch etwas anderes. & was bitte sollen »Radtfahrer« sein? Die öffentliche Verwaltung ist nicht mehr willens & in der Lage, vernünftig zu informieren. Alles wird mit irgendeiner Marketing-Scheiße verquirlt, mit »originellen Ideen«. Aufruhr gegen Armut! Es ist Wahlkampf. & es wird ja nichts helfen. Die »Bürger« werden wieder Parteien wählen, die den Ausverkauf der Kommunen an »Investoren« weiter vorantreiben & Städte wie Gelsenkirchen dem Abgrund wieder ein Stück näherbringen. Die *Situationistische Internationale* stellte vor einem halben Jahrhundert fest: Es ist an der Zeit einzusehen, daß die soziale Revolution ihre Poesie nicht aus der Vergangenheit, sondern nur aus der Zukunft beziehen kann. Wir möchten die zentrale Position des unitären Urbanismus als Ausgangspunkt betonen. Für uns hängen diese Perspektiven nicht von einem »revolutionären Umsturz der Gesellschaft« ab, dessen Bedingungen nicht vorhanden sind. Die Abschaffung der schweren materiellen Armut der

Arbeiterklasse scheint vielmehr auf eine langsame Entwicklung hinzudeuten ... & heute? Könnte man fragen. Stellt sich die Situation mit steigender Armut & Arbeitslosigkeit nicht schon wieder ganz anders dar? Kehrt denn die Armut nicht zurück? Wo man ißt, da laß dich nieder! Wirbt das *Grill Restaurant Zum Friedrich*, ein Imbiß, für die Fastfood-Generation auch: *Friedrich's Snack*. Schmeckt immer wieder! Des weiteren Krankengymnastik, ärztlich geprüfte Fußpflege, ein weiteres Änderungs-Atelier. *Moden Tiffany* – so ein altmodisch-mondäner Name. Die kleine Kneipe *Schlösser Schänke* in der Schalker Straße macht fast einen Monat lang Urlaub & wartet ansonsten mit Schnitzelvariationen auf. Alles vom Rind. Das *Haus Eintracht* in der Grillostraße ist in einem eingerüsteten Haus etwas versteckt. Große, verzweigte Räumlichkeiten, in denen gerade eine Feier im Gang zu sein scheint. Vornehm gekleidete, ältere Ehepaare treffen in kurzen Abständen ein & steuern durch den Schankraum irgendein Hinterzimmer an. Handgeschriebene Zettel weisen den Weg zu »Kati's & Tete's Abschiedsfeier«. Ohne Kasse geht's nicht! Meint der Wirt bestimmt & mit Balkan-Akzent zu einer jungen Kellnerin. Bestellungen gehen ein: zwei Radler mit wenig Sprite! Anscheinend befinde ich mich mittlerweile in Schalke-West. Das legt das Wahlplakat einer Kandidatin nahe, die für diesen Stimmbezirk kandidiert. Das Viertel südlich der Gewerkenstraße, westliche Fortsetzung der Magdeburger Straße, & westlich der Kurt-Schumacher-Straße muß auch als eigenständige Zone betrachtet werden. Es wird im Westen beschnitten von der Autoschneise der Overwegstraße. Eine kleine Straße heißt Funkenburg & huldigt dem Gelsenkirchener Großindustriellen Friedrich Funke (1821–1848). Die Pfarrgemeinde St. Joseph unterhält eine katholische öffentliche Bücherei. Zurück an der Ecke Schalker Straße, wo der *Friedrich*-Grill auch über eine benachbarte & mit ihm verbundene Kneipen-Abteilung verfügt: *Zum Friedrich*. Dort kann man sich zum Saufen eine Kleinigkeit aus dem Imbiß servieren lassen, ohne seinen Platz zu verlassen. An die Wand hat ein unbekannter Künstler eine grandios-naïve Darstellung der *Zeche Consolidation 3/4/9* gemalt, mit einem perspektivisch geradezu kubistisch verzerrten Förderturm. Zwei alte Männer & eine Frau sitzen an Tischen, zwei an der Theke. Zwei Rollatoren sind in der Kneipe abgestellt. Eine Bratwurst aus dem Imbiß wird serviert. Hast du dein Fahrrad schon mal gewogen? Aus der Frage wird nicht gleich klar, daß sich das Gespräch um Fahrradlichter dreht. Wenn es nicht mehr als 11 kg wiegt, kannst du Batterieleuchten verwenden. Wer weiß das schon? Ja, wer weiß das schon? Du als alter Sack ... Der Sprecher erzählt, wie er mit seinem Rad von einem Polizisten aufgehalten wurde. Die wenigsten wissen ja richtig Bescheid! Wer weiß schon, daß Kinder bis sieben auf dem Fußgängerweg fahren müssen & bis zehn dürfen? Daran knüpft sich eine Diskussion, ob Erwachsene über den Bürgersteig fahren dürfen. Wer hält sich heute noch an Gesetze? Wenn du über die Brücke fährst, das ist ein Sauding ... Die Brücke ist gefährlich. Wenn du am Gehweg fährst, wird auch ein Schutzmann nichts sagen! Gemeint ist die Berliner Brücke, die neben dem nahen Schalker Markt über Gütergleise & Werksgelände in den Schalker Norden führt. Rührend der altmodische Ausdruck ›Schutzmann‹, mit dem sich die Polizei einst als »Helfer« darzustellen suchte. Als einer der Alten dem anderen auf den Kopf zusagt, daß der ja gar nicht mehr wisse, wie Sex gehe, erntet er großes Gelächter, in das auch die Alte einstimmt, die bislang nur regungslos im Abseits verharrt war. Der *SOS Frischemarkt* bietet Meeresspezialitäten an. Obst & Gemüse. Das »O« ist als stilisiertes Steuerrad gestaltet. »Schalker Pflastersteine« ist der etwas gewöhnungsbedürftige Name für Brötchen. Es gibt auch Werkzeuge, Maschinen, Elektrowerkzeuge in Perfektion. Ein *Wiener Kaffee* ist wegen Betriebsferien geschlossen. Es ist so weit, einmalig in NRW! Eis & Wiener Küche. Wir freuen uns auf Ihren Besuch! *Kiki's Schnäppchenmarkt* ist eine Neueröffnung. Dazu kommen in der Schalker Straße der *Arena Grill,* die *Grillo Apotheke,* die mit dem idiotischen Begriff »Gewichtsmanagement« wirbt. Das *Haus Lünhorster* hat heute Ruhetag. Die *Freeway Rider's Gelsenkirchen* laden zur Jubiläumsparty: 35 Jahre & kein Ende! Auf dem Plakat ist eine Gruppe Motorradfahrer vor dem Förderturm über Schacht 9 der *Zeche Consolidation* zu sehen. Die *Vereinte Dienstleistungsgewerkschaft* wendet sich an die Bevölkerung: Liebe Gelsenkirchener Bürgerinnen & Bürger! Liebe Eltern! Die pädagogischen Fachkräfte der städtischen Tageseinrichtungen für Kinder & des Jugendamtes der Stadt Gelsenkirchen sagen: Danke für Ihr Verständnis & Ihre Unterstützung in den letzten Streiktagen! Für uns & Ihre Kinder! Bitte unterstützen Sie uns weiter, bis unsere Forderungen gehört & anerkannt werden! Soziale Arbeit & Ihre Kinder sind mehr wert! Das renommierte & meistgewählte Beerdigungsinstitut im Ruhrgebiet bietet eine individuelle Kostenberatung & wertvolle Hilfen im Trauerfall. Nur wer Preise kennt, ist vor Überraschungen geschützt! Abschiednehmen in Frieden. Der Schalker Markt wird von der ausladenden Rampe der Berliner Brücke überschattet. Ein eigenartiger, trister Platz, ein zweifellos psychogeographisch relevanter Ort. Ja, die Forschungsarbeiten, die ich durchzuführen versuche, haben die Anordnung der Bestandteile des urbanen Lebensraumes & – damit eng verbunden – die durch sie hervorgerufenen Gefühle zum Gegenstand. Der Häuserzeile an der Gewerkenstraße gegenüber, mit der das Viertel, das ich durchstreift habe, seinen Abschluß findet, sieht man das Werkstor von *ThyssenKrupp Electrical Steel GmbH* & der Großhandel *Pleiss Schalker Markt*. Lebensmittel, Weinfachhandel, Gastronomiebedarf, Feinkost. Es trifft zu, was auf der häßlich-bunten Informationstafel der *Deutschen Fußball Route NRW*, die es mit der Beschilderung der großartigen *Route Industriekultur* in keiner Weise aufnehmen kann, zu lesen ist: Hier am Schalker Markt ist von dem Flair der »meisterlichen« Zeiten, die der *FC Schalke 04* in den dreißiger & vierziger Jahren nahezu unablässig erleben durfte, nichts mehr zu spüren. Heute kann man kaum noch Spuren jener großen Zeit entdecken, als der Schalker Markt zu den bekanntesten Plätzen Deutschlands zählte. Die Kneipe *Schalker Markt* scheint aufgelassen. Sonst hat der Platz eine Spielhalle & den *Club 6 Rote Meile* zu bieten. Bitte schellen! Das *Zentrum für Integration & Bildung in Gelsenkirchen e.V.* Auf der anderen Platzseite steht ein häßliches Pferdestandbild, bunt beschmiert in der Manier der blöden Stadtmarketing-Viecher, die einem in vielen Städten inzwischen zugemutet werden: Harlekin – das befreite Grubenpferd auf dem Weg durch die Zeit. Wäre es bloß mal in der Grube geblieben! Denke ich, komme am Gasdepot der *Gase Partner GmbH* vorbei, wo es Gase für die Getränke- & Lebensmittelindustrie, Labor- & Prüfgase, medizinische Gase, Schutzgase, Helium, aber auch Atemluft gibt. Am Vereinsheim des *Bürgerschützenvereins 1934 Schalke e.V.* mit einer Schießsportanlage für Luftdruckwaffen. Schießsportinteressierte sind herzlich eingeladen! Im Schaufenster einer Trinkhalle geht es ans Eingemachte der Schalker Befindlichkeit: »Schalke Unser im Himmel / Du bist die auserkorene Mannschaft / Verteidigt werde Dein Name / Dein Sieg komme / Wie zu Hause so auch auswärts / Unseren üblichen Heimsieg gib uns immer /& gib uns das Zu Null ...« Bis zur »Meisterschaft in Ewigkeit«. Attacke! Jungs, wir glauben an euch! Holt die Schale in den Pott! Dazu die satirische Werbung: *Persil Megaperls* – wäscht garantiert die Scheiße aus deinem Trikot! & läßt ein gelbgestreiftes Dortmunder Hemd nach dem Waschen in Blau-Weiß erstrahlen. Eine Firma ist spezialisiert auf Fliesen, Klinker & Mosaike. An der Kurt-Schumacher-Straße, die auf die Berliner Brücke zuläuft, hat dann auch noch die *Gaststätte Görsmeier* – gutbürgerliche Küche, Gesellschaftszimmer, blau-weißer Schriftzug – geschlossen, & ich muß die Gegend um den Schalker Markt verlassen, die sich mir nicht besonders gastlich gezeigt hat. Von der Brücke blickt man rechts auf das Werksgelände der Drahtseilerei *Bridon,* links auf das von *ThyssenKrupp.* Einfahrt & Parkplatz befinden sich direkt unter der Brücke. Die Brücke überspannt weiter eine Bahnstrecke, das Gelände des Güterbahnhofs Schalke. In der untergehenden Sonne kann ich die *Zeche Nordstern* sehen. Nördlich der Brücke schließt sich der Industriepark Berliner Brücke an. Ein Birkenwäldchen. Die *Vereinte Dienstleistungsgewerkschaft* hat hier die Bezirksverwaltung Emscher-Lippe. Der Dienstleistungssektor allerdings, vermute ich, kann nicht besonders stark vertreten sein in Schalke-Nord. Eine Tafel informiert über die Geschichte der Schalker Industrie – irgendwie unmotiviert in einer Gegend, die doch kaum jemand zu Fuß durchstreifen wird. & wenn, dann doch nur auf dem Weg zum Stadion, mit einer Bierflasche in der Hand. Der Stadtteil Schalke verdankt seine Entstehung der Industrialisierung. In wenigen Jahren entwickelte er sich von einer verschlafenen Bauernschaft zu einer Boomtown. Der Startschuß fiel, als Friedrich Grillo 1863 die *Zeche Consolidation* gründete. Weitere Firmengründungen Schlag auf Schlag, Drahtwalzwerk, *Schalker Eisenhütte,* Spiegelmanufaktur usf. Die Produkte der Schalker Industrie trugen den Namen in die Welt. Die ersten Fußballvereine gründeten nicht Arbeiter, sondern Gymnasiasten. Werksmannschaften hatten später so schöne Namen wie *Blau-Weiß Gelsenguß.* Auf einem LKW klebt ein gelber Zettel der Stadt Gelsenkirchen: Gemäß § 15 Abs. 4 des Kreislaufwirtschafts- & Abfallgesetzes (KrW/AbfG) vom 27. 9. 1994 (BGBl. 1 S. 2705) in der z. Zt. geltenden Fassung gilt dieses Fahrzeug als Abfall & wird auf Kosten des Halters beseitigt, wenn das Fahrzeug nicht innerhalb eines Monats entfernt wird. Der Halter dieses Fahrzeugs wird deshalb aufgefordert, dieses bis zum 19. 8. 2009 zu entfernen. Es gibt immer was zu tun! Behauptet die Werbung einer Baumarktkette. Aus dem Wasserwerk von *ThyssenKrupp* ist Rauschen zu hören. Eine Seitenstraße heißt Am Schalker Bahnhof. Unfallgefahr, Bahnanlage! Im angrenzenden Waldstück hat jemand eine ganze Ladung Audiocassetten ausgekippt. Diese Tonträger werden jetzt abgelöst & entsorgt. Ich widme dem Durcheinander einige prüfende Blicke & entdecke eine Cassette mit dem Titel *Rauschende Birken.* Das wird schauderhafte Musik sein, aber ich muß sie trotzdem mitnehmen als Fundstück aus diesem birkenbestandenen Niemandsland. Kleingärten schließen sich an, Hundegebell ist zu hören. Eine Wiese, hohe Gräser. Dahinter der Baumarkt. Die diffusen Räume unserer Ballungsgebiete sind für die meiste Menschen zeichenlos. Sagt Susanne Hauser. Dem ungestalteten Raum werden keine expliziten Zeichen für seine Lesbarkeit gegeben, & die Nutzung dieser Räume ist auf den ersten Blick so bezugslos zu dem Ort, an dem sie stattfindet, daß auch von dieser Seite keine den Ort unverwechselbar kennzeichnenden Zeichen entstehen. Wenn überhaupt Zeichen gesehen werden, dann sind sie austauschbar. In der kleinen, abgeschnittenen Siedlung, die sich nördlich an den Schalker Güterbahnhof anschließt, kontrastiert eine Hubertusstraße mit den besser in diese Landschaft passenden Gas-, Schmelzer-, Mannesmann- & Walzerstraßen. Gewiß ist nicht der Tanz, sondern der Arbeiter im Walzwerk gemeint. Wohnstraßen, ein Spielplatz, Bäume. Auf der Kurt-Schumacher-Straße rauscht der Verkehr in Nord-Süd-Richtung durch dieses unwirtliche Viertel zwischen Güter- & Autobahn. Ab & an eine Straßenbahn. Drei Feuerwehrautos fahren im Konvoi vorbei, sind aber offenbar nicht im Einsatz. Vor der Kneipe *Anno 1904,* ehemals *Haus Kitzhöfer,* findet ein Polizeieinsatz statt. Ein Autounfall, nichts Hochdramatisches. In der Kneipe wird gerade eine Mutter mit kleinem Kind verabschiedet. Kaum ist sie weg, moquiert die Wirtin sich über sie: Wenn ich das schon sehe, daß so ein Kleinkind Cola kriegt! Baby mit 16 usf. An der Theke sitzen drei Männer & zwei Greisinnen bei Pils & Korn. Ein Aufkleber macht klar, welcher Grundkonsens in dieser Kneipe herrscht: Nichts ist scheißer als Dortmund! Küchensachen: Auf der Speisekarte stehen Schnitzelgerichte. Frikadellen immer ab Donnerstag frisch! Alles andere immer nur, solange der Vorrat reicht. & die Frikadellen gibt es auch noch, wenn der Vorrat nicht mehr reicht, oder was? Wie auch immer! Der Raum ist in einem häßlichen lachsfarbenen Ton ausgemalt. Es gibt einen großen Kamin. Auf dem Weg zu den Toiletten blaues Licht. Die Türen sind beschriftet mit Schalker & Schalkerinnen. Dazu zur Verdeutlichung Schraube & Mutter als Symbole. Auf einem Kühlschrank steht: Kaufen & Saufen. Die alten Damen unterhalten sich über das Alt-Werden: Ich werde *doch* alt. Ich bin ja schon alt. Jahrgangsmäßig schon ... Das ermutigende Beispiel einer 74-jährigen wird bemüht, die bei Meisterschaften im Gewichtheben angetreten sein soll. Das scheint auf Schalke die Vorstellung von einem erfüllten Alter zu sein. Die eine Frau gibt zu, wieder die ganze Woche nichts gemacht zu haben & nur die Treppe rauf & runter gegangen zu sein. Weiter nach Norden. Guy Debord sagt: Jede entmystifizierte Forschung zeigt, daß sich ausgehend von einer Epoche oder einem Stil – & noch weniger von den Wohnbedingungen – kein qualitativer oder quantitativer Unterschied der Einflüsse formulieren läßt, die den verschiedenen, in einer Stadt errichteten Kulissen eigen sind. Was ist die Kurt-Schumacher-Straße für eine Kulisse? Eine Kulisse auf dem Weg zum Stadion, zu den Fan-Kneipen. Ein Durchmarschgebiet. & tatsächlich kann man den Eindruck gewinnen, es handle sich um Kulissen bei diesen Nachkriegsbauten. Viele Ladenlokale stehen leer, Geschäfte wurden aufgegeben. Nicht einmal ein Gebrauchtwarenladen konnte sich halten. An- & Verlauf von Haushaltsgeräten aller Art, mit Ersatzteilen. Das Schaufenster ist zugemüllt. Was die Kulisse bietet sind: stilisierte Figuren von Arbeitern auf Hauswänden, Parolen über die ganze Fassade des Hauses, in dem sich die Kneipe *Auf Schalke* befindet. Die Nr. 1 im Pott sind wir! Wir sind stolz auf unser Team. Blau & weiß ein Leben lang. Vorstände, Spieler & Trainer gehen, nur Fans sind immer da! Das ist nicht zu bestreiten. Die Kneipe ist an diesem Wochentag geschlossen, aber so legendär, daß ihre Bedeutung auf gleich zwei Texttafeln erläutert wird: Als dieses Lokal noch *Gaststätte Wellhausen* hieß, fanden hier große Teile des Vereinslebens statt. Heute schlägt in diesen Räumen das Herz der straff organisierten Schalker Fankultur. Die Kneipe steht symbolisch für eine Zeit, in der der Verein im Stadtteil verwurzelt war & Fans & Spieler oft Kollegen, Schulfreunde oder Nachbarn waren. Das alte Gebäude fiel der Verbreiterung der Kurt-Schumacher-Straße zum Opfer. Nebenan die 1927 erbaute Glückauf-Kampfbahn. Das Gelände verpachtete die *Zeche Consolidation,* deren Bauabteilung auch beim Bau geholfen haben soll, der Name sollte eine Demonstration der Verbundenheit mit dem Bergbau sein. Direkt hinter dem alten Stadion schneidet der Emscherschnellweg durch Schalke. An der Ecke Uechtingstraße auf der anderen Straßenseite stehen drei Trinker an einem Stromkasten & sind scheinbar in eine Auseinandersetzung verwickelt. Ein Schnellimbiß heißt *Schalker-Eck.* Ein russisches Reisebureau & *Wort & Tat,* die russische Zeitung in NRW, sind vertreten. Der *Schutz- & Beratungsverein der Flüchtlinge, Aussiedler & Spätaussiedler e.V.* Ein Schlüssel- & Schärfdienst. Wir schleifen & schärfen Handmesser, Kreismesser, Hobelmesser, Bandsägen, Scheren, Kreissägen, Sägeketten, Rasenmähermesser, Heckenscheren. Kurz vor der Autobahn noch ein weiteres geschlossenes Lokal: *Gelsen-Szene.* Since 1979. Members only. Auf die Autobahnunterführung folgt in dichtem Abstand eine Bahnunterführung. Der ehemalige Bahnhof Schalke-Nord, ein schönes, neusachliches Backsteingebäude, umgenutzt & mit der Aufschrift *Atak Business Center Immobilien.* Die Kurt-Schumacher-Straße führt durch Gewerbegebiete, ich nähere mich dem Stadthafen, dominiert von *Müller's Mühle ...* weil's natürlich schmeckt! Tanklastwagen sind unterwegs zum Hafen. Inmitten dieser wenig anheimelnden Gegend der Ortsverein Gelsenkirchen-Haverkamp des *Blauen Kreuzes:* Wir leben alkoholfrei & sind Freunde jedes hilfesuchenden Alkoholabhängigen. Der Schalker Sportpark wirbt: Alles bewegt sich! & man muß auf diesen psychogeographischen Forschungsreisen seine Hypothesen ja fortwährend im Lichte neuer Erfahrung korrigieren. Muß Kritik & Selbstkritik üben. In allzu eindeutig automobile Zonen dringe ich nicht ein, muß als Fußgänger die Waffen strecken, wenn ich nicht auf der Autobahn überfahren werden will. Ich gehe nicht weiter Richtung Norden, überquere nicht den Rhein-Herne-Kanal & verlasse nicht Schalke, sondern biege rechter Hand in die Alfred-Zingler-Straße ein, die bald eine weitere Bahnstrecke unterquert. Eine Strecke, nicht gemacht für Fußgänger, in größeren Abständen Gewerbe unterschiedlichster Art. *Gelsenkirchener Rohrhandelsgesellschaft.* Ihr Partner für nahtlose Stahlrohre. Automobiltechnik. Autoscheiben, Klima-Service für alle PKW-Modelle. Inzahlungnahme mit Kreditablösung, Gebrauchtfahrzeuge. Wärmedämmung. *Sto AG*, Niederlassung Gelsenkirchen. Bewußt bauen. Autoteile, Autolacke, Werkzeuge. Dazwischen das *Deutsche Rote Kreuz. Rhenus Logistics.* Der Gewerbepark Schalke. Eine durch Unschärfe charakterisierte Situation. Susanne Hauser sagt: Lesbar sind nicht Individualitäten, bestimmte Territorien, Plätze, Orte & lokale Zusammenhänge, sondern über Logos & Zeichen vermittelte Funktionen oder die Angebote, die Marken machen. Heutige urbane Landschaften wie das Ruhrgebiet erstrecken sich weiträumig. Man durchfährt sie & bemerkt, daß sich die Besetzung mit Bauten, Infrastrukturen & Informationen verdünnt oder verdichtet. An der Kreuzung Uechtingstraße geht die Alfred-Zingler-Straße in eine Art Autobahn über. & ich werde endgültig abgedrängt von diesem Weg, laufe lieber die Uechtingstraße entlang zurück Richtung Glückauf-Kampfbahn. Ich komme an einem Behindertenheim vorbei. Bitte langsam fahren! Am Schacht Bismarck, versteckt in einem Wohngebiet. Kaue & Verwaltungsgebäude sind erhalten, darin eingerichtet das *Begegnungszentrum Schacht Bismarck*, das *Café Kaue*. Das Gelände liegt dunkel & unbelebt da. Nach der Gründung der Zeche 1868 teufte die Gewerkschaft zwischen 1869 & 1914 sieben Schächte ab, zwei weitere nach dem Krieg. 1913 baute man eine Kokerei & im folgenden Jahr einen eigenen Hafen am Rhein-Herne-Kanal. *Graf Bismarck* gehörte Mitte der sechziger Jahre mit knapp 7000 Beschäftigten zu den größten Arbeitgebern in Gelsenkirchen. Deshalb wirkten die im Februar 1966 bekannt gewordenen Absichten der damaligen Eigentümerin *Deutsche Erdöl AG*, die Zeche stillzulegen, nicht nur in Gelsenkirchen wie ein Chok. Auf dem ausgestorbenen, abendlichen Platz ein Brunnen mit einer liegenden Seilscheibe. Eine Frau, die ihren Hund spazieren führt, fragt mich, ob ich etwas suche. Auf dem großzügigen Platz wirkt dieses einer Kleingartenkolonie würdige Mißtrauen seltsam deplaciert. So auch der Förderwagen, der an den Besuch des damaligen sozialdemokratischen Ministerpräsidenten nicht hier, sondern im *Bergwerk Ewald-Hugo* im November 1999 erinnert. Aber vielleicht wollte man ihn dort ja auch nicht haben, weil man sich wieder einmal verraten fühlte. Nach dem Zechengelände wird die Bebauung dichter. Holz, Parkett, Fertigparkett & Holzspielzeug werden irgendwo verkauft. Irgendwo gibt es ein *Getränkeland 2000*. Eine Seitenstraße trägt den überaus sachlichen Namen Parallelstraße. Im Stadtteilladen Schalke-Nord hängt die Ankündigung eines Straßenfests in der Josefinenstraße, die gegenüber der Parallelstraße abzweigt: mit Kinderschminken, Döner, alkoholfreien Cocktails, Grillstand, Hüpfburg & Glücksrad. In der Josefinenstraße muß eine Trinkhalle als Kneipenersatz dienen. Ein weiterer, einsamer Kiosk an der Uechtingstraße, kurz bevor die in dichter Folge zwei Bahnlinien kreuzt. An den Gleisen finden Ausbesserungsarbeiten statt. Schweißtechniker sind zu Gange. Ein Grundstück mit einer Lagerhalle steht zum Verkauf. Ein Laden ist näher an der Gegenwart dran, schon über die Jahrtausendwende hinausgekommen & heißt *Getränkeshop 2006* – ein seltsam chaotischer, irgendwie improvisiert zusammengezimmerter Kramladen, der auch als Internetcafé dient & der sich – so stelle ich mir das zumindest vor – auch in Afrika befinden könnte oder in der russischen Provinz. Später – es ist schon dunkel & regnet leicht – steht die zwischenzeitlich sogar gewachsene Trinkergruppe noch immer an dem Stromkasten Uechting-/Ecke Kurt-Schumacher-Straße. Der Streit muß beigelegt worden sein. Oder aufgelöst in Alkohol.

Die schöne Stadt

Finden Sie Gelsenkirchen schön? Die Frage wird gleich eingangs gestellt. Von Theodor W. Adorno wissen wir ja, daß er von der Wahrheit des Urteils überzeugt war, die Landschaft der Toscana sei schöner als die Umgebung von Gelsenkirchen. Sein Freund Siegfried Kracauer unterschied zwischen zwei Arten von Stadtbildern, den bewußt geformten & den absichtslosen, die ebensowenig gestaltet seien wie die Natur. Ob Paris schöner sei oder die Stadtlandschaft zwischen Duisburg & Dortmund? Der Begriff ›Landschaft‹ jedenfalls weist in Richtung Absichtslosigkeit. Jemand sagt: Ich fühle mich hier wohl! Dagegen läßt sich natürlich nichts einwenden. Ob sich einer wohlfühlt, das hat nichts mit der spektakulären Schönheit zu tun, die in Reiseführern angepriesen wird. Aber für wen ist die Schönheit einer Stadt wichtig? Für die Bewohner oder für die Besucher? Was macht eine Stadt schön? Es geht dann um visuelle Oberflächen. Schön ist zunächst, was man sieht & was gefällt. Sagt Thomas von Aquin. Kontur- & Farbwahrnehmung. Schönheit kann man nicht bauen. Die »Metropole Ruhr« ist nicht schön im klassischen Sinne & sollte sich deshalb mehr um Schönheit kümmern. Fordert jemand. Der Neurologe sagt: Kontraste sorgen für Wohlgefühl. Schönheits- & Glücksempfinden sind wahrscheinlich in derselben Gehirnregion angesiedelt. Die Städte reden täglich in 1000 Stimmen zu uns. Entziffern wir die traumhaft hingesagten Bilder der Städte! Denn die Erkenntnis der Städte ist an ihre Entzifferung geknüpft. Der Architekturtheoretiker aus Wuppertal spricht von der Gefahr, in Schönheit unterzugehen, von der Gefahr einer dauerhaften Mumifizierung, wo ganze Stadtkerne in den Zustand von gestern zurückversetzt werden. Wo historisierende Fassaden errichtet werden. Als Hüllen für stupide Investorenprojekte. Das konforme Schöne hat über das soziale Schöne gesiegt. Ist eine lebendige Stadt nicht schon eine schöne Stadt? Die schöne Stadt hat für Bewohner & Besucher Sinn & Bedeutung. Das Leben in seiner Vielfalt pulsiert dort katastrophenfrei. Der Gestaltpsychologe vertraut auf die angeborene Intuition, die einen dazu befähigt zu erkennen, wenn etwas nicht »stimmt«. Erwähnt wird eine Pommesbude in Witten, von der jemand gesagt haben soll: »Dat is schön.« Dagegen läßt sich nichts einwenden. Konstatiert wird ein verändertes Raumverhältnis in der Spätmoderne. Unklare Orte & mehrdeutige Räume entstehen an den Schnittflächen von Nutzungen. Aber ist Mehrdeutigkeit nicht eine Voraussetzung für ästhetische Betrachtung, mithin für Schönheit? Brauchen wir Schönheit zum Leben? Ist Schönheit planbar? In der Kunst ist Schönheit jedenfalls ein weit verbreitetes Phänomen. Urbanität heißt: Die Möglichkeiten zur sozialen Kontrolle sind eingeschränkt. Die Rede ist von einer Verflüssigung der Stadt, von Inseln darin. Die alte Stadt wird mit Idyllisierungen überfrachtet. Die Schönheitsfrage ist eine Sackgasse. Schönheit ist langweilig. Der Soziologe erzählt davon, wie ihn als Kind das rauchende Dortmund fasziniert hat im Kontrast zu seiner langweiligen Heimatstadt. Mental ist das Ruhrgebiet weit weg. Sagt der Architekt. Stellt die Frage: Ist das Ruhrgebiet schön? Nein, natürlich nicht. Das wäre auch schrecklich. Obwohl die Schönheit ja, wie wir wissen, der Anfang ... Nun, mit den Städten, die wir haben, kommen wir aus. Irgendwie. Unbehagen wird formuliert über Unwirtlichkeit, Graffiti usf. Die konservative Leier. Die Forderung nach Überwachung & Strafe, die Privatisierung des öffentlichen Raumes. Das Ruhrgebiet ist ein Flickenteppich. Aus dem Ruhrgebiet kann man keine Stadt machen. Wohlfühlen um den Preis der Betäubung. Der Neurologe zeichnet ein düsteres Bild & verweist auf Praxiserfahrung. Beruhigungsmittel & Alkohol.

Dérive XXIV: Heimaterde, Heißen

Die wirkliche Stadt ist anderswo. Das ist von vornherein klar. Herausfordernd, geradezu provokativ wirkt der Name dieses Mülheimer Stadtteils an der Grenze zu Essen. Eine Autobahnabfahrt am Ruhrschnellweg. Die Stadtbahn hat man auf der Strecke von Essen nach Mülheim zwischen die Fahrbahnen der Autobahn gezwängt. Die U 18, auch »Rhein-Ruhr-Zentrum-Expreß«, soll Kunden zum gleichnamigen Einkaufszentrum bringen. Das war seinerzeit die sogenannte Modell- & Versuchsstrecke & erinnert an das längst gescheiterte Projekt Stadtbahn Ruhr. Ich steige am Bahnhof Rosendeller Straße aus, der aussieht wie ein Provisorium mit seinem Wellblechdach mitten auf der Autobahn. Aber nein, das ist ernst gemeint & seit 30 Jahren – vielleicht nicht gerade bewährt, muß aber so hingenommen werden von den Anwohnern, die auf den öffentlichen Nahverkehr angewiesen sind. Wäre man vor die Aufgabe gestellt, sich eine Bahnhofsgestaltung auszudenken, die der reaktionär-anheimelnden Konnotation von »Heimaterde« möglichst diametral entgegengesetzt ist, man hätte keine überzeugendere Lösung finden können, als die in diesem Bahnhof Rosendeller Straße umgesetzte! Vandalismus kostet Ihr & unser Geld & macht häßlich! Verkündet ein Aushang ausgerechnet an diesem Ort, der durch Graffiti doch nur gewinnen kann. Helfen Sie mit, die öffentlichen Verkehrsmittel sauberer & attraktiver zu halten! Die Gegend um die Stadtbahn-Station sieht aus, wie Landschaften an Autobahn-Abfahrten, in städtischen Peripherien nun einmal aussehen. In erster Linie steigt man hier wohl aus, um in Busse umzusteigen. Das, was auf uns zukommt, können wir nicht lesen. Sagt Thomas Sieverts. Die neue Stadt ist nicht mehr mit den Mitteln der Stadt & der Architektur zu interpretieren, sondern man muß quasi bei Null beginnen. Beim Unterbewußtsein. Als ginge es um die Deutung von Tintenklecksen. & ach, schon ist eine Kruppstraße erreicht! Hinweise auf das nahegelegene Heinrichsbad; Saunen, Sonnen, Schwimmen. Auf einen »Festival Garden« & die »Red Dot Design Award Judging Hall«. Hilfe! Straßen heißen Bremsberg & Wackelsbeck. Mehrfamilienhäuser, ein nichtssagendes Wohnviertel, an das ein Gewerbegebiet grenzt. Eine Frau führt ihren Hund spazieren. Die Straße, die in das Gewerbegebiet hineinführt, heißt Am Förderturm. Wo die ganze Landschaft überformt ist von der »eigenschaftslosen Stadt« – überbaut, abgetragen, umgenutzt, versiegelt, muß zumindest eine Seilscheibe in der Mitte eines Kreisverkehrs die Vergangenheit beschwören: Zur Erinnerung an die über 100-jährige Mülheimer Bergbaugeschichte. Gestiftet von der *Bergbau AG Niederrhein* & der *Gesellschaft für Wärmetechnik GmbH*. Ich wende mich ab von diesem geradezu US-amerikanisch vorstadtmäßigen Terrain, wo sowieso kein Durchkommen ist & wo es auch nichts zu sehen gibt & mache mich auf in Richtung des eigentlichen Stadtteils Heimaterde. Ich werde darüber aufgeklärt, daß die Geibelstraße nach einem »Lyriker« benannt ist. An der Max-Halbach-Straße, die schnurstracks ins Grüne zu führen scheint, zieht sich eine Reihenhausreihe entlang. Im Hintergrund ist das Rhein-Ruhr-Zentrum zu sehen. Seitenstraßen heißen Sperling- & Amselstraße. Auf der linken Seite kommen mehrstöckige Wohnhäuser in den Blick. Rechts erstreckt sich ein Park mit einem Teich, zu dem eine Fußgängerbrücke führt, welche die Straße überspannt. Auch über den Teich führt eine Brücke. Auf der anderen Seite liegt das geschlossene Gartenlokal *Krug zur Heimaterde*. Das ist möglicherweise auch schon das Epizentrum der den Namen dieses Stadtteils inspirierenden Heimatschollen-Gemütlichkeit, mit der man sich abwenden wollte von den Industrielandschaften ringsum. Das »Haus der Gemütlichkeit«, ein Fachwerkhaus mit diversen Anbauten & Nebentrakten, hat einen großen Garten. Auf der Karte des »familienfreundlichen Restaurants mit gutbürgerlicher & internationaler Küche« stehen Gerichte wie Grillteller »Krug zur Heimaterde«, Hüftsteak »Strindberg«, Filetspieß »Kruppianer«. Von fern sind Kinderstimmen zu hören. An der Buschkante zieht sich halbkreisförmig eine Häuserreihe entlang. Die Max-Halbach-Straße steigt an, & ich entnehme einem Schild, daß es sich bei dem Namensgeber um den Gründer der *Siedlungsgenossenschaft »Heimaterde«* handelt. Der Turm einer Nachkriegskirche ist zu sehen, eine Reihe identischer Siedlungshäuser säumt die Straße. Die Bewohner verteidigen den Rasen vor ihren Häusern: Kein Hundeklo! Die *Kolumbus-Apotheke* wirbt mit einem Schiff. Wieso das? Die Gemeinde St. Theresia vom Kinde Jesu hat im Zuge der Sparmaßnahmen & Gemeindezusammenlegungen im Ruhrbistum ihre Eigenständigkeit verloren. Ein Förderverein übt sich in Schadensbegrenzung. Wir meinen: Für die Heimaterde ist die St. Theresia-Kirche unverzichtbar. Sie war & ist ein Zentrum des christlichen & gesellschaftlichen Miteinanders in unserem Stadtteil. Wir sorgen dafür, daß das auch so bleibt. Durch unsere Mitgliedsbeiträge & Spenden wollen wir Zuschüsse für Instandhaltung & Ausstattung, Personalkosten & pastorale Aufgaben leisten. Diese Mittel werden ausschließlich der Kirche St. Theresia vom Kinde Jesu, dem Pfarr- & Jugendheim & dem Kindergarten zur Verfügung stehen. Es geht weiter bergauf. Die Schwarzenbergstraße ist nach dem österreichischen Feldmarschall benannt & nicht nach dem »unbesetzten Gebiet« im Erzgebirge. Dann ist mit der Heinrich-Bertrand-Höhe der Scheitelpunkt erreicht. Dort steht der imposante Wasserturm Fulerum – kein Industriedenkmal, sondern ein moderner Zweckbau aus den siebziger Jahren. Von drei Betonbeinen wird der Wasserbehälter gehalten, mit Ausbauchungen auf jeder Seite des dreieckigen Grundrisses. Auf einem Stopschild hat jemand ergänzt: eating animals. Jenseits der Anhöhe & einer verkehrsreichen Straße Wiesen & Felder. Also zurück, hinunter & tiefer hinein in die Heimaterde, diesem recht opaken & irgendwie auch geheimnislosen Viertel. In dem es auch kaum Gastronomie zu geben scheint. Kaum Zu- & Eingänge. In der Kleiststraße dann immerhin die *Pizzeria Quattro Stagioni*. Ein genauerer Blick aber zeigt, daß der Raum nur sehr karg möbliert ist & es sich mehr um einen Lieferservice handelt. Plakate verkünden überall: 80 Jahre Kinderfest. Das außergewöhnliche Kinderliedermitmachprogramm, Geschichten & Lieder für Kinder & Erwachsene, Streichelzoo, Kinder-Trödelmarkt, Festzug durch die Heimaterde usf. Der Sunderplatz scheint so etwas wie der Mittelpunkt, der Dorfplatz der Heimaterde zu sein. Neben der *Kolumbus-Apotheke* gibt es hier einen Bio-Markt, ein Haarstudio, die *Heißmangel Heimaterde:* Wäscherei, Heißmangel, Garderoben-, Leder- & Teppichreinigung, Änderungsschneiderei, Hemdenschnelldienst usf. Eine Kneipe oder ein Café, einen Ort, an dem ich mich niederlassen könnte, gibt es nicht. Die Heimaterde wirkt abweisend. Obwohl eine Initiative der Firma *Krupp*, handelt es sich bei »Heimaterde« um keine eigentlich *Krupp*-Werkssiedlung. Die Gründung der Siedlung Heimaterde geht auf die Initiative des damaligen Prokuristen der Firma *Krupp*, Max Halbach, zurück. *Krupp* erwarb ein 340 Morgen großes Gelände & gründete eine Siedlungsgenossenschaft. Der Aufruf zum Eintritt in die Genossenschaft, der 1918 erging, richtete sich jedoch auch an Nicht-Kruppianer. Einfluß der englischen Gartenstadtidee; Einheitlichkeit der Haustypen & in sich geschlossener Charakter. Angestrebt wurden ein günstiges Größenverhältnis zwischen Bebauung & Grünflächen & eine abwechslungsreiche Straßenführung. Der von Max Halbach als Ideal angesehene Kotten wich nach seinem Tod mehrgeschossigen Mehrfamilienhäusern ohne Ställen & mit kleineren Gärten. Privatisierung nach 1978. Die Grünflächen wurden der Stadt Mülheim mit der Auflage geschenkt, sie niemals zu bebauen. Die *Siedlervereinigung Heimaterde e.V. 1919* teilt mit: In Zusammenhang mit dem neuen Bebauungsplan F 11 (Max-Halbach-Straße/Kleiststraße), der seit Oktober letzten Jahres rechtskräftig ist, taucht die Frage auf, ob das Siepental zwischen der Neulens Höhe & der Nollendorfstraße durch die Anlegung eines Spazierweges erschlossen werden soll. Bei einer Begehung des Siepentales zusammen mit Vertretern der Eigentümer & Anwohnern haben wir festgestellt, daß das Grundstück unseres Erachtens in nicht länger hinnehmbarer Weise als Deponie für Gartenabfälle, Unrat & Sperrmüll genutzt wird. Nun sollen die Anwohner bei einer Reinigungsaktion eingespannt werden; Besprechung im *Krug zur Heimaterde* am 11. August. Auf dem »Dorfplatz« steht ein hoher Mast, einem Maibaum gleich, an dem links & rechts in zwei Reihen die Wappen der örtlichen Vereine aufgehängt sind – die »Heimaterdler«: Das sind – allen voran – die *Siedlervereinigung Heimaterde e.V. 1919*, der *Turn- & Sportverein »Heimaterde« 1925*, die *Chorgemeinschaft Sympathie 1975*, der *Kaninchenzüchterverein R. 188 Mülheim an der Ruhr-Fulerum*, die *MGV Liedertafel 1860 Mülheim an der Ruhr-Heißen*, die *Karnevals-Gesellschaft Frintroper Schelme 1935* usf. Man stolpert von einem Park in den nächsten in dieser Heimaterde. Den lieben Bürgerinnen & Bürgern reden Schilder ins Gewissen: Umweltbewußte Bürgerinnen & Bürger lagern hier nicht ihren Müll oder Sperrmüll ab, den übrigen ist es verboten. Die Wege sind tatsächlich so abwechslungsreich angelegt, daß man nie so recht weiß, wo einen die nächste Biegung hinführen wird. Was einen aber erwartet hinter der nächsten Biegung, kann man sich ausrechnen: die immergleichen Häuser, Vorgärten. Ein Bewohner der Heimaterde fällt völlig aus dem Rahmen & hat vor dem Haus einen Fahnenmast aufgestellt & eine Totenkopfflagge gehißt. Auf einem Spielplatz hat eine rechtsextreme »Aktionsgruppe« Gekritzel hinterlassen – frei, sozial, national – & die Adresse einer rechten Internetseite. In den so verschlafenen wie gewundenen Straßen gibt es auch nur langweilige Läden, ein *Schönheitsstudio Petra* etwa, Kosmetik, Fußpflege, Haare. In der Amselstraße scheint es dann endlich eine Kneipe zu geben. Aber der Schein trügt: Die Gaststätte mit dem grotesken Namen *Amseler Stuben*, ein Balkan-Restaurant, gibt es schon länger nicht mehr. Ständig ist Lärm von Kleinflugzeugen zu hören, was am nahen Flugplatz Essen-Mülheim liegen wird. Der Sunderweg führt an einem Friedhof vorbei, der seltsamerweise kaum abgetrennt ist von seiner Umgebung, vielmehr in sie integriert. Nur wenige Meter neben den Siedlungshäusern liegen die Gräber, von ihnen nur durch einen Zaun getrennt. Thomas Sieverts sagt: Was unsere verstädterte Landschaft angeht, so bewegen wir uns auch intellektuell in einer unmöglichen Landschaft. Was mich aber am meisten irritiert in dieser Heimaterde, ist die völlige Absenz von Trinkhallen! Das dürfte einzigartig sein im Ruhrgebiet. Die Menschen sitzen in ihren Häuschen, in Straßen bar jeglicher Infrastruktur – von Kneipen ganz zu schweigen – & können sich noch nicht einmal ein Bier an der Ecke holen. Die gesamten Einkäufe erledigen sie wahrscheinlich im Rhein-Ruhr-Zentrum. Hinter dem Friedhof führt die Filchnerstraße in ein Viertel mit Nachkriegs-Wohnbauten in Hörweite der Autobahn, das sich deutlich von der sonstigen Heimaterde abhebt. & hier gibt es auch endlich eine Trinkhalle! Sogar mit einer schönen, alten *Ritter*-Bier-Leuchtschrift. Die Kunden werden vorgewarnt: 18. 8. geschlossen! Zwischen die Fahrbahnen der Autobahn wurde der U-Bahnhof Eichbaum gequetscht. Des Bahnhofs, der genauso häßlich & unwirtlich ist wie der Bahnhof Rosendeller Straße, haben sich Theaterleute mit sozialpädagogischem Furor bemächtigt & hier vor kurzem die *Eichbaumoper* aufgeführt, wovon noch ein großer Schriftzug, Container & ausgehängte Texte künden.

Begegnungen machen glücklich. Sehen, fragen schreiben, Zauber verleihen; Waschmaschine kaufen, Chöre suchen, grillen. Ich bin dabei! Am Mittelstreifen einer vierspurigen Straße kommt die U-Bahn an die Oberfläche. An der Straße Reihenhäuser mit piefigen Vorgärten. Rücksichtslos haben sich die Autobahn & ihre Zubringer hier in die Stadtlandschaft gefressen. Ich biege in die Frohnhauser Straße. Der direkt an der Autobahn gelegene *Heißener Hof* bietet Eier aus Bodenhaltung, Frischgeflügel, Wurstwaren & leckere Spezialitäten an, auch Reh, Wildschwein, Stallkaninchen. Urbanes & Ländliches prallen hier unvermittelt aufeinander. & André Corboz mahnt ja an: Wir müssen dringend ein neues Verständnis des Begriffs ›Stadt‹ als Ort des Unzusammenhängenden, des Heterogenen, des Bruchstückhaften & der ununterbrochenen Umgestaltung erarbeiten. Dann wieder eine Autobahnunterführung, ein arg in Mitleidenschaft gezogenes Haus direkt an der Straße. Das nächste Gewerbegebiet. Schwarzdeckenbau, Verkehrstechnik, Garten & Landschaftsbau. Ein *Road Stop Imbiß* am TÜV. *Kienzle Automotive*. Am Himmel ein silbergrauer Zeppelin mit Werbung für das lokale Drecksblatt. Das ist nicht mehr der grüne Zeppelin aus Ludwig Harigs *Essener Tagebuch*. Aber vielleicht hat auch nur der Sponsor gewechselt & es wurde ein neuer Werbeschriftzug aufgemalt. Flieg mit! Ich kapituliere vor dem Gewerbegebiet, kehre um & laufe Richtung Heißen. An der Straße Gartenmöbel, ein Autohaus hat seine Verkaufsräume gerade aufgegeben & ist umgezogen, ein Möbelhaus. Stühle, Wohnaccessoires & Deko. Räumungsverkauf. Alles muß raus!! Bis zu 71 %. Wir ziehen nach Kettwig. Die beste Lage scheint das nicht zu sein, wenn alle wegziehen. Verkehrsgünstig ist sie aber wohl doch direkt an der Autobahn. Wer weiß. Dann erreiche ich langsam den Kern von Heißen. Unterschiedliches Gewerbe, nichts Spannendes. Ein geschlossenes China-Restaurant, der *Palais de Beauté*. Um die Kirche ein Ortskern mit Gründerzeitbauten. Sanitätshaus, Arztbedarf, Optik in Heißen. Ambulante Zukunft. Ein Brunnen mit Wasserrädern, der Heißener Marktplatz. In Heißen finde ich auch die ersehnte Kneipe, die mir in der Heimaterde vorenthalten wurde: die *Laterne* im Fünterweg. Die Gaststätte verfügt über eine Kegelbahn. In einer Wühlkiste sind Audiocassetten »zum Mitnehmen« ausgelegt. Sogar Klassik, aber nichts, was mich interessiert. Der Raum ist mit allerlei maritimem Tand dekoriert, Netzen & Matrosenfiguren. An der Theke sitzen ältere Herren. Manchmal gibt es Tanzveranstaltungen hier. Ein Schmuckladen am Marktplatz hat Hörgerätebatterien im Angebot. Ebenfalls am Markt der *Heißener Treff,* wo der Versuch unternommen wird, etwas szenemäßig zu wirken. & das Publikum ist auch jünger. Hier wird Kicker gespielt. Ein hübscher Junge mit T-Shirt des *Roten Kreuzes,* offensichtlich im Dienst, bestellt eine Cola & geht an den Automaten spielen. Später springt er zur Verblüffung der anwesenden Gäste durch das offene Fenster ins Freie. Die Frau hinter der Theke stellt fest: Streß haben wie alle. Aber wissen wir eigentlich Bescheid über unsere eigenen Städte? Nichts ist weniger gewiß.

Stadtbahn Ruhr

Wir bewegen uns in den Ruinen hypertropher Planungen & gescheiterter Konzepte. Zur Hälfte umgesetzter & alsbald wieder verworfener Ideen. Viele Merkwürdigkeiten & Inkonsequenzen, Unannehmlichkeiten & Ungereimtheiten, mit denen man als Benutzer der sogenannten Stadtbahnen im Ruhrgebiet heute konfrontiert wird, sind nur zu verstehen vor dem Hintergrund aufgegebener & zusammengestrichener Projekte, fauler Kompromisse & mangelnder Kooperation zwischen den einzelnen Städten. Weiträumige unterirdische Bahnhöfe von der Dimension großstädtischer U-Bahnhöfe, auf denen keine U-Bahn-Züge, sondern bloß kurze Straßenbahnzüge halten, denen man über den halben Bahnsteig nachlaufen muß wie am Bochumer Hauptbahnhof. Gleise mit drei Schienen, auf denen Bahnen mit unterschiedlicher Spurweite verkehren, die zudem an separaten Abschnitten der Haltestellen mit unterschiedlicher Bahnsteighöhe halten wie in Gelsenkirchen-Horst. Züge, die, nachdem sie die Innenstadt schnell & auf unterirdischen Strecken hinter sich gelassen haben, im Autoverkehr steckenbleiben wie in Duisburg. »U-Bahn-Linien«, die abends im 30-Minuten-Takt & nur bis 23 Uhr verkehren, wie in Essen. Wer mit den verschiedenen Ausformungen des Schienennahverkehrs im Ruhrgebiet konfrontiert wird, die als »Stadtbahn« bezeichnet werden, würde selbst nie auf die Idee kommen, daß es einmal eine übergeordnete Planung gegeben haben könnte.

Ein neues Verkehrssystem muß her! Heißt es Ende der sechziger Jahre. Der »Leitplan Öffentlicher Personennahverkehr« von 1969 sieht vor: Ausbau des sogenannten Ruhrschnellverkehrs der Bahn mit S-Bahnlinien auf bereits bestehenden Trassen. Eine »Stadtbahn« als einheitliches System von Normalspurstrecken (1435 mm) mit besonderer Berücksichtigung der von den bestehenden Eisenbahnstrecken vernachlässigten Nord-Süd-Verbindungen. Tunnel in den Innenstädten & oberirdische kreuzungsfreie Trassen mit seitlicher Stromschiene, stufenloser Einstieg auf Hochbahnsteigen. Gründung der *Stadtbahngesellschaft Ruhr* (später: *Rhein-Ruhr*) im selben Jahr unter Mitwirkung der Städte Bochum, Castrop-Rauxel, Dortmund, Duisburg, Essen, Gelsenkirchen, Herne, Mülheim an der Ruhr, Oberhausen,

Recklinghausen & Wattenscheid. Später kommen Düsseldorf, Hattingen & Witten hinzu, Castrop-Rauxel & Recklinghausen scheiden wieder aus. Eine Stadtbahn muß her, die in kurzer, regelmäßiger Zugfolge dichtbesiedelte Wohn- & Geschäftsbereiche miteinander verbindet. Die Bequemlichkeit bietet & mehr Fahrgäste aufzunehmen vermag als beispielsweise eine Straßenbahn. Die Entfernungen schneller überbrückt, als das bisher möglich war, weil sie kreuzungsfrei fährt & immer Vorfahrt hat, ohne daß andere deswegen warten müssen. Deshalb: Start zum Stadtbahnbau!

Geplant ist ein 300 km langes Stadtbahnnetz. Fertigstellung spätestens bis zur Jahrtausendwende. 90 % der Kosten, so das Calcul, können aus Mitteln des neuen Gemeindeverkehrsfinanzierungsgesetzes bestritten werden. Bestehende Straßenbahnlinien sollen durch die neue Stadtbahn überflüssig gemacht werden. Die autogerechte Stadtplanung sieht eine Trennung der Verkehrsarten vor. Im Tunnelbau sollen zudem Arbeitsplätze für Bergleute entstehen, die ihre Kompetenz einbringen. Denn was im Steinkohlenbergbau an der Ruhr seit Jahrzehnten geläufiges technisches Verfahren ist, kann auch in die Praxis des Stadtbahnneubaus einbezogen werden: der Streckenvortrieb im Gebirge. Je nach Zusammensetzung & Festigkeit des Gebirges können hier unterschiedliche Verfahren zur Anwendung kommen, vom Schildvortrieb oder dem Einsatz anderer moderner Vortriebsmaschinen bis zur rein bergmännischen Auffahrung. Für die neuen Strecken ist ein als »Stadtbahnwagen A« bezeichneter achtachsiger Doppeltriebwagen mit seitlicher Stromzuführung vorgesehen. Zunächst soll ein Versuchs- & Modellbetrieb auf der Strecke Essen–Mülheim eingerichtet werden. Dortmund setzt sich mit der Forderung durch, die Planungshoheit für die Neubauten nicht aus der Hand geben zu müssen & ist heute die einzige Ruhrgebietsstadt mit einem akzeptablen Stadtbahn-Netz.

Der Stadtbahnwagen A wird nie gebaut, es werden auch keine U-Bahnwagen aus Berlin für die Versuchs- & Modellstrecke adaptiert. Das Land dringt auf den Einsatz des in Köln & Bonn verwendeten sechsachsigen Gelenkwagens Typ B, auf Fahrleitungen statt der seitlichen Stromschienen. Dieses Fahrzeug kann auch auf herkömmlichen Straßenbahnstrecken eingesetzt werden & erlaubt einen niveaugleichen Einstieg von Hochbahnsteigen, an Straßenbahnhaltestellen kommen Klappstufen zum Einsatz. Da Kreuzungsfreiheit & stufenloser Einstieg auf absehbare Zeit nur auf kleinen Teilabschnitten realistisch sind, werden Straßenbahnlinien in die bereits gebauten Tunnel geleitet. Über diesen sogenannten Straßenbahnvorlaufbetrieb, als Übergangslösung geplant, ist man bis heute fast nirgends hinausgekommen & wird es wohl auch nie. Die für eine vollwertige Stadtbahn notwendige Umstellung von Straßenbahn-Meterspur auf Stadtbahn-Normalspur verläuft nur schleppend & wird mancherorts wieder aufgegeben. Das Nebeneinander zweier unterschiedlicher Spurweiten ist zwar kompliziert & teuer, erweist sich aber als beherrschbar. Der Versuchs- & Modellbetrieb zwischen Essen & Mülheim geht 1977 in Betrieb. Tunnelabschnitte wechseln mit Hochlagen & einer Streckenführung zwischen den Fahrbahnen des Ruhrschnellwegs. Andere Projekte kommen kaum voran, am wenigsten die städteübergreifenden Verbindungen im nördlichen Ruhrgebiet. Dort werden Straßenbahnlinien eingestellt, ohne daß zuvor Ersatz durch Stadtbahnstrecken geschaffen worden wäre. Das Stadtbahnnetz Ruhr kann spätestens Ende der siebziger Jahre als gescheitert betrachtet werden.

Die Stadt Gelsenkirchen stimmt ihre Bewohner noch 1974 auf den Stadtbahnbau ein: Die Stadtbahn kann in dichter Zugfolge mehr Menschen befördern als Straßenbahn oder Bus & ist mit einer Geschwindigkeit von 100 km/h wesentlich schneller als die anderen in den Städten fahrenden Nahverkehrsmittel. Die Stadtbahn verfügt neben großem Platzangebot über viele Annehmlichkeiten für den Fahrgast: schnelle Fahrzeit, große Bequemlichkeit, störungsfreie Fahrdynamik. &: kein Warten an Ampeln, keine Suche nach einem Parkplatz. Die Stadtbahn bietet also überzeugenden Anreiz für Autofahrer & flankiert deshalb Bestrebungen von Rat & Verwaltung, City-Kerne aus dem öffentlichen Kraftverkehrsnetz auszuklammern & zu Fußgängerbereichen umzugestalten. Die Stadtbahn verschafft der Stadt Gelsenkirchen neben den Ost-West-Verbindungen der *Deutschen Bundesbahn* eine immer dringender werdende Nord-Süd-Erschließung. Denken Sie deshalb an Morgen & nehmen Sie Beeinträchtigungen möglichst gelassen hin. Fahren Sie nicht gleich aus der Haut. Dafür fahren Sie in künftigen Jahren besser. Mit der Stadtbahn. Ihre Tunnelgeister. Heute verlieren sich Straßenbahnen auf den langen Bahnsteigen im Kellergeschoß des Gelsenkirchener Hauptbahnhofs. Von einer dichten Zugfolge kann selbst zu Stoßzeiten keine Rede sein. Das Ruhrgebiet ist der Ballungsraum, in dem der öffentliche Nahverkehr den geringsten Marktanteil hat.

Weitreichende Fehlplanungen, ein gescheitertes Großprojekt. Millionengräber, sang- & klanglose Beerdigung der *Stadtbahngesellschaft Rhein-Ruhr mbH* 1990 ff. Der *Fahrgastverband Pro Bahn* fordert die »qualifizierte Beendigung des Stadtbahnbaus Rhein/Ruhr«. Duisburg hat nicht einmal 10 % der ursprünglichen Planungen realisiert, an dem völlig überdimensionierten Innenstadt-Tunnel wurde 17 Jahre lang gebaut. Der Nutzen ist fraglich, die Fahrzeit nach Düsseldorf hat sich sogar verlängert, desgleichen die Wege für die am Hauptbahnhof Umsteigenden. Ein weiteres finanziell desaströses Projekt war die 2000 eröffnete unterirdische Strecke nach Meiderich. Die Bahnhöfe Duissern & Auf dem Damm verbindet jetzt immerhin die längste U-Bahntunnelröhre Deutschlands. Das Stadtbahnnetz in Essen ist ein Torso, zwei verschiedene Spurweiten existieren jetzt wohl dauerhaft nebeneinander. Die Strecken nach Gelsenkirchen-Horst & zur Margarethenhöhe wurden als Stadtbahnstrecken ausgebaut, andere Planungen wurden wieder aufgegeben. Zwischen Hauptbahnhof & Martinstraße teilen sich Stadt- & Straßenbahn ein Dreischienengleis. In Mülheim verzögerte sich der Weiterbau der Stadtbahn Richtung Duisburg lange Zeit, weil dazu eine aufwendige Unterquerung der Ruhr erforderlich war. Eine Verlängerung der Versuchsstrecke über den Mülheimer Hauptbahnhof hinaus ins Zentrum ist wegen technischer Inkompatibilitäten weiterhin nicht möglich, denn jede Stadt hat nach wie vor ihre eigenen, untereinander teilweise äußerst ungenügend kooperierenden Verkehrsbetriebe. In Gelsenkirchen wurde zehn Jahre lang an dem 1,6 km langen Innenstadttunnel gebaut, in dem nach wie vor nur meterspurige Straßenbahnen verkehren. In den achtziger Jahren wurde die Straßenbahn zwischen Musiktheater & Zoo ebenfalls unter die Erde verlegt. Die Hochbahnsteige hat man wieder abgerissen, weil man inzwischen auf Niederflurbahnen setzt. Von einem Stadtbahn-Knotenpunkt Gelsenkirchen, von Linien nach Marl & Gladbeck, ist längst keine Rede mehr. In Bochum wurde mit der Strecke von der Ruhr-Universität nach Herne eine Stadtbahn-Insellösung geschaffen, die geplanten Verlängerungen nach Witten im Süden & Recklinghausen im Norden sind auf Eis gelegt. 2006 gingen weitere Tunnelbauten in Betrieb, so daß die gesamte Bochumer Innenstadt jetzt straßenbahnfrei ist. Auf den neuen unterirdischen Strecken fahren aber nur Straßenbahnen. Einzig Dortmund hat mehr oder weniger die Stadtbahnlinien, die ursprünglich geplant waren, tatsächlich gebaut. Auch die Dortmunder Innenstadt ist heute frei von oberirdischem Schienenverkehr. Der zuletzt eröffnete Tunnel zwischen Osten- & Westentor wird von Niederflur-Straßenbahnen befahren. Eine Verknüpfung mit den Stadtbahnsystemen anderer Städte besteht nicht.

Dérive XXV: Vorhalle

Der Bahnhof Hagen-Vorhalle ist eine zugenagelte Ruine. Auf dem riesigen Gleisfeld des Rangierbahnhofs hält eine einsame Lok, fährt wieder an. Durch den Tunnel mit Graffiti & Pisse gelangt man in die Bahnhofshalle. Auch hier ein desolater Eindruck. Alle erreichbaren Flächen sind zugesprayt, in den Fensterrahmen ist kein Glas. Sternförmige Ornamente auf den in einem grünlich-beigen Ton gestrichenen Wänden akzentuieren Dynamik, Eisenbahn. Jemand wendet sich gegen Stadionverbote. Pro *Borussia*. Ein Plakat wirbt: Zug um Zug zu neuen Kunden. Gewerbeflächen zu vermieten! Nehmen Sie Kontakt mit uns auf! Der Vorplatz ist mit Steinen gepflastert, in den Zwischenräumen wuchert Gras. Wegweiser zum nahen Harkortsee, zum Wasserschloß Werdringen, zum Museum- für Ur- & Frühgeschichte. Direkt am Bahnhof Lagerhallen & Gewerbe. Edelstahl & Industriemontage. Hinter einem offenen Schranken führt ein Weg ins Bahnhofsgelände. Auf einem Gleis steht ein roter Tankwagen der Feuerwehr, hinter den zwei Löschmitteltransportwagen gekoppelt sind, auf welche die Feuerwehr im Notfall über eine Rampe fahren kann. Dem Bahnhofsgebäude schräg gegenüber Werbung, Kommunikation & Druck. Aus einer Halle dringen Maschinengeräusche. Hinter einem Zaun behindern Bäume die Sicht. Achtung! Betreten des Betriebsgeländes für Unbefugte verboten! Eltern haften für ihre Kinder! Dieses Gebäude ist videoüberwacht! Auf dem abgesperrten Gelände hohes Gras. Im Hintergrund sind aber auch relativ neue Hallen zu sehen. Vom Rangierbahnhof her sind Pfiffe von Lokomotiven zu hören. Ich biege in die Reichsbahnstraße ein. Linker Hand liegt eine Siedlung. Achtung Kinder! Warnt ein Schild. & es sind auch wirklich welche unterwegs, werden ausgeführt am Sonntagnachmittag, Jungs mit einem Riesenball. Die Straße führt mich hinter der Siedlung in den Wald. Auf einem Weg geht es einen Hügel hoch zum Freiherr-vom-Stein-Turm. Ich nehme die Herausforderung an & steige hinauf zum Turm. Der ist eingezäunt & nicht betretbar. Des Guten Grundstein. Des Bösen Eckstein. Des Deutschen Volkes Edelstein. Das dankbare Bürgertum dem Andenken des Reichsfreiherrn Heinrich Friedrich Karl vom & zum Stein 1869. Auf der Spitze des Kaisbergs stehen die

Bäume so hoch & dicht, daß man vom Fuß des Turms gar keine Aussicht hat. Auf dem *Geopfad Kaisberg* kann man lernen: Die dominierende Baumart in diesem Waldgebiet ist die Buche, vereinzelt wachsen auch Roteichen & Eichen. Der Boden bildet den Übergangsbereich zwischen dem Fettgestein & der uns umgebenden Atmosphäre. In ihm durchmischen sich Steine, Sand & Ton mit lebenden & toten Organismen sowie Wasser & Luft. Es entsteht ein komplexes System – mit dem ich mich jetzt nicht weiter auseinandersetzen kann. & es bringt mich auch nicht weiter, wenn ein Umherschweif-Experiment zu einer Wanderung durch Waldgegenden mutiert. & es hieß ja auch schon 1954, in der ersten Ausgabe von *Potlatch,* in der Anleitung zu einem »psychogeographischen Spiel«: Wählen Sie eine mehr oder minder stark bevölkerte Gegend, eine Stadt, eine mehr oder minder belebte Straße aus. Im Wald wird man keine Anhaltspunkte für eine neue, situationsbedingte Schönheit finden. Ich steige vom Kaisberg wieder hinab. Anscheinend befinde ich mich, ohne das geahnt zu haben, auf einem Pilgerweg. Zumindest will mir das ein Sonnensymbol auf blauem Grund weismachen. Aber eine Pilgerfahrt, so ereignisreich sie auch verlaufen mag, ist auch das glatte Gegenteil des Umherschweifens, sind Weg & Ziel doch unverrückbar vorgegeben, während es mir nur um die Abschweifungen gehen muß. Die Reichsbahnstraße führt über eine Fußgängerbrücke, von der man einen Überblick über das Gleisfeld hat, große Mengen abgestellter Waggons sieht. Über einen Fußweg gelangt man auf das Bahnhofsgelände. Zum *Cargo Zentrum Hagen.* In einem Stellwerk hat sich aber auch das kleine Museum für Stellwerkstechnik eingerichtet. Es hat nicht geöffnet. Der Rangierbahnhof ist aber keineswegs ein Museum, sondern in Betrieb, wenn er auch früher eine größere Bedeutung gehabt haben mag, wie die Bahn ja überhaupt eine größere Bedeutung hatte, bevor dem Autoverkehr in allen Planungen Vorrang eingeräumt wurde. Eigene Vorsicht – bester Unfallschutz. Wird eine Parole ausgegeben. Der Zugang zur *Ruhestandgemeinschaft Hg.-Vorhalle* ist beinahe zugewachsen. Davor Parkplätze für die Bahnhofsleitung. Ich gehe nach Vorhalle hinein, vorbei an in den fünfziger Jahren erbauten Wohnhäusern. Einem *Pack & Papier Abholmarkt.* Dazwischen ein paar Gründerzeitbauten. An einem Haus kann man alten Aufschriften noch entnehmen, daß sich in ihm einst der *Gasthof Lindenhof* befunden hat. Dort wurde *Schultheiss Bier* ausgeschenkt, das ungenießbare Berliner Gebräu, das eine Zeitlang auch im Ruhrgebiet gebraut wurde & eine gewisse Verbreitung hatte. Heute glücklicherweise nicht mehr. Ein anderes altes Haus ist in knalligen Blau- & Orange-Tönen gestrichen. Die Straßen in dem zwischen dem Rangierbahnhof, einer breiten Durchgangsstraße, & der Autobahn eingeklemmten & zerrissenen Stadtteil sind kaum belebt. Die *Pizzeria Italia* wirbt mit dem italienischen Stiefel als Logo. Das *Deutsche Rote Kreuz Vorhalle* blickt auf eine über 100-jährige Geschichte zurück. Gründung der Freiwilligen Sanitätskolonne Vorhalle 1907, Neuaufbau der Sanitätskolonne nach dem Ersten Weltkrieg, 1929 Eingemeindung von Vorhalle nach Hagen, 1945 Wiederaufbau der Rotkreuzgemeinschaft, Einsatz bei der Flutkatastrophe in Hamburg 1962 usf. Heute besteht der Ortsverein aus Rotkreuzgemeinschaft, Einsatzeinheit & den Arbeitskreisen Blutspendedienst, Kleiderkammer & Geschirrmobil. Ein altes Elektrizitätswerk sieht aus wie eine Kapelle, mit einem neugotischen Torbogen & einem Blitz anstelle des Kreuzes. In einem Gründerzeitgebäude befindet sich das *AO Stübchen*, eine anscheinend geöffnete Kneipe. Das »O« auf der Leuchtschrift wird programmatisch von einer Dartscheibe gebildet. Im Fenster stehen Pokale. Die *Restauration Reichsadler* in dem imposanten Eckhaus an der Ecke Reichsbahn-/Ophauser Straße hingegen gibt es leider nicht mehr. Mehrere parkende Autos gehören einer Firma für Software-Entwicklung & Digitale Systeme, wie ihre Aufschrift verrät. Eine Fußgängerbrücke überspannt die vierspurige Weststraße. Ophauser & in westlicher Verlängerung Vorhaller Straße durchziehen den zwischen Bahnanlagen & Weststraße gelegenen Teil Vorhalles in Ost-West-Richtung. Was gibt es dort an einem trägen Sonntagnachmittag zu sehen? Nicht viel. Über Straßen wie diese in den Vorstädten der Ruhrgebiets-Städte läßt sich sagen, was Colin Rowe über die amerikanische »Main Street« festgestellt hat. Er spricht von der Zurschaustellung einer abweisenden & kaum angenehmen Wirklichkeit. Einer Wirklichkeit, die aber auch die grüblerische Neugierde bindet & die Vorstellungskraft beflügelt. Die zu ihrem Verständnis den Aufwand geistiger Energie verlangt. Nun, diese Straße ist verkehrsberuhigt & baumbestanden. Lokale haben Tische draußen stehen. Zwei Italiener gibt es, die *Trattoria La Veranda* & *Pizza Pronto*. Hinter matten Glasscheiben sind die Räume der *Vorhaller Palette*, eines sozialen Einkaufsmarkts für Bedürftige, die in diesem Stadtteil sicherlich zahlreich sind. Angeschlossen ist auch ein »Gastraum«. Eine Druckerei gibt es, Kindermoden, Jeans & Moden, eine Stadtbäckerei. Nicht ärgern lassen – wählen! Versucht eine Wählerinitiative zu mobilisieren. Ereignisse werden angekündigt: 100 Jahre Fußball in Vorhalle. Im Oktober wird in der Karl-Adam-Halle gefeiert mit einer »Showband« aus Soest & Verpflegung durch die *Fleischerei Hasenberg*. Im Wasserschloß Werdringen findet im September ein »mittelalterliches Schloßfest« statt, mit Ritterlager, Schaukämpfen, mittelalterlichem Markt & Musik, Eisengewinnung & -verarbeitung. Zu Gast ist die *Ritterschaft der Wolfskuhle*, Verein zur Darstellung des mittelalterlichen Lebens im 11. & 12. Jahrhundert. Vorhalle Mitte heißt die Bushaltestelle am weitläufigen, leeren Markt- & Europaplatz, auf dem sich auch ein Kriegerdenkmal befindet: Vorhalles Heldensöhnen geweiht. Das Rondell schmücken gruselige Pferde-Totenköpfe. Nach dem Zweiten Weltkrieg wurde das Monument noch einmal erweitert. Der *Kiosk Reinhardt* in einem Flachbau aus den fünfziger Jahren scheint ein Magnetpol & Kristallisationspunkt zu sein & wird auch jetzt frequentiert. Auf einem Spielplatz sind in einiger Entfernung zueinander zwei Halbkugeln so aufgestellt, daß der Schall von einer Schale zur anderen übertragen wird & man diese Apparatur als eine Art Telephon benutzen kann, wie eine Zeichnung nahelegt. Dem zu groß wirkenden Platz gegenüber liegt der Neubau des Stadtteilhauses Vorhalle mit der Terrasse des *Cafés Sonnenschein* im ersten Stock. Ein Plakat wirbt für »Anti-Stress-Biking«. Hinter dem, was wie ein neuer Trend präsentiert wird, verbergen sich bloß organisierte Radtouren. Regelmäßiges Radfahren stärkt die Atemmuskulatur & verbessert die Ventilation der Lunge, verbrennt Fettreserven, schmiert die Gelenke & schützt durch ein vergrößertes Schlagvolumen des Herzens auch vor Herzinfarkten. Parallel zur Vorhaller Straße & direkt am Rangierbahnhof verläuft die Wortherbruchstraße, & dort sorgt der Bahnhof auch für eine entsprechende Geräuschkulisse. Ob diese Eisenbahn-Fetischisten, die Bilder von Lokomotiven ins Netz stellen & Museen in alten Stellwerken gründen, sich eigentlich auch an Rangiergeräuschen & Bahnlärm aufgeilen können? Gehört habe ich davon noch nichts. Auf der Kirchbergstraße finde ich einen Zettel, der sich als

Kalenderblatt vom 14. August herausstellt & mir den Spruch eines unbekannten Autors mit auf den Weg durch Vorhalle gibt: Der Mensch ist, was er denkt. Was er denkt, strahlt er aus. Was er ausstrahlt, zieht er an. Mag sein. Außerdem wird der Rat erteilt: Beschäftigen Sie sich mit Kunst oder genießen Sie die Schönheit der Natur. Immer noch steht der abnehmende Mond im Tierkreiszeichen Stier & sorgt für Harmonie & Genußfreude. Ich beschäftige mich mit einer anderen Schönheit. Das letzte Stück der Vorhaller Straße ist geprägt von einer Mischung aus alten Villen & neueren Wohnbauten. Eine Tierärztin macht mit den Bremer Stadtmusikanten im Schattenriß auf sich aufmerksam. Jenseits der Weststraße ausgedehnte Wohnviertel, einschläfernde Straßen, Spiel- & Sportplätze, eine Schule. & dahinter die Autobahn. Am Zaun eines Einfamilienhauses werde ich aufgefordert: Nimm mit & lies! & lasse mir das, der ich mich ja an einer Lektüre des Stadtraums versuche, natürlich nicht zwei Mal sagen. Das Ehepaar Udo & Inge K. bringt das »Blatt mit der guten Nachricht« unter die Leute. Viele werden es ja nicht sein, die hier vorbeikommen. Vielleicht ein paar Spaziergänger auf dem Weg in den Wald. Man ahnt es, es handelt sich um Gottesreklame. Mit dem »Startkapital göttlicher Weisheit« gegen die Wirtschaftskrise, bei Gott ist nichts unmöglich, & wer sich zu kurz gekommen wähnt, der soll sich doch die »Armut der Reichen« vor Augen führen – wobei die Jahreslosung 2009 »Nichts ist unmöglich …!« anders, als von den Pfarrern beabsichtigt, womöglich doch einen Sinn bekommen könnte. Wenn man daraus nämlich folgern würde, daß nicht nur das Einrenken persönlicher Schicksale, sondern auch politische Veränderungen nicht unmöglich sind & daß unsere derzeitige »Wirtschaftsordnung« nicht gottgegeben ist. Auf die Einfamilienhäuser folgen Fachwerkhäuser. Ein Plakat kündigt den »CVJM Kreisposaunentag« an. Gemeinsam zum höchsten Ton. Dann beginnt der Wald. Wir halten den Wald sauber, bitte helfen Sie mit! Achtung! Zur Tollwutabwehr sind Fallen aufgestellt. Beim Betreten des Waldes größte Vorsicht. Hunde unbedingt anleinen! Mir ist nicht ganz wohl. In den Wäldern scheint es ja noch um einiges gefährlicher zu sein als in der Stadt. Ich verlasse den Wald schnell wieder, gelange zur Volmarsteiner Straße, die parallel zu den Gütergleisen verläuft. An einem großen Speditionsunternehmen vorbeiführt. Achtung! LKW-Ausfahrt 100 m! Ihr Spezialist für Lang-

& Schwergüter. Ihr Logistikspezialist im Nah- & Fernverkehr. Das ist die Stadteinfahrt. Kompressorsysteme. Vorhalle West. Das Ortsschild von Hagen. Die Volmarsteiner Straße mündet in die Weststraße. Ein Schild weist auf die Karl-Adam-Sporthalle, in der im Herbst dieses Fußballfest stattfinden wird. So fügt sich alles zusammen, wenn man nur lange genug herumläuft in einem Viertel. Der städtische Raum ist konkreter Widerspruch. Sagt Henri Lefèbvre. Die Industriestadt ist eine Gespensterstadt. Der Schatten einer städtischen Wirklichkeit, eine Spektralanalyse von verstreuten, äußerlichen Bestandteilen, die durch Zwang zusammengebracht werden. Zur Linken kommt an der Weststraße etwas erhöht liegend ein trutzige Kirche in den Blick. Rechts Wohnviertel, Ein- & Mehrfamilienhäuser, zum Teil villenartig. Ich folge einem Hinweis zum Friedhof Vorhalle. In dieser Richtung liegt auch das Vereinsheim des *Vorhaller Schützenvereins Funckenhausen*. Der *Kleingartenverein Funckenhausen*. Dieser hinterste Winkel von Vorhalle, an der Autobahn & am Waldesrand, wäre dann also Funckenhausen? Es sieht nicht so aus, als könnte man im Vereinsheim als Außenstehender Bier trinken. Ich wende mich um. In der Lindenstraße parkt ein alter Eiswagen. *Bügel & Wäsche Vorhalle* scheint es nicht mehr zu geben. Ein paar Jugendliche treffen sich an der Freiherr-vom-Stein-Grundschule. Das ist hier wieder eine städtische Bebauung. Ich komme an einem *Vereinshaus Vorhalle* vorbei – eins für alle. & dann glaube ich meinen Augen nicht zu trauen, kommt mir doch allen Ernstes, im hellsten Sonnenlicht des Sommertages, um 20 Uhr ein Nachtbus entgegen! Das ist kein verirrtes Fahrzeug. Die *Hagener Straßenbahnen*, die schon lange keine einzige Straßenbahnlinie mehr betreiben, haben ihr Angebot inzwischen so weit ausgedünnt, daß bereits am frühen Abend Nachtbusse eingesetzt werden. Das bedeutet, daß ab diesem Zeitpunkt nur noch wenige Linien im Stundentakt verkehren. Ich bin glücklicherweise heute nicht angewiesen auf die Hagener Stadtbusse. Das *Vereinshaus Vorhalle* ist eine brauchbare Gaststätte, in die ich mich setze. Neu gemacht, mit viel Holz, aber nicht unangenehm. Zwei ältere Männer sind gerade in einem Gespräch über Führerscheinkontrollen. Wenn es zum Unfall kommen sollte ... Dann wird erörtert, unter welchen Umständen jemand dazu befugt ist, mit Blaulicht zu fahren. Mit Blaulicht fahren, das wäre doch eine Lösung, um Führerscheinkontrollen zu entgehen!

Der eine Sprecher wendet ein, daß Fahrer, die mit Blaulicht fahren würden, dazu extra ausgebildet seien. & außerdem müßten Rettungsfahrzeuge ohne Behördennummer sich an die Verkehrsregeln halten. An »Aktionstagen« gibt es im *Vereinshaus* alle Schnitzel von der Schnitzelkarte zu einem reduzierten Preis oder halbe Hähnchen oder frische Reibeplätzchen. Auf einer ulkigen Zeichnung hinter der Theke ist dargestellt, wie eine »Berliner Weiße« zusammengeschüttet wird. Mehrere Flaschen ergießen sich in eine Schüssel mit grüner Brühe. Daneben das Brandenburger Tor. Ich komme an der Liebfrauenkirche vorbei, einem historistischen Bau. An einem Imbiß & Spieltreff kurz vor der Fußgängerbrücke über die Weststraße. Ich setze meine Erkundungen auf der anderen Seite fort. Setze mich in der Vorhaller Straße vor die *Trattoria La Veranda,* bestelle eine Pizza »Tricolori«. Am Nebentisch ist eine größere Runde bereits bei der Grappa angelangt. Was aber keineswegs bedeutet, daß ihr Aufbruch unmittelbar bevorstehen würde. Die Gespräche sind eigentlich zu dumm, um protokolliert zu werden. Es geht ums Altern & die Pubertät der Kinder; Zoten, Kneipensprüche & dgl., kleinbürgerlicher Stumpfsinn. Ob die Krankenkassen demnächst Sonderprämien für Raucher einführen? Haha. Daß die Leute das – wohl nur halb im Scherz – für möglich halten, heißt jedenfalls, daß man sie bereits so weit hat & sie es schlucken werden. Dann geht es gegen die Türken. Wird über einen aufdringlichen türkischen Verkäufer im Urlaub gelästert, über die Beschimpfungen, die man sich von türkischen Eltern bei irgendwelchen Spielen von Jugendmannschaften anhören müsse. Betrunken fahre ich am besten Auto. Haha! Sich eine Woche vor der Silberhochzeit trennen. Haha! Eine Schlagersängerin kommt demnächst nach Herdecke. & man ist anscheinend blöd genug hinzugehen. Genug! Ich spaziere diese Vorhaller Magistrale, Vorhaller & Ophauser Straße, noch an ihr anderes Ende. In der Ophauser Straße franst das Viertel irgendwie aus. Ein Gewerbegebiet. Die Stadt Hagen baut für ihre Bürger. Neubau eines Feuerwehrgerätehauses mit Rettungswache & Energiezentrale. Discounter, eine Tankstelle. Also bleibt mir, noch dieses *AO* oder: *A ... Stübchen* in Augenschein zu nehmen. Die Kneipe ist ein langer Schlauch, wobei eine Art Torbogen den hinteren Teil mit den Automaten, Darts usf., einer großen Leinwand vom Schankraum abtrennt. Im Fernsehen läuft Leichtathletik, leichtbekleidete Frauen & hysterische Reporterstimmen. Diese Sportarten, die kaum jemanden interessieren, sollen mit aller Gewalt zum Massenereignis hochgeputscht werden. Im *A ... Stübchen* immerhin hat man eingeschaltet. Es tut noch immer zu weh, um sich freuen zu können! Zwei deutsche Medaillen innerhalb von zwei Minuten! Der Sohn des Hauses trifft verschwitzt ein. Ist zu seinen Eltern pampig. Stört sich an den um die Lampen kreisenden Motten. Emotionen pur! Brüllt es aus dem Fernseher. Wer ist der schnellste Mann der Welt? Der Junge steckt sich eine Cigarette an & schickt sich an, die Kneipe mit zwei Rucksäcken zu verlassen. Wir sehen uns morgen, Papa! Der Ärmste muß am halb sechs aufstehen. Wie immer! Außer dem Wirtspaar ist noch eine Frau in der Kneipe, die aber auch irgendwie involviert scheint in den Betrieb. Hinter der Theke hängt eine DDR-Fahne. Der Spruch: 2009 wird mein Jahr. Begeisterung im *Stübchen* über einen Weltrekord. Kurzzeitig kommt Unruhe auf, weil 50 Euro in der Kasse fehlen. Nach ein paar Anrufen ist die Sache aber schon wieder erledigt. Druckfehler!

Kugelförmige Gespräche

Was ich an der Theke in Oberhausen rede, sagt Alexander Kluge, das sind kugelförmige Gespräche. Sie kommen immer wieder auf ähnliche Punkte zurück. Niemals jedoch auf dieselben. Die Wiederholungen sind ganz selten. Das sind keine linearen Erzählungen, die einen Aufstieg & Abstieg beschreiben. Eine Untersuchung im statistischen Unterbezirk 022 an der Dorstfelder Brücke in Dortmund, begrenzt vom Wallring, dem Westpark & von Eisenbahntrassen, in dem von einer Eckkneipenmonokultur gesprochen werden kann, ergibt eine relativ geringe Bedeutung der streng geschlossenen Kommunikationsform, die gekennzeichnet ist vom gemeinsamen Rundentrinken der Gesprächsteilnehmer & einer gesenkten Lautstärke. Das halboffene Gespräch kann als die vorherrschende Gesprächssituation am Tresen gelten. Es handelt sich in aller Regel um einen Dialog, dessen erhöhte Lautstärke als prinzipielle Einladung Dritter zur Teilnahme verstanden werden darf. Im übergreifenden Thekengespräch ist der verbalisierte Eintritt in den gemeinsamen Trinkrhythmus der Dialogpartner mit den Worten »Ich nehm auch noch nen Bier« eine direkte Interessensbekundung. Davon kann das dominierte freie Tresengespräch unterschieden werden, das durch einen raisonnierenden Redestil gekennzeichnet ist. Je länger eine Person dominiert, desto enger wird der Kommunikationsfreiraum. Das vermittelte Gespräch, das bei der Untersuchung in Dortmund den geringsten Anteil an den Gesprächssituationen hatte, ist Symptom einer Störung des Kommunikationszusammenhangs. Die Gesprächsinitiative geht vom Wirt aus, & meist dient dieser Typus dazu, eine Gesprächspause zu überbrücken: »Das is auch wieder nen Wetter!« In der ungebundenen Situation hingegen entzieht sich der Gast demonstrativ dem sozialen Umfeld der Kneipe. Die relativ hohe Verbreitung deutet auf eine Funktion der Gaststätte jenseits der kommunikativen Vermittlung hin. In solchen Fällen steht offenbar der Getränkekonsum als Motivation des Kneipenbesuchs im Vordergrund. Alexander Kluge sagt: Stellen Sie sich eine Kugel vor. & im Zentrum sitzt ein Erzähler. & er erzählt eigentlich alles, was um ihn herum ist, was er sehen kann. Als ob er den Sternenhimmel & die Erde beschreiben würde. Sie müssen sich außerdem vorstellen, daß sich alles in Bewegung befindet. Die Horizonte wechseln, sie sind nicht fest. Die Kugel ändert ihre Gestalt, & der Erzähler wandert. & er ist auch nicht immer derselbe. Es ist also etwas komplexer & etwas dynamischer, chaotischer. In der volkskundlichen Dissertation, die den »Erzählraum Kneipe« am Beispiel eines Dortmunder Wohnviertels beschreibt, heißt es: Der ständige Themenwechsel oder die Variation einer vorangegangenen Thematik ist der Regelfall der Kneipenunterhaltung. Die Segmentierung in einzelne Einheiten geschieht mit Hilfe von Pausen, die häufig auf interruptive Einflüsse dominanter Besucher oder des Wirtes zurückzuführen sind. Charakteristisch ist ein stark elliptisches Erzählen, das auf die prinzipielle Situationsgebundenheit verweist. Die meisten Geschichten bestehen nur aus wenigen Sätzen. Erzähltechnisch wird zwischen die einzelnen Erzählschritte immer eine Zäsur gesetzt. Eine Komplikation stellt den eigentlichen Corpus der Geschichte dar. Die Auflösung der Komplikation schließt die Geschichte: »Fünf Polizeiautos waren da. Das Blut klebte überall. Draußen nen großer Fleck, hier auf dem Fußboden, hab ich nen Tach später noch rumgekratzt.« Zur Kompensation permanenter subalterner Lebenserfahrung sind Geschichten beliebt, die ein Aufbegehren gegen Obrigkeiten thematisieren. Ausschweifende biographische Erzählungen wurden im Zeitraum der Dortmunder Untersuchung ausschließlich von angetrunkenen Rentnern vorgetragen. Die erzählerischen Formen der Existenzaufbereitung zielen auf eine Stabilisierung der Identität. Das Erzählen ist die Darstellung von Differenzen. Sagt Alexander Kluge. Alle großen Erzählungen sind kugelförmig gebaut. Die lineare Erzählung ist eine Ausnahme & eine Erfindung des 19. Jahrhunderts. Dadurch, daß alles konsequent von A nach B erzählt wird, durch den sogenannten roten Faden, werden alle Nebensachen weggedrückt. Das ist eine Autobahn-Strategie, während Pfade, Gartenwege, Ahnungen, Wandern, Spazierengehen nach anderen Richtlinien funktionieren.

Dérive XXVI: Kirchhellen

Kirchhellen ist zwar ein Teil Bottrops, in Wirklichkeit aber doch ein eigenständiges Dorf, das mit Bottrop unverbunden ganz für sich in der Landschaft liegt. Die Anreise mit dem Stadtbus ist eine Überlandfahrt. Aus dem Busfenster habe ich im Vorbeifahren eine Apotheke gesehen, auf deren Leuchtschrift die ersten drei Buchstaben fehlen, so daß es jetzt heißt: *Theke am Markt*. Das ist schön & vereint die Sphären der Kneipen & der Apotheken, die doch immer am getreulichsten Historisches & Topographisches in ihren Namen aufbewahren. & scheinbar versteht man sich in Kirchhellen auch als Dorf & wirbt mit dem Spruch: Ein Dorf hat viel zu bieten. Ich werde empfangen von einem Neubaugebiet. Wohnen am Schultenkamp: Mein Haus, mein Dorf, mein Leben. Die Buslinie endet an einem Kreisverkehr. Ganz in der Nähe ist ein großer Bauernhof zu sehen, mit Traktor & Pferd. Das Zentrum von Kirchhellen beginnt dann mit Wohnbauten aus den achtziger Jahren. Gepflegt, unspektakulär. Mit einer Goldschmiede & einem *Café Kläsener*. Der *Bücherstube Kirchhellen*. Der Johann-Breuker-Platz wirkt wie ein leerer, großer Marktplatz. Mitten auf dem Platz steht die Figur eines untersetzten Mannes, der eine Riesenbrezel trägt. Eine Erläuterungstafel weist ihn als »Brezelbruder« aus: die Symbolfigur der *Brezelgesellschaft Kirchhellen 1883*. Rund um diesen Platz der *City-Grill*, der Brillenmacher in Kirchhellen, die unvermeidliche *Glückauf Apotheke*. Tradition verpflichtet. Fragt sich nur: zu was? Ihr Partner für individuelle Raumgestaltung. Das Schuhhaus mit Tradition in Kirchhellen. Annahme von Schuhreparaturen. Eine sogenannte Klangsäule: Ein Granitblock ist poliert & mit tiefen Einschnitten versehen. Diese Einschnitte ermöglichen es, den Stein schon durch einfaches Anschlagen mit der Hand zum Klingen zu bringen. Dabei schwingt der Block wie eine große Stimmgabel aus Stein. Ich verzichte vorerst darauf, Kirchhellen zu beschallen. Der »Kirchhellen-Tag« wirft seinen Schatten voraus. Kirchhellen rückt zusammen. Natürlich Kirchhellen – hier sind wir zu Hause. In einem Dorf, bestehend aus sieben Ortsteilen: Ekel, Feldhausen, Grafenwald, Hardinghausen, Holthausen, Mitte & Overhagen. *Natürlich Kirchhellen e.V.* stärkt die Ortsgemeinschaft der sieben Ortteile in Kirchhellen. Fördert die örtlichen Aktivitäten zur Stärkung der Attraktivität Kirchhellens. Stärkt das Gemeinwesen durch die gezielte Koordination von Kirchhellener Veranstaltungen usf. So kann sich unser Dorf als das präsentieren, was es ist! Eine »Olympiastrecke« verbindet am »Kirchhellen-Tag« die sieben Ortsteile. Die Verlautbarungen des Vereins *Natürlich Kirchhellen e.V.* scheinen rekordverdächtig, was die Häufigkeit der Nennung des Ortsnamens ›Kirchhellen‹ betrifft, während die Stadt Bottrop nicht einmal in der Adresse des in Bottrop-Kirchhellen gelegenen Vereinssitzes auftaucht. Ein Plakat kündigt eine Wallfahrt nach Kevelaer an. Die *Dorf-Apotheke* macht sich anheischig, mein Ernährungsverhalten (computergestützt), meinen Hauttyp & meinen Impfstatus zu analysieren, Blutdruck, Blutzucker, Cholesterin & Kompressionsstrümpfe (an) zu messen, Autoverbandskästen, Blutdruck- & Blutzuckermeßgeräte usf. zu überprüfen, die sie auch verleiht. Des weiteren Babywaagen, Inhalationsgeräte, Milchpumpen. Die *Gaststätte Dickmann-Keßler* scheint eine gediegene Institution zu sein. Der *Baustoff-Mann* präsentiert sich als »Pionier neuer Ideen«. Anspruchsvolle Verblender & Klinker. Neu bauen, umbauen, ausbauen. Tiefbau, Trockenbau, Hochbau usf. Garten- & Landschaftsbau, eine Polsterei, ein Snack-Bistro. Vor einer Spielwarenhandlung ein geradezu bedrohlich großer Bär mit traurigen Augen. Demnächst findet in Kirchhellen auch ein »Wettkampftag« der Feuerwehr statt, mit Feuerwehren aus Bottrop, Umgebung & ganz Deutschland, Feuerwehrübungen rund um den Festplatz, Grillen, Kaffee & Kuchen, abschließender Siegerehrung. Leicht verborgen, zurückgesetzt hinter einem Zaun steht ein altes Fachwerkhaus von 1822. Die katholische Pfarrei St. Johannes der Täufer bietet ein »Programm zur Stärkung der Elternkompetenzen«. Auch hier wird für die Kevelaer-Wallfahrt geworben. Am Ende fährt noch halb Kirchhellen mit! In einem Schaukasten wird der Erzbischof Z. zitiert: Wir werden uns auch in der Abtreibungsfrage nie damit abfinden, daß der ungeborene Mensch einen geringeren Rechtsschutz genießt als der geborene, ja daß Abtreibungen sogar von Krankenkassen finanziert werden. Schon möglich, daß sich solche Positionen am Rande des Münsterlandes noch ein paar Jahre länger halten werden. Die Hauptstraße hat außerdem zu bieten; das *Eiscafé Nicola*, ein Kosmetikinstitut, Fußpflege, eine Haarboutique. Das *Matratzen Center* verkündet: Auf uns liegen Sie richtig! Ne

Matratze. & noch ne Matratze. Ja, aber wozu denn? Eine Folge von Schaufenstern, von zum Verkauf angebotenen Dingen. *Schnell-Restaurant Hellas, Kirchhellener Änderungs-Atelier,* Getränkefachhandel. *Backbeat,* Musikinstrumente, Zubehör & Noten, Ton- & Lichtanlagen. Online-Finanzierung. Auf der Straße kann sich keine Gruppe bilden, kein Subjekt entsteht. Sagt Henri Lefèbvre. Sie ist bevölkert von allen möglichen Leuten auf der Suche. Wonach? & wenn die Behörde Prozessionen, Maskeraden, Bälle & folkloristische Feste genehmigt, dann wirkt die Besitzergreifung durch die Menschen wie eine Karikatur. Eine echte Besitznahme wird von den Kräften der Unterdrückung bekämpft, die Schweigen & Vergessen gebieten. Das *Integrative Familienzentrum St. Johannes der Täufer* bietet in Kooperation mit dem *Sozialdienst katholischer Frauen* folgende Leistungen im Tagespflegebereich: Vermittlung & Kontaktaufnahme zwischen Eltern & Tagespflegepersonen; Beratung von Eltern, die eine Tagespflegeperson für ihr Kind suchen; Beratung von Tagespflegepersonen; Ausbildung & Fortbildungskurse von Tagespflegepersonen aus unserem Ortsteil usf. Das Familienzentrum hat vor wenigen Monaten sein 50-jähriges Bestehen gefeiert. Ich möchte es lernen: Dir Halt zu geben, dich aber nicht zu zwingen. Dir Stütze zu sein, dich aber nicht zu hemmen. Dir Hilfe sein, dich aber nicht abhängig machen. Dir nahe sein, dich aber nicht erdrücken. Usf. Autoteile & Zubehör. & weiter an der Hauptstraße: *Eiscafé Pisa* (seit 1975), ein Reisebureau: Mit uns die Welt entdecken! *La Botte* – das Restaurant. Mehrere Bäckereien. Wäsche, Dessous, Bademoden. 30 % auf Gartenstecker, Motiv »Blatt«. Ein *Mode-Eck,* die Schnell-Pizzeria *Bella Italia,* die *Humboldt Buchhandlung.* Alles für den gesunden Schlaf. Die Schule beginnt, & der Andrang im Schreibwarenladen ist groß. Das Postamt von Kirchhellen wurde vor bald einem Jahr geschlossen, die alten Räume stehen noch immer leer. Offiziell ist die Rede von einem »Umzug« in einen Elektronik-Laden, der in seinen Räumen jetzt nebenbei einen Postschalter betreibt. Am Kirchhellener Ring, der das Ortszentrum umgibt, die evangelische Pauluskirche, ein moderner Nachkriegsbau. *Bottrop in den »Goldenen Zwanzigern«* ist der Titel einer Photoausstellung des Stadtarchivs, auf die ein Plakat hinweist. Das St. Antonius Krankenhaus ist eine Klinik für Psychiatrie/Psychotherapie & Gerontopsychiatrie. *Katholische Kliniken Emscher-Lippe*

GmbH. Abweichungsheterotopien, wenn wir an die »Anderen Räume« denken. Erholungsheime, psychiatrische Kliniken. Altersheime, die an der Grenze zwischen Krisenheterotopie & der Abweichungsheterotopie angesiedelt sind. Denn das Alter ist eine Krise, aber auch eine Abweichung. Ich gehe die Hauptstraße weiter & sehe ein schloßartiges Gebäude hinter einer Mauer. Darin befindet sich eine Institution, die sich als »Jugend-Kloster« bezeichnet. Wir Redemptoristen in Kirchhellen schreiben »JUGEND« & »KLOSTER« groß. Wir laden Jugendliche in Klosterkirche, Jugendhaus oder Kloster ein & suchen sie auf. Wir, Redemptoristen, Mitarbeiter & Gäste, leben, beten & arbeiten in Gemeinschaft. Wir leben aus der Frohen Botschaft der Erlösung & vermitteln sie gemäß der Tradition des Redemptoristenordens weiter, wo wir es für besonders notwendig halten. Das Jugend-, früher Klemens-Kloster, befindet sich auf dem ehemaligen Landgut der Familie Körner. 1886 erbaut, 1924 umgebaut, 1941 verließ die Familie Körner ihren Hof. Nach Nutzungen durch deutsches & britisches Militär wurde das Landgut den Redemptoristen verkauft; Genehmigung zur Errichtung eines Klosters 1945. Aus dem Kuhstall wurde die Kapelle, aus dem Pferdestall das Noviziat. In den siebziger Jahren Initiative zur Errichtung eines Jugendhauses; mit dem 2001 verabschiedeten Pastoralplan wurde Kirchhellen zu einem Schwerpunkt der Jugendpastoral der Kölner Ordensprovinz der Redemptoristen. In der Vitrine am Kloster ist auch ein Zeitungsartikel ausgestellt, der vom Architektur-Professor K. berichtet, der mehr als 50 Bismarcktürme gebaut hat, unter den Nazis gut im Geschäft war & die Umgestaltung des Herrenhauses in den zwanziger Jahren verantwortet hat. Die Heterotopien setzen immer ein System von Öffnungen & Schließungen voraus, das sie gleichzeitig isoliert & durchdringlich macht. Im allgemeinen ist ein heterotopischer Platz nicht ohne weiteres zugänglich. Entweder wird man zum Eintritt gezwungen oder man muß sich Riten & Reinigungen unterziehen. Man kann nur mit einer gewissen Erlaubnis & mit der Vollziehung gewisser Gesten eintreten. Ich weiß nicht, was ich von all dem halten soll & suche das gegenüber des ominösen Objektes gelegene *Klosterstübchen* auf. Die Kneipe sieht nicht so aus, als würde sie von den Patres aus dem Kloster oder ihren Schutzbefohlenen frequentiert. Das *Klosterstübchen* ist mit Möbeln aus schwarzem Holz häßlich eingerichtet, um den Tresen sind fünf

Männer & eine Frau versammelt. Einer der Männer ist in die übelste Zeitung des Landes vertieft, Desinformation & Bier am späten Nachmittag. In der Runde wird ein Autounfall besprochen. Ein Thema ist auch der Gesundheitszustand der Mutter der Wirtin. Sie hat einen Schlaganfall erlitten & ist gerade ins Krankenhaus eingeliefert worden. Ein Radfahrer, der mir schon mehrmals begegnet ist auf meinem Streifzug durch Kirchhellen – gerade eben erst an der Klosterpforte – hat in etwa zeitgleich mit mir die Kneipe betreten. Ich bin unsicher, ob ich dem irgendeine Bedeutung zumessen soll. Schreiben doch auch die Lettristen in ihren »Protokollen von Umherschweif-Experimenten« von so merkwürdigen wie beziehungsreichen Begegnungen in Pariser Kaschemmen, die sie für keine Zufälle halten wollten. Indes wird von einem exzeptionellen Schnaps berichtet, den ein Michael herstellt & den man natürlich nirgends kaufen kann. Da wirst du scharf von, aber richtig! Die ersten Auflösungserscheinungen der Tresenrunde zeichnen sich ab, was sofort mit der Bestellung von zwei Kurzen pariert wird: Dann kannst du gehen! In der Kneipe wird ein Ausflug nach Warstein geplant. Die Plätze sind alle schon vergeben. Warstein ist schön! Vor elf Jahren war ich bei *Köpi*. Ein dicker, älterer Mann betrit die Kneipe mit einem Spiegel in der Hand. Für Anfang Oktober ist ein »Oktoberfest« angekündigt – Schweinshaxe am 2. Oktober auf Vorbestellung, »Händel« in der gesamten Oktoberfest-Woche auf Vorbestellung (2.–9.10.) So wird nebenbei auch noch das Händel-Jahr berücksichtigt. Der Radfahrer bestellt einen zweiten Radler & studiert eine Karte. Ich entschließe mich, nicht weiterzugehen, sondern das Ortszentrum weiter zu erforschen. Denn die Hauptstraße bzw. ihre Fortsetzung, die Feldhauser Straße verspricht nicht viel & strebt alsbald einer Autobahnauffahrt zu. Am Kirchhellener Ring komme ich am *Kirchhellener Therapiezentrum* vorbei, wo Krankengymnastik auf neurophysiologischer Grundlage praktiziert wird. Osteopathie, craniosacrale Therapie, entwicklungskinesiologische Behandlung, Extensionsbehandlung, Schlingentisch, Skoliosebehandlung nach Schroth usf. Vor dem Werk Bottrop der *Allweiler AG* sind die deutsche & die norwegische Fahne aufgezogen. Ein deutsch-norwegischer Konzern? Undurchschaubar sind die Verkäufe von Werken, Beteiligungen, Übernahmen, Fusionen, Entflechtungen usf. Das *Kirchhellener Brauhaus,* auch: *Brauhaus am Ring,* ist ein geräumiges Haus mit Festsaal. Man braut ein eigenes Bier & bietet allerhand überflüssige Veranstaltungen an, Dinner-Shows, billige Unterhaltung. Anmeldungen für die Silvesterpartys werden bereits entgegengenommen. Die *Allgemeine Bürgerschützengesellschaft Kirchhellen* residiert hier ebenso wie der *Bläsertreff* – hier spielt die Musik! Das Kirchhellener Bier werde ich heute nicht kennenlernen, denn ich habe den Ruhetag des Brauhauses erwischt. Wirklich einladend wirkt es aber ohnehin nicht. Im Park zwischen dem Brauhaus & einem Billigsupermarkt wird des Bezirksvorstehers Josef Terwellen gedacht. In das China-Restaurant *Royal Garden* möchte ich auch nicht gehen & entschließe mich zur Einkehr in die *Gaststätte Dickmann-Keßler,* die eine gewisse Vertrauenswürdigkeit ausstrahlt. Habe ich Kirchhellen jetzt schon so eingehend erkundet, daß ich wieder an den Ausgangspunkt zurückkehren kann oder gar: muß? Die Räume sind pseudo-rustikal gestaltet. Es gibt ein großes Hinterzimmer. Der Laden soll offenbar wirken wie ein Landgasthof. Man ist schließlich im Dorf. Ein alter & ein junger Mann sitzen in ziemlich großer Entfernung voneinander an der Theke. Der Alte liest in der ekelhaftesten Zeitung des Landes. Dann betritt ein Ehepaar die Gaststätte, das gerade vom Urlaub an der Ostsee zurückkommt. Zu kurz! Sei der gewesen. Man hat etliche Stangen Cigaretten mitgebracht aus Dänemark. Das einzige, was ich vermißt habe, war *Stauder!* Das kann man dem Mann nicht nachsehen. Nach einigen Wochen in Gelsenkirchen-Horst & täglichem *Stauder*-Konsum habe ich das Essener Bier auch schätzen gelernt. Der Urlauber hat stattdessen *Flensburger* getrunken. & *Schalke* hat er natürlich auch in Dänemark geguckt! Eine Diskussion entspinnt sich, ob *Flens* oder *Jever* herber sei. Dann wird Fußball-Expertenwissen hervorgekramt: Weißt du, warum die Bochumer verloren haben? Die These wird bemüht, daß der Mißerfolg den neuen Trikots zuzuschreiben ist. Die rosaroten Panther! Die sehen doch ekelhaft aus, wie so Schwuchteln! Die Schalker aber stehen jetzt dort, wo sie hingehören. Sie hatten einen guten Start. Gestern war ja wohl ein Triumphspiel! Der Wirt meint stolz: Das sind jetzt alles Kirchheller! Der Trainer soll in Kirchhellen wohnen, auch irgendwelche Spieler. Ein neuer Gast wird begrüßt: Alles in Ordnung? Muß ja. Waren eben noch in Gladbeck, Großeinkauf. Dem Neuankömmling wird gleich ein Klarer eingegossen. Der wehrt sich: Ein Bier, sonst werd ich gleich besoffen! Aus der Küche wird die Frage laut, ob die Zwiebel angebraten werden müssen. Dann kommt der Wirt auf sein Lieblingsthema zurück: Die wohnen alle jetzt bei uns. Wir haben nur noch Prominenz! Als das Gespräch noch einmal auf die Bochumer Trikots kommt, outet sich der weibliche Teil des Urlauberpaars als Bochum-Fan: schöne Stadt! Dann – es war ja vorauszusehen – betritt der Radfahrer die Kneipe & bestellt ein Bier. Wie groß möchtest du es haben? Von mir aus einen Eimer! Da niemand in dem doch recht überschaubaren Ortszentrum von Kirchhellen eine mehrstündige Radtour unternehmen wird, das Rad dazu auch schieben müßte, um nicht ständig dieselben Wege im Kreis zu fahren, ist jetzt eindeutig heraus, daß dieser Typ mich verfolgt. Anders sind sein Verhalten & Auftauchen an all diesen Orten nicht zu erklären. & er will anscheinend erreichen, daß ich das auch registriere! Ich verlasse die Gaststätte nach dem nächsten Bier & beschließe, mich noch ein wenig dem Territorium nördlich des Kirchhellener Rings zu widmen. Eine Straße ist hier ekelhafterweise noch immer nach Wilfried von Loewenfeld benannt, der 1920 mit seiner Marinebrigade Loewenfeld bei der Niederschlagung der Märzrevolution im Ruhrgebiet im Raum Bottrop seine unrühmliche Rolle spielte. Die Straße führt an den Sportanlagen des *TSG Kirchhellen* vorbei. Kurz danach ist das Ortsende erreicht. Von der parallel zur Loewenfeldstraße verlaufenden Münsterstraße, einer breiten Autostraße mit viel Verkehr, blickt man auf Maisfelder. An der Straße liegt das *Hotel Alter Giebel*. Ein altes Giebelhaus ist an beiden Seiten umbaut & erweitert worden. An der Münsterstraße steht an der Wiese ein aus Heuballen geformter Traktor, hübsche Spielerei. In einer knappen Woche findet der »Reck de Bomstamm« statt – ein albernes Spektakel, bei dem Baumstämme von Traktoren durch die Gegend gezogen werden. Die Münsterstraße geht über in die Bottroper Straße. Dort bietet die »Altenpflege mit Herz« ihre Dienste an: Behandlungspflegen (Medikamentenabgaben, Injektionen, Portversorgungen, Katheterisierungen usf.), Grundpflegen, Versorgung nach Krankenhausaufenthalt, Behördengänge usf. Das *Restaurant Alte Post* in einem langgezogenen alten Haus hat noch bis morgen Ferien. Internationale Spezialitäten. Beinahe habe ich Kirchhellen jetzt in seiner Nord-Südausdehnung abgeschritten, auf dieser Umfahrungsstraße, auf der außerdem noch traditionelle thailändische

Massagen angeboten werden & wo es einen *Auto Shop* gibt. Let's have a party. Ist das Motto einer Veranstaltung auf der Halde Haniel, eine frech-nostalgische Revue mit den Liedern eines Jahrhunderts. Bevor ich dann den Ausgangspunkt meiner Tour tatsächlich erreicht habe & zurück bin an der Bushaltestelle, fällt mir das Bodendenkmal »Ehemalige Kirche St. Johannes« auf. In einer Urkunde von 1160 wird erstmals eine Kirche in Kirchhellen erwähnt, deren Standort wahrscheinlich hier auf dem Kirchenhügel war. Die letzte Kirche an dieser Stelle fiel 1917 einem Brand zum Opfer. Beim Abriß wurden die Grundmauern der Vorgängerbauten schematisch skizziert. Demnach war die älteste zu erkennende Kirche eine kleine Saalkirche mit polygonalem Chorabschluß, wahrscheinlich aus der Mitte des 13. Jahrhunderts. Der Kirchenhügel, der Kirchhellen den Namen gab, ist seit 1991 als Bodendenkmal geschützt. Das ganz mit Spuren & gewaltsamen Lektüreversuchen überladene Territorium ähnelt einem Palimpsest. Sagt André Corboz. Man muß den alten Text, den die Menschen dem unersetzlichen Material des Bodens eingeschrieben haben, noch einmal & mit größter Sorgfalt abkratzen, um ihn mit einem neuen Text überschreiben zu können.

Aufruhr: Märzrevolution

Die Krise des Ruhrgebiets nimmt möglicherweise die Entwicklung künftiger Krisenzentren vorweg. Wenn es an der Ruhr brennt, reicht das Wasser des Rheins nicht, um das Feuer zu löschen. Wenn sich die Regierung während eines Putsches nicht mehr auf die eigenen Truppen stützen kann. Wenn die westlichen Siegermächte die Reichsregierung kategorisch auffordern, die Marinebrigaden Erhardt & Loewenfeld aufzulösen. Wenn die Belegschaft der Hamborner *Thyssen*-Zechen beschließt, für die 8-Stunden-Schicht einschließlich Ein- & Ausfahrt zu kämpfen. Wenn das zuständige Generalkommando in Münster im Dezember 1918 ein Freikorps ins Ruhrgebiet schickt, um gegen Streikende auf der *Zeche Osterfeld* vorzugehen. Wenn die Rede ist von einer vergessenen Revolution. Wenn man sich einig ist, in der gegebenen Situation möglichst viel von der sozialistischen Idee selbst & direkt in die Praxis umzusetzen. Wenn das alte Soldatenlied mit dem Refrain »Dem Kaiser Wilhelm haben wir's geschworen, dem Kaiser Wilhelm reichen wir die Hand« umgedichtet wird zu: »Dem Karl Liebknecht haben wir's geschworen, der Rosa Luxemburg reichen wir die Hand«. Wenn die *Rheinisch-Westfälische Zeitung* ankündigt, bis auf weiteres als reines Nachrichtenblatt herauszukommen. Wenn die Zeit bis zur militärischen Niederwerfung nicht dazu ausreicht, um flächendeckend deutlich sichtbare Veränderungen zu erreichen. Wenn man heute Bewohner des Ruhrgebiets nach den aufregenden Geschehnissen im Jahre 1920 fragt.

Dann erhält man von jenen, die etwas gehört haben oder sogar Augenzeugen waren, in der Regel Antworten, die die Wirklichkeit auf den Kopf stellen. Schreibt Erhard Lucas, Autor des Standardwerks über die Märzrevolution, 1970 – zu einem Zeitpunkt also, zu dem Augenzeugen noch gehört werden konnten. Ein Beispiel ist die Geschichte vom Essener Wasserturm, die meist so erzählt wird, daß die »Roten« dort brave Polizisten & Essener Bürger »viehisch abgeschlachtet« hätten. Das läßt sich schwerlich mit dem zeitlichen Abstand & den Tücken des Gedächtnisses erklären. Das ist das Ergebnis einer offiziellen Geschichtsschreibung, die bemüht war, den kommunistischen Aufstand in den schwärzesten Farben zu zeichnen &

ihren Höhepunkt in der Zeit des Nationalsozialismus fand. In einer Militärzeitschrift war 1934 zu lesen: »Damals kämpften wir, um Deutschland vor den Schrecken des Sowjetismus zu bewahren. Nur mit der Waffe konnten wir damals für Deutschlands Fortbestehen kämpfen, konnten wohl eindämmen, aber nicht heilen. Die Heilung von innen heraus zu bringen, dazu bedurfte es erst der Wiedergeburt ›aus Geist & Feuer‹, wie sie uns Adolf Hitler schenkte.« Die Märzrevolution 1920 war der letzte große Arbeiteraufstand in Deutschland. Nach dem Kapp-Putsch fand zum ersten & einzigen Mal ein politischer Generalstreik statt, der seine Wirkung nicht verfehlte. Gleichzeitig scheint sich aber auch schon der Anfang vom Ende der Arbeiterbewegung anzudeuten.

Nach dem Ersten Weltkrieg sammelten sich etwa 400.000 Soldaten, die in ein ziviles Leben nicht zurückkehren konnten oder wollten, in sogenannten Freikorps – eine Gefahr für die Republik, wie sich schnell herausstellen sollte –, unterstützt vom *Antibolschewistenfonds der deutschen Wirtschaft* & vom sozialdemokratischen Reichswehrminister, der die Freikorps beispielsweise bei der Niederschlagung des Spartakus-Aufstands in Berlin benötigte. Am 13. März 1920 marschierte die Marinebrigade Erhardt im Regierungsviertel ein & rief Generallandschaftsdirektor Wolfgang Kapp zum neuen Reichskanzler aus. Unmittelbarer Anlaß war die drohende Auflösung mehrer Marinebrigaden. Die Reichswehr weigerte sich, gegen die Putschisten vorzugehen, die Regierung verließ fluchtartig Berlin. Nachdem SPD & Gewerkschaften zum Generalstreik aufgerufen hatten, setzte dieser am 15. März ein & brachte den Putsch innerhalb von zwei Tagen zum Scheitern. Im Ruhrgebiet war die Sache zu diesem Zeitpunkt noch längst nicht ausgestanden. Die SPD wollte mit dem Generalstreik bloß den Putsch abwehren & die alte Regierung wieder einsetzen, USP & KPD hatten aber wesentlich weiter gehende Forderungen & strebten eine Machtübernahme durch die Arbeiter an. Als die Putschisten am 17. März in Berlin kapitulierten, hatten bewaffnete Arbeiter mit der Eroberung Dortmunds bereits einen Großteil des östlichen Ruhrgebiets unter Kontrolle gebracht. Lucas bezeichnet den Kampf um Dortmund als entscheidenden Wendepunkt. Für die in der SPD organisierten Arbeiter bedeutete er eine neue Erfahrung: Ihre Parteiführer hatten sich auf die Seite des kappistischen Militärs & damit gegen sie gestellt.

Auf der Ruhrhöhe in Essen-Steele hatten die Nationalsozialisten ein Freikorps-Ehrenmal errichtet. Als es in dem achtziger Jahren zu einer Diskussion um eine Informationstafel für das bislang unkommentierte Denkmal kam, schrieb ein »Freikorps-Hauptmann i. R.« im Namen der *Kameradschaft der Freikorps-Kämpfer, Bochum Dahlhausen* an den zuständigen Bezirksvertreter. »Wir schlagen eine Inschrift am Freikorps-Ehrenmal in Steele vor: ›Sie starben für ihre Heimat im Kampf gegen Sozialismus/Bolschewismus!‹ Auch heute könnten die Freikorps dem Vaterland gute Dienste leisten. Wie 1920 bedrohen linke Verbrecher & Terroristen aus dem roten Lager (RAF) durch Morde & Sachbeschädigung in Millionenhöhe die Freiheit in Deutschland.« Streit um eine Inschrift auch in Wetter, wo auf einer Gedenktafel am Bahnhof stehen soll: »Für Frieden, Freiheit & Demokratie. Zur Erinnerung an die Niederschlagung des Kapp-Putsches im März 1920.« Die Christdemokraten wehrten sich gegen diese Formulierung & forderten ein Gedenken »ohne politische Wertung«. In Wetter sei unnötig Blut vergossen worden sei. Die Lokalzeitung zitierte den Historiker Dr. Horst W.: »In Wetter bildete sich ein ›Executiv-Comité‹ aus Vertretern der USPD, der SPD & der KPD. Zum Wehrkreiskommando gelangte das Gerücht, in Wetter sei die Räterepublik ausgerufen worden, Ausschreitungen hätten stattgefunden. Der Kommandant beauftragte das Freikorps Lichtschlag, die Ruhe wiederherzustellen, das mit 130 Mann & Geschützen per Bahn nach Wetter geschickt wurde. Die Bevölkerung hielt die Soldaten für die verhaßten Putschisten. Zahlreiche aus Wetter & Nachbarorten zusammengeströmte Arbeiter hielten sich nicht an den Waffenstillstand. Wetter wurde Ausgang der ›Märzrevolution‹, die noch andauerte, nachdem der Kapp-Putsch längst erledigt war.« In Bottrop-Kirchhellen ist noch heute eine Straße nach der Marinebrigade Loewenfeld benannt. Initiativen zur Umbenennung verliefen in den achtziger Jahren im Sande & wurden von der konservativen Mehrheit in der Bezirksvertretung abgeschmettert. Die Lokalzeitung ließ zwei »politisch engagierte Bürgerinnen« zu Wort kommen, denen zufolge selbst konservative Historiker die Zusammenhänge zwischen Freikorps, Reichswehr & rechtsradikalen Entwicklungen nicht leugneten. Ein Leserbriefschreiber meinte: »Wir & viele unserer alten Mitbürger wissen aus eigenem Erleben, daß die Marinebrigade Loewenfeld Kirchhellen vor weiteren Plünderungen & Überfällen geschützt hat.«

Schauplatz Essener Norden: Ende März rückten Reichswehrtruppen ins Ruhrgebiet ein. In den ersten Apriltagen erreichten sie den Rhein-Herne-Kanal zwischen Essen & Carnap, das damals noch selbständig war. Über die Brücke kamen sie in das Essener Stadtgebiet, so Ernst S. Die Reichswehr beschoß die Arbeitersiedlungen in der Nähe des Kanals. Bei diesen Kämpfen kamen eine ganze Reihe Bewohner der Zechensiedlungen ums Leben. Die Rote Ruhr-Arme versuchte auch, die Brücke zu sprengen, was aber mißlang. Die Gräber auf dem Altenessener Nordfriedhof, von den Nazis plattgemacht, sind heute nur noch schwer zu erkennen. Geschichten werden erzählt, etwa die von Heinrich R., der in der Roten Ruhr-Armee eine wichtige Rolle spielte & in diesen Tagen eigentlich heiraten wollte. Das tat er auch & fuhr sofort anschließend an den Kanal. Der Mann muß Humor gehabt haben. Als ihm später als einem der Führer der Roten Ruhr-Armee der Prozeß gemacht wurde, soll er in einer Vernehmung behauptet haben, daß die U-Boote der Roten-Ruhr Armee im Dortmunder Hafen stationiert waren, um in die Kämpfe am Rhein-Herne-Kanal einzugreifen. Schauplatz Dinslaken: Am 21. & 22. März berannten die Arbeiter die Stellungen der Reichswehr in Dinslaken. In der damals wenig bebauten Gegend zwischen Dinslaken & Hamborn entwickelte sich ein regelrechter Stellungskrieg mit Schützengräben. Der Direktor der *Zeche Lohberg* wurde von den Arbeitern ermordet – ein während des Ruhraufstands einmaliger Fall, der entsprechend ausgeschlachtet wurde. Nach der Vertreibung der Reichswehr aus der Zechenkolonie Lohberg erging ein Aufruf des Vollzugsrats: »Kameraden, in der augenblicklichen Lage steht unsere ganze Existenz auf dem Spiele. Wir wollen nicht im Staube kriechen vor denjenigen, die durch den Zufall ihrer Geburt sich ein Von-oben-Herabblicken anmaßen dürfen. Wir wollen nicht weiter besitzlose Proletarier sein, sondern wir verlangen Miteigentumsrecht an den Produktionsmitteln. Wir verlangen Eigentumsrecht an den Schätzen, die sich auf & unter der Erde vorfinden. Wir verlangen das Paradies auf Erden & lassen uns nicht länger mit der Hoffnung auf ein besseres Jenseits abspeisen. Auch wollen wir kein zweites Berlin, kein zweites Bayern, kein zweites Ungarn. Um das zu verhüten, müssen wir siegen & sollten wir bis zur letzten Konsequenz kämpfen müssen. Denkt an Rosa! Denkt an Karl! Bedenkt, daß wir Sieger bleiben oder sterben müssen!«

Um nach der Eroberung Dortmunds die Reichswehr- & Polizeieinheiten aus dem Ruhrgebiet zu drängen, gab es nur drei Marschtruppen. Eine trieb eine Front gegen Hamm & Münster voran, überschritt die Lippe, konnte in Unna, Kamen, Lünen & Lüdinghausen Gefechtsstellen errichten & gelangte sogar bis kurz vor Münster. Eine andere zog Richtung Remscheid, war siegreich bei Kämpfen in Elberfeld & Barmen. Die dritte Gruppe zog Richtung Westen & konnte mehrere Truppen über Bochum, Gelsenkirchen, Mülheim, Duisburg, Hamborn usf. in eine Auffangstellung bei Dinslaken treiben, nach deren Einnahme sie sich in die Festungsstadt Wesel zurückziehen mußten. Am 23. März hatte der Aufstand seinen Höhepunkt erreicht. Das gesamte Ruhrgebiet & Wuppertal waren in den Händen der Arbeiter. Nach dem Ende des Generalstreiks & mit zunehmender militärischer Einkreisung des Reviers wurde die Bewegung zunehmend isoliert. Inzwischen strebten Teile der Reichstagsfraktionen eine Verhandlungslösung an. So wurden die Vollzugsräte der größeren Ruhrgebietsstädte zu einer Konferenz nach Bielefeld eingeladen, was bei den Aufständischen sehr unterschiedlich aufgenommen wurde. Am 24. März wurde ein Abkommen geschlossen, daß einen Waffenstillstand & die Abgabe der Waffen der Aufständischen festlegte & außerdem das Versprechen beinhaltete, die Putschtruppen aufzulösen sowie die Inangriffnahme der Sozialisierung von dafür reifen Betrieben garantierte. Die Bewegung begann zu zerbrechen. Während die Hagener auf der Einhaltung des Abkommens bestanden, wollten die Mülheimer mit allen Mitteln weiterkämpfen. Am 27. März entschied der Zentralrat in Essen, daß die Kampfeinstellung auch gegen den Willen einzelner Kampfleiter durchzusetzen ist. Inzwischen waren aus dem ganzen Reich Truppen unterwegs ins Ruhrgebiet, darunter auch Freikorps, die den Kapp-Putsch unterstützt hatten. Großoffensive am 2. April. Mit einem Massaker bei Pelkum begann die blutige Niederschlagung des Aufstands. Am 19. April war das gesamte Ruhrgebiet in der Hand der Regierungstruppen.

Der Oberkommandierende Oskar Freiherr von Watter erließ am 22. März, als bereits Truppen aus allen Provinzen des Reichs anrollten, einen Geheimbefehl an die Truppenführer, in dem es heißt: »Der Kampf, der jetzt im Industriegebiet zu führen ist, unterscheidet sich von den bisherigen Kämpfen zur Unterdrückung innerer Unruhen im wesentlichen dadurch, daß wir es jetzt auf der Gegenseite mit einer gut organisierten, gut bewaffneten & gut geführten Truppe zu tun haben, die nach einheitlichem taktischem Plan handelt. Bei unserem Vorgehen muß die Truppe stets so stark sein, daß das Gefühl der numerischen Überlegenheit ausgeglichen wird. In jedem Bewaffneten ist der Feind zu sehen. Unbewaffnete haben ebenfalls auf der Straße nichts zu suchen. Sie müssen durch Feuer zersprengt werden, ehe sie an die Truppe herankommen. Derartige Massenansammlungen sind nach den Bestimmungen des verschärften Ausnahmezustandes verboten. Das Wehrkreis-Kommando wird außerdem alle gutgesinnten Elemente durch Flugblätter nochmals auffordern, beim Anmarsch der Truppen in den Häusern zu bleiben. Wer sich auf der Straße dann noch zeigt, trägt selbst sein Leben zu Markt. Es handelt sich um eine rein militärische Operation, das heißt, den Kampf der Regierungstruppen gegen die revolutionäre rote Armee. Verhandelt wird nicht. Von größter Bedeutung ist es, daß in dem Streifen, den die Truppe täglich zurücklegt, keinerlei Waffen sich mehr befinden & alle Schuldigen zur Verantwortung gezogen sind. Standgerichte sind überall zu bilden. Die Urteile zur Bestätigung sind auf schnellstem Wege dem Herrn Befehlshaber vorzulegen.« Erhard Lucas sagt: Dieser Befehl Watters übertraf alles, was an derartigen Geheimbefehlen seit der Entfaltung der Konterrevolution im Jahre 1919 ergangen war. Er zielte offenkundig auf die totale Vernichtung der Revolution. & zwar mit allen Mitteln, einschließlich der juristischen: Mobilerklärung der Truppe; möglichst physische Liquidierung durch das Standrecht statt nur zeitweiliger Ausschaltung durch die Schutzhaft. Das Konzept, nach dem Watter den Arbeiteraufstand im Ruhrgebiet niederschlagen wollte, war offenbar das der »Ausrottungsfeldzüge«.

Schauplatz Den Haag: Die Mitglieder der Familie Thyssen waren bei der Niederlage der Reichswehr ans linke Rheinufer geflohen. Die Lücken in der Leitung der Betriebe wurden von den Betriebsräten gefüllt, & zwar mit einer solchen planvollen Überlegenheit, daß ein Mitglied der Familie gegenüber einem Vertreter der britischen Botschaft daraus den Schluß zog, der Aufstand müsse von langer Hand gründlich vorbereitet gewesen sein. Die drohende Gefahr, so Thyssen, könne kaum übertrieben werden. Der Aufstand sei zwar von einer Minderheit begonnen worden, aber die Bewegung werde unzweifelhaft sehr schnell wachsen, wenn man sie sich selbst überlasse. Er zweifle daran, daß es genügend zuverlässige Reichswehrtruppen gebe & denke deshalb an den Einsatz alliierter Truppen. Alternativ empfehle er eine Lebensmittelblockade, denn das Ruhrgebiet könne sich nicht selbst ernähren. Wenn die britischen Behörden in Köln & die Holländer alle Lebensmitteltransporte aufhalten würden, könnten die »Spartakisten« keine Anhänger mehr gewinnen & der Aufstand werde zusammenbrechen. Die Vorschläge wurden nicht ernsthaft in Betracht gezogen. Schauplatz Essen: Am 19. März wurde Essen den roten Einheiten übergeben. Die Meldung von der Kapitulation drang aber nicht durch bis zum Wasserturm an der Steeler Straße. Dort waren Sicherheitskräfte, aber auch Einheiten einer sogenannten Einwohnerwehr. Es ist nicht auszuschließen, daß in dem Turm sogar eine weiße Fahne gehißt wurde, erzählt Ernst S. Beim Herannahen der roten Truppen kam es dann zu einem Eclat. Die weiße Fahne, das Herannahen der Truppen, die Schüsse aus dem Turm führten dann zum Sturm auf den Wasserturm. Bei diesem Kampf sind elf Mitglieder der Besatzung ums Leben gekommen. Die Zahl der Toten auf der Seite der Roten Armee ist nicht bekannt. Später behauptete eine Gedenktafel, 40 Mann seien von den roten Truppen ermordet worden. Die Legende vom Wasserturm.

Auf der Suche nach der Roten Ruhr-Armee: Wer waren diese Kämpfer eigentlich? Die von Reichswehr & Sicherheitspolizei verfolgten Arbeiter, konnten weder durch die lokalen Vollzugsräte, noch durch den Zentralrat kontrolliert werden. Sie entwickelten eine selbständige Organisation: die Rote Ruhr-Armee. Das war keine chaotische Horde, wie ja auch General Watter feststellte. Die Fabrikgemeinschaft, der Parteidistrikt, für die kleineren Ortschaften der persönliche Bekanntenkreis waren die gegebenen Grundlagen für die organisatorische Kampfgemeinschaft. In Hagen gingen die acht Parteibezirke der USP nach den ersten Siegen daran, selbständige Kompanien zu bilden & feldmarschmäßig auszurüsten. Werbebureaus der Roten Armee wurden eingerichtet. Die Löhnung wurde für alle Angehörigen vom obersten Befehlshaber bis zum kämpfenden Genossen auf einheitlich 35 Mark pro Tag festgelegt. Die Aufnahmebedingungen waren unterschiedlich. In Oberhausen mußten die Freiwilligen mindestens eine halbjährige Mitgliedschaft in einer linken Partei oder

Gewerkschaft & eine einjährige militärische Ausbildung nachweisen, zwischen 22 & 45 Jahren alt & ohne Vorstrafen sein. In Hamborn war eine mindestens zweijährige Mitgliedschaft in einer Partei oder Gewerkschaft erforderlich, in Essen eine einjährige Mitgliedschaft in USP oder KPD. In Horst rief der Aktionsausschuß »alle Arbeiter, welche auf dem Boden der Diktatur des Proletariats stehen« zum Eintritt in die Rote Armee auf, so daß auch Jugendliche ohne Ausbildung Gewehre erhielten. Bald setzten Versuche ein, die lockere Gliederung durch eine straffere Organisation zu ersetzen. Die Vorsitzenden der drei Arbeiterparteien in Hagen dekretierten am 21. März: In allen Gemeinden sind die Wehren streng militärisch zu organisieren. Alle Orte haben der Zentrale in Hagen sofort die Anzahl der Gewehre, MG, Artillerie & sonstiger Waffen anzugeben. In Marl wurde ein Dienstreglement erlassen, in dem es hieß: Zum Kampf gegen eine reguläre Truppe gehört eine Armee mit einer strengen Disziplin & Mannszucht. Jedermann, welcher der Roten Armee beigetreten ist, hat sich auf den Boden des revolutionären Proletariats zu stellen. Feigheit vor dem Feind wird strikte mit dem Tode bestraft, ebenso wem Rauben, Stehlen & Plündern nachgewiesen wird. Die Rotgardisten mußten folgenden Eid ablegen: Ich schwöre auf dem Programm der revolutionären Arbeiterschaft, daß ich die hohen, heiligen Ideale für Freiheit, Gleichheit & Brüderlichkeit mit meinem Herzblut erkämpfen will. Es lebe der Sozialismus! Menschenrecht, wer Menschenantlitz trägt!

Dérive XXVII: Lintfort

Wir in Kamp-Lintfort! Ein Kamp-Lintforter für Kamp-Lintfort! Der Kommunalwahlkampf tobt auch in der Stadt im äußersten Westen des Reviers. Die Inschrift auf einem Giebel bewahrt noch die alte Schreibweise: Camp-Lintfort. Aus Moers kommend, werde ich nach einer langen Busfahrt ins sich gerade auflösende Markttreiben entlassen. Kartoffeln, billiger Ramsch. Samstagmittag. Mit dem Abbau der Stände wird gerade begonnen. Gesprächsfetzen wehen an mein Ohr: ... sind wir ja fast Nachbarn ... Ringsum alte Siedlungshäuser, der Eindruck von Weite & viel Platz. Das *Bergwerk West* informiert in einem Schaukasten: Erschütterungen wie im Saarland sind hier nicht möglich. Markscheider Heinz-Dieter P. schreibt: Wir müssen aber davon ausgehen, daß es auch in Zukunft Erderschütterungen geben wird. Im Dezember 2007 & in den ersten Monaten des neuen Jahres gab es mehrere deutlich spürbare Erschütterungen, ausgelöst durch den Abbau im Flöz Girondelle 5 unterhalb der Pattberghalde & der Autobahn. Mit dem Bergbau sind immer wieder auch Erderschütterungen verbunden. Hier im Bereich von *Bergwerk West* lag die stärkste Erschütterung in den letzten Jahren bei knapp 20 mm pro Sekunde. Auf einer Karte ist die genaue Lage von Flöz Girondelle 5 eingezeichnet. Der Werksleiter sagt: Leider gibt es keine technische Möglichkeit, bei der Gewinnung von Steinkohle die Erschütterungen zu verhindern. Daher können wir uns für die entstehenden Belastungen nur entschuldigen & auf Ihr Verständnis hoffen. Vom Marktplatz aus sind die Fördertürme des Bergwerks zu sehen. Auf dem Platz steht ein Kiosk, in den auch Toiletten integriert sind. Die Volkshochschule Moers-Kamp-Lintfort bietet eine Studienreise an, Städte entdecken: Wien. In der Ebertstraße hat die *Fördergemeinschaft für Bergmannstradition linker Niederrhein e.V.* ein kleines Bergbaumuseum eingerichtet. Es hat nur zwei Stunden in der Woche geöffnet & natürlich nicht zufällig gerade jetzt. Vor dem Lutherhaus der evangelischen Kirchengemeinde Lintfort steht ein aus Schienen oder was weiß ich welchen Metallteilen zusammengezimmertes Kreuz: Gestiftet von der *Zeche Friedrich Heinrich* anläßlich ihres 75-jährigen Bestehens am 18. 10. 1981. Errichtet von der Berglehrwerkstatt Ostern 1982. An das Zechengelände grenzt die sogenannte Alt-Siedlung. Auf der *Route Industriekultur* ist zu erfahren: Am Rande des Ruhrgebiets entstand zu Beginn des 20. Jahrhunderts eine der größten Werkssiedlungen der Region. Die Siedlung Friedrich Heinrich zeigt, daß ohne den Werkswohnungsbau eine Zeche mitten auf dem platten Land nicht bestehen konnte. Die *Zeche Friedrich Heinrich* bestimmte in besonderem Maße die städtebauliche Entwicklung der Stadt Kamp-Lintfort. In der Lage der Siedlungen drückt sich die soziale Hierarchie der Belegschaft aus. Östlich der Zeche, hinter den Villen der Werksdirektoren, wurden die Häuser für die Beamten errichtet. Hinsichtlich der Emissionen in ungünstigerer Lage wurde die Arbeiterkolonie westlich, sozusagen hinter der Zeche gebaut. Die Alt-Siedlung ist nach einem einheitlichen Bebauungsplan angelegt, während die späteren Siedlungsteile in der Gestaltung stärker voneinander abweichen. Die ältesten Häuser stehen in aufgelockerter Bebauung zwischen der Ring-, Albert- & Ebertstraße auf großen Grundstücken. Anderthalb- oder zweigeschossige Häuser sind zu Doppel- oder Vierfamilienhäusern zusammengestellt, alle ausgestattet mit Vor- & Nutzgärten & Ställen. Die urbane Realität, die an Umfang gewonnen hat & jeden Rahmen sprengt, sagt Henri Lefèbvre, verliert in dieser Bewegung die ihr in der vorausgegangenen Epoche zugeschriebenen Eigenschaften: organisches Ganzes, Zugehörigkeit, begeisterndes Bild, ein von glanzvollen Bauwerken abgemessener & beherrschter Raum zu sein. Gemessen am späteren Wohnbau können sich die damals eilig aus dem Boden gestampften Werkssiedlungen allerdings geradezu als Preziosen behaupten. Ich beginne mit der Erkundung von Lintfort & laufe in das Viertel westlich der Kattenstraße hinein. Die *Gaststätte Blue Sky* hat schon seit 2004 geschlossen. Herzlich willkommen! Heißt es noch immer trügerisch. Aufgeregt wird für Banales geworben: Hier bei uns!!! Preisgünstige Reparatur von Fernsehern, Waschmaschinen, E-Herden & & vielem mehr!!!! Ein Freizeittreff *Jump In* ist außerdem anzutreffen, *Die fröhliche Bäckerei*, die *Knappen-Sterbekasse*, die ihren Kundenkreis zu erweitern bemüht ist: die Sterbegeldversicherung für jedermann. *Selimovic Balkan Food* wirbt eigenartigerweise auch mit »schlesischen Spezialitäten«. Eine *Hirsch Apotheke,* Café, Dart, Billard, Getränke, Döner Kebab. Das ist die Palette der Angebote. An der Ecke Auguststraße sehe ich an einem Park die erste richtige

Kneipe: *Zum Stübchen*. Aber die ist gerade im Begriff zu schließen, der Vormittags- & Mittagsbetrieb ist wohl zu Ende. Ein Mann, der die Kneipe gerade abgeschlossen hat, besteigt ein Moped & fragt mich – schon im Wegfahren: Wollten Sie da rein? Ich bejahe & kann seiner Reaktion nicht entnehmen, ob er das erwartet hat oder ob ihn das überrascht. Ob die Vorstellung, mich als Gast im *Stübchen* sitzen zu haben, ihn angenehm, unangenehm oder überhaupt irgendwie berührt. In der Ebertstraße sorgt immerhin eine Trinkhalle für die Notversorgung. Im Westen, in der Richtung, wo ich das Zentrum von Lintfort oder auch von Gesamt-Kamp-Lintfort vermute, kommt ein Hochhaus in den Blick. Die dem *Hotel Lintforter Hof* angeschlossene Gaststätte *Im Fuchsbau* ist zur Vermietung ausgeschrieben: Kellergeschoß, ca. 130 qm, Gewerbeküche mit Kühlraum, Thekenanlage, Herren- & Damen-WC-Anlagen, Tische, Sitzbänke & Bestuhlung vorhanden, zwei Kegelbahnen. Frei ab sofort! Auch die benachbarte *Adler-Apotheke* hat aufgegeben: Leider müssen wir Ihnen mitteilen, daß wir zum 1. 12. 2008 den Standort unserer Filialapotheke, der *Adler-Apotheke,* schließen werden. Die Kunden sollen jetzt in die »Hauptapotheke«, die *Montan-Apotheke* in der Moerser Straße gehen. In der Moerser Straße, die trotz Leerstand eine der Schlagadern der Doppelstadt zu sein scheint, gibt es eine Kleintierpraxis. Jede Menge Schulartikel! Polnische Spezialitäten: Maultaschen, Suppen, Wurst, Getränke, Süßigkeiten. Daneben ein Erotik-Shop: Hilfsmittel, Bücher, DVDs. Eine Kneipe mit dem animierenden Namen *Bierteufel* öffnet erst am späten Nachmittag. Auf dem Schild ist ein kleiner roter Teufel abgebildet, der ein Bierglas umklammert hält. Ein »Abnehmzentrum« bietet die »sanfte Alternative zur Fettabsaugung« an. Interesse? Vereinbaren Sie einen unverbindlichen Beratungstermin! Die *Verkaufshalle Bunte Ecke* jubiliert auf einer Tafel: Das Wochenende ist nun da, Wetter super. Wunderbar! Keine Ahnung, woher die Euphorie kommt, die ich nicht teilen kann, auch wenn ich auf Lintfort gespannt bin & mich ja wirklich niemand dazu nötigt, mir hier stundenlang die Hacken abzulaufen. Aber Temperaturen über 20° C empfinde ich als anstrengend, nicht euphorisierend. Die *Bunte Ecke*, die u.a. Lebensmittel, Getränke, Zeitschriften & Cigaretten verkauft, behauptet vielversprechend: Es gibt fast nichts, was wir nicht hätten! Auch das ehemalige *Ali Baba Imbiß*-Ladenlokal ist sofort zu vermieten. Die Moerser Straße macht mit *Winni's Resterampe,* einem *Asia-*Lebensmittelladen & der *Black Jack*-Spielhalle einen eher desolaten Eindruck. Neben dem Restaurant *Alt Athen* gibt es einen *Balkan Imbiß.* Das *Restaurant Mediteran* steht zum Verkauf, in einem anderen Ladenlokal higegen wird die baldige Eröffnung eines »Café-Restaurants« angekündigt. *Ali Baba Pizza* hat am 29. Juni neu eröffnet. Ob ein Zusammenhang besteht mit dem aufgegebenen *Ali Baba Imbiß?* Von einer Kneipe mit dem Namen *Derby* ist nur noch die alte Bierleuchtschrift übrig. Ein Bestattungsinstitut plakatiert den kitschigen dummen Spruch: Auf den Flügeln der Zeit fliegt die Traurigkeit davon. Hat extravagante Formen der Bestattung im Angebot: Ein Diamant aus der Asche des Verstorbenen! Erinnerungsdiamanten bestehen aus der Asche Verstorbener & entsprechen in der Natur vorkommenden Edelsteinen. Sie entstehen in einem mehrmonatigen Prozeß, bei dem die Asche des Verstorbenen unter hohem Druck & bei hoher Temperatur in einen Diamanten umgewandelt wird. Es ist möglich, auch mehrere Diamanten aus der Asche der Verstorbenen formen zu lassen & somit allen nahen Angehörigen einen Diamanten zu überlassen. Aber auch Weltraumbestattungen sind auf Wunsch möglich. Die Bezeichnung ›Bestattung‹ ist in diesem Zusammenhang irreführend, da es sich nicht um eine solche handelt, sondern um eine Zusatzleistung. Für die Weltraumbestattung ist zunächst eine Feuerbestattung notwendig. Nach der Einäscherung wird ein kleiner Teil der Asche in eine spezielle Urne gefüllt, die zusammen mit anderen Urnen von einer Rakete in den Weltraum gebracht wird. Da den Urnen ein Antrieb fehlt, kommen sie der Erde langsam wieder näher & verglühen durch die Reibungshitze schließlich wie Sternschnuppen. Wie poetisch! Aber eine sehr kostspielige Angelegenheit. Fehlt nur noch, daß Bestattungen in aufgelassenen Bergwerken angeboten werden. Davon habe ich noch nichts gelesen. Weiter mit konkreteren Dingen: der *Holland Bäckerei, Eisenwaren Atzor,* Haus- & Küchengeräte, seit 1902. Etwas windiger wiederum der *Salon L'Artista.* Das Kinder- & Jugendhilfebureau des *Neukirchener Erziehungsvereins* ist eine Koordinierungs-, Kontakt- & Beratungsstelle für Menschen mit geistiger Behinderung. Dann schon wieder ein griechisches Restaurant, *Fanis Taverna,* Treffpunkt für jedermann, mit einem großen Anker an der Fassade. Am Alten Rathaus wird eine Bühne aufgebaut. Das läßt für den Abend Volksbelustigung oder Auftritte von Schlagersängern befürchten. Ich laufe auf drei Hochhäuser zu, von denen eines bloß leersteht, eines bereits von seiner Verschalung befreit & eingerüstet ist, während das dritte anscheinend noch bewohnt ist. Die Stadt Kamp-Lintfort kündigt den Abriß der 16-geschoßigen Wohnhochhäuser Moerser Straße 276 & 278 an. Der Rückbau wird mit erheblichen Mitteln des Landes Nordrhein-Westfalen aus dem Förderprogramm Stadtumbau West sowie Eigenmitteln der Stadt Kamp-Lintfort durchgeführt. Ein Plakat verrät, was am Alten Rathaus stattfinden wird: das 2. Open Air Festival, ab 15 Uhr, mit Rock'n Roll & großer Tombola. In einem flachen Vorbau die *Pizzeria Hawaii*. In der Friedrichstraße hat ein Lokal mit dem Namen *Why Not* geschlossen. Ob sich die Besitzer darüber im klaren sind, daß das ein beliebter Name für schwule Kneipen ist, ja ein beinahe sicheres Erkennungszeichen? *Malibu Entertainment* gibt es anscheinend nicht mehr, obwohl noch immer für eine Neueröffnung geworben wird. *Da Mimmo* heißt eine Pizzeria Baguetteria Cafeteria in einem Wohnkomplex. Ein China-Restaurant *Kaiserpalast*. An der Ringstraße liegt das sogenannte ABC-Gelände, das vom *Bergwerk West* nicht mehr benötigt wird. Die SPD ist in einem minimalistischen Flachbau domiziliert: Hier geht's um Kamp-Lintfort! Um das Neue Rathaus ist in den siebziger & achtziger Jahren eine neue Innenstadt gebaut worden. Wie muß das Phänomen der Verstädterung verstanden werden? Fragt Henri Lefèbvre. Beobachtet ein ungeheures Auseinanderbersten, die Ausstreuung zahlloser zusammenhangloser Fragmente. Randgebiete, Vororte, Satellitenstädte usf. In *Noby's Schlemmerstübchen* gibt es nichts oder nichts mehr, obwohl Tafeln auf der Straße alle möglichen Gerichte anpreisen. Nur Nudelsalat könnte ich noch bekommen. Ich lehne ab. Eine Autofahrerin, die mich notieren sieht, denkt, ich würde sie aufschreiben – ein gar nicht so seltenes Mißverständnis. Verkehrspolizisten scheinen die einzigen zu sein, die den meisten als im öffentlichen Raum mit Block & Schreibgerät Hantierende geläufig sind. *Restaurant Platon* heißt ein weiterer Grieche, *Mickey Mouse* eine Kneipe. Das *Café Madrid* hat heute wegen der »Kamper Nacht« geschlossen. Remmidemmi & Open Air also auch im benachbarten Kamp? Es gibt eine Menge uninspirierende Gastronomie auf diesen von Neubauten gesäumten Innenstadtplätzen, dazu Spielsalons, austauschbare Läden.

Das Speiselokal *Zum Goldenen Ochsen* sorgt wenigstens für etwas Solidität. Der Prinzenplatz ist benannt nach einer im 17. & 18. Jahrhundert auf dem Prinzenhof ansässigen Schöffenfamilie. Ja zur heimischen Kohle! Ist auf einer an einem großen Stein angebrachten Plakette zu lesen. Solidarität der Bergleute des mitteldeutschen Braunkohlebergbaus mit den Kumpels der Steinkohle beim Kampf um den Erhalt der Arbeitsplätze. Die Solidaritätsadresse datiert von 1997. In den Boden ist eine weitere Tafel eingelassen, die genauere Auskunft über die Vorgänge von 1997 gibt: Geht es um die Kohle, geht's um uns alle. Vom 30. Oktober 1996 bis zum 13. März 1997 kämpften die Bergleute der *Schachtanlage Friedrich Heinrich/Rheinland* gegen die Kohlekahlschlagpläne der Bundesregierung. Mit der Mahnwache rund um die Uhr, mit den vielen Aktionen & Demonstrationen wurde in Kamp-Lintfort, aber auch in der Region & weit darüber hinaus auf die Problematik aufmerksam gemacht. Das große Band der Solidarität am 14. Februar 1997 mit 220.000 Menschen vom Niederrhein bis nach Lünen zeigte, daß mittlerweile das gesamte Ruhrgebiet die Bergleute unterstützte. Die große Solidarität & die breite Unterstützung gab den Kumpeln auch in der Zeit der Bergwerksbesetzung vom 7. bis zum 13. März 1997 Mut & Kraft, in ihrem Kampf nicht nachzulassen. Der Kohlekompromiß wurde nur durch diese große Solidarität erreicht, denn: In der Solidarität liegt unsere Kraft! Unvorstellbar, daß es heute noch einmal zu größeren Protesten, zu Bergwerksbesetzungen gar kommen könnte. & das nicht nur, weil es kaum noch fördernde Zechen gibt. Das *Bergwerk West* wird bald sang- & klanglos schließen. Von Kompromiß zu Kompromiß, von Sozialplan zu Sozialplan wurde den Bergleuten im Ruhrgebiet ihre Aufmüpfigkeit erfolgreich ausgetrieben. In der *Baguetterie Picasso* – an allen Ecken diese mißglückte, diese verrutschte Simulation von Weltläufigkeit! – gibt es Baguettes, Folienkartoffeln, Crêpes & frische Säfte. In dem Lokal wird die weite Welt beschworen: Tokio, Havanna, Palermo, Venedig, Hamburg usf. Ein altes Photo zeigt, daß sich in dem Gebäude einmal eine Tankstelle befunden hat. Ich esse ein Baguette & lese in einer Wochenzeitung, die im Lokal ausliegt: Kamp-Lintfort feiert Abriß der Weißen Riesen. Mit Festreden, einer Bürgerinformation zum Abbruchverlauf & dem Baggerhub des Bürgermeisters zum offiziellen Beginn der Abbrucharbeiten wurde im Bereich der Weißen Riesen am Freitagnachmittag groß gefeiert. Dr. L. ließ es sich nicht nehmen, den ersten Baggerhub auf dem Gelände der Weißen Riesen selbst zu vollziehen. So weit ist es also gekommen. Früher wurden Grundsteinlegungen gefeiert, heute der Abriß der markantesten Gebäude der Innenstadt. Was auf dem Gelände wohl entstehen wird? Eine Brachfläche? Oder gar ein Einkaufszentrum? In einem ebenfalls ausliegenden »Sonntagsanzeiger« heißt es: Das *Bergwerk West* ist unverzichtbar. Die Bedeutung des *Bergwerks West* könne in der Öffentlichkeit nicht oft genug betont werden, wird ein Pfarrer W. zitiert. Ein Teil der Innenstadt ist Fußgängerzone: Dort reihen sich die *Pizzeria Tombolina*, die *Gelateria San Remo*, das *Café Trio*, ein Hörzentrum aneinander. Urlaub für Kurzentschlossene. Ein Dermatologe wirbt mit einer Leuchtschrift, bietet Dermatokosmetik an: Faltenbehandlung, Fettwegspritze, Hautanalyse, Antiaging, Peeling, Mesotherapie usf. Ein Krisenzeichen ist zweifellos das Angebot des Goldankaufs: Bargeld zu Höchstpreisen! Die Fußgängerzone zieht sich durch einen Teil der Moerser Straße, um das Rathaus herum. Dort Rathaus Center & Rathaus Café. Ein verloren wirkendes Denkmal eines Bergmanns, der auf einer Parkbank sitzt & in seiner antiheroischen Pose vielleicht ein Sinnbild abgibt für den heutigen Stand der Dinge. Es gibt auch eine Stadtinformation, die am Samstagnachmittag natürlich geschlossen hat & eine *Buchhandlung am Rathaus*. Die Fußgängerzone leert sich langsam, die meisten Läden haben bereits geschlossen. Ennui liegt in der warmen Sommerluft. An Markttagen ist das Mitführen von Hunden unzulässig! Aus einem ehemaligen Küchenladen, der offenbar als Galerie zwischengenutzt wird, werden schreckliche Schmierereien in ein Auto verladen. So wie die abstrakte Malerei auf der untersten Provinzebene angekommen ist, bestätigt sie am Ende doch noch alle Vorurteile ihrer Gegner. Ich laufe in Kreisen, Schleifen, Ellipsen – genau weiß ich das nicht – durch Lintfort. Wüßte das nur, wenn ich wie ein britischer Künstler, von dem ich neulich gelesen habe, nichts Besseres zu tun hätte, als alle meine Bewegungen exakt via *Global Positioning System* aufzuzeichnen. Aber ich will doch zu irgendwelchen Schlußfolgerungen kommen, Konzentraten. Sonst könnte ich ja meine Stadtlektüre auch so gestalten, daß ich Graphiken anfertige, in die alle von den Straßen aus lesbaren Aufschriften eingetragen sind, wie das beispielhaft auch an einer Stelle in

Venturis *Lernen von Las Vegas* gemacht wird. Aber das Umherschweifen spielt sich doch ab in einem Spannungsfeld zwischen einer Beherrschung & Berechnung der psychogeographischen Schwankungen einerseits & einem gleichzeitigen Sich-Gehen-Lassen! Ich entschließe mich zu einem Besuch des *Lintforter Treffs*. Der Raum – an dem Sommertag eine dunkle Höhle – ist mit viel Holz ausgestaltet, wirkt aber nicht gediegen-alt, sondern irgendwie konfektioniert. Ob ich, wenn ich schon am Niederrhein bin, ein Alt trinken soll? Lieber nicht. Ich bevorzuge & bin gewöhnt an die diversen Pils-Sorten des Ruhrgebiets. Im Fernsehen laufen – bei glücklicherweise abgeschaltetem Ton – Autorennen. Es gibt nichts Enervierenderes als mit Autolärm unterlegte Reporterstimmen. Dagegen ist Fußballgeschrei im Hintergrund fast noch Musik. Es wird aber gerade gar nicht gefahren. Zu sehen sind Interviews mit abgetakelten Rennfahrern, die zum Glück ja nicht zu hören sind. An der Theke hat sich, wie fast immer, eine Männermehrheit versammelt, gemischte Altersgruppen. Ein bestimmt grausames Getränk wird angeboten: Muuh-Kuh Sahne mit Jamaica-Rum ... & ab geht die Party! Einer der Herren verabschiedet sich mit den Worten: Ich mach schon mal die Straße für dich frei! Nun, die Straßen *sind* frei, die Fußgängerzone macht keinen sonderlich belebten Eindruck. Dort gibt es ein *Stadtcafé*: Ihr Café im Herzen der Stadt. Eine *Gelateria Corazza*. Die *Konditorei Polm* stellt spezielle niederrheinische Trüffel-Pralinen aus Rübenkraut, Butter & weißer Couverture her. In der ersten Etage befindet sich ein Café. Frauenmode, Männermode. Freuen Sie sich mit uns auf die neue Herbstkollektion. Wir laden Sie gerne zu einem Erfrischungsgetränk ein. *Romantik*: Der Laden für schöne Dinge, Glanzlichter für Ihr Zuhause. Sicherheit ist Vertrauenssache, Schlüsselladen seit 30 Jahren. Zahngold & Altgold. Es wird immer schlimmer. Barankauf Gold & Silber, sofort Geld in bar. Zahngold (auch mit Zähnen), Münzen, Besteck, Omaschmuck, Silber, Platin. Was aber, wenn man keine Goldreserven im Mund hat oder die schon aufgebraucht hat? Die *Gaststätte Rathausschänke* am Alten Rathaus öffnet erst wieder um 17 Uhr. Es gibt einige Kneipen, die vormittags & mittags aufhatten & jetzt eine Nachmittagspause einlegen. Wie soll ich da zur Ruhe kommen auf meiner Irrfahrt? Der *City-Treff* hat bis Ende September jeden Freitag Longdrinks für 1,50 Euro im Angebot. Am Montag kosten 0,2

1 Bier nur 1 Euro. Nun, Möglichkeiten sich preiswert zu betrinken, gibt es hier schon noch an allen Ecken & Enden, zumindest zu bestimmten Uhrzeiten. Ein Schild macht mich aufmerksam auf ein Geologisches Museum. Das wird bestimmt geschlossen haben. Ich überprüfe es gar nicht. Auf anderen Schildern stehen Aufforderungen wie: Bitte am Donnerstag nicht parken wegen Straßenreinigung! Mich zieht es jetzt zum Bergwerk. Ich möchte die These riskieren, daß Bergwerke – stillgelegte, aber ganz besonders natürlich fördernde – psychogeographische Kristallisationspunkte besonderer Art darstellen. & wir müssen in diesen unterteuften Landschaften auch bedenken, daß die Bebauung & der Städtebau über Tage sich vielfach nach der Lage der Flöze richten. Am Anfang der Friedrich-Heinrich-Allee steht die imposante Christuskirche aus Backstein. Vor der Kirche steht eine Stahlskulptur: Ora et labora. In Sorge um die Region – Zukunft nur gemeinsam. Werkkreis Kirche & Bergbau. An der Friedrich-Heinrich-Allee liegen Volkshochschule & Musikschule. Leises Geklimper ist zu hören. Wirtschaft & Kommunikation. Antworten auf die Frage: Wie mache ich mich selbständig? Allen Ernstes bietet die Volkshochschule einen »Investmentkurs« an: Fonds sparen & Investment sparen. Weiter geht es im Dummdeutsch der Wirtschaftssprache: Nonverbales Management gekonnt einsetzen. Ja, vielleicht als Wirt, der eine Schlägerei schlichten muß ... Villen an der Allee, in einer befindet sich ein Photostudio. Paß-, Portrait-, Hochzeit-, Kinderaufnahmen, Industrie-Werbephotographie. Die Straße zieht sich das langgestreckte Bergwerksgelände entlang, wird gesäumt von einer Mauer. Auf der gegenüberliegenden Straßenseite das *Hotel Restaurant Casino im Park*, Gesellschaftsräume. Blicke in das Zechengelände, aus dem Motorengeräusche zu hören sind, auch Rutschgeräusche vom Kohlenförderband. Der alte Förderturm über Schacht 2, ein deutsches Strebengerüst, wird überragt vom Stahlbetonförderturm über Schacht 1. In einem Container *Thyssen Schachtbau High-Performance Mining*. Der Leiter der 1. Markscheiderei. Lagerwirtschaft West, Servicebereich Technik & Logistik. Langgezogene, repräsentative Backsteinbauten entlang der Friedrich-Heinrich-Allee. Keine Zeche aus der Zeit vor dem Ersten Weltkrieg stellt ihr unternehmerisches Selbstbewußtsein so heraus wie *Friedrich Heinrich*, die dritte große Zechengründung auf linksrheinischer Seite. Betriebsgebäude im leicht ba-

rockisierenden Stil, auf der anderen Seite, eingebettet in reichlich Grün, Verwaltung, Direktorenvillen & das Casino. Hinter der Aktiengesellschaft stand eine französische Bankengruppe. Unterbrochen von den Kriegsjahren blieb das Bergwerk bis zur Übernahme durch die RAG in französischer Hand. Die Stadt schreibt sich auf ihren Mauern nieder. Sagt Henri Lefèbvre. Niemals jedoch wird diese Schrift vollendet werden. Das Buch hat keine Ende & viele leere oder zerrissenen Seiten. Am Tor 2 der Wareneingang *Bergwerk West*. Aushänge: Euer fahrender Betriebsrat hat in der Zeit vom 10. 8. bis zum 21. 8. Urlaub. Bei eventuell auftretenden Problemen bitte in Mülheim das Betriebsratsbureau anrufen. Eisenbahn hat Vorfahrt! Funkferngesteuerter Lokbetrieb! Ein Schild weist den Weg zur Verbandstube. Die Seilscheiben am alten Förderturm drehen sich. In einem der Gebäude gegenüber residiert die *Linksniederrheinische Entwässerungs-Genossenschaft*, linksniederrheinische Gesellschaft für Wasser- & Abwassertechnik. Eine stilisierte Turbine mit kreisrund angeordneten Figuren ist davor als Denkmal aufgestellt. Über dem alten Portal steht: *Steinkohlenbergwerk Friedrich Heinrich AG*. Unbefugte dürfen die Bergwerksanlagen nicht betreten! Unbefugten ist das Betreten & Befahren der Bergwerksanlagen verboten! In angrenzenden Gebäuden Personalvermittlungsbureau & Trainingscenter. An einer Wand die rätselhafte Mitteilung: Abfahrtstelle Untersuchungsschicht. AMZ Pluto, Abfahrt 6 Uhr. Über die südlich am Zechengelände entlangführende Kattenstraße verlaufen drei Gleise der Werksbahn, dazwischen mehrere Schranken. Dort spielt sich ein regelrechtes Schauspiel ab: Schranken heben & senken sich. Rangierfahrten finden statt, leere Waggons werden von orangen Lokomotiven der RBH hineingezogen, beladene Züge verlassen das Bergwerksgelände. Zwischen den Gleisen verläuft die Norddeutschlandstraße, an der eine Kohlenhalde aufgeschüttet ist. Dahinter sind dann die Ringstraße & die Alt-Siedlung erreicht. Dem Zechengelände direkt gegenüber liegt das *Alte Kasino*, Restaurant, Festsaal, Bundeskegelbahn, Balkan- & internationale Küche. Multimedia-Saal für bis zu 150 Personen. Für besondere Anlässe wie Geburtstage, Hochzeiten, Sitzungen oder Beerdigungen stehen wir Ihnen zur Verfügung sowie die Erfahrung & Organisation. Internet-Anbindung über Kabel in allen Räumen vorhanden. Drin sitzt eine alte Balkan-Lady mit tiefschwarz gefärbtem Haar vor einem

Teller Pommes Frittes. Sonst ist noch nichts los um die Theke in diesem Lokal. Ich gehe nach einem Bier wieder, werde verabschiedet: Wiedersehen, bis zum nächsten Mal! Wann das wohl sein wird? Ich komme an der Kläranlage Friedrich Heinrich vorbei. Laufe die Friedrich-Heinrich-Allee wieder zurück ins Zentrum. Die ausgedehnten Industrie- & Bergwerksareale müssen umrundet werden wie Seen. Sie sind weiße Flecken auf den Stadtplänen, die nicht betreten werden können. Der Boden ist vermint. Die alten Begriffe entsprechen nicht mehr. Neue Begriffe bilden sich heraus. Ich komme vorbei an der Drogenberatung Kamp-Lintfort. Am *Schwarzen Diamanten,* einer Kneipe, die leider geschlossen hat. An der *Lintforter Tafel.* Das sind die neuen Armenausspeisungen & Suppenküchen, die in Folge der »Arbeitsmarktreformen« allerorten nötig werden & aus dem Boden schießen. Kurz nach 17 Uhr hat dann auch der *City-Treff* geöffnet. Ich bin der erste Gast in der Kneipe mit ihrer kurvenreichen, raumgreifenden Theke. Kommunikationstresen nennt man so etwas, glaube ich. Damit alle mit allen ins Gespräch kommen. Die Wirtin geht hinaus vor das Lokal & ruft: Klaus, was soll das? Schlüssel verloren oder was? Willst du einen trinken? Das will er natürlich, tritt ein & trinkt ein Alt. Ob er schon ein neues Schloß habe? Die Rede kommt dann auf einen problematischen gemeinsamen Bekannten, der vom Verlust der Wohnung bedroht ist & lästig werden kann mit Anfragen wie: Hast du ein paar Stunden Zeit? Einmal oder mehrmals hat man sich breitschlagen lassen. & eines ist gewiß: Er wird wieder kommen. Aber jetzt ist die rosarote Brille weit weg! Schon lärmt das Open Air am Alten Rathaus, das natürlich auch nicht wirklich alt ist, sondern aus dem 19. Jahrhundert. In der *Gaststätte Rathausschänke,* an deren Decke eine schöne ausladende Fünfziger-Jahre-Lampe hängt, herrscht eine etwas lethargische Atmosphäre. Ein Mann & eine Frau sitzen in weiter Entfernung voneinander an der Theke. Die Rückwand ist mit etwas Bergbau-Nippes verziert: Schaufeln, Hacken, Figuren. Die Rede ist von irgendwelchen Konzerten. Um welche Art Musik es sich handle? Schwere Musik. Was verstehst du darunter? Kammermusik. Kann ja auch schön sein! Alle zwei Jahre fänden solche Konzerte im Kloster Kamp statt. Der Ausdruck »schwere Musik« gefällt mir gar nicht so schlecht. & es gibt ja in der Tat eine Menge Kammermusik, die zum Intrikatesten zählt, was jemals komponiert ward. Die Frau erzählt von einem »Konzert« der Kastelruther Spatzen, zu dem zu gehen sie genötigt gewesen sei, um ihren alten Vater zu begleiten – obwohl sie ihn angefleht habe: Tu mir das nicht an! Sie habe dann Ohrstöpsel mitgenommen & die meiste Zeit auf der Toilette verbracht. Eine Frau mit ästhetischem Sensorium – Respekt! Aber sie ist trotz seiner musikalischen Banausie froh, ihren Vater noch zu haben. Der ist jetzt 71 & macht seinen Garten noch selber. Hauptsache, er hat seinen Garten, sein Fernsehen & sein Bierchen! Wenn du dir überlegst – manche fahren mit 71 schon mit dem Rollator durch die Gegend! Der Verzehr von alkoholischen Getränken ist im Umkreis von 30 Metern um eine Trinkhalle gesetzlich untersagt. Lese ich. Dann bleibt mir jetzt noch, den *Bierteufel* aufzusuchen, der inzwischen auch geöffnet hat. Die Kneipe ist ein langer Schlauch. Männer sind mit Automaten beschäftigt. An der Theke sitzen eine Frau & ein Pärchen. Die Frau erzählt von einer Geldbuße in der Höhe von 10 Euro wegen Radfahrens ohne Licht. Natürlich folgen die üblichen Feststellungen, daß die Polizei offenbar nichts Besseres zu tun habe. Der Regionalteil der in der Kneipe ausliegenden Zeitung berichtet: Gericht bestätigt Betriebsplan für *Bergwerk West*. Bergbaugegner haben erneut eine Niederlage einstecken müssen.

Bruckhausen

Bruckhausen beginnt hinter der Autobahn, oder genauer: hinter einer weiteren Unterführung kurz danach, hinter der Trasse einer Werksbahn. Von dem Viertel zwischen Autobahn & Werksbahn, das eigentlich noch zu Beeck gehört, weiß niemand so recht, wo er es hintun soll. Deshalb soll es sicherheitshalber abgerissen werden. Es ist doch sowieso viel zu laut hier! Befinden die Gutachter. Bruckhausen liegt eingeklemmt zwischen der Autobahn, die hier Emscherschnellweg heißt, & dem Gelände von *ThyssenKrupp Steel* (TKS), Werk Bruckhausen. Was heißt »eingeklemmt«? So wenig Platz ist eigentlich gar nicht. & außerdem soll auch halb Bruckhausen abgerissen werden. Dann ist noch viel mehr Platz. Am zweitgrößten Stahlwerk der Welt führt die Kaiser-Wilhelm-Straße entlang. Das *Café Bistro Tor 1* (Tor 1 ... die Nr.1) auch: *My Quality* ist schon vor Jahren um nur wenige Meter umgezogen, tut das aber immer noch in großen Lettern kund: Ab 1. 7. 2004 empfangen wird Sie nebenan. Mit noch mehr Sitzplätzen & noch größerer Auswahl! Sonst gibt es an der Straße noch *Memo's Kokerei-Bude.* Auf ein verrammeltes Ladenlokal hat jemand wütend & hilflos gesprüht: NS-DU, Ihr sagt: Wir sind anders. Wir sagen: Ihr seid alle gleich! Eure Doppelmoral, hahaha ... Die *Jesus Gemeinde Duisburg* aus dem *Bund Freikirchlicher Pfingstgemeinden* will die Menschen aus dem Sumpf ziehen & stellt diesen Vorgang auch ganz naïv bildlich dar: Vom Kreuz aus wird ein Rettungsring in den Sumpf geworfen, der aus Alkohol, Gewalt, Angst, Einsamkeit, Mißbrauch, Haß, Drogen, ewigem Tod usf. besteht. Jesus rettet! Es wird befunden: Die zentralen Probleme Bruckhausens hängen wesentlich mit seiner historisch bedingten Industrienahtlage zusammen. Als Folge der industriell & verkehrlich bedingten Emissionsbelastungen, massiver Arbeitsplatzverluste durch den industriellen Strukturwandel, Abwanderung, Leerstand & dadurch bedingte mangelnde Investitionsbereitschaft der Immobilieneigentümer häufen sich soziale & ökonomische Probleme im Ortsteil. Bruckhausen wird vornehmlich von einer Bevölkerung aufgesucht, die einen Migrationshintergrund hat (82,6 %), gekoppelt mit niedrigen Einkommen oder Transferleistungsbezügen sowie einem niedrigen Bildungsniveau. Auf der Kaiser-

Wilhelm-Straße fahren Straßenbahnen, die aus Mülheim kommen & auf der langen Strecke über den Duisburger Hauptbahnhof, Ruhrort & die *König*-Brauerei in Beeck meist verspätet sind. Wenn man an der Haltestelle Matenastraße aussteigt, kann man in einem langen Tunnel unter dem Stahlwerksgelände durchlaufen & erreicht schließlich den 71 m hohen Alsumer Berg, von dem man einen Panoramablick auf *ThyssenKrupp* & Rhein hat. Die nächste Station heißt *Thyssen*-Verwaltung. Dem Verwaltungskomplex aus den sechziger Jahren gegenüber liegt die alte *Thyssen*-Hauptverwaltung. 1903/04 im Stil der norddeutschen Backsteingotik als Zentralbureau der *Gewerkschaft Deutscher Kaiser* erbaut; nach dem Krieg in deutlich schlichterer Form instandgesetzt. Dennoch weist seine Formensprache auf die unternehmerische Potenz hin, die von dieser Stelle aus verwaltet wurde. 1890 erwarb Thyssen innerhalb von nur zwei Monaten alle Bauernschaften in Bruckhausen für ein Stahl- & Walzwerk. 20 Jahre später war die *Gewerkschaft Deutscher Kaiser* der größte Eisen- & Stahlkonzern & verfügte mit Kohle, Gas & Wasser auch über die notwendige Energiebasis. Zumindest zum Foyer der neuen Hauptverwaltung könnte man sich Zutritt verschaffen, findet doch dort gerade eine Jubiläumsausstellung statt: »60 Jahre Photogemeinschaft ThyssenKrupp«. Ich verzichte. Aus dem Werk sind immer wieder Geräusche zu hören: Getöse, dann wieder Stimmen aus Lautsprechern. In den Verwaltungsgebäuden: *ThyssenKrupp Steel AG*, *ThyssenKrupp Stainless AG*. *Eisenbahn- & Häfen GmbH*, ein Tochterunternehmen von *ThyssenKrupp Steel*. Der Gütertransport auf dem privaten Gleisnetz liegt jährlich bei 65 Mio. Tonnen & erreicht damit fast ein Viertel der Gütermenge, die von der *Deutschen Bahn* in Deutschland transportiert wird. Mehrere Schilder mit Pictogrammen schlagen vor den Gebäuden Treffpunkte vor. Vorsicht im Werk: Die Eisenbahn hat Vorfahrt! In den Betrieben besteht Helmtragepflicht. Werksausweis auf Verlangen vorzeigen! Besucher beim Werkschutz melden! Werkzeug & Material beim Werkschutz angeben! Tor 3 ist geschlossen. Bitte benutzen Sie Tor 1! An den Werkstoren & den Verwaltungsgebäuden große Parkplätze. *ThyssenKrupp Steel* Werkparkplatz: Auf dem Parkplatz dürfen nur Personenkraftwagen von befugten Personen abgestellt werden. Das Parken ist nur innerhalb der markierten Felder gestattet. Gegenüber von Tor 1: Personal- & Sozialpolitik, Personalstrategie & Personalentwicklung. Eine Hubpolleranlage reguliert die Zufahrt zum Ausbildungszentrum. Anmeldung über Sprechtaste. Aus meterhohen Buchstaben gebildet steht das Wort »BILDUNG« als Skulptur auf dem Gelände herum. Beruf & Zukunft, *Personalentwicklungs- & Arbeitsmarktagentur GmbH,* Niederlassung Duisburg. Wenn man das Ausbildungszentrum hinter sich gelassen hat, beginnt der kleinere Teil von Bruckhausen, der nicht direkt mit dem Werk verbunden ist, wenn *ThyssenKrupp* auch einen großen Teil der Häuser besitzt. Die Geräusche aus dem Stahlwerk werden vom Autobahnlärm übertönt. Eine Trinkhalle, ein türkischer Imbiß, einstöckige Siedlungshäuser an der Dieselstraße. Das ist nicht der berüchtigte Teil von Bruckhausen, das sich hier mit einem kleinen Park präsentiert & unspektakulären Flachbauten, in denen ein Supermarkt untergebracht ist, Bäckerei, Sparkasse, *Fortuna-Apotheke.* Blickt man nach Westen, so bietet sich einem das berühmte Panorama mit den Hochöfen im Hintergrund dar, dessentwegen Photographen gerne nach Bruckhausen kommen, die auf der Suche nach dem Ruhrgebietscliché vom Wohnviertel direkt am Stahlwerk sind. An der Autobahn führt ein Weg entlang, auf dem Männer mit Bierflaschen entlangflânieren, an der Böschung zur Autobahn pissen. Ein Lastwagen von *ThyssenKrupp Landschaftsbau* fährt vorbei. Es scheint wirklich nichts zu geben, was der Konzern nicht unter Kontrolle hat in Bruckhausen. An der Wernerstraße beginnt dann die eigentliche Gründerzeit-Stadt mit schmutzigen Wohnhäusern. Einige sind aber auch hübsch renoviert. Die *Entwicklungsgesellschaft Duisburg mbH* (EG•DU) stellt fest: Bruckhausen ist ein in großen Teilen gründerzeitlicher Ortsteil mit allen Funktionen, die eine Stadt damals vorweisen sollte – Marktplatz, Nahversorgung, Kirche, Gemeindehaus, Feuerwehr & viele Einzelhändler, Kleinbetriebe. Erbaut in den Jahren um 1890 weist Bruckhausen eine Vielzahl denkmalwerter & erhaltenswerter Gebäude auf. Durch geänderte Rahmenbedingungen wie Arbeitslosigkeit, Kaufkraftverlust, Abwanderung, soziale Probleme & eine veränderte Sensibilität bezüglich der Umweltbedingungen hat sich die Ortsteilstruktur komplett gewandelt. Was sind die Leute aber auch sensibel geworden! Trotz Wohnumfeldverbesserungsmaßnahmen in den achtziger Jahren weisen viele Straßenzüge städtebaulich-räumliche Defizite auf. Die Innenhofbereiche sind vor allem im Norden eng verbaut, unzugänglich & bewirken ein städtebaulich-negatives Erscheinungsbild. Davon hebt sich die Kronstraße mit den ehemaligen Direktorenvillen positiv ab. Kunststück! Warum also nicht Villen für alle? Die Schulstraße ist eine verkehrsberuhigte Spielstraße. Die SPD fordert oder behauptet: Starke Stadtteile – starke Stadt. In einem Stadtteil mit derartig hohem Ausländeranteil dürften mangels zur Wahl Berechtigter allerdings nicht allzu viele Wählerstimmen zu holen sein. Das *Streetwork Bruckhausen Beeck Beeckerwerth* bietet Hausaufgabenhilfe an. Wir freuen uns auf euch! In diesem Zentrum von Bruckhausen, markiert auch von zwei Kirchen: die *Freiwillige Feuerwehr Duisburg,* Löschgruppe 203 Bruckhausen. Der *Türkische Sportverein Bruckhausen 1920 e.V.* Die *Duisburger Werkkiste.* Die *Gaststätte am Hochhaus,* ein geräumiges Haus mit Kegelbahn, ist leider aufgegeben worden. Der Name spielt auf das nahe *Thyssen*-Verwaltungshochhaus an. Quo vadis, Bruckhausen? Die Frage wird in einem Schaufenster gestellt, in dem auch dem neuen US-amerikanischen Präsidenten gehuldigt wird, der ja bekanntlich die Welt retten soll. Bruckhausen eingeschlossen? Fußbälle aufpumpen kostenlos von 10 bis 16 Uhr. Bitte immer nur 3 Kinder! Quo vadis? Wenn es nach der EG•DU geht, dann soll im industrienahen Bereich ein städtebaulich geordneter Rückbau vorgenommen werden. Um die Ortsrandlage städtebaulich zu fassen, sollen die denkmalwerten Gebäude oder Gebäudeensembles dort, wo es wirtschaftlich vertretbar ist, erhalten bleiben. Begründet wird die Sanierungsmaßnahme mit »städtebaulichen Mißständen«: Gemäß § 136 Abs. 2 Nr. 1 BauGB liegt eine Substanzschwäche vor, wenn ein Gebiet nach seiner vorhandenen Bebauung ungesunde Wohn- & Arbeitsverhältnisse oder ungenügende Sicherheit für die Bewohner aufweist. Nach § 136 Abs. 2 Nr. 2 BauGB liegt eine Funktionsschwäche vor, wenn das Gebiet in der Erfüllung seiner Aufgaben erheblich beeinträchtigt ist. Die Gutachter gelangen natürlich zu der Auffassung, daß beides vorliegt. Der Wohnungsleerstand & der schlechte Gebäudezustand als Folge der Industrienahtlage & mangelnder Wohnungsnachfrage sowie die Umweltbelastung begründen einen städtebaulichen Mißstand. Ein Rückbau ist dem Wohl der Allgemeinheit dienlich & liegt im öffentlichen Interesse. Der Eingriff in das Privateigentum ist damit gerechtfertigt. Geschätzte Gesamtkosten 71,9 Mio. Euro. Die Finanzierung erfolgt durch

Zuwendungen der *ThyssenKrupp Steel AG* in Höhe von 35,9 Mio. Euro & Fördermittel des Landes & der *Europäischen Union* von 36 Mio. Euro. Durch die Sanierungsmaßnahme wird städtebaulich & wohnungswirtschaftlich eine Verbesserung eintreten. So die Behauptung der Planer. Von dem Abriß soll also die Wohnungswirtschaft profitieren? Betroffene bringen es auf den Punkt: Kein Häuser-Abriß für »TKS« in Bruckhausen! In meine Wohnung lasse ich nur Schreiner & Maler, aber keine Abrißbagger! In dem Fenster, in dem dieser Spruch auf Deutsch & Türkisch zu lesen ist, ist auch das Buch *Ganz unten* von Günter Wallraff ausgestellt, der sich zu Recherchezwecken zeitweise in Bruckhausen einquartiert hatte. Ein Plakat macht außerdem auf das Buch *Die Thyssen-Dynastie. Die Wahrheit hinter dem Mythos* von David R. Litchfield aufmerksam. Schande & Skandale in der Familie! Man weiß, mit welchen »Nachbarn« man es in Bruckhausen zu tun hat. & wenn nicht, sollte man das schleunigst nachlesen. Den Bewohnern der von Abriß bedrohten Häuser wird brieflich mitgeteilt: Wie Ihnen sicherlich bereits aus der Presse & verschiedenen Informationsveranstaltungen bekannt ist, hat der Rat der Stadt Duisburg im Dezember 2007 die Sanierungssatzung Duisburg-Nord beschlossen. Hauptziele der Sanierungsmaßnahmen im Ortsteil Bruckhausen sind die Entzerrung der Industrienahtlage durch die Gestaltung eines Grüngürtels als Landschaftsbauwerk sowie die maßgebliche Beseitigung städtebaulicher Mißstände. Um die Wohnqualität in Bruckhausen zukünftig zu verbessern, ist jedoch der Abriß einiger Häuser erforderlich. Auch das Haus, in dem Sie wohnen, ist von dieser Maßnahme betroffen. Auf einen allzu naheliegenden Kritikpunkt geht die EG•DU recht gewunden ein: Abwägungserheblich zum derzeitigen Zeitpunkt ist die Einwendung, die sich auf die Verursachung der städtebaulichen Mißstände bezieht. Vorgetragen wird, daß überwiegend die absichtliche Unterlassung der Weitervermietung der im Eigentum von *ThyssenKrupp Steel* stehenden Immobilien zur Erzeugung eines Wohnungsleerstands & somit zur Herbeiführung städtebaulicher Mißstände in diesem Gebiet geführt habe. Daß eine aufgegebene Gaststätte treffend *Zur Industrie* geheißen hat, ist auf dem ausgebleichten Schild über dem Eingang nur bei ganz genauem Hinsehen zu erkennen. Ein türkischer Text hängt in einer Vitrine, dem ich nur entnehmen kann, daß ab dem, mit oder bis zum 8. Mai irgend etwas eintritt oder endet oder beginnt. *Beck's Bier* löscht Männer-Durst! Behauptet eine erloschene Leuchtschrift noch immer. In der Reinerstraße ist die Bezirksstelle Bruckhausen des Polizeipräsidiums Duisburg, Polizeiinspektion Nord. (Alle Funktionen, die eine Stadt aufweisen sollte ...) Im Bürgerdialogzentrum Bruckhausen werden Betroffene & Interessierte über den »Grüngürtel Duisburg-Nord« informiert. Ziel ist es, die Flächen bis zum Bau des »Parks vor der Haustür« mit den Menschen vor Ort aktiv zu nutzen. Vielleicht durch öffentliches Biertrinken in der warmen Jahreszeit? Der nun freistehende Giebel des Hauses Kaiser-Wilhelm-Straße 64 a soll von Graffitikünstlern gestaltet werden. Die *Kleine Kochschule* bietet an: Schlemmen ab dem 7. Lebensmonat, Sterneküche für Schlüsselkinder, Alt zeigt Jung – Generationskochen usf. Stolz wird im Schaufenster ein Brief des Bundespräsidenten präsentiert: Ihr Engagement für die Menschen in Ihrer Region ehrt Sie sehr. Wenn alle Bürger mit so klarem Blick erkennen würden, wo ein Einsatz möglich ist, wäre viel Not gelindert. Soziale Verantwortung, Mitmenschlichkeit etc. blabla. Mit dem signierten Photo möchte ich Ihnen eine kleine Freude bereiten! Im Zentrum von Bruckhausen gibt es außerdem die Spielhalle *Pik 7*, das Internetcafé *Nexus,* den *Bruckhausener Hähnchen-Grill & Schnellimbiß*. Längst aufgegeben ist die *Gaststätte Schumann* in der Edithstraße. Auf Plakaten wird gefordert: Kein Abriß für TKS! Wir wehren uns! ~~52.000 qm billiger Wohnraum.~~ Eine Rechnung wird aufgemacht: 35,9 Millionen minus TKS-Immobilien minus Steuerersparnis = 20.000.000 Euro TKS-Zuschuß Hochofen 8. Ja, denkt denn jemand, daß *ThyssenKrupp* ein Projekt fördert, von dem das Unternehmen nicht profitiert? Die Fenster & der Eingang des Vereinsheims des *Alfa SV Duisburg e. V. 1987* sind mit Metallplatten verrammelt. 68 von 194 in Bruckhausen untersuchten Gebäuden werden als schlecht bewertet. Das sind 35 % aller Gebäude. 21 Gebäude befinden sich im Verfallstadium. Diese sogenannten devastierenden Gebäude machen 11 % aus. Aufgrund des hohen Anteils an zerfallenden Gebäuden & Gebäuden in überdurchschnittlich schlechtem Zustand besteht dringender Handlungsbedarf. Ich entdecke ein Schreibbureau, ein türkisches Restaurant, eine aufgegebene Fleischerei. Die *Pension Tante Emma* mit *Tante Emmaladen & Kneipe*. Der Laden ist geschlossen, die Pensionsgäste müssen klingeln (bis 21 Uhr). Mit dem *Reiner-Stüb-*

chen (geöffnet ab 17 Uhr) scheint zumindest noch eine letzte richtige Kneipe erhalten zu sein. Es gibt auch einen Herren-Friseursalon, den Verein *Yildirim BKSV Duisburg e. V.*, Bildung & Kultur, Sport. Weitere Vereine: *Bruckhausener Bildung, Kultur & Integration e. V., Islamisches Kulturzentrum e. V.* Ein Platz ist nach Hans Raulien (1935–1998) benannt, von 1983 bis 1995 Polizeibeamter im Bezirksdienst in Bruckhausen. Als »Sheriff von Bruckhausen« versah er seinen Dienst mit hohem persönlichem Einsatz & viel Einfühlungsvermögen. Was ist das für ein Viertel, in dem Polizeibeamte als Helden verehrt werden? In der Mitte des Platzes steht ein mächtiger Hochbunker, den man zum *Kulturbunker* umfunktioniert hat – Kultur & Begegnungsstätte, ein »Leuchtturmprojekt« der Stadtteilerneuerung zum Abbau von Vorurteilen & zur Verbesserung des Images. Auf die Abu Baker Assediq Moschee weist nur noch ein Schild auf einem mit Metallplatten versiegelten Eckhaus hin. Das ist die Abrißzone. Viele leerstehende Häuser, eingeworfene Scheiben, zugemauerte Eingänge. Die EG•DU sagt: Auf das Gebiet wirken die Industriegeräusche der Werksanlagen von *ThyssenKrupp Steel* sowie die Verkehrsgeräusche der anliegenden Straßen, Autobahnen & Schienentrassen ein. Ein Gutachten kommt zu dem Ergebnis, daß die optimale Lösung ein Geländewall in einer Höhe von 19 m auf dem Werksgelände in Kombination mit einem Landschaftsbauwerk in einer Höhe bis 12 m ist. In der Bayreuther Straße gibt es ein Transportunternehmen. Umzüge, Transporte, Küchenmontage, Möbelaufzug, Entrümpelung, Entsorgung, Lagerung. Das *Deutsche Rote Kreuz* unterhält ein Familienhilfezentrum. Sozialpädagogische Familienhilfe, Beratung für ausländische Flüchtlinge, Integrationsagentur usf. Ein Zahnarzt wirbt mit einem großen Transparent über die ganze Fassade: Keine 10 Euro Praxisgebühr! Zahnärztliche Vorsorgeuntersuchung für Patienten bis 18 Jahre & bei gesetzlich Befreiten! Von der legendären Kneipe *Schwarzer Diamant* an der Ecke zur Kaiser-Wilhelm-Straße ist außer des Namens nichts geblieben. In dem dunklen Lokal stehen Spielautomaten, Bier bekomme ich keines, weil die muslimischen Betreiber den Fastenmonat Ramadhan durchziehen. Protest auf selbstgeschriebenen Plakaten in Schaufenstern: OB zum Grüngürtel: Alle werden Gewinner sein. Lügen! Lügen! Lügen! Schon einmal hat uns ein Adolf ins Unglück gestürzt! Heißt es in Anspielung auf den Vornamen des Duisburger

Oberbürgermeisters. Heute werden wir beschissen. Morgen ihr! Die Partei des Oberbürgermeisters buchstabiert der wütende Bruckhausener: C – charakterlos. D – dämlich, wer sie wählt. U – unmöglich die Behandlung ihrer Wähler! Bleibt das *Reiner-Stübchen.* Eine Neonröhre über der Theke ist die einzige Beleuchtung in der kleinen Kneipe. An der Theke sitzt ein mittelaltes Paar, dessen männlicher Teil mit Zopf & Sportmütze ein wenig hippieartig aussieht. Sonst ist niemand im Lokal, die Tresenkraft mit den Gästen im Gespräch, das sich um Tierfilme im Fernsehen dreht, als ich das Stübchen betrete. Man kommt auf das Thema besoffene Elephanten, Techniken, mit denen verschiedene Tierarten sich ihre Räusche verschaffen. In der Kneipe steht eine künstliche Palme, & die letzte Runde wird schon um kurz nach neun eingeläutet. Ja, das sei die letzte Kneipe in Bruckhausen, & auch sie habe einen türkischen Besitzer. Die Euro-Einführung habe den damals noch existierenden sechs bis sieben Kneipen den Garaus gemacht. Ein Paule hat dann schon kein Glück mehr im *Reiner-Stübchen.* Du weißt doch, unter der Woche! Erste Abrißmaßnahmen wurden erst vor kurzem beendet. Über einen Zeitraum von drei Monaten wurden je drei Gebäude an der Kaiser-Wilhelm-Straße & der Bayreuther Straße abgebrochen. Anschließend wurden die Keller verfüllt & die Flächen eingeebnet. Die Fläche an der Kaiser-Wilhelm-Straße wurde als Schotterfläche hergerichtet, die Fläche an der Bayreuther Straße wurde mit Rasen eingesät. Der Baumbestand konnte erhalten werden. Ab September werden Menschen gesucht, die Lust haben, sich Nutzungsvorschläge für die Flächen zu überlegen & diese umzusetzen. An einer Mauer neben der neugeschaffenen Freifläche ist zu lesen: Sprengt die Fesseln der Fremdherrschaft!

Dérive XXVIII: Zweckel, Scholven

Am Bahnhof Gladbeck-Zweckel fahren Züge nach Bottrop, Wanne-Eickel, Borken & Dorsten. Zwei Gleise verlaufen in einem Graben. Steigt man die Treppen hoch, steht man an der Feldhauser Straße vor der zweitürmigen Herz-Jesu-Kirche. Eine Fest- & Wallfahrtswoche in Essen-Werden wird angekündigt. Vor der Kirche ein Kreisverkehr, von dem aus die Beethovenstraße über die Gleise führt. Ich mache mich abermals auf den Weg. Folge den Verlockungen des Terrains, lasse mich treiben. Was zieht mich nach Gladbeck, in den Gelsenkirchener Norden? In Zweckel kenne ich bislang nur die Maschinenhalle, die ein bekanntes Industriedenkmal ist & in der Aufführungen der *Ruhrtriennale* stattfinden. Diese Halle, in die ein labyrinthisches Environment gebaut war, das erwandert werden mußte, kenne ich von innen & außen, das umliegende Gelände der ehemaligen *Zeche Zweckel*. Eine Insel in der Stadtlandschaft. Ich bin einmal von Essen aus mit einem Shuttle-Bus dorthin gebracht worden. Man muß irgendwo von neuem ansetzen. Andere Mittel als experimentelles Umherschweifen sind das Lesen von Luftaufnahmen & Plänen, das Ausarbeiten von Statistiken & Graphiken. Dabei spielt der Zufall eine nicht unbeträchtliche Rolle, weil die psychogeographische Beobachtung noch schwach entwickelt ist. Also studiere ich wieder den *Stadtatlas Rhein-Ruhr* auf der Suche nach Anregungen. & es ist ja klar, daß die Karten nicht das verraten, auf was es ankommt. Indirekt aber vielleicht doch. Die *Gaststätte Lindemann* ist wohl aufgegeben worden, von der Beethovenstraße zweigt die Haydnstraße ab. Wind kommt auf, & mir fällt in der Haydnstraße in diesem Moment das Baumrauschen auf. Vielleicht auch nur deshalb, weil ich mich gerade mit Peter Ablingers Auseinandersetzungen mit den unterschiedlichen Arten des Rauschens beschäftigt habe. Ich könnte nicht sagen, um welche Bäume es sich handelt. Die Haydnstraße verläuft direkt an der Bahnstrecke. An einem kleinen Bahnübergang nur für Radfahrer & Fußgänger klingelt es blechern, & die Schranken senken sich. Ein Dieseltriebwagen auf dem Weg nach Borken fährt vorbei. Die Haydnstraße mündet in die Lortzingstraße ein. Hatte ich vorhin einen Moment über das Verhältnis von Beethoven & Haydn nachgedacht, darüber, wie es sich im

Gladbecker Stadtplan spiegeln mag, verstärkt sich jetzt doch der Eindruck, daß aus der Gladbecker Topographie nichts musikgeschichtlich Triftiges herauszulesen ist. Denn eine der Haydnstraße hierarchisch übergeordnete Lortzingstraße, in die letztere einmündet, hat nun wirklich keinen Sinn. Häuser mit Gärten & Garagen & eine lockere Bebauung ergeben eine Vorstadtatmosphäre. Ein Eiswagen fährt klingelnd durchs Viertel. Eine Brücke überquert eine Werksbahn. Hochspannung! Lebensgefahr! Dann beginnt das Gelände der *RBH Logistics GmbH*, vormals *RAG Bahn- & Hafenbetriebe*, die hier ihre Zentrale hat. An der Mauer wird eine Gruppe behinderter Kinder entlanggeführt. Die RBH ist in anspruchslosen Verwaltungsgebäuden älteren & neueren Datums untergebracht. Hinter einer Schranke beginnen die Bahnanlagen, eine orange Lok fährt vorbei. Betreten der Bahn- & Bergwerksanlagen für Unbefugte verboten! Blick auf ein Stellwerk, in dessen Fenster deutlich sichtbar ein *Schalke*-Transparent präsentiert wird. Die über 90-jährige Unternehmensgeschichte begann mit der *Königlichen Zechenbahn- & Hafenverwaltung*, 1913 gegründet als Betriebsabteilung der *Königlich Preußischen Bergwerksdirektion Recklinghausen*. Ab 1910 verband eine durchgehende Zechenbahn die Bergwerke *Rheinbaben, Möller, Scholven, Bergmannsglück* & *Westerholt*. 1914 wurde ein eigener Hafen am Rhein-Herne-Kanal in Bottrop in Betrieb genommen. Während die Bedeutung der Zechenbahnen in den letzten Jahren wegen der Bergwerksschließungen geschrumpft ist, konnten Aufträge in den Bereichen Mineralöl, Chemie & Container hinzugewonnen werden. Ich komme in eine Siedlung mit gleichförmigen, graubraunen Häusern. Zum Kinderheim St. Agnes, Haupthaus Gladbeck, am Zentrum Christus-König-Kirche der Katholischen Gemeinde Herz Jesu, Propsteipfarrei St. Lamberti. Im selben Gebäude auch die Städtische Begegnungsstätte Schultendorf & die *Jugendhilfe T.O.T.* (Teiloffene Tür). Das ist ein merkwürdiges Bild: offen & geschlossen gleichzeitig. Man kann sich also eingeladen fühlen oder eher nicht. Wer kommt auf so etwas? Auf der Schultenstraße finden Bauarbeiten statt. Die monoton aneinandergereihten Siedlungshäuser haben ihre Bewohner individuell gestaltet, was die Sache nicht unbedingt besser macht, auf keinen Fall: schöner. Die Frentroper Straße führt in eine Art Park. Ich bewege mich in die Richtung, in der ich die Maschinenhalle vermute, möchte dieses mir schon länger bekannte Gladbeck-Fragment einordnen in seine Umgebung. Die Arenbergstraße überquert eine einspurige Bahnstrecke. Das muß die einstige Anbindung der *Zeche Zweckel* sein. Der Herzog von Arenberg, werde ich aufgeklärt, war von 1802 bis 1811 Landesherr des Vests Recklinghausen. Die breite Straße hat einen grünen Mittelstreifen. Auf der einen Straßenseite Wohnhäuser aus den fünfziger Jahren, auf der anderen Zechenhäuser. Dann werden die Wohnhäuser abgelöst von einem Metallzaun. Auf der Höhe Tunnelstraße ist die Einfahrt in das Gelände der *Phenolchemie GmbH*. Blick auf Tanks & einen Förderturm. Hinter dem Werksgelände muß die Maschinenhalle liegen. Glatteisgefahr durch Kühltürme! Verkündet ein Schild an der Straße. Wer rechnet mit so etwas? Privatstraße der *IneosPhenol*. Einfahrt nur für Tankfahrzeuge. Bitte Lärm vermeiden! Den Motor abstellen! Die Aufforderungen werden zweisprachig verkündet. Nous vous prions d'éviter du bruit & de stopper le moteur! Damit nicht genug: Hupverbot, Feuerverbot. Fahrradfahrer Bürgersteig benutzen. Woher die Tunnelstraße ihren Namen haben mag, habe ich mich eben schon gefragt & bekomme jetzt Auskunft auf einem Schild: Sie ist benannt nach einem Tunnel, der von der Arenbergstraße zum Werkstor der chemischen *Zeche Zweckel* an der Frentroper Straße führte. Wieder wird mein Weg versperrt durch ein Werksgelände, das nur weiträumig & umständlich umrundet werden kann. Aber diese Anlagen müßten doch eigentlich – & nicht erst nach ihrer Stillegung – einbezogen werden in die neue abenteuerliche Stadt, die den Situationisten vorgeschwebt hat, die sich erhofft haben, daß die Neigung zum Umherschweifen in der Architektur dazu führen möge, alle neuen Formen des Labyrinths zu befürworten. Anhaltspunkte wie das im Ruhrgebiet aussehen könnte & weshalb eine Umsetzung hier auch aussichtsreicher wäre als in Paris, finden sich im *Manifest zur Umstrukturierung des Ruhrreviers zum Kunstwerk* von Ferdinand Kriwet: Als größte künstliche Landschaft Europas hat das Ruhrrevier die Chance zum größten Kunstwerk der Welt zu werden. Die stillgelegten Schacht- & Förderanlagen, Hochöfen, Silos, Maschinen & Fabriken erlauben zum ersten Mal deren ästhetische Betrachtung. Die künstlichen Berge, Hügel, Aufhäufungen der Kohlehalden sollen zu farbigen, leuchtenden, goldenen, silbernen Pyramiden, Kuben & Kegeln werden. Brennende Hochöfen verwandeln das Ruhrrevier zusammen mit Lichttürmen, illuminierten Ölraffinerien, Projektionsanlagen in eine künstlerisch programmierte Komposition aus Licht & Bewegung. Stillgelegte Zechen werden zu Vergnügungslabyrinthen, mobilen Theatern, endlosen Konzerträumen unter Tage usf. Den unterschiedlich gefärbten Rauch der noch betriebenen Schlote zerteilen Riesenscheinwerfer in ständig variierende Segmente. Ich wende mich von dem Chemiewerk ab & steuere das Zentrum von Zweckel an. Komme vorerst durch vorstädtische Wohngegenden, vorbei an Häusern & Gärten. In der Richard-Wagner-Straße – das Komponisten-Viertel dehnt sich mit Händel, Brahms, Schubert & einer winzigen Brucknerstraße weiter aus – werden gebrauchte Möbel verkauft. Am Horizont – ich blicke nach Osten, Richtung Gelsenkirchen – künden zwei Schornsteine schon von dem nächsten Betriebgelände. Politik kann auch ehrlich sein! Klarer Kurs! Wirbt eine »Bürgerpartei« etwas naïv. An einer Bushaltestelle ist handschriftlich vermerkt: Dieser Infokasten wurde mutwillig zerschlagen. Neue Fahrgastinfo wird in Kürze angebracht. Ihre Vestische. Die Busse fahren hier so selten, daß man nicht auf die Idee verfallen sollte, auf gut Glück auf den nächsten Bus zu warten, wenn kein Fahrplan aushängt. Aber ich möchte Zweckel sowieso zu Fuß erkunden. An der Ecke Richard-Wagner-/Brahmsstraße – die Wagnerstraße setzt sich dann in einer Gluckstraße fort, sehr interessant! – steht ein Gebäude, das man fast schon als kleines Hochhaus bezeichnen könnte. Es gibt einen Friseursalon, ein Nagel- & ein Sonnenstudio. Ich überquere auf einer Brücke die Bahn. Das ist jetzt wieder die Strecke nach Borken bzw. Dorsten. Dahinter sind Wohnriegel aufgereiht, Nachkriegsbauten mit Abstandsgrün. Das ist die langweiligste Art der Bebauung, die im Ruhrgebiet leider sehr verbreitet ist. Mit diesen von Rasenflächen umgebenen Häusern ist buchstäblich gar nichts anzufangen. Es gibt keine Ladenlokale, nichts, nur Teppichstangen, & die Bewohner verschanzen sich in ihrer Privatheit, Kneipen: Fehlanzeige. Ohne Blockrandbebauung keine Stadt! Die Infrastruktur verdichtet sich etwas, wenn auch nichts sonderlich Interessantes geboten wird. In einer Ladenzeile gibt es eine Bäckerei, einen Imbiß, Teppichböden, Gardinen usf. Eine Haltestelle heißt Zweckel Markt, das muß also ein zentraler Punkt sein. Eine Partei fordert die Sicherung & Entwicklung des Freiraums. Man ist der Meinung: Der ungehemmte Freiflächenverbrauch ist eines der größten Umweltprobleme. Folgewirkungen des Freiflächenverbrauchs sind schleichend & werden oft unterschätzt. Daraus wird die Forderung nach Renaturierung von Bachläufen & anderen Grünflächen abgeleitet – was ohnehin konsensfähig sein dürfte, wenn dem im Einzelfall nicht irgendwelche Kapitalinteressen entgegenstehen. Das *Haus Mecke* in der Dorstener Straße hat noch bis 17 Uhr geschlossen. Restaurant, internationale Spezialitäten. Schnitzelangebote, u.a. Schnitzel »Hawaii«, Spargelschnitzel. Kurz danach ist die Stadtgrenze zu Gelsenkirchen erreicht. Auch hier sind wieder einmal zwei Ruhr-Städte so eng zusammengewachsen, daß man ohne die Ortsschilder keinerlei Zäsur bemerken würde. Sie wird sonst nur angezeigt von der Straße mit dem Namen Scheideweg. Ich bewege mich auf das *Kraftwerk Scholven* zu, Wegweiser weisen zum Tor West. Zu dem Kraftwerk gehören die beiden Schornsteine, die das Panorama schon länger prägen. Zwischen Zechenhäusern wuchert viel Grün. Das Kraftwerksgelände ist um ein Vielfaches größer als das Gelände der *Zeche Zweckel*. Ich fühle mich als Fußgänger verloren auf der Zufahrtsstraße – eine Durststrecke, auf der es nicht viel zu sehen gibt. Eine Tempo 30-Zone kündigt das Kraftwerksgelände an, mit einem Gesundheitshaus & einem Parkplatz für Busse. Willkommen im *Kraftwerk Scholven!* Ein schöner Morgen, ein sicherer Tag! Ein herrlicher Abend. Gemeinsam sicher arbeiten. Die Parkplätze – mit eigenem Frauen- & Behindertenparkplatz – liegen kurz nach 16 Uhr verlassen da, hinter Bäumen sind Kühltürme mehr zu erahnen als zu sehen. Pfeile weisen zur Kraftwerksleitung, Zentralmagazin, Zentrallabor, Zentralkaue usf. Auch hier ist kein Weiter- bzw. Durchkommen. Ich laufe zurück ins Zweckeler Zentrum, überschreite abermals die Stadtgrenze. An der Dorstener Straße wird in einem kleinen Stadion der Westfalenpokal ausgetragen. Hier spielt der *SV Zweckel 23 e.V.* Man bemüht sich sichtlich um weibliches Publikum & kassiert von Frauen weniger Eintritt. Ob das etwas hilft? So niedrig, daß ich zu einem solchen Spiel käme, könnte der Eintritt gar nicht sein! Auf Fußball eingestellt ist auch das *Eiscafé Tina,* das ein Schalke-Eis mit Kaugummigeschmack anbietet. Abschreckend! Auch *Gordis Kiosk* schmückt sich mit dem *Schalke*-Emblem. Ganz schön vital – die alte Tante SPD. Behauptet ein Plakat so gewagt wie contrafaktisch. Anpacken für Gladbeck. Mit uns vor Ort für ein liebenswertes Gladbeck. Nun, in Städten wie Gladbeck wird die SPD wohl auch jetzt noch nicht ins Bodenlose stürzen. Die *Arbeiterwohlfahrt* (AWO) betreibt ein »Café Zweckel« als Begegnungsstätte. Bietet haushaltsnahe Dienstleistungen, Wohnberatung für Senioren, eine Beratungsstelle für Demenz, Kur & Erholung usf. Der Friseursalon der AWO heißt albern *Zur lustigen Locke*. Es gibt ein *Restaurant Mediterran*. Ich entdecke einen Aufkleber, mit dem »Nationale Sozialisten« aus Gladbeck ungut auf sich aufmerksam machen: Erstreitet die deutsche Volksgemeinschaft, verhindert weitere Ausländerübergriffe! Den Urhebern dieser Kampagne kann man nur wünschen, daß sie »Ausländerübergriffe« erleben mögen, die sich gewaschen haben! Eine Photographin hat sich auf »kreative Photographie« verlegt – Akt, Portrait, Hochzeit – & bietet im Moment Erotik-Portraits zum Aktionspreis an. Liebe verzaubert, Liebe hält jung. Es gibt einen Schreibwarenladen & ein *Getränkeland*. Ein Bus mit dem Fahrziel Schrebergarten (über Zweckel Bf.) fügt sich harmonisch in die Szenerie. Auf Seitenstraßen lande ich wieder auf Gelsenkirchener Territorium. Man könnte meinen, die Straße endete am Waldrand, wenn dahinter nicht ein Schornstein des *Kraftwerks Scholven* aufragen würde. Der grüngestrichene *Jägerhof (Haus Klopries)* – individuelles, romantisches Restaurant mit wunderschönem Ambiente – steht aber wirklich da, als läge er mitten in der Landschaft & nicht wenige hundert Meter von einem der größten Steinkohlenkraftwerke Europas entfernt. Ein schöner Kontrast! Klimatisierte Gesellschaftsräume für bis zu 100 Personen, zwei Bundeskegelbahnen & Bocciabahn. Die Tische sind gedeckt, an der Theke sitzt ein alter Biertrinker. Er erzählt von jemandem, der alles hinter sich abgebrochen hat & zollt ihm offensichtlich Bewunderung. Mutig! Würde sich selbst wohl nicht getrauen, alles hinter sich abzubrechen. Die kroatischen Wirtsleute huldigen im *Jägerhof* sowohl ihrem heimatlichen Verein *Dinamo Zagreb*, als auch *Schalke*. & könnten in Gelsenkirchen sonst ja auch kaum bestehen. Ein zweiter Alter trifft ein, & es stellt sich heraus, daß die beiden Männer auf einen dritten warten, von dem sie aber nicht wissen, ob er wirklich kommen wird. Inzwischen kann man ja ein Bier trinken. Von einem anderen Abwesenden, der im Krankenhaus liegt, weiß man, daß er nach Steele verlegt worden ist. Inzwischen hat auch das *Haus Mecke* geöffnet, dem ich natürlich auch einen Besuch abstatte. Nach dem etwas exterritorialen *Jägerhof* ist das wieder eine typische Stammkneipe. Dienstags ist Mecke-Tag & Alt oder Pils (0,2 l) sowie Vodka & Doppelkorn (0,02 l) kosten nur 1 Euro. Das ist zweifellos eine gute Grundlage für ein gediegenes, preiswertes Besäufnis! Ein jüngerer & ein alter Mann sitzen vor Weizenbieren. Ein Wandbild zeigt das Haus Wittringen. Überall im Ruhrgebiet ist man stolz & präsentiert gerne die oft wenig bekannten & versteckten Schlösser oder auch nur schloßähnlichen Gebäude. Das Telephon klingelt, & der Wirt meldet sich mit: *Haus Mecke,* Mecke! Dem Gesprächsanteil des Wirtes ist zu entnehmen, daß eine Medikation durchgegeben wird. Es geht um eine Zahnbehandlung & darum, daß das blutverdünnende Medikament Macomar abgesetzt werden muß. Prozentzahlen werden genannt: 66 – 20, 30 sollten sein. Deshalb erst mal höhere Dosierung usf. Auf dem Tresen steht ein Rettungsbötchen der *Deutschen Gesellschaft zur Rettung Schiffbrüchiger.* Ich mache mich auf & folge dem direkt an der Stadtgrenze verlaufenden Scheideweg. Die Lehren des Umherschweifens gestatten die Aufzeichnung erster Erhebungen zum psychogeographischen Gefüge einer modernen Stadt. Über die Erkundung der Stimmungseinheiten, ihrer Hauptbestandteile & ihrer räumlichen Lage hinaus, erkennt man ihre Haupt-Durchgangsachsen, ihre Ausgänge & Hindernisse. Den Scheideweg säumen Reihenhäuser, Wohnbau in Terrassenform. Eine *Pizzeria Arena.* An der Ecke Schwedenstraße die aufgegebene *Gaststätte auf'm Kamp,* wo auch Zimmer vermietet wurden. An dem Gebäude weht eine zerrissene *Schalke*-Fahne – kein gutes Omen. Der Scheideweg überquert eine Bahntrasse, die zum *Kraftwerk Scholven* führt. Parallel zu den Gleisen verlaufen Rohrleitungen, eine Fernleitungstrasse. Im Hintergrund ist der Bahnhof des Kraftwerks zu sehen. Direkt an das Kraftwerksgelände grenzt das noch ausgedehntere von *Ruhr Oel.* Biegt man in die Voßstraße, landet man sofort wieder in Gladbeck. Dort hat ein Organ mit dem interessanten Titel *Die Andere Realität* ihren Redaktionssitz. Ich fürchte, es handelt sich um irgendeinen Esoterik-Quatsch. Ein Dachdeckermeister bietet Bedachungen aller Art an. Isolierungen, Gerüstbau, Bauklempnerei, Fassadenverkleidung. An der Ecke Winkelstraße steht ein würfelförmiger Bunker. *Friedhelms Flammhendlbude* ist ein gelungener Name, darauf muß man erst einmal kommen! An den Kiosk *Die Böllerbude* ist ein Kabuff angeschlossen, das als Kneipe dient, Bier- & Schnapsverkauf über eine Durchreiche aus dem Kiosk heraus. Das größte Drecksblatt des Landes meldet heute: Scheidung brutal! Frau schießt auf Ehemann! Die *Böllerbude* ist natürlich ein Raucherverein, Zutritt nur für Mitglieder. Ich bekomme anstandslos ein Bier. Drei Säufer halten sich in der *Böllerbude* auf, einer davon in schmutzig-weißer Arbeitskleidung & mit offenem Hosenstall. Es ist lange Augenblicke ruhig, & das scheint nicht jedem angenehm. Provoziert die vorwurfsvolle Feststellung: Alle in sich gekehrt! Ja, das bin ich vielleicht. & gegen kontemplatives Trinken ist doch auch nichts zu sagen. Direkt vor der *Böllerbude* befindet sich ein Haltepunkt der Fahrbücherei der Stadtbücherei Gladbeck. Man könnte also in der Bude sein Bureau aufschlagen & sich mit der Fahrbücherei Bücher kommen lassen. Lesen & schreiben bei Bier & Schnaps, mit den Stammgast-Alkoholikern vielleicht ins Gespräch kommen ... Aber wahrscheinlich würde ich mir die Zähne ausbeißen an diesem Publikum. Einem der Trinker wird auf den Kopf zugesagt: Du hast doch ein dickes Fell, du läßt dich doch nicht beeindrucken! Wahrscheinlich braucht man aber auch ein dickes Fell, wenn man seine Tage in der Kiosk-Kneipe verbringt. Dann wird ein unverfänglicheres Thema aufgebracht: Hast du gesehen Dortmund gegen *Real Madrid?* Axel geht grußlos & mit dem Spruch: CDU wird gewählt! Es ist kaum zu fassen, aber offensichtlich wirklich wahr, daß viele von den Sozialdemokraten Frustrierte CDU wählen werden. Denn linke Alternativen haben ihnen ihre Dreckblätter & die Glotze ja erfolgreich madig gemacht. Der Wahlaufruf wird aber nicht kommentiert, man geht zu häuslichen Themen über. Hausfrauenfrust der Kiosk-Betreiberin: Wenn ich putzen will, fliegt er raus! Er steht ja nicht auf, wenn er einmal auf der Couch liegt. Dann knurrt der! Über Axel, der die *Böllerbude* eben verlassen hat, heißt es: Den ganzen Tag, von morgens bis abends, das schafft er auch nicht mehr. Ich dachte schon, er ist beleidigt. Den kannst du nicht beleidigen! Hartz IV, das sind wir! Heißt es, für diese Ecke Gladbecks zweifellos zutreffend, auf dem Plakat einer weiteren Protestpartei. Eine gute Werbestrategie ist das bestimmt nicht. Niemand identifiziert sich mit seiner Abhängigkeit vom »Arbeitslosengeld II«, schließlich wird den Betroffenen ja über die Medien mitgeteilt, daß sie faul & unnütz sind. Baulücken an der Voßstraße erlauben Durchblicke auf Wiesen & Felder. An der Spiekerstraße wird der »Familienhof Spieker« gebaut. Auf dem großen Bauernhofgrundstück sollen sich Jung & Alt wohlfühlen. Zu jedem Haus gehören zwei Garagen & ein Stellplatz. Die Insellage in Stadtnähe ist einmalig in Gladbeck & Umgebung. Die ruhige, abgeschlossene Anlage hat einen besonders hohen Wohn- & Freizeitwert & bietet Möglichkeiten der Erholung auf 1,8 ha Parklandschaft. Weiter am Scheideweg, über dessen metaphorische Bedeutung man gewiß auch nachdenken müßte. Am besten in der nächsten Kneipe. Die Nienkampstraße weiter. Wald & Wildwuchs. Ein runder Hochbunker ist eine seltsame Erscheinung, bemalt von einer Autoglasfirma: Beseitigung von Autoglas, Unfall- & Kaskoschäden. Windschutzscheiben-Sofortdienst. Die Reubekampstraße führt in den Wald hinein. & diese Szenerie ist deshalb so ungewöhnlich, weil ich ja um die unmittelbare Nachbarschaft von Kraftwerk & Raffinerie weiß. Das Kraftwerk ist hinter dem Wildwuchs kaum auszumachen, aus dem Gelände dringen aber undefinierbare Geräusche. Die Sonnenscheinstraße ist eine idyllische Allee. Die Reubekampstraße endet an einem Zaun. Landwirtschaftlicher Verkehr frei, bei Kälte Glättegefahr! Die Feldhauser Straße, die zwischen dem Kraftwerk & *Ruhr Oel* verläuft unterquert eine Werksbahntrasse. Dahinter erhebt sich rechter Hand die Halde Oberscholven, eingezäunt & nicht betretbar. Die überwucherte Halde, von einem Sendemast & einem Kreuz gekrönt, ist kein Landschaftsbau-, schon gar kein Kunstwerk wie die vielen als Landmarken gestalteten Halden & wirkt etwas unförmig. Ich komme an *Saint-Gobain Gypsum,* Werk Scholven, vorbei, wo Rigips hergestellt wird. Blicke auf das Kraftwerk, die dampfenden Kühltürme. Zurück in die Stadt, die Feldhauser Straße entlang nach Scholven hinein. Aus einem Bunker dröhnt Musik. Das ist eine Zweigstelle des Musikschul-Zentrums Gelsenkirchen fürs Grobe. Reihenhäuser, dahinter alte Stallungen, Blick auf den Haldengipfel. Aus einem Fenster weht eine französische Fahne, wo man doch eher deutsche oder türkische Flaggen vermutet hätte. Junge Männer trinken Bier in den Grünanlagen. Eine Trinkhalle in einem Flachbau, ein Tapetenhaus, eine *Beauty Lounge. Akropolis-Grill,* Imbiß-Restaurant & Grill. Eine Pizzeria. Tabakwaren, Schreibwaren, Spielwaren. Zum Bewahren von Erinnerung & zur Überbringung von Glückwünschen werden einem Gästebücher, Schulfreunde-Bücher, Kindergartenfreunde-Bücher ans

Herz gelegt. So hat das Buch vielleicht noch eine Zukunft in Gelsenkirchen-Scholven. Photoalben zur Kommunion, Schultüten selbst gestalten usf. Die Firma *Replix* bietet »Star Wars-Repliken« an, Lichtschwerter & dgl. für ich weiß nicht welche Gelegenheiten, vielleicht für den Karneval. Die Silhouette der Raffinerie Scholven kommt in den Blick. Ein Kiosk ist direkt an einen der hier so zahlreichen Bunker gebaut & heißt naheliegenderweise auch *Zum Bunker*. Wie bei der *Böllerbude* in der Nachbarstadt ist auch hier eine Kneipe angeschlossen, allerdings etwas geräumiger. Die Einrichtung ist minimalistisch, hinter der Theke das Kiosk-Fenster. Kicker, Automaten & Stehtische. Zwei Männer sind in der Kneipe, einer ist mit einem Spielautomaten beschäftigt. Im Fernsehen läuft Fußball, ohne besonderes Interesse hervorzurufen. Ich mache mich auf den Weg, um nach weiteren interessanten Situationen zu fahnden. Komme an einer Sparkasse vorbei, an Supermärkten, der *Buchen-Apotheke*. *Polonia*, polnische Spezialitäten. Nudelland, Reisecenter, dem Imbiß *Zur Hexe* (25 Jahre in Scholven). Tank-LKWs auf dem Weg zur Raffinerie. In dem Viertel südlich der Feldhauser Straße mit seinen ruhigen Wohnstraßen gibt es einen Laden für Damenmoden, eine Massagepraxis & ein *Scholven Büdchen*. Einen Kiosk für die Kleinigkeiten zwischendurch. Einen weiteren Bunker. Verschlungene Pfade, verkehrsberuhigte Zonen, Gehwege zwischen Einfamilien-Häusern. Ein Hase springt über den Weg. Die *Siedlergemeinschaft Buer-Bülse* ist hier aktiv. Schon wieder ein Bunker. An der Feldhauser Straße hinter Schranken & einer Rohrbrücke das Tor Süd der *Ruhr Oel GmbH,* Werk Scholven. LKW-Verladung. Logistik, Verladung, Loading. Achtung! Auf dem Werksgelände gilt: Rauchen & offenes Licht verboten! Höchstgeschwindigkeit 30 km/h. Photographieren nur mit schriftlicher Genehmigung! Schienenverkehr hat Vorrang! Stop. Eines Tages wird man Städte eigens zum Umherschweifen bauen. Bestimmte, bereits existierende Zonen lassen sich, mit geringfügigen Änderungen, ebenso benutzen wie bestimmte bereits existierende Personen.

Marl Mitte

Die S-Bahnstrecke ist eingleisig & verläuft in einem Graben. Dort empfängt einen die Parole. *Schalke!* Tod dem BVB! Die Züge verkehren im Stundentakt. So etwas ist nur im *Verkehrsverbund Rhein-Ruhr* möglich, im nördlichen Ruhrgebiet. Es ist umständlich, die Städte in der Lippezone anders als auf Autobahnen zu erreichen. Verläßt man den Graben, tritt man auf einen großen zugigen Platz. Im Hintergrund ein Riegel grauer Wohnkästen, die an Berlin-Marzahn denken lassen oder an Halle-Neustadt. Das Stadtgebiet von Marl stellt eine Agglomeration von alten dörflichen Siedlungskernen, Bergbau- & Industrieanlagen, Werkssiedlungen, modernen aufgelockerten Wohnsiedlungen sowie landwirtschaftlich genutzten Flächen dar. Nach dem Krieg plant die Stadt Marl ein Zentrum im Schnittpunkt der Verbindungslinien zwischen den historischen Ortsteilen. In einem ersten Schritt werden in den fünfziger & sechziger Jahren Rathaus, Amtsgericht, Arbeitsamt, Volkshochschule, Hallenbad & Schule errichtet. In den siebziger Jahren folgt eine Hochhaussiedlung mit integriertem Einkaufszentrum. Eine neue Stadtmitte im Grünen, Leitbild »Grüne City«. Das mit 17 Etagen höchste Gebäude der Stadt, »Goliath von Marl« genannt, ist 2006 unter großer Anteilnahme der Bevölkerung gesprengt worden. Zurück blieben 120 t gemischte Bau- & Abbruchabfälle, 150 t Asbestabfälle, 50 t Dämmwolle. Auf dem Grundstück steht inzwischen ein architektonisch noch viel anspruchsloserer Elektronikmarkt. Es ist immer dasselbe: Man läßt einen Wohnkomplex verkommen. Dann geht ein Geschrei los, daß ein »sozialer Brennpunkt« entstanden sei. Dann wird abgerissen. So oder so ähnlich war es auch hier. Wer heute in die Marler Mitte kommt, hat eher den Eindruck, in der Satellitenstadt einer Metropole gelandet zu sein als im Stadtzentrum, einem Neubauviertel an der Endhaltestelle einer U-Bahn in Hamburg, Wien, Stockholm. Von der S-Bahnstation Marl-Mitte kommend, empfängt einen ein neugestalteter Busbahnhof. *Casino Royal, Pizzeria Avanti, Stern-Grill,* Thüringer Rostbratwurst. Der Name des Imbisses bezieht sich auf das Einkaufszentrum Marler Stern. Der seltsame Wulst auf dem Dach des langgestreckten Baus ist das größte Luftkissendach Europas, das schmutzig-beige in die Passage drückt. Allzu viele Vorzüge scheint diese Dachgestaltung nicht zu bieten, andernfalls das Marler Beispiel doch Nachahmer gefunden haben & den Rekord nicht schon 35 Jahre halten würde. Die Center-Öffnungszeiten, darauf wird hingewiesen, sind nicht mit den Geschäftszeiten identisch. Nach 19 Uhr tut sich eigentlich nichts mehr & es gibt keinen Grund, die beiden Etagen mit Ladenzeilen aufzusuchen, was bis 22.30 Uhr möglich ist. Eine Anlaufstelle ist der *i-Punkt Marl* – so etwas wie eine Touristeninformation, wenn es denn Touristen gäbe. Wissenswertes über Marl & Umgebung, Auskünfte über die vielfältigen Veranstaltungen & Möglichkeiten zur Freizeitgestaltung, ausgewählte stadteigene & stadttypische Produkte, Auskünfte über Leistungen der Stadtverwaltung Marl & zahlreiche Antragsformulare usf. Außerdem sind Bücher ausgestellt. Der Gedichtband eines Josef S. hat den abschreckenden Titel *So klagt mein Herz*. Maria B. mit *Blütenwogen – Wellenweben* ist auch nicht besser. Sie verkündet: Meine Gedichte sind geschrieben mit frischem Quellwasser des Herzens. Zudem – man weiß nicht so recht, warum – sind die Memoiren eines ungarischen Bischofs ausgestellt: *Und wir leben trotzdem*. Die Volkshochschule *die insel* hat ihren Sitz auch im Marler Stern. Die *Musketier-Schänke* – einzige Kneipe unter dem Luftkissendach – hat leider aufgegeben, & so gibt es keine vernünftigen Einkehr-Möglichkeiten. Das *Musikcafé Wintergarten* scheint auch geschlossen zu haben. Bleibt das Schnellrestaurant *Asia Friends*. Der Stern ist nach Ladenschluß ausgestorben. Auch die Lokalzeitung stellt fest: Gähnende Leere am Marler Stern. Bauliche Probleme, hohe Kosten für Mieter. Seit 35 Jahren schon kümmert sich die *City-Bau KG* nicht um die Tiefgarage des Warenhauses, seit 30 Jahren ist sie zahlungsunfähig. Der Marler Stern ist eine Totgeburt! Befindet eine Stimme aus der Bevölkerung. Der »Goliath« ist schon weg, der Rest ist auch nicht erhaltenswürdig! Bei uns sind Sie gut beraten! Sagt das *Druckcenter Marl*. An einem leerstehenden Ladenlokal fragt ein Zettel: Interessiert? Weitere Infos zu diesem Ladenlokal unter … Schauen Sie rein! In ein Ladenlokal, das man offenbar auch nicht vermietet bekommt, ist die »Kunst im Stern« gezogen: Ein weiblicher Torso wölbt sich einem als Relief entgegen. Auf einer Staffelei steht ein rotes Bild mit schwarzen Strukturen – am Ende Fördertürme? »MENSCH«, »KOHLE« & »STAHL« stehen als dreidimensionale Buchstaben-

Objekte am Boden herum. *Beauty Nails* ist immerhin eine Neueröffnung, ein »professionelles Nagelstudio im amerikanischen Stil«. Die kleine *Freie evangelische Buchhandlung* hat nur sehr begrenzte Öffnungszeiten & gönnt sich am Montag einen Ruhetag. Ich freue mich über jeden Ihrer Besuche! Weiters Schuh-Lagerverkauf, die *Stern-Apotheke,* Ihr Ideenbäcker, Leder & mehr, Schuhreparatur-Sofortservice. *Flaschenzauber:* Weine, Liqueure, Brände, Essig, Öl. Das *Euro Eis-Café.* Ein Lotto-Laden, der das Postamt ersetzt: Postagentur & mehr. Die *Buchhandlung Im Stern.* Ein Reisebureau: Urlaub in Deutschland – wenn nicht jetzt, wann dann? Offensichtlich finden auch Umzüge innerhalb des Sterns statt – in kleinere Ladenlokale. Die dunklen, verwinkelten Zugänge & die stets feuchten Plätze im Parkhaus werden kritisiert. Die Treppen, die Atmosphäre – das alles ist abschreckend & verschreckt auch Investoren! Hat man den Marler Stern hinter sich gelassen & tritt ins Freie, dann blickt man auf Rathaus & City-See. Das *Restaurant am Stern* hat auch ungarische Spezialitäten auf der Karte, Balkan-Spezialitäten vom Grill. Der Brunnen auf dem Platz zwischen Stern, Rathaus & See, in dem eine würfelförmige Uhr auf Stelzen steht, liegt auch im Hochsommer trocken. Das Rathaus der niederländische Architekten Johan Hendrik van den Broek & Jacob Berend Bakema bezeichnet Roland Günter als das ambitionierteste von allen Nachkriegs-Rathäusern der Region. Expressionistische Vision einer »Stadtkrone«. Rathaus-Türme als Hängekonstruktion, die in innere Betonschäfte eingedockt & an den Rändern an Betonglieder gehängt sind; wegen der geringen Fundamentflächen ideal für bergschädenträchtige Regionen. Ein außerordentlich ehrgeiziger Bürgermeister mit dem missionarisch klingenden Namen Heiland wollte dieser aus dem Boden gestampften Stadt im Wirtschaftswunder ein architektonisches & künstlerisches Profil geben. In den Rathaus-Komplex integriert das Skulpturenmuseum Glaskasten. Ein mit Glas umbauter Raum unter dem Sitzungstrakt des Rathauses, der Offenheit & Transparenz signalisieren soll. Die Kunstwerke sind nicht hinter Museumsmauern verborgen, sondern zu einem großen Teil in das Alltagsleben der Stadt einbezogen. Die Besichtigung des Museums beginnt also schon vor dem Betreten des Gebäudes an den Schaufenstern. Die Sammlung setzt sich fort & breitet sich aus auf dem Rathausplatz, rund um den See. Wolf Vostell meldet sich hinter einer Glasscheibe zu Wort: Warum, wieso, was soll's frage ich mich angesichts unseres Lebens, unserer Umwelt, unserer Möglichkeiten, die wir als Menschen haben. Kann man sich umdrehen & ruhig weiterschlafen, wenn man die Zeitung gelesen hat, oder soll ich als kreativer Zeitgenosse die Wirklichkeit, wie ich sie erlebe, abbilden, bilden oder kommentieren? Ich kommentiere sie! Jedoch kritisch & füge Dinge, Ereignisse & Informationen zusammen, die normalerweise nichts miteinander zu tun haben. Ich sage aber: Alles hat mit allem zu tun, es gibt keine Handlungen, Gedanken oder Objekte unserer Welt, die nicht mit jedem erdenkbaren Element zu verbinden sind, & von dort gehen Wirkungen aus, die uns noch unbekannt sind. Herten, den 7. Juli 1974. Im Museum wird gerade die Ausstellung *Industrial Art im Ruhrland* gezeigt. 50 Jahre künstlerische Gestaltung. Kunst im Freiraum einer von der Industrie zerstörten Landschaft. Die Ausstellung erinnert daran, daß es schon lange vor der Kulturhauptstadt intensive Anstrengungen gab, die ästhetische Gestaltung eines der größten Industriegebiete der Welt ins allgemeine Bewußtsein zu rücken. Beispiellose Initiativen & Projekte seit 1950, Ringen um Ästhetik innerhalb eines zerstörten landschaftlichen Konglomerats, Notwendigkeit einer ästhetischen Einflußnahme auf das landschaftliche & soziologische Gebilde Ruhrgebiet usf. *Quader für Marl, Marler Kreuzstück, Großer Marler Steinkreis, Großer gehörnter Tierschädel, Das große Kissen, Gasometer, Mundloch, Naturmaschine, Zylindrische Konstruktion, Innen – Außen – Neben* sind Titel von Arbeiten, die im Marler Skulpturenpark ausgestellt sind. Hans Arp, Max Ernst, Alfred Hrdlicka, Ulrich Rückriem, Richard Serra, Timm Ullrichs, Stefan Wewerka sind unter den Künstlern. Bearbeitungsspuren erlauben Rückschlüsse auf die Arbeitsprozesse bei der Erstellung der Skulptur, welche dem Konzept des Teilens & Wiederzusammenfügens folgen. Auf der einen Seite ist der Gasometer ein Symbol für Technisierung, auf der anderen Seite steht die Begrünung im Inneren für die künstlich gestaltete Landschaft. So zeigt der Gasometer auf kleinem Raum, was sich im gesamten Ruhrgebiet vielerorts als »die Ruhrgebietslandschaft« präsentiert. Beim Umschreiten einer Säule erfährt der Betrachter, daß sie seitwärts aufgeschnitten ist & dieser Schnitt sich in einer angedeuteten Spirale über die gesamte Höhe der Säule hinzieht. Zwei große geschmiedete Stahlblöcke von unterschiedlicher Länge sind derart aufeinandergelegt, daß eine optische Verunsicherung des Besuchers eintritt. Die Furcht, daß der seitlich versetzte obere Block herunterfällt, stellt sich nahezu automatisch ein. Eine Figur erinnert an einen Vogel, der mit erhaben aufgerichtetem Schnabelkopf in die Ferne schaut. Eine Skulptur besteht aus drei Teilen gleichen Volumens & gleichen Gewichtes, aber unterschiedlicher Formgebung. Flächige Elemente, Kuben & Zylinder werden in ein vielfältiges Beziehungsgeflecht gesetzt, das sich der Betrachter durch optische Analyse erschließen soll. Aus dem Wasserspiegel steigen drei Corten-Stahl-Rohre auf, die sich zu einem Gewirr von Rohren verrätseln. Ein Stück abgelegen & vom City-See, der neuerdings anscheinend Rathaussee genannt & gerade »saniert« & »entwickelt« wird, durch eine Autoschneise getrennt steht vor dem Theater Marl das vielleicht spektakulärste Werk: *La Tortuga* von Wolf Vostell, eine aufs Dach gedrehte, rostige Dampflokomotive. In dem eleganten Theaterbau aus den fünfziger Jahren wird leider nur Müll gegeben. Eine Gedenktafel erinnert an den Besuch des damaligen Bundeskanzlers am 24. Juni 1965. Der hatte damals ja viel damit zu tun, das krisengeschüttelte, vermeintlich »rote« Ruhrgebiet zu beschwichtigen.

Aus der Geschichte der Stadt Marl

Zu Beginn des Ersten Weltkriegs hat die Marktlage einen Tiefpunkt erreicht. Im Zuge der Mobilmachung erleidet die *Zeche Auguste Victoria* einen Förderausfall von 35 %, 60 Koksöfen müssen stillgesetzt werden. Zum 29. August 1915 kann die Straßenbahnstrecke von Recklinghausen nach Marl in Betrieb genommen werden. Im Kriegsjahr 1916 wird unter Heranziehung von Kriegsgefangenen mit den Bauarbeiten des Teilstücks des Lippe-Seitenkanals begonnen, das von Datteln nach Hamm führen soll. Noch im selben Jahr müssen die Glocken von St. Georg abgegeben werden. Im November 1918 wird in Marl ein Arbeiter- & Soldatenrat gegründet. Seit dem 23. März 1919 haben sich die Spartakisten in Marl festgesetzt. Am 1. April rufen die Sprecher der Marler Bergarbeiter einen Streik aus. Auf beiden Marler Zechen werden sogar die Notstandsarbeiten verweigert. Im November 1919 kommt das Leben des *Katholischen Gesellenvereins Marl* ganz zum Erliegen. Am 16. März 1920 verhängt der Befehlshaber des VII. Armeecorps über Marl den verschärften Belagerungszustand. Seit dem 21. März befindet sich in der *Gaststätte Bromen* am Brasserter Markt das Hauptquartier der Roten Armee für die Lippe-Front zwischen Schermbeck & Ahsen. Zum 30. Juni 1922 schüttet die *Rheinstahl AG* eine Dividende von 50 % aus. Am 15. Januar rücken französische Truppen in Marl, Polsum & Hamm ein. Am 17. Juni wird die *Schachtanlage Brassert* von belgischen Soldaten besetzt. Die Kohleförderung der Marler Zechen gestaltet sich 1923 völlig unwirtschaftlich. In Hüls werden 1925 die ersten drei Litfaßsäulen aufgestellt. Zwecks Gründung eines »Garde-Vereins« werden alle bekannten ehemaligen Gardisten Marls am 14. März 1926 zu einer Versammlung beim Wirt Josef Stoltenberg eingeladen. Die *Gewerkschaft Auguste Victoria* nimmt 1926 eine neue Koksofenbatterie mit 37 Regenerativöfen in Betrieb. Am 24. Juli 1927, einem Sonntag, stürzt kurz vor seiner Inbetriebnahme der Schacht *Auguste Victoria 3* zusammen. Die Tübbingsäule war gebrochen. Im Herbst werden die Victoria- & die Hülsstraße neu gepflastert. Während eines Streiks auf der *Zeche Brassert* im Oktober 1931 sprengen einige kommunistische Bergleute die dortige Zechenbahn. Junge Marler Sportler gründen im selben Jahr den Boxverein *Marler Faustkämpfer 1931*. Am 1. Juni beginnt man mit dem Aufwältigen & Wiederaufbau des 1927 eingestürzten Schachtes Auguste Victoria 3. Anfang November 1934 gründen einige Musikfreunde aus Marl & Hüls das *Streichorchester der NS-Kulturgemeinde*. Am 1. April 1936 sind in der Gemeinde Marl 839 gewerbliche Betriebe vorhanden. Am 20. April wird die Stadtwerdungsurkunde formell ausgefertigt. Die Kokerei der *Gewerkschaft Auguste Victoria* wird an das Ferngasnetz der *Ruhrgas AG* angeschossen. Am 16. Mai 1938 beginnt man mit den Bauarbeiten an den *Chemischen Werken Hüls*. Noch bevor die Bunaproduktion anläuft, finden sich sangesfrohe Männer & gründen im Herbst 1938 den Werkschor der Chemischen Werke Hüls. Der Zweite Weltkrieg macht sich in Marl sehr früh bemerkbar. In den frühen Morgenstunden des 3. September 1939 gibt es den ersten Fliegeralarm. Als erste freiwillige Ostarbeiter kommen im Mai 1940 196 Slowaken zu den *Chemischen Werken Hüls*. Aus Gründen der Kriegswirtschaft muß die Kirchenzeitung *Paulusblatt* zum 1. Januar 1941 ihr Erscheinen einstellen. Am 22. Juni 1943 fliegen ca. 190 amerikanische Bomber einen Angriff auf die Stadt Marl. Am 27. März 1945 erhält der Werksleiter der *Zeche Brassert* einen Befehl des Gauleiters, die Schachtanlage für die Sprengung vorzubereiten. Am 30. März stehen die amerikanischen Panzereinheiten bereits am *Gasthof Schmies*. An diesem ereignisreichen Tag entwickelt sich im Untertagebetrieb der *Zeche Brassert*, in der südlichen Hauptabteilung im Flöz 13, ein Grubenbrand. Ab dem 9. August besteht wieder eine Straßenbahnverbindung von Polsum nach Gelsenkirchen-Buer. Im Frühjahr 1946 unterbricht ein Hochwasser der Lippe die Gasleitung zwischen den Gasfeldern von Bentheim & den *Chemischen Werken Hüls*. In den Freibädern am Volkspark & an der Loemühle wird im Juni der Badebetrieb wiederaufgenommen. Aufgrund des Dreimächteabkommens vom 13. April 1949 wird den *Chemischen Werken Hüls* die Produktion von Butadien verboten. Da ohne Genehmigung der Militärregierung keine größeren Entlassungen vorgenommen werden dürfen, müssen die *Chemischen Werke Hüls* Kurzarbeit einführen. Vom 30. September bis zum 3. Oktober 1950 findet an der Brassertstraße erstmals ein Erntedank- & Oktoberfest statt. Seit dem Februar 1951 besteht wieder die *Segelfliegergruppe Marl*. In Sinsen wird am 18. Januar 1952 Richtfest für 156 Bergarbeiterwohnungen gefeiert. Ende des Jahres hat auch der tiefergeteufte Schacht 1 der *Zeche Brassert* die 4. Sohle erreicht. Am 21. März 1953 überträgt der NWDR Köln aus dem Theater der Stadt Marl einen »Frohen Samstag-Nachmittag«. Einen Tag später beschließt der Rat der Stadt Marl die Einführung der Getränkesteuer. Im Juli 1954 wird mit dem Bau eines zweiten Gleises der Straßenbahnlinie von Alt-Marl nach Marl-Hüls begonnen. Bei Ausschachtungsarbeiten für das neue Kraftwerk der *Chemischen Werke Hüls* werden am 15. April 1955 Überreste eines Mammuts gefunden. Auf der *Schachtanlage Auguste Victoria 1/2* verunglücken am 2. Januar 1956 beim Reinigen eines unterirdischen Abwasserkanals vier Belegschaftsangehörige einer auswärtigen Tiefbaufirma tödlich. Ein schwerer Orkan verursacht am 25. August im Amt Marl erhebliche Schäden. Die *Chemischen Werke Hüls* führen am 12. November die 45-Stunden-Woche ein. Die *Zeche Brassert* nimmt 32 männliche & drei weibliche Flüchtlinge aus Ungarn auf. Am 3. Juli 1957 wird der Flugbetrieb auf dem Verkehrslandeplatz Marl-Loemühle aufgenommen. Mit der Inbetriebnahme von vier Boxen am Knappenweg ist am 28. August 1959 der Anfang für ein Tierheim gemacht. Das Symphonieorchester Philharmonia Hungarica siedelt 1960 offiziell von Wien nach Marl über. Im Mai wird im Wesel-Datteln-Kanal durch verunreinigtes Abwasser ein großes Fischsterben verursacht. Am 30. März 1961 löst die Gemeinde Hamm die letzte Sammel-Notunterkunft in der *Gastwirtschaft Overhoff* auf. Ein Großfeuer vernichtet am 25. Januar 1962 den Kassen-Pavillon der Stadtsparkasse in Marl. Am 29. Mai 1962 gastiert Yehudi Menuhin im Theater der Stadt Marl. Am 7. Dezember wird das *Café-Restaurant Münsterland* im 12. Stock des Stadtsparkassen-Hochhauses in der Bergstraße eröffnet. Der Hausgeistliche des Marienhospitals wird am 6. November 1963 zum päpstlichen Geheimkämmerer ernannt. Am 19. September 1966 besichtigen 20 Bischöfe aus aller Welt die *Chemischen Werke Hüls*. Am 22. September 1967 kann das Städtische Hallenbad seinen millionsten Besucher registrieren. Am 12. April 1968 werden die *Italienischen Kulturtage* eröffnet. Am 18. April 1972 wird in Erlangen ein Iraker verhaftet, der mit den gestohlenen Ausweispapieren eines Landsmannes mehrere Wochen in der Paracelsus-Klinik als Arzt tätig gewesen war. Der 16. Mai ist ein schwarzer Tag für den Straßenverkehr. In Marl & Polsum sterben bei Autounfällen vier Personen. In Alt-Marl wird am 26. Mai das alte *Café Tüshaus* abgebrochen. Am 16. Oktober 1973 gerät ein viersitziges Motorflugzeug aus Düsseldorf in eine Schlechtwetterzone & stürzt im Ortsteil Linde ab. Am 9. November wird das Schachtgerüst der stillgelegten *Zeche Brassert* gesprengt.

Winter in der Kulturhauptstadt. Ausgang

An einem Wintertag komme ich nach Hamm. Durch den Bahnhof Hamm (Westfalen), dem der Status eines Hauptbahnhofs aus irgendwelchen Gründen nicht zugestanden wird, bin ich bestimmt schon 100 Mal gefahren. Nein, viel öfter. Augestiegen vielleicht zwei, drei Mal. Einmal, um im Gustav-Lübcke-Museum die Ausstellung *Die russische Avantgarde & Paul Cézanne* zu besuchen. Einmal, um in einen Zug umzusteigen, der mich nach Bockum-Hövel brachte, das eingehender zu erforschen ich mir vorgenommen hatte. Der Bahnhof ist ein beeindruckendes historisches Gebäude, das spätbarocke Bauformen zitiert, errettet von der *Internationalen Bauausstellung Emscher Park*. Wie bei einem Schloß durchbrechen hohe Fenster & Oculi die Fassade. Über dem mächtigen Gesims erhebt sich ein umkränztes Zifferblatt, an das sich die überlebensgroßen Figuren eines Bergmanns & eines Hüttenarbeiters lehnen. Ja, hier beginnt eindeutig das Ruhrgebiet. Auch wenn Hamm am östlichen Rand übersehen zu werden droht & auch nicht zusammengewachsen ist mit dem Siedlungsband, das vom Rhein bis Dortmund reicht. Einst einer der größten Güterbahnhöfe Europas, werden große Teile der Gleisanlagen heute nicht mehr genutzt. 1975 endete die Dampflokunterhaltung im Bw Hamm, seit den achtziger Jahren hat Hamm seine Bedeutung als Einsatzstelle von Lokomotiven weitgehend verloren. Die ICE-Züge werden hier geflügelt, d.h.: der vordere Zugteil fährt über Dortmund, Essen, Duisburg nach Düsseldorf, der hintere über Hagen & Wuppertal nach Köln. Heute nicht. Die *Deutsche Bahn* war wieder einmal nicht in der Lage, in Berlin zwei Zugteile bereitzustellen.

Der Platz vor dem Bahnhof heißt Willy-Brandt-Platz. Wieviele nach dem Sozialdemokraten benannte Plätze & Straßen mag es geben im Ruhrgebiet? Hat irgendeine Kommune darauf vergessen oder gar verzichtet, dem Politiker, der schon 1961 einen »blauen Himmel über der Ruhr« forderte, auf ihrem Stadtplan zu verewigen? Wohl kaum. Der Himmel über der Lippe ist heute grau. Es regnet in den Schnee. Am Willy-Brandt-Platz laufen die meisten Buslinien des sehr bescheidenen Hammer Netzes zusammen. Schon am Samstagmittag sind die Wartezeiten erheblich. Die Innenstadt wirkt zusammengewürfelt, eine wirre Collage aus Zweckbauten & wenigen Erinnerungen an die Altstadt. Das Allee Center ist eine mittelmäßige Einkaufspassage mit dem üblichen Angebot. Dem Bahnhof gegenüber ist ein Gebäudekomplex beinahe fertig, von dem ich auch vermute, daß er Verkaufsfläche beherbergen soll. Aber nein, das Heinrich von Kleist Forum mit Volkshochschule, Zentralbibliothek & Fachhochschule ist als ein Haus konzipiert, in dem sich die Bürgerinnen & Bürger in vielfältigster Form weiterbilden können. Darüber hinaus versteht sich das neue Forum als Haus der Begegnung & der Kommunikation. An der Kulturhauptstadt *RUHR.2010* ist Hamm beteiligt, ohne dafür städtische Eigenmittel aufbringen zu können. Es ist abzusehen, daß die meisten Besucher in Hamm nicht aussteigen werden. Geboten wird ein so buntes wie beliebiges Programm. Der Fachbereichsleiter Kultur verkündet dennoch selbstbewußt: Gemeinsam sind wir für ein Jahr kultureller Mittelpunkt Europas. Ein Jazzfest, ein Kinder- & Jugendtheaterfestival & eine Feuershow wird es geben. Berberzelte bringen einen Hauch von *Tausendundeiner Nacht* nach Hamm. Auf der Panoramahalde der *Zeche Sachsen* wird das »Sachsen-Kreuz« eines Waltroper Künstlers aufgestellt, dazu Hip-Hop, Lichtkunst, ein Gospelkonzert. Zwei Künstler werden im Gustav-Lübcke-Museum gezeigt: einer, weil er in Hamm geboren wurde; einer, weil er in der Nähe von Hamm lebt. Die Stadt ist sowieso »elephantastisch«, hat man doch die Kohlenwäsche der ehemaligen *Zeche Maximilian* zu einem begehbaren Glaselephanten umgebaut – dem größten der Welt. Aber gibt es überhaupt noch andere Glaselephanten? Der Aufzug befindet sich im Rüssel.

Das Umherschweifen war mehr eine Praxis als eine Theorie. Erinnert sich Henri Lefèbvre. Es enthüllte die wachsende Fragmentierung der Stadt, die ja einst eine mächtige, organische Einheit war. Diese Einheit löste sich mehr & mehr auf. Die Situationisten registrierten das. Wir hatten die Vision einer zunehmend fragmentierten Stadt, die nach der Auflösung dieser Einheit vollständig zersplitterte. Später beschleunigten die Satellitenstädte diese Entwicklung. Aber damals war sie noch nicht so offensichtlich, & wir glaubten, daß die Praxis des Umherschweifens die Fragmentierung der Stadt sichtbar machen würde. Die Experimente, die hauptsächlich in Amsterdam durchgeführt wurden, bestanden darin, unterschiedliche Aspekte oder

Fragmente der Stadt gleichzeitig darzustellen, die man eigentlich nur einzeln betrachten kann – so wie es Menschen gibt, die bestimmte Teile einer Stadt nie betreten haben. Lefèbvre wird gefragt: Das Umherschweifen hatte also eine narrative Form? Ja, man geht in irgendeiner Richtung los & berichtet von dem, was man sieht. Die maximale Ausdehnung des räumlichen Felds übersteigt nicht die Gesamtfläche einer Großstadt mitsamt ihren Vororten. Seine minimale Ausdehnung läßt sich einschränken auf eine kleine Stimmungseinheit: ein einzelnes Viertel oder gar einen einzelnen Häuserblock, falls dieser sich lohnt. Die äußerste Grenze bildet das eintägige statische Umherschweifen im Lazare-Bahnhof, ohne diesen zu verlassen.

Im Bahnhof Hamm (Westf.)? Welche Stimmungseinheit bildet der Stadtteil Bad Hamm? Endlos zieht sich die Ostenallee stadtauswärts. Es ist naßkalt, niemand ist auf der Straße, die von einer kleinteiligen Bebauung gesäumt wird, die im Kontrast zu der breiten Straße steht. Schon gar nicht bietet sich ein Spaziergang im Kurpark an. An der Ostenallee keine Läden, keine geöffneten Kneipen, man könnte jetzt höchstens in die »Erlebnistherme« gehen. In Werries bei Hamm stieß man gegen Ende des 19. Jahrhunderts bei Kohlebohrungen auf eine Solequelle, die wegen ihrer mineralischen Zusammensetzung große Heilkraft besaß. Die Sole wurde über Hammer Stadtgebiet geleitet, so daß im Osten der Stadt ein Thermalbad eröffnet werden konnte. Nach dem Zweiten Weltkrieg entstand aus dem Kurpark ein Park, der den geänderten Nutzungsansprüchen angepaßt wurde: keine üppig bepflanzten Blumenbeete, sondern eine ruhige Parkstruktur mit weiten Wiesenflächen, geschlossenen Gehölzgruppen & vereinzelten Solitärgehölzen. Eine dezente Wegeführung erschließt den Park. Auf dem angrenzenden ehemaligen Exerzierplatz schließen sich Spiel- & Sporteinrichtungen an. Ja, der Garten offenbart, was die Stadt sein sollte. Der Garten formuliert eine Kritik an der Stadt als Ansammlung von widersprüchlichen Versatzstücken. Also etwa an der Hammer Innenstadt.

Ja, man geht in irgendeiner Richtung los. Oder fährt los. Denn ich verlasse Bad Hamm, wo ich zwar einquartiert bin, in das einzudringen ich aber keine Möglichkeit sehe. & ich will ja keinen Spaziergang bei Regen im Kurpark machen. Ich nehme einen Bus in die Innenstadt, steige dort um & fahre nach Wiescherhöfen, wo es mit dem *Bergwerk Ost* eine fördernde Zeche gibt. Der Markt ist das Zentrum des Stadtteils. An der Kamener Straße stehen ein paar Gründerzeithäuser, & man wird empfangen von einer *Glückauf-Apotheke* (die Hammer starken Apotheken) & einer als Denkmal aufgestellten Seilscheibe. So wiederholen sich die Bilder. Die halbe Seilscheibe ist eine Geschenk des *Bergwerks Ost* an den Stadtbezirk Pelkum zum Zeichen der Verbundenheit. Im Discounter ist ein mazedonischer Rotwein der Wein des Monats. Auf einem Plakat steht der Satz: Ich verändere die Welt. Aber darum geht es nicht. Es geht nur darum, an die Spendenbereitschaft der Bevölkerung zu appellieren. Ich habe vergessen zu notieren, für was die Menschen in Wiescherhöfen spenden sollen. Es spielt auch keine Rolle. An der Kamener Straße ist ein Anhänger abgestellt, der eine »mobile Disco« beinhaltet, *Westsound*. Die zweite Apotheke heißt *Barbara-Apotheke*. Franz Hessel schreibt: Flânieren ist eine Art Lektüre der Straße, wobei Menschengesichter, Schaufenster, Café-Terrassen, Bahnen, Autos, Bäume zu lauter gleichberechtigten Buchstaben werden, die zusammen Worte, Sätze & Seiten eines immer neuen Buches ergeben. Ambiente mit Holz, Urlaub & mehr, *Venus Hair & Cosmetic*. Eine Kneipe heißt *Zum Dreiländereck*, obwohl ich mir nicht einmal einer einzigen hier verlaufenden Grenze bewußt bin. Gutbürgerliche Küche, gemütliche Atmosphäre, Gesellschaftsräume. Die Kneipe mit Pfiff! Das *Dreiländereck* füllt sich am späten Nachmittag. Alte Herren & eine Gruppe Jungs folgen der Fußballübertragung im Fernsehen. Eine ältere Damenrunde betritt die Gaststätte, durch einheitliche Oberbekleidung ausgewiesen als die *Alte Garde 1823 Pelkum*.

Wiescherhöfen Markt, ein Fragment in der Ruhrstadt. Ein anderes ist das Gelände des *Bergwerks Ost*, unverbunden oder nur für die, die dort arbeiten & sich sowohl auf diesem Gelände, über wie unter Tage, als auch in Wiescherhofen bewegen. Ich werde vom Pförtner am Bergwerk zurechtgewiesen. Bin eigentlich nur über den Parkplatz spaziert & habe mich ein wenig umgesehen: Junger Mann, ich habe Sie schon beobachtet! Daran habe ich nicht gezweifelt. Der Pförtner will mir weismachen, daß das Bergwerksgelände bereits an einem Zebrastreifen auf dem Parkplatz beginnt & nicht erst an den Eingangstoren. Ich sage, daß das nicht ersichtlich sei & mir auch nicht einleuchte. Ich wende mich um. Die Schächte Heinrich & Robert, früher *Zeche*

Heinrich Robert, sind heute Teil des *Verbundbergwerks Ost.* Die lothringische Eisengesellschaft *Les Petit Fils de Francois de Wendel & Cie* kaufte 1899 bei Hamm mehrere zusammenhängende Kohlefelder, um sich eine preisgünstige Koksversorgung zu sichern. In den sechziger Jahren wurde der ehemalige Wetterschacht Robert Hauptförderschacht. Der Hammerkopfturm in regelmäßig gegliedertem Stahlfachwerk überragt die übrigen Tagesbauten. Auf die Halde Kissinger Höhe führt ein Bergbaulehrpfad. Keine Kunst, kein »Haldenerlebnis«, aber eine instruktive Ausstellung von Maschinen, die unter Tage zum Einsatz kommen. Eine gelbe Akkulokomotive, die beim Transport von Personen & Material zum Einsatz kommt; Baujahr 1986, 14,5 km/h. Ein Greifer, der beim Teufen von Schächten Verwendung findet & mit dem das durch Sprengarbeit gelöste Bergematerial aufgenommen wird, um es nach über Tage zu transportieren. Ein Wegweiser weist zu *Cottmanns Hütte,* die im Winter geschlossen hat. Warnung! Unbefugten ist das Betreten der Bergwerksanlagen (Halden) wegen der damit verbundenen Gefahren untersagt. Zuwiderhandlung wird strafrechtlich verfolgt. Das Rauschen des Autoverkehrs prägt die Soundscape. Plötzlich setzen Kirchenglocken ein & wollen gar nicht mehr verstummen.

Die Townscape ist geprägt von glücklichen oder weniger glücklichen Zufällen & anonymer Architektur. Der Zustand der Textur ist mehr oder weniger erfreulich. Laßt uns die Gegenwart akzeptieren! Den tatsächlichen Zustand! Ihre Vergangenheit, ihre Gegenwart, ihre unmittelbare Zukunft. Ruft ein französischer Künstler mit Blick auf die britische Hauptstadt dazwischen. Erst einmal muß man diesen Zustand lesen & verstehen lernen. Die Felder innerer Kohärenz, die dazwischen liegenden Bruchstücke. Auch Absichten prallen aufeinander. In der »Collision City«. Der »Naked City«. Von Wiescherhöfen führt eine Art Landstraße nach Herringen. Unter einer Werksbahntrasse durch. Vorbei an einer *Auto Börse* & einem *Tattoo Studio* (seit 1990 in Hamm), das inzwischen aber in die Wilhelmstraße verzogen ist (am Bunker). An Feldern & Wiesen, Häusern & Eigentumswohnungen im Grünen. Herringen, das nächste Fragment Stadt, das mit Wohnblöcken beginnt. Die Bilder wiederholen sich. Die Durchzugsstraße heißt Dortmunder Straße. Es gibt einen Marktplatz, dessen Mittelpunkt die »Friedenseiche« bildet, gepflanzt zum Andenken an die Feldzüge 1864, 1866, 1870/71. Der Theaterverein *Heimatbühne Herringen e.V.* wird im Frühjahr in der *Paroli Schänke* ein Lustspiel in drei Akten präsentieren: *Alberto der Rammler.* Die Bezirkbücherei Herringen wendet sich an Kinder von fünf bis neun Jahren: Lies mir doch was vor! Ihr hört gerne Geschichten? Dann seid ihr bei uns goldrichtig. Bei Märchen & Wintergeschichten. Die *Marktschänke* ist ein langer Schlauch, in dem zwei ältere Herren mit der Frau hinter der Theke am Würfeln sind. Hinter der Theke ist ein Rollstuhl mit einem behinderten Jungen abgestellt, der immer wieder – in diesem Moment zumindest für mich – irritierende Laute von sich gibt & immer wieder etwas schroff angeherrscht wird: Is gut! Ich muß mich zwingen, nicht zu neugierig zu ihm hinzusehen & kann seiner verkrampften Körperhaltung & diesen Lauten auch nicht entnehmen, ob es ihm gut geht oder nicht & ob sein Verpflanztsein in diese Kneipe ihn in irgendeiner Weise affiziert. Draußen an der Dortmunder Straße kommt irgendwann wieder ein Park mit beleuchteten Seilscheiben, die »letzte Apotheke vor der Autobahn«.

Im Westen was Neues. Gemeint ist der Westen der Stadt Hamm. Aber neu ist der Ansatz keineswegs. Es geht einmal mehr um die Begrünung von Industriebrachen. Das »Leuchtturm-Projekt« für den Hammer Westen sieht nicht die Errichtung eines Leuchtfeuers auf dem Zechengelände in Ostfeld vor – was ja durchaus etwas Neues wäre & die Abwandlung einer Idee der französischen Revolutionsarchitekten, die Leuchttürme in der Wüste errichten wollten –, sondern die schrittweise Realisierung eines Entwicklungsprojektes, für die Gelder der *Europäischen Union* nach Hamm geleitet werden konnten. Zwischen der Halde Radbod im Norden & den Halden Humbert & Kissinger Höhe im Süden entsteht ein insgesamt 220 ha großer Grün- & Freizeitbereich. Herzstück der Planungen ist das ehemalige Schacht-Franz-Gelände. Neben einer Mountainbike-Strecke ist auch ein »interreligiöser Ort der Begegnung« geplant. Eine Treppe führt hoch zu einer Aussichtsplattform, von der aus man außer der Brache nichts sehen kann. Aber vielleicht liegt das ja auch an der hereinbrechenden Dunkelheit. Daß Architektur eine soziale Institution ist, die mit dem Bauen so ziemlich in der gleichen Weise verwandt ist wie Literatur mit Sprache, sollte man sich vor Augen führen. Colin Rowe führt den Begriff der ›Bricolage‹ ein & spricht von Mitteln, die im Vergleich zu denen des Fachmanns zu dumm & zu abwegig sind. Gesammelte Stücke, Zitate, Pseudo-Anspielungen. Herringen Ulu Camii Moschee, das *Montenegro Café* mit *Deutsch-montenegrinischem Freundschaftsverein e.V.*, *Millennium Döner III*, türkische Spezialitäten, *Burger King*, Rasenmäher Service & Verkauf. Ende des Stadtfragments Herringen. Es folgen die Gewerbegebiete, Vorstadt. Man könnte meinen, sich am Stadtrand zu bewegen, befindet sich aber zwischen Ostfeld & Isenbeck. Es gibt Gegenstädte, Parallelstädte & Bildstädte, so Waltraud Seidlhofer. Sie können auseinandergenommen, zusammengesetzt, gegeneinander verschoben werden. Stadtebenen & Stadtelemente werden aus der Umgebung geschnitten. Der Neubau eines Entertainment-Centers ist angedroht. Es folgen Werkstätten, Autohäuser, eine KfZ-Prüfstelle. Werkzeug-Vermietung. Alles für Ihr Tier. Quietschen nur vor Freude! Bremsen-Check & Reparatur hier. Küchen- & Elektrowelt, *Video Power*.

Bei langem Gehen bekommst du nach einer ersten Müdigkeit neuen Schwung. Schreibt Franz Hessel. Dann trägt das Pflaster dich mütterlich, es wiegt dich wie ein wanderndes Bett. & was du alles siehst in diesem Zustand angeblicher Ermattung! Auf der nächsten Insel des Hammer Archipels von Siedlungsfragmenten ist die *Gaststätte Pinninghoff* ein zentraler Anlaufpunkt. In ihr finden sich Relikte aus den fünfziger Jahren: die geschwungene Theke, eine holzgetäfelte Nische, in der ein langgestreckter Tisch steht. Das restliche Mobiliar ist häßlich. Am Nebentisch wird eine Reise geplant. Ein alter Mann preist die Vorzüge von Danzig, die Promenade an der Mottlau usf. Die Reise wird mit dem Wirt besprochen, der eine Wohnung & seinen Bruder als Fahrer vermitteln kann. Unbedingt müsse ein Ausflug zur Marienburg eingeplant werden! Flug vom Dortmunder Flughafen. An der Theke findet indes eine lautstarke Diskussion über den Assuan-Staudamm statt. Wieso das? Ist er etwa geborsten? Irgend etwas muß über ihn in der Zeitung zu lesen gewesen sein. Auf meinem Bierdeckel lese ich: *Isenbeck Premium Pils* – Spitzenqualität mit dem besonders schonenden Naßschrot-Brauverfahren. Seit 1769 Brautradition in Hamm. Anders als die Werbung suggeriert, allerdings schon seit 20 Jahren nicht mehr. Auch wenn *Isenbeck* in Hamm noch immer omnipräsent ist, gebraut wird in Warstein. Trends kommen & gehen. Das Beste bleibt. Schon wieder *Isenbeck*. Im *Gildenstübchen* in der Langen Straße. Dort erzählt ein alter Mann von der Wachau. Von der Donau, ein großer Fluß war das! Mit der Lippe gewiß nicht zu vergleichen oder dem Datteln-Hamm-Kanal. Den stärksten Eindruck hat aber der Marillenschnaps hinterlassen: 43 Umdrehungen! Am Westenschützenhof nehme ich einen Bus in die Innenstadt.

Der Katalog der Formen ist endlos. Sagt Italo Calvino. Solange nicht jede Stadt ihre Form gefunden hat, werden immerfort neue Städte entstehen. Wo die Formen ihre Variationen erschöpfen & sich auflösen, setzt das Ende der Städte ein. Je reduzierter eine Stadt ist, desto realer ist sie. Sagt Waltraud Seidlhofer. Später am Abend, nachts. In der Innenstadt. Es schüttet in Strömen. Im *Internationalen Restaurant Isenbeck-Deele* am Willy-Brandt-Platz hat sich ein Gespräch über Hunde entsponnen. Eine Hundebesitzerin ist davon überzeugt: Das ist kein Tier, das ist ein Mensch! Der versteht alles. Wenn Menschen über keine Sprache verfügen würden, dann wäre das gegenseitige Verständnis ja vielleicht auch größer, könnte man mutmaßen. Die *Monsche* in der Werler Straße – *Mon Cherie*, Pub, Bar, Club – ist voll, & ich handle mir einen Nachbarn an der Theke ein. Als der das Gespräch mit mir sucht, unterstelle ich zunächst eine Anmache. Aber nein, der Hetero-Mann möchte in der schwul-lesbischen Kneipe nur den aktuellsten Teil seiner Lebensgeschichte los werden & lädt mich zu diesem Behufe zu Schnäpsen ein. Seine Frau, von der er sich kurz vor Weihnachten getrennt hat, mußte er jetzt aussperren. Hätte er das Schloß nicht rechtzeitig ausgetauscht, es wäre noch alles weggekommen, wobei er seine Ärzte-CDs besonders in Gefahr wähnte. Erschwerend hinzu kommt eine böse Schwiegermutter. Er komme gerne in diese Homo-Kneipe, weil man dort besser quatschen könne. Wenn man Opfer findet wie mich. Ich muß zu all dem nicht viel sagen & werde auch nicht gefragt, woher ich komme. Offenbar wird unterstellt, daß ich in Hamm wohne. Ich mache mich auf den Rückweg, ehe sich mit Sicherheit sagen läßt, ob der Gebeutelte vielleicht doch mehr sucht als einen männlichen Gesprächspartner oder vielmehr: Zuhörer.

Am Sonntag liegt Bad Hamm in einer Totenstarre. Die Alleen im Kurpark führen in den Nebel. Das Glockenläuten von St. Georg will kein Ende nehmen. Auch in der Innenstadt & am Bahnhof ist nicht viel los. Bloß ein paar grellgelb gekleidete *Borussia*-Jungs machen sich jetzt schon auf den Weg nach Dortmund. Erst jetzt, am verschlafenen Sonntagvormittag, fällt mir auf, daß der Fußgängertunnel im Bahnhof mit barbarischem Schlagermüll beschallt wird. Der Kurs ist ausgesteckt. Die Zeiten sind viel zu ernst, um zu spielen. Immer vertrauter wird mit dir die Straße. Sie läßt ihre älteren Zeiten durchschimmern durch die Schicht der Gegenwart. Sind die Bilder des Gedächtnisses erst einmal mit Worten festgelegt, verlöschen sie. Die Stadt schreibt sich auf ihren Mauern, in ihren Straßen nieder. Niemals jedoch wird diese Schrift vollendet werden. Das Buch hat kein Ende & viele leere oder zerrissene Seiten. Es ist nur ein Entwurf ins Unreine, der eher hingekritzelt als geschrieben wurde. Weg & Sprache verlaufen nebeneinander & treffen sich niemals.

Literatur (Auswahl):

Albrecht, Richard: *Erkundungen. Texte aus (dem) Revier.* Duisburg 1983

Bargen, Harry von, Regina Behrendt, Ulrike Bohnenkamp, Fritz Fiehler, Anne Haage, Klaus Pickshaus, Gero von Randow und Reinhold Schlitt: *Vom Widerstand zur Reformbewegung? Soziale Bewegungen in Krisenregionen und -branchen.* (Arbeitsmaterialien des IMSF 30). Frankfurt am Main 1988

Betriebsrat und IG Metall-Vertrauenskörper der Thyssen Henrichshütte AG (Hg.): *»Wenn es brennt an der Ruhr ...!«. Hattingen – eine Stadt kämpft! Tagebuch des Widerstands gegen Arbeitsplatzvernichtung.* Düsseldorf 1988

Biene Baumeister Zwi Negator: *Situationistische Revolutionstheorie. Eine Aneignung.* Stuttgart 2007[2]

Bierwirth, Waltraud und Manfred Vollmer: *AufRuhr. Rheinhausen 1987/1997.* Essen 1997

Boebers-Süßmann, Jürgen: *Gelsenkirchen entdecken.* Essen 2006

Boström, Jörg und Roland Günter: *Arbeiterinitiativen im Ruhrgebiet.* Berlin 1976

Budisavljevic, Bojan (Hg.): LandMarks/EarMarks. *Gerhard Stäbler und sein Werk.* Regensburg 1999

Butor, Michel: *Die Stadt als Text.* Graz 1992

Calvino, Italo: *Die unsichtbaren Städte.* München 1977

Corboz, André: *Die Kunst, Stadt und Land zum Sprechen zu bringen.* Basel 2001

Debord, Guy: *Die Gesellschaft des Spektakels.* Berlin 1996

Debord, Guy: *In girum imus nocte et consumimur igni. Édition critique augmentée de notes de l'auteur suivi de Ordures et décombres.* Paris 1999

Debord, Guy: *Rapport zur Konstruktion von Situationen.* Hamburg 1980

FAU Duisburg (Hg.): *März 1920. Die vergessene Revolution im Ruhrgebiet.* Moers 2006

Fittkau, Ludger und Angelika Schlüter: *Ruhrkampf 1920. Ein politischer Reiseführer.* Essen 1990

Ganser, Karl: *Liebe auf den zweiten Blick. Internationale Bauausstellung Emscher Park.* Dortmund 1999

Gartenberg, Walter E. und Engelbert Wührl: *Vom Kohlengraben zum Tiefbau.*

Wanderungen durch die Bergbaugeschichte und die Geologie im Bochumer Südwesten. Essen 2006

Geographisches Institut der Ruhr-Universität Bochum und Kommunalverband Ruhrgebiet (Hg.): *Vor Ort im Ruhrgebiet. Ein Geographischer Exkursionsführer.* Essen 1993

Günter, Janne: *Mündliche Geschichtsschreibung. Alte Menschen im Ruhrgebiet erzählen ihre Geschichte.* Mülheim an der Ruhr 1982

Günter, Roland: *Im Tal der Könige. Ein Handbuch für Reisen zu Emscher, Rhein und Ruhr.* Essen 2000[4]

Günter, Roland: *Besichtigung eines Zeitalters. Industrie-Kultur in Nordrhein-Westfalen. Ein Handbuch für Reisen.* Essen 2001

Hanke, Hans H. und Norbert Konegen: *Bochum zu Fuß. 11 Stadtteilrundgänge durch Geschichte und Gegenwart.* Hamburg 1991

Hartware MedienKunstVerein (Hg.): *Waves – The Art of the Electromagnetic Society.* Bönen 2008

Hauser, Susanne und Christa Kamleithner: *Ästhetik der Agglomeration.* Wuppertal 2006

Hell, Bodo: *Stadtschrift.* Linz 1983

Helms, Hans G (Hg.): *Die Stadt als Gabentisch. Beobachtungen zwischen Manhattan und Berlin-Marzahn.* Leipzig 1992

Helms, Hans G und Jörn Janssen (Hg.): *Kapitalistischer Städtebau.* Neuwied und Berlin 1970

Hentschel, Frank: *Die »Wittener Tage für neue Kammermusik«. Über Geschichte und Historiographie aktueller Musik.* Stuttgart 2007

Hermann, Wilhelm und Gertrude: *Die alten Zechen an der Ruhr. Vergangenheit und Zukunft einer Schlüsseltechnologie. Mit einem Katalog der »Lebensgeschichten« von 477 Zechen.* Königstein 2008

Kellner, Manuel und Michael Schmidt (Hg.): *AufRuhr. Die Krise im Revier. Gegenwehr und Alternativen.* Frankfurt am Main 1988

Koch, Michael, Henrik Sander und Kunibert Wachten: *Stadtraum B 1. Visionen für eine Metropole.* Düsseldorf 2003

Kommunalverband Ruhrgebiet (Hg.): *Städtebauliche Rahmenplanung Gelsenkirchen-Ückendorf. Dokumentationsband.* Essen 1983

König, Otto, Robert Laube und Egon Stratmann (Hg.): *Das Ende der Stahlzeit.*

Die Stillegung der Hattinger Henrichshütte. (Landschaftsverband Westfalen-Lippe – Westfälisches Industriemuseum, Quellen und Studien Band 5). Essen 1997

Kulturbüro der Stadt Dortmund (Hg): *Nordstadtbilder. Stadterneuerung und künstlerische Medien. Projektdokumentation.* Essen 1989

Lauschke, Karl: *Schwarze Fahnen an der Ruhr. Die Politik der IG Bergbau und Energie während der Kohlenkrise 1958–1968.* (Schriftenreihe der Studiengesellschaft für Sozialgeschichte und Arbeiterbewegung Band 42). Marburg 1984

Lefèbvre, Henri: *Die Revolution der Städte.* Frankfurt am Main 1976

Leismann, Burkhard und Uwe Rüth: *Industrial Land Art im Ruhrland.* Essen 2009

Link, Jürgen: *Bangemachen gilt nicht auf der Suche nach der Roten Ruhr-Armee. Eine Vorerinnerung.* Oberhausen 2008

Link, Jürgen: *Versuch über den Normalismus. Wie Normalität produziert wird.* Göttingen 2009[4]

Lucas, Erhard: *Märzrevolution im Ruhrgebiet. Vom Generalstreik gegen den Militärputsch zum bewaffneten Arbeiteraufstand. März – April 1920. Band 1.* Frankfurt am Main 1970

Lynch, Kevin: *Das Bild der Stadt.* Basel 2007

Mania, Thomas: *»Weißte was – 'nen Schnaps?«. Die Gaststätte als Kommunikationszentrum. Theorie und Praxis am Beispiel eines Dortmunder Wohnquartiers.* Münster 1997

Mladynski, Helmut: *Marl. Von 1914 bis 1974.* Marl 1994

Mönnich, Horst (Hg.): *Aufbruch ins Revier. Aufbruch nach Europa. Hoesch 1871–1971.* München 1971

Niethammer, Lutz: *Umständliche Erläuterung der seelischen Störung eines Communalbaumeisters in Preußens größtem Industriedorf oder: Die Unfähigkeit zur Stadtentwicklung.* Frankfurt am Main 1979

Nonn, Christoph: *Die Ruhrbergbaukrise. Entindustrialisierung und Politik 1958–1969.* (Kritische Studien zur Geschichtswissenschaft Band 149). Göttingen 2001

Ohrt, Roberto (Hg.): *Der Beginn einer Epoche. Texte der Situationisten.* Hamburg 1995

Parent, Thomas: *Das Ruhrgebiet. Vom »goldenen« Mittelalter zur Industriekultur.* Köln 2002[2]

Parent, Thomas und Thomas Stachelhaus: *Stadtlandschaft Ruhrrevier. Bilder und Texte zur Verstädterung einer Region unter dem Einfluß von Kohle und Stahl.* Essen 1991

Prossek, Achim: *Bild-Raum Ruhrgebiet. Zur symbolischen Produktion der Region*. Detmold 2009

Reger, Erik: *Kleine Schriften. Band 1* (Erhard Schütz, Hg.). Berlin 1993

Reuther, Axel: *Straßenbahn im Ruhrgebiet*. München 2007

Rommelspacher, Thomas: *Wenn wir richtig zusammenarbeiten, dann entsteht eine Macht. Zechenhausinitiativen im Ruhrgebiet 1974–1981: Struktur und Perspektiven in einem regionalen Mieterkampf*. Bochum 1984

Rowe, Colin und Fred Koetter: *Collage City*. Basel 1984

Sack, Manfred: *Siebzig Kilometer Hoffnung. Die IBA Emscher-Park – Erneuerung eines Industriegebiets*. Stuttgart 1999

Sadler, Simon: *The Situationist City*. Cambridge 1999

Seidlhofer, Waltraud: *fassadentexte*. Linz 1976

Seidlhofer, Waltraud: *zeit. staedte. spiel. eine sammlung*. Wels 1994

Seidlhofer, Waltraud: *boote in den museen*. Wels 2008

Sieverts, Thomas: *Zwischenstadt: zwischen Ort und Welt, Raum und Zeit, Stadt und Land*. Braunschweig und Wiesbaden 1997

Smithson, Robert: *Gesammelte Schriften*. (Hg. von Eva Schmidt und Kai Vöckler). Köln 2000

Steiner, Juri: *New Babylon. Aufstieg und Fall der Stadt Paris zwischen Second Empire und 1968*. Diss. Zürich 2003

Situationistische Internationale. 1958–1969. Gesammelte Ausgabe des Organs der Situationistischen Internationale. Hamburg 1976/77

Tenfelde, Klaus (Hg.): *Ruhrstadt. Visionen für das Ruhrgebiet. Vier Diskussionsrunden*. Bochum 2002

Vonde, Detlev: *Revier der großen Dörfer. Industrialisierung und Stadtentwicklung im Ruhrgebiet*. Essen 1989

Welt, Wolfgang: *Buddy Holly auf der Wilhelmshöhe. Drei Romane*. Frankfurt am Main 2006

Welt, Wolfgang: *Doris hilft*. Frankfurt am Main 2009

Wigley, Mark: *Constant's New Babylon. The Hyper-Architecture of Desire*. Rotterdam 1998

Wimmer, Herbert J.: *Innere Stadt: Roman*. Wien 2002^{2}

Zu den Bildserien von Jörg Gruneberg:

I.
1 Phoenix West, Dortmund-Hörde
2 Duisburg, Blick von der Brücke der Solidarität auf die Duisburg-Hochfelder-Eisenbahnbrücke
3 Westpark, Bochum-Stahlhausen
4 Ernststraße, Bochum-Goldhamme
5 Margarethen-Siedlung, Duisburg-Rheinhausen
6 Logport, Duisburg-Rheinhausen
7 Dortmund Hafen
8 Essen Hauptbahnhof
9 Prinzen-/Ecke Wißstraße, Dortmund-Innenstadt-West
10 Haydnstraße, Herne-Wanne
11 Sprockhöveler Straße, Witten
12 Alleestraße, Bochum-Stahlhausen
13 Ückendorfer Straße, Bochum-Wattenscheid
14 Gußstahlstraße, Bochum-Stahlhausen
15 Duisburg-Ruhrort
16 »Zum Reichsadler«, Duisburg-Rheinhausen

II.
1 Brandenburger Straße, Oberhausen-Sterkrade
2 Hagen-Wehringhausen
3 Phönixstraße, Gelsenkirchen-Horst
4 Windmühlenstraße, Duisburg-Rheinhausen
5 Friedrich-Ebert-Brücke, Duisburg
6 Deutsche Edelstahlwerke, Witten
7 Zeche Nordstern, Gelsenkirchen-Horst
8 Freiheit, am Hauptbahnhof, Essen
9 Faßstraße, Dortmund-Hörde
10 Hagen-Eilpe
11 Lagerhaus-/Ecke Evertstraße am Dortmunder Hafen
12 Ruhr bei Herdecke
13 Weidwall, Gelsenkirchen-Horst
14 Herbeder Straße, Witten
15 Friedrich-Alfred-Straße, Duisburg-Rheinhausen
16 Arminiusstraße, Dortmund-Dorstfeld

(© Jörg Gruneberg, Berlin)

Die Arbeit an diesem Buch wurde unterstützt durch Arbeitsstipendien und das Adalbert Stifter Stipendium des Landes Oberösterreich, durch Arbeitsstipendien und ein Reisestipendium des Bundesministeriums für Unterricht, Kunst und Kultur, Wien, durch das Alfred Döblin Stipendium der Akademie der Künste, Berlin, und durch ein Aufenthaltsstipendium des Berliner Senats im Künstlerhaus Lukas in Ahrenshoop.

Das Kapitel »Untersuchungsgebiet Hustadt« ist die leicht modifizierte Fassung eines Textes, der als Auftragsarbeit für die von Franz Josef Czernin und Martin Janda herausgegebene Anthologie Bildsatz. Texte zu bildender Kunst *(Köln: DuMont 2008) entstanden ist. Mein Beitrag ist angeregt durch den dänischen Künstler Jakob Kolding, dessen Auseinandersetzung mit Satellitenstädten und urbaner Peripherie ich auf das Ruhrgebiet projiziere.*

Für Anregung, Ermunterung und/oder Unterstützung der unterschiedlichsten Art möchte ich Susanne Ackers und dem Hartware MedienKunstVerein Dortmund, Marcel Albert, Ruben Baur, Crauss, Thomas Ernst, Jörg Gruneberg, Ralph Klever, Peter Schmieder und dem Künstlerhaus Dortmund, Christian Steinbacher, Christiane Zintzen und meinen Eltern danken.

F.N.

Die Arbeit an diesem Buch wurde unterstützt durch Arbeitsstipendien und das Adalbert Stifter Stipendium des Landes Oberösterreich, durch Arbeitsstipendien und ein Reisestipendium des Bundesministeriums für Unterricht, Kunst und Kultur, Wien, durch das Alfred Döblin Stipendium der Akademie der Künste, Berlin, und durch ein Aufenthaltsstipendium des Berliner Senats im Künstlerhaus Lukas in Ahrenshoop.

Das Kapitel »Untersuchungsgebiet Hustadt« ist die leicht modifizierte Fassung eines Textes, der als Auftragsarbeit für die von Franz Josef Czernin und Martin Janda herausgegebene Anthologie Bildsatz. Texte zu bildender Kunst *(Köln: DuMont 2008) entstanden ist. Mein Beitrag ist angeregt durch den dänischen Künstler Jakob Kolding, dessen Auseinandersetzung mit Satellitenstädten und urbaner Peripherie ich auf das Ruhrgebiet projiziere.*

Für Anregung, Ermunterung und/oder Unterstützung der unterschiedlichsten Art möchte ich Susanne Ackers und dem Hartware MedienKunstVerein Dortmund, Marcel Albert, Ruben Baur, Crauss, Thomas Ernst, Jörg Gruneberg, Ralph Klever, Peter Schmieder und dem Künstlerhaus Dortmund, Christian Steinbacher, Christiane Zintzen und meinen Eltern danken.

F.N.